Le Québec

© Wolfgang Kaehler

Cet ouvrage tient compte des conditions de tourisme
connues au moment de sa rédaction. Certains
renseignements peuvent perdre de leur actualité
en raison de l'évolution incessante des aménagements
et des variations du coût de la vie. Nous ne saurions être
tenus responsables d'éventuelles erreurs qui pourraient
s'être glissées malgré nous dans la rédaction.

Éditions des Voyages

MICHELIN N.A. (Canada) Inc.
Les Tours Triomphe – 2540, boulevard Daniel-Johnson
Laval, Québec H7T 2T9 CANADA
☏ 1-800-361-8236
www.michelin-travel.com
LeGuideVert@fr.michelin.com

Manufacture française des pneumatiques Michelin

Société en commandite par actions au capital de 2 000 000 000 de francs
Place des Carmes-Déchaux – 63 Clermont-Ferrand (France)
R.C.S. Clermont-Fd B 855 200 507

Toute reproduction, même partielle et quel qu'en soit le support,
est interdite sans autorisation préalable de l'éditeur.

Compogravure : NORD COMPO, Villeneuve d'Ascq
Impression et brochage : I.M.E., Baume-les-Dames

Maquette de couverture extérieure : Agence Carré Noir à Paris 17ᵉ

LE GUIDE VERT,
l'esprit de découverte

Avec cette nouvelle collection
LE GUIDE VERT, nous avons
l'ambition de faire de vos vacances
des moments passionnants
et mémorables, d'accompagner votre
découverte de nouveaux horizons,
bref... de vous faire partager
notre passion du voyage.
Voyager avec LE GUIDE VERT,
c'est être acteur de ses vacances,
profiter pleinement de ce temps
privilégié pour découvrir, s'enrichir,
apprendre au contact direct du
patrimoine culturel et de la nature.
Le temps des vacances avec
LE GUIDE VERT, c'est aussi
la détente, se faire plaisir, apprécier
une bonne adresse pour se restaurer,
dormir, ou se divertir.
Explorez notre sélection !
Alors plongez vite dans LE GUIDE
VERT à la découverte de votre
prochaine destination de voyage.
Partagez avec nous cette ouverture
sur le monde qui donne au temps
des vacances son sens, sa substance
et en définitive son véritable esprit.
L'esprit de découverte.

Jean-Michel DULIN
Rédacteur en Chef

Sommaire

© Walter Bibikov

Carré Saint-Louis, Montréal

© Walter Bibikow

Soldat en faction à la Citadelle, Québec

Villes et curiosités

Café rue Saint-Denis, Montréal

© Heiko Wittenborn

Drapeau canadien et drapeau québécois

© Wolfgang Kaehler

Cartographie

LES PRODUITS COMPLÉMENTAIRES AU GUIDE

Carte n° 491 États-Unis Nord-Est Canada Est

– Carte de grand format à l'échelle 1/2 400 000 (1 cm = 24 km) fournissant une image détaillée du réseau routier et situant notamment les aires de repos sur les autoroutes fédérales.
– Index de localités avec coordonnées de carroyage permettant de trouver aisément leur situation géographique.

INDEX CARTOGRAPHIQUE

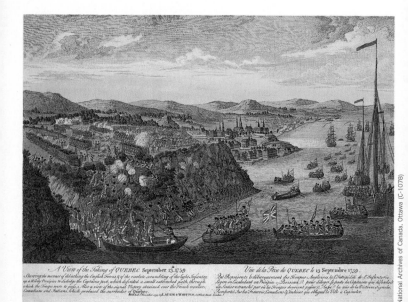

National Archives of Canada, Ottawa (C-1078)

Bataille des plaines d'Abraham

Plans de ville

Schémas

Votre guide

Ce guide a été conçu pour vous aider à tirer le plus grand profit de votre voyage au Québec. Il est présenté en trois grands chapitres, complétés par une sélection attentive de cartes et de plans.

● Les cartes générales, en pages 10 à 15, ont été conçues pour vous aider à préparer votre voyage. La carte des **Principales curiosités** vous aide à préparer votre voyage ; elle permet d'un coup d'œil de repérer les sites les plus remarquables.
Avant que vous ne partiez pour le Québec, permettez-nous de vous recommander la lecture de l'**Introduction au voyage**, qui vous aide à mieux comprendre l'histoire, l'art, la culture, les traditions et la gastronomie de cette province canadienne.

● La partie **Villes et curiosités** répertorie dans l'ordre alphabétique les principales curiosités naturelles et artistiques du Québec. Sous chaque chapitre consacré à une ville ou une zone géographique sont groupées des descriptions de sites.

● Toutes les informations de nature pratique, les adresses, les transports, les loisirs, les fêtes, sont regroupées dans la partie **Renseignements pratiques**.

● Pour certaines localités, un **Carnet d'adresses** vous propose une sélection d'adresses où il fera bon s'arrêter un moment afin d'y apprécier les spécialités locales dans un cadre particulièrement plaisant.

Si vous avez des remarques ou des suggestions à faire, écrivez-nous à l'adresse indiquée en page 2 ou sur notre E-mail : LeGuideVert@fr.michelin.com

Bon voyage !

© Heiko Wittenborn

Légende

★★★ **Vaut le voyage**

★★ **Mérite un détour**

★ **Intéressant**

Curiosités

⊟─◉─────────── Itinéraire décrit et son point de départ

🏛 ♦ ✡ Église, chapelle – Synagogue   ▬ Bâtiment décrit

○ Ville décrite   ▭ Autre bâtiment

AZ B Localisation d'une curiosité sur le plan   ▪ Petit bâtiment, statue

▪ ▲ Curiosités diverses   ⊚ ⁂ Fontaine – Ruines

⤬ ⌒ Mine – Grotte   🛈 Information touristique

✹ ⌰ Moulin à vent – Phare   ⬬ ⚓ Bateau – Épave

☆ ⛪ Fort – Mission   ※ ⚐ Panorama – Vue

Autres symboles

🛡 Autoroute fédérale (USA)   🛡 Route fédérale   ⬯ Autre route

🍁 Transcanadienne   🛡 Autoroute canadienne   🛡 Autoroute fédérale mexicaine

⇒ Autoroute, pont   ══ Grand axe de circulation

⬤ Péage, échangeur   ══ Voie à chaussées séparées

══ Autoroute à chaussées séparées   ◁ Rue à sens unique

── Route principale, route secondaire   ▬▬ Rue piétonne

╱ 21 ╲ Distance en kilomètres   ⊁⫶⊰ Tunnel

655/2149 →‹ Col, altitude (mètres/pieds)   ═══╪ Escalier – Porte

△ 1917 Altitude   ⚠ ♨ Pont mobile – Château d'eau

✈ ✈ Aéroport – Aérodrome   🅿 ✉ Parking – Bureau principal de poste

⛴ Transport des voitures et des passagers   ▢ ✚ Université – Hôpital

⛵ Transport des passagers   🚆 🚐 Gare ferroviaire – Gare routière

←‹ ←▭ Chute – Barrage   ● ⦿ Station de métro

—··—··— Frontière   ❶ ⌂ Bonne adresse – Observatoire

------- Limite d'état, limite de province   ▭ ⬓ Cimetière – Marais

🍇 Vignoble

Sports et loisirs

🚂 Téléphérique, télécabine   ⬭ ⚑ Stade – Golf

Chemin de fer touristique   ❋ ▬ ▦ Parc floral, arboretum – Espace boisé

⛴ ♦ Croisière – Port de plaisance   ❺ Réserve naturelle

⚓ ◺ Surf – Windsurf   ❶ ⚘ Parc animalier, zoo

▨ ⚶ Plongée – Kayak   ------ Sentier

⬱ ⬴ Ski de descente – Ski de fond   🚶 Sentier balisé

⊚ Curiosités susceptibles de plaire aux enfants

Abréviations et symboles particuliers

🛡 Parc national   ✝ Calvaire, sanctuaire

🅸 Centre d'interprétation   ▫ Village fantôme

🅱 Centrale hydro-électrique   ⬮ Pont couvert

▨ Réserve amérindienne   ◔ Station de métro (Montréal)

Sauf indication contraire, le Nord est toujours en haut sur les plans de ville et les cartes

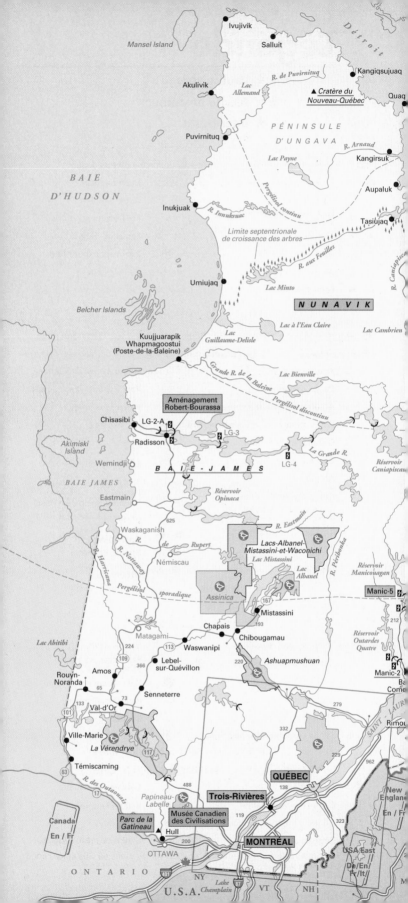

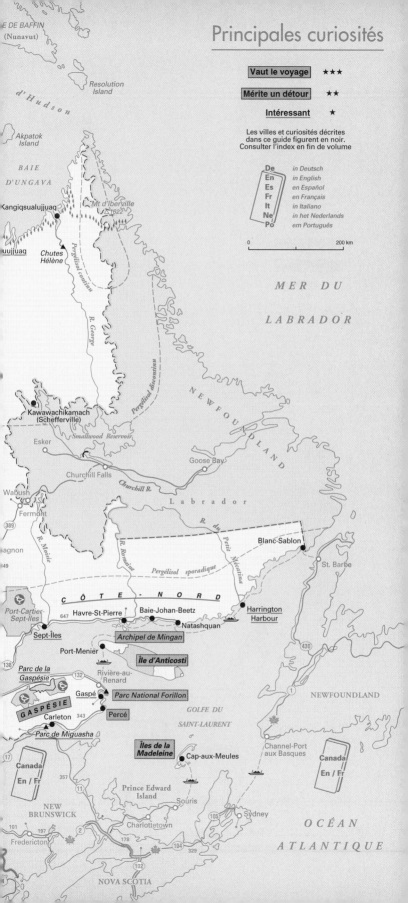

Principales curiosités

Vaut le voyage	★★★
Mérite un détour	★★
Intéressant	★

Les villes et curiosités décrites
dans ce guide figurent en noir.
Consulter l'index en fin de volume

De	in Deutsch
En	in English
Es	en Español
Fr	en Français
It	in Italiano
Ne	in het Nederlands
Po	em Português

0   200 km

DE BAFFIN
(Nunavut)

d'Hudson

Resolution
Island

MER DU

LABRADOR

Akpatok
Island

BAIE
D'UNGAVA

Kangiqsualujjuaq

Mt d'Iberville
2622

uujjuaq

Chutes
Hélène

Pergélisol continu

R. George

Pergélisol discontinu

NEWFOUNDLAND

Kawawachikamach
(Schefferville)

Esker

Smallwood Reservoir

Goose Bay

Churchill Falls

Churchill R.

Labrador

Wabush

Fermont

389

R. du Petit Mécatina

Blanc-Sablon

agnon

R. Moisie

R. Romaine

Pergélisol sporadique

Mécatina

St. Barbe

449

CÔTE-NORD

Port-Cartier-
Sept-Îles

647   Havre-St-Pierre   Baie-Johan-Beetz   Harrington
Harbour

Sept-Îles   Natashquan

Archipel de Mingan

430

138   Port-Menier   Île d'Anticosti

Parc de la
Gaspésie   132   Rivière-au-
Renard

GASPÉSIE   Gaspé   Parc National Forillon

Carleton   343   Percé

Parc de Miguasha

GOLFE DU

SAINT-LAURENT

NEWFOUNDLAND

17

Canada
En / Fr

Îles de la
Madeleine   Cap-aux-Meules

Channel-Port
aux Basques

Canada
En / Fr

357

NEW
BRUNSWICK

11

Prince Edward
Island

Souris

105   Sydney

OCÉAN

101   197   2

Fredericton

178   Charlottetown   104   329

ATLANTIQUE

102

NOVA SCOTIA

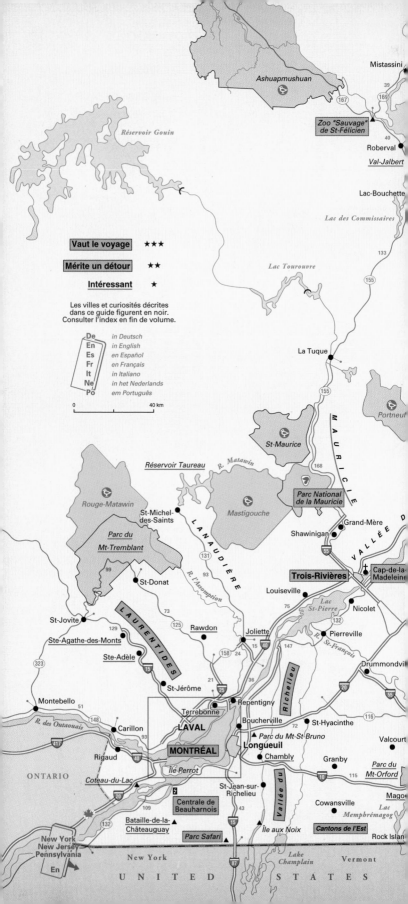

Mistassini

Ashuapmushuan

39

(169)

167

40

Zoo "Sauvage" de St-Félicien

Réservoir Gouin

Roberval

Val-Jalbert

Lac-Bouchette

Lac des Commissaires

Vaut le voyage   ★★★

Mérite un détour   ★★

Intéressant   ★

Les villes et curiosités décrites
dans ce guide figurent en noir.
Consulter l'index en fin de volume.

133

Lac Tourouvre

155

De	in Deutsch
En	in English
Es	en Español
Fr	en Français
It	in Italiano
Ne	in het Nederlands
Po	em Português

La Tuque

155

0   40 km

Portneuf

MAURICIE

St-Maurice

R. Matawin

168

Réservoir Taureau

Parc National
de la Mauricie

Rouge-Matawin

LANAUDIÈRE

Mastigouche

Grand-Mère

VALLÉE D

Shawinigan

St-Michel-
des-Saints

Parc du
Mt-Tremblant

99

St-Donat

131

R. l'Assomption

93

Trois-Rivières

Cap-de-la-
Madeleine

55

Louiseville

Lac
St-Pierre

Nicolet

St-Jovite

LAURENTIDES

129

73

125

Rawdon

Joliette

75

132

Pierreville

R. St-François

Ste-Agathe-des-Monts

Ste-Adèle

15

158 24

40

147

Drummondvi

323

21

36

20

55

St-Jérôme

25

Montebello

51

Repentigny

Richelieu

116

148

Terrebonne

Boucherville

72

St-Hyacinthe

R. des Outaouais

LAVAL

Parc du Mt-St-Bruno

417

Carillon

93

MONTRÉAL

Longueuil

Valcourt

Rigaud

40

Île Perrot

Chambly

Granby

Parc du
Mt-Orford

ONTARIO

Coteau-du-Lac

20

St-Jean-sur-
Richelieu

10

115

Mago

Centrale de
Beauharnois

109

43

Cowansville

Lac
Memphrémagog

132

Bataille-de-la-
Châteauguay

Vallée du

Île aux Noix

Cantons de l'Est

New York
New Jersey
Pennsylvania

En

Parc Safari

15

Rock Islan

New York

87

Lake
Champlain

Vermont

U N I T E D   S T A T E S

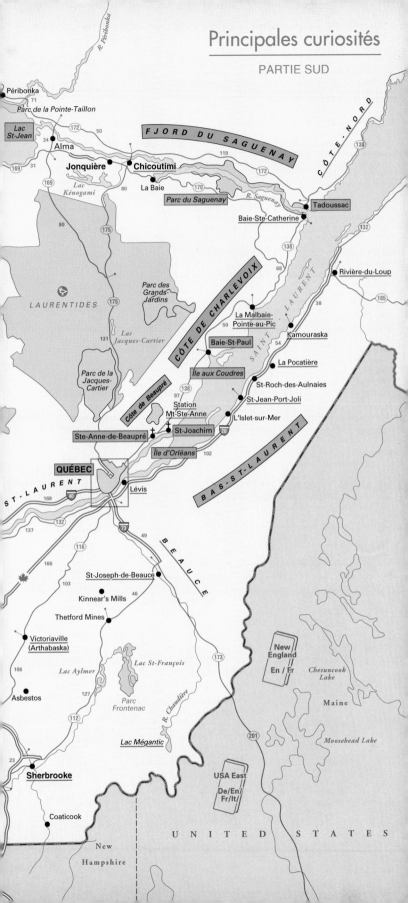

Sélection des villes et curiosités à étoile(s) figurant sur les cartes précédentes.

Pour trouver la description de ces sites ou curiosités, consulter les pages de l'index en fin de volume.

★★★

★★

★

Régions touristiques
définies par le Ministère du Tourisme (Québec)

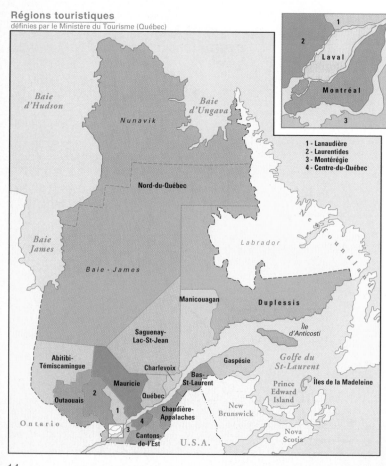

1 - Lanaudière
2 - Laurentides
3 - Montérégie
4 - Centre-du-Québec

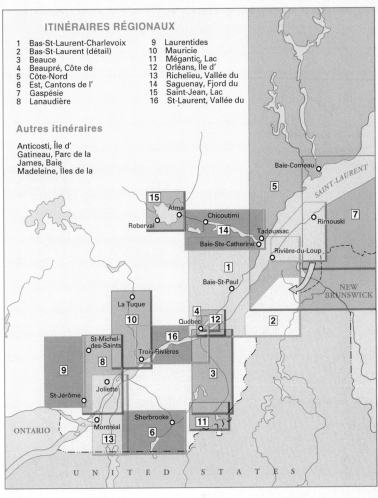

ITINÉRAIRES RÉGIONAUX

1. Bas-St-Laurent-Charlevoix
2. Bas-St-Laurent (détail)
3. Beauce
4. Beaupré, Côte de
5. Côte-Nord
6. Est, Cantons de l'
7. Gaspésie
8. Lanaudière
9. Laurentides
10. Mauricie
11. Mégantic, Lac
12. Orléans, Île d'
13. Richelieu, Vallée du
14. Saguenay, Fjord du
15. Saint-Jean, Lac
16. St-Laurent, Vallée du

Autres itinéraires

Anticosti, Île d'
Gatineau, Parc de la
James, Baie
Madeleine, Îles de la

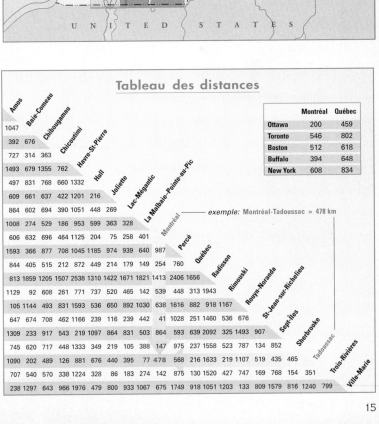

Tableau des distances

	Montréal	Québec
Ottawa	200	459
Toronto	546	802
Boston	512	618
Buffalo	394	648
New York	608	834

exemple: Montréal-Tadoussac = 478 km

Amos	Baie-Comeau	Chibougamau	Chicoutimi	Havre-St-Pierre	Hull	Joliette	Lac-Mégantic	La Malbaie-Pointe-au-Pic	Montréal	Percé	Québec	Radisson	Rimouski	Rouyn-Noranda	St-Jean-sur-Richelieu	Sept-Îles	Sherbrooke	Tadoussac	Trois-Rivières	Ville-Marie
1047																				
392	676																			
727	314	363																		
1493	679	1355	762																	
497	831	768	660	1332																
609	661	637	422	1201	216															
864	602	694	390	1051	448	269														
1008	274	529	186	953	599	363	328													
606	632	696	464	1125	204	75	258	401												
1593	366	877	708	1045	1185	974	939	640	987											
844	405	515	212	872	449	214	179	149	254	760										
813	1859	1205	1507	2538	1310	1422	1671	1821	1413	2406	1656									
1129	92	608	261	771	737	520	465	142	539	448	313	1943								
105	1144	493	831	1593	536	650	892	1030	638	1616	882	918	1167							
647	674	708	462	1166	239	116	239	442	41	1028	251	1460	536	676						
1309	233	917	543	219	1097	864	831	503	864	593	639	2092	325	1493	907					
745	620	717	448	1333	349	219	105	388	147	975	237	1558	523	787	134	852				
1090	202	489	126	881	676	440	395	77	478	568	216	1633	219	1107	519	435	465			
707	540	570	338	1224	328	86	183	274	142	875	130	1520	427	747	169	768	154	351		
238	1297	643	966	1976	479	800	933	1067	675	1749	1051	1203	133	809	1579	816	1240	799		

Rivière Jacques Cartier

© Malak, Ottawa

Introduction
au Québec

Un peu de géographie

Presque trois fois plus grand que la France et légèrement plus vaste que l'Alaska, le Québec représente – avec une superficie de 1 540 680 km² – environ 15 % du territoire canadien. Cette immense province, qui atteint 1 500 km d'Est en Ouest et 2 000 km du Nord au Sud, permet la coexistence d'une multiplicité de formes et de climats, sans parler d'une faune et d'une flore très caractéristiques.

Grandes régions naturelles

Des espaces émaillés de lacs du Bouclier canadien et de l'austère toundra des zones nordiques aux terrasses cultivées des montagnes appalachiennes, en passant par les basses terres du Saint-Laurent où se concentre la majorité de la population... le Québec recèle une gamme étonnante de paysages.

Le Bouclier canadien – Élément dominant de la charpente physique du Canada, le Bouclier couvre 80 % de la superficie provinciale. Les roches de granit et de gneiss de cette immense région forment le soubassement d'une très ancienne chaîne de montagnes qui, pendant des milliards d'années, fut soumise à un constant travail d'érosion. Durant l'ère paléozoïque, presque toute la surface du Bouclier était recouverte d'eau peu profonde et ensevelie sous d'épaisses couches de sédiments marins. Cette étendue, plutôt plate et monotone, atteint à peine 600 m au-dessus du niveau de la mer. Les paysages du Bouclier se composent essentiellement de plateaux étendus, interrompus çà et là par quelques massifs montagneux. Sur les bords, on trouve cependant des terrains profondément entaillés par des rivières s'écoulant en direction des basses terres environnantes.

Les plateaux nordiques – À la fin de la dernière glaciation, il y a environ 6 000 ans, seule cette région – célèbre pour ses nombreux lacs – était encore prise par les glaces. La moitié Sud du plateau est dominée par le massif des monts Otish, dont les sommets dépassent 1 000 m d'altitude. Au Sud-Est, le réservoir Manicouagan comble aujourd'hui le cratère formé par l'impact d'un météore. Phénomène assez remarquable à cette latitude, les précipitations annuelles atteignent, grâce aux vents d'Ouest venus de la baie d'Hudson, une hauteur de plus d'un mètre, dont presque la moitié en neige. Les imposants monts Torngat, dont le mont Iberville (1 622 m) est le point culminant du Québec, séparent la baie d'Ungava de la mer du Labrador.

L'Abitibi-Témiscamingue – Cette région du Bouclier s'étire le long de la frontière avec l'Ontario, entre la rivière des Outaouais et la plaine d'Eastmain, au Sud de la Baie James. Plus au Sud, la boucle de la rivière des Outaouais délimite la région de Témiscamingue, connue pour ses fermes laitières nichées au cœur de collines couvertes d'épinettes.

Paysage du Bouclier canadien

Sainte-Rose-du-Nord (Fjord du Saguenay)

Les Laurentides – Contemplée d'un point suffisamment élevé, cette véritable mer de crêtes arrondies paraît relativement élevée (600 à 800 m). De l'autre côté du fjord du Saguenay s'étend la Côte-Nord, rive peu peuplée du golfe du Saint-Laurent. Déployée sur plus de 1 000 km, cette plaine côtière battue par les vents gît face à l'escarpement laurentien, à travers lequel de puissantes rivières ont creusé d'étroites vallées jonchées de rocs.

Le Saguenay–Lac-Saint-Jean – Véritable oasis au sein du Bouclier, la cuvette contenant le lac Saint-Jean – qui s'écoule, par l'intermédiaire du Saguenay, dans l'estuaire du Saint-Laurent – possède de vastes étendues fertiles et bénéficie d'un été relativement chaud (même si, comparativement aux régions côtières du Sud, il est plus court) ainsi que d'un fort potentiel hydro-électrique, nourri par la présence de nombreuses rivières. Les à-pics rocheux du cap Éternité et du cap Trinité s'élancent, telles les parois d'un canyon, à plusieurs centaines de mètres au-dessus de la surface de l'eau.

La plaine du Saint-Laurent – Située entre le Bouclier canadien au Nord et les Appalaches au Sud-Est, la plaine du Saint-Laurent épouse la forme d'un triangle, avec la ville de Québec à son sommet. Comme la plaine du Saint-Laurent s'élève progressivement vers le Nord-Est, les terres situées aux environs de Montréal (dont l'altitude dépasse rarement 70 m) sont moins élevées que celles de la région de Québec (100 m au-dessus du niveau de la mer).
À l'Est, entre Montréal et les premières arêtes des Appalaches, un chapelet de buttes massives et isolées, les **collines Montérégiennes**, domine un paysage uniformément plat. Grâce à un sol fertile et à un climat modéré, les basses terres bénéficient d'une réputation agricole bien méritée.

Les Appalaches – Séparées de la plaine du Saint-Laurent par la **faille Champlain**, les Appalaches courent vers le Nord-Est, le long de la frontière américaine, du Vermont et du New Hampshire à la province du Nouveau-Brunswick. Les hauteurs sont couvertes de forêts d'arbres feuillus, tandis que les plus grandes vallées se prêtent à une agriculture mixte. Vers le Nord-Est et la péninsule gaspésienne, les forêts de conifères prédominent et l'agriculture se fait plus marginale.

Les Cantons-de-l'Est et la Beauce – Il s'agit là des deux régions les plus peuplées du Québec appalachien. Les Cantons de l'Est occupent la portion Sud-Ouest des Appalaches, comprise entre la frontière américaine et le bassin de la Chaudière. La Beauce s'étend de part et d'autre de cette rivière. Vergers, vignobles, pâturages et fermes laitières caractérisent la partie Ouest du pays beauceron, le reste de la région étant dominé par une forte concentration d'érablières.
Les paysages estriens ressemblent étrangement à ceux du Nord de la Nouvelle-Angleterre. En passant la frontière, les Green Mountains du Vermont se prolongent vers les monts Sutton, eux-mêmes suivis des basses collines du bassin de la rivière Bécancour, près de Thetford Mines.

Le Bas-Saint-Laurent et la Gaspésie – Au Nord-Est de la Chaudière, la chaîne des Green Mountains et des monts Sutton fait place aux monts Notre-Dame, dont les versants Nord descendent jusqu'à une plaine étroite en bordure du Saint-Laurent. Protégée des vents polaires par le renflement des monts Chic-Chocs, la région, autrefois qualifiée de « Québec méditerranéen », est réputée pour son agréable microclimat.
Au Sud et à l'Est de la Gaspésie, les Appalaches présentent des alignements de schiste et de grès rouge qui forment, dans le golfe du Saint-Laurent, l'île du Prince-Édouard et les îles de la Madeleine.

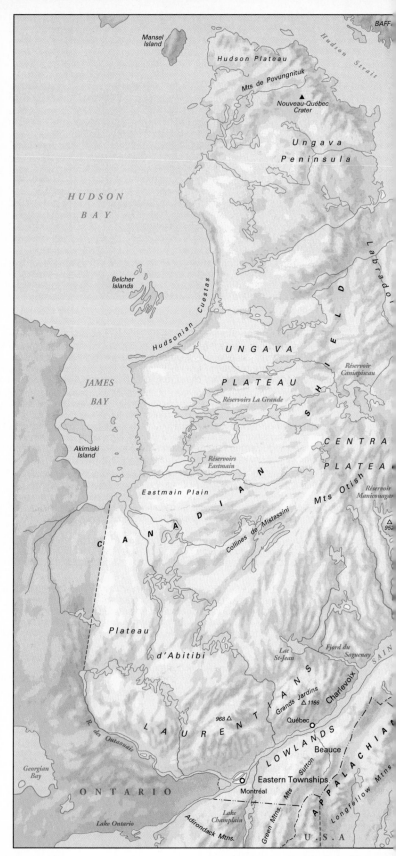

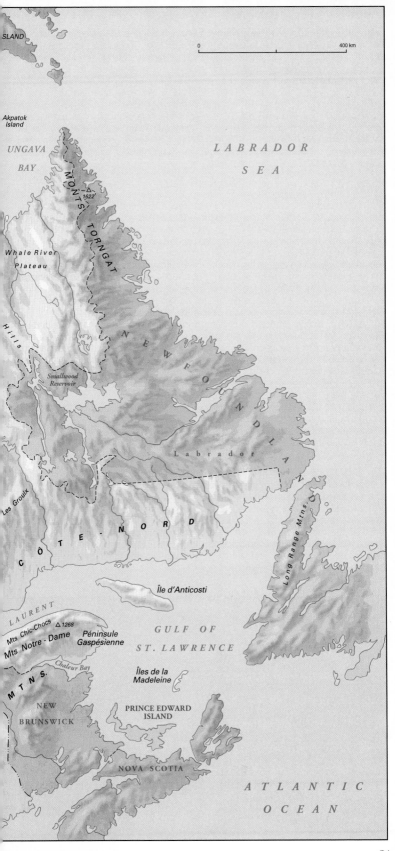

SLAND

Akpatok
Island

UNGAVA

BAY

L A B R A D O R

S E A

△ 1622'

Whale River
Plateau

Hills

Smallwood
Reservoir

Les Groulx

N E W F O

U N D L A N

Labrador

C Ô   T E - N O R D

Long Range Mtns.

Île d'Anticosti

LAURENT

Mts Chic-Chocs △ 1268

Mts Notre - Dame

Péninsule
Gaspésienne

GULF OF

ST. LAWRENCE

Chaleur Bay

Îles de la
Madeleine

M T N S.

NEW

BRUNSWICK

PRINCE EDWARD
ISLAND

NOVA SCOTIA

A T L A N T I C

O C E A N

0   400 km

21

Climat

Du fait de sa latitude et de sa position en bordure orientale du pays, le Québec est soumis à d'extrêmes écarts de température. Des hivers rigoureux succèdent à des périodes estivales chaudes, caractéristiques d'un climat continental. Plus l'on remonte vers le Nord, plus les étés se rafraîchissent et les hivers deviennent glacés, mais l'amplitude thermique entre les variations saisonnières persiste. Par exemple, la moyenne thermique estivale à Montréal est de 22°C, et la moyenne hivernale de –9°C. À Kuujjuarapik, village inuit situé sur le rivage oriental de la baie d'Hudson, les moyennes respectives sont de 11°C et –23°C. Les précipitations sont abondantes, particulièrement dans les régions voisines de l'océan Atlantique et de la baie d'Hudson, et les moyennes annuelles oscillent entre 35 et 110 cm. Ces mêmes précipitations diminuent généralement à l'intérieur des terres et vers le Nord, et sont équitablement étalées entre les pluies d'été et les neiges d'hiver.

Faune

Le territoire québécois, bien qu'immense, possède une faune relativement restreinte, dont la diversité diminue au fur et à mesure que l'on remonte vers le Nord. On dénombre tout de même plus de 50 espèces de mammifères, 350 espèces d'oiseaux (dont 5 à 7 % hivernent sur place) et 120 espèces de poissons.

La partie Sud du Québec est le terrain de prédilection des chasseurs. Dans les réserves fauniques abondent toutes sortes d'animaux : orignal, caribou, cerf de Virginie, ours noir, mais aussi oiseaux de proie (buse à queue rousse, faucon émerillon, crécerelle et grand-duc d'Amérique). La province se situe par ailleurs sur la route migratoire des bernaches du Canada et des oies des neiges, et beaucoup d'endroits sur les rives du Saint-Laurent sont renommés pour l'observation des oiseaux.

Plus au Nord, la taïga abrite d'importants troupeaux de **caribous**, comme celui de la rivière Georges, au Sud de la baie d'Ungava, qui compte à lui seul 300 000 têtes. Sept autres troupeaux plus petits ont été recensés dans la zone de transition entre la taïga et la toundra. La région est ponctuée d'une myriade de lacs et de cours d'eau riches en saumons, éperlans, brochets, truites et perches.

Parmi les espèces animales adaptées aux rudes conditions de vie de la toundra, on trouve le lièvre arctique, le renard et l'ours polaire, ainsi que le faucon gerfaut et le harfang des neiges. Beaucoup de **mammifères marins** (phoque, béluga, rorqual à bosse, rorqual commun et petit rorqual) fréquentent les eaux du Saint-Laurent lors des périodes migratoires. L'observation des **baleines** est d'ailleurs populaire au Québec, surtout sur les rivages de la Côte-Nord et dans la région du Saguenay.

Flore

La latitude est un facteur important dans la répartition de la couverture végétale, puisqu'elle détermine la durée et la température moyenne de la saison de croissance. Ainsi, dans le Nord de la province, la période durant laquelle les conditions météorologiques se prêtent à la croissance des plantes est inférieure à 40 jours, alors qu'elle dure 180 jours dans la région de Montréal. L'altitude par rapport au niveau de la mer, la proximité de l'Océan et les microclimats créés par des reliefs particuliers (comme la cuvette du lac Saint-Jean) sont autant de facteurs susceptibles de modifier le schéma latitudinaire de la couverture végétale.

Troupeau de caribous

La **forêt à feuilles caduques**, essentiellement présente dans la partie Sud du Québec, est dominée par toutes sortes d'érables, mais elle comprend aussi d'autres feuillus à bois durs, tels que le hêtre, le caryer, le tilleul d'Amérique, le frêne et le chêne. Répandue des Laurentides méridionales aux régions côtières de la Gaspésie, cette forêt compte de plus en plus de sapins baumiers et de bouleaux blancs ou jaunes au fur et à mesure que l'on remonte vers le Nord ou que l'on prend de l'altitude.

Couvrant les vastes régions d'Abitibi, du Saguenay–Lac-Saint-Jean et de la Côte-Nord, l'épaisse **forêt boréale** est dominée par des conifères aux troncs droits et élancés. Répartis en masses homogènes, ces arbres aux bois tendres sont adaptés aux saisons de croissance plus courtes. Parmi les espèces communément observées, on notera le sapin, le bouleau blanc, l'épinette noire ou encore le pin de Banks. Afin de protéger cette précieuse ressource naturelle, le Gouvernement a lancé, en 1984, un ambitieux programme visant à replanter 36 millions d'arbres par an.

Plus au Nord commence la **taïga**, vaste formation végétale soumise au climat subarctique et composée d'espèces à bois tendre. Des bouquets d'épinettes noires, de bouleaux blancs ou de mélèzes laricins font peu à peu place à une végétation rampante de lichens et de mousses arctiques. Deux facteurs restreignent la croissance et la reproduction des arbres : la moyenne très basse des températures estivales et le manque d'eau. Le dégel de l'été n'est que superficiel, car en profondeur, le sol reste gelé en permanence : c'est le pergélisol, caractéristique des espaces nordiques.

La **toundra** est la zone de végétation située la plus au Nord. Épars entre des affleurements de lits pierreux et des éclats de roches, un fin tapis de mousses, de lichens, de graminées et d'herbes s'accroche au sol. Quelques rares arbrisseaux (saules ou bouleaux) arrivent à survivre dans des endroits abrités des éléments, mais de façon générale, le manque d'humidité et les étés trop courts et trop froids ne permettent pas la croissance des arbres. Ici, le sol – gelé en permanence – empêche l'infiltration des maigres précipitations, ce qui provoque à la surface du sol une couche mal drainée : le « muskeg ». Durant les quelques longs jours d'été, la toundra herbeuse, bouclant son cycle annuel de floraison, explose en une myriade de couleurs intenses.

Population et situation linguistique

Province canadienne la plus peuplée après l'Ontario (10 753 573 habitants), le Québec (7 138 795 habitants) représentait – au recensement de 1996 – 25 % de la population du pays. Selon le même recensement, quatre Québécois sur cinq (soit un total de 5 543 060 personnes) résidaient en milieu urbain, dans le Sud de la province.

La population autochtone – En 1996, 71 415 habitants (environ 1 % de la population) se déclaraient d'origine autochtone, c'est-à-dire d'ascendance amérindienne, inuit ou métisse. Les **Amérindiens** du Québec (approximativement 47 600 personnes) se subdivisent en neuf nations : Abénaquis, Algonquins, Atikamekw, Cris, Hurons, Micmacs, Mohawks, Montagnais et Naskapis. Les deux grandes familles de langues amérindiennes parlées sont l'iroquois (dialectes mohawk et huron) et l'algonquien (dialectes cri, montagnais-naskapi, micmac et abénaki). Aujourd'hui, l'essentiel de la population amérindienne se concentre dans les régions de Pointe-du-Buisson, Mashteuiatsh, Odanak, Lorette et Kahnawake, les villages de la baie James comptant une importante communauté crie. Quant aux Inuits (environ 8 300 personnes), leur langue est l'inuktitut, et ils peuplent les espaces nordiques du Nunavik.

La population allochtone – En 1996, 2 881 395 personnes (soit environ 80 % de la population) se déclaraient d'origine française, contre 9 % de souche britannique et 3 % d'ascendance italienne, les Européens de l'Est représentant à peine 2 % de cette mosaïque ethnique. L'agglomération montréalaise regroupe à elle seule 47 % de la population, la ville même de Montréal 14 %. La communauté anglophone, qui s'installa à Québec, à Montréal et dans les Cantons-de-l'Est après 1815, connaît depuis la Seconde Guerre mondiale une sérieuse baisse de ses effectifs. Ce sont les Italiens et les Européens de l'Est qui, au début du siècle, ont donné à Montréal son caractère cosmopolite. La période d'après-guerre s'accompagna d'un afflux d'immigrants originaires du bassin méditerranéen. Les années 1970 virent en revanche l'arrivée d'un important contingent venu d'Asie du Sud-Est, suivie, au cours des années 1980, d'une forte immigration latino-américaine (notamment chilienne). Plus récemment, l'immigration asiatique s'est à nouveau affirmée, avec l'arrivée au Québec de quelque 61 800 personnes entre 1991 et 1996.

La question linguistique – Au Québec, selon le recensement de 1996, 3 931 745 habitants se considèrent aujourd'hui de langue maternelle française. Le problème linguistique surgit dans les années 1960 à la faveur de trois facteurs : la prise de conscience de la fragilité de la culture française au sein d'un Canada anglophone ; celle des effets d'une forte immigration internationale sur l'équilibre linguistique de la province (les nouveaux arrivants ayant plutôt tendance à s'intégrer à la minorité anglophone) ; enfin, les premiers signes, vers 1965, d'une baisse du taux de natalité (celui-ci ayant diminué de moitié entre 1951 et 1986).
C'est surtout à propos de l'enseignement que la question linguistique se posa. Conscient du rôle de l'école comme lieu d'apprentissage et de transmission de la culture, le gouvernement du Québec légiféra (Loi 63 en 1969, Loi 22 en 1974), posant les conditions d'accès à une scolarité anglophone pour les immigrants. Élu en 1976, le Parti québécois, souverainiste, passa l'année suivante la fameuse **Loi 101**, véritable charte qui définissait le statut de la langue française et son utilisation dans les domaines de la législation et de la justice, de l'administration, du commerce, des affaires et de l'enseignement. En matière d'éducation, la législation actuelle permet l'accès à l'école primaire et secondaire publique de langue anglaise aux enfants dont les parents ont suivi leurs études primaires en anglais au Canada. En 1988, le Gouvernement adopta la **Loi 178**, qui amendait la Loi 101 favorable à l'affichage unilingue français tant à l'intérieur qu'à l'extérieur des commerces. La nouvelle loi permettait l'affichage bilingue à l'intérieur des commerces, à condition que le français ait une nette prédominance sur l'autre langue. Quelques années plus tard, en 1993, on adopta la Loi 86, qui permet désormais d'afficher en français et dans une autre langue à l'extérieur comme à l'intérieur, pourvu que l'avantage soit donné au français.

Système politique

Le système politique du Québec s'inscrit dans le cadre de la Constitution de 1867, qui départage les compétences législatives entre les gouvernements provincial et fédéral.

L'État – Le pouvoir législatif réside dans l'**Assemblée nationale** unicamérale, qui remplace l'Assemblée législative depuis 1968. Les 125 députés de l'Assemblée nationale sont élus pour une législature dont la durée maximale est de cinq ans. Les membres appartiennent à des partis politiques qui reflètent les différentes tendances politiques de l'électorat. Représentant officiel de la Couronne britannique, le **lieutenant-gouverneur**, nommé par le gouverneur général, sanctionne les lois et compose, avec l'Assemblée nationale, le **Parlement**.

Le gouvernement est formé par le parti qui obtient le plus de sièges dans l'Assemblée nationale lors d'une élection. Le chef du parti majoritaire devient **Premier ministre**. Il forme son **Conseil des ministres** parmi les députés élus. Le **pouvoir exécutif**, celui du Conseil des ministres, est responsable de l'introduction des lois à l'Assemblée. La représentation parlementaire s'appuie de surcroît sur les commissions parlementaires, « consultations » auprès des groupes de pression concernés par des projets de loi.

Assemblée nationale (1997)

© Pierre Roussel/PUBLIPHOTO

Le **pouvoir judiciaire** du Québec comprend deux paliers : la première instance et l'appel. Au niveau de la première instance, on trouve les cours municipales, la Cour du Québec et la Cour supérieure. Depuis sa création en 1988, la Cour du Québec regroupe la Cour provinciale, la Cour des sessions de la paix et le Tribunal de la jeunesse. La Cour du Québec, dont les juges sont nommés par le gouvernement du Québec, traite de certaines matières civiles, criminelles et pénales. La Cour supérieure a compétence en toute matière qui n'est pas clairement attribuée à un autre tribunal. Elle sert aussi de cour d'appel en matière d'infractions pénales. La Cour d'appel est le tribunal général d'appel pour toute la province ; ses juges sont nommés par le Gouvernement fédéral. Enfin, la Cour suprême, formée de neuf juges eux aussi nommés par le Gouvernement fédéral, constitue l'ultime tribunal d'appel du pays et peut, à ce titre, entendre appel d'un jugement prononcé à la Cour d'appel du Québec.

Le système électoral – Le suffrage est universel pour les citoyens de 18 ans et plus. Le scrutin uninominal et majoritaire, à un tour, se fonde sur l'idée de représentation territoriale. Chacun des 125 députés du Québec représente la population d'une circonscription ou « comté ». Depuis 1963, la loi électorale du Québec, exemplaire quant à ses exigences de transparence politique, oblige à un dépôt des états financiers des partis et leur fixe un plafond de dépenses (proportionnel au nombre d'électeurs), tout en prévoyant une contribution de l'État au financement des dépenses électorales et des dépenses administratives courantes des partis ayant obtenu un succès électoral minimal. Pour les besoins de l'administration publique, le Québec est aujourd'hui divisé en 17 régions administratives.

La politique fédérale au Québec – Les Québécois élisent aussi des députés à la Chambre des communes d'Ottawa, et y sont représentés au Sénat par des sénateurs nommés par le Gouvernement fédéral. La députation des provinces à Ottawa doit normalement être proportionnelle à leur population. En 1998, 75 des 301 députés fédéraux et 24 des 104 membres du Sénat représentaient le Québec.

Les relations internationales – Selon la Constitution canadienne, les relations internationales relèvent du Gouvernement fédéral. En fondant son action sur le principe de l'extension internationale de ses compétences internes et pour assumer ses responsabilités en matière d'immigration, d'emprunts financiers internationaux, d'environnement et surtout de culture, le Québec s'est doté, depuis 1960, de délégations et de bureaux à l'étranger ainsi que d'un ministère des Affaires internationales. Le Québec affirme, au sein du monde francophone, une présence de plus en plus active. Ainsi, la ville de Québec fut le siège du Second Sommet de la francophonie en 1987. Par ailleurs, la province participe, depuis 1988, à TV 5, la « télévision internationale de langue française ».

Économie québécoise

La force économique du Québec a longtemps résidé dans l'abondance de ses richesses naturelles. Ses vastes forêts, ses terres agricoles et ses puissantes rivières font toujours l'objet d'une importante exploitation, mais l'essentiel des activités économiques québécoises repose désormais sur le secteur manufacturier (22 % du produit intérieur brut) et celui des services (65 %).

Les fourrures – Le commerce des fourrures joua un rôle majeur dans la colonisation des régions nordiques du Québec. Héritage des Amérindiens et des Inuits, le piégeage est devenu une activité relativement marginale sur le plan national. Le Canada est pourtant – avec l'ancienne URSS – l'un des plus grands fournisseurs de fourrures (sauvages ou d'élevage) du monde, et Montréal, la capitale nord-américaine du commerce des peaux. Les trappeurs québécois, regroupés en coopératives, piègent surtout le rat musqué, le castor et la martre.

Les forêts – L'industrie du bois joue un rôle économique particulièrement vital dans les régions de l'Abitibi-Témiscamingue, de la Côte-Nord, de la Mauricie et du Saguenay–Lac-Saint-Jean. L'exploitation des vastes forêts du Québec constitue, depuis l'époque coloniale, la source d'un revenu considérable. Dans beaucoup d'endroits, le travail forestier s'imposait souvent, pour les cultivateurs, comme une activité d'appoint durant les longs mois d'hiver. Très vite, la construction de navires et celle de maisons entraînèrent une forte consommation de bois, sans parler de la nécessité de se chauffer par des températures fort rigoureuses selon la saison. Le bois était non seulement destiné au marché domestique, mais aussi exporté vers l'Angleterre. Puis au début du 20ᵉ s., le succès croissant de la presse à grand tirage ouvrit un autre marché : celui de la **pâte à papier**. Aujourd'hui, le tiers de la production canadienne de pâtes et papiers provient du Québec. À titre indicatif, une tonne sur sept du papier journal produit dans le monde l'est au Québec, qui consomme le cinquième de sa production et en exporte environ la moitié aux États-Unis.

L'agriculture – Jusqu'au début du siècle, l'agriculture constituait encore la base de l'économie provinciale, les produits laitiers représentant, vers 1880, un secteur commercial fort important. Aujourd'hui, l'agriculture compte pour moins de 2 % du produit intérieur brut. Les principales régions agricoles (Bas-Saint-Laurent, Beauce, Gaspésie) se trouvent à proximité du Saint-Laurent. La production agricole comprend des produits d'origine animale (lait, porcs, volailles, bovins), céréalière (maïs, orge, avoine, blé), maraîchère et fruitière (pomme, fraise, framboise et bleuet).

© Sheila Naiman /REFLEXION

Pêche en Gaspésie

La pêche – Essentiellement concentrée en Gaspésie, aux îles de la Madeleine et sur la Côte-Nord, l'industrie de la pêche contribue relativement peu au produit intérieur brut. En 1996, la valeur totale des prises s'élevait à 134 millions de dollars canadiens (une fois traitées, ces prises ont généré des produits atteignant une valeur de 305 millions de dollars canadiens). La morue, le flétan du Groenland, le sébaste, le maquereau, le hareng, le saumon et les crustacés (crabe, crevette, homard) constituent l'essentiel des espèces maritimes débarquées au Québec. La pêche à l'esturgeon, la perchaude et l'anguille se fait principalement à l'Ouest du cap Tourmente, dans la région du lac Saint-Pierre (Yamaska, Maskinongé, Nicolet et Sorel).

Les industries extractives – Le sous-sol québécois recèle une gamme très fournie de minéraux métalliques (or, argent, fer, cuivre, zinc, plomb, nickel) et non métalliques (le Québec étant le plus grand exportateur d'amiante du monde).
L'activité minière au Québec fut marquée par trois grandes périodes : l'exploitation de l'amiante dans les Cantons-de-l'Est (Asbestos) dans le dernier quart du 19e s. ; celle de l'or et du cuivre en Abitibi (Rouyn-Noranda) vers 1920 ; enfin, celle du fer sur la Côte-Nord (Fermont, Duplessis) et dans le Nord-Est du Québec (Schefferville) après 1945.
L'exploitation des sites d'extraction québécois représente environ 7 % de la production canadienne de minerai, et si elle demeure la principale activité de plusieurs régions, elle compte toutefois pour moins de 2 % du produit intérieur brut.

L'hydro-électricité – Importateur de pétrole et de gaz naturel, le Québec tire aussi son énergie de ses fabuleuses ressources hydro-électriques dont il exporte approximativement 10 % vers les États-Unis et le reste au Canada. L'industrialisation du Québec fut fortement liée à cette hydro-électricité qui fournit à bon compte, dès 1900, l'énergie nécessaire à l'industrie du bois, à la pétrochimie, puis à l'électrométallurgie (Alcan, Reynolds, Péchiney).
Les tenants d'un nationalisme économique ont très tôt réclamé la déprivatisation de l'électricité, que l'Ontario entreprit dès le début du siècle. De la société Shawinigan Water and Power (1902) à **Hydro-Québec** (première nationalisation en 1944, suivie des grandes nationalisations de 1962-1963, à l'initiative de René Lévesque, ministre du gouvernement de M. Jean Lesage), l'hydro-électricité est devenue un produit privi-

Trafic sur la voie maritime du Saint-Laurent entre Montréal et le lac Ontario (1997)				
Transit de navires		**Produits**	**%**	**Tonnes**
Navires chargés	2 083	Céréales	36,5	13 482 327
Navires sur lest	726	Produits miniers	39,8	14 676 645
		Produits finis	23,6	8 689 054
Embarcations de plaisance	13 029	Autres produits	0,1	53 197
Revenu du trafic 34 374 650 $ (CDN)		**Volume total**	**100,0**	**36 901 223**

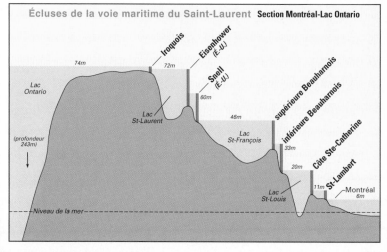

Écluses de la voie maritime du Saint-Laurent   Section Montréal-Lac Ontario

légié de la force économique du Québec. Les premiers barrages sur la rivière Manicouagan furent en quelque sorte le symbole d'une prise en main de l'économie par les Québécois et d'une expertise en ingénierie aujourd'hui exportée aux quatre coins du monde.

L'électricité québécoise est essentiellement produite par des centrales hydro-électriques dont les trois quarts relèvent d'Hydro-Québec. On compte tout de même quelques centrales thermiques ainsi qu'une centrale nucléaire : Gentilly-2, la seule de son genre au Québec. L'aménagement des puissantes rivières du Québec, et son impact sur l'environnement et les populations autochtones des régions nordiques, n'est pas sans soulever certaines controverses.

De nouvelles directions – La Révolution tranquille des années 1960 s'est accompagnée d'une intervention accrue de l'État sur le plan social et économique. Les nationalisations (hydro-électricité et amiante), les mécanismes d'aide aux entreprises (Société générale de financement) ou d'investissements (Caisse de dépôt et de placement), les grands travaux d'infrastructures (Expo'67, métro de Montréal, Jeux olympiques de Montréal en 1976) et les politiques linguistiques favorables à l'ascension des francophones dans les domaines du commerce, de l'industrie et de la finance, ont doté la politique économique québécoise de caractéristiques originales en Amérique du Nord.

Siège d'une puissante Bourse et de nombreuses banques et compagnies canadiennes, la métropole montréalaise bénéficia largement de cette politique qui accordait une place essentielle à l'entreprise québécoise francophone. Si son rôle de capitale financière du pays fut éclipsé au profit de Toronto dans les années 1970, Montréal continue toutefois à dominer la scène économique québécoise. En effet, 52 % des industries manufacturières se concentrent dans l'agglomération montréalaise ; elles emploient 50 % de la main-d'œuvre dans ce secteur, et produisent le tiers des produits finis de la province.

Ces dernières années, les secteurs traditionnels de l'économie québécoise ont souffert de la concurrence internationale (notamment asiatique), mais les industries de haute technologie ont trouvé de nouveaux marchés (aéronautique, télécommunications, ingénierie). Le **secteur des services**, prépondérant depuis les années 1950, représente aujourd'hui plus de 65 % du produit intérieur brut.

Depuis l'ouverture de la **voie maritime du Saint-Laurent** (1959), qui relie les Grands Lacs à l'océan Atlantique, l'intégration des économies québécoise et étasunienne n'a cessé de se consolider. Que ce soit par le biais de ses investissements ou des succursales québécoises d'entreprises américaines, les États-Unis demeurent le grand partenaire économique du Québec, qui y expédie 80 % de ses exportations internationales et en tire 45 % de ses importations.

Repères chronologiques

Période pré-coloniale

Av. J.-C.

v. 20000-15000	Premières migrations humaines de l'Asie vers le continent Nord-américain.
v. 5000-1000	Les chasseurs nomades de la culture archaïque occupent le territoire.
v. 1000	Développement de la culture sylvicole : recours à des produits alimentaires cultivés, utilisation de la céramique et sédentarisation progressive.

Ap. J.-C.

v. 1000	Séjours des Vikings sur la côte orientale du Canada (Terre-Neuve).
v. 1100	Les Thulés, ancêtres des Inuits d'aujourd'hui, pénètrent dans la péninsule d'Ungava.
1492	Christophe Colomb « découvre » l'Amérique.

Nouvelle-France

1534	**Jacques Cartier** prend possession du Canada au nom de François Ier.
1534-1608	Les Hurons et les Algonquins chassent les Iroquois de la vallée du Saint-Laurent.
1535	Second voyage de Cartier, qui remonte le Saint-Laurent jusqu'à Hochelaga, site actuel de Montréal.
1608	Fondation de la ville de **Québec** par **Samuel de Champlain**.
1609-1633	Alliance des Hurons et des Français contre les Iroquois.
1610	Alors qu'il cherchait la route des Indes par l'Ouest, l'anglais **Henry Hudson** découvre le détroit et la baie qui porteront son nom.
1627	Fondation de la Compagnie des Cent-Associés.
1642	Fondation de Ville-Marie, aujourd'hui **Montréal**, par **Maisonneuve**. Début des **guerres iroquoises**.
1648-1649	Destruction de la Huronie par les Iroquois qui reprennent le contrôle de la vallée du Saint-Laurent.
1670	Fondation de la **Compagnie de la baie d'Hudson**.
1673	Exploration du Mississipi par le père Marquette et Louis Jolliet.
1701	Paix de Montréal : fin des guerres iroquoises.
v. 1730-1750	La famille La Vérendrye explore l'Ouest canadien.
1744	Pierre-François-Xavier de Charlevoix publie sa célèbre *Histoire et description générale de la Nouvelle-France*.
1755	Déportation des Acadiens.
1756-1763	Guerre de Sept Ans opposant la France, l'Autriche, la Russie et l'Espagne à la Grande-Bretagne et à la Prusse.
1759	Défaite française à la **bataille des plaines d'Abraham**. Reddition de Québec aux Anglais.
1760	Capitulation de Montréal.
1763	Le **traité de Paris** cède la Nouvelle-France à l'Angleterre.

Régime anglais

1774	L'**acte de Québec** organise la nouvelle colonie anglaise. Il reconnaît les lois civiles françaises et garantit aux Canadiens le libre exercice de leur religion.
1775-1783	Guerre d'Indépendance américaine. L'armée américaine prend Montréal (1775 et 1776), mais échoue devant Québec (1776).
1783	Reconnaissance de l'indépendance des États-Unis par la Grande-Bretagne. Arrivée des premiers loyalistes (fidèles à la Couronne britannique) au Canada.
1789	Révolution française et diffusion de nouvelles idées. Après la mort de Louis XVI, retournement contre-révolutionnaire.
1791	L'**Acte constitutionnel** crée le Haut-Canada (Ontario) et le Bas-Canada (Québec), et octroie à chacun une Chambre d'assemblée.
1806	Fondation du *Canadien*, premier quotidien francophone, à Montréal.
1812-1814	Guerre anglo-américaine. Défaite américaine à la bataille de la Châteauguay.
1837-1838	**Rébellion des Patriotes**. Suspension de la Constitution de 1791.

1841	L'**acte d'Union** crée le Canada-Uni.
1845-1848	François-Xavier Garneau publie son *Histoire du Canada*. Arrivée d'un important contingent d'immigrants irlandais.
1852	Fondation de l'université Laval, première institution francophone d'enseignement supérieur en Amérique du Nord.
1854	Abolition du régime seigneurial.

Confédération canadienne

1867	L'**acte de l'Amérique du Nord britannique** crée la **Confédération canadienne** (Ontario, Québec, Nouveau-Brunswick et Nouvelle-Écosse).
1870	Cession de la Terre de Rupert à la Confédération canadienne.
1892	Début de la construction du **château Frontenac** à Québec.
1900	Fondation de la première caisse populaire par A. Desjardins.
1910	Fondation du quotidien *Le Devoir* par Henri Bourassa.
1912	Le Canada octroie à la province de Québec une partie de la Terre de Rupert, connue par la suite sous le nom de Nouveau-Québec.
1918	Obtention du droit de vote des Québécoises aux élections fédérales.
1927	Après des années de dispute, la frontière territoriale entre le Québec et le Labrador est officiellement fixée, mais le Québec n'en reconnaît pas la légitimité.

Québec moderne

1948	Le Québec adopte son drapeau provincial.
1959	Ouverture de la **voie maritime du Saint-Laurent**.
1960	Début de la **Révolution tranquille** sous l'impulsion du Premier ministre Jean Lesage.
1967	Exposition universelle de Montréal. Publication du rapport de la Commission royale sur le bilinguisme et le biculturalisme au Canada.
1968	Fondation du Parti québécois.
1969	Adoption de la Loi 63, première loi visant la promotion de la langue française au Québec.
1970	Crise d'octobre (troubles socio-politiques liés à la prise d'otages par le Front de libération du Québec) et déclaration des mesures de guerre.
1976	**Jeux olympiques** d'été de Montréal. Élection du Parti québécois (premier parti nationaliste souverainiste à accéder au pouvoir), avec à sa tête **René Lévesque**.
1977	Adoption de la **Loi 101**.
1980	Référendum sur la souveraineté du Québec : le « non » obtient 60 % des votes, le « oui » 40 %.
1982	Rapatriement (de Londres) de la Constitution canadienne de 1867. Le Québec est la seule province canadienne à ne pas signer l'**acte de Constitution, 1982**.
1985	Le Vieux-Québec devient le premier centre urbain nord-américain à être inscrit sur la prestigieuse Liste du patrimoine mondial de l'Unesco.
1987-1990	Échec des **accords du lac Meech** : la proposition d'attribution d'un statut distinct pour le Québec n'obtient pas l'unanimité des provinces canadiennes. Conséquence : le Québec maintient son refus d'adhérer à la Constitution de 1982.
1988	Création officielle du **Nunavik**, patrie des Inuits à l'extrême Nord de la province.
1990	Crise amérindienne d'Oka.
1992	Échec du référendum national sur l'attribution d'un statut spécial pour le Québec. Montréal fête le 350ᵉ anniversaire de sa fondation.
1993	Le Bloc québécois devient l'opposition officielle à la Chambre des communes.
1994	Élection du Parti québécois, avec à sa tête Jacques Parizeau, qui sera remplacé par Lucien Bouchard en janvier 1996.
1995	Référendum sur la souveraineté du Québec : le « non » obtient cette fois 50,6 % des votes, le « oui » 49,4 %.
1996	De violentes inondations dévastent la région du Saguenay.
1998	Une tempête de verglas sans précédent s'abat sur le Sud-Ouest du Québec, ravageant le réseau hydro-électrique et plongeant des millions de personnes dans le noir.
2000	Montréal devient le siège de la première filiale du NASDAQ (bourse américaine des valeurs technologiques), installée au Canada.

Aperçu historique

Période pré-coloniale

Les toutes premières migrations humaines de l'Asie vers le continent américain s'effectuèrent par vagues successives, il y a quelque 15 000 ans, peut-être même plus, lorsque des peuplades venues de Mongolie et des steppes sibériennes franchirent le détroit de Béring alors émergé, ouvrant ainsi la voie au peuplement humain.

Deux grandes cultures marquèrent la longue période séparant l'arrivée des premiers occupants du Canada de celle des Européens. La première, dite « archaïque » (5000-1000 av. J.-C.), se composait de nomades vivant des produits de la cueillette et de la chasse. Durant la seconde, dite « sylvicole » (1000 av. J.-C.-1500 ap. J.-C.), le nomadisme s'infléchit au profit d'une sédentarité caractérisée par la fabrication de poteries et le développement de l'agriculture. On estime que les populations autochtones d'Amérique du Nord s'élevaient à plus de trois millions de personnes avant l'arrivée des Européens.

Après les brefs séjours des Vikings, vers l'an 1000, sur les côtes de Terre-Neuve *(voir le guide Canada)*, l'Europe oublia semble-t-il pendant plusieurs siècles l'existence du continent américain, à l'exception des Basques et des Anglais qui fréquentaient déjà les eaux poissonneuses de l'Atlantique Nord. Au 16ᵉ s., les tribus indigènes du Québec entrèrent ainsi en contact avec des pêcheurs de morue venus s'aventurer sur le Saint-Laurent, au-delà des riches bancs de Terre-Neuve. L'arrivée des missionnaires et trappeurs modifia profondément leur mode de vie. Bénéficiant déjà d'un système très complexe de croyances et de coutumes, ces tribus résistèrent aux tentatives de l'Église qui entendait les convertir à la foi catholique, comme en témoignent les célèbres *Relations*, écrits historiques décrivant l'œuvre des missionnaires jésuites en Nouvelle-France. Le bouleversement des alliances politiques et des réseaux d'échange traditionnels, les guerres meurtrières, les maladies endémiques venues d'Europe et les effets dévastateurs d'une ardente colonisation eurent toutefois raison des Premières Nations d'Amérique du Nord.

Nouvelle-France

Au 15ᵉ s., l'espoir de découvrir la fameuse « route des Indes » lança à l'assaut des océans bien des explorateurs, parmi lesquels Christophe Colomb qui, en 1492, prit possession de l'île de San Salvador au nom de la Couronne espagnole. La présence coloniale française en Amérique du Nord débuta avec les expéditions de **Jacques Cartier** (1491-1557), échelonnées de 1534 à 1542, mais ne s'affirma réellement qu'avec la fondation de la ville de Québec par **Samuel de Champlain** (v. 1570-1636) en 1608. La **traite des fourrures** devait jouer un rôle décisif dans l'histoire du Québec en poussant les Européens, attirés par le lucratif commerce des peaux, à explorer le continent à la recherche des fourrures de castor et de vison.

Au début du 17ᵉ s., l'administration et le développement de la colonie furent confiés à des compagnies comme celle des Cent-Associés (1627), composée de marchands et d'aristocrates soucieux de tirer bénéfice du Nouveau Monde et de ses fabuleuses richesses naturelles. Néanmoins, le peuplement ne se faisait que lentement : environ 3000 habitants en 1663, dont moins de la moitié nés sur place. L'évangélisation des populations autochtones par les jésuites eut peu de succès, et le commerce des fourrures fut marqué par les terribles **guerres iroquoises**. Champlain s'était en effet attiré la haine implacable des Iroquois, partenaires commerciaux des Anglais. Entre 1627 et 1701, cette nation attaqua régulièrement les tribus amérindiennes de langue algonquienne (Hurons, Montagnais, Algonquins) qui s'étaient rangées du côté français. En 1642, la France riposta en

Théophile Hamel : *Jacques Cartier*

construisant des forts et en fournissant des armes à ses alliés. Pourtant, les attaques continuèrent jusqu'en 1701, époque à laquelle les Iroquois signèrent la Paix de Montréal qui établissait leur neutralité.

Une colonie royale (1663-1763) – Sous le règne de Louis XIV (1643-1715), l'administration de la colonie se calquait sur celle des autres colonies françaises : un gouverneur, responsable des affaires militaires et extérieures ; un intendant, chargé de la justice et des finances ; des propriétaires terriens ou seigneurs ayant plusieurs fonctions administratives. Le seigneur rendait aussi la justice, construisait les moulins, percevait des redevances (cens, rente, banalités) et, le cas échéant, levait des corvées. Les seigneurs-administrateurs, les militaires, et les communautés religieuses concédaient des parcelles de terre à des censitaires selon un mode de distribution et d'occupation appelé le **système seigneurial**. Dispersées en « rangs », les exploitations agricoles ainsi créées formaient un sage alignement de longues bandes parallèles, perpendiculaires à un cours d'eau ou à une route. À l'époque, les paysans représentaient 80 % de la population qui passa de 20 000 habitants au début du 18e s. à environ 70 000 habitants vers 1760.

Aux 17e et 18e s., dans une véritable épopée, les explorateurs poussèrent plus loin les frontières géographiques de la Nouvelle-France et traversèrent une bonne partie du continent. Entre les années 1730 et 1740, les La Vérendrye se rendirent par exemple dans les régions du Manitoba, de la Saskatchewan, du Wyoming et du Dakota, et furent les premiers Européens à contempler les Rocheuses dans le Montana d'aujourd'hui, ouvrant ainsi la voie à de nombreux successeurs.

Archives nationales du Canada (C-11015)

George Agnew Reid : *Arrivée de Champlain à Québec* (1608)

La Conquête anglaise – L'ancienne rivalité franco-anglaise, aggravée par les conflits d'intérêt résultant de la traite des fourrures, aboutit à de nombreuses guerres entre la Nouvelle-France et les colonies britanniques, puis à la prise de Québec (1629). En 1632, par le traité de Saint-Germain, la ville revint aux Français. Le traité d'Utrecht (1713) apporta une paix temporaire ; celle-ci ne dura que jusqu'à la guerre de Sept Ans (1756-1763) qui opposait, en Europe et dans les colonies, l'Autriche, la Russie, la France et l'Espagne à la Grande-Bretagne et à la Prusse. Le 13 septembre 1759, les troupes du général Wolfe défirent celles du marquis de Montcalm à la célèbre bataille des plaines d'Abraham, marquant la fin de la colonie française. Le 8 septembre 1760, la ville de Montréal tomba à son tour aux mains des Anglais. En 1763, le traité de Paris cédait la Nouvelle-France à la puissance britannique.

Régime anglais

L'ère des constitutions (1760-1791) – La conquête militaire mettait en présence des Français catholiques, sujets d'une monarchie absolue, et des Anglais protestants, sujets d'une monarchie constitutionnelle. La loi constitutionnelle de 1774 (connue sous le nom d'acte de Québec) reconnut à la majorité francophone le droit de maintenir son système seigneurial, les lois civiles françaises et le libre exercice de la religion catholique. La fin du 18e s. fut « l'ère des constitutions » : les habitants des 13 colonies américaines gagnèrent leur indépendance vis-à-vis de l'Angleterre en 1776, invitant vainement les Canadiens à se joindre à eux lors d'une invasion qui échoua finalement devant Québec. Des loyalistes, Américains fidèles à la Couronne britannique, vinrent en partie se réfugier dans les Cantons de l'Est. Le Québec se montra favorable à la Révolution française de 1789 jusqu'au régicide de Louis XVI en 1793.

Les autorités britanniques coloniales voyaient d'un mauvais œil l'abolition de la monarchie et de son symbole royal, tandis que l'Église catholique romaine, constatant le renversement de l'autorité royale et ecclésiastique, alimentait un courant contre-révolutionnaire par des gazettes et des sermons. Malgré ces tentatives, qui visaient à maintenir le *statu quo*, une bourgeoisie aux idées libérales commença à voir le jour. En 1791, le Parlement britannique donna une nouvelle constitution à ses colonies d'Amérique du Nord. Le Québec, ou Bas-Canada, et l'Ontario, ou Haut-Canada, se virent chacun octroyer une assemblée législative. Le Québec fit ainsi sa première expérience d'une démocratie parlementaire.

Des luttes constitutionnelles aux luttes insurrectionnelles (1791-1840) – Dès le début du 19e s., les Canadiens français, qui s'étaient rapidement familiarisés avec les institutions britanniques, obtinrent la majorité à la Chambre, et tentèrent ainsi de faire valoir leurs aspirations et leurs revendications. Le Parti patriote, connu sous le nom de « Parti canadien » jusqu'en 1826, était dirigé par **Louis-Joseph Papineau** (1786-1871). Il fut vite confronté à l'autorité d'un gouverneur anglais et d'un Conseil législatif qui rejetaient souvent les lois présentées à la Chambre par les représentants du peuple. L'impasse constitutionnelle et la politique coloniale des Anglais, doublées d'une crise sociale généralisée et de l'exaspération nationaliste des Canadiens français, menèrent en 1837 et 1838 à la **Rébellion des Patriotes**. Ces insurrections, qui touchèrent particulièrement la région de Montréal, étaient suscitées par un profond sens démocratique, mais aussi par un sentiment anti-anglais et anti-colonial et par le désir de se libérer du pouvoir seigneurial et ecclésiastique. À la suite de l'échec de ces rébellions, le gouverneur général Lord Durham fut chargé d'enquêter sur les causes de ces troubles. En 1839, pour tenter de rétablir l'harmonie au sein des colonies et d'en favoriser l'essor, il proposa, dans son fameux *Rapport sur les affaires de l'Amérique septentrionale britannique*, l'union des deux Canadas.

L'acte d'Union (1840-1867) – Passé en 1841, l'acte d'Union réunit le Bas et le Haut-Canada en une province : le Canada-Uni. À l'époque, la population du Bas-Canada s'élevait à 750 000 habitants (dont 510 000 Canadiens français), celle du Haut-Canada se limitant alors à 480 000 habitants. Le Haut-Canada était beaucoup plus endetté que le Bas-Canada. Pourtant, la dette publique des deux Canadas fut additionnée, et l'Assemblée législative adopta même la langue anglaise. Au milieu du 19e s., une très forte natalité entraîna plusieurs mouvements migratoires, vers des régions de colonisation comme la Mauricie, le Saguenay-Lac-Saint-Jean et le Bas-Saint-Laurent, et vers les villes industrielles de la Nouvelle-Angleterre.

Affaiblie par un clergé limité et par sa non-reconnaissance légale, l'Église catholique témoigna, de 1763 à 1840, d'un indéfectible loyalisme à l'égard du pouvoir politique britannique, même à l'époque de la Rébellion des Patriotes ; en retour, elle acquit sa reconnaissance légale après 1840 et fut alors autorisée à conserver ses biens. À mesure qu'elle prenait du pouvoir sur la scène politique et se rapprochait du parti de **Louis-Hippolyte Lafontaine** (1807-1864), l'Église s'impliquait davantage en matière d'éducation. Lafontaine, allié aux réformistes du Haut-Canada, obtint pour le pays un « gouvernement responsable », c'est-à-dire aux mains du parti majoritaire au Parlement de la colonie. Un deuxième souffle de libéralisme marqua le début de l'Union après l'échec des insurrections, mais celle-ci s'acheva par la montée d'un conservatisme idéologique et politique. Les crises fréquentes menèrent à un nouveau projet politique, la Confédération, à laquelle les libéraux canadiens français s'opposèrent vainement.

Confédération canadienne

Entériné par le gouvernement britannique, l'**acte de l'Amérique du Nord britannique** (aujourd'hui connu sous le nom d'acte de Constitution, 1867) établit la Confédération canadienne. Cette nouvelle entité politique comprenait alors le Québec, la Nouvelle-Écosse, le Nouveau-Brunswick et l'Ontario. La **Constitution de 1867** séparait les pouvoirs du Gouvernement fédéral et ceux des provinces, confiant notamment à ces dernières la charge de l'éducation. Dans le but de garantir les droits des minorités (protestante au Québec, catholique dans les autres provinces), l'**article 93**, très controversé, prévoyait un système scolaire fondé sur la religion plutôt que sur la langue. La Constitution lança alors le terme de « Canada français » pour se référer tout d'abord aux francophones du Québec, du Nouveau-Brunswick et de l'Ontario, puis à ceux du Manitoba. Ce fut à cette époque que **Sir Wilfrid Laurier** (1841-1919) devint le premier Canadien français à occuper le poste de Premier ministre (1896-1911) du pays, alors que l'Empire britannique atteignait son apogée. Parmi les autres événements importants du début des années 1900, on notera l'opposition du Québec à la conscription militaire imposée par le gouvernement fédéral, et hors du Québec, la perte progressive des droits scolaires et linguistiques des minorités catholiques francophones.

Un renouveau nationaliste – Cette perte de droits acquis, le débat sur l'autonomie du Canada, ainsi que la menace que faisaient peser sur la langue française le commerce, la publicité et l'industrialisation, engendrèrent un double mouvement nationaliste. Le premier, incarné par **Henri Bourassa** (1868-1952), fondateur du quoti-dien francophone montréalais *Le Devoir* (créé en 1910), préconisait une plus grande autonomie du Canada au sein de l'Empire britannique et une plus grande autonomie des provinces au sein de la Confédération canadienne. Le second, celui de l'historien **Lionel Groulx** (1878-1967), mettait en avant une idéologie nationaliste basée sur la triple identité des Canadiens français : catholique, francophone et rurale. La campagne de l'abbé Groulx commença au moment où la culture rurale tendait à disparaître, pour s'achever au moment où le catholicisme s'estompait au sein de la société québécoise. La crise de 1929 dura, au Québec, jusque dans les années 1940, où elle devait se conjuguer avec les convulsions de la Seconde Guerre mondiale. Ces deux facteurs concoururent à une série d'interventions économiques et sociales soutenues pour la plupart par le Gouvernement fédéral. Alors commença une période de centralisation fédérale à laquelle s'opposa vivement **Maurice Duplessis**, Premier ministre du Québec de 1944 à 1959.

Québec moderne

La Révolution tranquille – Les changements socio-économiques qui caractérisèrent le début des années 1960 parurent d'autant plus radicaux qu'ils contrastaient avec le conservatisme social et idéologique des gouvernements successifs de M. Duplessis. Parmi les événements qui allaient mener à la Révolution tranquille, on retiendra la prospérité économique engendrée par l'essor minier de la Côte-Nord, l'entrée des Québécois dans la société de consommation et le durcissement du mouvement ouvrier. Le gouvernement du Québec lança, dans les années 1960, une série de mesures éco-nomiques et sociales. En 1962, il nationalisa l'industrie hydro-électrique en créant Hydro-Québec. En 1965, il instaura la Caisse de dépôt et placement afin de gérer les actifs d'un nouveau régime de retraite, et vint en aide à l'entreprise québécoise fran-cophone. Il intervint également au plan social en prenant en mains la gestion des domaines de la santé et des services sociaux. Au plan culturel, il prit le contrôle de l'instruction publique, créant de surcroît un ministère des Affaires culturelles (1961).

Un État souverain ? – Cette croissance du rôle de l'État se fit parallèlement à la montée du courant nationaliste. La souveraineté du Québec allait bientôt être au cœur d'un brûlant débat entre les tenants du fédéralisme, personnifié par **Pierre Elliott Trudeau**, Premier ministre du Canada de 1968 à 1979 et de 1980 à 1984, et les partisans de la souveraineté, incarnée par **René Lévesque** (1922-1987), chef du Parti québécois et Premier ministre du Québec de 1976 à 1985. Celui-ci transforma ce qui n'avait été jusqu'alors qu'un nationalisme culturel en une véritable idéologie politique. Pourtant, le 20 mai 1980, le Parti québécois perdit le référendum sur l'indépendance, 60 % des habitants se prononçant contre la séparation.
Les tensions entre la province et le Gouvernement fédéral atteignirent leur paroxysme lorsque le Québec refusa de signer la **Constitution canadienne de 1982**, assortie d'une charte des Droits et Libertés, principalement parce qu'elle ne prévoyait pas le transfert des pouvoirs législatifs du gouvernement fédéral à celui de la province. Pierre Elliott Trudeau se retira du monde politique en 1984, au moment où le Parti progressiste conservateur de Brian Mulroney, Québécois d'origine, accédait au pouvoir à Ottawa. À son tour, René Lévesque fit ses adieux à la scène politique en 1985. Six mois plus tard, le Parti québécois fut défait par le Parti libéral du Québec, dirigé par Robert Bourassa. Ce dernier annonça qu'il poserait cinq conditions à la signature de la Constitution de 1982.
Les Premiers ministres du Canada et des dix provinces s'entendirent sur ces condi-tions lors des **accords du lac Meech** (30 avril 1987), qui prévoyaient pour le Québec un statut spécial de « société distincte ». Ces accords, qui devaient être unanimement entérinés par le Parlement fédéral et les Assemblées législatives des dix provinces cana-diennes avant le 23 juin 1990, n'aboutirent pas, et l'échec qui s'ensuivit remit en cause l'adhésion du Québec à la Constitution du Canada.
Aucune solution n'est encore venue résoudre cette délicate question, et malgré l'échec, en octobre 1995, du second référendum sur la souveraineté de la province (50,6 % de « non »), l'indépendance du Québec et ses relations avec les autres provinces du Canada continueront vraisemblablement à dominer la scène politique durant les années à venir.

Architecture

Influencé tant par la France que l'Angleterre ou les États-Unis, le paysage architectural du Québec constitue un héritage culturel unique en Amérique du Nord.

Le 17ᵉ siècle – En raison de la nature éphémère des constructions amérindiennes, il ne reste au Québec que très peu de vestiges architecturaux antérieurs aux établissements européens. Les structures les plus anciennes datent par conséquent du milieu du 17ᵉ s. La forme simple de ces bâtiments, construits par des ouvriers et des architectes venus de France, fut influencée par des styles régionaux européens, plus particulièrement bretons et normands. L'administration coloniale, soucieuse de défendre et de protéger les positions stratégiques de Québec, Montréal et Trois-Rivières, encouragea la construction d'enceintes fortifiées. Les bourgs qui se formaient établirent ainsi la trame urbaine qui se développa par la suite. Le vieux magasin à poudre et la redoute du cap Diamant, deux bâtiments inscrits dans l'enceinte de la Citadelle de Québec, sont des exemples représentatifs de l'architecture militaire du Régime français. La pénurie d'ouvriers qualifiés généra une architecture domestique aux formes simples et à l'ornementation dépouillée. Construite en pierre et surmontée d'une toiture à forte pente, la maison Jacquet, à Québec, illustre bien cette architecture austère.

Vers la fin du siècle, les premiers architectes français, dont **Claude Baillif** et **François de la Joüe**, introduisirent en milieu urbain une architecture classique plus monumentale. Ils construisirent d'imposants bâtiments administratifs et religieux. Le château Saint-Louis et la cathédrale de Québec figuraient parmi les premiers édifices évoquant la grandeur du règne de Louis XIV en Nouvelle-France. Ces constructions ont malheureusement disparu.

L'arrivée de plusieurs ordres religieux (ursulines, augustines et jésuites) donna naissance à une architecture institutionnelle reflétant l'influence du classicisme français. Les bâtiments les plus notables de cette époque sont le monastère des Ursulines de Québec, dont l'agencement évoque un château du 16ᵉ s., et le Vieux Séminaire de Saint-Sulpice, à Montréal. Ces bâtiments, tout comme beaucoup de maisons bourgeoises de l'époque, furent érigés sur des voûtes de pierre.

La première moitié du 18ᵉ siècle – Plusieurs incendies dévastateurs, notamment celui de la Basse-Ville de Québec, poussèrent les administrateurs locaux à créer de nouvelles réglementations visant à « canadianiser » l'architecture. Plus adaptées au contexte climatique nord-américain, ces réglementations donnèrent naissance à une architecture traditionnelle à l'origine de la fameuse « maison québécoise ». De strictes ordonnances imposaient donc l'utilisation de toitures à couverture d'ardoises, de voûtes de pierre, et interdisaient même l'emploi d'ornements de bois, susceptibles de prendre feu en cas d'incendie. La maison du Calvet, construite en 1798 à Montréal, illustre ce type de maison urbaine en pierre de taille, surmontée d'un toit à deux versants, protégée de ses voisines par des murs coupe-feu et dotée de larges souches de cheminée.

La famille Baillairgé – Une importante famille d'architectes, de peintres et de sculpteurs fit son apparition au 18ᵉ s. **Jean Baillairgé** (1726-1805) avait quitté la France pour travailler sur de nouveaux projets canadiens sous la direction du célèbre ingénieur **Chaussegros de Léry** (1682-1756). Après la Conquête, Baillairgé fut choisi pour participer à la reconstruction de plusieurs bâtiments, dont la cathédrale de Québec.

Son fils **François** (1759-1830) étudia quelque temps à Paris à l'Académie royale de peinture et de sculpture. Il se rendit à Québec et élabora le décor

Maison traditionnelle du 18ᵉ s. (Québec)

intérieur de la cathédrale et de plusieurs églises de la province. **Thomas** (1791-1859) étudia la sculpture avec son père François. Il dressa non seulement les plans d'une nouvelle cathédrale pour Québec, mais aussi ceux de la plupart des églises québécoises construites entre 1820 et 1850, et développa un style original mêlé d'influences néoclassiques venues d'Angleterre. Très vite reconnu comme l'un des plus grands architectes de son temps, Thomas Baillairgé s'associa à son père pour réaliser, entre 1815 et 1825, le très bel intérieur de l'église de Saint-Joachim. **Charles** (1826-1906), le neveu de Thomas, devint ingénieur de la ville de Québec en 1866. Il fut l'auteur d'édifices monumentaux, dont l'imposant pavillon central de l'université Laval, et travailla à l'aménagement de parcs, de places et d'escaliers.

La fin du 18e siècle – La Conquête anglaise avait laissé beaucoup de villes et de villages en ruine. Le style traditionnel typique du Régime français réussit tout de même à prévaloir jusque vers 1800, mais l'influence britannique modifia peu à peu le paysage architectural québécois. Le palladianisme anglais *(ci-dessous)* allait en effet définir de nouveaux critères esthétiques. L'architecture domestique emprunta au modèle anglo-saxon de la maison unifamiliale, caractérisée par la présence de cheminées massives s'élevant au-dessus de toits peu pentus à quatre versants. Le développement du commerce et la relative prospérité économique occasionnèrent la création de nouvelles zones urbaines concentrées autour de pôles industriels majeurs tels que Sherbrooke et Saint-Hyacinthe. Des villages comme Chambly, Sorel et Vaudreuil se développèrent en dehors des enceintes fortifiées. Les Anglais introduisirent également un goût nouveau pour la nature et les compositions pittoresques. À partir des années 1780, les rives du Saint-Laurent devinrent ainsi des lieux de villégiature appréciés d'une bourgeoisie aisée.

Le 19e siècle – Le **style palladien** continua à dominer l'architecture québécoise durant le premier quart du 19e s. Avec ses frontons et ses pilastres, ses colonnes doriques et ioniques, ses corniches moulurées et ses chaînages d'angle, ce style – emprunté à l'architecte italien du 16e s., Andrea Palladio – s'inspirait de l'architecture classique de l'Antiquité. Les façades étaient généralement de pierre taillée à assises régulières. La cathédrale anglicane de la Sainte-Trinité, à Québec, est, par ses lignes sobres et symétriques, une version coloniale du style palladien. Un néo-classicisme plus rigoureux apparut vers 1830. Le marché Bonsecours, à Montréal, en est un bon exemple.

Équivalent au Québec du cottage anglais, la **maison québécoise** s'imposa comme un type architectural original à partir des années 1830-1840. Synthèse harmonieuse entre l'héritage français (la maison de l'habitant) et l'influence anglaise (le style néoclassique), ce type d'habitation présentait une silhouette agréable rehaussée d'ornements, et offrait à ses occupants un confort insoupçonné (grandes fenêtres, balcons, pièces de réception, mode de chauffage, etc.).

L'architecture de la seconde moitié du 19e s. subit l'influence de styles très variés. De nombreuses églises furent ainsi érigées dans le **style néogothique**, déjà populaire en France grâce à l'œuvre de l'architecte et restaurateur Viollet-le-Duc. Selon que l'église à construire était catholique ou protestante, le modèle était français ou britannique. L'architecture intérieure de la basilique Notre-Dame de Montréal, réalisée d'après les plans de l'architecte Victor Bourgeau, et celle de l'église Chalmers-Wesley de Québec, due à John Wells, sont représentatives de ce renouveau stylistique.

Le **style néo-Renaissance**, inspiré des palais et villas italiennes, fut adopté par la bourgeoisie aisée et employé dans beaucoup d'édifices à caractère commercial. L'hôtel Ritz-Carlton, à Montréal, est caractéristique de ce style, avec ses larges corniches et son ornementation flamboyante.

Le **style Second Empire**, à la mode durant le règne de Napoléon III, fut adopté à partir des années 1870. L'architecte **Eugène-Étienne Taché** (1836-1912), à la recherche d'un modèle architectural distinct pour les édifices gouvernementaux de la nouvelle province de Québec, s'inspira de ce style français pour créer l'Hôtel du Parlement, à Québec. Ce style, reconnaissable à son toit mansardé percé de lucarnes, introduisit également des fenêtres à linteaux cintrés et d'élégantes crêtes faîtières en fer forgé. Partie intégrante du Centre canadien d'architecture, la maison Shaughnessy, à Montréal, en possède les caractéristiques.

Après avoir créé plusieurs édifices de style néogothique, l'architecte **Victor Bourgeau** (1809-1888) se mit à adopter le **style néobaroque**. Son œuvre majeure, la basilique-cathédrale Marie-Reine-du-Monde, à Montréal, illustre ce style par ses proportions massives, son large dôme et son intérieur très élaboré, orné d'un impressionnant baldaquin doré à l'or fin.

Alors qu'il imposait un style Second Empire à Québec, E.-É. Taché créait plusieurs œuvres dont le style évoquait l'époque de la Nouvelle-France et de ses découvreurs : Cartier et Champlain. Il dessina à cet effet des édifices monumentaux ornés de tours et de tourelles et coiffés de toits coniques et de mâchicoulis. L'exemple le plus connu du **style château** est bien sûr le célèbre château Frontenac, construit en 1892 par l'architecte américain **Bruce Price** (1843-1903).

Autre interprétation de l'architecture médiévale, le **style néoroman** fut, peu avant 1900, principalement utilisé dans la construction des édifices religieux. Caractérisé par des arcs en plein-cintre, des contreforts, des colonnes, des arcades, de profondes fenêtres et un appareil de pierres à bossages rustique et sombre, ce style, développé par l'architecte américain H.H. Richardson, trouve toute son expression dans la gare Windsor, à Montréal.

Le 20ᵉ siècle – Au début du siècle, de nombreux architectes partirent puiser de nouvelles sources d'inspiration à l'École des beaux-arts de Paris. Le **style Beaux-Arts**, qui mettait à contribution le vocabulaire classique dans des compositions monumentales, devint le style institutionnel par excellence sous le gouvernement de Louis-Alexandre Taschereau. Le musée des Beaux-Arts de Montréal, avec son escalier monumental et son portique-colonnade, illustre particulièrement bien cette influence académique basée sur la symétrie et les effets de monumentalité.

Introduit dans la province durant une période de prospérité économique, ce style allait symboliser au Québec le pouvoir et le faste d'une époque. Somptueux hôtel particulier, le château Dufresne, à Montréal, reflète le goût nouveau d'une bourgeoisie opulente pour les élégantes colonnes jumelées, les balustrades ouvragées et les éléments décoratifs les plus raffinés.

Quelques termes d'architecture employés dans ce guide

Baldaquin	Ouvrage décoratif d'architecture ou de menuiserie couronnant un autel.
Bas-relief	Ensemble de sculptures en faible saillie sur fond uni.
Bastion	Ouvrage bas et pentagonal faisant avant-corps sur un front fortifié.
Blockhaus	Petit ouvrage militaire défensif.
Charpente	Assemblage d'éléments de bois, de fer ou d'acier constituant l'ossature d'une construction ou supportant le matériau de couverture du toit.
Chœur	Partie de l'église où se trouve le maître-autel.
Console	Pièce en saillie servant de support ou d'ornement à un élément d'architecture (corniche, balcon).
Contrefort	Ouvrage de renforcement épaulant un mur porteur.
Corniche	Ensemble de moulures en saillie couronnant un mur, un entablement de colonne, un piédestal.
Créneaux	Ouvertures rectangulaires successives pratiquées dans un parapet à des fins défensives, ou utilisées comme élément décoratif.
Fronton	Ornement d'architecture de forme généralement triangulaire, surmontant et couronnant une entrée principale, une fenêtre, un haut de façade.
Glacis	Pente douce précédant un ouvrage fortifié.
Lucarne	Petite ouverture pratiquée dans un toit pour éclairer les combles.
Mâchicoulis	Créneaux verticaux au sommet des châteaux ou des portes des villes, d'où l'on jetait des projectiles sur l'ennemi.
Mansarde	Fenêtre percée dans un toit mansardé, c'est-à-dire comportant un comble brisé.
Mur-rideau	Mur de façade non porteur.
Nef	Partie de l'église s'étendant du chœur au portail.
Pinacle	Élément en forme de cône ou de pyramide, couronnant les parties verticales d'un édifice.
Portique	Galerie dont la couverture est soutenue par des colonnes, des arcades ou des piliers.
Redoute	Petit ouvrage extérieur à l'enceinte fortifiée.
Retable	Partie postérieure d'un autel, surmontant la table et présentant généralement une œuvre d'art.
Voûte en berceau	Voûte dont la courbure interne adopte la forme d'un arc de cercle.

Place de la Cathédrale (Montréal)

La mise au point, aux États-Unis, d'ossatures métalliques adaptées à la construction, annonça l'ère des gratte-ciel et des immeubles de plus de dix étages. Influencées par l'École de Chicago, ces gigantesques structures d'un nouveau genre marquaient une rupture totale avec les courants architecturaux précédents. L'emploi de matériaux nouveaux et le recours à des techniques révolutionnaires permirent aux architectes d'élargir leur champ d'action.

Vint la vogue du **style Art déco** dont l'édifice Price, à Québec, est un exemple éloquent. Né de l'Exposition des Arts décoratifs de Paris en 1925, ce style alors osé était caractérisé par l'emploi d'éléments géométriques, gravés sur des matériaux précieux tels le marbre ou le bronze.

Après une période de récession suivie de la Seconde Guerre mondiale, les années 1950 marquèrent le début d'un renouveau urbanistique et la montée d'une architecture moderniste, développée par Le Corbusier et Gropius. Des lignes simples et fonctionnelles définirent un style épuré qui ne devait rien aux périodes antérieures. L'architecte Mies Van der Rohe, partisan du **style International**, fit usage dans ses constructions de murs-rideaux en verre et de métal noir. Le complexe de Westmount Square, à Montréal, porte son empreinte. La place Ville-Marie, construite par l'architecte I.M. Pei, et l'ensemble Habitat'67, dessiné par l'architecte **Moshe Safdie**, illustrent également, à Montréal, le courant moderniste des années 1960-1970.

L'architecture ecclésiastique connut elle aussi un nouvel élan grâce à l'œuvre du moine bénédictin **Dom Paul Bellot** (1876-1944), qui tirait son inspiration de l'œuvre de Viollet-le-Duc. Ses recherches, basées sur la modernité en architecture religieuse, introduisirent au Québec un style nouveau : le gothique moderne, illustré par l'abbaye de Saint-Benoît-du-Lac et par l'architecture intérieure de l'oratoire Saint-Joseph à Montréal.

Plus récemment, le courant **post-moderne** est venu rompre la monotonie architecturale des années 1960-1970. Des frontons, des arcs en ogive et bien d'autres motifs égayent les édifices et les singularisent dans le paysage urbain. La place de la Cathédrale et la maison Alcan, toutes deux à Montréal, sont d'excellents exemples d'une expression architecturale nouvelle. Situé lui aussi à Montréal, le Centre canadien d'architecture, construit par les architectes **Phyllis Lambert** et **Peter Rose**, est un remarquable édifice contemporain.

Les arts

Art amérindien

Les nations amérindiennes ont développé, au cours des siècles, une remarquable expression artistique inspirée par leur mode de vie et leurs croyances.

L'art traditionnel – Les groupes nomades de langue algonquienne (Abénaquis, Algonquins, Cris, Micmacs, Montagnais-Naskapis) se sont spécialisés dans l'artisanat perlier (os, pierre, coquillage ou graines) et dans la broderie au crin d'orignal ou de caribou, ou aux piquants de porcs-épics. Vestes et mocassins en peau de caribou et objets en écorce de bouleau portaient des motifs géométriques incisés et peints. Le rouge, symbole de la continuité et du renouveau, était la couleur dominante. Les fameuses ceintures de **wampum** (perles faites de coquillages), ornées de motifs illustrant les grands événements dans la vie d'un peuple, s'échangeaient lors de la signature des traités ou des cérémonies de paix.
Peu nombreux au Québec, les groupes quasi sédentaires de langue iroquoise (Hurons, Mohawks, Onondagas, Sénécas) formaient des communautés agricoles semi-permanentes composées de « maisons longues », habitations occupées par plusieurs familles. Cette sédentarité donna naissance à

Dossier de chaise micmac (19ᵉ s.)

Musée McCord

une production artistique libre des contraintes imposées par le nomadisme. Parmi leurs plus belles œuvres, mentionnons d'exquises broderies au crin d'orignal. On reconnaissait surtout aux Huronnes la maîtrise de cet art délicat ; elles utilisaient avec beaucoup d'habileté des techniques dont la complexité n'a jamais été égalée. Sont également remarquables les inquiétants masques de bois médicinaux aux « faux visages ».

L'art contemporain – L'art amérindien connaît, depuis maintenant plusieurs années, une profonde transformation. Il privilégiait autrefois l'utilisation de matières naturelles telles que les peaux et l'écorce. Aujourd'hui cependant, les artistes font appel à de nouvelles matières (toile, acrylique, fusain), et donc à de nouveaux procédés artistiques, tout en s'inspirant de leur patrimoine socio-culturel. On assiste ainsi à l'émergence d'un art autochtone alliant la mémoire du passé à une vision artistique résolument contemporaine.

Art inuit

Les populations des terres arctiques d'Amérique du Nord ont, elles aussi, élaboré une forme d'art qui leur a valu une grande renommée.

Les origines – Les objets les plus anciens produits par les habitants des régions septentrionales du Québec sont de petits projectiles de pierre attribués aux cultures pré-dorsétiennes et dorsétiennes. C'est ainsi que l'on a retrouvé des pétroglyphes gravés dans le roc des collines de stéatite, à Kangiqsujuaq. Le peuple de Thulé, ancêtre des Inuits actuels, fabriquait des objets plus raffinés, notamment des peignes et des statuettes. Généralement de petite taille, ces objets restaient intimement mêlés aux croyances et aux pratiques reli-

R. Corbeil/MICHELIN/FCNQ

Gravure sur stéatite

gieuses de ce peuple. Au début du 19ᵉ s., de nombreuses pièces miniatures sculptées dans la pierre, l'ivoire (défenses de morse) et l'os de baleine furent fabriquées en échange des produits de base (sel, armes) que fournissaient les Européens. Avec le déclin du mode de vie traditionnel qui résulta du contact entre Inuits et populations allochtones, la sculpture et les autres formes d'art traditionnel perdirent peu à peu de leur signification magique ou religieuse, et devinrent une nouvelle source de revenus pour la population inuit.

L'art inuit au 20ᵉ siècle – Aujourd'hui, l'art inuit évoque avant tout des sculptures façonnées dans la « pierre à savon » ou **stéatite**, une roche tendre, abondante dans les régions septentrionales du Canada. Cependant, d'autres roches plus dures telles que la serpentine verte, l'argilite, la dolomite ou le quartz sont également employées. Les sculptures modernes, qui peuvent atteindre des dimensions impressionnantes, illustrent presque toujours le Grand-Nord, sa faune et ses hommes. Parmi les autres formes d'art inuit, il conviendra de mentionner la gravure, la sculpture en bois de caribou, la gravure sur pierre et la tapisserie. Afin d'empêcher l'exploitation des artistes inuit par des revendeurs peu scrupuleux, des **coopératives** locales se sont constituées à partir des années 1960. Elles sont, depuis 1967, regroupées sous la tutelle de la Fédération des coopératives du Nouveau-Québec. Les centres artistiques les plus renommés sont les villages de Povungnituk et Inukjuak, en bordure de la baie d'Hudson, et ceux de Salluit et Ivjivik. Trois artistes ont eu une influence marquante sur l'évolution de la sculpture inuit : Joe Talirunili (1893-1976), Davidialuk (1910-1976) et Charlie Sivuarapik (1911-1968).

R. Corbel/MICHELIN/FCNQ

Sculpture en stéalite

Parmi les grands noms de la relève, citons Joanassie et Peter Ittukalak, de Povungnituk, Eli Elijassiapik, Lukassie Echaluk et Abraham Pov, d'Inukjuak.

Peinture et sculpture

Les 17ᵉ et 18ᵉ siècles – Sujets religieux et études topographiques constituent deux des caractéristiques les plus originales de l'art québécois aux 17ᵉ et 18ᵉ s.

L'art religieux – En Nouvelle-France, la religion était le pivot de la vie quotidienne ; aussi chaque village était-il dominé par une petite église, à laquelle on consacrait de grands efforts de décoration. Les toiles arrivaient de France, ce qui explique la production très limitée d'œuvres votives locales. Parmi les exceptions, on notera les tableaux attribués à un célèbre récollet, le frère Luc (1614-1685). Au tout début de la colonisation, autels, retables, baldaquins (dais) et statues étaient, comme les tableaux, envoyés de France. Ces pièces étant toutefois plus difficiles à transporter, on forma petit à petit des artisans au Québec. La sculpture, toujours de bois, était travaillée en relief au canif, puis dorée. Elle s'inspirait du style baroque alors en faveur en France, un style qui dura jusqu'au milieu du 19ᵉ s. L'art de la décoration d'église se transmettait de génération en génération, assurant la renommée de certaines familles. Ainsi, dans les années 1650, les frères Jean et Pierre **Levasseur** furent à l'origine d'une véritable lignée de sculpteurs qui se perpétua au 18ᵉ s. avec leurs descendants Noël et Pierre-Noël. Les Levasseur sont avant tout reconnus pour leur œuvre d'inspiration religieuse, mais ils sculptèrent aussi de très belles figures de proue et d'autres décorations pour les navires.

Dans les années qui suivirent la Conquête anglaise (1759), très peu fut accompli dans le domaine de l'art religieux ; mais à la fin du 18ᵉ s., la construction d'églises reprit à un rythme accéléré. À Québec, c'est à cette époque que la famille **Baillairgé** atteignit une grande renommée. Trois générations, représentées par Jean (1726-1805), François (1759-1830), puis Thomas (1791-1859), perpétuèrent la tradition de la sculpture sur bois. À cette même époque, **Philippe Liébert** (1733-1804) se faisait un nom dans la région de Montréal, notamment en raison de la décoration de l'église du Sault-au-Récollet, qui abrite aussi les sculptures de son disciple, **Louis-Amable Quévillon** (1749-1823). Entrepreneur de sculpture ornementale, Quévillon décora durant le premier quart du 19ᵉ s. plusieurs églises du Québec dans un style Louis XV communément appelé « quévillonage », caractérisé par des rinceaux, des arabesques et des voûtes à petits caissons. Les élèves du maître contribuèrent à la diffusion de son art, formant ainsi l'« École de Quévillon ».

Avec les années, une nouvelle forme de statuaire religieuse faite de stuc et produite au moule apparut et ruina le marché traditionnellement détenu par les sculpteurs sur bois. Si les artistes se tournèrent peu à peu vers de nouvelles formes d'art, le sculpteur **Louis Jobin** (1845-1928) fit exception. Il réalisa, en 1881, l'impressionnante statue de bois et de métal de **Notre-Dame-du-Saguenay**. Créé en 1912, son **Saint-Georges** équestre, dans l'église de Saint-Georges-de-Beauce, sera la dernière pièce produite par un sculpteur sur bois traditionnel. Toutefois, ce type d'artisanat s'est perpétué dans certains endroits du Québec, notamment à Saint-Jean-Port-Joli, mais c'est avant tout un art populaire à caractère folklorique, et non plus un art sacré.

L'art topographique militaire – La période qui suivit la Conquête vit l'arrivée d'officiers de l'armée britannique, chargés de produire des vues topographiques à des fins militaires. Ces soigneux relevés des lieux, inspirés du mouvement romantique qui prévalait alors en Angleterre, dénotent beaucoup de créativité. Parmi les œuvres les plus intéressantes de ces officiers-peintres, notons celles de Thomas Davies (1737-1848), de George Heriot (1759-1839) et de James Cockburn (1779-1847).

Le 19e siècle – À la fin du 18e s., époque à laquelle la province jouissait d'une économie florissante, l'art québécois connut son âge d'or. Les artistes, pour la plupart formés en Europe, peignaient des **paysages** et des **portraits**, commandés par une bourgeoisie aisée. Véritables autodidactes, Louis Dulongpré (1754-1843), François Beaucourt (1740-1794) et **Jean-Baptiste Roy-Audy** (1778-1848) créèrent des œuvres un peu naïves. Cependant, les portraitistes de la génération suivante allèrent généralement en France chercher une formation qui leur donna un style plus classique. Le plus connu de ces artistes est sans doute **Antoine Plamondon** (1804-1895), qui produisit aussi des œuvres sacrées. Il fut suivi de Théophile Hamel (1817-1870). À la même époque, **Joseph Légaré** (1795-1855) essayait de rompre avec la tradition des portraitistes en dépeignant des événements contemporains sur fond de paysages dramatiques, comme son *Incendie du quartier Saint-Roch.*

Tout au long du 19e s., l'influence européenne en peinture demeura forte, avec l'arrivée au Québec d'artistes venus d'Outre-Atlantique. Né en Irlande, Paul Kane (1810-1871) voyagea beaucoup et développa son talent en Europe. Ses superbes tableaux d'Amérindiens présentent aujourd'hui un grand intérêt historique. **Cornelius Krieghoff** (1815-1872) figure parmi les peintres qui s'intéressaient particulièrement aux thèmes régionaux. Cet artiste d'origine hollandaise reproduisit des scènes de la vie quotidienne de la région montréalaise avec une précision de détails qui est restée, à l'époque, inégalée.

Vers 1860, Montréal était devenue une ville sophistiquée et suffisamment prospère pour prêter son appui financier à une association dont l'objectif serait de promouvoir les arts, d'organiser des expositions et de bâtir une collection permanente. Ainsi naquit l'Association d'art de Montréal, ancêtre du fabuleux musée des Beaux-Arts d'aujourd'hui. La fin du 19e s. vit l'émergence de la photographie. Reconnu mondialement pour ses interprétations du paysage urbain de Montréal, **William Notman** (1826-1891) figure parmi les photographes les plus renommés du Canada.

Marc-Aurèle de Foy Suzor-Côté : *Nature morte aux marguerites*

Le 20e siècle – À l'aube du 20e s., l'influence de l'École de Paris commence à se faire sentir dans l'art québécois. Ceci est particulièrement visible dans l'œuvre de Wyatt Eaton (1849-1896) et celle du professeur montréalais William Brymner (1855-1925). Ces deux artistes seront suivis par les peintres d'inspiration impressionniste **Marc-Aurèle de Foy Suzor-Côté** (1869-1937), Maurice Cullen (1866-1934), Clarence Gagnon (1881-1942), et par le moderniste à tendance fauviste **James Wilson Morrice** (1865-1924).

Les œuvres d'**Ozias Leduc** (1864-1955), natif de Mont-Saint-Hilaire, offrent un contraste saisissant avec les toiles marquées par l'influence pointilliste lumineuse de l'École de Paris. Ses natures mortes et ses paysages dénotent un symbolisme d'inspiration mystique qui transcende leur sujet, reflétant l'union consacrée par le temps qui, au Québec, lia l'art et la religion. On peut admirer ses fresques dans l'église de Mont-Saint-Hilaire, et dans le baptistère de la basilique Notre-Dame à Montréal. Ses œuvres figurent également dans plusieurs musées de la province.

Sculpture – La sculpture québécoise perd peu à peu son caractère exclusivement religieux. L'apparition d'œuvres commémoratives monumentales caractérise la fin du 19e s. et le début du 20e s. Parmi les sculpteurs dignes d'attention, il faut alors citer l'artiste-architecte Napoléon Bourassa (1827-1916), et surtout le grand **Louis-Philippe Hébert** (1850-1917), dont le monument de Maisonneuve et les statues de Jeanne Mance et Mgr Ignace Bourget, à Montréal, révèlent clairement les techniques du réalisme français.

Lui emboîtant le pas, **Alfred Laliberté** (1878-1953) tente d'appliquer à ses sculptures les lignes fluides de l'Art nouveau tout en conservant une facture académique. L'une de ses œuvres les plus connues est le monument dédié à Dollard des Ormeaux. Marc-Aurèle de Foy Suzor-Côté, grand ami de Laliberté, utilise, pour sa série de bronzes, ces mêmes techniques.

La Contemporary Arts Society – Durant les années 1930, les artistes montréalais s'insurgent contre le « nationalisme des paysages sauvages » des peintres torontois du Groupe des Sept. **John Lyman** (1886-1967) tente un réalignement de l'art canadien sur l'École de Paris, et s'oppose vigoureusement au Groupe des Sept dont les membres se considèrent comme les véritables créateurs d'une peinture typiquement canadienne. En 1939, il fonde la Contemporary Arts Society (Société des Arts contemporains) et organise le groupe des modernistes. Parmi ses membres, on retrouve André Biéler, **Marc-Aurèle Fortin** (1888-1970), Goodridge Roberts (1904-1974), Stanley Cosgrove et **Paul-Émile Borduas**. L'influence de l'Art déco se fait aussi sentir dans le domaine de la sculpture, en particulier dans les œuvres de Sylvia Daoust et de Louis-Joseph Parent.

Automatistes et Plasticiens – La rupture provoquée par la Seconde Guerre mondiale marque un tournant décisif dans l'évolution de l'art au Québec. En 1940, Alfred Pellan (1906-1988) retourne au pays après un long séjour en France pour exposer des œuvres fortement influencées par Picasso et le cubisme. **Paul-Émile Borduas** (1905-1960) et plusieurs autres jeunes artistes, dont **Jean-Paul Riopelle** (né en 1923), Pierre Gauvreau, Fernand Leduc et Jean-Paul Mousseau, fondent le groupe dit des **Automatistes** dont la peinture s'inspire d'une volonté surréaliste de transcrire les impulsions du psychisme. En 1948, ils publient leur célèbre manifeste, le **Refus global**, dont les virulentes attaques contre les valeurs et les règles établies de la société québécoise auront une influence qui débordera largement les milieux artistiques.

En réaction à la spontanéité et au lyrisme des Automatistes, Guido Molinari et Claude Tousignant fondent le groupe des **Plasticiens** (1955), libérant la peinture de sa facture surréaliste à l'aide d'un vocabulaire géométrique abstrait. La primauté est alors accordée à la forme et à la couleur. Cependant, aucune école ne parviendra réellement à s'imposer dans le foisonnement des inspirations et la recherche de créativité de l'art contemporain. Plusieurs peintres montréalais, dont Charles Gagnon, Yves Gaucher et Ulysse Comtois, de même que les sculpteurs Armand Vaillancourt, Charles Daudelin et Robert Roussil, ont toutefois élaboré un langage très personnel.

L'art actuel – Depuis les années 1970, le Québec a vu un renouveau d'intérêt pour l'art public. Les entrepreneurs sont tenus, par la loi (1978), de consacrer 1 % des coûts de construction de tout nouvel édifice public à des œuvres artistiques dans les villes du Québec. Il arrive fréquemment que les sculpteurs travaillent de concert avec les architectes pour intégrer leurs œuvres dans le plan général. L'exemple le plus remarquable est celui du métro de Montréal dont les stations ont été individuellement conçues par des architectes différents en incorporant art pictural et sculpture. Citons, entre autres, l'œuvre de Marcelle Ferron à la station Champ-de-Mars, et celle de Jordi Bonet (1932-1976) à la station Pie-IX.

Ces dernières années, l'art du Québec s'est inscrit dans les grands courants internationaux, en prenant des distances par rapport à la peinture traditionnelle et en privilégiant des formes et des techniques plus diverses, notamment « l'installation », qui parle un langage sculptural tout en réunissant des prestations d'autres disciplines. Parmi les adeptes de cette tendance, notons Betty Goodwin, Barbara Steinman, Geneviève Cadieux, Jocelyne Alloucherie et Dominique Blain. En ce qui concerne la sculpture, signalons l'important travail de Michel Goulet et de Roland Poulin, et celui de l'architecte-urbaniste Melvin Charney, dont le jardin du Centre canadien d'architecture, à Montréal, est sans doute l'œuvre maîtresse.

Littérature

À l'époque de l'exploration et de la colonisation, la littérature de la Nouvelle-France se limite aux récits de voyages (Cartier, Champlain), aux histoires et descriptions (Sagard, Charlevoix) et aux *Relations* des jésuites, célèbres écrits historiques décrivant la vie et l'œuvre des missionnaires au Nouveau Monde.

Naissance d'une littérature québécoise – Deux journaux, *Le Canadien*, fondé à Québec en 1806, et *La Minerve*, fondé à Montréal en 1826, seront d'une importance fondamentale dans le développement de la littérature canadienne française. Puis, en 1837, paraîtra le premier roman québécois, puisé aux sources de la légende : *L'Influence d'un livre*, de Philippe Aubert de Gaspé fils. Les premiers ouvrages de fiction s'inspirent principalement des coutumes rurales, avec *Les anciens Canadiens* (1863) de **Philippe Aubert de Gaspé** père (1786-1871), et d'une idéologie nationaliste et conservatrice, avec l'œuvre de Pierre Joseph Olivier Chauveau (*Charles Guérin*, 1846-

1853). Cette idéologie s'inscrit dans un courant de conservatisme qui, à compter des années 1860, influencera la littérature en imposant les normes de la morale et de la religion catholique.

Le roman historique, inspiré par l'*Histoire du Canada* (publiée dans les années 1840) de **François-Xavier Garneau** (1809-1866), devint très populaire au milieu du 18ᵉ s., ainsi que les vers du poète romantique Octave Crémazie (1827-1879). Louis-Honoré Fréchette (1839-1908) publia quant à lui sa célèbre *Légende d'un peuple* en 1887.

Le 20ᵉ siècle – Le début du 20ᵉ s. est dominé par les œuvres nationalistes de l'auteur et historien **Lionel Groulx** (1878-1967), animateur de l'Action française, et par la poésie d'Émile Nelligan (1879-1941). Dans les romans, le thème de la vie rurale prédomine. En 1916 est publiée l'œuvre posthume du Français **Louis Hémon**, *Maria Chapdelaine, récit du Canada français*, traduite en huit langues. En 1933 paraît *Un homme et son péché*, de **Claude-Henri Grignon**.

L'urbanisation et le traumatisme de la Seconde Guerre mondiale favorisent une plus grande introspection parmi les écrivains québécois qui n'hésitent pas à remettre en question l'ordre établi. C'est dans ce contexte que le romancier Robert Charbonneau abandonne le roman d'inspiration rurale au profit d'une œuvre à caractère psychologique, et que la poésie québécoise se redéfinit sous la plume d'Alain Grandbois (1900-1975) et d'Hector de Saint-Denys Garneau (1912-1943).

La parution du roman *Au pied de la pente douce* (1944), de **Roger Lemelin**, marque les débuts du roman urbain qui explore les conditions de vie du prolétariat dans les villes. Le thème de la vie urbaine est perpétué dans les romans de **Gabrielle Roy** (*Bonheur d'occasion*, 1945). Au cours des années 1950, la transformation de la société québécoise, amorcée dans les années 1940, s'intensifie et culmine, en 1960, avec la Révolution tranquille, qui se manifeste par une prise de conscience de l'identité culturelle distincte du Québec et une remise en question des valeurs et des institutions traditionnelles. Fidèle reflet de l'époque, le domaine littéraire connaît lui aussi un profond bouleversement qui se traduit tant par la multitude des sujets abordés que par la diversité des styles. Ce sont les poètes qui donnent à cette nouvelle littérature québécoise son souffle le plus puissant : **Gaston Miron** (1928-1996), Gatien La-

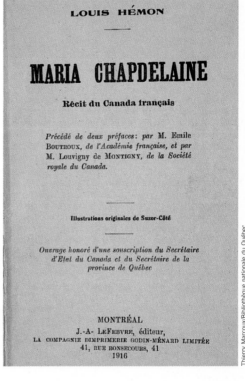

LOUIS HÉMON

MARIA CHAPDELAINE

Récit du Canada français

Précédé de deux préfaces : par M. Emile Boutroux, de l'Académie française, et par M. Louvigny de Montigny, de la Société royale du Canada.

Illustrations originales de Suzor-Côté

Ouvrage honoré d'une souscription du Secrétaire d'État du Canada et du Secrétaire de la province de Québec

MONTRÉAL
J.-A- LeFebvre, éditeur,
LA COMPAGNIE D'IMPRIMERIE GODIN-MÉNARD LIMITÉE
41, RUE BONSECOURS, 41
1916

Thierry Marcoux/Bibliothèque nationale du Québec

pointe, Jacques Brault et Fernand Ouellette. Les années 1960 auront aussi révélé de nouveaux romanciers ou confirmé l'importance d'auteurs déjà connus, qui figurent désormais parmi les grands noms de la littérature québécoise : mentionnons Hubert Aquin *(Neige noire)*, Marie-Claire Blais *(Une Saison dans la vie d'Emmanuel)*, Roch Carrier *(La Guerre, yes sir !)*, Réjean Ducharme *(L'Avalée des avalés)*, Jacques Ferron *(L'Amélanchier)*, Jacques Godbout *(Le Couteau sur la table)*, Anne Hébert *(Kamouraska, Les Fous de Bassan)* et Yves Thériault *(Agaguk)*. C'est aussi à cette époque que le dramaturge Michel Tremblay fait une entrée en scène très remarquée avec sa pièce *Les Belles-Sœurs (ci-dessous)*. Bon nombre de ces auteurs occupent toujours une place prépondérante dans la vie littéraire du Québec. Parmi les romanciers anglo-québécois les mieux connus, citons Hugh MacLennan et Mordecai Richler, lauréat de plusieurs prix littéraires, dont celui du Gouverneur général. À l'instar des années 1960, la période ultérieure à 1970 est marquée par une grande diversité de styles, quoique le roman dit « psychologique » en soit particulièrement représentatif. C'est une période féconde dans la vie littéraire du Québec, au cours de laquelle émergeront des auteurs tels que Louis Hamelin *(La Rage)*, Suzanne Jacob *(Laura Laur)*, Claude Jasmin *(La Sablière)*, Sergio Kokis *(Le Pavillon des miroirs)*, Marie Laberge *(Juillet)*, Robert Lalonde *(Le Petit Aigle à tête blanche)* et Monique Larue *(Copies conformes)*.

© Jean F. Leblanc/AGENCE STOCK

Le Cirque du Soleil

Le théâtre s'avère tardif au Québec : les premières troupes francophones permanentes datent des années 1880. Une dramaturgie durable s'amorce vers 1950, s'appuyant simultanément sur des institutions, un répertoire et une génération de comédiens souvent formés chez les Compagnons de Saint-Laurent du père Legault. Des troupes de théâtre professionnelles sont fondées : le Théâtre du Rideau vert (1949), le Théâtre du Nouveau Monde (1951), le Quat'Sous (1954), et quelques lieux d'avant-garde, les Apprentis-Sorciers et l'Égregore.

En 1948, **Gratien Gélinas** crée *Tit-Coq*, du nom d'un personnage populaire, faussement naïf, capable d'une solide critique sociale. Il récidivera avec *Bousille et les Justes* (1959) au moment où il dirige la Comédie-Canadienne, dont l'appellation témoigne de la volonté de créer une dramaturgie canadienne française. Familier de Jean Anouilh et d'Arthur Miller, Marcel Dubé (né en 1930) a fait jouer *Un Simple Soldat* (1958), et s'impose comme un dramaturge explorant des thèmes à caractère universel. En 1973, le comédien **Jean Duceppe** (1923-1990) fonde la compagnie Jean Duceppe, qui acquiert rapidement une excellente réputation.

Michel Tremblay, le dramaturge le plus joué à l'étranger, suit aussi la trame urbaine et populaire de ses prédécesseurs. Depuis *Les Belles-Sœurs* (1968), qui marque un jalon important dans l'histoire du théâtre québécois, jusqu'au *Vrai Monde* (1987), Tremblay créera sa propre comédie humaine peuplée de personnages parlant une langue typique des quartiers populaires québécois et montréalais.

La force et l'originalité du théâtre québécois contemporain se manifestent dans des **pièces expérimentales**, dont celles de Jean-Pierre Ronfard (*Vie et mort du roi boiteux*, 1981) au Théâtre expérimental de Montréal, et de Gilles Maheu, à Carbone 14. Le dramaturge Normand Chaurette s'impose à partir des années 1980 avec des pièces telles que *Provincetown Playhouse* et *Fragments d'une lettre d'adieu lus par des géologues* (1986) ; en 1996, son œuvre *Le passage de l'Indiana* remporte un vif succès au Festival d'Avignon et reçoit le prix du Gouverneur général. Parmi les autres dramaturges qui marquent le théâtre québécois des années 1980-1990, citons Michel-Marc Bouchard (*Les Muses orphelines*, 1989), René-Daniel Dubois (*Ne blâmez jamais les Bédouins*, 1985) et Marie Laberge (*L'Homme gris*, 1986). Il faut également souligner un produit théâtral maintenant exporté, la Ligue nationale d'improvisation, spectacle d'improvisation conçu comme une partie de hockey sur glace, le sport national des Québécois, et bien sûr, le célèbre **Cirque du Soleil**, qui enchante petits et grands avec des spectacles innovateurs alliant musique, théâtre et danse aux numéros de cirque traditionnels.

Musique

L'Orchestre symphonique de Montréal, sous la direction de Charles Dutoit, a fait connaître le Québec à travers le monde par ses tournées triomphales et ses nombreux enregistrements. Depuis 1963, le Concours international de Montréal est ouvert aux jeunes musiciens du monde entier. Le camp musical du mont Orford et celui de Lanaudière sont de dynamiques lieux de formation. Prestigieuse manifestation musicale, le Festival de Lanaudière s'est d'ailleurs acquis une solide réputation dans le monde de la musique.

Compositeurs, chefs d'orchestre et interprètes – L'hymne national du Canada, *Ô Canada*, fut composé par deux Canadiens français : Adolphe-Basile Routhier (1839-1920) pour les paroles, et Calixa Lavallée (1842-1891) pour la musique.

Sous l'influence du chef d'orchestre Wilfrid Pelletier (1896-1982), une intense vie musicale s'est développée à Montréal. Compositeur d'une *Symphonie gaspésienne*, Claude Champagne (1891-1965) a inspiré de nombreux créateurs. Parmi les compositeurs, il convient de nommer Alexander Brott, fondateur de l'Orchestre de chambre de McGill, Jean Papineau-Couture et Jean Vallerand. Parmi les créateurs de musique contemporaine, travaillant parfois à partir d'œuvres poétiques ou picturales québécoises et affiliés à la Société de musique contemporaine du Québec (fondée en 1966), mentionnons Serge Garant, Pierre Mercure, Gilles Tremblay et André Prévost.

Les pianistes Henri Brassard, André Laplante et Louis Lortie ont eu des succès retentissants lors de divers concours internationaux. Par ailleurs, la violoniste Angèle Dubeau et le pianiste Marc-André Hamelin se sont taillé de brillantes carrières ici comme à l'étranger. Kenneth Gilbert est mondialement connu pour ses recherches et ses exécutions, au clavecin, de musiques des 17e et 18e s. Les organistes Raymond Daveluy, Mireille et Bernard Lagacé sont renommés pour leurs interprétations et leur professorat. La maison Casavant Frères de Saint-Hyacinthe est, bien sûr, reconnue à l'échelle internationale pour sa remarquable facture d'orgues.

Opéra – Depuis Emma Lajeunesse (1885-1958), alias **Albani**, plusieurs voix québécoises se sont fait entendre à Milan, New York, Paris et Londres, parmi lesquelles la soprano Pierrette Alarie, la contralto **Maureen Forrester** (née en 1930), les ténors Raoul Jobin et Léopold Simoneau, la basse Joseph Rouleau et les barytons Louis et Gino Quilico. Depuis 1980, l'Opéra de Montréal propose chaque année des spectacles du répertoire lyrique.

Chanson

La musique bat au cœur de la tradition orale québécoise. Des chansons des Voyageurs au *Canadien errant* (1842), la chanson folklorique d'inspiration française a rythmé le travail et les loisirs des Québécois. L'essor contemporain de la chanson québécoise est dû à **Félix Leclerc** (1914-1988). Conteur, moraliste, poète de la nature, Leclerc a fait connaître la chanson québécoise dans la France de l'après-guerre, balisant ainsi le chemin pour ses nombreux successeurs. S'inspirant de l'une de ses chansons, des chansonniers et des musiciens forment « les Bozos » à la fin des années 1950. On y retrouve Raymond Lévesque, Clémence Desrochers, André Gagnon, Claude Léveillé *(Frédéric)* – qui travaillera avec Édith Piaf – et Jean-Pierre Ferland *(Je reviens chez nous)*, l'essentiel d'une relève talentueuse à laquelle se joint **Gilles Vigneault**, le poète de Natashquan qui chanta la Côte-Nord *(Fer et titane)* et les longs hivers du Québec *(Mon Pays)*, et dont la chanson *Gens de mon pays* scanda la montée du Parti québécois. Pauline Julien et Renée Claude interprètent brillamment les grands chansonniers québécois.

Dans les années 1960, **Robert Charlebois** personnifie une chanson plus critique dont les accords sont ceux du rock. La chanson s'inscrit dès lors dans le monde du spectacle et dans une industrie du disque marquée par la culture américaine. C'est l'époque de la contre-culture californienne, dont on trouve un écho tout québécois dans des groupes tels que Harmonium et Beau Dommage.

Céline Dion en concert

Diane Dufresne, récipiendaire de nombreux prix au Québec et à l'étranger, a développé un style dramatique très apprécié, interprétant souvent les chansons de **Luc Plamondon**, l'un des paroliers les plus célèbres du Québec. Fondateur de la Société professionelle des auteurs et compositeurs du Québec, Plamondon a collaboré, en 1976, à l'opéra rock *Starmania*. Possédant lui aussi le génie des mots, **Sylvain Lelièvre**, dont la carrière musicale remonte au début des années 1970, est considéré comme l'un des meilleurs auteurs-compositeurs québécois. D'autres noms, qui représentent des courants différents dans la chanson des années 1970, sont Richard et Marie-Claire Séguin, le groupe rock Offenbach et Claude Dubois. Mentionnons aussi **Ginette Reno**, l'une des plus grandes chanteuses populaires du Québec.

Les auteurs-compositeurs et interprètes Richard Desjardins, Luc de Larochelière et Paul Piché s'illustrent au cours des années 1980-1990, qui voient aussi l'ascension phénoménale de **Céline Dion**, désormais célèbre à travers le monde. Parmi les autres vedettes de la chanson les plus prisées, mentionnons Laurence Jalbert, Luce Dufault, Isabelle Boulay, Bruno Pelletier et Garou.

Cinéma

Depuis 1895, la plupart des films projetés au Québec provenaient des États-Unis. Malgré la création de quelques longs métrages entre 1944 et 1952, l'industrie cinématographique québécoise ne fit véritablement son apparition qu'au cours des années 1960. Plusieurs réalisateurs ou directeurs de la photographie feront leur apprentissage à l'Office national du film (ONF), organisme fédéral créé en 1939 et qui bénéficie d'une solide réputation internationale pour sa production de films d'animation : on pense ainsi à Norman McLaren, ou encore à Frédéric Back qui reçoit deux Oscars pour *Crac !* (1982) et *L'Homme qui plantait des arbres* (1988).

La tradition documentaire de l'ONF est à l'origine d'une tendance marquée du cinéma québécois pour le « cinéma direct » ou « cinéma-vérité », personnifié par **Pierre Perrault** (*Pour la suite du monde*, 1963 ; *Un Pays sans bon sens*, 1970) et Michel Brault (*Les Ordres*, 1974). Le réalisateur **Claude Jutra** acquiert une renommée internationale, en particulier pour deux de ses films : *Mon Oncle Antoine* (1971) et *Kamouraska* (1973), tiré du roman d'Anne Hébert. Le film de Jean Beaudin, *J.A. Martin, photographe* (1976), sera primé à Cannes.

Denys Arcand a rejoint un public européen et américain avec deux films, *Le Déclin de l'Empire américain* (1986) et *Jésus de Montréal* (1989), mis en nomination à Cannes et à Hollywood, tandis qu'*Un Zoo la nuit*, de Jean-Claude Lauzon, remporte 13 des 17 « Génies » lors du gala annuel du cinéma canadien en 1987. En 1995, Robert Lepage réalise *Le Confessional*, film remarquable qui lui a valu le prix Claude-Jutra ; cette même année paraissent *Eldorado*, de Charles Binamé, et *Thirty-two short films about Glenn Gould*, de François Girard.

Traditions et folklore

Les traditions ancestrales québécoises (légendes, fêtes, croyances, etc.) sont celles d'un peuple rural marqué par l'influence de l'Église catholique et les rigueurs d'une économie soumise aux aléas d'un climat souvent hostile. La tradition orale et matérielle évoque donc volontiers la lointaine époque des coureurs de bois, la colonisation des régions forestières, l'importance de la religion dans la vie quotidienne et la dureté légendaire d'hivers sans fin. L'Église, qui fut longtemps une force prédominante dans la vie québécoise, vit peu à peu son rôle s'estomper. Sa présence demeure cependant inscrite dans le paysage, comme en témoignent les innombrables églises aux clochers argentés, les chapelles de procession et les croix de chemin que l'on trouve un peu partout dans la province. L'industrialisation et l'urbanisation ont profondément transformé le visage traditionnel du Québec. Dans les villes et les campagnes, d'anciennes coutumes ont aujourd'hui disparu, tandis que d'autres ont survécu aux bouleversements de la vie moderne.

Légendes – Les longues nuits de l'hiver québécois étant propices à la création d'histoires fantastiques, les traditions locales offrent un grand nombre de contes et comptines, de proverbes et de légendes. La plus originale est sans doute celle de la chasse-galerie ou « chasse sauvage ». À la venue de l'hiver, beaucoup de jeunes gens partaient dans des camps de bûcherons afin de gagner un peu d'argent. La vie dans ces chantiers était rude, et ils rêvaient parfois la nuit de leur « blonde » laissée au village. La veille du Jour de l'an, le Diable apparut pour leur proposer un marché : il offrait d'aider ceux qui se languissaient de leur bien-aimée à la rejoindre en les embarquant dans un canot capable de naviguer dans les airs à grande vitesse. En contrepartie, ils devaient s'engager à ne prononcer aucun blasphème pendant le voyage, sous peine de finir en enfer. À l'aller, tout se passait bien. Mais au retour, les hommes oubliaient parfois leur promesse et poussaient un juron. Le canot volant descendait alors comme une pierre jusqu'au sol où il s'écrasait, envoyant en enfer l'âme de ses malheureux occupants.

Une autre légende populaire raconte la mésaventure de Rose Latulippe qui aimait trop danser. Une nuit, au cours d'une veillée de danse, la porte s'ouvrit et un bel étranger entra. Rose, subjuguée, délaissa son cavalier habituel pour aller rejoindre le nouveau venu avec qui elle se mit à danser. Elle dansa pendant des heures. Mais lorsque, exténuée, elle voulut s'arrêter, elle découvrit que c'était impossible. Son partenaire continuait à la faire tourner et virevolter au point qu'elle crut sa dernière heure venue. C'est alors qu'arriva le curé du village. Il avait reconnu la main du Diable et le chassa à coup de prières et d'eau bénite. Exorcisée, la pauvre Rose Latulippe ne dansa jamais plus, désormais, qu'avec son cavalier attitré.

... et héros – Le bûcheron **Louis Cyr** (1863-1912) devint, en son temps, une légende vivante. Pesant plus de 165 kg, il passait alors pour l'homme le plus fort du monde. Il souleva un jour, devant un public de badauds admiratifs, une plate-forme sur laquelle avaient pris place 18 personnes, soit une charge de 1967 kg (record inégalé).
Natif de la région du lac Saint-Jean, **Alexis Lapointe** devait son surnom de « trotteur » à sa stupéfiante vitesse à la course. Capable de couvrir plus de 240 km en une journée, il lui arrivait fréquemment de prendre à la course les chevaux et même les trains. Son autopsie aurait révélé la présence de jointures doubles, d'os et de muscles ressemblant à ceux d'un cheval.

La tradition matérielle – La société rurale québécoise apportait beaucoup de soin à la décoration des bâtiments, du mobilier et de nombreux objets utilitaires. Moules de bois ciselés en forme de feuille ou de cœur pour le sucre d'érable, motifs fauniques des girouettes, motifs floraux sur les portes des granges et sur les volets... sont encore visibles dans les campagnes.
Depuis les lointains débuts de la colonisation, la tenue vestimentaire a toujours reflété la nécessité de se protéger contre les grands froids de l'hiver. Tuques, mitaines, écharpes de laine et bottes sont de rigueur de novembre à la mi-mars, parfois même plus longtemps. La fameuse « canadienne », sorte de veste à capuchon inspirée de celle des trappeurs, et le manteau de fourrure (renard, raton laveur ou vison) sont encore populaires aujourd'hui.

Au gré des saisons – À chaque saison correspondent, au Québec, toutes sortes de traditions et de fêtes développées au cours des siècles.

Printemps – C'est à la fin de mars que la sève des érables commence à couler, annonçant le printemps et les fêtes associées à la confection du sirop d'érable. On recueillait traditionnellement cette « eau » sucrée dans des seaux suspendus aux becs verseurs plantés dans les troncs de l'érable, puis on la faisait bouillir jusqu'à l'obtention du fameux sirop d'érable. De nos jours, si le **temps des sucres** reste une tradition québécoise toujours très vivante, les seaux ont souvent disparu, remplacés par de longs tubes de plastique qui acheminent la sève jusqu'à un évaporateur central.
Pour fêter la récolte du sirop, familles et amis se rassemblent pour des « parties de sucres ». On consomme pour l'occasion des mets cuits dans le sirop d'érable et de savoureux desserts arrosés de ce nectar. Du sirop chaud est également versé dans la neige où il se transforme en « tire », une substance semblable à du caramel, que l'on enroule prestement sur un bâtonnet.

Été – Jour dédié à saint Jean-Baptiste, le 24 juin est aussi la fête nationale du Québec. Son origine tant nationaliste que religieuse fait de la **Saint-Jean-Baptiste** l'un des principaux événements annuels, célébrée avec liesse et ferveur à travers toute la province pour bien marquer l'identité québécoise. Chars allégoriques, défilés de drapeaux, feux de bois et spectacles musicaux sont au programme.

Automne – À l'été chaud et humide succède la plus belle saison du Québec, l'automne. Les érables se parent alors de couleurs flamboyantes : rouge écarlate, orange brûlé et jaune d'or. C'est l'époque des randonnées dans les Laurentides et dans les Cantons de l'Est. Dans les régions de pomoculture, c'est aussi l'époque de la récolte. De nombreux vergers, ouverts au public, retentissent de la voix des cueilleurs.

Hiver – Les premiers flocons tombent généralement dès fin novembre, et forment un beau tapis blanc jusqu'en avril. Les journées, froides et courtes, sont souvent très ensoleillées et lumineuses grâce à la neige qui scintille. Les Québécois célèbrent cette saison par des carnavals d'hiver, dont le plus fameux reste le Carnaval de Québec animé de parades et de concours de sculpture sur glace. La pêche sur les rivières ou les lacs gelés est une activité hivernale elle aussi fort prisée.

La table – Les principales agglomérations du Québec proposent des restaurants de toutes catégories, des simples cafés aux grandes tables. Certains quartiers de Montréal (Vieux-Montréal, Plateau Mont-Royal, boulevard Saint-Laurent, centre-ville) sont très renommés pour leurs restaurants. La ville de Québec possède aussi de fortes concentrations de restaurants, notamment le long des rues Sainte-Anne, Saint-Jean, Saint-Louis et Grande-Allée dans la Haute-Ville, et dans le quartier Petit-Champlain ainsi que sur la rue Saint-Paul dans la Basse-Ville.

Chaque région du Québec possède ses **spécialités**. En Beauce, les produits de l'érable sont particulièrement réputés : sirop, sucre, tire, tarte, yaourt, crème glacée et digestif. Au Saguenay–Lac-Saint-Jean, on affirme le plus sérieusement du monde : « Une tarte, un bleuet ! ». Sorte de myrtille dont on tire un apéritif, ce petit fruit n'est pas la seule spécialité gastronomique de la région : on y trouve aussi la gourgane, une espèce de grosse fève dont on fait une soupe, et la cipaille, pâté de gibier mêlé de couches de pâte et de pommes de terre. Parmi les autres plats traditionnels, on mentionnera les fèves au lard, le ragoût de boulettes et la tourtière (hachis de viandes en croûte). Les amateurs de poisson, de crustacés et de fruits de mer apprécieront le saumon frais ou fumé de la Côte-Nord, le homard des Îles de la Madeleine, la morue de Gaspésie, les crevettes de Matane et les bigorneaux du Bas-Saint-Laurent. Quant au dessert, la tarte au sucre et celle au sirop d'érable feront le délice des plus gourmands.

La Cabane à Sucre Millette

QUELQUES LIVRES
DE LITTÉRATURE CONTEMPORAINE

Agonie, par Jacques Brault *(Boréal, 1984)*

Les Aurores montréales, par Monique Proulx *(Boréal, 1997)*

L'Avalée des avalés, par Réjean Ducharme *(Gallimard « Folio », 1966)*

Bonheur d'occasion, par Gabrielle roy *(Boréal, 1993)*

Le Dernier été des Indiens, par Robert Lalonde *(Éd. du Seuil, Points série roman, 1982)*

Dévadé, par Réjean Ducharme *(Gallimard « Folio », 1990)*

L'Homme gris, par Marie Laberge *(Boréal, 1986)*

L'Ingratitude, par Ying Chen *(Actes Sud/Leméac, 1995)*

L'Oiselière, par Jean Charlebois *(L'Hexagone, 1998)*

La Démarche du crabe, par Monique Larue *(Boréal, 1995)*

La Nuit des princes charmants, par Michel Tremblay *(Actes Sud/Leméac, 1995)*

Chronique du Plateau-Mont-Royal, par Michel Tremblay *(Actes Sud, 2000)*

La Rage, par Louis Hamelin *(Typo, 1989)*

La Vie en prose, par Yolande Villemaire *(Typo, 1980)*

Laura Laur, par Suzanne Jacob *(Éd. du Seuil, 1983)*

Le Pavillon des miroirs, par Sergio Kokis *(XYZ Éditeur, 1994)*

Le Poids des ombres, par Marie Laberge *(Boréal, 1994)*

Le Sens apparent, par Nicole Brossard *(Flammarion, 1980)*

Les Fous de Bassan, par Anne Hébert *(Éd. du Seuil, Points série roman, 1982)*

Kamouraska, par Anne Hébert *(Éd. du Seuil, Points série roman, 1970)*

Lumière des oiseaux. Histoires naturelles du Nouveau Monde, par Pierre Morency *(Boréal/Seuil, 1992)*

Maryse, par Francine Noël *(Bibliothèque québécoise, 1994)*

Parlez-moi d'amour, par Suzanne Jacob *(Boréal, 1998)*

Quelques adieux, par Marie Laberge *(Boréal, 1992)*

Salut Galarneau !, par Jacques Godbout *(Éd. du Seuil, Points série roman, 1967)*

Soifs, par Marie-Claire Blais *(Boréal, 1995) (Éd. du Seuil, 1995)*

Une Histoire américaine, par Jacques Godbout *(Éd. du Seuil, 1986)*

Vamp, par Christian Mistral *(Typo, 1988)*

Volkswagen Blues, par Jacques Poulin *(Babel Actes Sud, 1998)*

QUELQUES FILMS

Les titres suivants illustrent les tendances du cinéma québécois
de 1949 à nos jours.

Un Homme et son péché (1949)	Paul L'Anglais
Tit-Coq (1952)	René Delacroix et Gratien Gélinas
À tout prendre (1963)	Claude Jutra
Pour la suite du monde (1963)	Michel Brault et Pierre Perrault
Le Chat dans le sac (1964)	Gilles Groulx
La Vie heureuse de Léopold Z. (1965)	Gilles Carle
Entre la mer et l'eau douce (1967)	Michel Brault
Le Règne du jour (1967)	Pierre Perrault
Les Mâles (1970)	Gilles Carle
Un Pays sans bon sens (1970)	Pierre Perrault
Mon Oncle Antoine (1971)	Claude Jutra
L'Acadie, l'Acadie (1972)	Michel Brault et Pierre Perrault
La Vraie Nature de Bernadette (1972)	Gilles Carle
Kamouraska (1973)	Claude Jutra
Les Ordres (1974)	Michel Brault
J.A. Martin, photographe (1976)	Jean Beaudin
L'Homme à tout faire (1980)	Micheline Lanctôt
Les Bons Débarras (1980)	Francis Mankiewicz
Crac ! (1982)	Frédéric Back
La Bête lumineuse (1983)	Pierre Perrault
Les Fleurs sauvages (1983)	Jean-Pierre Lefebvre
Maria Chapdelaine (1983)	Gilles Carle
La Femme de l'hôtel (1984)	Léa Pool
La Guerre des tuques (1984)	André Melançon
Le Crime d'Ovide Plouffe (1984)	Denys Arcand
Bach et Bottine (1986)	André Melançon
Le Déclin de l'Empire américain (1986)	Denys Arcand
Pouvoir intime (1986)	Yves Simoneau
Un Zoo la nuit (1987)	Jean-Claude Lauzon
L'Homme qui plantait des arbres (1988)	Frédéric Back
Les Portes tournantes (1988)	Francis Mankiewicz
Jésus de Montréal (1989)	Denys Arcand
La Grenouille et la Baleine (1989)	Jean-Claude Lord
Au chic resto pop (1990)	Tahani Rached
La Liberté d'une statue (1990)	Olivier Asselin
Les Noces de papier (1990)	Michel Brault
Une Histoire inventée (1990)	Marc-André Forcier
Léolo (1992)	Jean-Claude Lauzon
Eldorado (1995)	Charles Binamé
Le Confessional (1995)	Robert Lepage
Thirty-two short films about Glenn Gould (1995)	François Girard
Les Boys (1997)	Louis Saia
Le Violon rouge (1999)	François Girard
Maelstrom (2000)	Denis Villeneuve

L'Anse Saint-Jean

Villes et curiosités

AMOS

Abitibi-Témiscamingue
13 955 habitants

Autrefois surnommée Harricana, du nom de la rivière qui la traverse, la ville fut rebaptisée en l'honneur d'Alice Amos, épouse de Lomer Gouin, Premier ministre de la province au début du siècle. Amos constitue le véritable berceau de l'Abitibi et sa première capitale. Ici arrivèrent, en 1912, les premiers colons en provenance de Québec, après un interminable détour par l'Ontario. En 1913, la voie ferrée transcontinentale allait relier Amos à Québec.

Grâce à leur propagande « agriculturiste », qui présentait le retour à la terre comme une panacée aux maux créés par la grande crise des années 1930, les dirigeants politiques et catholiques canadiens français de l'époque déclenchèrent une véritable ruée colonisatrice.

L'Église catholique joua un rôle important dans le développement de la région grâce à son soutien moral et même politique, ses prêtres faisant souvent office de médiateurs sociaux. Aujourd'hui encore, l'agriculture, la mine et la forêt restent les principales ressources de la région.

Accès – *Amos se trouve à 604 km au Nord-Ouest de Montréal par les routes 117 & 111, et à 56 km de Val-d'Or par la route 111. Des vols quotidiens de Montréal à Val-d'Or sont proposés par Air Alliance ☎ 514-393-3333.*

CURIOSITÉ

Cathédrale Sainte-Thérèse d'Avila – *11, boul. Dudemaine. Ouv. tous les jours de l'année 9 h-17 h.* ♿ 🅿 ☎ *819-732-2110.* Située au cœur de la ville, cette cathédrale fut construite en 1923 selon les plans de Mgr Dudemaine, premier curé de la paroisse, et de l'architecte Beaugrand-Champagne. Elle constitue un exemple de style romano-byzantin, avec sa forme circulaire surmontée d'un dôme spectaculaire. On y remarquera plusieurs éléments décoratifs, parmi lesquels une colombe peinte (2,75 m), des marbres roses d'Italie et des vitraux de France.

EXCURSIONS

Village Pikogan – *À 4 km au Nord d'Amos. Prendre à gauche la rue Principale, encore à gauche la 1ʳᵉ Av. Ouest, puis à droite la 6ᵉ rue Ouest (qui devient route 109). Continuer sur 2 km jusqu'au village, à gauche de la route.* Ce village algonquin, où vivent également quelques Cris *(p. 112)*, fut fondé en 1954. Ses résidents sont tous originaires de la région du lac Abitibi. Entièrement administrée par les autochtones, la petite localité reflète leur volonté de réaffirmer leur culture. On y trouve tous les services d'une communauté active, notamment une école où des cours sont donnés en algonquin. La **chapelle**★ de la mission Sainte-Catherine *(ouv. mai-sept. tous les jours 9 h -15 h ; reste de l'année & jours fériés sur rendez-vous seulement ;* ♿ 🅿 ☎ *819-727-1242)*, construite en 1968, adopte la forme d'un wigwam. Sa décoration intérieure est entièrement inspirée du style amérindien propre à la région.

Centre des Marais (Refuge Pageau) – *À 8 km à l'Est d'Amos. Suivre la route 111 Est en direction de Val-d'Or, puis prendre à gauche le rang 10 de Figuery vers Saint-Maurice (rang Croteau). Ouv. 24 juin-août mar.-ven. 13 h-17 h, sam.-dim. &*

Refuge Pageau

jours fériés 13 h-20 h. 10 $.   ⚑ ☎ *819-732-8999.* Le propriétaire des lieux est un ancien trappeur, mais aussi un fidèle ami des bêtes. À la demande des chasseurs ou des agents de protection de la faune, il recueille les animaux blessés, maltraités ou abandonnés, les soigne et les relâche dans la nature ; certains d'entre eux, qui ne sauraient survivre en liberté, deviennent les invités permanents du refuge. Le **zoo** ainsi formé se situe dans un sous-bois. Chaque cage identifie le nom de son pensionnaire en algonquin, en français et en anglais. Ours, cerf ou buse à queue rousse... chaque animal a son histoire et fournit une occasion de mieux comprendre la faune et les dangers qui la menacent.

Preissac – *À 35 km au Sud-Ouest d'Amos. La route 395, au Sud d'Amos, n'est pas revêtue sur toute sa longueur.* Ce joli village occupe un cadre champêtre en bordure de la rivière Kinojélis. Près du pont des rapides, noter un charmant coin propice aux pique-niques *(épicerie et station-service à la sortie de Preissac, route 395).* Juste avant la pourvoirie du lac Preissac *(à environ 15 km de la route 117),* un poste d'observation sur la route 395 offre une **vue**★ magnifique sur le lac en contrebas. En face de la pourvoirie se trouvent des services de tourisme et de pêche, une marina et un terrain de camping.

Le Dispensaire de la Garde – *À La Corne, 26 km au Sud-Est de Amos par la route 111. Ouvert tous les jours de 9 h 30 à 17 h de juin à septembre. Entrée 5 $.* ☎ *819 789 2181. Internet :* www.cabit.qc.ca/dispensaire. Entrez dans l'histoire de la colonisation en découvrant l'évolution du système de santé québécois : les débuts des dispensaires et leur rôle social sont ici évoqués en prenant pour exemple celui de l'infirmière Gertrude Duchemin qui soignait les gens d'Abitibi-Témiscamingue. Des guides en costume d'époque dirigent les visiteurs vers une présentation multimédia qui fait revivre la médecine de campagne et la vie quotidienne des infirmières.

Île d'ANTICOSTI★★
Duplessis

Étendue de terre de 222 km de long sur 56 km à son point le plus large, l'île d'Anticosti se situe dans l'estuaire du Saint-Laurent, au Sud de l'archipel de Mingan (Côte-Nord) et au Nord-Est du parc national Forillon (Gaspésie). Plus d'une centaine de rivières, où abondent truites et saumons de l'Atlantique, sillonnent ce territoire boisé, bien connu des chasseurs de cerfs pour l'abondance de son gibier. L'industriel français Henri Menier *(ci-dessous),* qui acheta l'île en 1895, en fit autrefois son paradis privé.
Aujourd'hui, la quasi-totalité d'Anticosti fait partie d'une réserve provinciale couvrant un espace de 4 575 km². Les amoureux de la nature pourront y admirer, dans un cadre idyllique, une grande variété d'oiseaux et de fleurs sauvages. Les plus aventureux pourront suivre la côte en kayak de mer. Des formations calcaires incrustées de fossiles permettent aux géologues amateurs de faire de passionnantes recherches. Certains de ces fossiles, qui datent du début de l'ère paléozoïque (il y a 420 à 500 millions d'années), sont considérés comme uniques.

Un peu d'histoire

Les fouilles archéologiques menées sur l'île ont révélé des traces d'occupation humaine vieilles de 3 500 ans. Quant à l'étymologie du nom « Anticosti », elle reste incertaine. Il pourrait s'agir d'une déformation du mot amérindien *notiskuan,* « lieu où l'on chasse l'ours », ou encore de l'expression *anti costa,* « avant la côte », que les pêcheurs basques ou espagnols auraient donnée à l'endroit.
Jacques Cartier attesta de l'existence de l'île lors de son premier voyage en Nouvelle-France en 1534. Il fallut toutefois attendre 1680 pour que les lieux commencent à se peupler : c'est en effet à cette époque qu'Anticosti fut cédée à Louis Jolliet à titre de récompense pour sa découverte de l'Illinois et son expédition dans la baie d'Hudson. La première colonie fut éradiquée par la flotte anglaise de l'amiral Phips en 1690. Les trois enfants de Jolliet héritèrent par la suite d'Anticosti qui – conséquence de la Conquête anglaise – fut annexée à Terre-Neuve (elle-même devenue colonie anglaise selon les termes du traité d'Utrecht) en 1763.
Au cours du siècle suivant, l'île changea à plusieurs reprises de propriétaire. En 1873, une société anglaise, l'Anticosti Island (ou Forsyth) Company, tenta sans succès de la coloniser, tout comme le firent, sans plus de succès, la Stockwell Company et les autres sociétés qui lui succédèrent.

L'ère Menier : 1895-1926 – Héritier d'une fortune familiale bâtie sur les chocolateries, **Henri Menier** devait jouer un rôle considérable dans l'histoire de l'île. À la recherche d'un terrain qui, tout en présentant un investissement rentable, offrirait un lieu de retraite où il pourrait chasser et pêcher à loisir, l'industriel français acheta Anticosti le 16 décembre 1895, pour la modeste somme de 125 000 dollars, et en entreprit le développement.

Un de ses amis, Georges Martin-Zédé, qu'il avait nommé administrateur de l'île, fut chargé de faire respecter les règlements très stricts établis par Menier en personne pour entreprendre le développement du village de Baie-Sainte-Claire, et celui de l'industrie du bois et de la pêche. Pour faciliter le transport des ressources de l'île, un port en eau profonde fut édifié dans la baie d'Ellis, et le village de Port-Menier vit ainsi le jour.

Menier dépensa sans compter pour transformer l'île en un paradis privé. Dans le but d'accroître davantage la faune sauvage, déjà riche en loutres, renards et ours, il fit importer castors, orignaux, caribous, lièvres et quelque 220 cerfs de Virginie. Une ferme se spécialisa dans l'élevage des renards roux et argentés. Parmi les espèces que Menier fit introduire, la plus prolifique allait être le cerf de Virginie, dont on estimait le cheptel à quelque 120 000 têtes en 1989, au point que les biologistes parlent aujourd'hui de surpopulation et déplorent les dégâts causés à la végétation.

Pour que ses séjours sur l'île d'Anticosti se déroulent dans le plus grand confort, et pour combler ses visiteurs, Menier se fit construire un pavillon de chasse qui surplombait la baie entre Port-Menier et Baie-Sainte-Claire. Ce bâtiment somptueux, baptisé « le château » par la population locale, était un mélange d'architectures norvégienne et normande. L'aile Ouest était éclairée par un énorme vitrail en forme de fleur de lys. L'intérieur luxueux reflétait le goût de Menier pour le faste et le raffinement : antiquités

norvégiennes, tapis orientaux de grande valeur, fine porcelaine et verrerie de cristal, portes de bois sculpté, toiles de maîtres, jardinières de bronze... Il y avait même un « trône » sculpté à la main pour le « roi du chocolat ». Le pavillon possédait une immense salle de réception, une bibliothèque bien pourvue et douze chambres auxquelles attenaient des salles de bains de marbre ; car, comble du luxe pour l'île, le château était équipé de l'eau courante et de l'électricité.

À la mort d'Henri Menier en 1913, son frère Gaston hérita d'Anticosti. Tout en appréciant la beauté du lieu, celui-ci désapprouvait plutôt les extravagances d'Henri. En 1917, les difficultés économiques, qui affaiblirent en France la puissante industrie chocolatière, entraînèrent la fin des activités forestières de la famille Menier sur l'île. En 1926, Anticosti fut donc revendue, pour 6 500 000 dollars, à l'Anticosti Corporation, consortium de plusieurs sociétés canadiennes de production de papier. Au cours des années qui suivirent, le mobilier de la propriété allait être dispersé et réparti entre les différentes branches du consortium sur le continent, ou bien vendu. Le château Menier, laissé à l'abandon, finit par atteindre un tel état de délabrement que ses ruines devinrent un danger pour les enfants de la communauté environnante qui venaient y jouer. En automne 1953, ordre fut donné de brûler l'édifice.

Une nouvelle vocation – L'Anticosti Corporation s'engagea quelque temps dans l'exploitation forestière, apportant ainsi la prospérité à l'île. L'arrivée de travailleurs forestiers entraîna un accroissement de la population locale qui passa alors de 300 à près de 4 000 personnes. Mais au début des années 1930, face à la grande crise économique, l'industrie du bois connut de graves difficultés, et de nombreux habitants, réduits au chômage, durent alors quitter l'île.

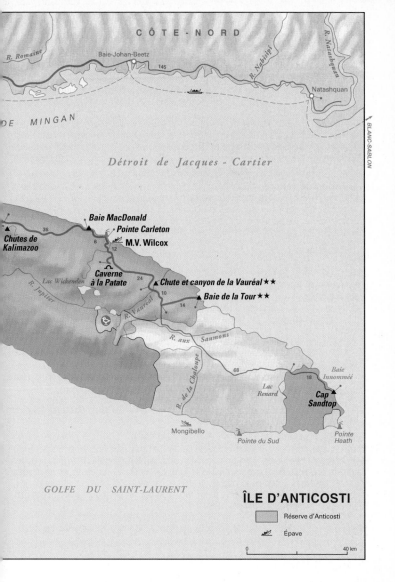

CÔTE-NORD

R. Romaine   Baie-Johan-Beetz

R. Nabisipi

R. Natashquan

145   Natashquan

DE MINGAN

BLANC-SABLON

Détroit de Jacques - Cartier

Baie MacDonald
↙ **Pointe Carleton**
36   ⚓ **M.V. Wilcox**
▲ **Chutes de Kalimazoo**
6
12
Caverne à la Patate
R. Jupiter
Lac Wickenden
24   ▲ **Chute et canyon de la Vauréal ★★**
10   ▲ **Baie de la Tour ★★**
14
R. Vauréal

R. aux   Saumons

R. de la Chaloupe
68   Baie Innommée
18
Lac Renard   **Cap Sandtop**

Mongibello   Pointe du Sud   Pointe Heath

GOLFE   DU   SAINT-LAURENT

ÎLE D'ANTICOSTI

▢ Réserve d'Anticosti

⚓ Épave

0 _____ 40 km

La beauté du site et la richesse de sa faune et de sa flore avaient été, pendant de longues années, l'apanage d'un nombre restreint de privilégiés. Bientôt, l'Anticosti Corporation commença à son tour à s'intéresser au potentiel touristique de l'île. Le consortium changea de nom en 1967 pour devenir la Consolidated Bathurst Limited. En 1974, le gouvernement du Québec acquit l'île d'Anticosti pour la somme de 23 780 000 dollars. En 1983, les habitants se virent accorder le droit d'acheter des terres et des maisons et, en 1984, le premier conseil municipal élu voyait le jour. Presque toute l'île fait aujourd'hui partie d'une réserve.

RÉGION DE PORT-MENIER

Port-Menier – Dernier village toujours peuplé de l'île, Port-Menier fut fondé au début du siècle autour du site choisi pour la construction d'un port en eau pro-fonde. Au centre du village, un bâtiment abrite le magasin général, la banque, le bureau de poste et la laverie automatique. À côté se trouve l'épicerie.

Baie-Sainte-Claire – *À 15 km à l'Ouest de Port-Menier.* À l'origine, le village s'ap-pelait English Harbor. Il fut rebaptisé par Henri Menier en l'honneur de sa mère. Au milieu du 19e s., des pêcheurs venus de Terre-Neuve et des provinces Maritimes s'y étaient installés. La Forsyth Company tenta, sans succès, de développer l'en-droit. Quand, en 1895, Martin-Zédé arriva sur les lieux, il ne trouva guère plus d'une dizaine de familles. Sous sa férule, le village devint une communauté active et bien administrée, mais fut abandonné au profit du nouveau village de Port-Menier. En 1931, Baie-Sainte-Claire n'était plus qu'un amas de ruines. En 1985,

Renseignements pratiques

Comment s'y rendre – **Avion** : de Montréal, Québec, Sept-Îles à Port-Menier ☎ 418-535-0156 ; vols charters avec Aviation Québec Labrador ☎ 418-962-7901 ; la SÉPAQ *(ci-dessous)* propose également des vols à destination d'Anticosti au départ de Mont-Joli. **Bateau** : Relais Nordik Inc. au départ de Rimouski ☎ 418-723-8787, Sept-Îles ☎ 418-968-4707 ou Havre-Saint-Pierre ☎ 418-538-3533.

Revêtue entre Port-Menier et l'aéroport *(7 km)*, l'unique route qui traverse l'île devient ensuite un simple chemin de gravier. Des chemins de terre relient Port-Menier aux pavillons de chasse et de pêche et aux camps sur la rivière Jupiter. La visite de l'île ne peut s'effectuer qu'à bord d'un véhicule adapté. Location de voiture : Tilden (Port-Menier) ☎ 418-535-0157.

Location de voiture – Sauvajeau, Port-Menier, ☎ 418-535-0157. Une seule route traverse l'île. Elle est revêtue entre Port-Menier et l'aéroport (7 km), partout ailleurs elle est recouverte de gravillons. Des routes non revêtues relient Port-Menier aux camps de chasseurs et de pêcheurs de la rivière Jupiter. Il est indispensable de prendre un 4x4 pour visiter l'île.

Hébergement – La réserve d'Anticosti est gérée par la Société des établissements de plein air du Québec (SÉPAQ) ☎ 418-890-0863 ou 418-535-0156 (Port-Menier) qui organise des forfaits-vacances d'une durée de 7 à 14 jours comprenant le voyage par avion depuis Mont-Joli (Gaspésie), l'hébergement et les repas, ainsi que la mise à disposition d'un 4x4. D'autres pourvoiries, comme celle du lac Geneviève ☎ 418-535-0294, proposent différentes formules. On peut également loger à l'Auberge de Port-Menier ☎ 418-535-0122. Lorsqu'il reste des chambres disponibles, le pavillon Carleton (géré par la SÉPAQ) accepte par ailleurs des réservations sans forfaits-vacances.

---

un four à chaux fut reconstruit à l'Ouest du village. À l'époque des Menier, le four d'origine avait servi pendant neuf ans à produire la chaux éteinte qui servait à fabriquer du mortier et du blanc de chaux. Comme la chasse y est formellement interdite, Baie-Sainte-Claire est aujourd'hui un endroit idéal pour observer les **cerfs de Virginie**, parfois rassemblés en troupeaux.

Pointe de l'Ouest – *À 1 km au Sud de Baie-Sainte-Claire.* Le premier phare, construit à la pointe de l'Ouest en 1858, était l'un des plus puissants du golfe du Saint-Laurent. Par temps clair, on pouvait voir sa lumière jusqu'à 50 km à la ronde. Malgré la présence de plusieurs phares le long de la côte d'Anticosti, les naufrages ont été nombreux : depuis le début du 18ᵉ s., près de 200 navires auraient ainsi échoué autour de l'île. De la côte, il est facile de voir l'épave du *Calou*, prisonnier de ces eaux dangereuses depuis 1982.

TOUR DE L'ÎLE – de Port-Menier à la baie de la Tour
169 km

Chutes de Kalimazoo – *65 km. L'accès aux chutes se trouve à 1,7 km de la route principale. Suivre les panneaux indicateurs pour atteindre le camping. De là, descendre le sentier à droite jusqu'au ruisseau, le traverser, puis tourner à gauche d'où un beau point de vue s'offre sur le site.* Les cascades se déversent dans un petit étang aux eaux très claires, encerclé de falaises calcaires.

Baie MacDonald – *36 km.* Entourée d'une plage de sable fin, cette baie spectaculaire doit son nom à Peter MacDonald dit « Peter l'ermite », pêcheur originaire de la Nouvelle-Écosse qui s'installa ici vers la fin du 19ᵉ s. Après quelques années, sa femme retourna en Nouvelle-Écosse, mais il resta sur l'île et y vécut en solitaire. Selon la légende, Martin-Zédé aurait réussi, non sans mal, à convaincre l'homme de se rendre à Baie-Sainte-Catherine pour se faire soigner, car il était tombé malade. Aussitôt guéri, le fier vieillard, alors âgé de 87 ans, aurait chaussé ses raquettes et fait non moins de 120 km de marche en forêt pour regagner son logis.

Pointe Carleton – *À 6 km de la baie MacDonald.* La route épouse le tracé des plages de sable, et offre ainsi une belle vue de la mer. Le pittoresque phare de la pointe Carleton date de 1918. *Possibilités d'hébergement au pavillon Carleton. Pour plus de renseignements, contacter la SÉPAQ.*

Épave du Wilcox – Près de la pointe Carleton, à l'embouchure de la rivière à la Patate, l'épave échouée du *M.V. Wilcox* continue à subir l'assaut des vagues. Cet ancien dragueur de mines fit naufrage en juin 1954.

Caverne à la Patate – *12 km. Environ 3 km après les deux ponts qui enjambent la rivière à la Patate et un de ses affluents, quitter la route principale et prendre le sentier forestier (avec un véhicule 4x4, il est possible de rouler sur environ 2 km).*

Suivre ensuite à pied un chemin balisé qui mène à l'entrée de la grotte (1 h). Le port d'un casque est conseillé. La grotte fut découverte en 1981. Une équipe de géographes l'explora en 1982 et en dressa une carte. L'entrée de la caverne atteint 10 m de haut et environ 7 m de large. Des galeries courent sur une longueur totale de 625 m.

★★ **Chute et canyon de la Vauréal** – *La chute est à 24 km à l'Est de la caverne à la Patate. Pour accéder au canyon, revenir sur la route principale et retourner vers la pointe Carleton. L'embranchement se trouve à 1,5 km.* La rivière Vauréal a d'abord porté le nom de Morsal, en souvenir d'un descendant de huguenots arrivé à Anticosti en 1847, qui passa 45 années près de la rivière. Menier la rebaptisa Vauréal, du nom de l'une de ses propriétés sur les bords de l'Oise, en France. *L'excursion à pied (1 h),* qui suit le lit de la rivière jusqu'à la base de la chute, permet de découvrir de superbes paysages. Les falaises de calcaire gris, striées par endroits de schistes rouges et verts, forment un motif ondulant sculpté par les éléments naturels. Tout au long du parcours, ces hautes parois rocheuses sont entaillées de crevasses et de petites grottes. La chute plonge dans le canyon depuis le sommet d'une muraille de 70 m.

★★ **Baie de la Tour** – *Quitter la route principale 10 km après la chute de la Vauréal. Continuer par la route secondaire sur environ 14 km.* À cet endroit, des collines de calcaire tombent à pic dans la mer et offrent, depuis la plage sablonneuse, une vue extraordinaire des environs.

Revenir sur la route principale.

Détour par le cap Sandtop – *172 km aller-retour. La route (non revêtue) prend fin au cap. De profondes ornières rendent, par mauvais temps, le passage difficile.* La rivière Natiscotec marque la limite de la réserve d'Anticosti. La végétation rase et clairsemée est tout à fait caractéristique des terres marécageuses qui s'étendent dans cette partie de l'île.

On pénètre à nouveau dans la réserve d'Anticosti après avoir franchi la rivière du Renard. Une colonie s'était autrefois établie dans la baie Renard et, plus tard, Menier y avait installé une conserverie de homard. La crique située entre le ruisseau de la Chute et la baie Innommée forme une réserve ornithologique.

© Yves Marcoux/PUBLIPHOTO

Baie de la Tour

BAIE-SAINT-PAUL★★

Charlevoix
7 379 habitants
Schéma : Côte de CHARLEVOIX

Cette petite ville occupe un **site**★ remarquable à la confluence de la rivière du Gouffre et du Saint-Laurent. Elle fut colonisée en 1678 par Noël Simard qui, délaissant la Côte de Beaupré, vint s'installer dans la vallée du Gouffre afin d'y défricher les terres fertiles. Il y fonda un village qui fut très longtemps la seule communauté entre Saint-Joachim et Tadoussac.

Entouré de sommets boisés d'un vert profond, le site de Baie-Saint-Paul constitue depuis longtemps une source d'inspiration pour de nombreux artistes. La ville possède actuellement un centre d'art, un centre d'exposition et des maisons typiques de la province transformées en auberges. Au cours des années 1970, elle était fréquentée par les acrobates, clowns, jongleurs et contorsionnistes qui devaient fonder le célèbre Cirque du Soleil. Chaque année au mois d'août se tient, à l'Aréna de Baie-Saint-Paul (*rue Forget*), le **Symposium de la jeune Peinture au Canada** à l'occasion duquel de jeunes artistes exécutent en public des œuvres de grand format.

Accès – *Baie-Saint-Paul se trouve à 95 km au Nord-Est de Québec par la route 138.*

CURIOSITÉS

En arrivant à Baie-Saint-Paul par le Sud, sur la route 138, s'arrêter pour admirer la **vue**★★ plongeante sur la vallée du Gouffre, ponctuée ici et là de bâtiments appartenant aux communautés religieuses de la ville.

Prenez le temps de parcourir les ruelles de ce village et d'admirer les ravissantes maisons anciennes qui bordent la pittoresque rue Saint-Jean-Baptiste (*notamment les n°s 143-145*). Descendez la rue Saint-Jean-Baptiste pour faire du lèche-vitrine et regardez les magasins d'antiquités puis dirigez-vous vers le quai pour faire une promenade en bateau ou en kayak de mer. Près du quai s'étend une plage et une forêt de pins avec des sentiers aménagés.

Centre d'art de Baie-Saint-Paul – *4, rue Ambroise-Fafard. Ouv. 24 juin-début sept. tous les jours 9 h-19 h. Reste de l'année tous les jours 9 h-17 h.* 🅿 🖾 *418-435-3681.* Cette galerie moderne (1967, Jacques Delois), construite comme monument commémoratif de la Confédération canadienne, expose les œuvres d'artistes de la région de Charlevoix. Dans les ateliers de tissage et de tapisserie, des artisans locaux réalisent des pièces traditionnelles et contemporaines.

Depuis le quai (*rue Sainte-Anne*), l'île aux Coudres donne l'impression de bloquer l'entrée de la baie.

Centre d'exposition de Baie-Saint-Paul – *23, rue Amboise Fafard. Ouvert tous les jours de 9 h à 17 h (19 h de fin juin à fin août).* 🖾 *418 435 3681.* Dessiné par l'architecte Pierre Thibault, l'objectif de ce centre est d'accueillir des expositions itinérantes venant du monde entier.

EXCURSIONS

En quittant la ville par la route 362 Est, une halte routière offre une autre **vue**★★ de Baie-Saint-Paul, du Saint-Laurent et de la rive Sud.

Peu après, le chemin Vieux-Quai descend vers la droite. Il mène au rivage que borde une voie ferrée, et offre une vue rapprochée de l'île aux Coudres.

★★★**Côte de Charlevoix** – *Voir ce nom.*

★★**Île aux Coudres** – *Voir ce nom.*

BAIE-SAINTE-CATHERINE★

Charlevoix
295 habitants
Schéma : Côte de CHARLEVOIX

Le village, construit sur un plateau de faible altitude, borde une baie à l'embouchure du Saguenay, sur la rive Nord du Saint-Laurent. C'est à la pointe Sud de cette baie que Samuel de Champlain rencontra le chef montagnais Sagamo en 1609. De cette rencontre allait naître une alliance contre les Iroquois, alliance qui devait avoir de graves conséquences pour la Nouvelle-France.

Les premiers colons arrivèrent à Baie-Sainte-Catherine vers 1820 et produisirent longtemps du bois de sciage destiné à l'Europe. Aujourd'hui, l'observation des baleines constitue la principale attraction de Baie-Sainte-Catherine et, bien sûr, de Tadoussac, de l'autre côté du fjord.

Accès – *Baie-Sainte-Catherine se trouve à 210 km au Nord-Est de Québec par les routes 40 & 138.*

CURIOSITÉS

★★Croisière d'observation des baleines – *Départ du quai municipal mai-oct. tous les jours à 10 h 15 & 13 h 30 (fin juin–fête du Travail croisières supplémentaires à 14 h 30 & 16 h 30). Aller-retour 3 h. Commentaire à bord. Réservations requises. 32 $.* ✗ ᜐ ☐ *Croisières AML* ☎ *418-692-2634.* Plusieurs croisières donnent au visiteur l'occasion de s'approcher de ces grands migrateurs et de découvrir l'environnement marin du Saint-Laurent.

Centre d'interprétation et d'observation de Pointe-Noire – *Sur la route 138, peu avant la descente vers le Saguenay. Ouv. mi-juin–fête du Travail tous les jours 9 h-18 h. Début sept.-mi-oct. ven.-dim. 9 h-17 h.* ᜐ ☐ ☎ *418-237-4383.* Situé sur un cap surplombant l'embouchure du Saguenay, le promontoire de Pointe-Noire offre un panorama superbe sur l'estuaire du Saint-Laurent et les falaises du fjord. Le centre fait partie intégrante du parc marin du Saguenay-Saint-Laurent. Il propose toutes sortes d'activités d'interprétation (exposition, télescopes, programmes vidéo) relatives à ce milieu naturel unique.

EXCURSIONS

★Traversier pour Tadoussac – *Départ du quai de l'Anse-au-Portage tous les jours de l'année toutes les 20 mn, 40 mn ou 60 mn. Aller simple 10 mn.* ᜐ *Société des traversiers du Québec* ☎ *418-235-4395, www.traversiers.gouv.qc.ca.* En service toute l'année, ce traversier constitue l'unique moyen de franchir l'embouchure du Saguenay pour les véhicules qui empruntent la route 138. Le voyage ne peut qu'impressionner, avec le fjord profond du Saguenay à gauche, et les eaux majestueuses du Saint-Laurent à droite. Durant cette courte traversée, on aperçoit parfois des baleines ou autres mammifères marins.

★★★Fjord du Saguenay – *Voir ce nom.*

★Côte-Nord – *Voir ce nom.*

BAS-SAINT-LAURENT★★

Chaudière-Appalaches–Bas-Saint-Laurent
Schéma : Côte de CHARLEVOIX

Situées sur la rive Sud du Saint-Laurent, entre Québec et la Gaspésie, les régions de Chaudière-Appalaches et du Bas-Saint-Laurent sont caractérisées par des plaines fertiles, des plateaux, et plus au Nord, les contreforts des Appalaches. Les paisibles paysages champêtres qui longent le rivage sont divisés en longues bandes étroites de terres arables tracées perpendiculairement au fleuve, suivant l'ancienne coutume seigneuriale du « rang ». Au Nord, les collines des Laurentides descendent vers le Saint-Laurent en créant de pittoresques paysages.

① DE LEVIS À RIVIÈRE-DU-LOUP *187 km*

★Lévis – *Voir ce nom.*

À la sortie de Lévis, la route 132 longe le Saint-Laurent et offre de belles vues de Québec et de la chute Montmorency sur la rive gauche.

Après 13 km, tourner à gauche en direction de Beaumont.

Beaumont – Construite entre 1726 et 1733, l'**église** de Beaumont est l'une des plus anciennes du Québec (après l'église de Saint-Pierre, sur l'île d'Orléans, et la chapelle votive de Cap-de-la-Madeleine). C'est là, en 1759, que le général Wolfe – commandant en chef des troupes anglaises – fit afficher la fameuse proclamation qui affirmait la suprématie britannique. Quand les villageois l'enlevèrent, ses soldats voulurent détruire l'église en la brûlant, mais le bâtiment demeura intact. Sa façade fut agrandie, et on ajouta une chapelle au Nord ainsi qu'une sacristie. Sa nef dépouillée se termine en une abside circulaire.
À l'intérieur, on découvre un magnifique **décor** de bois sculpté, façonné par Étienne Bercier, de l'atelier de Louis-Amable Quévillon, à Montréal. Exécuté de 1809 à 1811, le chœur est orné de boiseries style Louis XV et d'une voûte étoilée en caissons. Le tabernacle finement sculpté du maître-autel date du 18ᵉ s. Il est surmonté d'un tableau d'Antoine Plamondon, *La Mort de Saint Étienne.*

Traverser le village pour rejoindre la route 132.

Moulin de Beaumont – *À 7 km du village de Beaumont, tourner à gauche. Ouv. 24 juin-août mar.-dim. 10 h-16 h 30. Mai-23 juin & début sept.-oct. sam.-dim. 10 h-16 h 30. 6 $.* ✗ ᜐ ☐ ☎ *418-833-1867.* Construit en 1821, ce moulin qui surplombe la chute à Maillou était destiné au cardage de la laine pour la seigneurie. En 1850, il devint un moulin à grain et, par la suite, une scierie. Il fut restauré et rouvert en 1967, puis meublé par les habitants de la région, sur son troisième étage et son grenier. Le visiteur peut y acheter du pain fait avec de la farine de blé entier moulue sur place.

Saint-André

Derrière le moulin, un escalier panoramique assez raide mène au pied de la falaise, sur la rive du Saint-Laurent. On y voit les fondations du moulin Péan (18ᵉ s.), qui fonctionna jusqu'en 1888. Depuis 1984, l'endroit fait l'objet de fouilles archéologiques.

Reprendre la route 132 et continuer sur 4 km avant de tourner à gauche.

Saint-Michel – L'**église**, au centre du village, date de 1858. Le **presbytère** (1739), construit dans le plus pur style québécois, est orné de volets sculptés d'une fleur de lys en haut et d'une feuille d'érable en bas. À la fin du 18ᵉ s., l'édifice fut endommagé par les Anglais, puis restauré.

Reprendre la route 132 en direction de Montmagny.

Cette région agricole est parsemée de fermes laitières et de plusieurs maisons décorées de boiseries aux couleurs chatoyantes. La route longe le bord de l'eau, et offre de jolis points de vue sur le Saint-Laurent et sur les îles qui forment l'archipel de l'Île-aux-Grues.

Montmagny – *À 31 km de Saint-Michel, traverser le pont, puis tourner à gauche.* Cette charmante ville contient plusieurs points d'intérêt. Logé dans le superbe manoir Couillard-Dupuis (1789), l'**économusée de l'Accordéon** *(301, boul. Taché Est ; ouv. 24 juin-fête du Travail lun.-ven. 9 h-17 h, sam.-dim. 10 h-16 h ; reste de l'année lun.-ven. 9 h-17 h ; 4 $; ⟨handicap⟩ ▯ ☎ 418-248-7927)* retrace l'histoire de ce fameux instrument à soufflet et permet d'assister à certaines étapes de sa fabrication. Au **Centre éducatif des migrations** *(53, rue du Bassin-Nord ; ouv. mai-oct. tous les jours 9 h-17 h; 3,50 $; ⟨handicap⟩ ▯ ☎ 418-248-4565)*, les visiteurs découvriront une exposition interactive sur les oies blanches ainsi qu'une présentation multimédia consacrée à la station sanitaire de Grosse Île.

L. McNicoll/Parcs Canada

Hôpital (lieu historique national de Grosse-Île)

© Paul G. Adam/PUBLIPHOTO

Archipel de l'Île-aux-Grues – *Visite guidée de l'archipel. Départ de Berthier-sur-Mer fin juin-lun. fête du Travail, mer., ven. & dim. à 18 h 30. Reste de l'année, téléphoner pour les horaires. Aller-retour 2 h 30 mn. Commentaire à bord. Réservations requises. 22 $.* & ▣ *Croisières Lachance* ☎ *418-259-2140, www.croisiereslachance.qc.ca.* Les plus importantes des 21 îles et îlots dont se compose l'archipel sont Grosse Île, l'île aux Grues et l'île aux Oies. L'**île aux Grues**, la seule habitée en permanence, fait 10 km de long. On peut s'y rendre en avion *(départ de Montmagny fin avr.-déc. tous les jours ; réservations requises ; aller simple 18,75 $;* & ▣ *Air Montmagny* ☎ *418-248-3545)* ou en traversier *(départ de Montmagny avr.-nov. tous les jours ; aller simple 25 mn ; réservations conseillées ;* & ▣ *Navigation Lavoie Inc.* ☎ *418-248-6869).* Les premiers colons européens débarquèrent ici en 1679. Au cours du siècle suivant, les troupes anglaises du général Wolfe dévastèrent l'île. Cette oasis de paix, visitée au printemps et à l'automne par des milliers d'oies blanches, attire les amoureux du calme et de la nature qui y trouveront gîtes et auberges.
À la pointe Sud-Est de l'île, en dehors du village de Saint-Antoine, se dresse un élégant manoir en bordure du Saint-Laurent.

★ Lieu historique national de Grosse-Île – *Ouv. mai-oct. tous les jours 9 h -18 h.* ☎ *418-563-4009, www.parkscanada.gc.ca/groselle. Plusieurs compagnies assurent le transport vers Grosse Île au départ de Berthier-sur-Mer & Montmagny mai-oct. Aller simple 30 mn. Commentaire à bord. Réservations requises. Forfait visite & traversée en bateau 29 $-55 $.* ✗ ▣ *Renseignements & horaires : Office du tourisme de la Côte-du-Sud* ☎ *418-248-9196.* En 1832, le flot sans cesse grandissant d'immigrants européens à destination du Canada pousse le Gouvernement à établir un centre de quarantaine sur Grosse Île. Il s'agit avant tout de protéger le pays des terribles épidémies (notamment le choléra) qui ravagent alors l'Europe. Dès la première année, l'île sera, pour plus de 50 000 immigrants, la première terre canadienne où ils poseront le pied, au terme d'un voyage le plus souvent long et pénible. En 1847 arrivent plusieurs milliers d'Irlandais fuyant la misère, la répression politique et... le redoutable typhus. Environ 5 000 de ces malheureux périront sur Grosse Île avant même d'avoir atteint le continent.
L'île était jadis divisée en trois zones. Dans la partie Ouest, dite « Secteur Hôtel », les immigrants en bonne santé trouvaient à se loger dans des bâtiments dont la catégorie variait suivant la classe de leur billet de passage sur le bateau qui les avait emmenés d'Europe. Un hôtel de première classe fut ainsi construit en 1914, sur un promontoire dominant le Saint-Laurent ; chaque chambre avait l'eau courante et l'électricité, luxe qui ne devait d'ailleurs s'étendre au reste de l'île qu'une vingtaine d'années plus tard. Le Secteur Village, dans la partie centrale de l'île, abritait quant à lui les employés du centre de quarantaine et leurs familles. À l'Est enfin, le Secteur Hôpital comprenait 21 installations hospitalières dont une existe toujours.
Le centre de quarantaine humanitaire de Grosse Île cessa de fonctionner en 1937, après plus d'un siècle de service. L'île fut tour à tour utilisée par les autorités canadiennes et américaines comme centre de recherche sur la guerre chimique et bactériologique, sur les maladies animales, puis comme centre de quarantaine animale, avant de devenir lieu historique national en 1990.
Véritable Ellis Island *(voir le guide New York)* canadien, Grosse Île promet au visiteur un touchant rendez-vous avec le passé. Une promenade pédestre guidée dans le Secteur Hôtel permet de voir l'hôtel de première classe, le cimetière, la baie du

Choléra et le monument érigé en 1909 à la mémoire des milliers d'Irlandais enterrés sur l'île. La visite se poursuit, à bord d'un petit train, jusqu'au Secteur Village où l'on verra la chapelle réservée aux employés et à leurs familles. Elle se termine par le Secteur Hôpital.

L'Islet-sur-Mer – *Voir ce nom.*

★ **Saint-Jean-Port-Joli** – *Voir ce nom.*

Saint-Roch-des-Aulnaies – Situé sur la rive Sud du Saint-Laurent, ce village paisible doit son nom à l'abondance d'aulnes qu'on y observe le long de la rivière Férée. La seigneurie des Aulnaies est l'une des plus anciennes de la région. Elle fut concédée en 1656 à Nicolas Juchereau de Saint-Denis, mais les premiers colons, repoussés par les Iroquois, n'arrivèrent qu'à la fin du 17ᵉ s. En 1837, Aimable Dionne (1781-1852) acheta la seigneurie. Riche marchand, il fut maire de Kamouraska pendant plus de 30 ans et construisit un magnifique manoir pour son fils, Pascal-Aimable.

Église Saint-Roch – *À 3 km à l'Est de l'entrée du village, sur la route 132. Ouv. mi-juil.-mi-août tous les jours 10 h-17 h.* ⑤ 🅿 ☎ *418-354-2552.* Construite en 1849, cette église néogothique abrite de nombreuses toiles de Joseph Légaré (1795-1855). La chaire sculptée et l'autel sont l'œuvre de François Baillairgé.
À 400 m de l'église, la petite **chapelle de procession** en pierre date de 1792 *(ouv. 24 juin-fête du Travail tous les jours 10 h-17 h).*

Seigneurie des Aulnaies – *À 3 km à l'Est de l'église par la route 132. Tourner à droite, puis monter au sommet de la colline jusqu'au terrain de stationnement et au centre d'information. Ouv. mi-juin-mi-sept. tous les jours 9 h-18 h. Mi-mai-début juin & mi-sept.-mi-oct. sam.-dim. 10 h-16 h. 5 $.* 🍴 🅿 ☎ *418-354-2800.* Élevée sur un promontoire au confluent de deux rivières, cette belle maison de bois d'époque victorienne fut construite entre 1850 et 1853, selon les plans de l'illustre architecte Charles Baillairgé. Elle est entourée de grandes galeries ornées de dentelles de bois. Deux tours octogonales jouxtent ses flancs.
À l'intérieur, les pièces ont été aménagées de manière à refléter les goûts de l'époque. Des guides en costumes de la fin du 19ᵉ s. commentent la visite de la demeure, et décrivent le mode de vie d'antan. À l'extérieur, on appréciera les jardins, superbement entretenus, et le **moulin banal** adjacent (1842), d'une taille démesurée.

★ **La Pocatière** – *Voir ce nom.*

Rivière-Ouelle – *10 km.* Autrefois appelé Rivière-Houel en souvenir de l'un des officiers de Samuel de Champlain, le territoire fut concédé en 1672 par l'intendant Jean Talon à Jean-Baptiste Deschamps, dit Boishébert de la Bouteillerie.

Saint-Denis – *11 km.* La **maison Chapais** *(visite guidée seulement, 45 mn ; 24 juin-mi-oct. tous les jours 9 h-17 h ; 3 $;* ⑤ ☎ *418-498-2353)* se trouve au centre du village. Construite en 1834 pour Jean-Charles Chapais, l'un des signataires de la Confédération, elle appartint à sa famille jusqu'en 1968. En 1866, le porche et l'escalier en spirale furent ajoutés à la façade, et de nouveaux meubles furent achetés : ceux du salon datent du début du 19ᵉ s. ; en revanche, ceux de la salle à manger et de la chambre sont de style Second Empire.
La route traverse une large plaine inondable d'où l'on découvre un beau panorama sur les Laurentides, au-delà du Saint-Laurent. En travers du littoral, des nasses à anguilles se prolongent jusque dans le fleuve.

★ **Kamouraska** – *Voir ce nom.*

★ **Rivière-du-Loup** – *Voir ce nom.*

② DE RIVIÈRE-DU-LOUP À SAINTE-LUCE *130 km*

Cacouna – *À 10 km de Rivière-du-Loup.* La seigneurie fut concédée à Daulier Duparc en 1673, mais les premiers colons ne vinrent s'y installer qu'à partir de 1750. Les Amérindiens avaient appelé la région *Kakouna*, « terre du porc-épic ». Au milieu du 19ᵉ s., Cacouna devint un centre de villégiature populaire où furent édifiés de grands hôtels et de luxueuses pensions de famille dont ne subsistent aujourd'hui que quelques somptueuses villas victoriennes en bord de mer.

Église Saint-Georges – *De la route 132, prendre à droite la rue de l'Église, et passer encore deux rues. Ouv. tous les jours de l'année 8 h 30-18 h.* ⑤ 🅿 ☎ *418-862-4338.* Cette église en pierre de taille (1848) fut en partie reconstruite en 1896. L'intérieur (1852), de F.-X. Berlinguet, est richement décoré d'ornements dorés et sculptés, de lustres de cristal et de peintures italiennes de la fin du 19ᵉ s. L'orgue (1888) reste l'un des rares modèles signés Eusèbe Brodeur, prédécesseur des Frères Casavant, de Saint-Hyacinthe. À côté, le **presbytère** néoclassique fut construit entre 1835 et 1841.

Trois-Pistoles – *36 km.* Le nom de la ville provient d'une ancienne unité monétaire utilisée en Europe jusqu'à la fin du 19ᵉ s. Selon une légende locale, un petit vaisseau aurait fait naufrage sur la côte de l'île aux Basques, au début du 17ᵉ s. L'un des marins tenait une timbale d'argent lorsqu'il la laissa tomber dans le fleuve et s'exclama : « Voilà trois pistoles de perdues ! ». La seigneurie fut accordée à

Parc du Bic

Denis de Vitré en 1687, mais la région avait été fréquentée longtemps auparavant par des pêcheurs basques, dont la présence est confirmée par les vestiges de fours trouvés sur l'**île aux Basques**, située à 4 km au large.

Église Notre-Dame-des-Neiges – *Du centre-ville, prendre à droite la rue Jean-Rioux. Ouv. mai-mi-oct. lun.-sam. 9 h-17 h, dim. 11 h-17 h (sauf durant l'office).* ♿ 🅿 ☎ *418-851-1391.* Cet imposant édifice religieux fut construit dans les années 1880 selon les plans de David Ouellet. Son extérieur se distingue par deux clochers et trois clochetons, visibles des environs, et par quatre façades aux lignes angulaires. L'intérieur, très orné, est l'œuvre du chanoine Georges Bouillon, partisan du style romano-byzantin. On y remarquera beaucoup de dorures et des colonnes corinthiennes en bois peint imitant le marbre.

Après 29 km, tourner à droite en direction de Saint-Fabien et continuer sur 2 km.

Saint-Fabien – Remarquer, au centre du bourg, la **grange octogonale Adolphe Gagnon** *(accès interdit au public)*, construite en 1888 selon les plans de l'Américain Orson Squire Fowler. Unique modèle de ce type dans toute la région du Bas-Saint-Laurent, cet édifice arrondi se fond harmonieusement dans le paysage. Sa forme particulière était destinée à offrir une résistance maximum au vent, à éliminer la perte d'espace, à faciliter l'entreposage du fourrage... et selon une croyance populaire, à empêcher les démons de se réfugier dans le bâtiment.

⭐**Parc du Bic** – *Entrée principale (secteur du Cap-à-l'Orignal) à 6 km du centre de Saint-Fabien. Ouv. tous les jours de l'année.* 🍴 ♿ 🅿 ☎ *418-736-5035, www.sepaq.com.* Créé en 1984 pour protéger la faune et la flore de la rive Sud de l'estuaire du Saint-Laurent (qu'on appelle ici la mer), ce parc provincial de 33 km² offre un impressionnant panorama du majestueux fleuve. Essentiellement composées de conglomérats d'ardoise et de calcaire, les falaises à pic se prolongent vers le Nord-Est. Le littoral est ponctué de minuscules îles et récifs, de caps, d'anses et de marécages. La flore y est variée, et l'on y rencontre deux types de forêts, l'une d'essences à feuilles caduques, l'autre d'essences boréales. On observe aussi toutes sortes d'oiseaux dont l'eider, le cormoran, le goéland et le héron. Avec un peu de chance, on aura le plaisir d'apercevoir des phoques qui viennent se reposer sur la côte rocheuse de la baie de l'Orignal.

Activités – *Sentiers pédestres, pistes cyclables (location de vélos), kayak de mer, aires de pique-nique, camping (☎ 418-736-4711), activités diverses (été) proposées par le centre d'interprétation (ouv. juin-mi-oct. tous les jours 9 h-17 h ; ☎ 418-869-3502).*

Bic – *À 15 km de Saint-Fabien.* Cette petite ville est renommée pour son **site**⭐⭐ spectaculaire sur les rives du Saint-Laurent. Selon une légende locale, à la création du monde, l'ange chargé de la répartition des collines passa par Bic. Ne sachant que faire de ses surplus, il s'allégea de sa charge en se débarrassant à cet endroit des collines qui lui restaient.

⭐**Rimouski** – *Voir ce nom.*

Après 14 km, à la jonction avec la route 298, tourner à gauche en direction de Sainte-Luce, et continuer sur 4 km.

Sainte-Luce – Cet agréable centre de villégiature aux rivages bordés de villas occupe un site pittoresque sur le Saint-Laurent.

BEAUCE★

La Beauce désigne la région arrosée par la rivière de la Chaudière qui débouche du lac Mégantic, juste au Nord de la frontière américaine, et se jette dans le Saint-Laurent. Tout comme son homonyme français (une riche région à vocation agricole située dans le Bassin parisien), la Beauce québécoise est une vaste étendue plate et fertile de terres arables. Perpendiculaire à l'axe du Saint-Laurent, elle devient plus montagneuse dans sa partie Sud. Le visiteur y découvrira la plus forte concentration d'érablières du Québec. Une tradition populaire riche en folklore et festivités s'est d'ailleurs développée autour de l'érable, et se reflète dans l'art traditionnel de la région. Pendant le temps des sucres, au printemps, on se rassemble dans les « cabanes à sucre » pour déguster la « tire d'érable » et prendre part aux festivités dites « parties de sucres ». Dévalant de nombreuses chutes qui alternent avec des zones plus tranquilles, la Chaudière est rarement navigable, et ses fréquentes crues font les gros titres des journaux. Malgré la construction d'un barrage à Saint-Georges-de-Beauce, le capricieux cours d'eau continue d'inonder les villages qui bordent son lit. Les habitants de la région (Beaucerons) sont connus pour leur sens des traditions et leur esprit d'entreprise.

Un peu d'histoire

Route du Président Kennedy – En 1775, douze ans après la cession de la Nouvelle-France à l'Angleterre par le traité de Paris, un corps expéditionnaire américain de 1 100 hommes conduits par le colonel Benedict Arnold longea la rivière Kennebec pour se rendre dans l'État du Maine. De là, il continua vers le Nord, le long de la Chaudière, pour tenter de prendre la ville de Québec. Les 13 colonies américaines, engagées dans leur révolte contre le joug anglais, espéraient persuader les Canadiens d'épouser leur cause. Un grand nombre de soldats moururent au cours de cette longue marche forcée, et les survivants furent défaits par une armée placée sous les ordres de Guy Carleton. Tous les ans, quelque 600 000 Américains partent pour Québec en suivant cette route (route 173), aujourd'hui appelée route du Président Kennedy.

La ruée vers l'or de 1846 – Au 19e s., la Beauce était l'Eldorado du Canada. En 1846, une pépite de la taille d'un œuf de pigeon fut trouvée dans un affluent de la Chaudière. Très vite, des prospecteurs s'empressèrent de filtrer les sables du cours d'eau entre Notre-Dame-des-Pins et Saint-Simon-les-Mines. Au début du 20e s., on avait ainsi extrait pour un million de dollars de minerai d'or. Les vestiges de ces beaux jours sont encore visibles aujourd'hui.

Sirop d'érable pour petits gourmands

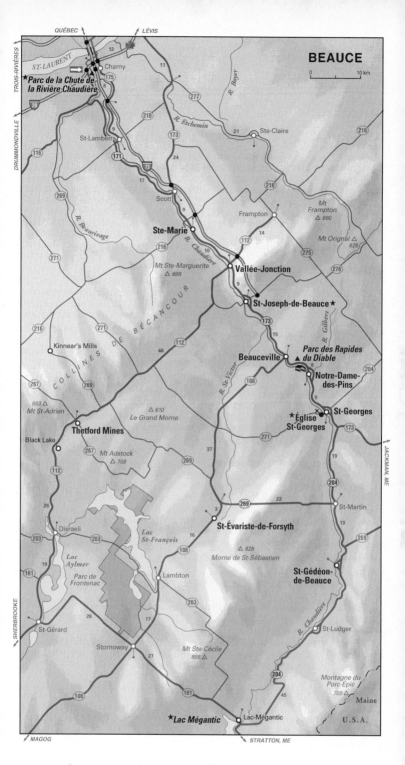

DE QUÉBEC A LAC-MEGANTIC *221 km*

Quitter Québec par la route 73, et traverser le pont Pierre-Laporte en direction du Sud. Après 1 km, prendre la sortie 130. Suivre les panneaux de signalisation jusqu'au parc.

★**Parc de la chute de la rivière Chaudière** – *À Charny. Ouv. tous les jours de l'année.* ☐ *Association touristique Chaudière-Appalaches www. chaudapp.qc.ca* ☎ *418-831-4411.* Juste avant de se jeter dans le Saint-Laurent, la Chaudière plonge d'une falaise, créant ainsi une spectaculaire chute de 35 m de haut sur 121 m de large. Les Abénaquis l'avait baptisée *asticou*, autrement dit « chaudière », à cause de la forme de son bassin de réception. La rivière entière prit par la suite ce nom. Une passerelle suspendue enjambe le cours d'eau et offre une vue remarquable sur sa cataracte, en particulier à la fonte des neiges.

Regagner la route 73 et prendre la sortie 123, puis la route 175 Sud. À Saint-Lambert, traverser la Chaudière et prendre la route 171 Sud. À Scott (34 km), la route traverse à nouveau la rivière et devient route 173 Sud. Elle suit le cours d'eau à travers une paisible région agricole.

Sainte-Marie – *À 9 km de Scott.* L'une des plus anciennes villes de la région, Sainte-Marie faisait partie de la seigneurie donnée en 1736 à **Thomas-Jacques Taschereau**, membre d'une famille influente à laquelle appartenaient également Elzéar-Alexandre Taschereau (1820-1898), premier cardinal catholique canadien, et Louis-Alexandre Taschereau (1867-1952), Premier ministre du Québec de 1920 à 1936. Sainte-Marie vit aussi naître **Marius Barbeau** (1883-1969), écrivain, ethno-musicologue et fondateur des archives du folklore du Québec à l'université de Laval, à Québec. Aujourd'hui, l'industrie alimentaire contribue à la prospérité de Sainte-Marie. En 1923, Arcade Vachon et sa femme, Rose-Anne Giroux, achetèrent une boulangerie et y fabriquèrent des petits gâteaux qui sont aujourd'hui vendus à travers toute la province.

Église Sainte-Marie – *Fermée dim. après-midi.* &. 🅿 ☎ 418-387-5467. Cet édifice (1856, Charles Baillairgé) est l'un des premiers exemples d'architecture néogothique réalisés pour l'Église catholique du Québec. L'extérieur est d'inspiration anglaise, mais l'intérieur prend modèle sur l'œuvre de Viollet-le-Duc. D'une rare harmonie dans son ensemble, on peut le comparer à l'intérieur de la basilique Notre-Dame à Montréal, dessiné par Victor Bourgeau.

Après 10 km, la route traverse **Vallée-Jonction**, petit village dominant la Chaudière. La route 112 en direction de Thetford Mines traverse la rivière à cet endroit.

Quitter la route 173 et entrer dans Saint-Joseph-de-Beauce.

★**Saint-Joseph-de-Beauce** – *À 9 km de Vallée-Jonction.* Blottie dans la vallée de la Chaudière, cette ancienne seigneurie fut concédée en 1737 à Joseph Fleury de la Gorgendière, riche marchand québécois auquel la ville doit son nom. C'est également à Saint-Joseph-de-Beauce que vécut Robert Cliche (1921-1978), juge, écrivain et homme politique.

Centre-ville – *À l'angle de la rue Sainte-Christine & de l'av. du Palais.* L'**église Saint-Joseph**, dessinée par F.-X. Berlinguet, présente une étroite façade surmontée d'un haut clocher. L'intérieur fut achevé en 1876 par J.-F. Peachy. En face de l'église, un grand **presbytère** de brique (1892, G.-É. Tanguay) évoque un château français du 16e s. L'ancien couvent (1889, J.-F. Peachy) et l'**orphelinat** (1908) sont de style Second Empire. Derrière l'église se dresse l'**école Lambert** (1911, Lorenzo Auger), agrandie en 1947, puis en 1995. L'ensemble est complété par le **palais de justice-prison**, d'architecture néo-classique, bâti entre 1857 et 1862. À l'arrière, une annexe post-moderne se mêle harmonieusement à l'architecture originale.

Continuer par l'av. du Palais qui rejoint la route 173 au Sud du centre-ville.

Beauceville – *15 km.* Édifiée sur les pentes escarpées de la vallée de la Chaudière, cette petite ville a vu naître le poète **William Chapman** (1850-1917), disciple et rival de Louis Fréchette.
De l'autre côté de la rivière se dresse l'**église Saint-François-d'Assise** (*seulement ouv. pour l'office :* ☎ 418-525-8158), dont on remarquera le maître-autel et les statues d'anges.

Parc des rapides du Diable – *À 3 km au Sud de la ville.* Le parc est sillonné de chemins menant à la Chaudière et aux rapides du Diable qui dévalent le lit rocailleux de la rivière. On peut encore voir les fondations d'un moulin ayant servi à l'extraction du précieux métal aurifère pendant la ruée vers l'or.

Quitter la route 173, et prendre la direction de Notre-Dame-des-Pins.

Notre-Dame-des-Pins – *8 km.* Au milieu du 19e s., les chercheurs d'or se rassemblaient en ces lieux avant d'embarquer sur la rivière Gilbert en direction de Saint-Simon-les-Mines.

Pont couvert – *Tourner à droite dans la 1re Av., juste avant le pont moderne.* Cet ouvrage couvert – le plus long de la province (154,5 m) – enjambe la Chaudière. Construit une première fois en 1927, il fut emporté par les glaces pendant l'hiver 1928. Reconstruit l'année suivante sur trois piliers centraux, il demeura en service jusqu'en 1969, époque à laquelle il fut fermé à la circulation (*aire de pique-nique non loin du pont*).

Continuer vers le Sud. Quitter la route 173 à la sortie Saint-Georges.

Saint-Georges – *9 km.* La capitale industrielle de la Beauce fut d'abord appelée *Sartigan*, « rivière changeante » dans la langue des Abénaquis. En 1807, un colon allemand dénommé **Pozer** fit l'acquisition des terres et donna son nom actuel à la

Pont couvert (Notre-Dame-des-Pins)

ville. Saint-Georges s'est développée à la suite de l'invasion américaine de 1775, mais sa véritable expansion économique a suivi l'ouverture de la route Kennebec vers la Nouvelle-Angleterre, en 1830. En 1967, le barrage de Sartigan fut érigé afin de régulariser le cours capricieux de la Chaudière.

★**Église Saint-Georges** – *Sur la 1ʳᵉ Av., à Saint-Georges-Ouest, de l'autre côté de la rivière. Ouv. toute l'année lun.-sam. 8 h 30-11 h 30 & 13 h-16 h. Fermé principaux jours fériés.* & 🄿 ☎ *418-228-2558.* Caractérisée par une façade monumentale en pierre de taille, cette belle église (1902, David Ouellet) surplombe la rive Ouest de la Chaudière. Trois flèches, dont l'une s'élève à 75 m de hauteur, dominent l'édifice. La structure actuelle remplace un bâtiment plus ancien de pierre (1862), et un autre de bois (1831). Devant l'entrée se dresse une copie du chef-d'œuvre de Louis Jobin, *Saint Georges terrassant le dragon.* L'original (1912) – une énorme sculpture de bois recouverte de bronze doré – est exposée au 3ᵉ étage du Centre culturel Marie-Fitzbach voisin.

L'**intérieur** richement décoré de cette église à trois étages comprend des balcons à gradins ornés de boiseries peintes et dorées. L'autel est surmonté d'un large dais au sommet duquel on découvre une autre statue de saint Georges. L'orgue (1910) provient de la célèbre maison Casavant, à Saint-Hyacinthe.

Saint-Évariste-de-Forsyth – *44 km par les routes 173, 204, 269 & 108.* Perché sur une colline, le village offre de jolis points de vue sur la campagne alentour.

★**Musée de la Haute-Beauce** – *Musée & église ouv. 24 juin-fête du Travail tous les jours 8 h 30-18 h. Reste de l'année lun.-ven. 10 h-17 h. 5 $.* & 🄿 ☎ *418-459-3195.* Non loin de l'église de Saint-Évariste-de-Forsyth, un ancien presbytère abrite aujourd'hui le musée et centre régional Saint-Évariste. On y découvrira la collection d'objets traditionnels Napoléon Bolduc ainsi que des expositions sur des thèmes locaux divers.

Le bâtiment sert de point de départ à la visite de six centres d'interprétation répartis à travers toute la région *(carte disponible au presbytère).* Ces derniers offrent au visiteur un aperçu supplémentaire du mode de vie traditionnel de la région. La Maison de granit, située dans une carrière abandonnée, fournit par exemple toutes sortes de renseignements sur l'extraction du granit. Au moulin Groleau, dont la roue à augets d'origine fonctionne encore, la laine est cardée sur place. Dans le but de susciter la participation locale, le musée parraine par ailleurs des manifestations dans les villages voisins.

Reprendre la route 204.

Saint-Gédéon – *38 km.* Le paysage s'ouvre sur le lac Mégantic, source de la rivière Chaudière, ainsi que sur les collines alentour.

★**Lac Mégantic** – *Voir ce nom.*

BEAUHARNOIS

Fondée en 1819, cette localité industrielle doit son nom au **marquis de Beauharnois** (1671-1749), quinzième gouverneur de la Nouvelle-France, à qui fut accordée une seigneurie dans la région. L'endroit comporte une importante centrale électrique et un canal qui permet aux navires, engagés dans la voie maritime du Saint-Laurent, d'éviter les rapides reliant le lac Saint-François au lac Saint-Louis.

La construction de la centrale, entreprise par la Beauharnois Light, Heat and Power Company en 1929, ne prit fin qu'en 1948. En 1953 et en 1961, le canal fut élargi et la centrale agrandie. Beauharnois devint alors le complexe hydro-électrique le plus important du Canada. L'actuel **canal de Beauharnois** fut terminé en 1932 (le canal d'origine ayant été construit en 1845). L'eau du Saint-Laurent y est dérivée de son cours naturel par les barrages, digues et ouvrages de régulation près de Coteau-du-Lac. Il mesure environ 25 km de long, 1 km de large, 9 m de profondeur, et compte deux écluses.

Accès – *Beauharnois se trouve à environ 40 km au Sud-Ouest de Montréal par le pont Honoré-Mercier & la route 132.*

CURIOSITÉS

★★Centrale de Beauharnois – Cet énorme complexe est à la fois l'un des plus puissants du Québec (puissance installée de 1 645 810 kW) et l'un des plus longs du monde (longueur totale : 864 m). Il s'agit d'une centrale au fil de l'eau, c'est-à-dire sans chute ni réservoir naturel pour contrôler ou activer le courant : elle utilise uniquement le puissant débit du Saint-Laurent, rendu encore plus fort par la dénivellation de 24 m entre le lac Saint-François et le lac Saint-Louis. L'eau du canal coule à une vitesse de 3 km/h. Si, en plein hiver, le Québec utilise à lui seul toute l'énergie produite par la centrale, le reste de l'année, la production excédentaire est transportée en Ontario et aux États-Unis par des lignes à très haute tension de 735 000 V.

Visite – *Visite guidée (1 h 30 mn) seulement, fête de Dollard-24 juin lun.-ven. 9 h 30-17 h. 25 juin-fête du Travail mer.-dim. 9 h 30-17 h.* ♿ 🅿 ☏ *450-289-2211 (poste 3080).* Présentée au centre d'interprétation, l'exposition permanente constitue une bonne introduction à la visite de la centrale. On fera le tour de la **salle des alternateurs**, espace de 864 m de long abritant 36 groupes-alternateurs. Chaque turbine pèse plus de 100 t, et mesure 4 m de hauteur et 6 m de diamètre. On découvrira aussi la **salle des commandes**, où les ordinateurs contrôlent les opérations et règlent la production, et on pourra monter sur le toit, d'où le réseau des lignes à haute tension filant dans toutes les directions offre un spectacle étonnant, avec Montréal et le Saint-Laurent en toile de fond.

Écluses de Beauharnois – *À 2 km à l'Ouest de la centrale par la route 132 Ouest. Terrain de stationnement à côté de l'écluse.* On peut voir ici l'écluse inférieure. Elle permet de contourner la centrale et de soulever les navires de 12,5 m. L'écluse supérieure se trouve à 3,2 km en amont ; les navires y sont soulevés de 12,5 m supplémentaires, afin d'atteindre le niveau du canal de Beauharnois. Du terrain de stationnement, on a la plus belle vue sur l'ensemble des installations.

★Parc archéologique de la Pointe-du-Buisson – *À Melocheville, à 5 km des écluses par la route 132. Ouv. mi-mai-fête du Travail lun.-ven. 10 h-17 h, sam.-dim. 10 h-18 h. Sept.-mi-oct. sam.-dim. midi-17 h. 4 $.* ♿ 🅿 ☏ *450-429-7857.* Cette jolie pointe boisée formant saillie dans le Saint-Laurent est particulièrement appréciée des pêcheurs à la recherche d'esturgeons, de barbues et d'anguilles dans les rapides. La pointe est devenue un important site archéologique depuis la découverte sur les lieux de traces de vie humaine remontant à 5 000 ans av. J.-C. Le parc offre des activités éducatives variées ainsi que des visites guidées. On y observera des chercheurs de l'université de Montréal à l'œuvre. Deux **pavillons d'interprétation** exposent les objets mis au jour et reconstituent les différentes phases d'occupation humaine à la Pointe-du-Buisson.

Des sentiers ont été aménagés sur le site. Le parc offre de belles vues sur les rapides. On remarquera le **grès de Potsdam**, plus ancienne formation rocheuse de la région de Montréal, ici mis à nu par l'érosion du fleuve.

EXCURSION

★Lieu historique national de la Bataille-de-la-Châteauguay – *Sur la route 138, entre Howick et Ormstown, à 24 km au Sud-Ouest de Beauharnois.* Fermes et petits villages au charme bucolique, tout respire la paix dans la vallée de la rivière Châteauguay, au Sud-Ouest de Montréal. Cette région fut pourtant, durant la courte période de la guerre de 1812, un champ de bataille important où furent battues en brèche les visées américaines sur le Canada.

Le 26 octobre 1813, un régiment canadien français sous les ordres du lieutenant-colonel **Charles-Michel de Salaberry** (1778-1829) dut affronter une armée américaine forte d'au moins 2 000 hommes, conduite par le général Wade Hampton. Salaberry l'emporta grâce à la ruse, exploitant la supériorité que lui donnait la connaissance du terrain, et parvint ainsi à repousser l'attaque.

Visite – *Ouv. mi-mai-2 oct. Mer.-dim. 10 h-17 h. 3 $. ⏃ ▣ ☎ 450-829-2003.* Le centre d'interprétation se trouve au bord de la Châteauguay, non loin du champ de bataille. Un film *(30 mn)* présente le conflit de 1812 du point de vue de Salaberry. Du belvédère, une maquette montre les positions des Américains et des Canadiens alors qu'ils manœuvraient le long de la rivière. Des expositions illustrent les conditions de vie des soldats de l'époque.

Côte de BEAUPRÉ★★
Région de Québec

La côte de Beaupré est une étroite bande de terre située entre le Bouclier canadien et la rive Nord du Saint-Laurent, à l'Est de Québec. Elle s'étend de la chute Montmorency au massif du cap Tourmente (660 m). Visible durant tout l'itinéraire, l'île d'Orléans se profile à l'horizon.

À la vue des vertes étendues longeant le fleuve, Jacques Cartier se serait exclamé : « Quel beau pré ! », d'où l'origine du toponyme. La région est aujourd'hui célèbre pour ses villages datant du Régime français, mais aussi pour le lieu de pèlerinage de Sainte-Anne-de-Beaupré, et pour le centre de villégiature du mont Sainte-Anne.

Un peu d'histoire

La seigneurie de Beaupré, qui s'étendait de la rivière Montmorency jusqu'à Baie-Saint-Paul, était l'une des plus importantes de la Nouvelle-France. En 1626, Champlain y établit sa première ferme, que les frères Kirke détruisirent lors de leur raid en 1629. Néanmoins, les colons commencèrent à peupler ce territoire fertile à partir des années 1630, et y fondèrent les premières paroisses rurales de la Nouvelle-France. De 1668 à 1680, l'évêque de Québec, Mgr de Laval, en fut le seigneur. Cet évêque fut également responsable de la construction du chemin du Roy (aujourd'hui nommé avenue Royale), de Québec à Saint-Joachim. À sa mort, la seigneurie resta la propriété du séminaire de Québec, et ce jusqu'à l'abolition de la tenure seigneuriale de la terre en 1854.

Accès – *De Québec, prendre la route 440 (qui devient route 40), puis la route 138. Noter qu'il est beaucoup plus intéressant, si on a le temps, de suivre la route 360 (av. Royale) à partir de Beauport.*

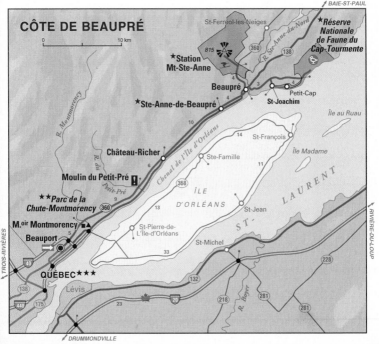

DE QUÉBEC AU CAP TOURMENTE *48 km*

De Québec, prendre la route 440 vers l'Est jusqu'à la sortie 24, puis l'av. d'Estimauville jusqu'à la route 360 (appelée av. Royale jusqu'à Beaupré). Tourner à droite, et continuer sur 3 km.

Beauport – La plus ancienne localité de la côte de Beaupré fait aujourd'hui partie de la banlieue de Québec. Arrivés en 1634, les premiers colons nommèrent leur village en l'honneur de la célèbre abbaye de la côte bretonne.

★**Bourg du Fargy** – Au cœur de Beauport se trouve le « bourg du Fargy », impressionnant ensemble de bâtiments historiques. La **maison Bellanger-Girardin** *(600, av. Royale)* est typique de l'architecture locale. Sa forme allongée résulte d'une construction en deux étapes distinctes (1722 et 1735), tandis que sa haute toiture se rapproche du profil classique des toitures à « grosse-charpente » de la fin du 17ᵉ s. Restauré en 1983, l'édifice sert à exposer les œuvres d'artistes locaux. Le quartier comprend aussi des maisons de l'époque victorienne.

Avec son toit à mansarde surmonté d'une gigantesque statue de la Vierge, le **couvent de Beauport** (1866, F.-X. Berlinguet) est particulièrement remarquable. On notera aussi l'**église Notre-Dame-de-la-Nativité** (1849, Charles Baillairgé) et son **presbytère** en pierre de taille (1903). Deux fois victime d'un incendie, l'église possède ses murs d'origine, mais il lui manque ses deux hautes flèches.

Le chemin suit un escarpement qui surplombe le fleuve, avec des vues sur l'île d'Orléans. De belles maisons bordent la route.

★★**Parc de la Chute-Montmorency** – *5 km. Ouv. tous les jours de l'année 8 h 15-21 h.* ♿ 🅿 *(voiture 7 $) www.chutemontmorency.qc.ca* ☎ *418-663-2877.* Avant de déboucher dans le Saint-Laurent, la rivière Montmorency subit une dénivellation de 83 m, soit une trentaine de mètres de plus que les chutes du Niagara. Samuel de Champlain baptisa cette rivière et sa chute en l'honneur de Charles, duc de Montmorency, vice-roi de la Nouvelle-France entre 1620 et 1625. Le site n'a jamais cessé d'attirer les visiteurs. En hiver, la gerbe d'embruns de la chute se cristallise et crée un énorme cône de glace, appelé « pain de sucre », qui atteint parfois plus de 30 m de hauteur. Avant la dernière période glaciaire, la chute Montmorency donnait directement dans le Saint-Laurent. Elle se trouve maintenant à 450 m en retrait, et marque le bord du Bouclier canadien.

Bénéficiant à la fois d'un fabuleux potentiel énergétique et de la proximité d'une route fluviale, ce merveilleux site naturel se trouve, au 19ᵉ s., au cœur d'un puissant empire commercial. En 1811, une première scierie s'installe au pied de la chute et devient, vers le milieu du siècle, l'une des plus importantes du genre en Amérique britannique. Sous la direction d'un certain Peter Patterson, puis de son gendre, George Benson Hall, l'entreprise agrandit ses installations et se diversifie, mais ne survit pas à la crise du commerce du bois. Vers la fin du siècle, le domaine change de vocation. En 1884, une centrale hydro-électrique – la première au monde à transporter sur une longue distance (11,7 km) l'énergie produite par un cours

Le pain de sucre (Chute Montmorency)

d'eau – voit le jour. Une seconde centrale sera mise en service en 1895, suivie, en 1905, d'une filature de coton installée au pied de la falaise. De presque deux siècles d'intense activité industrielle ne restent aujourd'hui que quelques traces.

Manoir Montmorency – Cette élégante villa, dont les terrasses surplombent la chute Montmorency, changea plusieurs fois de propriétaire et subit, au fil des ans, de nombreuses modifications. Elle fut construite, en 1780, comme maison de campagne pour Frederick Haldimand, gouverneur général de l'Amérique du Nord britannique. Fils de George III et futur père de la reine Victoria, **Edward, duc de Kent**, y habita de 1791 à 1794 avec sa « femme morganatique ». Peter Patterson et ses descendants en firent ensuite leur résidence.

Transformé, au début du siècle, en un hôtel de luxe connu sous le nom de « Kent House », l'édifice sera détruit par un incendie en mai 1993 et reconstruit selon son architecture d'origine. Il abrite aujourd'hui un restaurant ainsi que des salons de réception ainsi qu'un **centre d'interprétation**★ *(ouv. mai-oct. tous les jours 9 h-23 h ; reste de l'année jeu.-sam. 9 h-23 h, dim.-mer. 9 h-16 h ; ✗ ৬ ᐯ ☎ 418-663-3330)* consacré au patrimoine historique, économique et humain du domaine de Montmorency.

Belvédère supérieur – Du centre d'interprétation, une promenade accrochée au flanc de la falaise mène jusqu'au pont de la Chute. Ce dernier enjambe la rivière et offre une **vue**★★ spectaculaire de ses eaux furieuses, tandis qu'au loin se découpe la silhouette de l'île d'Orléans. Ici, le visiteur appréciera la hauteur et la formidable puissance de la cataracte. Un second pont, plus petit, passe ensuite au-dessus de la faille latérale et dévoile de belles vues du site de la centrale et des anciennes filatures, avec les gratte-ciel de Québec et le château Frontenac en toile de fond. Un peu plus loin, remarquer les vestiges d'une redoute, construite en 1759 par les troupes du général anglais Wolfe lors du siège de Québec en 1759. Les milices françaises, aidées de leurs alliés amérindiens, réussirent à la prendre d'assaut en utilisant les techniques de combat forestier développées par les autochtones.

Belvédère inférieur – Un escalier panoramique, doté de plusieurs passerelles d'observation, mène au pied de la chute en découvrant de belles **vues** du torrent large et puissant qui se déchaîne avec fureur *(se munir de vêtements imperméables pour se protéger des embruns)*. Un immense tourbillon se forme à la base, dans une vaste chaudière creusée au cours des âges. La force de ces eaux tumultueuses (environ 35 000 l/s) fut domestiquée en 1885, afin d'alimenter des moulins à scie et de fournir de l'électricité à la ville de Québec. Un **téléphérique** *(fin avr.-mi-juin tous les jours 8 h 30-19 h ; mi-juin-début août tous les jours 8 h 30-23 h ; début août-début sept. tous les jours 8 h 30-21 h ; début sept.-fin oct. 8 h 30-19 h ; horaires variables le reste de l'année ; aller-retour 7 $)* permet de regagner le plateau supérieur et de revenir sans fatigue à son point de départ.

Revenir sur la route 360.

Les lignes à haute tension qui transportent l'électricité de la centrale de Manic-5 à Montréal traversent ici le Saint-Laurent sur d'énormes pylônes. Passé ce point, la région devient plus rurale.

Moulin du Petit-Pré – *À 9 km du manoir Montmorency.* Ce grand bâtiment de pierre de trois étages, situé à proximité de la rivière du Petit-Pré, fut le premier moulin industriel de Nouvelle-France. Il devait répondre aux intérêts des marchands de Québec, qui réclamaient un moulin, et à ceux du séminaire de Québec qui le fit construire en 1695 pour augmenter ses revenus. Détruit pendant la Conquête anglaise, l'édifice fut reconstruit en 1764 et fonctionna ensuite jusqu'en 1955. Installé dans les combles, le **centre d'interprétation de la côte de Beaupré** *(ouv. juin-oct. tous les jours 10 h-16 h ; nov. mars-mai lun.-ven. 9 h-16 h ; 2 $; ৬ ᐯ ☎ 418-824-3677)* présente la géologie, l'histoire et la culture de la région à l'aide de photos, de maquettes, d'objets anciens, de jeux, de bandes sonores et de films vidéo.

Château-Richer – *6 km.* Colonisé en 1640, ce village reçut son nom d'un prieuré de France. Du haut de la falaise qui surplombe le fleuve, l'église de La-Visitation-de-Notre-Dame (1866) domine le village et offre une **vue** qui embrasse la côte jusqu'au cap Tourmente.

Au Nord de la ville, on aperçoit dans la falaise les lits de pierre d'une carrière. Aux 18e et 19e s., la pierre calcaire de Château-Richer était volontiers utilisée comme matériau de construction à Québec. De forme régulière et d'un gris clair, elle supplanta le calcaire de Beauport, plus sombre, au début du 19e s.

Sur l'avenue Royale se dressent quelques fours à pain, à côté de maisons anciennes (certaines vieilles de près de 300 ans). L'un de ces fours fonctionne encore, et on peut y acheter du pain frais.

La route 360 rejoint le niveau du fleuve à l'approche de Sainte-Anne.

★**Sainte-Anne-de-Beaupré** – *Voir ce nom.*

Beaupré – *4 km.* Située sur la rivière Sainte-Anne-du-Nord, peu avant son embouchure dans le Saint-Laurent, Beaupré fit partie de Sainte-Anne-de-Beaupré jusqu'en 1927. Aujourd'hui, cette municipalité autonome est dominée par son grand moulin à pâte à papier.

★**Station Mont-Sainte-Anne** – *Voir ce nom.*

Revenir à Beaupré (4 km), et prendre l'av. Royale en direction de Saint-Joachim. Tourner à droite dans la rue de l'Église.

Saint-Joachim – *Voir ce nom.*

★**Réserve nationale de faune du Cap-Tourmente** – *4 km. Ouv. mi-avril-mi-nov. tous les jours 8 h 30-17 h. Fin-déc.-mi-mars. tous les jours 8 h 30-16 h. 5 $.* ✗ ♿ 🅿 ☎ *418-827-4591.* Le cap Tourmente tire son nom des vents qui balayent la vallée à cet endroit. Créée en 1969, sa réserve compte plus de 290 espèces d'oiseaux dont les fameuses oies des neiges qui, chaque année durant leur migration printanière *(avril)* et automnale *(octobre)*, envahissent par milliers ce promontoire massif surplombant le Saint-Laurent. Spectacle inoubliable que ces grands oiseaux prenant leur envol ou atterrissant sur le fleuve ou sur les battures, dans une véritable bourrasque blanche de battements d'ailes et de cris rauques. La prolifération de roseaux dans les terres marécageuses au bord du fleuve permet aux oies de s'alimenter et de reprendre des forces avant de poursuivre leur longue migration à destination de leurs terres de nidification estivale sur l'île de Baffin (dans l'Arctique) ou de leur refuge hivernal sur les côtes de Virginie (aux États-Unis). Seuls les détenteurs d'un permis spécial sont autorisés à chasser cette espèce protégée à laquelle sont consacrées toutes sortes d'expositions et de films dans le **centre d'interprétation** *(ouv. fin avr.-fin oct. tous les jours 9 h-16 h 45)* à 1,5 km de l'entrée.
Remarquer, à l'entrée de la réserve, la **Petite Ferme**. Cet édifice fut construit à l'emplacement de la première ferme de Nouvelle-France, fondée par Samuel de Champlain en 1626.

BOUCHERVILLE

Montérégie

34 989 habitants

Schéma : MONTRÉAL

Ville natale de Louis-Hippolyte Lafontaine, Premier ministre du Canada-Uni de 1842 à 1843 et de 1848 à 1851, Boucherville se trouve sur les bords du Saint-Laurent, face à Montréal. Il s'agit de l'une des plus vieilles localités du Québec. En 1667, la seigneurie fut accordée à **Pierre Boucher**, gouverneur de Trois-Rivières et, un an plus tard, un premier groupe de pionniers s'y établit. L'agriculture resta la vocation de Boucherville pendant près de trois siècles. En 1843, un incendie provoqué par un bateau à vapeur détruisit les plus anciens bâtiments. En 1965, la construction du tunnel Louis-Hippolyte Lafontaine, sous le Saint-Laurent, en fit une banlieue de Montréal.

Accès – *Boucherville se trouve à 20 km au Nord-Est de Montréal par les routes 20 & 132.*

CURIOSITÉS

Principale artère de la ville, le boulevard Marie-Victorin est bordé de belles demeures du 19e s., dont plusieurs appartinrent aux descendants du fondateur de Boucherville. Remarquer, au n° 470, le manoir construit au milieu du 18e s. pour François-Pierre Boucher de Boucherville et, au n° 486, la magnifique maison de brique que fit bâtir, au 19e s., Charles-Eugène Boucher de Boucherville, Premier ministre du Québec de 1874 à 1878 et de 1891 à 1892.

Maison Louis-Hippolyte-Lafontaine – *314, boul. Marie-Victorin, près du tunnel. Ouv. toute l'année jeu.-ven. 19 h-21 h, sam.-dim. 13 h-17 h.* 🅿 ☎ *450-449-8347.* Cette demeure appartint au beau-père de Louis-Hippolyte Lafontaine *(ci-dessous)*. Construite en 1766, puis reconstruite après l'incendie de 1843, elle fut transplantée du Vieux-Boucherville sur son site actuel, à proximité du fleuve, en 1964. La maison abrite une galerie d'art où sont organisées des expositions temporaires.

Louis-Hippolyte Lafontaine (1807-1864) vécut dans cette maison de 1813 à 1822, avant d'entreprendre ses études de droit à Montréal. Un bref historique rappelle au visiteur les principales étapes de sa carrière. On attribue volontiers à Lafontaine l'instauration du « gouvernement responsable », c'est-à-dire du pouvoir colonial relevant d'une assemblée élue et non plus du gouvernement britannique.
Remarquer, dans le parc, une statue de Lafontaine sculptée par Henri Hébert, ainsi que les ruines de La Brocquerie, vestiges du château Sabrevois construit en 1735 mais détruit par un incendie en 1970.

★**Église de la Sainte-Famille** – *560, boul. Marie-Victorin. Ouv. toute l'année lun.-sam. 9 h-17 h, dim. 8 h-12 h.* ♿ 🅿 ☎ *514-655-9024.* Cette église (1800) domine une place qui regroupe aussi le Centre culturel Mgr-Poissant ainsi qu'un établissement pour les personnes âgées. L'édifice doit sa conception à l'abbé Pierre Conefroy qui utilisa un plan en croix latine mieux adapté aux paroisses rurales, en pleine explosion démographique à la fin du 18ᵉ s. Ceci permit de mettre en œuvre un chantier rapide, sans dépasser le budget prévu. Le « plan-devis Conefroy » devint vite un modèle recherché, et la construction de l'église de Boucherville servit de base à toutes les paroisses du Québec. Son succès valut à Pierre Conefroy d'être nommé vicaire général du diocèse, responsable de la construction des églises.

Intérieur – Sorti des ateliers de Louis-Amable Quévillon, le décor intérieur fut détruit par l'incendie de 1843. Restauré par Louis-Thomas Berlinguet, il présente un traitement architectural typique de l'art de Thomas Baillairgé, mais aussi un profond souci du détail et de l'ornementation, comme le montrent de grands panneaux de style Louis XV. Les tombeaux et les autels latéraux, de Quévillon, ont survécu à l'incendie de 1843. Sculpture massive et baroque attribuée à Gilles Boivin, le **tabernacle** (v. 1745) du maître-autel est une œuvre majeure de l'époque de la Nouvelle-France.

De l'autre côté de la rue se dresse un monument dédié à Pierre Boucher. De là s'ouvre une vaste perspective sur les îles de Boucherville et l'Est de Montréal.

Les rues voisines, notamment la rue de la Perrière et la rue Saint-Charles, sont bordées de maisons du 19ᵉ s.

Parc des Îles-de-Boucherville – *Route 25 (sortie 1). Ouv. tous les jours de l'année 8 h-coucher du soleil. Golf, location de bicyclettes et de bateaux.* ✗ ♿ 🅿 *www.sepaq.com* ☎ *450-928-5088.* Situé au large de Boucherville, ce chapelet d'îles faisait autrefois partie de la seigneurie de Pierre Boucher. On les appelait alors les « îles percées ». Elles semblent n'avoir guère changé depuis, même si l'une d'elles, l'île Grosbois, fut le site d'un parc d'attractions au début du siècle.

Depuis 1984, cinq de ces îles forment un parc provincial. À partir du bureau de renseignements, situé sur l'île Sainte-Marguerite, on rejoint les autres îles par un bac à câbles et par des passerelles. Promenades à pied *(20 km)* ou à bicyclette *(20 km)* et canotage autour des îles offrent de beaux **points de vue** sur Montréal, sur la rive opposée du Saint-Laurent.

CAP-DE-LA-MADELEINE

Mauricie–Bois-Francs
33 438 habitants
Schéma : Vallée du SAINT-LAURENT

Cap-de-la-Madeleine se trouve à l'embouchure de la rivière Saint-Maurice, sur la rive Nord du Saint-Laurent, en face de la ville de Trois-Rivières. Fondée en 1635 par le père jésuite Jacques Buteux, qui fut assassiné plus tard par les Iroquois, la ville est aujourd'hui un haut lieu de pèlerinage.

Un peu d'histoire

Les miracles – Vers le milieu du 17ᵉ s., des colons européens érigèrent sur ce site une première chapelle dédiée à Marie-Madeleine, mais l'église même n'apparut qu'en 1717, avec l'installation d'une communauté. Vers 1850, le père **Luc Désilets** prit en charge la paroisse de Cap-de-la-Madeleine et la développa, tant et si bien qu'en 1878, il fallut envisager une église plus grande pour recevoir les nombreux fidèles. La pierre nécessaire à sa construction devant être extraite de la rive opposée du Saint-Laurent, Désilets entreprit de la faire transporter en utilisant un pont de glace. Malheureusement, le temps était, cette année-là, exceptionnellement doux, et le fleuve ne gela pas, ce qui amena le curé à faire le vœu de conserver l'église du 18ᵉ s., si un miracle permettait le transport de la pierre. Le 16 mars 1879, le temps se refroidit, et un pont de glace se forma assez longtemps pour que les paroissiens effectuent le transport de la pierre. Le dernier chargement passé, le désormais célèbre « pont des Chapelets » céda.

Attribuant ce miracle à Notre-Dame du Rosaire, le père Désilets tint sa promesse et conserva l'ancienne église, y installant une statue de la Vierge offerte par un paroissien. Un deuxième miracle se produisit lorsque le père Désilets consacra le sanctuaire, en juin 1888. Selon le témoignage du curé, du père Frédéric Jansoone et d'un pèlerin malade, Pierre LaCroix, la nuit de la consécration, la statue de Notre-Dame ouvrit les yeux en présence des trois hommes.

Un centre de pèlerinage – L'église avait été reconnue comme lieu de pèlerinage dès 1883, mais l'annonce du second miracle amena une foule encore plus grande de fidèles. Un chemin de fer et des quais, construits pour accueillir les nombreux paquebots, allaient faciliter l'accès au sanctuaire dont les pères oblats ont la garde depuis 1902. Dans les années 1950, une nouvelle basilique fut édifiée. Aujourd'hui, des milliers de croyants effectuent chaque année le pèlerinage.

Accès – *Cap-de-la-Madeleine se trouve à 150 km au Nord-Est de Montréal par les routes 40 & 755 (sortie 10).*

★★ SANCTUAIRE NOTRE-DAME-DU-CAP *2 h*

Sur la rue Notre-Dame, à l'Est de la ville. Suivre les panneaux indicateurs.

Basilique Notre-Dame-du-Rosaire – *Ouv. mai-mi-oct. tous les jours 8 h-21 h (mi-août 22 h). Reste de l'année 8 h-17 h.* ♿ ♻ ☎ *819-374-2441.* Ce bel édifice octogonal fut conçu par l'architecte Adrien Dufresne, disciple du moine bénédictin Dom Paul Bellot (1876-1944). Commencé en 1955, il fut inauguré en 1964. La tour centrale s'élève à 78 m. Une statue en pierre de la Vierge (hauteur : 7 m) orne la façade. D'apparence plutôt massive, le monument révèle un élégant intérieur aux couleurs de la Vierge, bleu et or. Plus de 1 800 personnes peuvent s'asseoir sous la voûte, d'où la vue sur le maître-autel n'est obstruée par aucune colonne. Le magnifique orgue Casavant, construit à Saint-Hyacinthe en 1963-1965, comprend 75 registres et plus de 5 500 tuyaux. L'autel est fait de marbre d'origine italienne.

Détail du premier vitrail
(Basilique Notre-Dame-du-Rosaire)

Sanctuaire Notre-Dame-du-Cap

Vitraux – L'intérieur de la basilique est renommé pour ses superbes vitraux, œuvre de **Jan Tillemans** (1915-1980). Ce dernier, père oblat d'origine hollandaise, les réalisa de 1956 à 1964 selon la tradition médiévale. Chacun comprend une rosace de près de 8 m de diamètre et cinq lancettes. Sur la première rosace, à gauche de l'entrée principale, figurent les écussons des provinces canadiennes, les lancettes représentant les saints patrons du Canada. Le deuxième vitrail, aux délicats coloris blanc-vert, représente le Christ triomphant sur la Croix, avec différentes scènes de sa vie sur les lancettes. Le troisième vitrail, dominé par les bleus et les rouges, illustre les mystères du Rosaire. À droite de l'autel, le quatrième vitrail, aux verts et aux bleus éclatants, est consacré aux prophètes et aux évangélistes. Le cinquième vitrail, multicolore, présente quelques pionniers canadiens. Le sixième, le plus beau, retrace enfin l'histoire de Notre-Dame-du-Cap.

Petit sanctuaire et parc – *Mêmes horaires que pour la basilique.* Près de la basilique se trouve l'ancienne église (1715-1720), devenue chapelle votive. Avec l'église de Saint-Pierre, sur l'île d'Orléans, ce petit monument fait partie des églises les plus anciennes du Québec. La statue miraculeuse se dresse au-dessus d'un autel de bois peint et doré. Une annexe moderne, ajoutée en 1973, incorpore quelques-unes des pierres transportées sur le pont de glace en 1879.

Le petit sanctuaire est situé dans un parc qui surplombe le fleuve. Dans la partie Sud, on trouve un chemin de Croix menant à des répliques du Calvaire et du tombeau du Christ à Jérusalem. Une autre section représente les mystères du Rosaire, avec 15 statues de bronze venant de France (1906-1910). Le petit lac et le pont des Chapelets commémorent le pont de glace de 1879.

CARILLON

Laurentides
258 habitants

Situé au bord de la rivière des Outaouais, à proximité des redoutables rapides du Long-Sault, le village de Carillon doit son nom à l'officier français Philippe Carrion de Fresnay. Celui-ci se rendit dans la région en 1671 pour y faire le commerce des fourrures. Intégré en 1682 à la seigneurie d'Argenteuil, concédée à Charles-Joseph d'Ailleboust, Carillon conserva sa vocation de poste de traite tout au long de la turbulente époque du commerce des fourrures. Au 19ᵉ s., l'endroit devint un poste militaire voué à la protection du système de canaux érigé afin de contourner les rapides. Plus récemment, Hydro-Québec construisit une centrale hydro-électrique pour mettre à profit l'abondante énergie de ces rapides.

Dollard des Ormeaux – Carillon doit surtout sa renommée à un acte d'héroïsme accompli sur les lieux en 1660. Depuis sa fondation en 1642, Montréal vivait sous la menace constante d'une attaque des Iroquois. En mai 1660, l'existence même de cette petite ville située à l'Est de Carillon, fut sauvée grâce à l'intervention d'Adam Dollard des Ormeaux (1635-1660). Celui-ci, accompagné de 17 autres Canadiens français et de 40 Hurons, repoussa pendant une semaine entière les attaques de quelque 300 guerriers iroquois. Dollard et ses compagnons périrent, mais devant tant de bravoure, les Iroquois abandonnèrent leur plan d'attaque. Le mois suivant, le premier arrivage de peaux atteignait sans incident Montréal, marquant le début d'un florissant commerce de fourrures. C'est ainsi que Dollard des Ormeaux est passé à la postérité en tant que sauveur de la colonie.

Accès – *Carillon se trouve sur la route 344, à environ 70 km à l'Ouest de Montréal par la route 40 (sortie 2). On peut également y accéder par traversier au départ de Pointe-Fortune, à la frontière ontarienne.*

CURIOSITÉS

Musée régional d'Argenteuil – *Sur la route 344, à droite du quai pour le traversier. Ouv. mi-mai-fête du Travail mar.-dim. 10 h 30-16 h 30. Mi-sept.-mi-oct. sam.-dim. 11 h-17 h. 2,50 $.* ▣ ☎ *450-537-3861.* Construit entre 1834 et 1837, ce beau bâtiment de pierre servit d'abord de caserne pour la protection du canal. Pendant la rébellion des Patriotes (1837-1838), il abrita une centaine d'officiers et de soldats britanniques. Par la suite, il fut converti en hôtel.
Depuis 1938, l'édifice accueille un musée consacré à l'histoire de la région. Diverses expositions y sont présentées, dont une consacrée à Dollard des Ormeaux et une autre à Sir John Abbott (1821-1893), tour à tour député fédéral du comté d'Argenteuil, puis Premier ministre du Canada de 1892 à 1893. La plupart des instruments de musique (des 18ᵉ et 19ᵉ s.), les horloges et les meubles canadiens et français furent légués au musée par des villageois.

Centrale hydro-électrique de Carillon – *Accès par la route 344. Visite guidée (1 h 15 mn) seulement, 15 mai-23 juin lun.-ven. 9 h-15 h. 24 juin-fête du Travail mer.-dim. 9 h 30-15 h 30.* ♿ ▣ *www.hydroquebec.com* ☎ *450-537-8624.* Construite au pied des rapides du Long-Sault entre 1959 et 1964, cette centrale au fil de l'eau a une puissance installée de 654 500 kW, ce qui en fait la quinzième usine hydro-électrique du Québec. Il faut 14 turbines pour maîtriser le cours de la rivière des Outaouais, dont le débit moyen est de 2 000 m³/s. Le barrage et le déversoir bloquent complètement la rivière. Au cours de la visite guidée, on peut voir un film *(15 mn)* et se rendre dans la chambre des turbines, la salle de contrôle et sur le toit, d'où l'on aperçoit le réservoir et les lignes qui acheminent le courant électrique.

Lieu historique national du Canal-de-Carillon – *Ouv. mi-mai-mi-juin et début-sept.début oct. lun.-jeudi 12 h 30-15 h. Mi-juin-mi-août tous les jours 8 h 30-20 h. Mi-août-début-sept. lun-jeudi 9 h 30-16 h. 1,50 $. www.parcscanada.gc.ca* ☎ *450-537-3534.* Longue de 60 m, l'unique **écluse** *(visites possibles ; renseignements & horaires* ☎ *514-447-4847)* qui perce le barrage permet aux bateaux de remonter de 20 m en une seule fois. En amont, la navigation se poursuit sans obstacle jusqu'à Ottawa. La **maison du Collecteur** fut construit en pierre en 1843. Elle servait de demeure au collecteur, dont la fonction était de percevoir le droit de passage des barges et autres embarcations. Aux côtés de cette maison subsistent les vestiges de l'ancien canal et du système d'écluses remontant au siècle dernier.

Parc Carillon – *En amont de la centrale. Renseignements & horaires* ☎ *514-537-8400 ou* ☎ *450-447-4847.* Longeant sur quelque 3 km les rives du réservoir, le parc offre des aires de pique-nique au bord de l'eau. On y trouve un **monument** érigé en 1960 à la mémoire de Dollard des Ormeaux et de ses compagnons : œuvre de Jacques Folch-Ribas, 18 monolithes de granit, hauts de 8 m chacun, commémorent leur vaillante bataille contre les Iroquois.

CHAMBLY★

Montérégie
19 716 habitants
Schéma : Vallée du RICHELIEU

Banlieue résidentielle de Montréal, la ville de Chambly occupe un **site** de toute beauté sur la rive Ouest du bassin de Chambly, élargissement de la rivière Richelieu, juste en aval d'importants rapides. Au Nord-Est se dresse la silhouette arrondie du mont Saint-Hilaire. En 1665, le capitaine **Jacques de Chambly** fut chargé d'y faire construire un fort pour protéger Montréal contre les incursions iroquoises. En 1672, une seigneurie lui fut concédée pour services rendus à la colonie, d'où l'origine du toponyme. Les rapides furent exploités dès le début du 19ᵉ s. afin d'alimenter sept grands moulins à farine, à carder et à fouler, ainsi qu'une scierie. En 1843, la construction du canal de Chambly allait faciliter la navigation et les échanges commerciaux entre le Canada et les États-Unis. De véritables convois de barges réunies et halées par des chevaux longeant la rive assuraient le transport du bois et d'autres matières premières vers le Sud et les États de la Nouvelle-Angleterre. Chambly connut alors une grande prospérité commerciale. Aujourd'hui encore, la ville tire certaines ressources de l'industrie légère.

Artistes et héros – La grande beauté du site de Chambly attire depuis longtemps les artistes. Le peintre impressionniste **Maurice Cullen** (1866-1934) et son beau-fils **Robert Pilot** (1898-1967) y ont ainsi vécu. Chambly fut également la ville natale de **Charles-Michel de Salaberry** et d'Emma Lajeunesse (1847-1930). Mieux connue sous son nom de scène, **Albani**, cette chanteuse d'opéra de renommée internationale fut l'une des meilleures sopranos de sa génération.

Accès – *Chambly est à environ 30 km à l'Est de Montréal par la route 10 (sortie 22).*

VISITE

Partir de la mairie, à l'angle des rues Bourgogne & Salaberry.

Érigé devant la mairie en 1881, le **monument** à la mémoire de Charles-Michel de Salaberry est l'une des premières œuvres historiques en bronze du célèbre sculpteur Louis-Philippe Hébert. Tout près, dans la rue Martel, face à l'église Saint-Joseph (1784), se dresse la dernière œuvre connue de l'artiste, une statue du père Pierre-Marie Mignault, curé de la paroisse de Saint-Joseph pendant 40 ans.

Suivre la rue Bourgogne vers l'Est pour rejoindre le canal de Chambly.

Canal de Chambly – *Près du port de plaisance. Stationnement sur la rue Bourgogne, de l'autre côté du pont. Ouv. mi-juin-mi-août tous les jours 8 h 30-19 h. Horaires variables mi-mai-mi-juin & mi-août-mi-oct.* ✗ ⅗ 🅿 *www.parscanada.gc.ca* ☎ *450-447-4847.* Inauguré en 1843, ce canal historique compte neuf écluses (dont huit manuelles) réparties sur un tracé de 19 km de long, de Saint-Jean-sur-Richelieu au bassin de Chambly. Il permet aux bateaux de contourner les nombreux rapides de la rivière Richelieu et de franchir une dénivellation de 24 m. Au début du siècle, l'activité commerciale – aujourd'hui remplacée par la navigation de plaisance – y était très intense, et plus de 4 000 bateaux empruntaient chaque année ce passage. Outre son kiosque d'interprétation et ses nombreux éléments historiques, le site offre au visiteur une piste cyclable qui longe le canal jusqu'à Saint-Jean-sur-Richelieu. Des **croisières★** *(départ du quai Fédéral début mai-mi-oct. sur rendez-vous ; commentaire à bord ; réservations requises ; 8,50 $; Croisières Chambly* ☎ *450-592-8478)* sur les eaux calmes du bassin de Chambly et du canal permettront de jouir de belles vues sur le mont Saint-Hilaire, Fort Chambly et les rapides.

Continuer par la rue Bourgogne, puis prendre la rue du Fort.

★★**Lieu historique national du Fort-Chambly** – *2 rue de Richelieu, au bord du Richelieu. Ouv. mars-mi-mai et mi-oct.-nov. Mer.-dim. 10 h-17 h/ Mi-mai-juin tous les jours 9 h-17 h. Mi-juin-début-sept.tous les jours 10 h-18 h. Début sept.-mi-oct. tous les jours 10 h-17 h. 4 $.* ⅗ 🅿 *www.parcscanada.gc.ca* ☎ *450-658-1585.* Situé dans un parc magnifique, là où la rivière Richelieu s'élargit pour former le bassin de Chambly, ce fort a été restauré selon sa forme originale du 18ᵉ s. Il s'agit du seul exemple d'installation fortifiée datant du Régime français, et l'on y retrouve quelques vestiges de la structure de pierre conçue par l'ingénieur militaire Josué Boisberthelot de Beaucours.

Érigé de 1709 à 1711 dans le cadre des guerres franco-anglaises, ce fort de pierre remplace un premier fort de pieux, construit en 1665 sous la direction de Jacques de Chambly pour défendre les rapides sur la route commerciale entre Montréal et Albany (État de New York). L'ensemble actuel est de plan carré, avec des bastions d'angles. On y accède par un portail qui s'ouvre dans le flanc Ouest. La cour intérieure est entourée de bâtiments au toit ponctué de lucarnes. Face à l'entrée principale se trouve la chapelle, avec son toit mansardé surmonté d'un clocheton. À l'intérieur du fort, un **centre d'interprétation** présente l'histoire du fort et de ses occupants sous le Régime français, et les étapes de sa restauration. Diaporamas et dioramas complètent la visite.

Lieu historique national du Fort-Chambly

Corps de garde – *Rue Richelieu, près du fort ; on peut s'y rendre par le parc.* Après la Conquête, les autorités britanniques créèrent à Chambly un vaste ensemble d'installations militaires. Pendant la guerre canado-américaine de 1812, une garnison qui comptait jusqu'à 6 000 hommes y fut établie, et on construisit des bâtiments pour l'infanterie, la cavalerie et l'artillerie. Plusieurs des expéditions menées par l'armée britannique contre les Patriotes en 1837-1838 partirent de Chambly. Le fort et le camp militaire furent désaffectés lors du départ de la garnison, en 1851. La façade de pierre du corps de garde (1814) est ornée d'un imposant fronton supporté par des colonnes évoquant le style palladien adopté par l'armée dans toutes les colonies britanniques. On y verra une exposition sur la période de l'occupation anglaise (1760-1869) et le développement de la ville de Chambly.

Église Saint-Stephen – *2004, rue Bourgogne.* Cette église anglicane en pierre des champs fut construite en 1820 pour servir de lieu de culte à la garnison. Son extérieur prend modèle sur les églises catholiques de l'époque, mais la sobriété de son intérieur est caractéristique d'un lieu de culte protestant. Le cimetière contient plusieurs monuments et caveaux funéraires intéressants, dont celui de la famille Yule, à qui appartenait la propriété.

Suivre la rue Richelieu jusqu'à la hauteur de la route 112.

★**Rue Richelieu** – Aujourd'hui bordée de belles demeures, la rue Richelieu correspond à un ancien chemin de portage qui longe les rapides depuis 1665. Au n° 12, près du corps de garde, remarquez la **maison Beattie** (1875), bâtiment de brique qui abrite le Bureau de tourisme de Chambly et la Société d'Histoire de la Seigneurie de Chambly. Le premier tronçon de la rue Richelieu, du corps de garde à la rue des Voltigeurs, parcourt l'ancien domaine militaire. On y retrouve des bâtiments de l'armée britannique, transformés en résidences à la fin du 19ᵉ s., alors que Chambly devenait un lieu de villégiature recherché. Près du corps de garde, au n° 10, se trouve une ancienne caserne (1814). Le n° 14 logeait autrefois le commandant militaire. De la rue des Voltigeurs à la rue Saint-Jacques, le deuxième tronçon de la rue Richelieu traverse l'ancien domaine seigneurial où plusieurs officiers militaires occupaient de confortables résidences. Le **manoir de Salaberry**, au n° 18, fut construit en 1814 pour Charles-Michel de Salaberry qui y vécut jusqu'à sa mort en 1829. Avec son fronton et son portique à deux étages, cette demeure constitue l'un des meilleurs exemples d'architecture palladienne au Québec. Au n° 27, une majestueuse maison de pierre fut érigée en 1816 pour le marchand John Yule, frère du seigneur William Yule. Au n° 26 se trouve l'atelier que se fit construire le peintre Maurice Cullen en 1920. La rue Richelieu continue le long du **parc des Rapides** qui offre une **vue** sur le barrage et les tumultueux rapides de Chambly. À cet emplacement s'élevaient les moulins et les anciennes manufactures de laine Willett qui, alimentées par le courant, établirent la prospérité de Chambly au 19ᵉ s. Du village industriel qui s'échelonnait le long de la rue subsistent quelques modestes maisonnettes de bois.

EXCURSION

★★**Vallée du Richelieu** – *Voir ce nom.*

Côte de CHARLEVOIX★★★

Charlevoix

Cette contrée accidentée – sans aucun doute l'une des plus belles et des plus variées du Québec – doit son nom au chroniqueur jésuite Pierre-François-Xavier de Charlevoix (1682-1761), grand voyageur et auteur de la célèbre *Histoire et description générale de la Nouvelle-France.*

Ici, les montagnes plongent directement dans les eaux majestueuses du Saint-Laurent, et le fleuve devient un véritable bras de mer. Le fait que l'on appelle ses rives des « côtes » indique qu'il ne s'agit plus vraiment d'un estuaire au sens propre du terme. À la fois rurale et sauvage, la région offre de remarquables vues du fleuve et, par temps clair, de la « côte Sud ». C'est vers la fin du 17e s. que les premiers colons, pour la plupart des bûcherons et des navigateurs, s'installèrent sur ces terres peu propices à l'agriculture. Quelques villages isolés demeurèrent inaccessibles par la route jusqu'au milieu du 20e s.

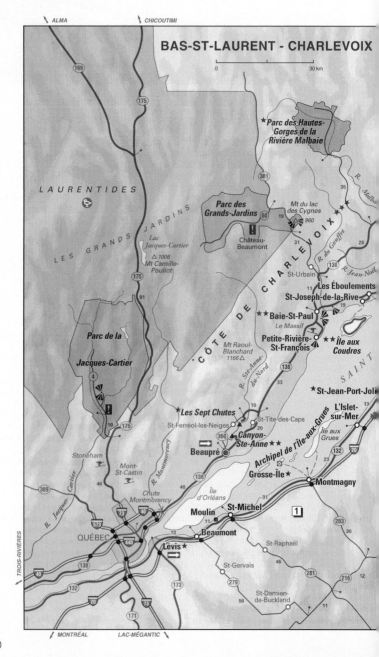

Un peu d'histoire

Les voitures d'eau – Construites sur les grèves de Charlevoix, plus de 300 goélettes ou « voitures d'eau » (à voiles, puis à moteur) assurèrent, jusque vers la fin des années 1960, le ravitaillement, le commerce et le transport du bois sur la côte de Charlevoix et sur la Côte-Nord, mais aussi dans le Bas-Saint-Laurent et en Gaspésie. Aujourd'hui, leurs épaves jonchent les battures de la région. Car ces embarcations traditionnelles ont été remplacées par les cargos. Lorsqu'on s'arrête sur la corniche, on entend d'ailleurs souvent le bruit de leurs moteurs alors qu'ils passent au loin, par la voie maritime du Saint-Laurent.

Une destination recherchée – Dès les années 1760, la région, réputée pour la beauté de ses paysages, commença à attirer les visiteurs. Après la Conquête, deux officiers écossais, le capitaine John Nairn et le lieutenant Malcolm Fraser, reçurent en concession du gouverneur militaire, le général Murray (1721-1794), l'ancienne seigneurie de La Malbaie-Pointe-au-Pic, qu'ils nommèrent Murray Bay.

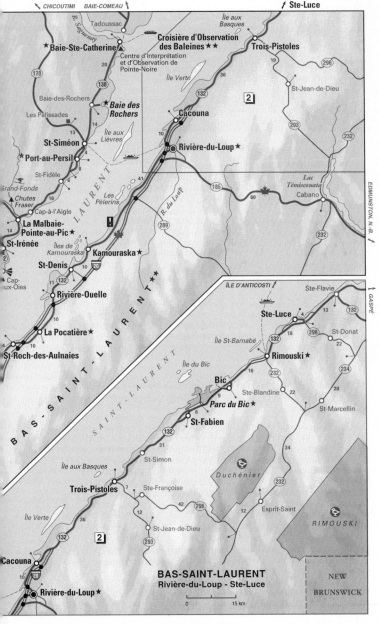

© Tourisme Québec/Heiko Wittenborn

Paysage de Charlevoix

Dès le milieu du 19e s., l'engouement pour la nature fit de Charlevoix un lieu de villégiature recherché. Les citadins acquièrent d'abord quelques habitations traditionnelles et les rénovèrent, puis entreprirent de construire d'élégantes résidences d'été. La compagnie Canada Steamship Lines amena beaucoup de touristes sur ses luxueux paquebots avant d'ériger en 1899 un énorme hôtel, le manoir Richelieu. Reconstruit en 1929 après un incendie, l'édifice est le seul rescapé des établissements hôteliers de l'époque. L'ouverture de la route de la Côte-Nord dans les années 1960 devait marquer la fin de l'ère des « grands bateaux blancs ». Aujourd'hui, de nombreuses auberges perpétuent cependant la tradition d'accueil auprès des visiteurs.

Un rendez-vous d'artistes – Charlevoix (plus particulièrement Baie-Saint-Paul, Port-au-Persil et Les Éboulements) attire depuis longtemps peintres, écrivains et poètes. Clarence Gagnon, Marc-Aurèle Fortin, René Richard, Jean-Paul Lemieux et A.Y. Jackson en ont immortalisé la beauté dans leurs toiles. Parmi les écrivains qui y ont vécu, notons Gabrielle Roy et Laure Conan.

Accès – *Charlevoix est accessible par les routes 40 & 138 au Nord-Est de Québec. La route 138 traverse la région qui commence au bord du cap Tourmente, à environ 40 km de Québec. La route 362 relie la communauté de Baie-Saint-Paul à celle de La Malbaie-Pointe-au-Pic.*

DE BEAUPRÉ À BAIE-SAINTE-CATHERINE *220 km*

Quitter Beaupré par la route 138. Après 4 km, tourner à gauche et suivre les panneaux de signalisation.

★★**Canyon Sainte-Anne** – *Ouv. 24 juin-fête du Travail tous les jours 8 h 30-18 h. Mai-23 juin & début sept.-oct. tous les jours 9 h-17 h 30. 7 $. ✗ ᷧ ◻ www.canyonste-anne.qc.ca ☎ 418-827-4057.* Dans ce superbe cadre sauvage, les visiteurs auront l'occasion de voir côte à côte les roches sédimentaires marquant le début de la plaine du Saint-Laurent, et celles de gneiss granitique marquant la fin du Bouclier canadien. Ici, la rivière Sainte-Anne-du-Nord dévale à grand renfort d'écume et de tourbillons une étroite faille rocheuse en créant une chute d'eau de 74 m de hauteur. Des sentiers à travers bois jalonnés de panneaux d'interprétation permettent d'accéder à la rivière et à ses chutes dont deux ponts suspendus offrent de belles vues. Une troisième passerelle permet également de se rendre au fond du canyon.

Rejoindre la route 138. Après Saint-Tite-des-Caps (6 km), prendre à gauche la route 360 vers Saint-Ferréol-les-Neiges. Continuer sur 10 km en suivant les indications.

★**Les Sept-Chutes** – *Ouv. 24 juin-fête du Travail tous les jours 9 h-19 h. Fin mai-23 juin & début sept.-mi-oct. tous les jours 10 h-17 h. 6,50 $. ✗ ᷧ ◻ www.septchutes.qc.ca ☎ 418-826-3139.* À cet endroit où la rivière Sainte-Anne-du-Nord forme sept chutes distinctes, un barrage et une centrale furent construits en 1916, et demeurèrent en service jusqu'en 1984. Agréablement aménagé en parc, le site donne aujourd'hui l'occasion de découvrir le patrimoine industriel québécois, tout en offrant plusieurs points de vue sur les cataractes. La **centrale** *(descente de 325 marches)*, l'une des plus anciennes du genre au Québec, la forge (1929), le barrage en amont des chutes et l'aqueduc (qui acheminait l'eau aux turbines) témoignent d'un passé technologique actif. Un centre d'interprétation retrace l'histoire de ces installations hydro-électriques.

Reprendre la route 138. Au bout de 30 km, tourner à droite vers Petite-Rivière-Saint-François, et continuer sur 10 km.

Petite-Rivière-Saint-François – La route descend en pente raide à travers la forêt vers ce petit village situé sur le Saint-Laurent, au pied d'une grande falaise. *Dans le village, tourner à gauche après l'église.* Une jetée dégage une **vue**★ sur les montagnes de Charlevoix, qui plongent dans le Saint-Laurent, et sur la grève parsemée de rochers.

Retourner vers la route 138, et continuer jusqu'à Baie-Saint-Paul.

La route offre de magnifiques **vues**★★ sur la vallée du Gouffre, sur le Saint-Laurent et sur l'île aux Coudres, en descendant vers Baie-Saint-Paul.

★★ **Baie-Saint-Paul** – *Voir ce nom.*

Quitter Baie-Saint-Paul par la route 362.

La route 362, puis la route 138 à partir de La Malbaie-Pointe-au-Pic, offrent de nombreuses vues du Saint-Laurent et de ses grèves. En quittant Baie-Saint-Paul, une halte routière permet d'admirer à nouveau la vallée du Gouffre et l'île aux Coudres.

Les Éboulements – *19 km.* Assis sur le rebord de la montagne à plus de 300 m au-dessus du Saint-Laurent, le village doit son nom à plusieurs glissements de terrain qui suivirent le violent tremblement de terre de 1663 : la moitié de la montagne s'affaissa dans le fleuve. En 1710, la seigneurie fut concédée à Pierre Tremblay qui y construisit un moulin.

Moulin banal – *Avant le carrefour vers Saint-Joseph-de-la-Rive. Entrée à droite, juste avant la rivière du Moulin. Ouv. fin juin-début sept. tous les jours 9 h-17 h. Reste de l'année sur rendez-vous. 2 $.* 🏠 ☎ *418-635-2239.* Ce moulin fut bâti en 1790 par le seigneur Jean-François Tremblay, au sommet d'une chute d'une trentaine de mètres. Le visiteur pourra y admirer les mécanismes d'origine et observer le travail du meunier en titre *(farine de blé ou de sarrasin en vente)*. Avec le moulin, l'ancien manoir des Sales-Laterrière, tout à côté, illustre particulièrement bien la vie quotidienne sous le régime seigneurial, aboli en 1854.

Saint-Joseph-de-la-Rive – *3 km. Quitter la route 362 à droite en direction de Saint-Joseph-de-la-Rive. Descente très raide vers le Saint-Laurent.* Cette petite localité, blottie entre le Saint-Laurent et la montagne, présente des vues charmantes de l'île aux Coudres et du fleuve. Elle abrita l'un des principaux chantiers de construction des goélettes traditionnelles de Charlevoix. Souvenirs d'une époque révolue, de nombreuses épaves de ces bateaux jonchent les battures du village, point de départ du traversier vers l'île aux Coudres.

Prenez le temps de visiter les goélettes de l'**Exposition Maritime** *(305 place de l'Église,* ☎ *418 635 1131)*, pour vous faire une idée du passé maritime de Charlevoix. La **papeterie Saint-Gilles** *(304 rue Félix-Antoine-Savard,* ☎ *418 635 2430)*, une fabrique de papier traditionnelle fondée par le prélat et écrivain Félix-Antoine Savard, invite les visiteurs à découvrir comment on produisait le papier au 17e s.

★★ **Île aux Coudres** – *Traversier : départ de Saint-Joseph-de-la-Rive avr.-oct. tous les jours 7 h 30-*

Vieux bateau sur l'île aux Coudres

© Perry Mastrovito/REFLEXION

23 h 30 toutes les heures. Reste de l'année tous les jours 7 h 30-19 h 30 (janv.-fév. 20 h 30) toutes les 2 heures. 15 mn. ♿ Société des traversiers du Québec ☎ 418-438-2743. Voir ce nom.

De retour à Saint-Joseph-de-la-Rive, reprendre la route 362 vers Saint-Irénée.

Cette corniche escarpée dévoile de belles échappées sur le fleuve. Emprunter la route de Cap-aux-Oies sur 1 km et s'arrêter au bas de la côte pour jouir d'une **vue** du cap et de la rive Sud. Reprendre la route 162 qui, dans une descente raide aux **vues** spectaculaires, rejoint le niveau du fleuve.

Saint-Irénée – *À 15 km des Éboulements.* Situé au confluent de la rivière Jean-Noël et du Saint-Laurent, Saint-Irénée est le village natal de l'avocat et poète **Adolphe-Basile Routhier** (1839-1920), auteur des paroles françaises de l'hymne national canadien, *Ô Canada.* Rodolphe Forget (1861-1919), constructeur du chemin de fer qui suit la rive Nord du Saint-Laurent, y établit sa résidence d'été, aujourd'hui connue sous le nom de **domaine Forget**. Cette propriété, consacrée à la diffusion des arts du spectacle, occupe un site charmant face au fleuve.

La route mène aux villages qui entourent l'estuaire de la rivière Malbaie : La Malbaie-Pointe-au-Pic et Cap-à-l'Aigle.

★**La Malbaie–Pointe-au-Pic** – *Voir ce nom.*

La route 138 continue vers Saint-Fidèle-de-Mont-Murray, d'où on peut apercevoir les îles de Kamouraska. Elle rejoint ensuite les rives du fleuve.

6 km après Saint-Fidèle-de-Mont-Murray, tourner à droite vers Port-au-Persil.

★**Port-au-Persil** – *À 30 km de La Malbaie-Pointe-au-Pic.* Cette anse du Saint-Laurent est depuis longtemps un lieu de prédilection des artistes. À côté du vieux quai, une minuscule église anglicane et une petite chute d'eau ajoutent une note pittoresque à la beauté du lieu.

Saint-Siméon – *4 km.* Un traversier *(aller simple environ 1 h)* relie cette ancienne communauté de bûcherons à Rivière-du-Loup. À cet endroit, le Saint-Laurent fait une vingtaine de kilomètres de largeur. Le centre éducatif forestier Les Palissades est logé au pied d'une falaise de 120 m, près de Saint-Siméon *(à environ 13 km par la route 170).* Le centre d'interprétation sert de point de départ à trois chemins qui offrent des promenades de différentes longueurs et permettent d'observer de plus près la flore de la région.

La route 138 rentre à l'intérieur des terres, traverse la forêt et longe différents lacs.

★**Baie des Rochers** – *17 km.* Un chemin non revêtu *(environ 3 km)* mène à cette jolie baie aujourd'hui désertée dont il ne reste que le vieux quai. La petite île à l'entrée de la baie est accessible à marée basse.

Rejoindre la route 138.

Le Saint-Laurent réapparaît près de Baie-Sainte-Catherine.

★**Baie-Sainte-Catherine** – *Voir ce nom.*

CHIBOUGAMAU

Saguenay–Lac-Saint-Jean–Chibougamau

8 664 habitants

Cette petite ville se trouve dans la région de Chibougamau, vaste étendue de forêts bordée par les lacs Mistassini et Chibougamau, et par le lac aux Dorés. Son nom serait une déformation du mot cri *shabogamaw* (« lac traversé de bord en bord par une rivière »). Nomades chasseurs-cueilleurs, les Amérindiens de la région se séparaient jadis en petits groupes multifamiliaux pour faire face à l'hiver, et l'été venu, se rassemblaient à nouveau en grandes bandes. Ils représentent aujourd'hui la moitié de la population de Chibougamau et sont dispersés autour des lacs et des rivières, tirant la majeure partie de leur subsistance de l'immense forêt boréale, d'ailleurs subdivisée en territoires de chasse familiaux. L'autre moitié de la ville se compose d'allochtones d'origine francophone.

Un peu d'histoire

Le lac Chibougamau faisait partie de la route du Nord empruntée par les premiers Européens, notamment le sieur des Groseilliers (1618-1696) et Radisson (1636-1710), qui furent suivis de près par le père Albanel (1616-1696). Aux postes de traite succéda la ville minière de Chibougamau, érigée en pleine forêt boréale, sur une plaine sablonneuse, à proximité du lac Gilman, à 15 km au Nord du lac dont elle porte le nom.

Les premières traces de minerai furent découvertes dans les années 1840. Plusieurs grands noms de l'industrie minière s'y succédèrent, reconnaissant l'extrême richesse naturelle de la région. La plupart des prospecteurs, ingénieurs, promoteurs et géologues venaient de l'Ouest du Québec, de l'Ontario et des États-Unis. Le choc boursier de 1929 mit fin à l'expansion régionale, mais vers 1934, spéculateurs et prospecteurs firent leur réapparition. La Seconde Guerre mondiale marqua un nouveau temps d'arrêt, et ce n'est finalement qu'en 1950 que la construction d'une route d'hiver de 240 km entre Saint-Félicien et Chibougamau permit aux sociétés minières de s'installer en permanence sur les lieux. La première mine de cuivre, zinc et or ouvrit ses portes en 1951 à Chapais, à 44 km de la ville. Il ne s'agit pas ici de faille géologique comme à Val-d'Or. On parle de la ceinture Chibougamau-Matagami formée de « zones » de minerai. Ce sont des veines verticales de 1 m de largeur sur 610 à 1 220 m de profondeur. On creuse donc des galeries de 1,8 m de large sur 2,5 m de haut le long de la veine.

Aujourd'hui, Chibougamau est surtout une ville de mineurs et de travailleurs forestiers. On y verra des scieries et plusieurs mines en service. La prospection continue surtout à l'intérieur du complexe du lac aux Dorés. Autrefois, on n'extrayait que le cuivre, mais depuis la récession des années 1970, l'exploitation de l'or a pris le dessus. Les roches extraites sont concassées sur place, puis envoyées vers le complexe métallurgique de Rouyn-Noranda.

Accès – *Chibougamau se trouve à 700 km au Nord de Montréal par les routes 40, 155, 169 & 167. Air Creebec assure une liaison quotidienne avec Montréal (départ de Montréal lun.-ven. à 8 h 50, arrivée à Chibougamau à 10 h ; départ de Chibougamau lun.-ven. à 16 h, arrivée à Montréal à 17 h 15 ; renseignements ☎ 819-825-8355).*

Activités – *Location de canots, pédalos et planches à voile sur la plage du centre-ville, sur les rives du lac Gilman. Camping à l'entrée de la ville, derrière le kiosque de renseignements touristiques. Mont Chalco, sur la route 167, permet de faire du ski en hiver et des randonnées pédestres en été. Vols en hydravion proposés mai-oct. tous les jours 8 h-17 h ; reste de l'année tous les jours 9 h-16 h ; réservations requises ; Propair Inc. ☎ 418-748-2659.*

Église Saint-Marcel – Elle fut construite dans les années 1960. Son toit, ajouré au centre, est formé de deux coques de béton qui s'élancent par des courbes opposées. La forme générale évoque celle d'un poisson, ancien symbole chrétien.

EXCURSION

Réserve faunique des Lacs-Albanel-Mistassini-et-Waconichi – *Réserve ouv. juin-fête du Travail tous les jours 7 h-19 h. Entrée à 3 km de Chibougamau sur la route 167. Accueil Chalco (ouv. juin-fête du Travail tous les jours 7 h-19 h) et bureaux administratifs (ouv. lun.-ven. 8 h 30-17 h ; fermé jours fériés) ; ☎ 418-748-7748.* Cette vaste réserve faunique occupe une superficie de 16 400 km², parsemée de forêts d'épinettes noires, de sapins et de mousses. Ses nombreux lacs, dont le plus grand de la région, le lac Mistassini (2 019 km²), en font un véritable paradis pour les pêcheurs.

Activités – *Outre la randonnée, l'activité principale de cette réserve faunique reste la pêche. Le camping (réservations ☎ 418-890-6527) est limité à 14 jours consécutifs ; rapporter ses déchets au poste d'accueil. Des excursions (non organisées) de canot-camping sont également possibles ; réserver au moins un mois à l'avance. Location de chaloupes à la journée (sur réservation) ; maximum : trois personnes par embarcation ; pas de service de guide.*

Réserve Waconichi – Son nom évoque les collines situées à l'Ouest du lac Waconichi qui protègent les campements des Amérindiens du vent du Nord-Ouest, parfois glacial. La réserve dispose d'un complexe touristique de pêche. Des chalets en bois rond *(à 27 km de l'accueil Chalco ; réservations requises ; ☎ 418-890-6527)* ont été aménagés sur un **site★** de toute beauté.

Mistassini – *De l'accueil Chalco, parcourir 67 km sur la route 167, puis tourner à gauche vers Mistassini (Baie-du-Poste), et continuer sur 16 km.* Ce village se trouve sur la route du commerce des fourrures menant à Fort-Rupert (Waskaganish), sur la baie d'Hudson. Une communauté crie, qui portait le nom de Mistassini, habitait déjà la région en 1640. Durant une centaine d'années, la Compagnie de la baie d'Hudson tint un poste de traite à Fort-Rupert. Mais la concurrence que lui livra la Compagnie du Nord-Ouest la força à se déplacer à l'intérieur des terres. Pour intercepter les fourrures avant qu'elles n'arrivent à Fort-Rupert, les Français construisirent en 1674 leur propre poste de traite à Mistassini, à la suite de la visite du père Charles Albanel. Le premier poste de Neoskweskau, sur la rivière Eastmain, fut déplacé au Nord du lac Mistassini en 1800, et au Sud du lac, à l'emplacement actuel de la ville, en 1835.

DE CHIBOUGAMAU À VAL-D'OR

Environ 413 km par les routes 167, 113 et 177

Chapais – *À 44 km de Chibougamau par les routes 167 & 113.* La ville doit son nom à Sir Thomas Chapais, politicien et historien de renom. En 1929, Léo Springner y découvrit le premier grand gisement de la région Chibougamau-Chapais. En 1989, la scierie de Chapais passa en tête du palmarès des producteurs de bois de l'Est du Canada. Une nouvelle usine thermique est destinée à transformer les résidus de bois en énergie électrique.

Waswanipi – *93 km.* Tout comme Mistassini, cette réserve faunique abrite une communauté crie dont les membres aident au reboisement des forêts ou travaillent aux mines de Desmaraiville et Miquelon, au Sud de Waswanipi.

Lebel-sur-Quévillon – *À 120 km de Waswanipi et 213 km de Chapais.* En 1965, les bords du lac Quévillon, alimenté par la rivière Le Bel, étaient encore sauvages. Depuis, une petite communauté pleine de vigueur s'y est développée, soutenue par l'**usine de pâte et papier** de la Domtar. *(à 4 km de la ville, sur le chemin du Moulin ; visite guidée seulement, 1 h 30 ; tous les jours 14 h 30-16 h ; réservation obligatoire ; △ ✗ ⅊ ☐ ☎ 819-755-5324). À l'entrée de la ville, sur le boul. Quévillon, se trouvent un camping municipal et une plage, avec location d'équipement aquatique et sentiers pédestres balisés.*

Senneterre – *84 km.* Très dynamique, cette petite communauté forestière a subi de nombreux changements au cours des dernières années. Aux trois portes d'entrée de la ville, noter des sculptures symbolisant l'armée canadienne, l'industrie forestière et l'industrie ferroviaire.

Lac Faillon – *À 45 km à l'Est de Senneterre, sur le chemin de pénétration N-806.* Site de plein air et de détente, le lac Faillon bénéficie du charme sauvage de la rivière Mégiscane. Il offre de nombreuses activités récréatives : baignade, chaloupes, canots et pêche.

★**Val-d'Or** – *Voir ce nom.*

CHICOUTIMI★

Saguenay–Lac-Saint-Jean
63 240 habitants
Schéma : Fjord du SAGUENAY

Métropole économique, administrative et culturelle de la région du Saguenay, siège épiscopal et site de l'un des campus de l'Université du Québec, Chicoutimi tire son nom du montagnais *eshko-timiou*, « au bord des eaux profondes ». À juste titre d'ailleurs, car elle se trouve au confluent des trois rivières suivantes : Saguenay, du Moulin et Chicoutimi. Important poste de traite des fourrures dès 1676, la ville ne fut véritablement fondée qu'en 1842, date à laquelle le commerçant métis Peter McLeod construisit une scierie au pied des chutes de la rivière du Moulin. Son entreprise devait marquer les débuts de l'industrie forestière dans la région.

Chicoutimi offre un **panorama**★ saisissant sur les falaises arrondies creusées par le Saguenay dans sa course vers le Saint-Laurent. Les automobilistes peuvent traverser la rivière par le pont Dubuc, tandis que les cyclistes et les piétons emprunteront la passerelle Sainte-Anne. Chaque année, au mois de février, Chicoutimi fête son **Carnaval-Souvenir** à l'occasion duquel ses habitants, revêtus de costumes d'autrefois, recréent les activités traditionnelles de l'hiver. En juillet 1996, de terribles inondations ont touché la région du Saguenay-Lac-Saint-Jean, provoquant la destruction de certains sites d'intérêt touristique.

Accès – *Chicoutimi se trouve à 212 km au Nord de Québec par la route 175.*

CURIOSITÉS

★★**Croisières** – *Départ du quai situé au pied de la rue Salaberry juin-sept. tous les jours à 8 h 30 & 12 h 30. Commentaire à bord. Réservations requises. Retour à Chicoutimi en bus. 34 75 $. ✗ ☐ Croisières Marjolaine Inc. ☎ 418-543-7630.* Les croisières sur le majestueux fjord du Saguenay constituent l'une des excursions les plus spectaculaires du Québec. Le bateau descend la rivière jusqu'au charmant village de Sainte-Rose-du-Nord, s'arrête en contrebas de la masse rocheuse du Tableau (hauteur : 150 m), longe Saint-Basile-du-Tableau, l'un des plus petits villages du Québec, et pénètre dans la baie Éternité dominée par les deux hautes falaises du cap Éternité et du cap Trinité.

L'arrivée au pied du **cap Trinité** constitue le point culminant de la croisière : encastrée dans la désolation rocheuse du paysage se dresse une gigantesque statue de la Vierge. Les trois corniches qui ont donné ce nom au cap Trinité sont clairement visibles du bateau ; il arrive que des alpinistes en tentent l'ascension.

Le voyage de retour découvre des vues saisissantes de la baie des Ha ! Ha ! *(voir La Baie)*, puis de la ville de Chicoutimi.

★**Croix de Sainte-Anne** – *Sur la rive Nord du Saguenay, à 3 km du pont Dubuc. Prendre à gauche la rue Saint-Albert, à droite la rue Roussel, puis à gauche la rue de la Croix.* Dominé par une croix de 18 m de haut (1922), ce belvédère surplombant le Saguenay dévoile une **vue** superbe de Chicoutimi et de ses environs. Une première croix avait été dressée sur les lieux en 1863 par Mgr Baillargeon, afin de guider les navires remontant la rivière. Une seconde fut élevée en 1872 pour marquer l'endroit où s'était arrêté le « grand feu » de 1870 *(p. 267)*, terrible incendie qui détruisit la quasi-totalité de la région du Saguenay-Lac-Saint-Jean. On distinguera, en contrebas, la ravissante façade de l'église Sainte-Anne (1901).

Le belvédère Jacques-Cartier *(à l'angle de la rue Jacques-Cartier Est & du boul. Talbot)* et le belvédère Beauregard *(à l'Est du belvédère Jacques-Cartier, dans le quartier de la statue Notre-Dame-du-Saguenay)* offrent également de jolies vues sur le Saguenay.

★**La pulperie de Chicoutimi** – *300, rue Dubuc. Ouv. 24 juin-début sept. tous les jours 9 h-17 h.* ✗ ⓓ ⛶ *www.pulperie.com* ☎ *418-698-3100.* Cette ancienne usine de production de pulpe de bois occupe un **site**★★ pittoresque à l'embouchure de la rivière Chicoutimi. En son temps l'un des plus importants complexes industriels du Québec, elle témoigne de l'importance de l'industrie forestière dans la région. Fondée en 1896, la Compagnie de pulpe de Chicoutimi devint, vers 1910, la première entreprise productrice de pulpe de bois « mécanique » au Canada, grâce à son directeur Alfred Dubuc. À son apogée, en 1920, elle comptait quatre moulins, un atelier de réparation, plusieurs dépendances et quelque 2 000 employés. Après l'effondrement boursier de 1929, la pulperie ferma ses portes. Ses vestiges servent aujourd'hui de décor à toutes sortes d'activités culturelles et artistiques.

Près de l'entrée, au-dessus de la gorge, remarquer le bâtiment 1921. Cet énorme atelier de granit rose abrite notamment un **centre d'interprétation** proposant une rétrospective audiovisuelle de la pulperie et de l'industrie du bois en général. Plus bas, au bord de la rivière, se dressent les ruines de deux moulins à papier datant de 1898 et 1912. Il subsiste un tronçon du puissant aqueduc qui les alimentait en eau. Un escalier en amont conduit à un tertre qui surplombe l'ensemble des installations. Le château d'eau fonctionne encore. René-P. LeMay (1870-1915) dressa les plans de plusieurs de ces édifices, faisant usage du granit plutôt que de la brique, traditionnellement utilisée dans la construction des bâtiments industriels. Le matériau choisi ajoute énormément au charme ambiant.

Maison Arthur-Villeneuve – *À l'intérieur du bâtiment 1921.* Amorcés en 1994, des travaux de mise en valeur patrimoniale ont conduit à la relocalisation, sur le site même de la pulperie, de la maison Arthur-Villeneuve, anciennement située au 669, rue Taché Ouest. Arthur Villeneuve (1905-1990) fut longtemps « barbier » de profession, faisant de la peinture un simple loisir. Profondément religieux, il troqua, en 1957, ses ciseaux pour des pinceaux à la suite d'un sermon sur la parabole des talents. Aujourd'hui, la renommée de ce peintre régional dépasse largement les murs de son humble demeure qu'il décora à sa façon, de peintures colorées parfois terrifiantes.

La pulperie de Chicoutimi

André Ellefsen

★**Musée du Saguenay–Lac-Saint-Jean** – *Ouverture des salles d'exposition (à l'intérieur du bâtiment 1921) prévue pour l'été 1999.* Le site de la pulperie devrait prochainement accueillir les collections de cet excellent musée, autrefois situé à l'emplacement de l'ancienne chapelle du séminaire de Chicoutimi. Les visiteurs pourront y découvrir différents aspects de l'histoire régionale (mœurs des Montagnais, arrivée des premiers colons, vie des habitants au 19e s., développement des industries métallurgique, forestière et hydro-électrique, etc.) et y trouver les biographies des industriels qui ont marqué la région : Peter McLeod, Alfred Dubuc, Sir William Price III et Arthur Vining Davis.

Cathédrale Saint-François-Xavier – *À l'angle des rues Racine & Bégin. Ouv. tous les jours de l'année 8 h-11 h 30 & 13 h 30-16 h.* ☎ *418-549-3212.* Les hautes tours carrées qui flanquent la façade de pierre de cette cathédrale (1915) dominent la ville de Chicoutimi. L'édifice fut reconstruit après un incendie en 1919. À l'intérieur, on remarquera la chaire, un Christ sculpté par Médard Bourgault *(p. 273)*, le trône épiscopal de Lauréat Vallières ainsi qu'un orgue Casavant.

Village de la sécurité – *200, rue Pinel, sur la rive Nord du Saguenay, à 4 km du pont. Prendre à droite la rue Pasteur, encore à droite la rue Saint-Gérard, puis à gauche la rue Pinel. Ouv. fin juin-août tous les jours 10 h-18 h. Mi-mai-mi-juin & sept. sur rendez-vous seulement. 7,50 $.* ✗ ⓓ ⛶ ☎ *418-545-6925.* Essentiellement créé pour permettre aux jeunes d'améliorer leurs connaissances en matière de sécurité, ce village à échelle réduite leur propose toutes sortes d'activités : promenade au volant d'une voiture miniature motorisée, simulation réaliste d'une collision automobile et d'un incendie à la maison, secourisme, balade en train, etc. Une tour météorologique de 30 m de haut offre une **vue** splendide de la région.

Lieu historique national de
COTEAU-DU-LAC★

Située sur la rive Nord du Saint-Laurent, à la sortie du lac Saint-François, la ville de Coteau-du-Lac possède une histoire intimement liée à ses tumultueux rapides. Pour éviter ces derniers et faciliter la navigation, divers systèmes de canalisation y furent construits au fil des ans, avant que la fameuse voie maritime du Saint-Laurent ne vienne apporter une solution définitive au problème.

Accès – *Coteau-du-Lac se trouve à environ 60 km au Sud-Ouest de Montréal par les routes 20 (sortie 17) & 338.*

VISITE

Ouv. mi-mai-début sept. tous les jours 10 h-17 h. Début sept.-début oct. mer-dim. 10 h-17 h. Reste de l'année lun.-ven. 9 h-17 h. Fermé jours fériés sauf 1er juil. 3 $. & ▣ www.parcscanada.gc.ca ☎ 450-763-5631.

Ce **site** d'une grande beauté, au confluent de la rivière Delisle et du Saint-Laurent, contient les vestiges de l'un des premiers canaux à écluses d'Amérique du Nord. De nombreux sentiers jalonnés de ruines s'offrent au visiteur, mais avant de les emprunter, ce dernier fera un premier arrêt au centre d'accueil (exposition thématique, maquette du site, collection d'objets de la préhistoire à nos jours).
Jusqu'au 20e s., les rapides du Saint-Laurent étaient particulièrement dangereux entre Montréal et Kingston. La construction de la centrale hydro-électrique de Beauharnois et de son canal, au cours des années 1920-1930, nécessita l'installation de tout un système de barrages pour détourner le fleuve de son cours naturel. Ce système entraîna un abaissement du niveau du Saint-Laurent de près de 2,5 m par rapport à ce qu'il était jusqu'au début du siècle. Depuis, les rapides ont perdu beaucoup de leur impétuosité.

À la conquête des rapides – Pour éviter de se noyer dans les rapides, les Amérindiens « portageaient » leurs canots autour des endroits les plus dangereux. Mais la traite des fourrures amena l'arrivée de nombreux trappeurs munis d'embarcations beaucoup plus lourdes et plus chargées. En 1750, les Français construisirent un canal « rigolet », digue de pierre destinée à faciliter le passage des bateaux de marchandises vers les Grands Lacs. Des traces en sont encore visibles depuis les sentiers du parc.
Après la guerre d'Indépendance américaine, les garnisons britanniques érigèrent des postes le long du Saint-Laurent et autour des Grands Lacs. Le canal « rigolet » ne suffisant plus à assurer le passage des grands bateaux, les Britanniques construisirent, en 1779, un nouveau **canal** (environ 300 m de longueur sur 2,5 m de profondeur) dont les trois écluses soulevaient les navires de 2,7 m. Mais à l'avènement du premier canal de Beauharnois en 1845, le pauvre ouvrage de canalisation britannique devint à son tour désuet. Une passerelle permet aujourd'hui de longer son lit désormais asséché.

Le fort – Afin de protéger l'importante voie fluviale du Saint-Laurent et d'assurer le ravitaillement des soldats cantonnés dans la région des Grands Lacs, les Britanniques avaient édifié, sur le site de Coteau-du-Lac, un fort qui fut d'abord un simple poste de péage et un entrepôt. La crainte d'une invasion américaine le fit fortifier. Des fouilles archéologiques ont mis au jour des vestiges d'entrepôts et de bâtiments militaires remontant à la guerre d'Indépendance américaine et à la guerre de 1812.

Le blockhaus octogonal – Ce blockhaus insolite fut construit durant la guerre de 1812. En 1839, il fut incendié afin d'empêcher le fort de tomber aux mains des Patriotes. Reconstruit par Parcs Canada en 1965, c'est un bâtiment de billes équarries reposant sur des fondations de pierre. Il comporte un rez-de-chaussée et un étage en porte-à-faux. Ses murs sont percés de meurtrières et d'embrasures. À l'intérieur, une exposition retrace le transport d'approvisionnements sur le canal.

CÔTE-NORD★

La Côte-Nord englobe un territoire allant de l'embouchure du Saguenay jusqu'à la frontière du Labrador. Région la plus méridionale, la « haute » Côte-Nord va de Tadoussac à Sept-Îles. La « moyenne » Côte-Nord s'étend de Sept-Îles à Havre-Saint-Pierre. Quant à la « basse » Côte-Nord, ainsi nommée en raison de sa proximité avec l'océan, elle comprend la région entre Havre-Saint-Pierre et Blanc-Sablon ; dans ces vastes espaces de taïga, villes et villages ne sont guère accessibles que par avion ou par bateau.
Inuits et Montagnais habitent la région depuis plusieurs milliers d'années. Répartis dans sept réserves le long de la côte, les Montagnais représentent d'ailleurs une grande partie de la population locale actuelle. Au cours de la seconde moitié du 15e s., des

pêcheurs basques vinrent chasser la baleine dans les parages. La pêche demeura la principale activité de la région jusque dans les années 1920, époque à laquelle les entreprises de pâte à papier se lancèrent dans l'exploitation forestière et créèrent une importante industrie du bois. Vers 1950, la découverte de riches gisements miniers (fer en particulier) déclencha une nouvelle croissance économique à laquelle succéda, au début des années 1960, l'aménagement hydro-électrique des rivières aux Outardes et Manicouagan.

Accès – *La route 138 dessert la Côte-Nord de Tadoussac à Havre-Saint-Pierre. La basse Côte-Nord est accessible par bateau ou par avion.*

① DE TADOUSSAC À SEPT-ÎLES *450 km par la route 138*

★★ Tadoussac – *Voir ce nom.*

Grandes-Bergeronnes – *À 26 km de Tadoussac par Petites-Bergeronnes.* En 1603, Samuel Champlain nomma « Bergeronnettes » cet endroit où il avait observé le vol de ces petits oiseaux jaunes à longue queue. La région était depuis longtemps fréquentée par des pêcheurs basques et par les Montagnais. En 1844, les premiers colons vinrent s'y établir et construisirent un moulin à farine à Petites-Bergeronnes, ainsi qu'une scierie à Grandes-Bergeronnes. Aujourd'hui, l'observation des **baleines** constitue le principal attrait de la localité. Attirés par une prolifération exceptionnelle de plancton, bélugas et baleines bleues fréquentent volontiers les eaux de la région, pour le plus grand plaisir des visiteurs qui pourront les admirer en mer ou depuis la côte, au Cap-de-Bon-Désir.

Centre d'interprétation Archéo-Topo – *498, rue de la Mer. Ouv. mi-mai-mi-oct. tous les jours 9 h-18 h. 4,75 $. ☎ 418-232-6286.* Y sont évoquées les fouilles archéologiques menées dans la région, qui ont révélé des traces d'occupation humaine remontant à 5 500 avant notre ère.

Centre d'interprétation et d'observation du Cap-de-Bon-Désir – *À 6 km à l'Est de Grandes-Bergeronnes. Ouv. juin-début sept. tous les jours 8 h-20 h. 5 $. ☎ 418-232-6751.* Partie intégrante du parc marin du Saguenay-Saint-Laurent, Cap-de-Bon-Désir propose aux visiteurs toutes sortes d'activités d'interprétation de l'histoire régionale et d'observation du milieu marin de l'estuaire. Un belvédère leur permettra d'admirer différentes variétés de mammifères marins, dont les baleines *(location de jumelles).*

Les Escoumins – *13 km.* Vers la fin du 15ᵉ s., des pêcheurs basques fondèrent ici une petite communauté qu'ils appelèrent l'« Esquemin ». Aujourd'hui connue sous le nom d'Escoumins, cette charmante localité est un endroit idéal pour observer baleines et autres mammifères marins. Elle est également réputée parmi les amateurs de pêche et de plongée sous-marine.
En traversant la rivière des Escoumins, le visiteur découvrira sur sa gauche une structure insolite. Il s'agit d'une **échelle à saumons** ou passe migratoire, déviation artificielle destinée à faciliter la montaison des poissons lorsqu'ils retournent frayer dans les eaux où ils sont nés.

Baie-Comeau – *160 km.* La ville fut baptisée en hommage à Napoléon-Alexandre Comeau, trappeur, géologue et naturaliste de la Côte-Nord. Conscient du potentiel économique qu'offrait la région, le colonel Robert McCormick (1880-1955) – rédacteur en chef du *Chicago Tribune* – fonda en 1936 la Quebec North Shore Paper Company, qui allait donner naissance à la ville de Baie-Comeau. La société porte aujourd'hui le nom de Compagnie de papier de Québec et Ontario, et représente l'un des plus grands employeurs de la région.
La **cathédrale Saint-Jean-Eudes** *(ouv. fin juin-début sept. tous les jours 8 h-20 h. Reste de l'année seulement ouv. pour l'office. ♿ ▯ ☎ 418-589-2370)* se dresse dans la partie Ouest de la ville, à l'embouchure de la rivière Manicouagan. Elle est dédiée à saint Jean-Eudes, prêtre français du 17ᵉ s. qui fonda la congrégation de Jésus et Marie (dite des Eudistes). Édifié en 1958 à l'aide de différentes sortes de granits polychromes, l'édifice n'est pas sans rappeler le style du moderniste français Auguste Perret.
Déclaré zone historique en 1985, le **quartier Amélie** se trouve dans le secteur Marquette, à l'Est, et comporte de belles demeures bâties dans les années 1930. Dans la rue Cabot se dresse l'élégant **hôtel Le Manoir**, reconstruit dans le style colonial français à la suite d'un incendie survenu en 1965. L'**église Sainte-Amélie** *(37, av. Marquette. Ouv. avr.-déc. tous les jours 9 h-18 h. ♿ ▯ ☎ 418-296-5528)* est dédiée à la mémoire d'Amélie McCormick, femme du fondateur et bienfaiteur de la ville. Les **fresques★** (restaurées en 1996) qui en ornent l'intérieur sont de l'artiste italien Guido Nincheri.

Excursion au complexe Manic-Outardes – *430 km aller-retour au départ de Baie-Comeau. Voir ce nom.*

Godbout – *À 54 km de Baie-Comeau.* Cette petite localité occupe un très beau **site★**, au fond d'une baie située entre le cap de la Pointe-des-Monts et l'embouchure de la rivière Godbout. Village (dont les habitants sont nommés Godboutois) et rivière furent baptisés en l'honneur de Nicolas Godbout, pilote et navigateur qui s'établit sur l'île d'Orléans en 1670. Un traversier assure la liaison avec Matane, sur la rive Sud.

Musée amérindien et inuit de Godbout – *En face du port, à 2 km au Sud de la route 138. Ouv. juin-mi-oct. tous les jours 9 h-22 h. Fermé 23 déc.-6 janv. 2,50 $.* △ ✕ ⅙ ▯ *www. vitrine.net/godbout* ☎ *418-568-7306.* Le musée possède une belle collection d'œuvres amérindiennes et de sculptures inuit provenant essentiellement des territoires du Nord-Ouest. On y remarquera de superbes photos de Fred Bruemmer illustrant la faune de l'Arctique. Un authentique canot d'écorce algonquin est suspendu dans l'atelier qui offre, à la saison estivale, des activités d'initiation à la poterie.

Reprendre la route 138. Au bout de 29 km, tourner à droite et continuer sur 12 km.

★**Phare de Pointe-des-Monts** – *Ouv. 24 juin-août tous les jours 9 h-19 h. 7 juin-23 juin et sept. tous les jours 9 h-17 h. 2,50 $.* △ ✕ ▯ ☎ *418-939-2332.* Érigé en 1830, le phare de Pointe-des-Monts se dresse à 28 m à l'endroit où le Saint-Laurent s'élargit pour former un golfe. Il abrita, pendant 150 ans, les gardiens et leurs familles. À l'intérieur, un petit musée patrimonial évoque leur vie et présente également des objets provenant d'épaves de navires échoués dans les environs. Le bâtiment sert de point de départ à toutes sortes d'excursions et d'activités : pêche à la truite et au saumon ; pêche en mer ; plongée sous-marine ; chasse photographique à l'ours noir ; observation des mammifères marins (baleines, phoques) et des oiseaux (aigles pêcheurs, fous de Bassan) ; promenades sur la grève. On trouvera sur place une auberge ainsi que plusieurs chalets de villégiature.

Reprendre la route 138.

De la Pointe-aux-Anglais à Rivière-Pentecôte, la route 138 longe de magnifiques plages de sable blond.

Rivière-Pentecôte – *À 79 km de Godbout.* S'étant arrêté dans les environs le jour même de la Pentecôte, Jacques Cartier nomma ainsi la rivière locale, d'où l'origine du toponyme. Rivière-Pentecôte fut le berceau du premier journal de la Côte-Nord,

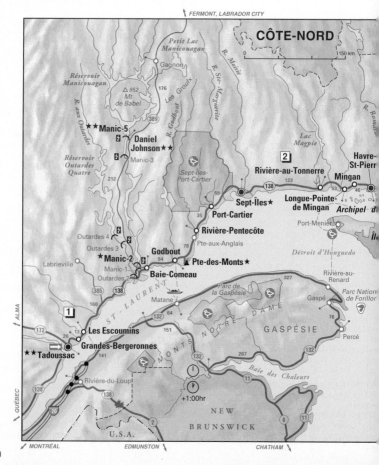

l'*Écho du Labrador*, fondé en 1903 par Joseph Laizé, un missionnaire eudiste. Du kiosque de renseignements touristiques qui domine le village, on a une belle **vue**★ sur l'ensemble pittoresque que forment, juchés sur un cap, l'église et le petit oratoire dédié à sainte Anne.

Port-Cartier – *35 km.* Grâce à son port en eau profonde, cette ville industrielle et commerciale occupe au Canada une place importante pour le transbordement du minerai et des céréales. Elle se trouve en bordure des rivières aux Rochers et Dominique, au point où toutes deux se jettent dans le Saint-Laurent. Les deux îles situées à leur embouchure offrent toutes sortes d'activités récréatives : randonnée pédestre, baignade, pique-nique, camping et pêche sportive (la région est réputée pour ses rivières à saumons). Sur l'île Patterson, un jardin botanique, le Taïga, abrite des plantes indigènes ; sur l'île McCormick, un café-théâtre expose les œuvres d'artistes locaux.

★**Sept-Îles** – *Voir ce nom.*

② DE SEPT-ÎLES À HAVRE-SAINT-PIERRE

222 km par la route 138

Rivière-au-Tonnerre – *À 123 km de Sept-Îles.* Ce charmant village de pêcheurs doit son nom au grondement des chutes de la rivière au Tonnerre, juste à proximité. L'**église Saint-Hippolyte** *(ouv. 24 juin-début sept. tous les jours 8 h-17 h ;* ☎ *418-465-2842)* domine le village. Les travaux de construction, entrepris en 1905, furent exécutés selon les plans du curé par plus de 300 paroissiens. Chacun y consacra trois mois de travail et donna deux cordes de bois par hiver pour sa réalisation (une corde étant l'équivalent d'environ 3,5 m³). Les nombreux motifs qui ornent la voûte furent sculptés au canif par l'un des paroissiens.

Longue-Pointe-de-Mingan – *53 km.* Véritable porte d'entrée de la « Minganie », cette localité fut bâtie sur une longue pointe de sable s'avançant dans le golfe du Saint-Laurent. Une base militaire américaine y fut installée durant la Seconde Guerre mondiale. De la rue du Bord-de-la-Mer se profilent au loin les premières îles du célèbre archipel de Mingan.

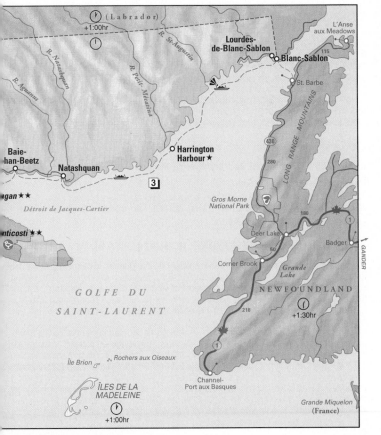

Le **Centre de recherche et d'interprétation de la Minganie** *(625, rue du Centre ; ouv. fin juin-août tous les jours 9 h-21 h ; mi-juin-fin juin et début sept.-mi-sept. 9 h-18 h ;* ♿ ▣ ☎ *418-949-2126)* est un comptoir d'accueil et d'information offrant toutes sortes de renseignements sur la réserve du parc national de l'Archipel-de-Mingan (curiosités naturelles, faune, flore, activités touristiques, programmes éducatifs, etc.) et les mammifères marins du golfe du Saint-Laurent. Le visiteur pourra par ailleurs y faire des réservations pour des **croisières d'observation** des baleines *(départ de Longue-Pointe-de-Mingan mi-juin-mi-oct. tous les jours à 7 h 30 ; aller-retour 8 h ; commentaire à bord ; réservations requises ; 65 $;* ♿ ▣ *Station de recherche des Îles Mingan* ☎ *514-465-9176)*.

Mingan – *10 km.* Ce petit village de pêcheurs tire son nom d'un mot d'origine basque signifiant « langue de terre ». Poste de traite et de pêche à l'époque du Régime français, il abrite depuis 1963 une communauté montagnaise qui y gère une usine de traitement de poisson ainsi qu'une entreprise nommée Les Crustacés de Mingan. À l'entrée du village, sur la route 138, le **Centre culturel montagnais** *(ouv. fin juin-mi-août tous les jours 9 h-18 h ;* ▣ ☎ *418-949-2234)* présente des outils, des objets usuels et des photographies illustrant la vie des autochtones locaux.

★ **Église montagnaise** – *Route de l'Usine. Ouv. tous les jours de l'année 8 h-19 h.* ☎ *418-949-2272.* Tout près du centre se trouve l'église construite en 1918 par John Maloney, le légendaire Jack Monoloy de la chanson de Gilles Vigneault, *Les Bouleaux de la rivière Mingan.* En 1972, l'édifice fut entièrement redécoré à la montagnaise : chaire ornée de bois de caribous, stations du chemin de Croix peintes sur des peaux tendues sur des cadres de bouleau, fonts baptismaux taillés dans un tronc d'érable et tabernacle en forme de wigwam.

Havre-Saint-Pierre – *36 km.* Ce bourg industriel fut fondé en 1857 par des pêcheurs acadiens venus des îles de la Madeleine. L'économie, étroitement liée aux ressources de la mer, fut transformée en 1948 par suite de l'implantation d'une entreprise minière, la QIT-Fer et Titane, qui allait exploiter, à 43 km au Nord (autour des lacs Tio et Allard), les plus importants gisements connus d'ilménite (oxyde naturel de fer et de titane) du monde.

Centre d'accueil et d'interprétation de la réserve du Parc national de l'Archipel-de-Mingan – *975, rue de l'Escale. Ouv. mi-juin-fin août tous les jours 9 h-18 h.* ♿ ▣ ☎ *418-538-3285 ou 418-538-3331 (hors saison).* Tout comme à Longue-Pointe, le visiteur trouvera ici des renseignements sur la réserve du Parc national de l'Archipel-de-Mingan et les activités qui y sont proposées. Une présentation filmée et une exposition permanente sur la géologie de l'archipel le prépareront à sa visite des îles.

Continuer jusqu'à la rue de la Berge, puis tourner à droite.

Centre culturel et d'interprétation de Havre-Saint-Pierre – *Ouv. mi-juin-mi-sept. tous les jours 9 h-22 h. 2 $.* ♿ ☎ *418-538-2450.* Restauré selon son apparence des années 1940, l'ancien magasin général des Clarke (1926-1963) abrite aujourd'hui un service d'information touristique. Le patrimoine culturel du village et son évolution économique y sont évoqués par le biais d'une exposition permanente. Des films et des conférences font par ailleurs découvrir l'histoire locale.

Excursions au départ de Havre-Saint-Pierre

★★ **Réserve du Parc national de l'Archipel-de-Mingan** – *Voir ce nom.*

★★ **Île d'Anticosti** – *Voir ce nom.*

Havre-Saint-Pierre marque la fin de la route 138 dont le prolongement jusqu'à Baie-Johan-Beetz est toutefois en cours. Noter qu'un tronçon de route relie déjà Baie-Johan-Beetz à Natashquan.

③ DE HAVRE-SAINT-PIERRE À BLANC-SABLON

La basse Côte-Nord marque l'extrémité orientale du Québec. Elle s'encastre entre le Labrador au Nord, et Terre-Neuve au Sud-Est. Beaucoup de villages de la région correspondent à d'anciens postes de traite et de pêche datant du Régime français. Cependant, de Kegasha à Blanc-Sablon, parmi les 16 hameaux répartis sur 358 km, 12 sont anglophones (descendants de pêcheurs venus de Terre-Neuve et de l'île de Jersey, dans la Manche).

La compagnie Relais Nordik Inc. offre un service hebdomadaire entre Havre-Saint-Pierre et Blanc-Sablon sur le *Nordik Express.* Le **voyage en bateau**★ *(départ de Havre-Saint-Pierre avr.-mi-janv. mer. à 22 h 45, arrivée à Blanc-Sablon ven. à 19 h 45 ; forfait cabine-repas aller simple 224,66 $; aller-retour 438,23 $; réservations requises pour le voyage et le transport de véhicules au moins 30 jours à l'avance ;* ✕ *Relais Nordik Inc.* ☎ *418-723-8787 ; retour en avion possible : départ de Blanc-Sablon lun.-ven. à 16 h 30, dim. à 10 h 30 ; aller simple 1 h 20 mn ; renseignements : Regionnair* ☎ *418-787-2328)* donne l'occasion de faire escale dans la plupart des villages de la côte.

Baie-Johan-Beetz – *À 3 h 1/4 de Havre-Saint-Pierre.* Ce petit village porte le nom de Johan Beetz, aristocrate belge arrivé au Canada en 1897. Il se livra d'abord au commerce des fourrures de luxe, puis entreprit l'élevage des animaux à fourrure, acquérant une renommée internationale grâce à ses publications scientifiques et aux procédés d'élevage qu'il développa. Sa **maison** *(ouv. mai-sept. 9 h-20 h ; réservations requises ; 2 $;* & *F* ☎ *418-539-0137),* bâtie en 1899, est admirablement située sur un promontoire rocheux qui domine la baie. À l'intérieur, Beetz, un artiste accompli, décora les murs et les portes de motifs d'animaux ou de fleurs.

Natashquan – *À 3 h 3/4 de Baie-Johan-Beetz.* Patrie du célèbre poète et chanteur Gilles Vigneault, ce village de pêcheurs doit son nom à un terme montagnais signifiant « endroit où l'on chasse l'ours ». Colonisée par des Acadiens venus des îles de la Madeleine en 1855, la petite localité baigne dans un calme impressionnant. Sur une pointe de sable qui s'avance dans le Saint-Laurent, de vieux hangars de pêche battus par les vents, les « galets », témoignent d'une époque révolue. Depuis 1952, le village voisin de Pointe-Parent abrite une réserve montagnaise.

★**Harrington Harbour** – *À 10 h 3/4 de Natashquan.* Blotties au pied d'une falaise, des maisons aux tons pastel accueillent le *Nordik Express* à l'approche de Harrington Harbour. Ce charmant village de pêcheurs, situé sur une petite île, est doté d'un port qui en fait l'un des hameaux les plus accessibles sur la route de Blanc-Sablon. Des trottoirs et des ponts de bois relient les terrasses rocheuses sur lesquelles sont réparties maisons et boutiques multicolores. Le plus ancien hôpital de la région, un édifice gris qui domine le village, a été transformé en maison de retraite. À proximité, la **boutique d'artisanat** propose des chandails, des parkas, des tapis faits à la main et des mocassins montagnais.

Harrington Harbour

L'après-midi du deuxième jour, les passagers peuvent apprécier des **vues**★ superbes : le bateau se fraie un chemin entre des îlots rocheux tachetés de mousses et de lichens, et contourne des falaises vertigineuses coiffées de conifères.

Blanc-Sablon – *À 12 h 1/2 de Harrington Harbour.* Ce village se trouve à 1,5 km de la frontière du Québec et du Labrador. Depuis 1983, la vallée de la rivière Blanc-Sablon fait l'objet d'importantes fouilles archéologiques attestant l'existence d'un peuplement amérindien qui remonterait à quelque 7 200 ans.

Lourdes-de-Blanc-Sablon – *À 5 km par la route.* Situé à l'Ouest de Blanc-Sablon, ce village, le plus gros de la région, possède aussi la plus importante infrastructure : un aéroport et un hôpital. L'église abrite le **musée Scheffer** *(ouv. tous les jours de l'année 9 h-21 h ;* & ☐ ☎ *418-461-2000)* qui évoque la vie de Mgr Scheffer (1903-1966), premier évêque du Labrador (1946-1966) en l'honneur duquel fut nommée la ville minière de Schefferville.

Traversier Blanc-Sablon-Sainte-Barbe (Terre-Neuve) – *Départ mai-début janv. (changements possibles en fonction des conditions météorologiques). Aucun service 25-26 déc. Aller simple 1 h 30. Réservations conseillées mi-juin-oct. 9 $/personne, 18,50 $/voiture. Northern Cruiser Ltd.* ☎ *418-461-2056 ou 709-931-2309.* Un traversier assure la liaison de Blanc-Sablon à Sainte-Barbe. Ce village terre-neuvien se trouve à 139 km au Sud de l'Anse aux Meadows, célèbre site archéologique contenant les vestiges d'une colonie viking considérée à ce jour comme le premier établissement européen en Amérique du Nord *(pour plus de détails, consulter le guide Canada).*

Île aux COUDRES★★

Cette petite étendue de terre (elle ne mesure guère plus de 11 km de long sur 5 km de large) bénéficie d'un **site** enchanteur au large de la côte de Charlevoix, face à Baie-Saint-Paul. Elle a su garder sa tranquillité et son charme rural, pour le grand plaisir des touristes qui s'y rendent nombreux à la période estivale. Jetant l'ancre dans l'une de ses baies en 1535, Jacques Cartier la baptisa « isle es couldres » en raison des coudriers (ou noisetiers) qui y poussaient en abondance. Vers 1728, les premiers colons arrivèrent sur l'île qui, pendant longtemps, fit partie d'une seigneurie appartenant au séminaire de Québec. Outre l'agriculture, les habitants chassaient le béluga (qu'ils appelaient « marsouin ») pour son huile.

Jusqu'à la fin des années 1950, l'île abrita plusieurs chantiers navals où étaient construits non seulement de nombreuses « voitures d'eau » (goélettes à voiles, et plus tard à moteur) pour le cabotage et pour la chasse aux marsouins, mais aussi les lourds canots qui permettaient aux habitants, pendant l'hiver, de naviguer entre les glaces flottantes pour rejoindre la côte. C'est aussi sur cette île que, dans les années 1960, Pierre Perrault, de l'Office national du film du Canada, tourna ses célèbres longs métrages documentaires sur la chasse aux marsouins et les voitures d'eau. Ces films, aujourd'hui reconnus comme des classiques du genre, ont fait découvrir le Charlevoix et l'Île aux Coudres aux Québécois.

La traversée du fleuve en hiver – Avant l'arrivée du traversier, naviguer en plein hiver sur les eaux glacées du Saint-Laurent pour rejoindre le continent demandait des années d'apprentissage. Il fallait tour à tour pagayer, et haler son canot sur la banquise. Cette technique de navigation très particulière fait l'objet de démonstrations annuelles lors du **Carnaval de Québec**, au mois de février.

Accès – *L'Île aux Coudres se trouve à environ 120 km au Nord-Est de Québec par les routes 138 & 362. Un traversier (avr.-oct. tous les jours 7 h-23 h toutes les heures ; reste de l'année tous les jours 7 h-21 h toutes les 2 heures ; ♿ Société des traversiers du Québec www.traversiers.gouv.qc.ca ☎ 418-438-2743) permet de se rendre de Saint-Joseph-de-la-Rive à l'Île aux Coudres.*

VISITE

On peut faire le **tour de l'île** en voiture ou à bicyclette *(environ 21 km)*. Vestiges du passé, des goélettes échouées sur les battures sont visibles en plusieurs endroits. Pointe-du-Bout-d'en-Bas, à l'extrémité Nord de l'île, offre une **vue★** pittoresque du village des Éboulements et de son site verdoyant.

★**Musée les Voitures d'eau** – *À l'Île aux Coudres. Ouv. mi-juin-début sept. tous les jours 10 h-17 h. Mi-mai-mi-juin et mi-sept.-mi-oct. sam.-dim. 10 h-17 h. 4 $. ♿ ▯ ☎ 418-438-2208.* Consacré aux fameuses goélettes ou « voitures d'eau » qui, jusque dans les années 1960, jouèrent un rôle fondamental dans la vie des habitants des îles, ce petit musée permet de mieux comprendre l'histoire de la navigation sur le Saint-Laurent. Les visiteurs pourront monter à bord du *Mont-Saint-Louis*, embarcation construite en 1939 et qui servit pendant 35 ans.

Chapelle de procession

Yves Tessier/RÉFLEXION

Église Saint-Louis – *À l'Île aux Coudres. Ouv. tous les jours de l'année 8 h-18 h. ♿ ▯ ☎ 418-438-2442.* Dans cette église, construite en 1885, admirer la décoration intérieure et l'autel sculpté par Louis Jobin. Deux statues, saint Louis et saint Flavien, ont été sculptées par François Baillairgé entre 1804 et 1810. Par le soin apporté aux vêtements et à l'anatomie, ces deux œuvres exceptionnelles témoignent du talent de l'éminent artiste.

À environ 200 m de part et d'autre de l'église, remarquer les deux petites **chapelles de procession**, construites par des volontaires en 1837.

⭑ **Les moulins de l'Isle-aux-Coudres** – *À l'Île aux Coudres. Ouv. 24 juin-début sept. tous les jours 9 h-19 h. Fin mai-23 juin & début sept.-mi-oct. tous les jours 10 h-17 h. 2,75 $.* 🅿 *www.charlevoix.qc.ca/moulins* ☎ *418-438-2184.* Un vieux moulin à vent (1836) tout en pierre subsiste à côté d'un moulin à eau (1825), près de la rivière Rouge. Construits respectivement par Thomas et Alexis Tremblay, les deux bâtiments fonctionnèrent jusqu'en 1948. Restaurés par le gouvernement du Québec, ils donnent aujourd'hui l'occasion de comparer deux mécanismes différents.

Dans la maison du meunier, un **centre d'interprétation** offre une rétrospective historique des lieux. Les visiteurs pourront s'y procurer de la farine de blé moulue selon les techniques artisanales. Quelques machines agricoles du début du siècle, disposées à l'extérieur, complètent la visite.

DRUMMONDVILLE

Centre-du-Québec

44 882 habitants

Cette ville du piémont appalachien fut fondée par les Britanniques à l'issue de la guerre anglo-américaine de 1812, comme poste militaire sur la rivière Saint-François. En 1815, un officier d'origine écossaise, Frederick George Heriot, y établit une colonie qu'il nomma en l'honneur du gouverneur de l'époque, Sir Gordon Drummond. À la mort de Heriot, en 1843, la ville disposait déjà d'un bon nombre de moulins, de fabriques et de magasins. Son potentiel hydro-électrique allait par la suite être exploité, grâce à la présence de chutes dans la région.

Aujourd'hui, Drummondville constitue une importante agglomération industrielle (textiles et autres produits manufacturés). Chaque année, au mois de juillet, la ville célèbre le **Mondial des cultures de Drummondville**.

Accès – *Drummondville se trouve à environ 110 km à l'Est de Montréal par la route 20 (sortie 177).*

CURIOSITÉ

⭑ **Village québécois d'antan** – *Rue Montplaisir, route 20 (sortie 181). Ouv. juin-sept. tous les jours 10 h-16 h. 15 $.* 🍴 🅿 *www.villagequebecois.qc.ca* ☎ *819-478-1441.* Regroupés au bord de la rivière Saint-François, environ soixante-dix bâtiments d'époque et des reproductions historiques aident à recréer l'ambiance d'une communauté rurale au Québec entre 1810 et 1910. On y découvrira neuf styles d'architecture, de la cabane en rondins des premiers colons à la maison d'influence américaine, en passant par la maison « à la québécoise » au toit en porte-à-faux. Dans chaque demeure, chaque boutique, chaque grange, des guides en costumes d'époque accueillent les visiteurs, décrivent le mode de vie des occupants d'autrefois et reproduisent les gestes traditionnels d'antan (fabrication de chandelles, filage, tissage, réparation des roues...). Au coucher du soleil *(mer.-sam., 30 $)*, présentation d'un spectacle audiovisuel intitulé *Légendes fantastiques*.

© Malak, Ottawa

Village québécois d'antan

L'**église** du village est une reconstitution de l'église Saint-Frédéric de Drummondville (1822). Elle contient des vitraux réalisés par Guido Nincheri (1950) pour la chapelle de Mont-Saint-Antoine à Montréal. Le presbytère (v. 1833) est un exemple typique de maison québécoise. L'école du canton (1892) regroupait d'un côté les filles, de l'autre les garçons. On peut aussi visiter les maisons de l'apothicaire, du cordonnier et du notaire, ainsi que la forge, le moulin à carder, la scierie et la ferme (1895), avec son écurie et son étable.

Un pont couvert (1868) provenant de Stanbridge enjambe un ruisseau. Le garage et poste à essence (1930) abrite une collection d'autos anciennes, dont la Cadillac du Premier ministre Mackenzie King. La maison de la standardiste (1910) sert de musée du téléphone. Les visiteurs peuvent acheter du pain cuit à la manière de 1870, manger des plats typiques de cette période, et se faire photographier en costumes de différentes époques.

EXCURSIONS

Domaine Trent – *Au parc des Voltigeurs, route 20 (sortie 181). Ouv. tous les jours de l'année.* ✗ ▯ ☎ *819-472-3662.* Ancien officier de la marine britannique, George Norris Trent décida de se retirer au Canada, et fit construire en 1837 ce manoir de pierre au bord de la rivière Saint-François. La demeure fut agrandie en 1848, et ses descendants y demeurèrent jusqu'en 1963. Elle abrite aujourd'hui un musée de la cuisine consacré à la riche tradition culinaire québécoise.

Moulin à laine d'Ulverton – *À environ 30 km au Sud sur la route 143, tourner à droite à Ulverton. Également accessible par la route 55. Visite guidée (1 h) seulement, juin.-oct. tous les jours 10 h-17 h. 5 $.* ✗ ▯ *www.moulin.qc.ca* ☎ *819-826-3157.* Cet ancien moulin à carder revêtu de bardeaux surplombe la rivière Ulverton, affluent de la rivière Saint-François. Construit pour William Dunkerley vers 1850, il changea plusieurs fois de mains. Abandonné en 1949, il fut restauré au début des années 1980. La visite permet de découvrir les méthodes de production et de transformation de la laine et de voir fonctionner l'ancienne machinerie.

Asbestos – *60 km au Sud-Est par les routes 143, 116 et 255.* C'est autour de l'une des plus grandes mines d'amiante (*asbestos* en anglais) à ciel ouvert du monde, semblable à un gigantesque cratère, que la ville se développa et prospéra. En 1949, Asbestos se rendit célèbre par la grève de ses mineurs dont la presse s'était largement fait l'écho. Profonde de 335 m et large d'environ 2 km, la mine produit annuellement 650 t d'amiante. Les gisements atteignent plus de 1 450 m de profondeur. Dans un moulin concasseur de douze étages, la fibre est séparée du minerai par un procédé extrêmement complexe. Plus d'une centaine de catégories de fibres y sont produites et triées selon leurs propriétés de résistance aux hautes températures. Un belvédère permet d'observer le fonctionnement de la mine.

Musée minéralogique et d'Histoire minière d'Asbestos – *104, rue Letendre, par la route 255. Suivre les panneaux indicateurs. Ouv. 24 juin-fête du Travail mer.-dim. 10 h-17 h. Avr.-juin & sept.-nov. sur rendez-vous seulement.* ☎ *819-879-6444 ou 819-879-5308 (hors saison).* De nombreux échantillons d'amiante et d'autres minerais y sont présentés parallèlement à l'évocation de l'histoire de la mine Jeffrey et de toute la région. Un film *(20 mn)* décrit les processus de minage, de forage et de broyage utilisés dans l'extraction de l'amiante.

Cantons de l'EST★★

Cantons-de-l'Est

Schéma : CÔTE-NORD

Les « Cantons de l'Est » correspondent, contre toute attente, à la partie Sud-Ouest du Québec, le long de la frontière des États-Unis. Ils furent ainsi nommés au 18e s. pour la simple raison qu'ils se trouvaient à l'Est de Montréal ; quant aux « Cantons-de-l'Ouest » (toponyme aujourd'hui inusité), ils correspondaient à une région faisant désormais partie de l'Ontario.

Très marqué par les Appalaches, le paysage estrien se compose de montagnes verdoyantes qui culminent à près de 1 000 m, de vallées profondes et de lacs. Ces caractéristiques en ont fait, au cours des dernières années, un lieu de villégiature prisé des Montréalais. L'été, on s'y adonne aux sports nautiques, tandis que l'hiver, de nombreuses stations attirent les amoureux du ski.

Un peu d'histoire

Après la guerre d'Indépendance américaine (1775-1783), les terres inhabitées qui s'étendaient le long de la frontière au Sud-Est et au Sud-Ouest de Montréal furent cadastrées par les Anglais et remises aux loyalistes qui avaient quitté les États-Unis. On retrouve encore, dans l'architecture régionale, l'influence de ces premiers colons, pour la plupart originaires de la Nouvelle-Angleterre. À partir de 1850, un nombre croissant de francophones vinrent s'établir dans la région, dont la population actuelle se compose d'une majorité de Canadiens français.

Accès – *Cowansville se trouve à 80 km au Sud-Est de Montréal par les routes 10 & 139. Sherbrooke se trouve à 150 km à l'Est de Montréal par les routes 10 & 112.*

Paysage des Cantons de l'Est

© Malak, Ottawa

① CIRCUIT AU DÉPART DE COWANSVILLE *159 km*

Cowansville – Cette petite ville industrielle, essentiellement francophone, se trouve en bordure de la rivière Yamaska Sud. Fondée en 1802 par des loyalistes, elle doit son nom à son premier maître de poste, Peter Cowan. Les quartiers résidentiels de la rue Principale et la rue Sud comptent de nombreuses demeures de style victorien. Les amateurs de sports d'hiver pourront aller faire du ski à la station de Bromont, non loin de la ville.

Suivre la rue Sud (cette dernière devient route 202 après avoir traversé la route 104) jusqu'à Dunham.

Dunham – *10 km.* L'un des premiers établissements loyalistes au Québec, ce bourg fut fondé en 1796 sur un territoire concédé à un administrateur anglais, Thomas Dunn. Réputé pour ses vignobles, il abrite trois églises (catholique, anglicane et unie) et quelques anciennes maisons de pierre.

Suivre la route 202 jusqu'à Stanbridge East (10 km).

La **route des vins**, qui conduit de Dunham à Stanbridge East, traverse la seule région du Québec bénéficiant d'un climat propice à la culture de la vigne. Partout ailleurs, le vin est produit avec du jus de raisin importé.

★**Musée de Missisquoi** – *À Stanbridge East. Ouv. fin mai-mi-oct. tous les jours 10 h-17 h. Mi-oct.-fin mai lun.-ven. 9 h-16 h 30. 3,50 $.* ♿ ☎ *450-248-3153.* Fondé par la Société d'Histoire de Missisquoi, ce musée rural se compose de trois bâtiments. Le **moulin Cornell** est un édifice en brique de trois étages. Il fut construit en 1832 par un certain Zébulon Cornell, natif du Vermont, au bord de la pittoresque rivière aux Brochets. À sa fermeture, en 1963, il fut transformé en musée dont les expositions évoquent la vie au siècle dernier et l'artisanat d'antan. Le **magasin général Hodge** *(20 River Street)*, toujours approvisionné de marchandises du 19e s., a conservé son cachet original. Quant à la **grange à Bill** *(River Street, près du carrefour avec la route 202)*, elle propose une collection d'instruments aratoires d'époque.

Suivre la route 237 vers le Sud-Est jusqu'à Frelighsburg.

Frelighsburg – *10 km.* En 1794, un moulin à farine était construit dans la ravissante vallée de la rivière aux Brochets, à l'ombre du Pinacle. Très vite se développa une petite communauté qui prit par la suite le nom d'un médecin de New York, Abram Freligh, venu s'établir au Canada en 1800. Aujourd'hui, Frelighsburg est réputée pour ses pommeraies.

Prendre à gauche la rue Principale (route 213). Continuer sur 2 km, puis prendre à droite la rue Selby. Au bout de 4 km, tourner à droite dans la rue Dymond (non revêtue) qui devient rue Jordan après 3 km. Continuer sur 10 km, puis prendre à gauche la route 139 (direction Sutton) et continuer sur 2 km.

La route contourne **Le Pinacle** (675 m) par le Nord et offre de superbes **vues**★ sur la vallée de Sutton.

★**Sutton** – *21 km.* Blottie au pied du mont Sutton (972 m), cette station de sports d'hiver est particulièrement appréciée des skieurs. Les premiers colons s'y établirent en 1795 pour construire une fonderie dans la vallée. En 1871, avec l'arrivée du chemin de fer, le village s'ouvrit aux vacanciers. Aujourd'hui, de nombreux ateliers d'artisanat et des boutiques ajoutent au charme du bourg.

Suivre la route 139 sur 2 km en direction du Sud. Prendre à gauche la rue Brookfall, puis immédiatement à droite le chemin Scenic. Au bout de 11 km, prendre à gauche la route 105A, puis encore à gauche la route 243.

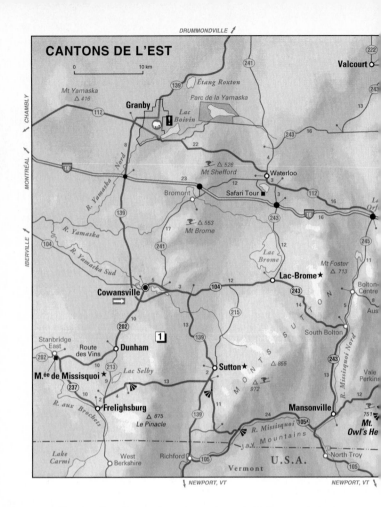

La route offre de très belles **vues**★ sur les environs de Sutton avant de s'engager dans la vallée de la rivière Missisquoi. De là, on aperçoit la silhouette des monts Jay (Vermont) au Sud.

Mansonville – *37 km.* Établie dans la vallée de la rivière Missisquoi, cette localité doit son nom à Robert Manson, venu du Vermont en 1803, qui y érigea un moulin à farine et une scierie. Mansonville est construite autour d'un espace vert, comme le sont certaines villes de la Nouvelle-Angleterre, et abrite l'une des dernières granges rondes du Québec *(visible de Main Street, en face de l'église Saint-Cajétan).* Conçue par les shakers, secte religieuse issue des quakers, la structure circulaire avait le mérite de ne présenter aucun coin où puisse rôder le diable.

Mont Owl's Head – *12 km par Vale Perkins.* Cette montagne (751 m) fut nommée en l'honneur d'un Abénaqui appelé Owl (Hibou). La légende veut qu'à sa mort, on ait vu son visage se profiler sur la montagne. L'endroit est aujourd'hui une station de ski très populaire. Un sentier mène au sommet *(environ 1 h de marche),* et permet d'admirer la **vue**★★ spectaculaire qu'offre le lac Memphrémagog.

Retourner à Mansonville. Suivre la route 243 jusqu'à South Bolton (13 km).

★**Détour à Saint-Benoît-du-Lac** – *26 km aller-retour depuis South Bolton. Suivre la route 245 vers Bolton-Centre (5 km). Tourner à droite vers Austin, puis prendre à droite Fisher Road. Voir ce nom.*

Retourner à South Bolton.

★**Lac-Brome (Knowlton)** – *14 km.* Le village victorien de Knowlton, fondé par des colons venus de la Nouvelle-Angleterre au début du 19ᵉ s., s'étend sur les rives du lac Brome et fait désormais partie de la municipalité de Lac-Brome. C'est en 1834 que Paul Knowlton construisit un moulin à farine et un magasin général, et que le village prit son nom. De nombreux bâtiments de brique et de pierre abritent notamment des boutiques et des galeries d'art.

Au Sud de Knowlton se trouve le village de Brome où se tient la plus importante foire agricole de la région : la **Fête agricole de Brome**.

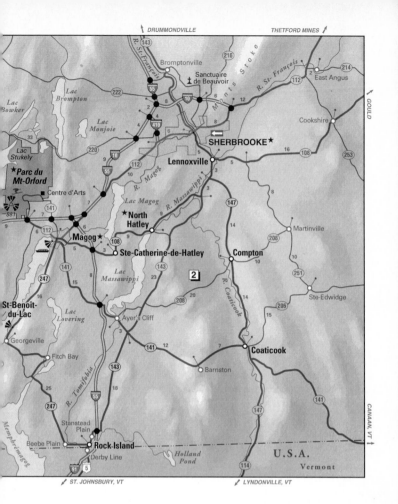

★ **Musée historique du comté de Brome** – *130, rue Lakeside (route 243). Ouv. mi-mai-mi-sept. lun.-sam. 10 h-16 h 30, dim. 11 h-16 h 30. 3,50 $.* ☎ 450-243-6782. Le musée se compose de plusieurs bâtiments d'époque. L'ancienne « académie » (ou école) de Knowlton (1854) donne l'occasion de découvrir une salle de classe d'antan. L'annexe Martin (1921) renferme une collection d'objets militaires dont un **Fokker DVII** (avion allemand de la Première Guerre mondiale), acquis pour le musée par le sénateur G.G. Foster, un résident de Knowlton. Dans l'ancien palais de justice du comté (1854), une salle d'audience, rénovée selon son aspect d'autrefois, évoque l'ambiance solennelle d'un tribunal au début du siècle. Enfin, la caserne des pompiers (1904) propose la reconstitution d'un magasin général ; on y verra également tout un équipement agricole ainsi que l'atelier d'un forgeron.

Pour rejoindre Cowansville (20 km), suivre la route 104.

② CIRCUIT AU DÉPART DE SHERBROOKE *153 km*

Quitter Sherbrooke, et prendre la route 143 (direction Lennoxville).

Lennoxville – *5 km.* Fondée en 1794 par des loyalistes, cette petite localité doit son nom à Charles Lennox, duc de Richmond, qui fut gouverneur en chef de l'Amérique du Nord britannique de 1818 à 1819. Elle se trouve au confluent des rivières Massawippi et Saint-François, site autrefois peuplé par les Abénaquis, puis par les missionnaires français. On trouve aujourd'hui à Lennoxville un important centre de recherche en agriculture.

Université Bishop – Centre éducatif de la communauté anglophone des Cantons de l'Est, cet établissement d'enseignement supérieur, fondé en 1843, abrite notamment la **chapelle Saint-Mark**, édifice de style gothique orné de sculptures sur bois et de vitraux lumineux. Dans la tradition collégiale, les bancs se font face au lieu d'être orientés vers l'autel. Les bâtiments du campus, de style néomédiéval, encadrent un parc pittoresque parcouru de sentiers.

Compton – *17 km.* C'est à Compton que naquit **Louis-Stephen Saint-Laurent** (1882-1973), douzième Premier ministre du Canada de 1948 à 1957. Fils aîné des sept enfants d'un marchand canadien français et d'une institutrice irlandaise, Saint-

Laurent étudia le droit à l'université Laval. Au cours de sa vie professionnelle, il fut reconnu pour son éloquence, tant en français qu'en anglais. À 60 ans, après une longue et fructueuse carrière de juriste, il décida de se consacrer à la politique. Pendant la Seconde Guerre mondiale, il fit partie du cabinet de Mackenzie King à titre de lieutenant québécois du Premier ministre. En 1948, il succéda à M. King à la tête du Parti libéral. Nationaliste convaincu, « oncle Louis », comme on l'appelait affectueusement, s'efforça, en tant que Premier ministre, de construire les bases d'une identité proprement canadienne.

★**Lieu historique national Louis-S.-St-Laurent** – *Rue Principale (route 147). Ouv. mi-mai-début sept. tous les jours 10 h-17 h. Début sept.-mi-oct. tous les jours 10 h-12 h. 3 $.* & *www.parcscanada.gc.ca* ☎ *819-835-5448.* Doté de reproductions de marchandises vendues au début du siècle, le magasin général de J.B.M. Saint-Laurent, père du Premier ministre, servit en son temps de lieu de rencontre où l'on discutait notamment de politique. Les visiteurs peuvent coiffer des casques pour entendre des bribes de conversations simulées autour du poêle, et dans l'entrepôt du magasin, assister à un **spectacle multimédia** *(20 mn)* évoquant les principales étapes de la vie du grand homme. Ils peuvent également visiter la modeste maison à bardeaux où habita la famille Saint-Laurent jusqu'en 1969.

Coaticook – *14 km.* Sise sur la rivière Coaticook, cette petite ville industrielle est le centre d'une industrie laitière en plein essor. Elle tire son nom de l'abénaki *koatikeku*, « rivière de la terre des pins ». Premier à s'établir dans les environs, Richard Baldwin avait reconnu la richesse potentielle représentée par ses chutes.

★**Parc de la gorge de Coaticook** – *Accès par la route 147, à l'extrémité Nord de la ville. Ouv. juin.-août tous les jours 9 h-20 h. Mai et sept.-oct. tous les jours 10 h-17 h. Nov.-av. 9 h-17 h. 7 $.* ⚓ & ▣ ☎ *819-849-2331.* La rivière Coaticook s'engouffre sur près d'un kilomètre dans une gorge dont les parois rocheuses se dressent à plus de 50 m de hauteur. Des sentiers longent la rivière et permettent d'admirer de beaux paysages, tandis qu'un pont suspendu (longueur : 169 m) ménage une **vue** spectaculaire de la gorge. Plusieurs kilomètres de pistes offriront par ailleurs au visiteur la possibilité de pratiquer le ski de fond en hiver, et la marche en été.

Musée Beaulne – *96, rue de l'Union. Depuis la route 141 (rue Main), prendre à gauche la rue Lovell près de la voie ferrée, encore à gauche la rue Norton, puis à droite la rue de l'Union. Ouv. mi-mai-mi-sept. tous les jours 11 h-17 h. Reste de l'année mer.-dim. 13 h-16 h. Fermé 25 déc.-1er janv. 3,50 $.* & ▣ *www.musee-beaulne.qc.ca* ☎ *819-849-6560.* Superbe demeure (1912) ayant appartenu à **Arthur Osmond Norton** (1845-1919), propriétaire de la première manufacture mondiale de soulève-rails au début du siècle, le **château Norton**★ sert aujourd'hui de cadre au musée Beaulne. Quelques pièces, dont le salon victorien (superbement lambrissé) et la salle à manger, ont été restaurées et garnies de meubles d'époque.

Du centre-ville, suivre la route 141 (direction Magog) sur 19 km, puis prendre à gauche la route 143. Continuer sur 18 km en direction de Rock Island. Traverser la route 55.

Rock Island – *37 km.* Situé sur une île rocheuse au milieu de la rivière Tomifobia, ce village domine une pittoresque vallée. *La rivière Tomifobia marque la frontière entre les États-Unis et le Canada. Les visiteurs désireux de traverser le pont devront passer la douane américaine (à droite) avant de continuer vers Derby Line (Vermont) ou de revenir au Canada.*

North Hatley

© Heiko Wittenborn/Tourisme Québec

Opéra et bibliothèque Haskell – *Sur la route 143, juste avant la frontière, tourner à gauche. Emprunter le pont de bois et prendre à droite la rue Church. L'opéra, dont l'entrée se trouve côté États-Unis, est sur la gauche. Ouv. toute l'année mar.-sam. 10 h-17 h (jeu. 20 h). Fermé jours fériés. 2 $.* & *www.haskellopera.org* ☎ *819-876-2471.* De 1901 à 1904, Martha Stewart Haskell fit construire à la mémoire de son mari ce bel édifice à tourelle, revêtu de brique et de pierre. Le bâtiment chevauche la frontière entre le Canada et les États-Unis, et la frontière y est tracée sur le parquet ! Le rez-de-chaussée abrite une bibliothèque publique à l'usage des citoyens des deux pays, tandis qu'à l'étage se trouve un ravissant théâtre, réplique du vieil opéra de Boston (la scène se situe en territoire canadien, et le reste de la salle... en territoire américain).

Suivre la route 247 par Beebe Plain et Georgeville jusqu'à Magog.

La route vire à l'Est en traversant la petite communauté de Fitch Bay, puis part vers le Nord-Ouest en direction de Georgeville.

À la sortie de cette petite ville anglophone, on a une très belle vue sur l'abbaye de Saint-Benoît-du-Lac, de l'autre côté du lac Memphrémagog. Au loin se dresse la silhouette du mont Orford.

★**Magog** – *41 km. Voir ce nom.*

Quitter Magog par la route 108.

Sainte-Catherine-de-Hatley – *8 km.* Situé au sommet d'une colline, en pleine ville, le **sanctuaire Saint-Christophe** offre une **vue** imprenable sur le lac Magog et le mont Orford.

★**North Hatley** – *9 km.* Cette localité, dont le nom évoque un village anglais du comté de Cambridge, occupe un joli **site** à l'extrémité Nord du lac Massawippi. La route longe la rive et passe devant de charmantes résidences et auberges.

Parc national FORILLON★★

Gaspésie

Schéma : GASPÉSIE

Créé en 1970, le Parc national Forillon (244 km²) se trouve à l'extrémité Est de la péninsule gaspésienne, là où les eaux du golfe du Saint-Laurent se mêlent à celles de la baie. Ses paysages, façonnés par l'érosion, sont d'une remarquable diversité : montagnes recouvertes d'épinettes, de sapins, de peupliers et de cèdres ; prairies parsemées de fleurs sauvages ; longues plages de galets bordant de petites anses ; falaises escarpées surplombant la mer... Cette diversité se retrouve dans la faune qui y évolue. Ours noirs, castors, renards et porcs-épics sont des habitués des lieux ; le visiteur aura aussi le plaisir d'apercevoir un grand nombre d'oiseaux (goélands, cormorans, mouettes) et, qui sait, d'observer les ébats des mammifères marins (phoques et baleines) qui fréquentent les eaux limitrophes. Le parc offre par ailleurs une large gamme d'activités récréatives et d'interprétation.

Accès – *Forillon se trouve à 670 km au Nord-Est de Québec par la route 132.*

Activités – *Randonnée pédestre (plus de 40 km de sentiers), natation, plongée sous-marine, cyclisme, équitation, croisières d'observation, aires de pique-nique, camping (terrains de Cap-Bon-Ami, Des-Rosiers et Petit-Gaspé).*

VISITE

Ouv. tous les jours de l'année. 3,75 $. △ ☓ & 🅿 *www.parcscanada.gc.ca* ☎ *418-368-5505.*

Centre d'interprétation – *Près de Cap-des-Rosiers, dans le secteur Nord du parc. Ouv. juin-août tous les jours 9 h-18 h. Sept.-mi-oct. tous les jours 10 h-17 h.* & ☎ *418-892-5572.* Une exposition consacrée à l'histoire régionale de la pêche et plusieurs aquariums font l'intérêt de ce centre d'interprétation où l'on pourra également voir des films sur le parc, sa faune, sa flore et sa géologie.

Cap Bon Ami – *À 3 km du centre d'interprétation par une route secondaire.* Un belvédère d'observation et un sentier menant à la plage offrent des **vues**★★ extra-ordinaires sur la mer et les majestueuses falaises du littoral.

Reprendre la route 132, et suivre les panneaux indicateurs pour se rendre dans le secteur Sud du parc. Prendre à gauche une route secondaire.

★**Grande-Grave** – *À 16,6 km du centre d'interprétation.* Prospère communauté de pêcheurs du 19ᵉ s. jusqu'au milieu du 20ᵉ s., ce petit village fut habité par des familles venues des îles anglo-normandes de Jersey et de Guernesey, dans la Manche. On a redonné à plusieurs édifices leur cachet des années 1920. Au rez-de-chaussée du **magasin Hyman**, des milliers d'articles (boîtes de conserve, lampes à huile, etc.) recréent l'ambiance d'un magasin général d'autrefois. À l'étage, une exposition décrit les activités auxquelles s'adonnaient les pêcheurs et leurs familles tout au long de l'année.

B. Terry/REFLEXION

Cap Bon Ami

À l'**Anse-Blanchette**, on découvre la pimpante maison que Xavier Blanchette occupait au début du siècle. À l'ensemble s'ajoutent une grange-étable, des hangars et un « chafaud », étal où séchait le poisson.

Reprendre la route secondaire en direction de l'Anse-Saint-Georges et de l'Anse-aux-Sauvages.

★**Cap Gaspé** – *7,8 km aller-retour à pied au départ de l'Anse-aux-Sauvages ; compter 3 h minimum.* Fort agréable, cette promenade à flanc de coteau offre de très belles **vues**★ sur la baie de Gaspé et l'île Bonaventure. Le cap marque l'extrémité Nord-Est de la chaîne des Appalaches.

Rejoindre la route 132.

En revenant vers la 132, la route longe le secteur Sud du parc, où se trouvent une chapelle, un amphithéâtre, un terrain de camping et un centre récréatif.

Fort-Péninsule – *8,5 km.* Le blockhaus qui y fut érigé pendant la Seconde Guerre mondiale servait de complément à la base navale de Sandy Beach, sur la côte Sud de la baie de Gaspé. Le gouvernement canadien voulait ainsi empêcher les sous-marins allemands de pénétrer dans le Saint-Laurent.

Penouille – *1 km.* Toponyme d'origine basque signifiant « péninsule », Penouille offre une belle **plage** de sable qui fera le bonheur des amateurs de baignade. Ici, le littoral sablonneux et la taïga contrastent avec les grands caps calcaires et la forêt boréale du reste du parc.

GASPÉ★

Gaspésie
16 517 habitants
Schéma : GASPÉSIE

Le mot *gespec* (« extrémité des terres » en micmac) serait à l'origine de ce toponyme. Le 24 juillet 1534, l'explorateur breton Jacques Cartier débarquait en ces lieux et prenait possession du nouveau territoire au nom de François Ier. À flanc de colline, là où la rivière York se jette dans la baie de Gaspé, se développa une ville aujourd'hui devenue centre administratif et commercial de la péninsule.

Accès – *Gaspé se trouve à 738 km au Nord-Est de Québec par la route 132.*

CURIOSITÉS

★**Musée de la Gaspésie** – *80, boul. Gaspé (route 132). Ouv. 24 juin-fête du Travail tous les jours 8 h 30-20 h 30. Reste de l'année mar.-ven. 9 h-17 h, sam.-dim. 13 h-17 h. 4 $.* ⚐ 🅿 ☎ *418-368-1534.* Dans ce musée du patrimoine, la découverte de la Gaspésie par Jacques Cartier, le mode de vie des Micmacs (premiers habitants des lieux) et la géographie de la péninsule gaspésienne constituent les thèmes majeurs de l'exposition permanente. Œuvre collective réalisée par les cercles de femmes de la région, la grande **courtepointe** exposée à l'entrée se compose des symboles de 58 villages gaspésiens. Trois autres salles sont consacrées à des expositions temporaires.

Du musée, la **vue**★ embrasse la baie de Gaspé et la péninsule de Forillon.

Monument Jacques-Cartier – Dans le parc attenant au musée ont été érigées six immenses stèles de fonte en forme de dolmens, réalisées par Jean-Julien et Gil Bourgault-Legros, de Saint-Jean-Port-Joli. Elles forment un monument commémorant la découverte du Canada par Jacques Cartier et la première rencontre de l'explorateur avec les Amérindiens. Leurs bas-reliefs illustrent, d'un côté, l'arrivée de Cartier au Nouveau Monde et, de l'autre, des extraits de textes rédigés par Cartier et par le père LeClercq.

En partant du musée, prendre à gauche le boul. Gaspé en direction du centre-ville. Au feu, tourner à droite dans la rue Adams. Deux rues plus loin, tourner à gauche dans la rue Jacques-Cartier. La cathédrale se trouve sur la gauche.

★**Cathédrale du Christ-Roi** – *Ouv. tous les jours de l'année 8 h-19 h.* ♿ 🅿 ☎ *418-368-5541.* En 1934, à l'occasion du 400e anniversaire de l'arrivée de Jacques Cartier au Canada, fut mise en chantier une basilique commémorative dont les travaux durent être interrompus jusqu'en 1969 en raison de difficultés financières. L'édifice avec son revêtement extérieur en cèdre, œuvre de l'architecte Gérard Notebaert, s'harmonise avec le site.

Dans une enceinte d'une grande sobriété, la lumière se faufile sur de massives poutres, créant une douce clarté sur le revêtement de bois. L'artiste-sculpteur Claude Théberge conçut un vitrail entièrement constitué de verre ancien serti de plomb et un « Christ-Roi » en bronze. La fresque illustrant la prise de possession du territoire par Jacques Cartier fut offerte en 1934 par la France.

La **croix de Gaspé**, également appelée croix de Jacques-Cartier, se dresse à côté de la cathédrale. Haute de 9,6 m, elle fut taillée dans un bloc provenant d'une carrière de granit des environs de Québec, et inaugurée lors des célébrations de 1934.

GASPÉSIE★★★

Gaspésie

La péninsule gaspésienne est comprise entre le Nouveau-Brunswick et la baie des Chaleurs au Sud, le golfe du Saint-Laurent à l'Est, et le fleuve Saint-Laurent au Nord. Nichés dans ses nombreuses baies, de coquets villages de pêcheurs parsèment la côte Nord de la péninsule. Ce littoral sauvage, rocheux, battu par les vagues, devient d'une beauté particulièrement saisissante à Forillon et à Percé. Au Sud, le long de la baie des Chaleurs, agriculture et sylviculture forment la base de l'économie locale, mais ce sont les merveilles naturelles des deux côtes qui font du tourisme la principale industrie de la région. Au paysage côtier spectaculaire s'ajoute le charme d'un mode de vie traditionnel, encore proche de la nature. À l'exception du village minier de Murdochville, l'intérieur de la péninsule correspond à une vaste étendue montagneuse et forestière.

Marcel Gagnon : *Le Grand Rassemblement*

① DE SAINTE-FLAVIE AU PARC DE LA GASPÉSIE

167 km par la route 132

Sainte-Flavie – Ce village agricole, qui est par la même occasion un lieu de villégiature apprécié du public, marque l'entrée de la Gaspésie.

Centre d'art Marcel-Gagnon – *564, route de la Mer. Ouv. mi-av.-mi-oct. tous les jours 8 h-21 h.* ✗ ⅙ 🅿 ☎ *418-775-2829.* Œuvre de l'artiste contemporain Marcel Gagnon, *Le Grand Rassemblement* constitue sans aucun doute l'un des attraits principaux de ce petit centre. Il s'agit d'un ensemble de plus de 80 sculptures de personnages grandeur nature émergeant des eaux du Saint-Laurent. À l'intérieur, le visiteur pourra également voir une exposition permanente des œuvres de Gagnon (tableaux et petites sculptures) et l'observer à l'œuvre dans son atelier.

★ **Centre d'interprétation du Saumon atlantique (CISA)** – *900, route de la Mer. Ouv. fin juin-mi oct. tous les jours 9 h-17 h. 7 $.* ✗ ⅙ 🅿 ☎ *418-775-2969.* Des photographies, des maquettes et un film documentaire viennent souligner l'importance du saumon de l'Atlantique dans l'économie québécoise tout en expliquant les mesures prises pour en assurer la protection et la reproduction. Des aquariums permettent aux visiteurs d'observer ce poisson à divers stades de son développement. Une visite guidée *(45 mn)* en minibus conduit au pied du barrage hydro-électrique de la rivière Mitis, où l'on verra les saumons franchir le barrage avant de poursuivre leur course à contre-courant jusqu'aux frayères.

★★ **Jardins de Métis** – *9 km. Voir ce nom.*

Matane – *55 km.* Matane est connue pour sa pêche au saumon et ses fameuses petites crevettes. Au centre-ville, derrière la mairie, la **passe migratoire**★ *(44 m)* du barrage Mathieu-d'Amours permet aux poissons de remonter le cours de la rivière Matane de la mi-juin jusqu'en octobre *(on peut observer la montaison des saumons à travers des hublots).* À côté du barrage, le parc des Îles offre un terrain de jeux, une plage, une aire de pique-nique et un théâtre. Le phare (1906) abrite le bureau de tourisme de la municipalité.

Cap-Chat – *70 km. Pour voir l'éolienne, tourner à droite, à 3 km à l'Ouest du pont de Cap-Chat.* Plus haute éolienne à axe vertical du monde, l'**Éole**★ domine le paysage du haut de ses 110 m *(visite guidée seulement, 35 mn ; 24 juin-oct. tous les jours 8 h 30-17 h 30 ; réservation conseillée ; 6 $;* ⅙ 🅿 ☎ *418-786-5719).* Un rotor, muni de deux pales incurvées pouvant atteindre une vitesse de 13,25 tours/mn, est fixé à un arbre central qui transforme le souffle du vent en énergie mécanique. Celle-ci est à son tour transformée en énergie électrique par l'intermédiaire d'une génératrice. Le projet Éole, conjointement mis sur pied par le Conseil national de Recherche et par Hydro-Québec, fonctionne de façon entièrement automatique depuis 1988. Cette entreprise d'envergure fut mise au point par LavalinTech, de Montréal. Une visite guidée du site permet de comprendre le fonctionnement de la turbine et les exploitations possibles des énergies nouvelles.

Rocher de Cap-Chat – *À partir de la route 132, tourner à gauche à 2 km à l'Ouest du village, et parcourir 500 m sur une route non pavée.* Le cap ressemble à un chat assis, ce qui a donné son nom à la ville. Non loin de là, un phare érigé en 1871 marque le point de départ de plusieurs sentiers.

★ **Parc de la Gaspésie** – *33 km. Au bout de 16 km, prendre la route 299 à partir de Sainte-Anne-des-Monts. Voir ce nom.*

Se loger en Gaspésie

Centre d'art Marcel-Gagnon – *564 route de la Mer, Sainte-Flavie. Restaurant, parking.* ☎ *418 775 2829. 10 chambres de 75 à 125 $.* Simplicité et propreté caractérisent les 10 chambres confortables situées à l'étage supérieur de ce centre d'art. Le petit déjeuner est servi dans le restaurant au rez-de-chaussée où *le Grand Rassemblement* est partout présent.

Gîte l'Écume de mer – *21 rue des Écoliers, La Martre.* ☎ *418 288 5274. 4 chambres, prix inférieur à 75 $.* Une halte d'une nuit ou deux dans ce B&B cosy vous permettra de savourer un des plus copieux et délicieux petit-déjeuner d'Amérique du Nord (commandez les crêpes). Même si on partage les salles de bain, la propreté des 4 chambres est irréprochable et on s'y sent aussi bien que chez soi. Andréa Neu, la propriétaire, vous réserve un accueil chaleureux.

Se restaurer en Gaspésie

Chez Pierre – *96 boul. Perron Ouest, Tourrelle.* ☎ *418 763 7446. Repas de 20 à 35 $.* Cuisine de la mer. Pour découvrir toutes les richesses du Saint-Laurent, offrez-vous un repas Chez Pierre. Optez pour le menu « dégustation poissons », un assortiment de merveilles, tels que les profiteroles au crabe et le filet de morue matanaise. Prix raisonnables, service efficace et belle vue sur le fleuve.

2 DU PARC DE LA GASPÉSIE À GASPÉ *259 km*

Retourner à Sainte-Anne-des-Monts (17 km), et continuer sur la route 132 en direction de La Martre.

La Martre – *26 km.* De ce hameau niché sur un promontoire, la **vue** embrasse les caps et l'Océan. Dans le **phare** rouge octogonal ainsi que dans le bâtiment annexe *(ouv. 24 juin-août tous les jours 9 h-17 h ; 2 $; ✕ ♿ 🅿 ☎ 418-288-5605)* sont organisées des expositions temporaires.

★★ **Route panoramique de La Martre à Rivière-au-Renard** – *153 km.* La route 132 continue de longer la côte et grimpe à l'assaut d'impressionnantes falaises d'où la vue sur les montagnes, les vallées, la mer et les pittoresques villages de pêcheurs est splendide. Dans la région de **Mont-Saint-Pierre**, des falaises de schiste encadrent la baie, et à **Sainte Madeleine-de-la-Rivière-Madeleine**, le phare au charme désuet et les bâtiments qui l'entourent agrémentent de luxuriantes collines vertes. Du haut de la colline, avant d'arriver à **Grande-Vallée**, une superbe vue embrasse le village et la baie. Au cœur du village se trouve un pont couvert (1923). Après **Rivière-au-Renard**, importante communauté de pêcheurs située à l'extrémité Nord du parc national Forillon, l'horizon s'ouvre sur les champs et sur le golfe du Saint-Laurent.

Cap-des-Rosiers – *À 21 km de Rivière-au-Renard.* Ce joli village, qui doit son nom aux rosiers sauvages que Jacques Cartier y découvrit en abondance au 16ᵉ s., fut le témoin de très nombreux naufrages au large de sa côte rocailleuse. Son **phare**, de 37 m de haut, est le plus élevé du Canada *(visite guidée seulement, 30 mn ; mi-juin-fête du Travail tous les jours 10 h-19 h ; 2,50 $; renseignements : chambre de commerce de Cap-des-Rosiers ☎ 418-892-5263).*

Perry Mastrovito/REFLEXION

Phare de Cap-des-Rosiers

★★ **Parc national Forillon** – *Voir ce nom.*

★ **Gaspé** – *Voir ce nom.*

3 DE PERCÉ À BATAILLE-DE-LA-RISTIGOUCHE *262 km*

★★★ **Percé** – *Voir ce nom.*

Continuer sur la route 132 en direction de Paspébiac. Passer par Grande-Rivière, Chandler et Port-Daniel.

Paspébiac – *109 km.* En 1767, Charles Robin, originaire de l'île de Jersey, choisit le site de Paspébiac pour y établir le siège de la Charles Robin Company (CRC), qui allait devenir un empire fondé sur la pêche à la morue.

Site historique du Banc-de-Paspébiac – *Depuis la route 132, prendre à gauche la route du Banc et continuer jusqu'au rivage. Ouv. début juin-oct. tous les jours 9 h-18 h. Sept.-mi-oct. 9 h 30-16 h. 5 $. ✕ ♿ 🅿 ☎ 418-752-6229.* Pour assurer le succès de son entreprise et l'exportation en Europe de sa morue fumée, séchée et salée, Robin créa un véritable village doté d'un chantier naval, d'un magasin général et d'équipes de forgerons et de menuisiers. Le site comporte 11 bâtiments construits vers 1783 par la CRC et restaurés après l'incendie qui ravagea le site en 1964. Sept d'entre eux (dont un énorme entrepôt, une charpenterie et une forge) sont ouverts au public et présentent des expositions essentiellement consacrées au commerce de la morue séchée. Le visiteur pourra par ailleurs assister à des démonstrations d'activités traditionnelles (ravaudage des filets, construction des barges et autres).

À l'Ouest de Paspébiac commence l'agréable région de la **baie des Chaleurs**, découverte par Jacques Cartier en 1534. Son climat tempéré invite à la baignade et aux sports nautiques.

Bonaventure – *22 km.* La seigneurie de la rivière Bonaventure fut concédée par Frontenac en 1697. En 1760, des Acadiens, fuyant l'ordre de déportation, y fondèrent un village et y établirent des fermes ainsi qu'une pêcherie. Le village porte le nom d'un vaisseau qui navigua dans la baie des Chaleurs en 1591. Sa rivière à saumons jouit d'une grande renommée.

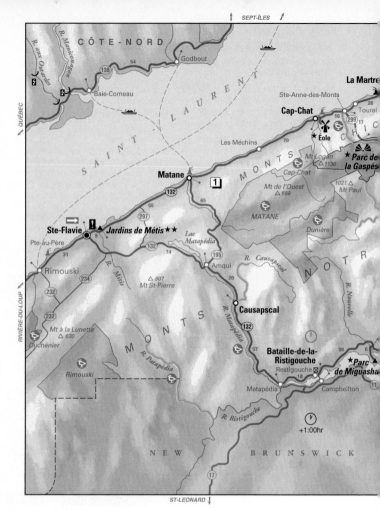

Musée acadien du Québec à Bonaventure – *Au cœur du village, à l'Est de l'église, sur la route 132. Ouv. 24 juin-fête du Travail tous les jours 9 h-20 h. Reste de l'année lun.-ven. 9 h-17 h, sam.-dim. 13 h-17 h. 3,50 $.* ✗ ♿ 🅿 ☎ *418-534-4000.* Cet édifice rénové, qui servait autrefois de salle paroissiale, abrite aujourd'hui un musée d'histoire et d'ethnologie. Une exposition permanente présente une collection de photos et d'objets anciens ainsi qu'un diaporama témoignant de l'influence acadienne sur la culture québécoise.

New Richmond – *35 km.* Bastions loyalistes, les plus anciens quartiers de la ville ont conservé le charme des localités anglo-saxonnes de la fin du 19e s.

Centre de l'héritage britannique de la Gaspésie – *351, boul. Perron Ouest. Ouv. juin-début oct. tous les jours 9 h-18 h. 5 $.* ✗ ♿ 🅿 ☎ *418-392-4487.* Inauguré en 1989, ce centre a pour objectif de préserver et de mettre en valeur le patrimoine britannique de la Gaspésie. Les 20 bâtiments qui forment le village reconstruit de Duthie's Point proviennent de différentes municipalités de la baie des Chaleurs. La visite commence au **magasin général J.A. Gendron** qui sert de centre d'interprétation. À côté se trouve la **maison Harvey**, construite dans le style néocolonial populaire aux États-Unis à la fin du 19e s. D'autres habitations reflètent par leur architecture les styles en vogue de la fin du 17e s. au début du 20e s. L'excursion se termine au phare qui veille sur la baie de Cascapédia.

Carleton – *28 km.* Fondé entre 1756 et 1760 par des Acadiens, le village se nommait à l'origine Tracadièche, dérivé de l'amérindien *tracadigash* (« lieu où abonde le héron »). À la fin du 18e s., des loyalistes, immigrés au Canada après la Déclaration d'indépendance des États-Unis, l'appelèrent Carleton en l'honneur de Sir Guy Carleton, gouverneur général de l'Amérique du Nord britannique, plus connu sous le nom de Lord Dorchester. Niché au fond d'une anse entre les montagnes et la mer, le village est devenu dès la fin du siècle dernier un centre de villégiature fort recherché.

Sentiers de l'Éperlan – Ils longent le ruisseau de l'Éperlan, contournent des chutes, révèlent des paysages de montagnes, et aboutissent derrière le mont Saint-Joseph.

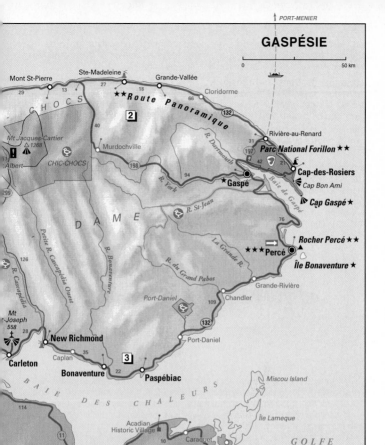

Image content includes map labels:

↑ PORT-MENIER

GASPÉSIE

0   50 km

Mont St-Pierre   Ste-Madeleine   Grande-Vallée
29   13   27   18   **★★**Route Panoramique   66   Cloridorme
C H O C S   **2**   (132)

Mt Jacques-Cartier   40   Murdochville   R. Dartmouth   31   Rivière-au-Renard
△1268   (197)   42   **Parc National Forillon ★★**
Albert   CHIC-CHOCS   (198)   21   **Cap-des-Rosiers**
299   94   **★Gaspé**   Cap Bon Ami
R. York   R. St-Jean   **Cap Gaspé ★**
D A M E   76
126   R. Bonaventure   La Grande R.   **★★★Percé**   **Rocher Percé ★★**
Petite R. Cascapédia Ouest   **Île Bonaventure ★**
R. Cascapédia   R. du Grand Pabos   Grande-Rivière
Port-Daniel   109   Chandler
Mt -Joseph   (132)
558   28   Port-Daniel
New Richmond   35   **3**
Carleton   Caplan   22   **Paspébiac**
Bonaventure   Miscou Island
B A I E   D E S   C H A L E U R S   Île Lameque
114   (11)   Acadian   GOLFE
Historic Village   10   Caraquet   DU
45   Shippagan   ST-LAURENT
Bathurst   8   (11)

CHATHAM

Mont Saint-Joseph – *Prendre la rue de la Montagne à partir du centre-ville, et la suivre sur environ 6 km.* Du haut du mont Saint-Joseph (558 m), la **vue★★** embrasse la baie des Chaleurs, de Bonaventure à la péninsule de Miguasha, et s'étend, au Sud, jusqu'aux côtes du Nouveau-Brunswick. Petit sanctuaire de pierre, l'**oratoire Notre-Dame** (1924) renferme de délicates mosaïques et de beaux vitraux *(ouv. début juin-mi-oct. tous les jours 8 h-20 h ; ✗ ✔ ▯ ☎ 418-364-3723).*

Après 18 km, tourner à gauche et continuer sur 6 km.

★Parc de Miguasha – *Voir ce nom.*

Rejoindre la route 132, et continuer sur 38 km.

Lieu historique national Bataille-de-la-Ristigouche – *À Pointe-à-la-Croix. Ouv. juin-fête de l'Action de Grâce tous les jours 9 h-17 h. Mars-mai & mi-oct.-nov. sur rendez-vous seulement. 5 $. ✔ ▯ www.parcscanada.gc.ca/ristigouche ☎ 418-788-5676.* La dernière tentative de la France pour soustraire sa colonie d'Amérique à la domination anglaise avorta en été 1760 dans la baie des Chaleurs, à l'embouchure de la rivière Ristigouche. Deux navires marchands, accompagnés de la frégate *Le Machault* commandée par François Chenard de la Giraudais, venaient ravitailler la Nouvelle-France en troupes, vivres et munitions. En pénétrant dans le golfe du Saint-Laurent, les Français apprirent que les Anglais les précédaient. Pour éviter un affrontement, Giraudais entraîna les trois vaisseaux du côté de la rivière Ristigouche dans l'espoir qu'en eau peu profonde, leurs ennemis n'oseraient les poursuivre. Acadiens et Micmacs aidèrent les Français à monter leurs canons et à bloquer l'accès de la rivière, mais les Anglais parvinrent à y pénétrer, forçant les Français à abandonner leurs navires. À la nuit tombante, la flotte française avait été pour ainsi dire anéantie.

Centre d'interprétation – Dans le hall d'accueil sont exposées l'énorme ancre et une partie de la coque du *Machault*. Un film d'animation *(15 mn)* retrace les principales étapes de cet affrontement historique, tandis que les salles d'exposition présentent les objets trouvés lors de fouilles sous-marines de l'épave : boucles de ceintures, pipes, tabatières, vêtements, outils servant à la réparation des bateaux, mais aussi tissus, chaussures et vêtements destinés aux soldats. On verra également des articles de tous les jours (clous, peignes, etc.) et des marchandises de luxe (services de vaisselle en porcelaine fine et poterie).

Détour par le Nouveau-Brunswick – *Un pont relie Ristigouche à Campbellton (Nouveau-Brunswick). La route 11 mène au Village historique acadien (Acadian Historic Village), situé à 10 km à l'Ouest de Caraquet, et à l'aquarium et centre marin de Shippagan. Pour plus de détails, consulter Le Guide Vert Canada.*

Continuer sur la route 132 qui traverse la vallée de Matapédia. Villages pittoresques, forêts et collines parsèment l'itinéraire sans oublier la rivière Matapédia, omniprésente, renommée pour la pêche au saumon.

Causapscal – *75 km.* Située au confluent des rivières Causapscal et Matapédia, cette ville de 2 810 habitants constitue un point de départ important pour les expéditions de pêche au saumon. Le **site historique Matamajaw** *(53 rue St-Jacques, ouvert tous les jours de juin à sept. de 9 h 30 à 20 h 30, ☎ 418 756 599)* retrace le mode de vie des passionnés de pêche de la haute société du Matamajaw Salmon Club. Dans un chenal creusé tout spécialement, on peut observer le saumon de l'Atlantique dans son habitat naturel.

Enfilez vos bottes, prenez votre canne et rejoignez les eaux limpides de la province pour une partie de pêche à la mouche. Celle-ci demande un équipement approprié et une technique de lancer bien particulière, mais avec un peu d'entraînement cela devient vite une passion. La pêche à la mouche remonte au 1er s. av. J.-C.

Adaptez la mouche, la canne, le moulinet ainsi que le fil au type et aux conditions de pêche. Assurez-vous que le moulinet est suffisamment résistant et qu'il permet assez de recul si votre destination est l'une des nombreuses et célèbres rivières à saumons du Québec. Parmi le matériel pouvant se révéler utile : cuissardes et gilet de pêche, chapeau, bombe insecticide, vêtements chauds, équipement de pluie et lunettes de soleil. Les professionnels étudient les caractéristiques des rivières et courants, analysent les effets du temps et des marées et savent comment ces différentes variables influent sur ce type de pêche et le comportement du poisson selon la saison. Matériel et informations sur les permis de pêche dans les boutiques spécialisées de la région. Pour tout renseignement complémentaire, contacter le ministère de l'Environnement et de la Faune du Québec, ☎ 418 643 3127, www.fapaq.gouv.qc.ca

R. Corbel/MICHELIN

Parc de la GASPÉSIE★

Gaspésie

Schéma : GASPÉSIE

Entre le Saint-Laurent et la baie des Chaleurs, au cœur de la Gaspésie, s'étend un territoire de 800 km² qui, depuis 1937, est consacré à la protection de milieus naturels exceptionnels. Il s'agit, au Québec, de la seule zone où cohabitent le caribou des bois, l'original et le cerf de Virginie. Véritable « mer de montagnes », le parc est traversé par deux massifs appartenant au système appalachien : les Chic-Chocs et les McGerrigle, qui confèrent à l'endroit un relief accentué.

Trois secteurs sont ouverts aux activités récréatives. Dans le **secteur Mont-Albert**, une promenade au sommet (1 151 m) révèle un plateau de 20 km² doté d'une végétation de toundra caractéristique des régions nordiques. Dans le **secteur Lac-Cascapédia**, les monts Chic-Chocs offrent des **points de vue★★** spectaculaires sur la plaine appalachienne et la vallée du Saint-Laurent au Nord, et sur la vallée de la rivière Sainte-Anne à l'Est. Le **secteur La Galène** permet quant à lui d'accéder au mont Jacques-Cartier (1 268 m), site privilégié d'observation du caribou, caractérisé par une flore de type arctique-alpin. De son sommet arrondi et battu par les vents, la **vue★★** embrasse les monts McGerrigle.

Accès – *Le parc se trouve à environ 516 km au Nord-Est de Québec par la route 132. De Sainte-Anne-des-Monts, prendre la route 229 Sud sur 17 km jusqu'à l'entrée du parc (le centre d'interprétation se trouve dans le parc même, 21 km plus loin). De New Richmond, prendre la 229 Nord sur 99 km jusqu'au centre d'interprétation. Le parc propose plusieurs formules d'hébergement : chalets, camping, gîte du Mont-Albert (à côté du centre d'interprétation).*

Activités – *La randonnée pédestre et l'observation de la nature comptent parmi les activités les plus populaires de l'endroit. Mais le visiteur pourra aussi pratiquer la pêche au saumon le long de la rivière Sainte-Anne (20 km) ou la pêche à la truite dans l'un des nombreux lacs du parc. Il pourra également se promener en canot ou à bicyclette ou pique-niquer. Les mordus de ski de randonnée apprécieront, fin déc.-mi-avr., les excursions d'une journée ou plus, organisées dans les différents sentiers du parc (réseau de 15 refuges en montagne).*

VISITE

Ouv. tous les jours de l'année. △ ✗ ♿ 🅿
www.sepaq.com
☎ *418-763-3301.*

Centre d'interprétation de la Nature – *Ouv. début juin-début sept. tous les jours 8 h-20 h. Début sept.-mi-*

Gîte du Mont-Albert – *Route du Parc, Sainte-Anne-des-Monts. Restaurant, accès handicapés, parking,* ☎ *418 763 2288, 1 888 270 4483, internet : www.sepaq.com. 48 chambres, 18 chalets de 75 à 125 $.*

Installée dans le Parc de la Gaspésie, cette ravissante auberge proposant 48 chambres et 19 chalets, offre un point de chute confortable pour apprécier les activités saisonnières du parc. Des chambres bien tenues et un service efficace font de cet établissement un endroit idéal pour une escapade le temps d'un week-end ou pour des vacances en famille.

oct. lun.-jeu. 8 h-16 h 30, ven.-dim. 8 h-19 h 30. Boutique de location et de vente d'équipement de camping et de randonnée. ✗ ♿ 🅿 ☎ *418-763-7811.* Une exposition permanente donne au visiteur l'occasion de découvrir l'extraordinaire géologie du parc, et de se familiariser avec sa végétation arctique-alpine et sa faune particulière. L'été, des naturalistes répondent aux questions des excursionnistes au sommet des monts Albert et Jacques-Cartier. Le soir sont proposés, au centre, des conférences, divers programmes (films, discussions et autres) portant sur des thèmes relatifs au parc.

Parc de la GATINEAU★★

Outaouais

Montagnes et forêts couvrent ce territoire de 356 km² compris entre la vallée de la rivière des Outaouais et celle de la rivière Gatineau. Doucement ondulé, parsemé de lacs, l'endroit fut nommé en l'honneur de **Nicolas Gatineau**. Ce dernier, négociant en fourrures de Trois-Rivières, disparut en 1683 au cours d'une expédition sur la rivière qui porte aujourd'hui son nom. Une chaîne de collines, en partie comprise dans le territoire du parc, et une ville, sise à la confluence des rivières Gatineau et des Outaouais, ont également été baptisées en son honneur.

Découpé dans un ancien territoire algonquin et iroquois, le parc fut créé en 1938 à l'initiative de William Lyon Mackenzie King, dixième Premier ministre du Canada. Administré par la Commission de la capitale nationale, il renferme quelques édifices

Parc de la GATINEAU

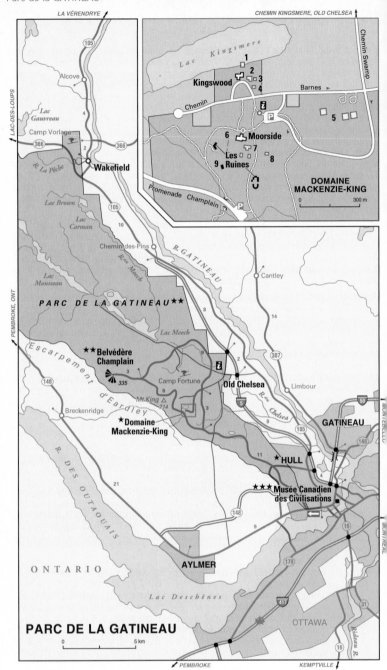

DOMAINE MACKENZIE-KING

1 – Hangar à bateaux	4 – Garage	7 – Garage
2 – Châlet des invités	5 – La Ferme	8 – Forge
3 – Glacière	6 – Jardin	9 – Arc de Triomphe

fédéraux, dont la résidence d'été du Premier ministre du Canada (au lac Mousseau) et le pavillon des rencontres officielles ou maison Willson (au lac Meech), où les fameux Accords du lac Meech furent signés en 1987.

Accès – *On peut accéder au parc côté Hull, Old Chelsea (où la Commission de la capitale nationale gère un kiosque d'information) ou Wakefield.*

Activités – *La promenade panoramique qui parcourt le parc de la Gatineau est tout à fait spectaculaire en octobre, lorsque les bois se parent des couleurs de l'automne. En été, on peut s'adonner à toutes sortes d'activités : cyclisme, randonnée pédestre, natation, canotage, pêche et camping. En hiver, le parc devient le paradis des skieurs : il offre 190 km de pistes de ski de fond et des stations de ski alpin à Camp Fortune et à Vorlage.*

VISITE

Parc ouv. tous les jours de l'année. Certaines routes sont fermées de la première neige jusqu'à début mai. Centre d'accueil ouv. mi-mai-fête du Travail tous les jours 9 h-18 h ; reste de l'année lun.-ven. 9 h30-16 h30, sam.-dim. 9 h-17 h. 7 $/voiture. ⚠ ✗ ♿ 🅿 *www.capcan.ca* ☎ *819-827-2020.*

Promenade panoramique – *51 km aller-retour au départ de Hull par la route 148. Commencer par la promenade de la Gatineau.* Cette superbe route sinueuse longe de hautes parois de granit rose, puis s'élargit par les belles forêts de feuillus des collines de la Gatineau. Le plateau, raclé par les glaciers, se termine abruptement dans le parc par l'escarpement d'Eardley, qui délimite le Bouclier canadien. De nombreux postes d'observation permettent au visiteur d'admirer la vallée de l'Outaouais, ses lacs miroitants et ses fermes cossues.

★★ **Belvédère Champlain** – *6 km aller-retour depuis le croisement de la promenade Champlain et de la promenade du lac Fortune.* Du haut de l'escarpement d'Eardley, à 335 m d'altitude, on jouira d'une **vue** extraordinaire sur la vallée de l'Outaouais, point de contact entre le Bouclier canadien et les basses terres du Saint-Laurent. Sous le belvédère, un sentier naturel, doté de huit stations d'observation, invite le visiteur à se familiariser avec la végétation propre au parc.

★ **Domaine Mackenzie-King** – *3 km aller-retour à partir de la promenade de la Gatineau ; prendre le chemin Kingsmere. Ouv. mi-mai-mi-oct. lun.-ven. 11 h-17 h, sam.-dim. 10 h-18 h.* ✗ ♿ 🅿 ☎ *819-827-2020.* Au cœur du parc de la Gatineau s'étend l'ancienne propriété de **William Lyon Mackenzie King**. Premier ministre de 1921 à 1930, puis de 1935 à 1948, ce grand homme d'État gouverna le Canada pendant 22 ans, record d'ailleurs inégalé. C'est pour échapper aux exigences de sa fonction qu'il venait se retirer sur ces terres. À sa mort en 1950, il légua au peuple canadien un domaine de 231 ha qui comprend plusieurs bâtiments et des sentiers qu'il aménagea lui-même.

Kingswood – Cette petite maison rustique fut la première résidence d'été que construisit Mackenzie King en 1903. Il la fit agrandir en 1924, et y vécut jusqu'en 1928. À côté se trouve le chalet des invités. Une agréable promenade mène au bord de l'eau, d'où l'on aperçoit l'ancien hangar à bateaux reconstitué (**1**).

Moorside – Mackenzie King vécut ici de 1928 à 1943. Dans cette charmante villa de bois, qu'il avait achetée en 1924, les pièces de l'étage ont conservé l'aspect qu'elles avaient à l'époque. Le rez-de-chaussée abrite un ravissant salon de thé. Dans l'ancien garage (**4**), des photographies et un montage audiovisuel *(15 mn)* présentent la vie et l'œuvre de l'ancien Premier ministre.

Chemin de fer de Wakefield

Les Ruines – Mackenzie King décora ses jardins d'éléments architecturaux divers (piliers, pierres et autres) provenant de sites voués à la démolition. C'est ainsi qu'il récupéra des morceaux du Parlement d'Ottawa, détruit par les flammes en 1916, et quelques pierres du Parlement de Londres, bombardé en 1941.

De 1943 à sa mort, Mackenzie King habita une troisième maison, la Ferme (**5**), désormais occupée par l'orateur de la Chambre des Communes.

EXCURSIONS

Old Chelsea – *Depuis Hull, emprunter la route 5 pendant 8 km jusqu'à la sortie 12 (Old Chelsea/Gatineau Park), tourner à gauche (vers l'Ouest) pour prendre le Chemin Old Chelsea.*

Au début du 19e s., ce village paisible constituait une halte pour les bûcherons qui voyageaient vers les forêts de l'arrière-pays. Les colons comprirent que le petit cours d'eau de Chelsea pourrait fournir l'énergie nécessaire pour alimenter les scieries et les moulins à blé. Ainsi le hameau se développa pour devenir par la suite un centre de services. Dans les années 1870, quatre hôtels, tous gérés par des Irlandais, prospéraient en grande partie... grâce à leur bar ! Cette localité, qui reste une étape incontournable pour les visiteurs et les excursionnistes, abrite le **centre d'information** du Parc de la Gatineau ainsi que des boutiques, des galeries d'art, des petits restaurants et des boutiques de location d'équipement de plein air pour les amoureux de la nature. Des pionniers de la Nouvelle-Angleterre attirés dans la région pour y travailler la terre ou exploiter le bois sont enterrés dans le **vieux cimetière protestant**. On y trouve la tombe de Asa Meech, pasteur, médecin, instituteur et fermier, à qui le lac voisin (Meech Lake – celui des Accords du lac Meech) doit son nom. L'église et le cimetière St.-Stephen, qui renferment des pierres tombales datant du 18e s., sont particulièrement appréciés des généalogistes.

■ Old Chelsea Charmers

Old Chelsea sert de base d'approvisionnement aux usagers du parc. **Greg Christie's** *(148 chemin Old Chelsea, ☎ 819 827 5340)* loue vélos, skis et autres équipements pour le grand air aux visiteurs de la région depuis des années, tandis que **Gerry and Isobel's Restaurant/Boutique** *(14 chemin Scott, tél. 819 827 4341)* régale ses visiteurs de délicieuses préparations faites maison, au milieu d'une superbe collection de livres sur la région, d'objets d'art et autres articles. Juste à côté se trouve la **Old Chelsea Gallery** *(☎ 819 827 4945)*, une coopérative qui expose et vend les réalisations de nombreux artistes locaux. Parmi les restaurants, le **Péché mignon**, qui est également une chocolaterie *(205 chemin Old Chelsea, ☎ 819 827 4649)*, et le célèbre **Les Fougères** *(783 route. 105, Tenaga-Chelsea, ☎ 819 827 8942)* où le chef prépare une cuisine traditionnelle appréciée des habitants d'Old Chelsea qui viennent y déguster du poisson fumé (venant de la **Boucanerie Chelsea Smokehouse**, située au Sud du restaurant, ☎ 819 827 1925) et d'autres spécialités. Essayez le poisson du jour ou le confit de canard, qui compte parmi les plats québécois les plus prisés.

Wakefield – *Quitter le parc (côté Old Chelsea). Suivre la route 5 sur 10 km, puis prendre la route 105 jusqu'à Wakefield (10 km). En venant de Hull, prendre la route 5, puis la route 105 sur 32 km.* Cette petite ville occupe un **site**★ splendide au bord de la rivière Gatineau, qui serpente à travers les collines. Au début du 19e s., les premiers colons baptisèrent leur village du nom de la ville anglaise de Wakefield, dans le Yorkshire. La localité compte quelques exploitations minières, mais reste avant tout un centre agricole et forestier, desservi par le chemin de fer qui longe la rivière Gatineau.

■ Le train à vapeur de Hull-Chelsea-Wakefield

165, rue Deveault. ☎ 819 778 7246, internet : www.steamtrain.ca

Partez pour une balade de 64 km dans l'un des plus vieux trains à vapeur du Canada encore en activité. Pendant une demi-journée depuis Hull, vous longerez les méandres de la rivière Gatineau pour arriver jusqu'à la pittoresque petite ville de Wakefield. Guides et musiciens vous accompagnent tout au long de cette délicieuse promenade. Que diriez-vous d'un dîner à bord pour admirer le coucher de soleil. Prenez alors le Sunset Dinner Train. Dans un wagon-restaurant du bon vieux temps vous serez émerveillés tout en savourant une bonne cuisine française.

GRANBY

Cantons-de-l'Est

43 316 habitants

Schéma : Cantons de l'EST

Fondée sur les rives de la Yamaska Nord par des loyalistes au début du 19ᵉ s., Granby doit son nom à John Manners, marquis de Granby, qui commandait les troupes britanniques en Amérique du Nord en 1766. La ville connut un essor industriel rapide grâce à l'implantation d'usines de tabac et de caoutchouc. Ses belles demeures victoriennes des rues Elgin, Dufferin et Mountain témoignent de cette époque. Granby vit naître l'écrivain Palmer Cox (1840-1924), célèbre dans le monde anglophone pour ses contes inspirés du folklore écossais. La proximité du parc de récréation de la Yamaska et des stations de ski de Mont-Shefford et de Bromont font aujourd'hui de la localité un lieu fort apprécié des sportifs.

Accès – *Granby se trouve à 80 km à l'Est de Montréal par les routes 10, 139 & 112.*

CURIOSITÉS

★ **Jardin zoologique de Granby** – *Entrée et terrain de stationnement sur le boul. Bouchard (route 139), à l'angle de la rue Saint-Hubert. Ouv. 2 juin-août tous les jours 10 h-tombée de la nuit. Mai, sept.-fête de l'Action de Grâce sam.-dim. horaire variable. 19,95 $.* ⚠ & 🅿 *www.letszooit.com* ☎ *450-375-3861.* Le site rassemble plus de 1000 animaux des quatre coins du monde appartenant à 225 espèces différentes, dont plus d'un tiers menacées de disparition. Outre les grands mammifères d'Afrique et les animaux indigènes, on y remarquera la Caverne des débrouillards (animaux nocturnes), la Montagne des ours, le Pavillon des félins, la Petite ferme, et surtout le Pavillon des reptiles, dans lequel tortues, iguanes, serpents à sonnette et anacondas évoluent dans un environnement naturel.

Centre d'interprétation de la Nature du lac Boivin – *700, rue Drummond. De la rue Principale, tourner à gauche dans la rue Drummond. Ouv. toute l'année lun.-ven. 8 h 30-16 h 30. Sam.-dim. 8 h 30-17 h.* & 🅿 ☎ *450-375-3861.* Aménagé sur les berges du lac Boivin, formé par un renflement de la rivière Yamaska, ce centre d'interprétation de la nature offre quatre courts sentiers. Ces derniers traversent les marais autour du lac et permettent aux visiteurs de découvrir son milieu, sa flore et sa faune. De la tour d'observation, jolie **vue** sur les monts Brome et Shefford.

EXCURSION

Waterloo – *À 19 km à l'Ouest par la route 112.* Fondée par les loyalistes en 1796, cette petite ville prit le nom de Waterloo pour commémorer la célèbre victoire du duc de Wellington sur Napoléon en 1815. Aujourd'hui, plus connue pour la culture des champignons, Waterloo est un bourg agréable, sis au bord du lac du même nom.

Dans la plus pure tradition d'Indiana Jones et des aventuriers de l'Arche perdue, **Safari Tour** *(à 5 km au Sud par la route 241, au 475, boul. Horizon)* propose aux visiteurs chasses aux trésors et « missions » d'exploration diverses *(ouv. tous les jours de l'année 10 h-17 h ; 10 $;* & 🅿 *www.safariloowak.qc.ca* ☎ *450-539-0501).* Le musée Loowak leur permet aussi d'admirer minéraux, insectes et coquillages.

Parc des GRANDS-JARDINS

Charlevoix

Schéma : Côte de CHARLEVOIX

Avec ses belles étendues d'eau limpide, ses forêts d'épinettes noires et ses tapis de lichen (cladonie) dont se nourrit en hiver le caribou, ce vaste territoire permettra au visiteur de goûter l'atmosphère des régions nordiques et de la taïga subarctique... à moins de deux heures en voiture de Québec. Le parc fut créé en 1981 dans le but de préserver l'habitat du caribou. On en comptait environ 10 000 au début du siècle, mais une vingtaine d'années plus tard, le troupeau – en partie victime d'une chasse intensive – avait disparu. Entre 1969 et 1972, 80 caribous furent réintroduits à Grands-Jardins. L'opération a réussi, car le troupeau se compose aujourd'hui de 125 à 150 têtes.

Accès – *Le parc des Grands-Jardins se trouve à 133 km au Nord-Est de Québec. Prendre la route 138. Environ 11 km après Baie-Saint-Paul (91 km), prendre la route 381 vers Saint-Urbain (4,5 km), et continuer sur 18 km jusqu'au centre d'accueil Thomas-Fortin. Possibilités d'hébergement dans le parc même : camping (rustique ou avec services), chalets, refuges. Location de canots et bicyclettes. Renseignements : centre d'interprétation du Château-Beaumont* ☎ *418-846-2057.*

Activités – *Le centre d'interprétation du Château-Beaumont offre des excursions de découverte de la nature (départ à 10 h & 13 h 30) menées par des guides-naturalistes. Plusieurs sentiers de randonnée (la pinède, le boréal, etc.) permettent également de traverser la zone de taïga ; renseignements : centre d'accueil Thomas-Fortin ☎ 418-457-3945. Les amateurs de canot et de kayak pourront s'offrir une excursion de plusieurs jours sur la rivière Malbaie et ses rapides (niveau de difficulté : de 1 à 6) ; renseignements : centre d'interprétation du Château-Beaumont.*

VISITE

Ouv. mai-juin et sept.-oct. tous les jours 9 h-17 h. Juil-et août 9 h-18 h. 3,50 $. ⚠ 🅿 ☎ *418-457-3945 ou 418-439-1227 (hors saison).*

Secteur du mont du lac des Cygnes – *À 1,5 km du centre d'accueil Thomas-Fortin. Un sentier de randonnée de 2,7 km (1 h 1/2) grimpe jusqu'à 980 m. Du sommet, la* **vue**★★ *embrasse le Saint-Laurent et la région de Charlevoix, parsemée de lacs et de villages. En montant, le promeneur remarquera trois types distincts de végétation, caractéristiques de l'étage montagnard et des zones subalpine (taïga) et alpine (toundra) : forêts de bouleaux blancs, de peupliers, de sapins et d'épinettes.*

Centre d'interprétation du Château-Beaumont – *19 km. Ouv. mi-juin-fin août tous les jours 8 h-20 h. Mi-mai-mi-juin & fin août-oct. tous les jours 9 h-17 h.* 🅿 ☎ *418-846-2057. Le visiteur pourra y voir des expositions consacrées au parc, véritable « îlot de Grand-Nord québécois », et à son milieu naturel si particulier. Le centre sert par ailleurs de point de départ à différentes activités d'interprétation de la nature.*

HULL★

Outaouais

62 339 habitants

Schéma : Parc de la GATINEAU

La ville de Hull se trouve au bord de la rivière des Outaouais, face à la capitale fédérale, Ottawa, dont elle constitue à bien des égards le prolongement. Particulièrement renommée, depuis 1989, pour son musée canadien des Civilisations, cette cité en plein essor abrite un grand nombre d'édifices gouvernementaux et offre une gamme étendue d'activités culturelles et de loisirs.

Un peu d'histoire

En 1800, soit 26 ans avant la création de Bytown (future Ottawa), des Américains dirigés par le loyaliste **Philemon Wright** s'installèrent près des chutes de la Chaudière. Un moulin y fut érigé et une petite colonie se développa, que Wright baptisa en l'honneur d'une ville du Yorkshire dont étaient originaires ses parents. Cultivateurs, les

Musée canadien des Civilisations (Ottawa en arrière-plan)

premiers colons se firent également bûcherons ; car la superbe forêt qui couvrait la région, constituée de pins rouges et blancs aujourd'hui disparus, se prêtait fort bien à la construction de bateaux. Les grands troncs droits étaient donc expédiés par cage flottante jusqu'à Montréal, puis Québec d'où ils partaient pour l'Angleterre. Ainsi naquit une industrie forestière qui devait connaître une certaine prospérité tout au long du 19e s.

Un autre Américain, **Ezra Butler Eddy**, s'établit à Hull en 1851 et y monta une fabrique de pinces à linge et d'allumettes. Ses produits connurent vite un grand succès, et de nos jours encore, ses allumettes sont vendues à travers le continent. L'ancienne usine de pâte à papier d'Eddy domine aujourd'hui une partie des berges de Hull.

La ville a subi, au cours des dernières années, d'importants changements, notamment avec la construction de deux vastes complexes fédéraux (la Place du Portage et les Terrasses de la Chaudière) et l'établissement d'un campus de l'Université du Québec. Des pistes cyclables ont également été aménagées le long de la rivière. De plus, une énorme structure avant-gardiste (23 400 m²), bâtie au bord du lac Leamy, accueille désormais le **casino de Hull**.

Du parc Jacques-Cartier *(par la rue Laurier)*, la **vue**★ embrasse sur l'autre rive, à Ottawa, la colline du Parlement, le musée des Beaux-Arts et le château Laurier *(pour plus de détails, consulter le guide Canada).*

Accès – *Cinq ponts enjambent l'Outaouais pour relier Hull à Ottawa. Il s'agit, d'Est en Ouest, des ponts Macdonald-Cartier, Alexandria, du Portage, Chaudière et Champlain. L'artère principale de Hull est le boul. Maisonneuve, qui donne accès à l'autoroute de la Gatineau (A-5).*

★★★ MUSÉE CANADIEN DES CIVILISATIONS

100, rue Laurier, entre le pont Alexandria & la rue Victoria.

Sur la rive québécoise de la rivière des Outaouais, face à la colline du Parlement canadien, se dresse le musée canadien des Civilisations. Inauguré en juin 1989, ce vaste complexe muséologique est consacré à l'histoire du Canada depuis la venue des Vikings, ainsi qu'à l'art et aux traditions des peuples indigènes et des divers groupes ethniques du pays.

Par son impressionnante collection de 5 millions d'objets, ses dioramas, ses systèmes de projection de haute technologie et ses expositions interactives novatrices, le musée vise à promouvoir l'harmonie entre les 275 groupes culturels du Canada et à préserver leurs patrimoines distincts. Il accorde donc une attention particulière, bien que non exclusive, aux traditions culturelles proprement canadiennes.

Architecture – Le musée se compose de deux édifices dont l'architecture éblouissante, due à Douglas Cardinal, symbolise le paysage canadien. Des courbes majestueuses évoquent l'émergence du continent nord-américain, façonné sous l'action érosive du vent, de l'eau et des glaciers, tandis que le revêtement mural, en calcaire de Tyndall, révèle ici et là des traces de fossiles. À gauche de l'entrée principale, le **pavillon du Bouclier canadien** abrite les réserves du musée ainsi que des bureaux administratifs et des laboratoires de conservation et de restauration. À droite, le **pavillon du Glacier** accueille les visiteurs dans un vaste espace de 16 500 m². Environ 3 300 m² sont réservés à des expositions temporaires organisées par le musée canadien des Civilisations ou par d'autres institutions canadiennes ou internationales ; le reste accueille les expositions permanentes du musée.

Visite

Ouv. juil.-fête du Travail tous les jours 9 h-18 h (jeu.-ven. 21 h). Mai-juin & début sept.-mi-oct. tous les jours 9 h-18 h (jeu. 21 h). Reste de l'année mar.-dim. 9 h-17 h (jeu. 21 h). 8 $ (moitié prix dim., gratuit jeudi 16 h-21 h). ⚠ ♿ 🅿 (8 $) www.civilization.ca ☎ 819-776-7009.

Salle CINÉPLUS – *Niveau principal. Les films à l'affiche changent régulièrement. Versions française et anglaise présentées en alternance. Billets en vente au guichet du musée. Réservations conseillées. 8 $. Renseignements ☎ 819-776-7006.* Cette salle à écrans combinés, équipée de sièges inclinables ancrés à un plancher en pente abrupte, peut accueillir jusqu'à 295 spectateurs *(les retardataires ne sont pas admis au spectacle)*. Un gigantesque écran IMAX haut de plus de six étages (soit 10 fois la grandeur d'un écran classique) et un écran hémisphérique OMNIMAX formant un dôme de 23 m de diamètre au-dessus de l'auditoire, permettent la projection de films d'un réalisme d'autant plus saisissant que le son est diffusé à travers une trentaine de haut-parleurs...

Musée canadien des Enfants – *Niveau principal.* Fascinant lieu d'apprentissage et de découverte, ce charmant musée prend sa mission éducative et récréative fort au sérieux. Ici, les activités touche-à-tout sont de mise, et les occasions d'explorer, en solitaire ou sous la direction d'animateurs spécialisés, sont nombreuses. À l'entrée du musée, le **Kaléidoscope** présente diverses expositions temporaires spécialement conçues à l'intention des enfants. Arrivés au **Carrefour**, les jeunes visiteurs prennent place à bord d'un autobus pakistanais qui les emmène en voyage imaginaire dans huit pays du monde. Excellente occasion d'acquérir une meilleure connaissance d'autres peuples et d'autres cultures, **La grande aventure** propose aux enfants de visiter le Village international, véritable microcosme de notre planète, et de s'embarquer vers des destinations toutes aussi passionnantes les unes que les autres, comme par exemple la traversée du désert, avec la mystérieuse pyramide en toile de fond. Un théâtre de marionnettes, un autre petit théâtre (où l'on peut se maquiller et s'essayer au métier d'acteur), une aire « jeux et jouets » et un atelier d'art complètent la liste des activités en intérieur. Lorsque la température le permet, le **monde de l'Aventure** donne enfin la possibilité de monter à bord d'un vrai remorqueur, de jouer aux échecs sur un échiquier géant et de prendre place dans le cockpit d'un Cessna 150.

Musée canadien de la Poste – *Niveau principal.* Grâce à son théâtre multimédia, sa galerie d'art et ses expositions thématiques, le musée canadien de la Poste raconte l'histoire du patrimoine postal au Canada et ailleurs. Composée de quelque 25 000 objets, 200 000 timbres et 5 000 œuvres d'art, sa collection surprendra par son étonnante variété. Des tablettes d'argile mésopotamiennes (2043 av. J.-C.) aux marteaux d'oblitération, en passant par des cartes de la Saint-Valentin et toutes sortes de boîtes aux lettres, le visiteur y découvrira comment le besoin fondamental de communiquer a conduit à l'élaboration de systèmes d'envoi et de réception de messages.

Grande Galerie – *Niveau inférieur.* Consacrée au riche patrimoine culturel et artistique des Amérindiens de la côte Ouest du Canada, la Grande Galerie constitue sans aucun doute, sur le plan architectural, la pièce maîtresse du musée. Dès l'entrée, les visiteurs sont attirés vers un immense espace elliptique. Du côté gauche, une paroi de verre, perçant le mur de haut en bas, laisse déferler sur la galerie un flot de lumière naturelle et dégage une vue splendide de la rivière des Outaouais et du Parlement canadien. Construites entre la forêt humide (ici représentée, en toile de fond, par une gigantesque photographie de 76 m de large) et le Pacifique (évoqué par un sol de granit poli de couleur grise), six façades de maisons de chef symbolisent un village traditionnel amérindien. Réalisée sur place par des artisans autochtones selon les méthodes ancestrales, chacune de ces façades donne l'occasion de découvrir une culture distincte : Salish de la Côte, Nuu-chah-Nulths (Nootkas), Kwakwaka'wakws (Kwakiutls), Nuxalks, Haïdas et Tsimshians. Les objets exposés datent pour la plupart du 19e s. D'imposants mâts totémiques (certains d'époque, d'autres de facture récente) viennent illustrer l'incroyable talent artistique de ces peuplades de la côte du Pacifique. Particulièrement digne d'intérêt, le mât de Wakas date de 1893 ; haut de 12 m, ce chef-d'œuvre sculptural demeura pendant plus d'un demi-siècle dans le parc Stanley, à Vancouver.

Salle des Premiers Peuples – Essentiellement consacrée aux réalisations culturelles et artistiques des populations autochtones du Canada, à leur histoire et à leur rôle dans la société d'aujourd'hui, cette salle permet de découvrir la richesse et la diversité des Premiers Peuples à travers toute une variété d'expositions permanentes et temporaires. Composée d'environ 10 000 tableaux, gravures, sculptures, photographies et objets d'artisanat divers, la collection d'art contemporain autochtone – exposée par roulement – contient des œuvres d'artistes de renom (Norval Morrisseau, Bill Reid, Alex Janvier, Kenojuak Ashevak, Pudlo Pudlat, Jessie Oonark) et celles d'une relève talentueuse (Edward Poitras, Shelley Niro, Arthur Renwick, David Ruben Piqtoukun, Toonoo Sharky, James Ungalaq).

Drawing by R. Corbel/MICHELIN

Inuit Ublumi (1974) sculpture par Pierre Karlik

Salle du Canada – *Niveau supérieur.* Une voûte de 17 m de hauteur coiffe cette gigantesque salle d'exposition (3 065 m²). Des reconstitutions historiques grandeur nature, accompagnées d'effets visuels et sonores, évoquent mille ans du patrimoine social et culturel canadien. Les meubles et objets exposés sont un mélange de pièces authentiques et de reproductions fidèles. Au cours d'un itinéraire à travers les différentes régions du Canada, le visiteur assiste à l'arrivée des Vikings à Terre-Neuve vers l'an 1000, et découvre la vie des pêcheurs européens qui, bien avant les grandes percées exploratrices, fréquentaient déjà les eaux poissonneuses de l'Atlantique Nord. L'histoire de la Nouvelle-France est évoquée à travers des scènes de la vie rurale et citadine dans la vallée du Saint-Laurent et en Acadie de 1600 à 1760. Puis c'est l'âge d'or du commerce de la fourrure et de celui du bois (1680-1860), époque à laquelle beaucoup de colons se lancèrent dans l'exploration de l'arrière-pays canadien (une tente et un chariot de type « Conestoga » témoignent ainsi de leur épopée). Un autre volet thématique, consacré au développement du commerce et des voies de communication de 1840 à 1890, donne l'occasion de se promener dans la rue d'une ville ontarienne à l'ère victorienne. La reproduction d'une gare ferroviaire des Prairies et un aspirateur à céréales grandeur nature évoquent quant à eux la colonisation de l'Ouest canadien et le développement des chemins de fer entre 1870 et 1914. Ce voyage à travers le temps se termine par une étude de l'ère industrielle (quartier ouvrier de Winnipeg, conserverie de poisson sur la côte Ouest,) et des effets de la modernisation sur la vie quotidienne et les valeurs traditionnelles.

AUTRE CURIOSITÉ

Maison du Citoyen – *25, rue Laurier, entre les rues Victoria & Hôtel-de-Ville. Ouv. 24 juin-fête du Travail lun.-ven. 8 h 30-16 h 30. Reste de l'année 9 h-16 h 30.* ⅙ ▯ *(10 $)* ☎ *819-595-7175.* Ce complexe à la fois administratif, culturel et sportif fut inauguré en 1980. Il réunit autour de l'**Agora** – énorme espace intérieur surmonté d'une verrière de près de 20 m de haut – une galerie d'art, une bibliothèque, une salle de presse, une salle de spectacles et plusieurs salles de conférences. Des galeries relient la Maison du citoyen au Palais des congrès et à un centre commercial. À l'extérieur, un agréable parc se transforme, l'hiver, en une vaste patinoire.

■ Une sélection de restaurants

Venez déguster la cuisine régionale outaouaise, présentée sous la forme d'un menu à prix fixe composé de trois plats changeant tous les jours, dans le décor rustique du **La Grimod** *(53 rue Kent,* ☎ *819 771 7386)*, ou bien dînez en présence de diplomates et de célébrités au **Café Henry Burger**, une institution que les habitants de Hull et d'Ottawa fréquentent depuis 1922 *(69 rue Laurier,* ☎ *819 777 5646)*. Le restaurant **Le Sans-Pareil** sert des spécialités belges à prix fixe : essayez les moules, préparées avec diverses sauces, et les frites-mayonnaise. Pour les plus pressés, le **Twist Café Resto Bar** propose une restauration rapide et pas chère (croque-monsieur et burger – commandez le cream cheese and bacon) dans une ambiance décontractée *(88 rue Montcalm,* ☎ *819 777 8886)*.

EXCURSIONS

★★**Parc de la Gatineau** – *Voir ce nom.*

Gatineau – *À 4 km au Nord-Est par la route 148 (pont Lady-Aberdeen).* C'est dans le secteur de Pointe-Gatineau, à la confluence de la rivière Gatineau et de la rivière des Outaouais, que Philemon Wright, fondateur de Hull, faisait assembler au 19ᵉ s. ses énormes radeaux de bois flottés.

Aylmer – *À 12 km à l'Ouest par la route 148.* Au milieu du 19ᵉ s. Aylmer était la capitale du canton de Hull. Charles Symmes, neveu de Philemon Wright, fut l'un des premiers à venir s'établir ici, sur les bords du lac Deschênes. L'endroit, d'abord connu sous le nom de Symmes Landing, reçut plus tard le nom d'Aylmer en hommage au cinquième baron Aylmer, gouverneur en chef de l'Amérique du Nord britannique de 1831 à 1835. L'auberge Symmes (1832), magnifiquement restaurée, domine le lac Deschênes. La monumentale structure de pierre a inspiré le peintre Cornelius Krieghoff. Aujourd'hui, la rue Principale est bordée de somptueuses résidences et terrains de golf.

Parc de la JACQUES-CARTIER

Région de Québec
Schéma : Côte de CHARLEVOIX

Le parc de la Jacques-Cartier occupe un territoire de 670 km² au cœur de la partie la plus élevée du massif des Laurentides. Il se compose d'un vaste plateau montagneux, criblé de lacs et recouvert par une forêt boréale dominée par les conifères. Fait surprenant, une végétation de feuillus caractérise sa vallée spectaculaire, profonde de plus de 600 m, où coule la capricieuse rivière Jacques-Cartier. L'exploitation intensive de la forêt du plateau perturba le fragile équilibre du milieu et entraîna la disparition du caribou et du saumon, deux espèces pourtant bien adaptées au rude climat de la région. Aussi fut-il décidé, en 1981, de créer un parc pour mieux assurer la protection de ce remarquable patrimoine naturel.

Accès – *Le parc se trouve à 50 km au Nord de Québec par la route 175.*

Activités – *L'été, le visiteur pourra descendre les eaux tumultueuses de la rivière Jacques-Cartier en canot, en kayak ou en radeau pneumatique (environ 19 km). Plus de 60 km de pistes de randonnée et une dizaine de sentiers de nature traversent la forêt et longent la rivière. Plusieurs pistes pour vélos de montagne empruntent d'anciens chemins forestiers ou d'autres chemins de terre. Le parc possède par ailleurs neuf terrains de camping pour les particuliers, et d'autres pour les groupes. Location d'équipement et retrait du permis de pêche (le saumon de l'Atlantique a été réintroduit entre Donnacona et Pont-Rouge) au centre d'accueil et d'interprétation. L'hiver, le parc est ouvert aux amateurs de ski de longue randonnée (avec hébergement en refuge).*

Vallée de la Jacques-Cartier

VISITE *1 journée*

Ouv. fin mai-début sept. lun.-ven. 8 h-17 h 30, sam.-dim. 7 h-17 h 30. Début sept.-mi-oct. lun.-ven. 9 h-17 h, sam.-dim. 8 h-17 h 30. △ ㅤ ㅤ *www.sepaq.com* ☎ *418-848-3169.*

Centre d'accueil et d'interprétation – *En venant de Québec par la route 175, prendre à gauche l'entrée du secteur La Vallée. Continuer sur 10 km. Mêmes horaires que pour le parc.* Le visiteur pourra s'y procurer des cartes et s'informer sur les activités organisées sur place. Il pourra également voir une exposition permanente consacrée au massif des Laurentides ainsi qu'une présentation audiovisuelle expliquant la formation géologique du parc.

La route d'accès au parc se trouve à gauche du centre d'interprétation et longe la rivière Jacques-Cartier. De l'autre côté de la rivière, la route n'est plus asphaltée. Agréable but de promenade, le **sentier des Loups** *(8 km aller-retour ; compter 2 h 1/4 de marche)* offre de splendides **vues**★★ sur toute la vallée de la Jacques-Cartier.

Baie JAMES ★

Le territoire de la baie James représente 20 % de la superficie du Québec. Ses 350 000 km² s'étendent du 49e au 55e parallèle. Sillonné de puissants cours d'eau, peuplé de forêts d'épinettes noires et de pins gris et couvert d'innombrables lacs, ce vaste espace abrite une quarantaine d'espèces animales dont le caribou, l'orignal, l'ours noir, le castor, le lynx, le béluga et le phoque, ainsi qu'un large éventail d'oiseaux aquatiques et de poissons.

Un peu d'histoire

Le peuple cri – Les Cris du Québec font partie de la grande famille linguistique algonquienne. Leur dialecte est le cri. La population sédentaire, qui se chiffrait en 1997 à quelque 12 000 personnes, est concentrée dans neuf villages : Whapmagoostui (Kuujjuarapik–Poste-de-la-Baleine), Chisasibi, Wemindji, Eastmain et Waskaganish, sur la côte Est de la baie James et de la baie d'Hudson ; Nemaska, Mistassini, Oujé-Bougoumou et Waswanipi, à l'intérieur des terres. Population autochtone des forêts nordiques, les Cris vivent en partie de la chasse (orignal, caribou, castor et oie sauvage) et de la pêche. Autrefois organisés en petits groupes nomades, ils pratiquaient le troc bien avant l'arrivée des Européens.

Entre 1672 et 1713, les coureurs des bois français et les marchands de la Compagnie de la baie d'Hudson (CBH) se livrèrent une concurrence acharnée pour se procurer des fourrures sur les territoires de chasse cris. Dès le début du commerce des fourrures, les employés de la CBH durent compter sur la collaboration des Cris pour survivre, créant très vite des relations d'interdépendance. Au milieu du 19e s. arrivèrent les premiers missionnaires anglicans qui se chargèrent des services de santé et d'éducation. Cependant, le mode de vie des Cris subira peu de changements jusqu'au 20e s.

En 1950, le gouvernement fédéral se manifeste davantage dans la région et instaure un système d'enseignement obligatoire en anglais. Dans les années 1970, les Cris accèdent rapidement à un degré élevé d'autonomie. Ils ont fondé de nombreuses sociétés, dont Air Creebec, et dirigent à présent divers organismes chargés de l'enseignement, de la santé et des services sociaux, ainsi que des programmes relatifs au logement et au développement économique. Chaque communauté est administrée par un conseil de bande local.

Convention de la baie James et du Nord québécois – Dans les années 1960, le gouvernement provincial, jugeant que son expansion économique et ses besoins énergétiques passeraient par le développement des ressources hydro-électriques des régions nordiques, confia à Hydro-Québec la responsabilité d'un gigantesque projet d'aménagement des principales rivières. En 1971, le gouvernement québécois adoptait une loi de développement du territoire du Nord québécois et créait à cet effet la Société de développement de la baie James (SDBJ) pour assurer l'exploitation des richesses naturelles de la région. La même année était fondée la Société d'énergie de la baie James (SEBJ) en vue d'assurer la coordination technique et financière du projet de centrales hydro-électriques par Hydro-Québec. Dès le début, le projet souleva des questions juridiques sur les droits des autochtones, aspect dont n'avait pas tenu compte le gouvernement provincial. Les nations indigènes concernées, Inuits et Cris, obtinrent une injonction d'arrêt des travaux et purent entamer des négociations au niveau fédéral et provincial afin de régler la question des revendications territoriales.

Le 11 novembre 1975, les partis en présence, dont le Grand Conseil des Cris du Québec et l'Association des Inuits du Nord québécois, signèrent la Convention de la baie James et du Nord québécois. Ce fut le premier accord de l'époque contemporaine portant sur le règlement des revendications territoriales des autochtones au Canada. Par cette convention, les Amérindiens et Inuits renonçaient à certains de leurs droits. En retour, ils obtenaient des droits exclusifs de chasse, de pêche et de trappage dans les zones bien délimitées, la propriété de certaines terres (16 % des surfaces revendiquées), la constitution de conseils autochtones pour aider à la gestion des administrations régionales et municipales, le droit de participation dans les décisions concernant les différentes phases du projet, ainsi qu'une compensation financière. De plus, des programmes sociaux (santé, éducation et développement économique) furent mis en œuvre.

Le projet hydro-électrique de la baie James – Conçu dans le but d'exploiter l'immense potentiel hydro-électrique du Nord du Québec, cet ambitieux projet prévoyait à long terme la réalisation de 19 centrales regroupées en trois complexes : La Grande, Grande-Baleine et Nottaway-Broadback-Rupert. Seul le **complexe La Grande** devait voir le jour. La réalisation de sa première phase a pris 12 années de travaux intensifs (de mai 1973 à décembre 1985) et a coûté près de 14 milliards de dollars. Le projet a entraîné l'aménagement d'environ 2 000 km de routes, de cinq aéroports et cinq villages destinés à loger les employés. Au plus fort de son activité, en été 1978, les chantiers comptaient quelque 18 000 ouvriers. La centrale souterraine Robert-Bourassa fut mise en service le 27 octobre 1979, suivie de La Grande-3 en 1982 et La Grande-4 en 1984. Le projet a entraîné le détournement vers la rivière La Grande des rivières Eastmain et Opinaca au Sud, et de la rivière Caniapiscau (Koksoak) à l'Est, afin de former cinq réservoirs. Cette entreprise colossale a exigé la construction de 215 barrages

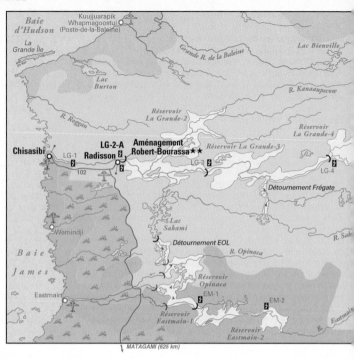

et digues en enrochements, soit 262 400 000 m³ de moraine, de pierre et de sable, quantité suffisante pour construire 80 fois la grande pyramide de Chéops en Égypte. Aujourd'hui, les trois centrales abritent à elles seules 37 groupes turbines-alternateurs, soit une puissance combinée de 10 282 MW. Durant la seconde phase du projet, de 1988 à 1996, les cinq centrales suivantes ont été construites : La Grande-1, La Grande-2-A, La Forge-1, La Forge-2 et Brisay. Avec elles, le complexe La Grande représente désormais une puissance totale de 15 244 MW et fournit plus de la moitié de l'électricité produite au Québec. Terminé dans sa forme actuelle en novembre 1996, il sera véritablement achevé avec la construction d'une dernière centrale, celle d'Eastmain, qui reste encore à bâtir.

Accès – Radisson se trouve à 1448 km au Nord-Ouest de Montréal et à 625 km au Nord de Matagami par la route de la baie James. Au km 6 (au départ de Matagami), un kiosque d'information permet aux visiteurs de se renseigner et de réserver leurs places pour les visites guidées des centrales. Au km 381, un relais routier contient une station-service ouverte jour et nuit ainsi qu'une cafétéria.

Les vols de Montréal, Québec et Val-d'Or à Radisson se font par les lignes aériennes Inter-Canadien, Air Wemindji et Air Creebec. Possibilités d'hébergement (terrains de camping, chambres d'hôtel, location de studios) à Radisson.

Évacuateur de crue
(Aménagement Robert-Bourassa)

Hydro-Québec

LA GRANDE *1/2 journée*

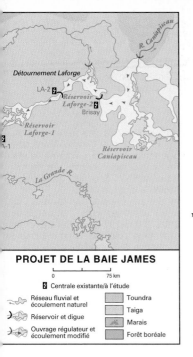

Réservoir Laforge-1

LA-2

Réservoir Laforge-2

Brisay

Réservoir Laforge-1

A-1

Détournement Laforge

R. Caniapiscau

Réservoir Caniapiscau

La Grande R.

PROJET DE LA BAIE JAMES

0   75 km

⚡ Centrale existante/à l'étude

Réseau fluvial et écoulement naturel

Réservoir et digue

Ouvrage régulateur et écoulement modifié

Toundra

Taïga

Marais

Forêt boréale

Radisson – Des cinq villages temporaires créés au moment de la construction du complexe La Grande, seul Radisson a survécu. Il se situe sur la rive Sud de la rivière La Grande, juste à l'Ouest de la route de Matagami et à 5 km à l'Ouest de la centrale Robert-Bourassa. Le complexe Pierre-Radisson (centre communautaire) forme le cœur du village. C'est là que se trouvent les boutiques, le bureau de poste et les infrastructures récréatives comme le gymnase et la piscine. Un hôtel ainsi que les blocs résidentiels où logent les employés d'Hydro-Québec sont reliés au centre par des passages fermés.

★★**Aménagement Robert-Bourassa** – *Visite guidée (4 h) seulement, mi-juin-début sept. tous les jours à 13 h. Reste de l'année sur rendez-vous seulement. Réservations requises (48 h à l'avance).* ⚠ 🍴 ♿ 🅿 ☎ *819-638-8486.* La visite guidée comprend un documentaire sur la construction et le fonctionnement du complexe La Grande, des explications sur la production de l'électricité, le transport sur tout le site et une visite de la centrale Robert-Bourassa. Cette dernière, la plus importante des centrales hydro-électriques du Québec et la troisième du monde, a une puissance installée de 5 328 MW. Le réservoir, qui couvre une superficie de 2 835 km², est contenu par un barrage et 31 digues.

Évacuateur de crue – Prévu pour évacuer les excédents d'eau du réservoir en cas de crues exceptionnelles, il est prolongé par un **escalier de géant**★ : 10 marches de 10 m de hauteur et de 122 m de largeur. Taillé à même le roc, cet ouvrage témoigne des exploits technologiques extraordinaires réalisés au complexe La Grande.

Centrale Robert-Bourassa – Il s'agit de la plus grande centrale hydro-électrique souterraine du monde. Elle se situe à 137 m sous terre, dans une gigantesque caverne de granit d'environ 0,5 km de longueur, équipée de 16 groupes turbines-alternateurs, et possède une chambre d'équilibre destinée à amortir les fortes variations de pression qui se produisent au moment de la mise en marche ou de l'arrêt des machines.

La **centrale La Grande-2-A**, à moins d'un kilomètre à l'Ouest de la centrale Robert-Bourassa, est entrée en service fin 1992. Destinée à produire davantage de puissance aux périodes de pointe de consommation, par l'intermédiaire de six groupes turbines-alternateurs supplémentaires, elle porte la puissance installée à 7 326 MW.

EXCURSIONS AU DÉPART DE RADISSON

Circuit de visite de l'aménagement Robert-Bourassa – *Point de départ : centre d'information d'Hydro-Québec (complexe Pierre-Radisson, à Radisson). Les visiteurs pourront s'y procurer un plan du circuit.* Une route agréable, balisée de panneaux d'interprétation indiquant les principaux points d'intérêt, contourne les digues du réservoir Robert-Bourassa et permet d'admirer, sur une trentaine de kilomètres, le paysage alentour.

Chisasibi – *De Radisson, prendre la route de Matagami en direction du Sud. Après 20 km, tourner à droite et suivre la route (asphaltée) sur 82 km.* L'aménagement hydro-électrique du territoire devait entraîner une forte augmentation du débit de la rivière La Grande à son embouchure, dans la baie James. C'est pourquoi, en 1981, les Cris du village de Fort-George, sur une île sise à l'embouchure de la rivière La Grande, demandèrent – par le biais d'un référendum – à être relocalisés à 8 km en amont. Le nouveau village fut appelé *Chisasibi* (« grande rivière » en langue crie). La baie James s'étend à 15 km à peine du centre de Chisasibi.

Activités – *Organisme d'accueil, l'agence Mandow (☎ 819-855-3373) propose des séjours en pourvoirie ainsi que des visites guidées du village.*

Pour atteindre la baie James, partir du centre-ville. Tourner à droite et continuer tout droit sur 2 km en direction de la rivière La Grande. Tourner à gauche et continuer sur 2 km. À la fourche, tourner à gauche et continuer sur 11 km.

JOLIETTE★

Lanaudière
17 541 habitants
Schéma : LANAUDIÈRE

Située en bordure de la rivière l'Assomption, cette ville industrielle et commerciale est la capitale de la région de Lanaudière. Important centre artistique et culturel, elle abrite par ailleurs un évêché et plusieurs communautés catholiques.

Un peu d'histoire

En 1828, le notaire **Barthélemy Joliette** fit construire un moulin sur les rives de l'Assomption. C'était le descendant du célèbre explorateur Louis Jolliet qui, avec Jacques Marquette, découvrit le Mississippi en 1673. Connue à l'origine sous le nom de L'Industrie, la ville prit son appellation actuelle en 1863, lors de son incorporation. Joliette et sa femme, Marie-Charlotte de Lanaudière, furent les premiers bienfaiteurs de la ville, à laquelle ils cédèrent les terrains où se dressent aujourd'hui l'église ainsi qu'un collège.

Très vite, Joliette acquit la réputation d'une cité des arts et de la culture, sous l'influence des communautés religieuses locales, en particulier celle des clercs de Saint-Viateur. Grâce aux efforts du père **Wilfrid Corbeil** (1893-1979), le musée d'Art de Joliette *(ci-dessous)* devait ainsi voir le jour. Un autre religieux, le père Fernand Lindsay, fonda quant à lui le célèbre Festival de musique de Lanaudière.

Festival international de Lanaudière – Cette prestigieuse manifestation musicale *(voir Calendrier des manifestations)* se déroule à la période estivale. Des interprètes du monde entier donnent des concerts des répertoires classique et populaire dans de nombreuses églises des environs, et dans un remarquable amphithéâtre (1988) bénéficiant d'une excellente acoustique. Celui-ci peut accueillir jusqu'à 10 000 personnes sous son toit et sur ses parterres gazonnés.

Accès – *Joliette se trouve à 75 km au Nord de Montréal par les routes 40 & 31.*

CURIOSITÉS

★ **Musée d'Art de Joliette** – *145, rue Wilfrid-Corbeil. Ouv. juin-août. mar.-dim. 11 h-17 h. Reste de l'année mer.-dim. midi-17 h. Fermé 1er janv. et 25 déc. 4 $. &* ▯ *www.bw.qc.ca/musee.joliette* ☎ *514-756-0311.* Inauguré en 1976, ce musée régional – l'un des plus importants du Québec (collection de plus de 6 000 œuvres) – occupe un bâtiment de style international aux lignes sobres. Outre ses installations permanentes, il propose au public des salles d'expositions temporaires axées sur l'art contemporain.

Sous-sol – Une salle permet de suivre l'évolution des collections du musée de 1885 à nos jours à travers des œuvres d'artistes tels Marc-Aurèle Fortin ou Paul-Émile Borduas.

Rez-de-chaussée – Consacré à l'art sacré québécois et européen du Moyen Âge aux années 1960, cet étage donne l'occasion d'admirer de belles pièces, dont une chaire en bois finement décorée de Saint-Arsène-de-Rivière-du-Loup (v. 1840) et un autel attribué à François Normand, provenant du village de Champlain, en Mauricie. On y voit aussi plusieurs sculptures sur bois du 15e s., notamment un *Christ de pitié*, un *Évêque assis* et un *Moine de Dijon*.

Premier étage – L'évolution des mouvements artistiques canadiens y est mise en évidence, du Groupe des Sept aux Automatistes et aux Plasticiens. Parmi les œuvres majeures figurent des toiles d'Ozias Leduc, de Suzor-Côté, d'Emily Carr, d'Alfred Pellan, de Jean-Paul Riopelle et de Guido Molinari. On remarquera également des œuvres d'artistes internationaux, tels Henry Moore ou Arman.

La **source d'eau de Pit** est située à quelques pas du musée d'Art, dans le parc Renaud, à l'angle de la rue De Lanaudière et de la rue Saint-Charles-Borromée. Habitants et visiteurs viennent se désaltérer et s'approvisionner à cette source d'eau sulfureuse qui fut découverte en 1881 par Pierre Laforest, mieux connu sous le sobriquet de « Pit ». Tout près, on remarquera une statue de Barthélemy Joliette.

Musée d'Art de Joliette

Ozias Leduc : *Les Oignons rouges*

Cathédrale de Joliette – *2, rue Saint-Charles-Borromée Nord. Ouv. tous les jours 12 h-16 h 30.* ♿ 🅿 ☎ *450-753-7596.* Construite entre 1888 et 1892, cette spacieuse église de style romano-byzantin est consacrée au cardinal-archevêque italien du 16ᵉ s., Charles Borromée, qui joua un rôle majeur dans la réforme du clergé au concile de Trente (1545-1563). Elle devint cathédrale en 1904. Son haut clocher la rend visible en divers endroits de la ville. À l'intérieur, des vitraux réalisés en 1912 par Henri Perdriau illustrent des épisodes de l'Ancien Testament. On remarquera également, de la même époque, les stations du chemin de Croix, dues à Georges Delfosse (1869-1939), et au-dessus du maître-autel, une toile d'Antoine Plamondon représentant saint Charles Borromée. Quant aux tableaux d'Ozias Leduc, qui ornent la voûte du transept, ils racontent la vie de Jésus et les mystères du Rosaire.

Restaurant L'Antre Jean

385 rue St-Viateur, ☎ *450 756 0412.* Après avoir visité le musée et la cathédrale, prenez le temps de découvrir la cuisine servie dans ce petit restaurant dont la façade est recouverte de vigne. Au déjeuner, le menu (8 à 13 $) est composé de trois plats avec des spécialités tels que l'omelette et les ris de veau à la crème. C'est le rendez-vous des artistes et des hommes d'affaires.

Derrière la cathédrale, une section de la rivière Assomption est transformée, l'hiver, en **patinoire**. Cette piste – la plus longue en son genre du Québec *(4,5 km)* – attire beaucoup de monde *(terrains de stationnement à Joliette, Notre-Dame-des-Prairies et Saint-Charles-Borromée).*

Résidence Saint-Viateur – À côté de la cathédrale, on distingue l'ancien noviciat de Joliette, remarquable ensemble de bâtiments surmontés d'une tour massive. Cette version moderne de l'abbaye normande de Saint-Georges de Boscherville (13ᵉ s.) fut construite de 1939 à 1941 sous la direction du père Wilfrid Corbeil. Elle abrite l'infirmerie et la maison-mère des clercs de Saint-Viateur, congrégation religieuse fondée en France en 1831 par le père Louis-Marie Querbes.

★**Chapelle** – *Visite guidée (30 mn) seulement, tous les jours de l'année. Réservations requises.* ☎ *450-756-4568.* Cet édifice d'inspiration allemande a conservé son intérieur d'origine. Il fut décoré de 1940 à 1945 par un descendant d'Antoine Plamondon, Marius Plamondon, à qui l'on doit notamment le chemin de Croix sculpté, une partie du mobilier, et surtout les **vitraux**. On remarquera aussi l'orfèvrerie, réalisée d'après les dessins du père Wilfrid Corbeil, et les autels latéraux, conçus par des élèves de l'École du meuble de Montréal.

Maison Antoine-Lacombe – *À Saint-Charles-Borromée, à 2 km au Nord du centre de Joliette. Prendre la rue Saint-Charles-Borromée (qui devient rue de la Visitation) jusqu'à l'angle de la rue Davignon. Ouv. toute l'année mar.–ven. 13 h-18 h, sam.-dim. 13 h-17 h.* ☎ *514-755-1113.* Cette belle demeure de pierre, bâtie en 1847, fut rénovée en 1968. Elle appartient aujourd'hui à la municipalité et sert de lieu d'animation culturelle : expositions d'œuvres d'art, conférences, concerts.

JONQUIÈRE

Saguenay–Lac-Saint-Jean
56 503 habitants
Schéma : Fjord du SAGUENAY

Grand centre industriel sur la rive droite du Saguenay, Jonquière est née de la fusion en 1975 de trois municipalités : la petite ville de Jonquière, Arvida (du nom de son fondateur Arthur Vining Davis) et Kénogami. L'ancienne ville de Jonquière fut fondée en 1847 par Marguerite Belley et ses fils, qui avaient quitté le comté de Charlevoix. Ils la baptisèrent du nom du marquis de Jonquière, gouverneur de Nouvelle-France de 1749 à 1752.

Le début du 20ᵉ s. fut marqué par l'arrivée de deux géants de l'industrie : la papeterie Price à Kénogami en 1912, et l'usine d'aluminium d'**Alcan** à Arvida en 1926, qui fit de cette localité le plus important producteur d'aluminium en Occident. En 1941 fut installé le barrage de la **centrale hydro-électrique de Shipshaw** *(visite guidée seulement, 1 h ; juin-août lun.-ven. 13 h 30-16 h 30; fermé 24 juin ; réservations requises ;* ♿ 🅿 ☎ *418-699-1547).*

Accès – *Jonquière se trouve à 200 km au Nord de Québec par les routes 175 & 170 Ouest.*

CURIOSITÉS *1/2 journée*

★**Église Notre-Dame-de-Fatima** – *3635, rue Notre-Dame. Accès à partir du boul. du Royaume, à l'angle de la rue de Montfort. Ouv. tous les jours de l'année 9 h-17 h.* ♿ 🅿 ☎ *418-542-5678*. Le « tipi » est une église contemporaine (1963), d'une hauteur de 25 m, qui domine les alentours. Construite en béton blanc, elle a la forme d'une pyramide coupée verticalement en deux moitiés. L'intérieur de l'église doit sa remarquable luminosité à la présence d'une double verrière, œuvre de Guy Barbeau, qui sépare les deux moitiés de la pyramide sur toute sa hauteur.

Mont Jacob – *Accès à partir de la rue Saint-Dominique par la rue du Vieux-Pont.* Le mont Jacob domine la partie Ouest de Jonquière et offre une superbe **vue** sur la région. Au sommet, le **Centre national d'exposition** *(ouv. juil.-août tous les jours 10 h-20 h ; reste de l'année tous les jours 10 h-17 h ;* ♿ 🅿 ☎ *418-546-2177)* organise toutes sortes d'événements culturels et d'activités spéciales sur les thèmes de l'art, de l'architecture et de l'histoire.

★**Mont Fortin** – *Accès à partir du boul. du Saguenay par la rue Desjardins. Il est possible de se rendre en voiture jusqu'au sommet, lorsque le portail est ouvert.* Du haut du mont Fortin se découvre un splendide **panorama** avec, d'un côté, le pont d'aluminium et le barrage de Shipshaw, et de l'autre, Kénogami et la ville de Jonquière, reconnaissable à la flèche de l'église Notre-Dame-de-Fatima.

> Partez pour une partie de pêche à la truite tachetée, louez un bateau ou détendez-vous tout simplement au Parc et Promenade de la Rivière-aux-Sables *(2230 rue de la Rivière-aux-Sables)*. Situé dans la partie la plus ancienne de la ville, le Parc et Promenade offre une aire de jeux, une place de marché et un square public, autant de façons de profiter du grand air.

★**Pont d'aluminium** – *Accès à partir du boul. du Saguenay par la route du Pont.* Long de 150 m, il pèse moins de 164 t, soit le tiers du poids d'un pont identique en acier. Construit par la société Alcan en 1948 dans le but de démontrer les qualités de l'aluminium, le pont enjambe un col étroit du Saguenay. Il n'exige aucun entretien, et n'a fait l'objet d'aucune réparation depuis sa construction.

EXCURSIONS

★★★**Fjord du Saguenay** – *Voir ce nom.*
★★**Lac Saint-Jean** – *Voir ce nom.*
★**Chicoutimi** – *Voir ce nom.*

KAHNAWAKE

Montérégie

Schéma : Côte de CHARLEVOIX

Cette communauté mohawk, dont le nom amérindien signifie « au pied des rapides », se trouve sur la rive Sud du Saint-Laurent, près de Montréal.

Un peu d'histoire

En 1668, les Jésuites avaient fondé à La Prairie la mission Saint-François-Xavier, vouée à l'évangélisation des autochtones ; en 1717, la mission fut déplacée en ces lieux. Célèbres pour leur étonnant manque de sensibilité au vertige, les Mohawks de Kahnawake se sont acquis une réputation d'experts dans l'assemblage des charpentes

---

■ Kateri Tekakwitha

Née en 1656 à Auriesville (État de New York) d'un père iroquois et d'une mère algonquine, **Kateri Tekakwitha** devint orpheline dès l'âge de quatre ans à la suite d'une épidémie de variole qui lui laissa le visage marqué et la vue affaiblie. Son oncle la recueillit et lui donna le nom de Tekakwitha, « celle qui avance en hésitant » en mohawk. Baptisée en 1676 par les jésuites, la jeune fille reçut le prénom de Kateri en souvenir de sainte Catherine de Sienne. En 1677, pour fuir les mauvais traitements dont elle était devenue victime dans son village, Kateri partit se réfugier à la mission Saint-François-Xavier. Elle mourut trois ans plus tard à l'âge de 24 ans et devint, à l'occasion du tricentenaire de sa mort en 1980, la première Amérindienne à être béatifiée par l'Église catholique.

métalliques dont se composent les gratte-ciel ; capables d'évoluer à des hauteurs inouïes sans pour autant éprouver de trouble, ils participent souvent à des projets de construction au Canada et aux États-Unis.

Accès – *Kahnawake se trouve à 12 km au Sud de Montréal par le pont Honoré-Mercier (route 138). Prendre la première sortie après le pont.*

CURIOSITÉ

Église – *Ouv. toute l'année lun.-ven. 10 h-midi & 13 h-17 h, sam.-dim. 10 h-17 h. Contribution souhaitée.* ♿ 🅿 ☎ *450-632-6030.* Œuvre du père jésuite Félix Martin, l'édifice fut bâti en 1845 pour remplacer la chapelle de 1717. Il abrite la tombe et les reliques de Kateri Tekakwitha. Un petit **musée** présente une exposition sur la jeune fille et sur le mode de vie mohawk.

KAMOURASKA★

Bas-Saint-Laurent
707 habitants
Schéma : Côte de CHARLEVOIX

En 1674, Louis de Buade, comte de Frontenac et gouverneur de la Nouvelle-France, concédait à Olivier Morel de la Durantaye la seigneurie de Kamouraska (« là où il y a des joncs au bord de l'eau » en algonquin). Les premiers colons arrivèrent l'année suivante. Au 18ᵉ s., Kamouraska était devenu l'un des villages les plus peuplés du Bas-Saint-Laurent. Depuis le 19ᵉ s., la culture des céréales, des pommes de terre et l'élevage laitier ont fait de l'agriculture le pivot de l'économie locale.

Kamouraska a donné son nom à une sorte de toit de maison, le **toit Kamouraska**, appelé aussi toit à larmier (ou avant-toit). Sa forme incurvée, qui apparut d'abord sur quelques édifices publics, dont l'église de Saint-Jean-Port-Joli, confère à plusieurs maisons de la région une silhouette pittoresque.

Accès – *Kamouraska se trouve à 163 km au Nord-Est de Québec par les routes 73 (pont Pierre-Laporte) & 20 (sortie 465).*

© Guy Dagenais

Toit Kamouraska

CURIOSITÉS

Musée de Kamouraska – *69, av. Morel, derrière l'église, au centre du village. Ouv. avr.–mi-juin lun.-ven. 9 h-17 h sur rendez-vous seulement. Mi-juin-mi-oct. tous les jours 9 h-17 h. Oct.-déc. mar.-ven. 9 h-17 h, sam.-dim. 13 h-16 h 30. 4 $.* ♿ 🅿 ☎ *418-492-9783.* Ce couvent transformé en musée fut construit en 1851. Consacré à l'histoire culturelle de la région de Kamouraska, il renferme du mobilier et des objets typiques des maisons et du style de vie des premiers colons européens. Des instruments agricoles et des outils d'artisans témoignent des conditions de travail des pionniers. De nombreuses pièces de l'attirail du pêcheur et des maquettes illustrant les techniques de pêche à l'anguille démontrent l'importance prépondérante

---

■ Y a-t-il anguille sous roche ?

Pour le savoir, rendez-vous au centre d'Interprétation de l'Anguille de Kamouraska *(205 av. Morel, ☎ 418 492 3935)* où, grâce à une visite guidée, vous découvrirez la pêche traditionnelle à l'anguille. Une dégustation d'anguille fumée termine la visite.

---

du Saint-Laurent dans la vie des gens du village. Le musée conserve aussi le vieux retable de la seconde église (1727), sculpté par François-Noël Levasseur en 1737.

Berceau de Kamouraska – *À 3 km à l'Est du village, sur la route 132.* Le cœur du village est connu sous le nom de « Berceau de Kamouraska ». Une petite chapelle en plein air marque aujourd'hui l'emplacement des deux premières églises (1709 et 1727) et du cimetière où quelque 1 300 pionniers furent enterrés.

Halte écologique des battures de Saint-André-de-Kamouraska – *À 9 km à l'Est du Berceau de Kamouraska et à 3 km à l'Ouest de Saint-André, sur la route 132. Ouv. fin juin-début sept. tous les jours 8 h-20 h. Début mai-fin juin & début sept.-fin oct. tous les jours 8 h-18 h. 2 $.* ⚠ ♿ 🅿 ☎ *418-493-2604.* Ce centre d'interprétation vise à stimuler l'intérêt des visiteurs pour la connaissance et le respect de l'écosystème marécageux et fluvial. Des activités d'initiation sur différents thèmes écologiques (faune et flore des marais, bélugas, faucons pèlerins et différentes espèces d'oiseaux) sont animées par des guides spécialisés. Un parcours *(6 km)* mène au marais (le terme « batture » s'appliquant aux terres que la marée descendante laisse à découvert) ainsi qu'à un promontoire rocheux doté de belvédères panoramiques et de postes d'observation ornithologique.

LA BAIE

Saguenay–Lac-Saint-Jean
21 800 habitants
Schéma : Fjord du SAGUENAY

Le centre industriel de La Baie occupe un **site**★ magnifique dans une anse du fjord du Saguenay, plus connue sous le nom de baie des Ha ! Ha ! Selon certains, ce pittoresque toponyme tirerait son origine de la rue des Ha ! Ha !, passage sans issue à Paris au 17ᵉ s. Pour d'autres, les premiers explorateurs – prenant la baie pour une rivière – s'y seraient engagés ; se rendant bientôt compte de leur méprise, ils se seraient alors écriés « Ha ! Ha ! ».

En 1838, des colons arrivèrent dans la région. Ils étaient membres d'une association, la **Société des Vingt-et-Un**, dont le but était d'amorcer la colonisation dans la région du Saguenay-Lac-Saint-Jean. Les trois municipalités qu'ils fondèrent le long des rives de la baie, Bagotville, Port-Alfred et Grande-Baie, fusionnèrent en 1976 pour former la ville de La Baie.

Centre de transformation du bois, cette dernière s'enorgueillit aujourd'hui d'une grande papeterie, mais tire avant tout son importance de ses installations portuaires. De grands cargos en provenance des Antilles et d'Amérique du Sud apportent la bauxite nécessaire à ses usines d'aluminium et à celles de Jonquière. L'été, on peut assister au spectacle historique intitulé **La Fabuleuse Histoire d'un royaume**, évoquant le passé de la région. On peut également jeter un coup d'œil aux saumons qui remontent le courant à la passe migratoire de la Rivière-à-Mars située au cœur de la ville.

Accès – *La Baie est à 212 km au Nord de Québec par les routes 175 & 170, et à 20 km au Sud-Est de Chicoutimi par la route 372.*

CURIOSITÉS

Route panoramique – Juste avant que la route 372 ne plonge en direction de la rivière à Mars dans la baie des Ha ! Ha !, on découvre une **vue**★★ imprenable sur la baie. Par temps clair, le panorama s'étend à 48 km alentour. Un peu plus loin, la route 372 rejoint la route 170 qui longe les rives de la baie, offrant de belles échappées sur une douzaine de kilomètres.

Parc Mars – *À la jonction des routes 170 (rue Bagot) & 372 (boul. Saint-Jean-Baptiste), prendre la rue Bagot, puis tourner à gauche dans la rue Mars.* Ce parc au bord de l'eau dévoile un beau **panorama**★ de la baie et des collines environnantes, et met en scène l'imposant trafic fluvial. Environ 200 000 tonnes de bois et de papier, et plus de trois millions de tonnes de bauxite transitent chaque année par le port.

Musée du Fjord – *3346, boul. de la Grande-Baie Sud (route 170). Ouv. 24 juin-fête du Travail lun.-ven. 8 h 30-18 h, sam.-dim. & jours fériés 10 h-18 h. Reste de l'année lun.-ven. 8 h 30-midi & 13 h 30-17 h, sam.-dim. & jours fériés 13 h-17 h. 4 $.* ♿ 🅿 ☎ *418-697-5077.* Ce musée est consacré à la région du Saguenay, à la province du Québec et au Canada : expositions scientifiques, historiques et artistiques.

EXCURSION

Saint-Félix-d'Otis – *43 km de La Baie*. Ce village et ses environs attirent les réalisateurs de films historiques. Naguère lieu de tournage, le **Site de la Nouvelle-France** *(Vieux Chemin,* ☎ *418 544 8027, www.nouvelle-france /royaume.com)* vous plongera dans l'histoire de la co-

Ne manquez pas **La Pyramide des Ha ! Ha !** au parc des Ha ! Ha ! *(rue Monseigneur-Dufour,* ☎ *418 697 5050)*. Conçue par l'artiste Jean-Jules Soucy, cette pyramide en aluminium haute de 21 m avec une base de 24 m est couverte de 3 000 panneaux signalétiques triangulaires « Céder le passage » rouge et blanc et sert de poste d'observation.

lonisation française. Vous y découvrirez un petit village huron, un camp de Montagnais (Indiens alliés des Français) et une ancienne ferme française avec ses dépendances qui retracent les us et coutumes des Amérindiens et des premiers colons.

LA MALBAIE–POINTE-AU-PIC★

Charlevoix
4 918 habitants
Schéma : Côte de CHARLEVOIX

Officiellement rattachée à la communauté de Pointe-au-Pic en 1995, La Malbaie occupe un **site**★ magnifique sur la rive Nord du Saint-Laurent, à l'embouchure de la rivière Malbaie. Samuel de Champlain lui avait donné le nom de *Malle baye* en 1608, car ses navires, qui avaient mouillé l'ancre dans les parages, s'étaient malheureusement tous échoués... Après la Conquête anglaise, deux officiers écossais, Malcolm Fraser et John Nairn, se virent octroyer des terres autour de la baie. Ils la baptisèrent **Murray Bay** en l'honneur du général James Murray, principal administrateur de la colonie. Les gentilshommes accueillirent de nombreux visiteurs. À leur hospitalité succédèrent plusieurs établissements hôteliers dont le plus connu, le **manoir Richelieu** *(accès par le chemin des Falaises à partir de la route 362)*, est un grand édifice de style château normand surplombant le Saint-Laurent. À l'ombre du manoir, reconstruit en 1929 à la suite d'un incendie, se trouve un second bâtiment (1930) qui accueille depuis 1994 le fameux **casino de Charlevoix**.

Trois municipalités sont aujourd'hui regroupées autour de la baie : La Malbaie-Pointe-au-Pic, Cap-à-l'Aigle et Rivière-Malbaie. Un parcours escarpé, situé à l'entrée Sud de La Malbaie-Pointe-au-Pic, donnera de quoi satisfaire les amoureux du golf. Les amateurs de sports d'hiver pourront quant à eux pratiquer le ski alpin ou le ski de randonnée non loin de là, à la station de Mont-Grand-Fonds.

Accès – *La Malbaie-Pointe-au-Pic se trouve à environ 140 km au Nord-Est de Québec par la route 138 (tour à tour appelée boulevard de Comporté, puis rue Principale).*

CURIOSITÉS

Villas de villégiature – La plupart de ces résidences estivales furent érigées entre 1880 et 1945 sur les deux promontoires qui encadrent La Malbaie. On reconnaît, dans les maisons revêtues de bardeaux de cèdre, l'influence du style Domestic Revival américain, très populaire en Nouvelle-Angleterre. Venus pour chasser et pêcher dans cette région, les villégiateurs appréciaient le cachet rustique des intérieurs conçus par un architecte local, Jean-Charles Warren (1868-1929). Celui-ci érigea une soixantaine de ces grandes villas, premiers exemples du style dit « laurentien », caractérisé par l'emploi de matériaux locaux et une intégration harmonieuse au site. Orientées de façon à profiter du cadre naturel, ces villas offrent de magnifiques panoramas.

Musée de Charlevoix – *1, chemin du Havre. Ouv. fin juin–fête du Travail tous les jours 10 h-18 h. Reste de l'année mar.-ven. 10 h-17 h, sam.-dim. 13 h-17 h. 4 $.* ♿ 🅿 ☎ *418-665-4411*. Consacré à l'art populaire de Charlevoix et à la mise en valeur du patrimoine historique et ethnologique de la région, ce musée présente des objets issus de sa collection permanente (soit environ 4 000 pièces) et propose aussi des expositions temporaires sur des thèmes variés. De la rotonde, on découvre un impressionnant panorama sur les environs.

EXCURSIONS

Chutes Fraser – *À Rivière-Malbaie, à environ 3 km. Après le pont de la rivière Malbaie, prendre à gauche le chemin de la Vallée. Continuer sur 1,5 km, puis tourner à droite (suivre les indications pour le camping). Ouv. mi-mai-nov. tous les jours 8 h-22 h. 2,25 $.* ⚠ ✗ 🅿 ☎ *418-665-2151*. Les chutes de la rivière Comporté s'écoulent dans un cadre agréable. Elles forment une cataracte de 30 m de hauteur qui retombe sur les rochers tel un voile de dentelle.

Parc provincial des hautes-gorges de la rivière Malbaie

La Ferme à Rosanna – *À Notre-Dame-des-Monts, à 16 km par la route 138 Sud et par un petit chemin balisé. Ouv. mi-juin-mi-oct. tous les jours 10 h-18 h. 6 $. ▯ ☎ 418-457-3595 ou 418-457-3764.* Ce téléroman historique de Radio-Canada, qui a battu tous les records de popularité au milieu des années 1980, a été en partie tourné dans la région de Charlevoix – aux Éboulements, dans les églises de Saint-Irénée et Sainte-Agnès – et à **Notre-Dame-des-Monts**. Radio-Canada a recréé la ferme de Rosanna, personnage principal de la série, près de ce village en plein milieu de la montagne.

★**Parc provincial des hautes-gorges de la rivière Malbaie** – *Prendre la route 138 et tourner à droite en direction de Saint-Aimé-des-Lacs. Suivre le chemin forestier sur 35 km. Ouv. début juin-mi-oct. tous les jours 9 h-17 h. 3,50 $/voiture. △ ✗ ⴵ ▯ ☎ 418-439-4402.* Des montagnes de plus de 1 000 m d'altitude dominent la vallée de la rivière des Martres et les gorges encaissées de la rivière Malbaie, qu'une **promenade en bateau** permet d'admirer *(départ du quai, au bout du chemin forestier ; juin-mi-oct. ; 11 h, 13 h 15 et 15 h 30 ; aller-retour 1 h 30 mn ; commentaire à bord ; réservations requises ; 18 $; ⴵ ▯ Croisières Hautes-Gorges Inc., La Malbaie-Pointe-au-Pic ☎ 418-439-1227).*

LA POCATIÈRE★

Bas-Saint-Laurent
4 887 habitants
Schéma : Côte de CHARLEVOIX

Berceau de l'enseignement agricole au Canada, La Pocatière est située dans une zone en terrasses au-dessus de la plaine côtière. Cette localité a conservé sa vocation éducative, et l'on y effectue aujourd'hui d'importantes recherches dans différents domaines, en particulier celui de l'agroalimentaire. Le secteur industriel est également représenté par les usines Bombardier, célèbres pour leurs motoneiges et leurs véhicules guidés sur rail.

Accès – *La Pocatière se trouve à 131 km de Québec par les routes 73 (pont Pierre-Laporte) et 20 (sortie 439).*

CURIOSITÉ

★**Musée François-Pilote** – *À 10 km à l'Est de Saint-Roch-des-Aulnaies, tourner à droite en quittant la route 132. Au sommet de la colline, tourner à droite, puis encore à droite dans le parc de stationnement du collège Sainte-Anne. Ouv. maisept. lun.-sam. 9 h-12 h & 13 h-17 h, dim. 13 h-17 h. Reste de l'année lun.-ven. 9 h-12 h & 13 h-17 h, dim. 13 h-17 h. 4 $.* 🅿 ☎ 418-856-3145. Essentiellement consacré à la vie en milieu rural au début du siècle, ce musée d'ethnologie québécoise porte le nom du fondateur de la première école permanente d'agriculture (1859) au Canada, l'abbé François Pilote.

Métiers d'antan – *Premier étage.* Les gestes du bûcheron, du menuisier, du forgeron, du cordonnier et du tisserand sont évoqués à travers leurs outils ; ceux du paysan sont illustrés par toute une collection d'instruments aratoires. La reconstitution d'une « cabane à sucre » donne l'occasion de découvrir les techniques traditionnelles de fabrication du sirop d'érable. Noter aussi une section consacrée aux moyens de transport de l'époque (traîneaux, voitures à chevaux et autres), ainsi qu'une exposition sur la navigation côtière du milieu du 18e s. au milieu du 19e s., avec des modèles réduits de bateaux et différents instruments de navigation.

Sciences naturelles – *Deuxième étage.* Cette exposition présente l'évolution de l'agriculture depuis l'époque de Champlain (première moitié du 17e s.) jusqu'à nos jours, avec un aperçu sur les techniques du futur. Les salles avoisinantes abritent pêlemêle mammifères canadiens, coquillages, armes à feu et objets religieux.

Habitat – *Troisième étage.* Un salon, une salle à manger et une chambre à coucher recréent le confort et l'aisance d'une famille bourgeoise des années 1920. Plus loin, sept pièces évoquent le mode de vie d'une famille de fermiers du Québec dans les années 1900. Une école rurale, un magasin général et les bureaux du médecin de campagne, du dentiste et du notaire viennent compléter ce tableau thématique.

Enseignement – *Quatrième étage.* L'histoire de l'enseignement agricole au Québec constitue le thème principal de cet étage où sont présentées sur plusieurs salles diverses disciplines telles que l'élevage, l'aviculture, la botanique et la zoologie, mais aussi la chimie, la physique, l'astronomie et les pêcheries. On y trouve également un laboratoire des sols ainsi que la collection Tanguay rassemblant quelque 200 espèces d'oiseaux pour la plupart du Québec.

LA PRAIRIE

Montérégie
17 128 habitants
Schéma : MONTRÉAL

Cette banlieue résidentielle de Montréal se trouve sur la rive Sud du Saint-Laurent. En 1647, la seigneurie de « la prairie de la Magdelaine » fut accordée aux jésuites désireux d'établir une mission dans le but de convertir les Amérindiens et de réduire les hostilités envers les colons européens. Cependant, les guerres iroquoises retardèrent de 20 ans la colonisation. Pour se protéger, les premiers arrivés érigèrent une palissade autour de leur établissement. En 1691, ils durent affronter les forces britanniques de la Nouvelle-Angleterre menées par John Schuyler, commandant d'Albany. La bataille se solda par la victoire des colons et une centaine de morts dans les deux camps.

Les attaques iroquoises cessèrent après le traité de la Paix de Montréal (1701), et la région connut un important essor au cours de la première moitié du 18e s. Après la Conquête anglaise, les commerçants britanniques développèrent les transports et les voies de communication. À la navigation et au transport routier s'ajouta, en 1836, la construction, par la compagnie ferroviaire Champlain and Saint Lawrence Railroad, du premier chemin de fer canadien, qui reliait La Prairie à Saint-Jean-sur-Richelieu. Son principal actionnaire était le fameux financier et brasseur John Molson. Dans les années 1890, quelques briqueteries furent implantées. Elles figurent encore parmi les plus importantes du Canada.

Accès – *La Prairie se trouve à environ 20 km au Sud-Est de Montréal par le pont Champlain et la route 15 Sud (sortie 46). Pour se rendre dans le vieux quartier, prendre la rue de Salaberry jusqu'au boul. Taschereau (route 134) et tourner à gauche (direction Nord). Continuer jusqu'au chemin Saint-Jean (route 104) et tourner une nouvelle fois à gauche.*

VIEUX-LA PRAIRIE

Les incendies de 1846 et de 1901 n'épargnèrent pas beaucoup de bâtiments anciens dans l'arrondissement historique appelé Vieux-La Prairie. Il subsiste néanmoins quelques intéressantes structures de grès qui évoquent les débuts du classicisme anglais *(120, chemin de Saint-Jean et 166, rue Saint-Georges)*. Deux des structures reflètent le modèle d'architecture urbaine né en Nouvelle-France

(115 & 150, chemin de Saint-Jean). La plupart des autres bâtiments du Vieux-La Prairie sont des constructions de bois, comme on en trouvait dans les faubourgs de Montréal au début du 19ᵉ s. *(234, 238 & 240, rue Saint-Ignace).*

Église de la Nativité – *Chemin Saint-Jean. Ouv. tous les jours de l'année 9 h-17 h. Réservations requises.* ♿ ⚑ ☎ *450-659-1133.* Le vieux village, que les habitants appellent « le vieux-fort », est dominé par cette église (1841) dont la monumentale façade néo-classique, surmontée d'un clocher, est devenue au fil des ans le symbole de La Prairie. Deux rangées de colonnades et un clocher coiffé d'un dôme rappellent le modèle lointain de l'ancienne cathédrale catholique de Montréal. L'architecture intérieure, inspirée de l'église londonienne de Saint-Martin-in-the-Fields, présente quant à elle la symétrie et l'ordonnance du style néoclassique.

Musée du Vieux-Marché – *249, rue Sainte-Marie. Ouv. juin-début août lun.-ven. 9 h-16 h 30, dim. midi-16 h. Reste de l'année mar.-jeu. 9 h-17 h. Fermé principaux jours fériés & 24 déc.-début janv. Contribution souhaitée.* ♼ ♿ ⚑ ☎ *450-659-1393.* Construit en 1863, ce bâtiment de brique d'allure classique servit de marché, de caserne de pompiers et de poste de police. Aujourd'hui affecté à la conservation et à la mise en valeur du passé, il abrite désormais la Société historique de La Prairie de la Magdeleine. Des expositions retracent l'histoire du Vieux-La Prairie, tandis qu'une salle de documentation met à la disposition des chercheurs répertoires généalogiques, volumes de références et documents d'archives.

Réserve faunique LA VÉRENDRYE
Outaouais-Abitibi

Nommée en l'honneur de l'illustre explorateur des Rocheuses Pierre Gaultier de Varennes, **sieur de La Vérendrye**, cette immense réserve faunique (13 615 km²) fut créée en 1939. Elle constitue un véritable paradis pour les amoureux de la nature. Ses nombreux lacs et cours d'eau, qui alimentent les rivières des Outaouais et Gatineau, sont peuplés d'une centaine de variétés d'oiseaux et de poissons dont le brochet, le doré, la perche et la truite mouchetée. Les vastes forêts de conifères qui couvrent le territoire abritent par ailleurs toutes sortes de mammifères, de l'orignal au castor en passant par le cerf, l'ours et le renard.

Accès – *La réserve est située à environ 300 km au Nord-Ouest de Montréal par les routes 15 & 117. L'entrée Nord est à 54 km de Val-d'Or. On y trouve des terrains de camping, des petits chalets et un relais hôtelier.*

Activités – *Quelque 800 km de parcours agrémentés d'aires de camping sauvage et de portages sont offerts aux canoteurs. Le point de départ préféré est le lac Jean-Péré qui offre aux débutants des circuits relativement aisés. On peut louer des canots et des bateaux de pêche.*

VISITE

Compter environ 3 h pour la traversée de la réserve en voiture. Ouv. fin mai-oct. tous les jours 8 h-16 h. △ ♼ ♿ ⚑ *www.sepaq.com* ☎ *819-438-2017.*

Route 117 – Une route principale, la 117 *(180 km)*, traverse la réserve en offrant de jolies vues de ses multiples lacs et ruisseaux. On remarquera tour à tour le **lac Jean-Péré**, l'un des hauts lieux du parc, le réservoir Cabonga, qui contrôle le débit de la rivière Gatineau, et le réservoir Dozois, qui régularise le cours de la rivière des Outaouais (plus loin, la route passe d'ailleurs par le barrage de cette dernière).

© Wayne Lankinen/VALAN PHOTOS

Dur-bec des pins

LAC-BOUCHETTE

Saguenay—Lac-Saint-Jean

1 445 habitants

Schéma : Lac SAINT-JEAN

Cette bourgade, nichée entre les lacs Ouiatchouan et Bouchette, fut fondée en 1890. Le lac dont elle porte le nom fut baptisé en souvenir de l'ingénieur et arpenteur-géomètre Joseph Bouchette qui avait exploré la région vers 1820 pour en faire un relevé cartographique.

Lieu de pèlerinage – C'est à son ermitage que la localité doit principalement sa renommée. En 1907, **Elzéar Delamarre** (1854-1925), supérieur du séminaire de Chicoutimi, décida de construire une chapelle et d'établir un lieu de retraite estivale à l'endroit même où il avait l'habitude de passer ses étés. Il y découvrit, en 1916, une grotte naturelle semblable à la grotte de Massabielle, à Lourdes. À sa mort, beaucoup de pèlerins venaient déjà se recueillir sur les lieux. Aujourd'hui, l'ermitage reçoit chaque année plus de 200 000 visiteurs.

Accès – *Lac-Bouchette se trouve à 218 km de Québec et à 25 km au Sud de Chambord sur le lac Saint-Jean par la route 155.*

CURIOSITÉ

★**Ermitage Saint-Antoine** – *À 2 km à l'Ouest de la route 155. Ouv. tous les jours 7 h 30-23 h.* ⚠ ✗ ♿ 🅿 *www.destination.ca/ermitage* ☎ *418-348-6344.* Le site est dominé par un monastère de brique rouge érigé en 1924 par les capucins, gardiens de l'ermitage.

Première chapelle – Construite en 1907 par l'abbé Delamarre, elle était consacrée à saint Antoine de Padoue. Après la découverte de la grotte, l'abbé décida de faire agrandir l'édifice et le dédia à Notre-Dame de Lourdes. Le bâtiment se distingue par son style néogothique anglais, avec des voûtes en éventail. Devenue nef latérale depuis les travaux d'agrandissement, la chapelle d'origine abrite la sépulture de l'abbé Delamarre. Sur les murs du modeste édicule, on retrouve un très bel ensemble de 23 **tableaux★** représentant la vie et les miracles de saint Antoine de Padoue ; ces toiles furent peintes entre 1908 et 1920 par Charles Huot (1855-1930).

Chapelle mariale – Cette chapelle de style moderne (1950) adopte la forme d'une grotte. Elle se distingue par de beaux vitraux dessinés et réalisés par Guy Bruneau en 1971. On notera, au fond, un grand vitrail représentant Bernadette Soubirous à genoux au pied de Notre-Dame de Lourdes.

Aux abords de la chapelle – Un escalier conduit de la chapelle mariale à la fameuse grotte. Un peu plus loin s'élève une chapelle en plein air d'où l'on découvre une vue sur le lac. À quelques pas encore se trouvent une réplique du Saint Escalier de Rome et un sentier qui conduit au chemin de Croix, composé des 14 stations.

LACHINE

Région de Montréal

35 171 habitants

Schéma : MONTRÉAL

Paisible communauté sur les rives du Saint-Laurent, Lachine possède un riche passé étroitement lié au développement de la colonie française et à l'évolution commerciale et industrielle de la province. En 1667, les sulpiciens octroyèrent une seigneurie à l'explorateur Robert Cavelier de La Salle à l'endroit même où le fleuve forme le lac Saint-Louis. Le fief fut bientôt surnommé « La Chine » par dérision, car La Salle avait cru qu'en remontant le Saint-Laurent, il découvrirait le fameux passage vers l'Asie mystérieuse. Très vite, la localité devint un poste de défense de Ville-Marie, ancien nom de Montréal. Dans la nuit du 4 août 1689, environ 1 500 Iroquois attaquèrent le village et l'incendièrent par représailles ; deux ans plus tôt, le gouverneur de la colonie avait en effet ordonné l'exécution de plusieurs de leurs chefs. Deux cents personnes périrent au cours de l'affrontement, et une centaine d'autres furent capturées, dont le sort ne fut jamais connu.

Accès – *Lachine se trouve à 19 km du centre-ville de Montréal par la rue Wellington & le boul. LaSalle. On y accède aussi par la route 20 Ouest. Il est également possible de prendre le métro à Montréal en emportant sa bicyclette (sam.-dim. seulement) jusqu'à la station Lionel-Groulx.*

CURIOSITÉS

★**Rapides et canal de Lachine** – À la sortie du lac Saint-Louis, le Saint-Laurent subit, sur une distance de 2 km, un changement de dénivellation de 2 m. En 1603, Champlain, du haut du mont Royal, avait déjà noté l'existence « d'ung sault d'aue le plus impetueulx qu'il est possible de veoir » juste en amont du fleuve. Aujourd'hui domestiqués, les célèbres rapides n'en sont pas moins impressionnants, et l'on peut

Lachine Rapids Tours LTD

Expédition en bateau-jet (Rapides de Lachine)

imaginer les difficultés qu'ils posèrent jadis aux explorateurs désireux de les franchir. Dès 1680, le supérieur du séminaire Saint-Sulpice, Dollier de Casson, suggéra le percement d'un canal pour contourner ces eaux tumultueuses. Ce n'est pourtant qu'en 1821 que le projet fut mis en chantier. Achevé en 1824, cet ouvrage de 13,6 km de long allait relier le lac Saint-Louis au port de Montréal. Il comportait sept écluses pouvant élever le niveau des vaisseaux de 14 m. Il fut élargi deux fois, de 1843 à 1849 et de 1873 à 1884, et jusqu'à l'ouverture de la voie maritime du Saint-Laurent en 1959, il demeura la seule voie à contourner les rapides. Aujourd'hui désaffecté, le canal forme un long couloir récréatif d'une quinzaine de kilomètres. Une piste cyclable très agréable, longeant les anciens entrepôts de Montréal et de Verdun, relie le Vieux-Port à Lachine. L'hiver, elle se transforme en sentier de ski de fond. Les rapides sont visibles du boulevard LaSalle, dans la ville de LaSalle Des **expéditions**★★ en bateau-jet au départ du Vieux-Port de Montréal promettent une descente palpitante sur le fleuve. *Le canal est fermé pour travaux jusqu'en 2002.*

Musée de la ville de Lachine – *Sur le boul. LaSalle, à gauche juste avant de traverser le canal.* ☯ *Angrignon ; bus 110 ou 114. Ouv. avr.-fin déc. mer.-dim. 11 h 30-16 h 30.* ☐ ☎ *514-634-3471 (poste 346).* Aujourd'hui connu sous le nom de maison Le Ber-Le Moyne, l'édifice dans lequel se trouve le musée fut construit entre 1669 et 1685 par Charles Le Moyne et Jacques Le Ber, deux des premiers marchands à s'établir à Lachine. L'intérieur contient des meubles et des outils d'époque, des documents relatant l'histoire de la ville et des objets d'artisanat. Une structure moderne adjacente (le pavillon Benoît-Verdickt) expose des meubles datant des années 1850 à nos jours et propose des expositions itinérantes d'art contemporain.

Du musée, on voit se profiler l'église de Kahnawake, de l'autre côté du lac.

Parc René-Lévesque – *Du boul. LaSalle, prendre à gauche le chemin du canal.* Cet espace vert est aménagé sur une péninsule du lac Saint-Louis qui, gagnée sur le fleuve, fut remblayée de 1873 à 1884 pour abriter la troisième entrée du canal Lachine. Autrefois connu sous le nom de « Grande-Jetée », le parc fut rebaptisé en l'honneur de René Lévesque (1922-1987), Premier ministre du Québec de 1976 à 1985. On peut se rendre à pied ou à bicyclette jusqu'à la pointe de la péninsule. Les sentiers, agréablement aménagés, sont décorés d'une douzaine de sculptures. On y remarquera une œuvre de Georges Dyens intitulée *Les Forces vives du Québec*. De la péninsule, admirer le Saint-Laurent à sa sortie du lac Saint-Louis, la ville de Lachine, et en aval, les ponts qui traversent le fleuve. L'été, un traversier relie la pointe de la péninsule au parc Saint-Louis.

Centre d'interprétation du canal de Lachine – *711, boul. Saint-Joseph, sur l'île Monk, à l'extrémité de la 7ᵉ Av. Ouv. mi-mai-fête du Travail lun. 13 h-18 h, mar.-dim. 10 h-12 h et 13 h-18 h.* ☐ ☐ ☎ *514-283-6054.* Petit bâtiment de pierre construit en 1974, le pavillon Monk présente la construction du canal de Lachine et son histoire au moyen de photographies. Au plus fort de l'activité du canal, 15 000 bateaux transportant du blé et du bois d'œuvre passaient chaque année par ses écluses. Dans la deuxième moitié du 19ᵉ s., les entrepreneurs, exploitant le potentiel hydraulique de la région, avaient établi le long du canal la plus forte concentration d'industries au Canada (fabriques de clous, moulins à farine, moulins à scie, etc.).

★ **Lieu historique national du Commerce-de-la-Fourrure-à-Lachine** – *Sur le boul. Saint-Joseph, face à la 12ᵉ Av. et au collège Sainte-Anne. 4 Angrignon, puis bus 195. Ouv. avr.-mi-oct. lun. 13 h-18 h, mar.-dim. 10 h-18 h. Mi-oct.-nov. mer.-dim. 9 h 30-17 h. 3 $.* ♿ 🅿 ☎ 514-637-7433. Le vieux hangar de pierre qui servit d'entrepôt à fourrures de 1803 à 1859 fait maintenant revivre l'épopée montréalaise de la fourrure. Le visiteur circule parmi les ballots de fourrure, les caisses de marchandises et identifie les étapes de l'histoire de ce commerce. On y trouve des cartes des territoires de piégeage et des postes de traite qui appartenaient à la compagnie du Nord-Ouest et à la Compagnie de la baie d'Hudson. Il fut un temps où près de 80 % des fourrures exportées en Europe passaient d'abord par Lachine, avant la fusion de ces deux compagnies en 1821.

Promenade Père-Marquette – *Accès principal par le boul. Saint-Joseph, face à la 18ᵉ Av.* La promenade le long du lac Saint-Louis fut nommée en l'honneur du père Jacques Marquette (1637-1675) qui, avec Jolliet, découvrit le Mississippi en 1673. Le promeneur peut voir le couvent des sœurs de Sainte-Anne qui dirigent d'ailleurs le collège Sainte-Anne (1861), en face de l'entrepôt, et plus loin, l'église des Saints-Anges-Gardiens (1919).

LANAUDIÈRE

Lanaudière

Située à la limite Sud du bouclier laurentien, la région de Lanaudière forme un couloir de plaines fertiles qui s'étend du Saint-Laurent au Sud jusqu'au réservoir Taureau au Nord, et des Laurentides à l'Ouest jusqu'à la Mauricie à l'Est. Elle tire son nom de Marie-Charlotte de Lanaudière, fille du seigneur de Lavaltrie et femme du notaire Barthélemy Joliette, qui construisit plusieurs moulins dans la région et finança le premier chemin de fer, au milieu du 19ᵉ s. D'une grande variété de paysages, ce « Québec miniature » offre une profusion d'activités de plein air : canotage et randonnées pédestres en été, ski et motoneige en hiver. Le prestigieux Festival international de Lanaudière *(voir Calendrier des manifestations)*, à Joliette, et l'Exposition agricole régionale de Berthierville attirent aussi beaucoup de visiteurs.

CIRCUIT AU DÉPART DE TERREBONNE *305 km*

★ **Terrebonne** – *Voir ce nom.*

Prendre la route 125 en direction de la route 25. Sortir par la route 640. À la sortie 22 Est, prendre la route 138 vers l'Est.

Repentigny – *23 km.* Repentigny se situe sur les rives du Saint-Laurent, au confluent de la rivière des Prairies et de la rivière l'Assomption. La ville fut baptisée en l'honneur de Pierre Le Gardeur de Repentigny, à qui cette seigneurie fut octroyée en 1647.

L'**église Notre-Dame-des-Champs** *(187, boul. Iberville. Après la rue Notre-Dame, tourner à gauche. Ouv. toute l'année lun.-jeu. 8 h 30- 9 h 30, ven. 15 h-16 h 30, sam. 16 h-17 h, dim. 9 h-12 h. ☎ 450-654-5732)* est une surprenante construction moderne conçue en 1963 par Roger d'Astous, ancien élève de l'illustre architecte américain Frank Lloyd Wright dont l'influence est évidente dans les lignes organiques du bâtiment. Les murs aux courbes caractéristiques rappellent la forme d'une tente et renferment un harmonieux espace intérieur éclairé par une rangée de fenêtres ponctuant la partie supérieure des murs. Un campanile moderne jouxte le passage couvert qui mène à l'église. L'**église de la Purification** *(Rue Notre-Dame, entre les rues Hôtel-de-Ville & Brien. Ouv. lun.-ven. 9 h 30-17 h.* ♿ *☎ 450-581-2484)*. Cette église fut tours fut construite en 1723, sous le Régime français. Elle fut agrandie et décorée à plusieurs reprises, notamment en 1850, par Louis-Xavier Leprohon, et subit d'importants dégâts en 1984, suite à un incendie. Le maître-autel possède un retable (1761) attribué à Philippe Liébert et un tombeau (1808) réalisé par Louis-Amable Quévillon. Au-dessus du maître-autel trône une *Présentation de Jésus au Temple* peinte par Pierre Lussier en 1992. Les autels latéraux (1747-1759) seraient les seules œuvres existantes d'Antoine Cirier. Noter aussi deux verrières (1994) dues à l'artiste-peintre Marcel Chabot.

Prendre la route 138 (chemin du Roy) vers le Nord-Est, et continuer sur 1 km après la jonction avec la route 158 Ouest.

La route suit la rive du Saint-Laurent et offre de nombreux points de vue sur le large et majestueux fleuve.

Chapelle des Cuthbert – *46 km. Ouv. juin-fête du Travail tous les jours 10 h-18 h.* ♿ 🅿 *☎ 450-836-8158.* En 1765, James Cuthbert, aide de camp du général Wolfe, achetait la seigneurie de Berthier. Son épouse Catherine repose dans la chapelle qu'il fit construire à sa mémoire en 1786. L'édifice, dédié à saint André, devint le premier lieu de culte presbytérien de la province, et fut utilisé jusqu'en 1856.

Retourner à la jonction avec la route 158 Ouest et continuer vers l'Ouest.

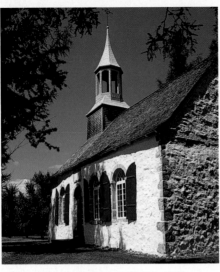

Chapelle des Cuthbert (Berthierville)

★**Joliette** – *27 km. Voir ce nom.*

De Saint-Charles Borromée, continuer vers le Nord par la rue de la Visitation (route 343 Nord), et prendre à droite la route 348 Est qui suit la rivière Assomption et traverse Sainte-Mélanie, jusqu'au croisement avec la route 131 Nord (26 km). Continuer par la route 131 Nord en direction de Sainte-Émélie-de-l'Énergie (29 km).

Le paysage devient plus montagneux et la route 131 Nord pénètre l'étroite **vallée de la rivière Noire★**, traversant à maintes reprises la sombre et profonde rivière ponctuée de splendides cascades.

★**Sept-Chutes de Saint-Zénon** – *À 20 km de Sainte-Émélie-de-l'Énergie. Ouv. mi-mai-oct. tous les jours 9 h-17 h. 3,25 $.* ☐ ☎ *450-884-0484.* Seul le « voile de la mariée » (hauteur : 60 m) – particulièrement spectaculaire en période de crue – est accessible. Un solide escalier de bois permet l'ascension jusqu'au sommet des chutes et conduit au lac Guy. De là, le sentier serpente à travers les bouleaux et les rochers moussus vers des cascades cachées et vers le paisible lac Rémi *(à 15 mn du lac Guy).* Sur l'autre rive, une impressionnante falaise se dresse à pic. Ceux qui souhaitent prolonger la randonnée peuvent revenir au lac Guy et suivre le circuit du mont Brassard *(3 h)* qui aboutit à un belvédère (150 m) offrant une **vue★** merveilleuse sur la vallée de la rivière Noire au Sud. La piste traverse une luxuriante forêt de bouleaux et de pins. Avant d'arriver à la descente abrupte qui mène aux cascades, le belvédère du Mont-Brassard offre une large **vue** sur le lac Rémi et les Laurentides, à l'Ouest.

Continuer par la route 131 Nord.

Saint-Zénon – *14 km.* Ce village, encerclé de montagnes, surplombe la vallée de la rivière Sauvage. De l'église, en regardant au Nord, on a une belle **vue** de la vallée connue sous le nom de « Coulée des Nymphes ».

Saint-Michel-des-Saints – *15 km.* Le village de Saint-Michel-des-Saints se situe en bordure de la rivière Matawin, juste avant que ses eaux trépidantes ne se déversent dans le paisible réservoir Taureau. Fondée en 1862 par le curé Léandre Brassard et deux confrères, la petite localité se trouvait à l'époque à 80 km au Nord de tout lieu habité. Elle ne fut baptisée qu'en 1883 par Mgr Ignace Bourget. L'industrie du bois, mais aussi le tourisme, la pêche, la chasse et les sports nautiques constituent aujourd'hui l'essentiel de l'économie régionale.

Une **excursion** en hydravion *(départ janv.-mars lun.-ven. ; mai-oct. tous les jours ; 35 $; Cargair Ltée ☎ 450-833-6836)* offrira une vue sans pareille sur les vastes étendues sauvages qui entourent le réservoir.

★**Réservoir Taureau** – Cet immense réservoir artificiel, appelé lac Toro par les Atikamekw, fait près de 700 km de circonférence. Achevé en 1931, il sert à contrôler les flots tumultueux de la rivière Saint-Maurice et à alimenter la centrale électrique de Shawinigan. Son barrage est situé à l'endroit où se trouvaient autrefois les rapides Taureau de la rivière Matawin.

Dotée de nombreuses plages de sable fin, cette vaste étendue d'eau se prête fort bien à la pratique des sports nautiques.

La route 131 Nord continue jusqu'à la réserve faunique Mastigouche (1 547 km²). Cette dernière abrite une grande variété de gibier et de poissons, dont l'omble de fontaine. Chasse, pêche, canotage, ski de randonnée et observation de la nature y feront le bonheur des amateurs de plein air.

Revenir à Saint-Michel-des-Saints. Prendre la route 131 vers le Sud en direction de Sainte-Émélie-de-l'Énergie (47 km), puis la route 347 vers Saint-Côme.

Avec plus d'une vingtaine de pistes, la station de ski de Val Saint-Côme *(à 12 km de la jonction des routes 347 & 343)* est l'un des plus grands centres de sports d'hiver de la région.

Continuer vers le Sud par la route 343.

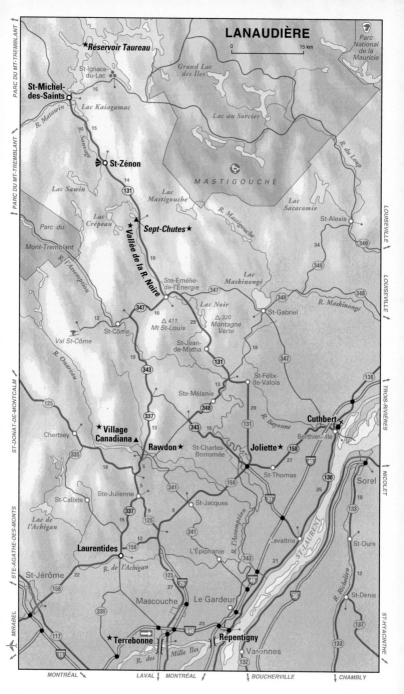

★Rawdon – *À 89 km au Sud de Saint-Michel par les routes 343 & 337. Voir ce nom.*

Laurentides – *25 km par la route 337.* C'est dans ce petit centre industriel et commercial, autrefois appelé Saint-Lin-des-Laurentides, que naquit **Sir Wilfrid Laurier** (1841-1919). Avocat et homme politique, Laurier *(p. 52)* fut le premier Canadien français à occuper le rôle de Premier ministre, de 1896 à 1911.

Lieu historique national de Sir-Wilfrid-Laurier – *À l'angle de la 12ᵉ Av. (route 158) & de la route 337. Visite guidée (1 h) seulement, mi-mai-juin lun.-ven. 9 h-17 h. Juil.-août mer.-dim. 10 h-18 h. 2,50 $.* ॓ **P** *www.parkscanada.gc.ca/laurier* ☎ *514-439-3702.* Un centre d'interprétation évoque la vie et l'œuvre du célèbre Premier ministre canadien, tandis qu'une modeste maison de brique rouge, tout à côté, recrée l'atmosphère d'un logis québécois vers 1850, époque à laquelle Laurier était encore enfant.

LAURENTIDES★★

Laurentides

Les Laurentides traversent le Québec d'Est en Ouest. Formées à l'ère précambrienne, il y a plus d'un milliard d'années, elles figurent parmi les plus anciennes montagnes du globe, et font partie du Bouclier canadien, vaste plateau en fer à cheval qui encercle pratiquement toute la baie d'Hudson. Ce sont des montagnes peu élevées dont le sommet, le mont Tremblant, atteint 968 m. Été comme hiver, les Montréalais empruntent la route 15 en grand nombre pour profiter de cette vaste zone de détente et de loisirs.

Un peu d'histoire

La région des Laurentides n'était que très faiblement peuplée avant l'arrivée du curé **Antoine Labelle** (1833-1891), personnage légendaire qui fut en son temps sous-ministre de l'agriculture et de la colonisation. Labelle consacra sa vie entière à persuader ses compatriotes canadiens français de coloniser cette région encore sauvage plutôt que d'aller chercher fortune dans les filatures des États-Unis, pays de foi protestante. Voyageant à pied ou en canot, il choisissait des sites propices à l'établissement de nouvelles colonies et fonda plus de 20 paroisses dans les Laurentides. Aujourd'hui, bon nombre de ces villages portent encore le nom du saint de la paroisse, surtout dans la

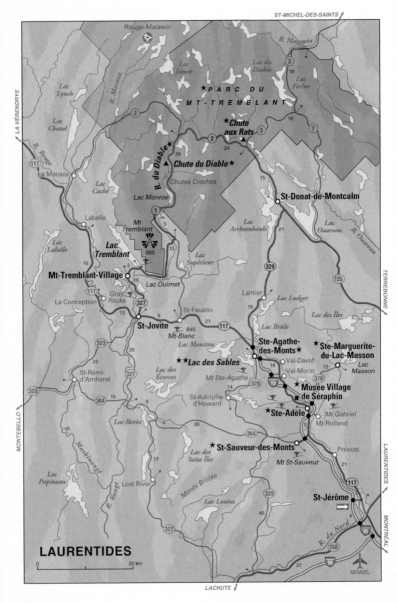

LAURENTIDES

0   20 km

région au Nord de Montréal. Ainsi, la région qui longe la rivière du Nord, où se trouvent Saint-Jérôme, Saint-Sauveur, Sainte-Adèle et Sainte-Agathe, est surnommée la **vallée des Saints**.

Malgré les efforts de Labelle pour encourager l'agriculture, l'exploitation des fermes s'avéra peu rentable. Le tourisme allait prendre la relève, beaucoup de Montréalais en quête d'activités récréatives appréciant ce que la région avait à offrir. De nos jours, plaisanciers, baigneurs et pêcheurs se partagent les nombreux lacs des lieux, tandis que les montagnes accueillent les amateurs d'équitation ou de randonnée pédestre et les adeptes du golf. La saison estivale signale l'ouverture de plusieurs théâtres, alors qu'en automne, les forêts se parent de splendides couleurs – rouge feu, orange, jaune d'or – pour le plus grand plaisir des visiteurs. Ces derniers pourront, en hiver, goûter aux joies du ski alpin, du ski de randonnée et de l'« après-ski ». Les Laurentides possèdent d'ailleurs le plus grand nombre de stations de sports d'hiver d'Amérique du Nord, et les principaux centres de villégiature attirent une clientèle venue des quatre coins du monde. Au bord des lacs ou à flanc de montagne se nichent d'innombrables chalets, des plus modestes aux plus luxueux.

DE SAINT-JÉRÔME À SAINT-DONAT *177 km*

Saint-Jérôme – *À 51 km de Montréal par la route 15 (sortie 43, rue de Martigny-Est).* Important centre administratif, la « Porte des Laurentides » occupe un joli site au bord de la rivière du Nord. Elle fut fondée en 1830, et grâce aux efforts du curé Labelle, connut un rapide essor.

Cathédrale – *Rue Saint-Georges. Ouv. tous les jours de l'année 7 h 30-16 h 30.* ☎ 450-432-9741. Ses hautes flèches dominent Saint-Jérôme de toute leur hauteur. Construite entre 1897 et 1900, l'imposante église devint cathédrale en 1951. Les formes arrondies du portique et des clochetons, et le monumentalisme du décor évoquent le style romano-byzantin. À l'intérieur, les vitraux ont été réalisés par D.A. Beaulieu, de Montréal.

La cathédrale se dresse en face d'une jolie place au centre de laquelle une **statue** de bronze d'Alfred Laliberté a été érigée à la mémoire du curé Labelle. Sur la place, côté Nord, un centre d'exposition axé sur l'art contemporain occupe l'ancien palais de justice.

Promenade – Située entre la rue de Martigny et la rue Saint-Joseph, cette promenade *(610 m)* est jalonnée de panneaux descriptifs qui font revivre l'histoire de la communauté. Le visiteur bénéficie d'une agréable vue sur la rivière du Nord.

Du centre de Saint-Jérôme, prendre la rue de Martigny Est vers la route 117 (boul. Labelle), et continuer en direction du Nord.

La route passe par la communauté de Prévost *(14 km)* où habita longtemps **Hermann Johannsen**, plus connu sous le nom de « Jackrabbit ». Cet intrépide sportif introduisit le ski de fond dans les Laurentides, et traça de nombreuses pistes, parmi lesquelles la célèbre Maple Leaf, qui va de Prévost au mont Tremblant.

En suivant la route vers le Nord, on voit peu à peu apparaître des stations de ski. En 1932, c'est dans cette région qu'on installa le premier remonte-pente. Pour la modique somme de cinq cents, le skieur était tracté jusqu'en haut de la colline par un système de poulies, de cordes et d'agrès mû par un moteur de voiture.

■ Parc linéaire le P'Tit Train du Nord

Accès – *Route 15 et/ou 117 depuis Saint-Jérôme ou depuis l'un des 23 villages qui bordent le parc. Ouv. de déc. à av. pour le ski de randonnée et le motoneige, et de mai à oct. pour les excursions pédestres et le cyclisme. 5 $ la journée ou 10 $ la saison.* ☎ 450 436 8532, www.laurentides.com
Depuis plus de 70 ans, la ligne de chemin de fer Le P'tit Train du Nord conduit les amoureux de la nature vers les nombreux parcs et stations de sports d'hiver des Laurentides. Aujourd'hui, randonneurs, cyclistes, skieurs et même amateurs de motoneige apprécient tout particulièrement « le parc linéaire », récemment aménagé, pour ses 200 km de pistes balisées. Parmi les 23 villages constituant les points d'accès au parc, Val-David et Mont-Tremblant sont les plus connus. D'anciennes gares ont été converties en centre de services où l'on trouvera informations sur le parc, cafés, stands de réparation de vélos, toilettes et douches. Des circuits de différents niveaux permettent à tous d'admirer les champs, forêts, lacs et rivières composant les vastes étendues laurentiennes. Les excursionnistes se dirigeront de préférence vers la section St-Faustin-Lac Carré/Mont-Tremblant pour faire un pique-nique et se baigner à la plage municipale du Old Mont-Tremblant Village, tandis que d'autres opteront pour un séjour prolongé dans les B&B pittoresques postés en bordure de parcours.

Faire 5 km sur la route 117, puis prendre à gauche la route 364, et la suivre sur 2 km.

★**Saint-Sauveur-des-Monts** – Cette petite ville blottie au creux des montagnes jouit d'une multitude de restaurants, de boutiques de mode et d'artisanat, de cafés, de bars et de discothèques, presque tous situés le long de la rue Principale, à proximité de l'église de Saint-Sauveur (1903).

Saint-Sauveur est l'un des plus anciens centres de villégiature de la région ; les visiteurs s'y rendaient déjà en 1930. La station de ski de **Mont-Saint-Sauveur**, dotée de plus de 30 remontées mécaniques à moins de 3 km du village, est d'ailleurs l'une des plus importantes des Laurentides.

★**Pavillon 70** – *Au bas de la pente n° 70. De la rue Principale, tourner à gauche dans l'av. Saint-Denis et continuer sur 1 km vers le mont Saint-Sauveur.* Construit en 1977, ce pavillon d'accueil pour les skieurs est un véritable palais de bois. Dotée d'une façade monumentale surmontée de deux cheminées massives, cette œuvre de Peter Rose a introduit l'architecture post-moderne au Québec.

Rejoindre la route 117.

La route 117 poursuit son chemin à travers les montagnes. La rivière du Nord, qui relie de nombreuses localités entre elles, invite les sportifs à de fabuleuses traversées des rapides en canot.

★**Sainte-Adèle** – *9 km.* Niché dans les Laurentides, Sainte-Adèle occupe un **site**★ de choix, entourant un petit lac du même nom. En 1834, Augustin-Norbert Morin (1803-1865), avocat et homme politique, fonda le village et lui attribua le nom de sa femme, Adèle.

Aujourd'hui, un vaste et luxueux hôtel de villégiature, le **Chantecler**, domine le village. Sainte-Adèle compte deux centres de ski alpin, celui des Côtes 40-80 et celui du Chantecler, où s'entraîne l'équipe canadienne de ski alpin. Prisée des artistes et des écrivains, cette bourgade est dotée de nombreux restaurants et d'auberges charmantes.

De part et d'autre de la route, on notera un grand nombre de stations de sports d'hiver. La route 117 traverse Val-Morin et Val-David, renommés pour leurs théâtres d'été et leurs hôtels.

Sainte-Adèle

■ Claude-Henri Grignon

Originaire de Sainte-Adèle, l'écrivain et journaliste Claude-Henri Grignon (1894-1976) publia en 1933 son célèbre roman *Un Homme et son péché*, dont l'action se déroule dans le village. Cette histoire de l'avare **Séraphin Poudrier**, qui valut à son auteur le prix Athanase David en 1935, nous reporte au temps de la colonisation des « pays d'en Haut ». Elle fut adaptée pour la radio, la télévision et le cinéma. L'œuvre de Grignon, écrite dans un style réaliste et naturaliste, demeure un classique de la littérature québécoise.

SE LOGER À MONT-TREMBLANT

Château Mont-Tremblant – *3045 Chemin Principal, Mont-Tremblant. Restaurant, accès handicapés, parking, piscine.* ☎. *819 681 7000, 1 800 441 1414. Internet : www.cphotels.ca. 316 chambres de 125 à 200 $.* À flanc de montagne, ce lieu de villégiature doté de 316 chambres et appartenant au groupe Canadian Pacific Hotels est en parfaite adéquation avec l'esprit 18ᵉ s. du vieux village. L'imposante et élégante architecture, l'intérieur rustique mariant pierre et pin rappellent les débuts de la Nouvelle-France. Des employés en costume d'époque accompagnent aux chambres. Celles-ci sont garnies de meubles en pin et de tissus écossais. Outre un accès immédiat aux pistes et aux autres activités de plein air, l'hôtel possède plusieurs restaurants et boutiques, ainsi qu'une piscine.

SE RESTAURER DANS LES LAURENTIDES

Cabane à sucre Millette – *1357 rue Saint-Faustin, St-Faustin-Lac Carré. Accès handicapés, parking.* ☎ *819 688 2101. Internet : www.millette.ca. Repas inférieur à 20 $.* Spécialités québécoises. Pour un authentique repas québécois, attablez-vous dans la cabane à sucre de la famille Millette. Du matériel servant à la fabrication du sirop d'érable – comme les outils à marquer le bois – et un nid de guêpes agrémentent cet intérieur habillé de lambris. Tout en écoutant de la musique folklorique, on savoure les copieux plats traditionnels tels que la soupe aux pois des Laurentides, l'omelette de grand-mère Millette, le jambon fumé et les saucisses au sirop d'érable. Le tout couronné par les crêpes au sucre... au sirop d'érable chaud.

Restaurant aux Tourterelles – *1141 chemin Chantecler, Sainte-Adèle. Parking.* ☎ *450 229 8160. Internet : www.bar-resto.com/tourt/. Repas de 20 à 35 $.* Spécialités françaises. Niché de l'autre côté du lac, ce restaurant cosy exhale une atmosphère romantique avec sa cheminée en pierre et ses couleurs chaudes. Le menu à prix fixe est composé de trois plats parmi lesquels le délicieux potage de carottes et gingembre accompagné de son velouté de champignons, les médaillons de cerf et leur miroir aux framboises. Les vins sélectionnés par le sommelier François Chartier sauront dignement accompagner vos plats.

Restaurant La Forge – *Place Saint-Bernard, Mont-Tremblant Resort.* ☎ *819 681 4900. Repas de 20 à 35 $.* Spécialités thaï et françaises. Entouré d'arbres à feuillages persistants ornés de petits lampions blancs, ce restaurant attrayant de forme octogonale disposé sur deux niveaux est situé juste au pied des remontées mécaniques. Bistrot à l'étage. Nappes de tissu blanc, chaises en cuir et outils décoratifs en fer contribuent à créer une ambiance à la fois chaleureuse et raffinée. Campé au beau milieu de la pièce, le bar circulaire recèle quelque 250 bouteilles de vin et de nombreuses bouteilles de scotch. En cuisine – visible de la salle – sont concoctés des plats régionaux comme le tournedos de cerf à la Boileau accompagné de cerises morello et de grains de poivre, ou le porcelet du Québec au cidre de Oka et au miel doré de Sainte-Julie.

★**Sainte-Marguerite-du-Lac-Masson** – *Du centre de Sainte-Adèle, prendre à droite la route 370. Environ 24 km aller-retour.* Après 4 km, la route 370 traverse la rivière du Nord et passe devant un imposant hôtel en rondins, l'Alpine Inn, construit en 1934 dans un style rustique. Plusieurs lacs se laissent entrevoir avant l'arrivée à Sainte-Marguerite-du-Lac-Masson, joli village situé sur les rives du **lac Masson** qu'encercle une petite route panoramique.

De part et d'autre de la route, on notera un grand nombre de stations de sports d'hiver. La route 117 traverse Val-Morin et Val-David, renommés pour leurs théâtres d'été et leurs hôtels.

★**Sainte-Agathe-des-Monts** – *18 km. Voir ce nom.*

Entre Sainte-Agathe-des-Monts et Saint-Faustin, la route croise à plusieurs reprises une ancienne voie ferrée. Il s'agit là des voies aujourd'hui désaffectées du fameux « p'tit train du Nord », immortalisé par la chanson de Félix Leclerc. En hiver, le train faisait – bien avant l'arrivée des stations de ski – le trajet entre Montréal et les Laurentides, et desservaient ainsi les communautés agricoles de la région. L'avènement de l'automobile entraîna sa disparition.

Au Sud de Saint-Faustin, on aperçoit la station de ski du **Mont-Blanc** (945 m).

Saint-Jovite – *30 km.* Ce petit centre touristique se trouve dans la vallée de la rivière du Diable. Les visiteurs y trouveront toutes sortes de restaurants, d'antiquaires et de boutiques d'artisanat.

De la rue Ouimet, tourner à droite dans la rue Limoges (route 327).

Le charmant **lac Ouimet** *(6 km)* est sis dans un joli paysage encerclé de collines. Il est dominé par l'ensemble hôtelier Gray Rocks qui gère à la fois pistes de ski et terrain de golf, et entretient un centre de voile. La longue silhouette du mont Tremblant se profile au Nord.

Continuer vers le Nord par la route 327.

Mont-Tremblant-Village – *4 km. Le lac Mercier marque l'entrée du village. La route continue vers le lac Tremblant (3 km) et la station de ski de Mont-Tremblant.* Situé sur les bords du lac Tremblant, ce ravissant village attire, été comme hiver, toutes sortes de visiteurs charmés par la beauté des lieux, les petits restaurants locaux, et le grand nombre d'activités récréatives qui s'offrent à eux.

Lac Tremblant – Longue de 10 km et relativement étroite (1 km de large), cette étendue lacustre donnera l'occasion de faire une agréable **promenade en bateau** *(départ du quai Fédéral juil.-mi-oct. tous les jours 10 h-16 h 30 (mar.-jeu. 18 h, 19 h 30) ; nombre de croisières limité juin & début sept.-mi-oct. ; aller-retour 1 h 10 mn ; commentaire à bord ; 12 $; & ⊡ Croisières Mont-Tremblant ☎ 819-425-1045).* Près du quai, la Décharge-du-Lac (affluent de la rivière du Diable) s'échappe en cascades et tourbillons. De luxueuses résidences bordent les rives montagneuses. La haute silhouette du Sleeping Giant se dessine à l'extrémité Nord du lac, tandis que l'imposant mont Tremblant se profile à l'Est. Au début du siècle, cette région était un centre forestier totalement dépourvu de routes. L'extrémité Nord du lac est d'ailleurs encore inaccessible en voiture, et les résidents doivent rejoindre leurs demeures en bateau l'été, et en motoneige l'hiver. Le lac est réputé pour ses poissons (ouananiche, truite) et ses eaux pures. Il offre plusieurs plages et centres de sport nautique.

Station de ski de Mont-Tremblant

La station de ski de Mont-Tremblant est dominée par de belles hauteurs montagneuses. Sa minuscule église catholique romaine, avec son toit rouge vif, est une réplique de l'église construite à Saint-Laurent, sur l'île d'Orléans, au début du 18e s. En été, on peut monter par **télésiège** au sommet du mont Tremblant (968 m). Par temps clair, la **vue**★ sur le lac et les montagnes alentour est magnifique.

★**Parc du Mont-Tremblant** – *À partir du lac Tremblant, suivre le chemin Duplessis sur 13 km jusqu'à sa jonction avec la route de Saint-Faustin. L'entrée du parc est à 5 km au Nord de la jonction. Visite : 1 journée. Voir au nom. En été, quand toutes les routes du parc sont ouvertes, sortir par l'accès Saint-Donat et continuer jusqu'à Saint-Donat. Le reste de l'année, le visiteur devra revenir à l'entrée du lac Supérieur (Saint-Faustin).*

Une route pittoresque suit la **rivière du Diable**★ à partir de la station de Mont-Tremblant jusqu'aux chutes Croches.

Saint-Donat-de-Montcalm – *À 10 km de l'entrée du parc.* La communauté résidentielle de Saint-Donat, située (dans la région de Lanaudière) à 472 m d'altitude, est entourée de montagnes s'élevant à 900 m. Elle est établie sur les bords du lac Archambault, mais s'étend à l'Est jusqu'au lac Ouareau.

Continuer par la route 329 Sud en direction de Sainte-Agathe-des-Monts.

Cette jolie route traverse les montagnes et passe devant plusieurs lacs. Juste après Saint-Donat, la route offre d'agréables vues sur le lac Archambault, dominé par la montagne Noire.

LAVAL
Région de Montréal
330 393 habitants
Schéma : MONTRÉAL

Au 17ᵉ s., les jésuites nommèrent **île Jésus** la grande étendue de terre au Nord de l'île de Montréal. La première paroisse, Saint-François-de-Sales, fut fondée en 1702 et rapidement peuplée par les colons attirés par les terres fertiles. Maître-sculpteur et principal entrepreneur d'intérieurs d'églises du Québec au début du 19ᵉ s., **Louis-Amable Quévillon** (1749-1823) est né et a vécu dans la paroisse Saint-Vincent-de-Paul. Avec des apprentis, des compagnons et des associés, il forma ce que les historiens ont appelé « l'École de Quévillon ». Au 20ᵉ s., l'avènement de l'automobile et la construction d'autoroutes et de ponts firent bientôt de l'île Jésus la principale banlieue industrielle et résidentielle de Montréal. En 1965, la fusion des 14 municipalités de l'île donna naissance à la ville de Laval, ainsi nommée en l'honneur de Mgr de Laval, ancien seigneur de l'île Jésus. Aujourd'hui, Laval est la ville la plus peuplée du Québec après Montréal.

Accès – *Laval se trouve à 12 km au Nord-Ouest de Montréal, sur la rive Nord de la rivière des Prairies.*

CURIOSITÉS

★★ **Cosmodôme** – *2150, autoroute des Laurentides (Chomedey). De Montréal, prendre la route 15 Nord (sortie 9) ; suivre les panneaux indicateurs.* Inauguré fin 1994, le Cosmodôme a pour mission de « faire connaître et pratiquer les sciences et les technologies spatiales ». Une reproduction à 80 % de la fusée Ariane permet de repérer de loin ce complexe ultramoderne qui réunit sous un même toit deux entités distinctes.

Centre des sciences de l'Espace – *Ouv. 25 juin-août tous les jours 10 h-18 h ; reste de l'année mar.-dim. 10 h-18 h ; fermé 1ᵉʳ janv. & 25 déc. ; 9 $; ✗ ⅋ ◨ www.cosmodome.org ☎ 450-978-3600.* Consoles interactives, panneaux muraux, modèles réduits, répliques grandeur nature, simulateurs et vidéos divers font de cet ensemble un passionnant musée « touche-à-tout ». Divisé en six étapes principales, le parcours intitulé « Sur le sentier des sciences » initie le visiteur aux mystères de l'univers. Un spectacle multimédia *(20 mn)* retrace tout d'abord les progrès de la connaissance humaine dans le domaine de l'espace. Dans la seconde section, divers instruments scientifiques et répliques d'engins spatiaux permettent de se rendre compte de l'étonnante évolution des moyens techniques au cours des âges. Entièrement consacrée aux différents modes de communication de la préhistoire à nos jours, la section suivante donne l'occasion de découvrir les principes de la communication par satellite. La planète Terre est le sujet de la quatrième section. Parmi les thèmes traités, citons l'importance de l'eau, la dérive des continents, les montagnes marines... On y remarquera une magnifique représentation murale des continents vus de l'espace. La cinquième section propose deux volets thématiques. Le premier met l'emphase sur la télédétection et son rôle dans des domaines aussi variés que la météorologie ou l'espionnage. Le second, consacré à la Lune, dévoile les secrets de différentes missions spatiales. On y remarquera une pierre lunaire, donnée au musée par la NASA. Dans la dernière section, le visiteur explore le système solaire. Noter au passage la représentation holographique du télescope spatial Hubble ainsi que des fragments de météorites. La visite se conclut par l'exposition « Sommes-nous seuls ? », dans laquelle sont détaillées les différentes tentatives d'envoi à travers l'Univers de messages binaires et autres.

Camp spatial – Modelé sur le programme des camps spatiaux américains, le camp spatial *(réservations requises ; renseignements ☎ 450-978-3600)* propose aux jeunes comme aux adultes des stages d'une durée variable sous la supervision d'animateurs spécialisés. Diverses activités en ateliers et en salles d'entraînement leur donneront l'occasion unique d'effectuer des exercices proches de ceux auxquels seraient soumis de véritables astronautes.

Maison André-Benjamin-Papineau – *5475, boul. Saint-Martin Ouest (Chomedey). Quitter la route 13 à la sortie 15, et suivre les panneaux indicateurs. Ouv. tous les jours de l'année 9 h-17 h (24 juin-début sept. ven. 19 h–22 h 30). ⅋ ◨ ☎ 450-688-6558.* Cette maison de pierre agrémentée de hautes cheminées fut construite entre 1818 et 1832 par André Papineau. Elle allait par la suite être habitée par son fils, André-Benjamin. Ce dernier, cousin de Louis-Joseph Papineau et patriote lui aussi, se fit connaître comme homme politique et comme maire de Saint-Martin (l'une des municipalités de Laval).
Au moment de la construction de la route 13, la maison dut être déplacée. Devenue un lieu d'animation culturelle et artistique, elle abrite aujourd'hui une galerie où sont présentées les œuvres de peintres professionnels.

Économusée de la Fleur – *1270, rue Principale (Sainte-Dorothée). Visites guidées pour groupes de 8 personnes ou plus (3 $/personne) ; réservations requises. Ouv. toute l'année lun.-mer. 9 h-18 h, jeu.-ven. 9 h-21 h, sam. 9 h-17 h, dim. 10 h-17 h. 3,45 $. Fermé 25-26 déc. & 31 déc.-6 janv. ☎ 450-689-8414.* Située aux abords immédiats du village de Sainte-Dorothée, cette entreprise-musée dévoile tous les secrets du séchage des fleurs. À l'entrée, une boutique pleine de bouquets et de savantes compositions florales accueille le visiteur. Une pièce en contre-haut abrite des fleurs de collection, divers objets aux motifs floraux et un coin lecture. Pour observer la préparation des fleurs séchées, il faut visiter les ateliers et les séchoirs situés à l'arrière du bâtiment. Le personnel se fera un plaisir de répondre aux questions ; par ailleurs, des panneaux explicatifs donnent un bref aperçu de ce métier traditionnel.

LÉVIS★

Chaudière-Appalaches
40 407 habitants
Schéma : QUÉBEC

La ville de Lévis se situe sur la rive Sud du Saint-Laurent, vis-à-vis de Québec. C'est sur cette falaise rocheuse qu'en 1759, le général anglais Wolfe bâtit une redoute d'où il comptait bombarder la capitale française. D'abord appelée Aubigny, la petite agglomération fut rebaptisée en 1861 en l'honneur de François-Gaston, duc de Lévis, vainqueur des Anglais à Sainte-Foy en 1760. Au 19ᵉ s., Lévis était l'un des principaux centres d'exportation de bois d'œuvre vers l'Angleterre. En 1828, la société de construction navale Davie (Davie Shipbuilding Company), de la ville voisine de Lauzon, y aménagea le premier chantier maritime du Canada. Avec l'arrivée du chemin de fer en 1861, la ville devint un carrefour commercial important. Le port, les activités liées à l'industrie du bois et bien sûr, la fameuse Caisse populaire Desjardins *(ci-dessous)*, ont contribué à l'essor de Lévis.

Société historique A. Desjardins

Alphonse Desjardins

Alphonse Desjardins – Le 6 décembre 1900, Alphonse Desjardins (1854-1920), journaliste et rapporteur officiel des débats à la Chambre des communes, fondait la « Caisse populaire », première coopérative d'épargne et de crédit en Amérique du Nord. Modelé sur l'exemple européen, ce nouveau type de banque populaire fut adapté au contexte québécois. Il visait notamment à donner aux Canadiens français une autonomie économique et à freiner leur exode vers les États-Unis. Alphonse Desjardins et sa femme, Dorimène, ouvrirent la première « caisse pop » dans leur maison de Lévis. Bientôt, 186 succursales allaient être créées dans tout le Québec. En 1932, soit 12 ans après la mort de leur fondateur, les caisses furent regroupées au sein d'une confédération. Le **mouvement Desjardins**, dont le siège social est à Lévis, compte aujourd'hui plus de 1 300 caisses populaires réunissant quelque cinq millions de membres.

Accès – *Lévis se trouve à 250 km à l'Est de Montréal par la route 20 (sortie 325). Un traversier relie la ville à Québec, juste de l'autre côté du fleuve.*

CURIOSITÉS

Terrasse de Lévis – *À partir de la route 132, prendre la rue Côte-du-Passage. Rester dans la file de gauche, et tourner à gauche dans la rue William-Tremblay.* Construite pendant la crise de 1929, la terrasse fut inaugurée en 1939 par le roi George VI et sa fille, la future reine Elizabeth II. Elle domine le fleuve et offre une excellente **vue★★** tant sur le Vieux-Lévis que sur Québec, la Citadelle, le château Frontenac et le port. La vue porte jusqu'au mont Sainte-Anne à l'Est, et au pont de Québec à l'Ouest.

Carré Déziel – Au cœur du Vieux-Lévis, le carré Déziel met en valeur plusieurs édifices, dont la vaste église Notre-Dame-de-la-Victoire, édifiée en 1851. Au centre de la place, le **monument** à la mémoire de Joseph-David Déziel (1806-1882) est l'œuvre du sculpteur Louis-Philippe Hébert. Premier curé de la paroisse et supérieur du collège de Lévis qu'il créa en 1851, Déziel est aujourd'hui considéré comme le fondateur de Lévis.

★**Maison Alphonse-Desjardins** – *8, av. Mont-Marie, à l'angle de la rue Guenette. Ouv. toute l'année lun.-ven. 10 h-12 h & 13 h-16 h 30, sam.-dim. 12 h-17 h. Fermé 25 déc. & 1ᵉʳ janv.* & ▯ ☎ *418-835-2090.* Alphonse et Dorimène Desjardins habitèrent pendant plus de 40 ans ce cottage en bois de style néo-gothique, construit entre 1882 et 1884. Ici même furent enregistrées les transactions de leur toute première caisse populaire. Restaurée en 1982 par le mouvement Desjardins *(ci-dessus)* en hommage à son fondateur, la petite maison blanche a désormais retrouvé son caractère d'antan. Une vidéo *(15 mn)* et divers objets racontent la vie d'Alphonse Desjardins et décrivent l'œuvre à laquelle il s'est consacré.

★ **Lieu historique national Fort-Numéro-Un-de-la-Pointe-de-Lévy** – *À 2 km par la route 132 Est & le chemin du Gouvernement. Ouv. mi-mai-mi-juin lun.-ven. & dim. 9 h-16 h. Mi-juin-août tous les jours 10 h-17 h. Sept.-fin oct. lun.-sam. sur rendez-vous seulement, dim. midi-16 h. 2,75 $.* & 🅿 ☎ *418-835-5182*. Bâti entre 1865 et 1872 sur la pointe de Lévy, face à la ville de Québec, ce vestige de l'architecture militaire du 19ᵉ s. domine la rive Sud du Saint-Laurent. Il faisait partie d'une série de trois forts destinés à protéger Québec de la menace américaine, puis des raids menés par les **Fénians**. Ces derniers, membres d'une société secrète irlandaise fondée à New York vers 1858, luttaient pour libérer l'Irlande de la domination anglaise et avaient pour objectif l'occupation de l'Amérique du Nord britannique. Pratiquement abandonné après le traité de Washington en 1871, le **fort** n'eut guère l'occasion de servir. Il s'agit d'un ouvrage massif en terre, de type « Montalembert », doté d'un remblai destiné à protéger les casemates. Il comprend une fosse et des tunnels voûtés conduisant à la caponnière. Sa structure marque la transition entre les principes classiques de défense, fondés sur l'utilisation de fortifications continues, et les pratiques militaires du milieu du 19ᵉ s., basées sur la construction de forts détachés.
Du fort, la **vue**★ sur l'île d'Orléans, le parc de la Chute-Montmorency et le Saint-Laurent est superbe.

EXCURSIONS

★ **Traversier pour Québec** – *Départ du quai de Lévis (accessible à pied ou en auto) tous les jours de l'année à 6 h & 7 h, 7 h 30-11 h & 12 h-18 h toutes les demi-heures, 19 h-2 h toutes les heures. 1,50 $/passager, 3 $/voiture.* & *Société des traversiers du Québec* ☎ *418-837-2408 ou 418-644-3704.* En service depuis 1812, ce traversier est de loin la façon la plus pittoresque d'aborder Québec si l'on veut profiter d'une **vue** exceptionnelle de la ville et de ses installations portuaires.

★★ **Bas-Saint-Laurent** – *Voir ce nom.*

★ **Beauce** – *Voir ce nom.*

L'ISLET-SUR-MER

Chaudière-Appalaches
1 786 habitants
Schéma : Côte de CHARLEVOIX

Bâtie sur la rive Sud du Saint-Laurent, L'Islet-sur-Mer était à l'origine formée de deux seigneuries. Celles-ci furent concédées en 1677 par Louis de Buade, comte de Frontenac, aux familles Couillard et Bélanger. Depuis le 18ᵉ s., l'économie de cette communauté repose sur son activité maritime. Au fil des ans, beaucoup d'« Isletains » ont ainsi répondu à l'appel de la mer et sont devenus capitaines, marins ou encore pêcheurs.

Accès – *L'Islet-sur-Mer se trouve à 92 km de Québec par les routes 73 (pont Pierre-Laporte) & 20 (sortie 400, route 285).*

CURIOSITÉS

★ **Église Notre-Dame de Bonsecours** – *Ouv. 24 juin-fête du Travail tous les jours 10 h-17 h.* & 🅿 ☎ *418-247-5103*. Cet édifice religieux, construit en pierre des champs, fut érigé en 1768 puis agrandi en 1884, époque à laquelle on refit sa façade et ses deux clochers. Les niches de la façade contiennent les statues de saint François d'Assise *(à droite)* et saint Jean-Baptiste *(à gauche)*, œuvre d'Amable Charron qui réalisa également les corniches intérieures. L'église possède par ailleurs un maître-autel de François Baillairgé, un tabernacle de Noël Levasseur, six tableaux d'Antoine Plamondon et un chemin de Croix sculpté en 1945 par Médard Bourgault, originaire de Saint-Jean-Port-Joli.

Musée maritime Bernier – *200 m après l'église. Ouv. mi-juin-début sept. tous les jours 9 h-17 h. Mi-mai-mi-juin et début sept.-fin oct. tous les jours 10 h-17 h. Reste de l'année mar.-ven. 10 h-12 h et 13 h-16 h. 5 $ (musée et brise-glace) ou 9 $ (musée, hydroptère et brise-glace).* & 🅿 *www.mma.qc.ca* ☎ *418-247-5001*. Ce musée fut nommé en l'honneur du capitaine Joseph-Elzéar Bernier (1852-1934), navigateur originaire de L'Islet-sur-Mer, et l'un des premiers explorateurs de l'Arctique. Ses trois salles d'expositions thématiques sont consacrées au patrimoine maritime du Saint-Laurent. On y verra notamment de magnifiques maquettes de navires, et des objets récupérés à la suite du naufrage de l'*Empress of Ireland* qui coula en 1914. Derrière le musée, le brise-glace *Ernest Lapointe*, construit en 1940 pour la flotte de la Garde-côtière canadienne, et l'hydroptère *Bras d'Or 400*, utilisé par la marine canadienne entre 1968 et 1972, sont également ouverts au public.

LONGUEUIL

Montérégie
127 977 habitants
Schéma : MONTRÉAL

Situé sur la rive Sud du Saint-Laurent, Longueuil faisait partie de la seigneurie accordée à **Charles Le Moyne** en 1657. Entre 1685 et 1690, ce dernier y fit construire un imposant fort de pierre qui devait servir à Montréal d'ultime défense contre les incursions des Iroquois ; il l'appela Longueuil en souvenir de son village natal de Normandie. Le fort fut démoli en 1810. Parmi ses douze fils, plusieurs devinrent célèbres à divers titres. Le Moyne légua sa seigneurie à l'aîné, Charles, anobli par lettre patente de Louis XIV. L'explorateur **Pierre Le Moyne d'Iberville** aida Pierre de Troyes à vaincre les Anglais à la baie James en 1686 et devint gouverneur des postes de traite conquis. **Jean-Baptiste Le Moyne de Bienville** est connu pour la fondation de la Nouvelle-Orléans en 1718.

Longueuil est aujourd'hui un centre industriel comportant d'importantes usines de fabrication de pièces d'avion, de textile, de meubles et de jouets.

Accès – *Longueuil se trouve à 10 km de Montréal par le pont Jacques-Cartier. On peut également s'y rendre en métro ou en empruntant (en été) une navette fluviale assurant un service entre Montréal et le port de plaisance de Longueuil. Des réseaux de pistes cyclables relient Montréal à la rive Sud jusqu'aux îles de Boucherville.*

CURIOSITÉS

Cathédrale Saint-Antoine-de-Padoue – *À l'angle de la rue Saint-Charles & du chemin de Chambly. Ouv. tous les jours de l'année 7 h 30-17 h. Contribution souhaitée.* ⛪ ☎ *450-674-1549.* Cette imposante église de pierre (1885-1887), dotée d'un unique clocher et d'un dôme, est – avec l'église de Saint-Jean-sur-Richelieu – la « co-cathédrale » du diocèse de Saint-Jean-Longueuil. Elle se dresse sur l'emplacement du fort que Charles Le Moyne avait fait construire. L'intérieur, très orné, comprend trois nefs et des peintures de Jean-Baptiste Roy Audy.

De l'extrémité du chemin de Chambly, remarquer la vue sur la tour du Stade olympique de Montréal.

Maison Rollin-Brais – *205, chemin de Chambly.* Cette maison de pierre fut construite entre 1794 et 1801. Elle comporte un toit de bardeaux et de hautes cheminées. L'édifice, qui servait à l'origine de forge, abrita quelque temps une auberge.

Rue Saint-Charles Est – Plusieurs maisons historiques, la plupart en pierre, bordent cette section pittoresque de la rue Saint-Charles. Le **couvent de Longueuil** *(n° 70)* fut construit en 1769, et une aile fut ajoutée en 1844. Un peu plus loin, la **maison Daniel-Poirier** *(n° 100)* date de 1749. La **maison André-Lamarre** *(n° 255)*, construite en 1740, est actuellement occupée par la Société d'Histoire de Longueuil. Il s'agit du plus ancien édifice de la ville. Le comble sur pignons fut remplacé par une toiture mansardée en 1895.

Derrière la maison André-Lamarre, quatre passerelles traversent la route 132 et aboutissent à un réseau de pistes cyclables longeant le fleuve. À l'extrémité Est du réseau, un **traversier** mène à l'île Charron et au parc des îles de Boucherville *(départ du port de plaisance mi-juin-août lun., jeu.-dim. 10 h-17 h toutes les heures ; mi-mai-mi-juin & sept.-mi-oct. sam.-dim. 10 h-17 h ; 5 mn ; 2 $ aller-retour ;* ⛪ 🅿 *Société Sogerive* ☎ *450-442-9575).*

LOUISEVILLE

Mauricie—Centre-du-Québec
7 911 habitants
Schéma : MAURICIE

Charles de Jay, sieur de Mannereuil, construisit un fort de bois à cet emplacement, en 1665. À la fin du 19e s., on nomma le village Louiseville en l'honneur de la princesse Louise, fille de la reine Victoria et femme du marquis de Lorne, gouverneur général du Canada de 1878 à 1883. Aujourd'hui, Louiseville est une agréable communauté agricole.

Accès – *Louiseville se trouve à 100 km au Nord-Est de Montréal par la route 40 (sortie 166) & la route 138 qui en constitue la rue principale.*

CURIOSITÉS

Église Saint-Antoine-de-Padoue – *Sur la route 138. Ouv. tous les jours de l'année 8 h-20 h.* ⛪ 🅿 ☎ *819-228-2739.* Cette imposante église surmontée de deux clochers fut construite en 1926. L'intérieur est décoré de fresques et de mosaïques. Le marbre beige des murs et des colonnes offre un contraste frap-

---

■ La Seigneurie Volant

3000 Chemin du Seigneur, Saint-Paulin, QC. ☎ *819 268 2555. Internet : www.balluchon.com.* Visitez le manoir, la forge, le moulin, la chapelle et la cabane à sucre construits pour le tournage de la célèbre série télévisée *Marguerite Volant*, une fresque historique évoquant les aventures de la Seigneurie Volant dans la Nouvelle-France du 18e s. Différentes activités sont proposées aux visiteurs : promenade à cheval ou ski de randonnée, sans oublier de faire une dégustation de bières élaborées à partir d'anciennes recettes. Possibilité d'hébergement à l'auberge voisine, Le Balluchon.

---

pant avec les couleurs plus vives (rose et bleu) du marbre couvrant l'abside. De part et d'autre de l'autel principal se trouvent de très belles fresques : à gauche la *Nativité* de père Antonio Cianci, et à droite, l'*Annonciation* d'Olga Storaci Caron.

★**Parc des chutes Sainte-Ursule** – *11 km par la route 348 & un petit chemin bien indiqué. Ouv. juin-mi-oct. tous les jours 9 h-18 h. Reste de l'année tous les jours 9 h-16 h 30. 5 $.* ✗ ▯ ☎ *819-228-3555.* Au point de rencontre du bouclier laurentien et des basses terres du Saint-Laurent, la rivière Maskinongé subit une dénivellation de 70 m. En 1663, un tremblement de terre changea le cours de la rivière qui creusa cette belle gorge dans le gneiss et le granit rose. Des sentiers d'interprétation suivent la rivière et mènent au site d'une ancienne pulperie du 19e s. dont il ne reste plus que les fondations. Une tour d'observation permet de voir l'ensemble des sept chutes.

Îles de la MADELEINE★★

13 802 habitants

Les îles de la Madeleine forment, dans le golfe du Saint-Laurent, un ensemble d'environ 72 km de long qui se compose de nombreux îlots et de huit îles dont six sont reliées par des flèches de sable. Bien que faisant partie du territoire québécois, cet archipel isolé, battu par les vents, se trouve plus près du Cap-Breton et de l'île du Prince-Édouard que de la péninsule gaspésienne à proprement parler. Il offre une grande variété d'activités touristiques et de plein air.

Un peu d'histoire

Découverte – Au 15e s., Basques et Bretons s'arrêtaient souvent dans l'archipel pour pêcher, chasser le phoque, le morse et la baleine. C'est en 1534, au cours de la première des trois expéditions qu'il entreprit dans le golfe du Saint-Laurent, que Jacques Cartier découvrit les îles de la Madeleine. Il débarqua au rocher aux Oiseaux, puis sur l'île Brion qu'il décrivit ainsi dans son journal de bord : « Ceste-dite ille est la meilleure terre que nous ayons veu, car ung arpant d'icelle terre vault mielx que toute la Terre Neufve. Nous la trouvames plaine de beaulx arbres, prairies, champs de blé sauvaige et de poys en fleurs, aussi espes et aussi beaulx, que je vis oncques en Bretaigne, queulx sembloict y avoir esté sémé par laboureux ».
Dans les décennies qui suivirent, l'archipel fut sporadiquement occupé par les Micmacs et par des explorateurs français en quête de ressources pour alimenter le commerce des fourrures. L'archipel devrait son nom à Madeleine Fontaine, femme du sieur **François Doublet** qui, en 1663, établit une colonie sur le territoire au nom du roi de France.

La déportation des Acadiens – L'archipel ne fut habité en permanence qu'à partir de 1755. C'est alors qu'il devint le refuge des colons français qui s'étaient installés en Acadie (aujourd'hui la côte Ouest de la Nouvelle-Écosse). Région âprement disputée entre l'Angleterre et la France entre 1604 et 1710, l'Acadie fut attribuée à l'Angleterre en 1713 par le traité d'Utrecht qui mettait fin à la guerre de succession espagnole. Les colons acadiens, soupçonnés par les Anglais d'être inféodés à la France, durent prêter serment d'allégeance inconditionnelle à l'Angleterre. Ils refusèrent et, au mois d'août 1755, Charles Lawrence, gouverneur de la Nouvelle-Écosse, émit un **ordre de déportation** par lequel ils furent expulsés et envoyés dans les colonies américaines. Quelques centaines d'entre eux réussirent à s'échapper et se réfugièrent aux îles de la Madeleine et à Saint-Pierre-et-Miquelon, îles coloniales françaises situées au Sud de Terre-Neuve *(consulter le guide Canada)*. Après le traité de Paris (1763), les îles de la Madeleine furent cédées à l'Angleterre, Saint-Pierre-et-Miquelon demeurant aux mains des Français. À la suite de la Révolution française, les Acadiens réfugiés sur ces deux îles rejoignirent leurs compatriotes sur les îles de la Madeleine, préférant le roi, fut-il anglais, à la République. Ces anciens Acadiens sont les ancêtres de la plupart des « Madelinots » d'aujourd'hui.

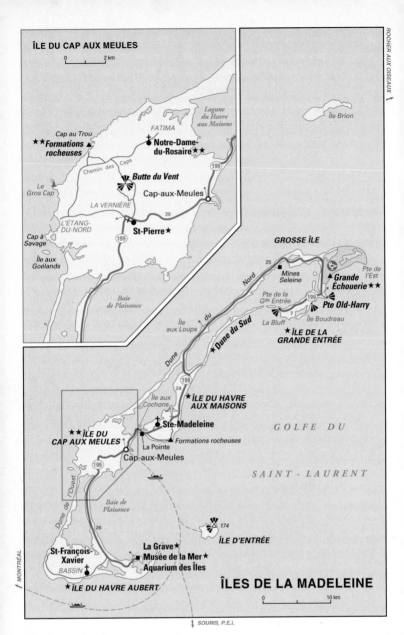

Après la Conquête, le gouvernement britannique annexa les îles de la Madeleine à la province de Terre-Neuve, puis elles devinrent une seigneurie de la province du Québec, sous l'acte du Québec de 1774. Pour services rendus à l'Empire britannique, l'amiral Isaac Coffin obtint du roi George III le titre seigneurial des îles en 1798. Pendant un siècle, les Coffin allaient régner en maîtres absolus sur ce territoire, forçant de nombreux Acadiens à se réfugier de nouveau, cette fois sur la rive Nord du Saint-Laurent. Ce n'est qu'en 1895 que les habitants obtinrent le droit de propriété des lots de terre qu'ils avaient défrichés et bâtis à la sueur de leur front.

Économie – Les Acadiens étaient traditionnellement d'habiles pêcheurs et de bons agriculteurs. À la pêche et à l'agriculture vint se greffer, au 19e s., l'exploitation forestière. C'est d'ailleurs ce type d'activité qui explique l'absence d'arbres sur les collines de l'île d'Entrée et de l'île de Havre-aux-Maisons. Aujourd'hui, on ne pratique plus guère l'agriculture, et encore moins la coupe du bois. La pêche, par contre, demeure la principale activité économique. En effet, les îles, portion émergée d'un vaste plateau sous-marin, sont entourées de hauts fonds favorables à la prolifération de homards, de crabes, de pétoncles et d'autres crustacés. Les eaux abondent également en morues, flétans, maquereaux et perches, poissons que l'on traite à l'usine Madelipêche située près du port de Cap-aux-Meules, et que l'on expédie ensuite sur le continent pour la vente. Une industrie touristique en plein essor et une mine de sel viennent s'ajouter aux activités économiques des îles.

Les îles aujourd'hui

Architecture – Les îles présentent une architecture domestique caractéristique, même si les constructions les plus anciennes ne remontent guère qu'à 1850. Le type architectural le plus ancien est celui de la maison du pêcheur flanquée d'une ferme de subsistance. Ces demeures consistaient en un petit bâtiment à un étage, avec deux pièces au rez-de-chaussée et une plus petite au grenier. Après 1900, on construisit des maisons plus grandes, avec quatre pièces à chaque étage. Beaucoup de maisons traditionnelles ont des toits mansardés inspirés des presbytères et des couvents qui s'implantèrent sur les îles vers 1875. Les grandes églises en bois de Bassin, La Vernière et Grande-Entrée s'inscrivent dans la tradition des églises catholiques des provinces Maritimes (Church Point, par exemple), alors que plusieurs églises protestantes témoignent de la vitalité de la communauté anglophone. Les années 1960 virent vu apparaître de nouvelles paroisses, ce qui explique cette rare concentration d'églises contemporaines dans cette partie du Québec.

Paysage – De belles **formations rocheuses**, sculptées dans la côte par les assauts de la mer, caractérisent les îles de la Madeleine. Par endroits, les falaises de grès rouge forment des arches, des tunnels, des caves et de fiers promontoires couronnés d'herbe vert émeraude. De vastes plages de sable blond s'étirent vers la mer pour composer un paysage multicolore, à la fois sauvage et paisible.

Flore – Les grands arbres sont très rares, car peu ont échappé, au 19e s., à la hache du bûcheron. Ceux qui restent ont subi l'agression des vents : ils ont pris des formes tortueuses et uniques. Les fleurs sauvages abondent au printemps et en été. Dans les tourbières, une plante carnivore, la **sarracénie pourpre**, capture les insectes dans ses poils et les noie dans un liquide sécrété par ses feuilles en forme de cruche. Dans les marais d'eau douce, l'**iris versicolore** pousse en colonies parfois très denses. Dans les dunes, l'**ammophile**, grâce à ses racines profondes et ramifiées, retient les sables et freine l'érosion.

Renseignements pratiques

Heure locale – Contrairement au reste du Québec, l'archipel vit à l'heure de l'Atlantique, et non à celle de l'Est. Il faut donc avancer sa montre de 60 mn par rapport à l'heure de Montréal.

Comment s'y rendre – Avion : service entre Montréal et l'île du Havre-aux-Maisons assuré par Regionaire ☎ 888-373-4466 et Air Nova ☎ 888-247-2262. **Voiture/bateau** : de Montréal, emprunter la route 20 jusqu'à Rivière-du-Loup, puis la route 185 jusqu'à Edmunston (Nouveau-Brunswick) et la route 2 jusqu'à Moncton (N.-B.). De là, prendre la route 15, puis la 16 menant à Cape Tourmentine (N.-B.). Prendre ensuite le nouveau pont à péage *(10 mn)* reliant le Nouveau-Brunswick à l'île du Prince-Édouard. À Borden, suivre la route 1 jusqu'à Charlottetown (Î.P.-É.), puis la route 2 jusqu'à Souris (Î.P.-É.). *Liaison (5 h) en traversier Souris-Cap-aux-Meules : service quotidien (sauf lun.) 1ᵉʳ avr.-juin & sept.-oct. au départ de Cap-aux-Meules (à 8 h) et de Souris (à 14 h) ; service quotidien juil.-août au départ de Cap-aux-Meules (à 8 h) et de Souris (à 14 h) ; service limité nov.-janv. ; service interrompu fév.-mars ; aller simple 34,50 $/personne, 65,75 $ supplémentaires/voiture ; réservations requises ;* ✗ ♿ ▯ *CTMA Traversier Ltée* ☎ *418-986-3278 (Cap-aux-Meules) ou 902-687-2181 (Souris) ; renseignements supplémentaires* ☎ *418-986-6600.*
Un bateau de marchandises pouvant accueillir jusqu'à 15 passagers effectue toutes les semaines le voyage *(2 jours)* Montréal-Cap-aux-Meules *(en service toute l'année ; réserver deux mois à l'avance ; CTMA* ☎ *418-986-6600 Cap-aux-Meules ou 514-937-7656 Montréal).*

Hébergement – Auberges, hôtels, motels et B&B se trouvent surtout sur les îles du Cap aux Meules, du Havre-aux-Maisons et du Havre-Aubert. Logement chez l'habitant et location de maisons et chalets sont également possibles. Il est conseillé de réserver bien à l'avance si l'on prévoit d'effectuer un séjour aux mois de juillet et août. Renseignements : Association touristique des Îles-de-la-Madeleine *(ci-dessous).*

Visite des îles – L'Association touristique des Îles-de-la-Madeleine *(128, chemin du Débarcadère, au coin du chemin Principal, Cap-aux-Meules* ☎ *418-986-2245)* met à la disposition des visiteurs toutes sortes de brochures et renseignements divers : formules d'hébergement, restauration, visites guidées, activités sportives et de plein air.
Plusieurs compagnies proposent des excursions (en autobus, en hélicoptère, en bateau) d'une durée variable. Des croisières panoramiques permettent par exemple d'admirer les formations rocheuses de l'archipel ou d'aller observer les phoques. Des randonnées d'interprétation et d'observation de la nature sont également possibles grâce aux nombreux sentiers qui sillonnent les îles (se renseigner au bureau du Club vacances Les Îles, sur l'île de la Grande Entrée ☎ 418-985-2833).

Faune – Sis au milieu du golfe du Saint-Laurent, l'archipel est un lieu de repos pour les oiseaux migrateurs. De nombreuses espèces, notamment le macareux arctique, le fou de Bassan et le pluvier siffleur (espèce menacée) y nichent toute l'année. Le harfang des neiges, grande chouette à plumage blanc, est une espèce indigène. Le phoque gris, le phoque commun et le phoque du Groenland fréquentent les îlots et les plages les plus isolées.

★★ÎLE DU CAP AUX MEULES

Cette île, la plus grande de l'archipel, en est le centre commercial et administratif. Elle comprend trois municipalités (Cap-aux-Meules, Fatima et Étang-du-Nord) reliées par des routes panoramiques qui tantôt serpentent dans les collines boisées, tantôt longent le littoral. L'île doit son nom aux pierres à meule découvertes dans le cap qui domine le port.

Le charmant **port** de Cap-aux-Meules est le lieu le plus animé de l'archipel. Le soir est le moment idéal pour flâner et observer toute une variété de bateaux et de chalutiers, certains en cale sèche pour les réparations, d'autres se préparant pour la pêche du lendemain.

Prendre la route 199 (chemin Principal) vers l'Ouest, direction La Vernière.

★**Église Saint-Pierre de La Vernière** – *Au croisement de la route 199 & du chemin de l'Église, à La Vernière. Ouv. toute l'année lun.-ven. 8 h 30-17 h.* ♿ 🅿 ☏ *418-986-2410.* Cette vaste construction en bois domine la baie de Plaisance. Sa silhouette blanche est visible de l'île du Havre-Aubert et de l'île du Havre-aux-Maisons. L'ancienne église, érigée en 1876, constitue le transept ; la nef et le chœur actuels sont venus s'y greffer au début de ce siècle. La tour polygonale, surmontée d'une élégante flèche, rappelle l'architecture des églises des provinces Maritimes et témoigne de l'affiliation des paroisses des îles au diocèse de Charlottetown (île du Prince-Édouard) jusqu'en 1947.

Butte du Vent – Le chemin de l'Église conduit, dans les collines, à la butte du Vent *(prendre à gauche le chemin Cormier, et immédiatement à droite le chemin des Arsènes ; faire preuve de prudence sur ces chemins non pavés ; emploi d'un véhicule 4x4 conseillé).* C'est le point culminant de l'île, d'où la **vue**★★ embrasse l'archipel entier et la baie de Plaisance.

Reprendre le chemin de l'Église. Tourner à gauche dans le chemin des Huet, puis à droite dans le chemin des Caps, et continuer jusqu'à Fatima.

★★**Église Notre-Dame-du-Rosaire** – *Sur le chemin des Caps, à Fatima. Ouv. tous les jours de l'année 8 h-17 h.* ☏ *418-986-2685.* Bel exemple de l'architecture religieuse contemporaine, cette église célèbre la vie des marins des îles de la Madeleine. De l'extérieur, elle rappelle la forme d'une coquille Saint-Jacques. L'intérieur est orné de symboles nautiques divers : hublots (fenêtres), brise-lames (autel et chaire) et vagues (disposition des tableaux du chemin de Croix). Construit d'après les plans de Jean-Claude Leclerc, l'édifice rappelle la chapelle de Ronchamps, due au célèbre Le Corbusier.

Reprendre le chemin des Caps. Tourner à droite dans le chemin de la Belle-Anse, et se diriger vers la côte.

★★**Formations rocheuses** – Le visiteur peut longer la côte à pied, du chemin de la Belle-Anse au **cap au Trou** (en direction du Nord) où il verra les formations les plus spectaculaires de tout l'archipel. La mer attaque sans répit les falaises de grès rouge, lézarde le roc et façonne des caps. Par endroits, la voûte des arches s'est effondrée pour ne laisser que des colonnes en butte aux assauts constants des vagues *(le bord des falaises étant friable, il est vivement conseillé de faire preuve de prudence et d'éviter de marcher trop près du bord).*

Continuer vers le Sud par le chemin de la Belle-Anse. Tourner à droite dans le chemin des Caps, puis encore à droite dans le chemin de l'Étang-du-Nord.

D'autres formations rocheuses impressionnantes jalonnent le littoral près de l'Étang-du-Nord. Cette municipalité possède un petit port de pêche qui accueille de nombreux chalutiers. Une promenade au bord du **cap à Savage** permet d'admirer la toute petite **île aux Goélands**, ainsi nommée à cause des oiseaux qui y affluent, et la côte Ouest de l'île du Cap aux Meules.

Retourner à Cap-aux-Meules.

★ÎLE DU HAVRE-AUBERT

La plus méridionale des îles de l'archipel bénéficie d'un rayonnement culturel certain. Elle se caractérise par des collines arrondies aux pentes douces, entre-coupées de coquettes maisons traditionnelles.

★**La Grave** – *Au Nord-Est de Havre-Aubert.* Cet arrondissement historique tire son nom du mot « grave » (grève) qui désigne ici le lieu où les marchands venaient acheter aux pêcheurs leur poisson séché ou salé. Le site regroupe une quinzaine

Falaises de la Belle-Anse (Île du Cap aux Meules)

de petites maisons grises à bardeaux qui bordent la route, contournant une petite baie et menant au cap Grindley. On y voit des magasins, une ferblanterie, deux **chafauds** (quai ou hangar destiné à la préparation de la morue) et quelques entrepôts. Abandonnés par l'industrie des pêcheries, les bâtiments abritent aujourd'hui des boutiques d'artisanat où l'on propose des articles fabriqués à partir de matériaux locaux : sable, albâtre et peau de phoque.

Aquarium des Îles – *Ouv. mi-juin-mi-juil. tous les jours 10 h-18 h. Mi-juil.-mi-août 10 h-19 h. Mi-août-début sept. 10 h-17 h. 4 $.* ⚐ 🅿 ☏ *418-937-2277.* Des aquariums renfermant des espèces indigènes entourent un vaste bassin ouvert où le visiteur peut toucher les poissons. Les étages supérieurs sont consacrés aux divers modes de conservation et de transformation du poisson (séchage, fumage et mise en conserve) qui permettent aux pêcheurs madelinots d'exporter leurs produits.

★**Musée de la Mer** – *Pointe Shea, juste à côté de La Grave. Ouv. 24 juin-fin août lun.-ven. 9 h-18 h, sam.-dim. 10 h-18 h. Reste de l'année lun.-ven. 9 h-12 h, 13 h-17 h, sam.-dim. 13 h-17 h. 4 $.* ⚐ 🅿 *www.ilesdelamadeleine.com /musee/index.htm* ☏ *418-937-5711.* La présentation de bateaux, d'instruments de navigation et d'objets divers permet de se familiariser avec l'histoire et la culture des îles de la Madeleine, mais aussi avec les techniques de pêche et l'histoire du « ponchon ». Ce baril à voile servit, en février 1910, à expédier le courrier des Madelinots sur le continent, une rupture de câble du télégraphe les ayant complètement isolés du reste du pays.

De La Grave, retourner au centre de l'île par la route 199. Rester à gauche sur le chemin du Bassin.

La route panoramique qui traverse Bassin et longe l'anse à la Cabane serpente entre de pittoresques maisons aux couleurs vives. Beaucoup ont des toits mansardés. Certaines sont agrémentées de vérandas et de balcons aux piliers et aux balustrades finement travaillés, et aux encorbellements sculptés.

Église Saint-François-Xavier – *À Bassin. Ouv. tous les jours de l'année.* ⚐ 🅿 ☏ *418-937-5580.* Cette grande église de bois de style néo-roman fut construite en 1939. Son presbytère date quant à lui de 1876, et constitue le plus bel exemple d'architecture Second Empire de l'archipel. Il est coiffé d'une toiture mansardée comportant de multiples décrochements.

★ÎLE DU HAVRE AUX MAISONS

L'une des plus belles îles de l'archipel, Havre aux Maisons a su garder son air champêtre, avec son habitat dispersé, ses routes sinueuses, ses terres en culture et ses **baraques** (petites cabanes typiques à toit coulissant destinées à protéger le foin). Plusieurs routes panoramiques font le tour de l'île dont elles offrent de belles vues.

En arrivant sur l'île du Havre aux Maisons, prendre à gauche le chemin du Cap-Rouge, puis encore à gauche le chemin des Cyrs, pour admirer les vues sur la baie Petite, l'île aux Cochons et La Pointe.

À **La Pointe**, les petits quais bourdonnent d'activité. Les visiteurs peuvent assister au nettoyage et au traitement des palourdes. Les pêcheurs de homard y vendent leurs prises, fraîches ou cuites.

Reprendre la route 199, et continuer jusqu'au chemin Central.

Île du Havre aux Maisons

Église Sainte-Madeleine – *Sur le chemin Central. Ouv. tous les jours de l'année 8 h-20 h.* ♿ ☎ *418-969-2212.* Construit en 1969, ce bâtiment présente de grandes courbes relevées réunissant, autour d'une entrée centrale, l'église et le presbytère. La nef adopte la forme d'un amphithéâtre éclairé par une paroi de vitraux. Le plafond, très bas, confère un caractère intime à ce vaste espace.

Reprendre la route 199, et tourner à gauche dans le chemin de la Pointe-Basse.

La route, qui mène au port de Pointe-Basse par le chemin du Quai (à droite), traverse un complexe d'anciens « fumoirs », grands hangars de bois remplis de tringles pour accrocher le poisson.

Reprendre le chemin de la Pointe-Basse.

De la route, on peut admirer de belles vues sur les **formations rocheuses**, particulièrement nombreuses autour de l'anse Firmin et du cap Alright. La **dune du Sud**★ offre une plage superbe qui s'étend au bord d'une mer relativement calme.

Continuer par le chemin de la Pointe-Basse, qui longe la côte et devient le chemin des Échoueries, pour rejoindre la route 199.

L'EST DES ÎLES

Les îles les plus à l'Est de l'archipel sont reliées aux autres par une flèche de sable, la **dune du Nord**. Au Nord de la dune se trouvent les **mines Seleines**, dont la production est surtout destinée au déglaçage des routes du Québec en hiver.

Grosse Île – La plupart des habitants de l'île sont les descendants de métayers écossais arrivés au début du 18e s. après avoir été chassés d'Écosse, à l'époque du développement de l'élevage du mouton. C'est ici que le mode de vie traditionnel, axé sur la pêche et l'agriculture, s'est le mieux maintenu.

Réserve nationale de faune de la Pointe-de-l'Est – *Ouv. 24 juin-août. Renseignements sur les randonnées pédestres organisées à l'intérieur de la réserve : Club vacances Les Îles* ☎ *418-985-2833.* Sur un territoire de 1 440 ha, le visiteur découvrira le monde particulier des dunes : leur faune (phoques, oiseaux migrateurs), leur flore (comme, par exemple, l'ammophile à ligule) et bien sûr, leur terrain (plages, étangs, marais).

★★ **Plage de la Grande Échouerie** – Cette étendue de sable – l'une des plus belles de l'archipel – constitue la bande littorale Sud de la réserve nationale de faune. Elle doit son nom au mot « échouerie » qui, au Québec, désigne les rochers où les troupeaux de phoques et de morses viennent se prélasser au soleil.

★ **Île de la Grande Entrée** – La pêche au homard joue un rôle primordial sur cette petite étendue de terre dont la colonisation remonte à environ 1870.

Pointe Old-Harry – La plage de la Grande Échouerie mène à la pointe Old-Harry, petit port protégé par une jetée typiquement madelinienne faite de « dolosses », blocs de béton en forme d'ancre. La chasse au morse, pratiquée à partir du 17e s., amena les premiers Européens à s'installer sur les îles. C'est à Old-Harry qu'ils procédaient à l'abattage et au dépeçage des bêtes.

La route 199 traverse l'île et aboutit au petit port de pêche de Grande-Entrée, où quais et bateaux de pêche sont peints en couleurs vives. Chaque année, les homardiers locaux capturent plus de la moitié des prises de l'archipel.

Sentiers de randonnée sur la côte – C'est en se promenant par les sentiers côtiers que l'on pourra admirer de splendides **vues**★★★ panoramiques, parmi les plus saisissantes de l'archipel : caps et falaises spectaculaires, vastes plages et lagunes sauvages, arbres tourmentés et fleurs multicolores. Du parc de stationnement situé au bout du chemin des Pealey, les promeneurs avides de grands horizons pourront aller flâner du côté de la Bluff et de l'île Boudreau pour une vue allant jusqu'à la pointe de l'Est.

ÎLE D'ENTRÉE

Traversier au départ du port de Cap-aux-Meules. Renseignements & réservations auprès de l'Association touristique des Îles-de-la-Madeleine.

Seule île habitée à ne pas être reliée au reste de l'archipel, ce petit avant-poste compte une population de quelque 200 anglophones. Il est sillonné de sentiers d'où le promeneur pourra admirer des formations rocheuses intéressantes et observer de nombreux oiseaux, notamment le cormoran.
De Big Hill, point culminant de l'archipel (174 m), la **vue** embrasse toutes les îles.

MAGOG★

Cantons-de-l'Est
14 050 habitants
Schéma : Cantons de l'EST

Sise à l'extrémité Nord du lac Memphrémagog, à l'endroit même où la rivière Magog prend sa source, la ville s'appelait autrefois « décharge du lac ». C'est en 1888 que la population opta pour le nom de Magog, seconde partie du mot abénaki *memphre-magog* (« grande nappe d'eau »). Le premier colon, un loyaliste du nom de Ralph Merry, arriva sur place en 1799. Magog est aujourd'hui un centre manufacturier axé sur le textile, ainsi qu'une station touristique mettant à profit son site à proximité du parc du Mont-Orford.

Accès – *Magog se trouve à 120 km à l'Est de Montréal par la route 10 (sorties 115 ou 118), et à 25 km de Sherbrooke par la route 112 (qui devient rue Principale).*

CURIOSITÉS

★**Parc de la Pointe-Merry** – *Au Sud de la rue Principale.* Cet agréable espace vert offre de superbes **vues**★ sur l'extrémité Nord du lac, qui traverse la frontière jusque dans l'État du Vermont. Le paysage alentour, notamment le mont Orford et le mont Owl's Head, est particulièrement beau.

★**Croisières** – *Départ du quai Fédéral 24 juin-fête du Travail tous les jours 10 h-18 h, mi-mai-23 juin & début sept.-mi-oct. sam.-dim. midi-14 h. Aller-retour 1 h 45 mn (14 $, réservations conseillées) ou 7 h (52 $, réservations requises), selon la destination choisie. Commentaire à bord.* ✗ ♿ 🅿 *Croisières Memphrémagog Inc. www.croisiere-memphremagog.com ☎ 819-843-8068.* Une courte excursion en bateau *(1 h 45)* permet au visiteur de découvrir les plus beaux coins du lac. Une croisière plus longue *(7 h)* propose l'aller-retour Magog-Newport (dans le Vermont), avec un arrêt à l'abbaye de Saint-Benoît-du-Lac *(ci-dessous).*

© Yves Marcoux/PUBLIPHOTO

Abbaye de Saint-Benoît-du-Lac

EXCURSION

★**Abbaye de Saint-Benoît-du-Lac** – *20 km. Quitter Magog par la route 112 Ouest, et après 5 km, tourner à gauche. Ouv. tous les jours de l'année 5 h-12 h et 13 h-18 h.* ⚐ 🅿 ☎ *819-843-4080.* La route menant à Saint-Benoît-du-Lac offre de belles échappées sur le lac Memphrémagog que surplombent les hauteurs des Appalaches. Le monastère (1912) fut fondé par des membres de la communauté religieuse de l'abbaye Saint-Wandrille-de-Fontenelle, en Normandie. Ces derniers, exilés en Belgique après avoir été chassés de France au début du siècle, partirent au Canada et créèrent ici même un noviciat en 1924. Vingt-huit ans plus tard, en 1952, Saint-Benoît-du-Lac allait être élevé au rang d'abbaye.

L'ensemble, surmonté d'un impressionnant clocher, occupe un **site**★★ de toute beauté, d'une étonnante sérénité. Mis à part les bâtiments d'origine, la majeure partie des édifices fut conçue en 1937 par le célèbre moine-architecte français **Dom Paul Bellot** (1876-1944), d'ailleurs enterré dans le cimetière de l'abbaye. Un architecte montréalais, Dan S. Hanganu, traça quant à lui les plans de l'église abbatiale, consacrée le 4 décembre 1994. Lors d'une visite à Saint-Benoît-du-Lac, on peut assister aux vêpres, entendre des chants grégoriens, et dans une petite boutique, acheter des fromages (ermite et mont saint-benoît) fabriqués par les moines en personne.

★**Parc du Mont-Orford** – *Voir ce nom.*

Complexe MANIC-OUTARDES

Manicouagan
˙ Schéma : CÔTE-NORD

La gigantesque entreprise que représentait l'aménagement de centrales hydro-électriques sur les rivières aux Outardes et Manicouagan commença en 1959 pour se terminer 20 ans plus tard. Le projet aboutit à la mise au point de nouvelles technologies qui allaient surpasser tout ce qui avait été accompli jusque-là en matière d'ingénierie, et permit d'établir plusieurs records mondiaux. Réalisé dans la vaste et sauvage région de Manicouagan, l'énorme complexe hydro-électrique, composé de sept centrales, entraîna la mobilisation de milliers d'hommes et de femmes, et nécessita le transport de tonnes de matériel et de matériaux.

À l'emplacement choisi pour la construction du barrage principal, à Manic-3, la nature du sol (dépôts alluviaux perméables) risquait d'entraîner des infiltrations d'eau dans les fondations de l'ouvrage. Les ingénieurs relevèrent alors le défi en concevant un barrage à double paroi de béton dont les assises plongeaient à 131 m dans le sol. Ils ont ainsi créé le mur d'étanchéité le plus profond du monde.

Aujourd'hui, les centrales du complexe Manic-Outardes produisent un total de 6 821 MW. Des lignes de transport d'énergie à 735 000 V (les premières de ce type dont on se soit servi à des fins commerciales) assurent le transport de l'électricité vers les grandes villes. Notons en passant que d'autres centrales, situées sur les rivières Betsiamites et Hart-Jaune, viennent ajouter quelque 1 682 MW supplémentaires à la puissance hydro-électrique régionale.

Les trois centrales dont se compose le **complexe Outardes** *(fermé au public)* à proprement parler sont alimentées par les eaux d'un réservoir de 652 km², créé à 93 km en amont du point de confluence de la rivière aux Outardes et du Saint-Laurent. La plupart des digues et barrages de ce complexe sont remblayés, c'est-à-dire constitués de sable, de cailloux et de pierres extraits à proximité.

Accès – *Manic-5 se trouve à 211 km au Nord de Baie-Comeau par la 389, route sinueuse (goudronnée) appelée « chemin de la Manic ». Manic-2 se trouve à 21 km au Nord de Baie-Comeau par la même route. À partir de Manic-5, la route 389 est par endroit goudronnée ; elle se poursuit vers le Nord jusqu'à Fermont (à 345 km de Manic-5) et Wabush (390 km).*

Terrain de camping, station-service et snack-bar à proximité de Manic-2. Restaurant et station-service aux environs de Manic-3. Motel (réservations requises), restaurant et station-service à 3 km de Manic-5. Possibilités d'hébergement à Baie-Comeau.

VISITE

★**Manic-2** – *Visite guidée (1 h 30 mn) seulement, 24 juin-fête du Travail tous les jours à 9 h, 11 h, 13 h 30 et 15 h 30.* ⚐ 🅿 *www.hydro.qc.ca* ☎ *418-294-3923.* Première centrale du complexe Manic-Outardes à produire de l'électricité, Manic-2 fut mise en service au milieu des années 1960. Elle est construite au pied d'un des plus grands barrages-poids évidés du monde (hauteur : 94 m, longueur : 692 m). Ce type de barrage peut, en raison de son poids, résister aux poussées énormes qu'exercent sur lui les eaux du réservoir. Par ailleurs, ses joints évidés de la base jusqu'au sommet ont permis d'économiser 15 % de béton. La centrale elle-même a une hauteur de chute de 70 m. Huit groupes turbines-alternateurs produisent jusqu'à 1 015 200 kW.

Barrage Daniel-Johnson (Manic-5)

Hydro-Québec

★★ Manic-5 – Le **barrage Daniel-Johnson** ★★ régularise l'alimentation en eau de toutes les centrales du complexe Manic-Outardes. Il s'agit du plus grand barrage à voûtes multiples et à contreforts du monde. Il mesure 1 314 m de long sur 214 m de haut. Sa construction s'est échelonnée sur une période de sept ans. Terminé en 1968, l'ouvrage fut nommé en l'honneur de Daniel Johnson, alors Premier ministre du Québec, qui mourut sur les lieux même de l'inauguration.

La construction du barrage entraîna la réunion de deux lacs semi-circulaires, les lacs Manicouagan et Mouchalagane, formant ainsi un gigantesque plan d'eau en forme d'anneau. Le diamètre du réservoir est de 65 km. La dépression naturelle qu'occupe l'immense lac amena les géophysiciens à s'interroger sur son origine et à conclure qu'elle aurait pu être causée par la chute d'une météorite il y a quelque 200 millions d'années. De fait, cette dépression présente un aspect étrangement similaire aux cratères dont est criblée la surface de la lune, et les roches qu'on y a trouvées rappellent les pierres lunaires rapportées par les astronautes.

La centrale de Manic-5, la plus puissante du complexe Manic-Outardes, se trouve à environ 1 km en aval du barrage. Elle possède une hauteur de chute de 150 m, et ses groupes turbines-alternateurs sont capables de produire 1 532 000 kW.

Visite – *Visite guidée (1 h 30) seulement, 24 juin-fête du Travail tous les jours à 9 h, 11 h, 13 h 30 & 15 h 30.* ⏵ 🅿 ☎ *418-294-3923.* À l'aide de maquettes à l'échelle, des guides décrivent le fonctionnement des barrages de Manic-Outardes et expliquent comment l'électricité est produite, transportée et distribuée. Après la visite, un autobus amène le visiteur au pied des voûtes monumentales, puis sur le barrage même qui domine le paysage sauvage et la rivière Manicouagan.

Manic-5PA – Cette centrale souterraine, dite de « suréquipement » (les initiales PA signifiant « puissance additionnelle »), est dotée de quatre groupes turbines-alternateurs. Entrée en fonction en 1989, elle a pour but d'accroître la puissance installée de Manic-5 aux périodes de pointe. Les deux centrales ont une puissance combinée de 2 747 MW.

MAURICIE★

Mauricie–Centre-du-Québec

Montagnes, forêts et innombrables plans d'eau caractérisent les pittoresques paysages de la vallée de la Saint-Maurice. Cette rivière doit son nom à un certain Maurice Poulin de la Fontaine qui l'explora en 1668. Elle prend sa source dans le réservoir Gouin, et coule vers le Sud-Est jusqu'à La Tuque, puis part ensuite vers le Sud et, au terme d'un parcours de 560 km, rejoint le Saint-Laurent à la hauteur de Trois-Rivières, principal centre industriel de la région.

Un peu d'histoire

L'importance économique de la vallée de la Saint-Maurice remonte au 18e s. Dès 1730 y étaient exploités des gisements de fer. À partir de 1850, l'industrie forestière domina la scène économique régionale. Vers la fin du 19e s., l'hydro-électricité se développa à Grand-Mère, à Shawinigan et à La Gabelle. L'électricité et l'invention des bômes de billes de bois permirent, entre 1890 et 1900, la création de grandes usines de pâte à papier, suivie de celle d'usines de produits chimiques à Grand-Mère et à Shawinigan, puis, encore à Shawinigan, d'une importante usine d'électrolyse. Cette dernière a d'ailleurs fait de la vallée l'une des régions les plus industrialisées du Québec et même du Canada.

Accès – *La Mauricie s'étend de Trois-Rivières au Sud jusqu'à La Tuque au Nord, le long des routes 55 & 155.*

DE TROIS-RIVIÈRES À LA TUQUE *170 km. 1 journée.*

Quitter Trois-Rivières par le boul. des Forges.

★★**Lieu historique national des Forges-du-Saint-Maurice** – *13 km. Ouv. mi-mai-mi-sept. tous les jours 9 h 30-17 h 30. Début sept.-mi-oct. tous les jours 9 h 30-16 h 30. 4 $.* ♿ 🅿 *www.parkscanada.gc.ca* ☎ *819-378-5116.* Situées au bord de la rivière Saint-Maurice, les forges fonctionnèrent pendant un siècle et demi (1730-1883) et donnèrent naissance à la première communauté industrielle du Canada. Ce site, aujourd'hui classé historique, commémore les débuts de l'industrie lourde canadienne.

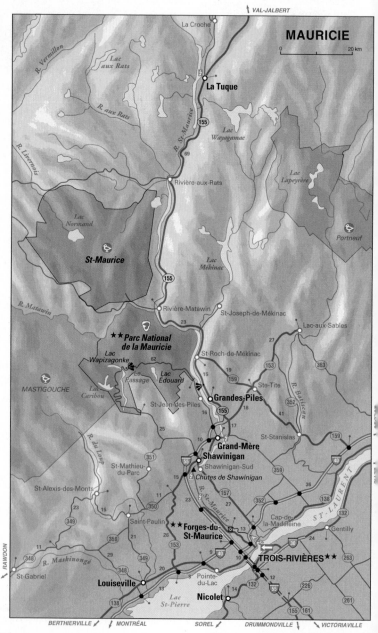

La **Grande Maison** (1737), qui abritait autrefois les maîtres des forges, sert aujourd'hui de centre d'accueil. Au rez-de-chaussée, une rétrospective historique replace le site dans le contexte économique et social de l'époque, et en retrace l'évolution au travers de ses hommes. Au sous-sol, les anciennes caves où étaient jadis entreposées les marchandises présentent des objets façonnés aux forges sur une période de 150 ans : boulets et bombes (durant la guerre de Sept Ans), poêles et chaudrons (après la Conquête de 1760), grands chaudrons et roues de wagons (vers 1860), ainsi que lits en fer forgé, moyeux, socs de charrue, fers à cheval, fers à repasser, poids et haltères... À l'étage, une maquette « son et lumière » montre le village des Forges vers 1845 *(narration en anglais ou en français, selon la demande).*

Un sentier mène aux autres vestiges, dont le fascinant **haut fourneau**. Brillamment aménagé, son centre d'exposition et d'interprétation réussit à mettre en valeur les restes de l'étuve, de la maison du fondeur, de la halle à charbon et de la halle de coulée. La reconstitution des mécanismes hydrauliques du 18e s. est particulièrement réussie. Celle d'un logis d'ouvrier dans la seconde moitié du 18e s. apporte un élément humain à cette visite informative. Un grand panneau mural montre la production des forges qui, de 1740 à 1883, furent au Canada le lieu principal de production de la fonte.

En poursuivant sa promenade vers la rivière Saint-Maurice, on verra d'autres vestiges industriels, parmi lesquels la **forge haute**, la cheminée d'affinage de la **forge basse** et le **moulin**. Un peu plus à l'écart se trouve la **fontaine du Diable**, source de gaz naturel.

Continuer vers le Nord par le boul. des Forges, et prendre la route 55 (Sortie 196).

Shawinigan – *23 km (sortie 217).* Son nom vient de l'algonguin *ashawenikan* (« le portage sur la crête »). On l'appelait jadis la « Ville lumière », car elle produisait à elle seule toute l'énergie électrique nécessaire à Montréal. En 1852, on y construisit un glissoir à « pitoune » (billots de bois) pour contourner les chutes de la Saint-Maurice. Dès 1899, ces dernières furent exploitées à des fins hydro-électriques, ce qui permit la construction d'usines de pâte à papier et de produits chimiques, et d'une usine d'électrolyse.

De la ville, prendre la route 157 Sud. Traverser le pont et suivre la direction du parc des chutes de Shawinigan et Shawinigan-Sud.

Hôtel Sacacomie – *4000 Rang Sacacomie, St-Alexis-des-Monts. ☎ 819 265 4444. Internet : www.sacacomie.com.* Comptez entre 139 et 169 $ la nuit. Dans un écrin naturel préservé, au bord d'un lac majestueux, l'hôtel Sacacomie, avec son imposante architecture en rondins et son intérieur sobre et rustique, est idéal pour un week-end ou une escapade d'une semaine. Parmi les activités : randonnée équestre, plongée, excursion en hydravion, golf ou encore motoneige.

La cité de l'Énergie – *1000 av. Melville. Ouv. fin juin-début sept., lun.-ven. 10 h-20 h (17 h début juin et de fin sept.-mi-oct., mar.-dim.). 14 $. Accès handicapés. Parking. ☎ 819 536 4992. Internet : www.citedelenergie.com.* Construite à proximité des chutes Shawinigan, la cité de l'Énergie renseigne les visiteurs sur le rôle joué par l'énergie hydroélectrique dans l'histoire du Québec. Ce centre scientifique est doté d'expositions interactives, de présentations multimédia, d'une tour d'observation et de deux installations hydroélectriques qui évoquent les innovations et inventions de l'industrie hydroélectrique.

Particulièrement impressionnantes à la période du dégel, les **chutes de Shawinigan** (hauteur : 50 m) offrent toute l'année un spectacle grandiose.

Rejoindre la route 55.

Grand-Mère – *10 km (sortie 223).* Dès 1890 s'installait ici une première centrale hydro-électrique, bientôt suivie d'usines de pâte à papier, ce qui contribua au développement de la ville. Celle-ci tire son nom d'un gigantesque rocher dont la forme rappelle une tête de vieille femme, et qui se dressait autrefois au milieu de la rivière. Pour faciliter la construction du nouveau barrage d'Hydro-Québec en 1916, le fameux rocher fut transporté en pièces détachées dans un parc du centre-ville *(à l'angle de la 5e Av. & de la 1re Rue).*

Pour rejoindre la route 155, quitter Grand-Mère par le pont qui enjambe la rivière Saint-Maurice.

Grandes-Piles – *17 km.* Fondée en 1885, cette communauté perchée sur une falaise au-dessus de la rivière servait de port de transbordement du bois. Ce sont les rochers en forme de piliers, situés dans les chutes d'eau au Sud du village, qui lui donnèrent son nom imagé.

★**Village du Bûcheron** – *Sur la route 155, à Grandes-Piles. Ouv. mi-mai-mi-oct. tous les jours 10 h-17 h. 8 $. ✗ ♿ P ☎ 819-538-7895.* Quelque 25 bâtiments assortis d'une collection de plus de 5 000 objets aident à recréer l'ambiance d'un camp de bûcherons québécois des débuts du 20e s. Les structures de bois grossièrement taillées à la hache et l'ameublement rustique illustrent avec réalisme les rudes conditions de vie de ces pionniers dont l'existence était liée à l'exploitation forestière et au transport du bois. Les visiteurs verront notamment le camp des hommes, la forge, la tour des garde-feu, le moulin à scie et la « cookerie », c'est-à-dire la cuisine de chantier, où ils pourront prendre un repas typique des chantiers d'autrefois.

Entre Grandes-Piles et Saint-Roch-de-Mékinac, la route offre de très belles **vues**★ sur la puissante Saint-Maurice et sur les falaises de la rive opposée. Au printemps, des balbuzards, communément appelés « aigles pêcheurs », nichent ici.

Continuer jusqu'à Rivière-Matawin (38 km).

Détour à la réserve faunique du Saint-Maurice – *Accès par un pont sur la Saint-Maurice (péage : 12 $/voiture). Un centre d'accueil (à environ 2 km de Rivière-Matawin) fournit cartes et renseignements divers (hébergement en chalet et en refuge ; camping, pêche, chasse, canot-camping, observation de la nature, randonnées pédestres ou en traîneau à chiens, etc.). Ouv. mi-mai-mi-sept. tous les jours 7 h 30-21 h 30. Mi-sept.-nov. lun.-ven. 8 h-16 h 30, sam-dim. 8 h-9 h 30 (certaines routes risquent d'être fermées à la période hivernale ; se renseigner d'avance).* △ ⚒ ⛄ 🅿 ☎ *819-646-5680.* Cette vaste étendue de forêts, de lacs et de ruisseaux fait la joie des pêcheurs et des canoteurs. De nombreux terrains de camping sont situés autour du lac Normand, réputé pour ses eaux claires et ses immenses plages de sable fin. Le **circuit des Pionniers** *(circuit de canot-camping de 22 km)* sillonne les collines et les bois. Parmi les points d'intérêt de la réserve, noter les chutes Dunbar et le « bateau-rocher » (curieuse formation naturelle en forme de vaisseau) ainsi qu'un sentier de nature à travers la forêt boréale.

La Tuque – *69 km.* Premier chansonnier québécois de renommée internationale, chantre des forêts et des rivières du Québec (en particulier du Saint-Laurent), **Félix Leclerc** (1914-1988) naquit à La Tuque. Cet ancien poste de traite des fourrures – dont le nom évoque une colline locale en forme de bonnet de laine (*tuque* en québécois) – doit, comme les autres villes de la région, son existence à ses vastes étendues boisées et à ses puissantes chutes d'eau.

Parc national de la MAURICIE★★

Mauricie–Centre-du-Québec
Schéma : MAURICIE

Créé en 1970 en vue de préserver intact un échantillon représentatif des Laurentides québécoises, le Parc national de la Mauricie englobe un territoire de 536 km². Son épaisse couverture végétale s'inscrit dans une zone de transition entre la forêt décidue méridionale et la forêt boréale. Feuillus et résineux recouvrent ses collines arrondies culminant à 350 m, parsemées d'une multitude de rivières et de lacs. Depuis 5 000 ans, indigènes, coureurs des bois, bûcherons, draveurs et autres ont été attirés par les richesses naturelles de cette région qui, avant de devenir un parc national, constituait l'un des plus vastes ensembles de clubs privés de chasse et de pêche d'Amérique du Nord.

Accès – *Le parc se trouve à 70 km au Nord de Trois-Rivières par la route 55. Ses deux points d'accès principaux sont l'entrée Ouest côté Saint-Mathieu (sortie 217) et l'entrée Est côté Saint-Jean-des-Piles (sortie 226). Suivre les panneaux indicateurs. Entrée Ouest ouv. mai-oct. Entrée Est ouv. mai-oct. & déc.-mars. Le camping est la seule forme d'hébergement dans le parc, à l'exception des gîtes Wabenaki et Andrew, ouv. en toutes saisons. Réservations* ☎ *819-537-4555.*

Activités – *Le canot et le canot-camping constituent l'un des meilleurs moyens pour explorer le parc (location de canots et de matériel sur place). Plusieurs parcours jalonnés d'emplacements de camping rudimentaire permettent de découvrir l'arrière-pays. Certains d'entre eux comportant de longs et rudes portages en terrain très accidenté, il est préférable de suivre un cours de canotage avant de s'y embarquer. Pêche, randonnée pédestre, camping semi-aménagé et baignade sont d'autres activités très prisées.*

VISITE

Parc ouv. toute l'année. Le visiteur pourra se renseigner et s'inscrire aux différentes activités offertes par le parc aux centres d'accueil de Saint-Mathieu et de Saint-Jean-des-Piles ; ouv. mi-mai-fête du Travail tous les jours 7 h-22 h, début sept.-début oct. tous les jours 9 h-16 h 30 (ven. 22 h). 2,50 $. △ ⚒ ⛄ 🅿 *www.parkscanada.gc.ca/mauricie* ☎ *819-538-3232.*

Route panoramique – *62 km entre les deux points d'accès.* Cette route exceptionnelle serpente entre les rochers du bouclier laurentien. Elle longe sur près de 16 km une étendue d'eau filiforme, le **lac Wapizagonke**, et offre de belles échappées sur ses falaises et ses plages de sable fin. Le belvédère du Passage *(30 km)* permet sans aucun doute de saisir les meilleures **vues** de l'ensemble.

La route conduit ensuite à un second lac étroit, le **lac Édouard**, doté d'une jolie plage naturelle, puis continue son chemin sinueux jusqu'au point d'accès Est du parc, d'où on a une belle vue sur la rivière Saint-Maurice.

Lac MÉGANTIC★

Cantons-de-l'Est

Situé à l'extrême Sud-Est du Québec, ce charmant lac a une surface de 26 km² et atteint une profondeur de 75 m. Proche de la frontière américaine, son extrémité Sud est encerclée par les montagnes Blanches. La rivière Chaudière, qui prend sa source dans le lac, arrose le Sud de la province et se jette dans le Saint-Laurent près de la ville de Québec.

La région fut découverte en 1646 par le père Druillette. En 1700, des Abénaquis s'y installèrent et la baptisèrent *Namesokanjik* (« lieu poissonneux »). Ancien centre d'exploitation forestière, le lac Mégantic et ses alentours attirent aujourd'hui toutes sortes de pêcheurs et de vacanciers.

Accès – *Le lac Mégantic est à 190 km au Sud de Québec par les routes 73, 173 & 204. La ville de Lac-Mégantic se trouve à la jonction des routes 204 & 161.*

VISITE

Lac-Mégantic – Ce petit centre industriel et commercial se trouve à l'extrémité Nord-Est du lac Mégantic, à son point de jonction avec la rivière Chaudière. Fondé en 1885 par des Écossais, il a conservé de cette époque des maisons de brique rouge le long de la rue principale. Un joli parc aménagé sur les bords du lac *(derrière le palais de justice)* permet d'admirer les montagnes, notamment le mont Mégantic qui se dresse à l'Ouest.

Dans l'**église Sainte-Agnès** *(ouv. juin-sept. lun.-mar & ven. 9 h-19 h 30, mer.-jeu. & sam.-dim. 9 h-17 h ; mer. & jeu. et sam.-dim. 9 h-17 h ; reste de l'année lun. 9 h-16 h, mar.-ven. 9 h-17 h 30, mer. et sam. 9 h-17 h, jeu. et dim. 9 h-16 h.* & ☑ ☎ *819-583-0370)*, on notera un magnifique **vitrail** sur le thème de l'Arbre de Jessé (c'est-à-dire l'arbre généalogique du Christ). Ce vitrail avait été conçu en 1849 pour la Church of the Immaculate Conception, dans le quartier de Mayfair à Londres.

EXCURSION AU MONT MEGANTIC *59 km*

Quitter Lac-Mégantic par la route 161.

La route grimpe, surplombe le lac Mégantic et permet d'admirer les montagnes Blanches, au Sud.

À Woburn (27 km), prendre à droite la route 212 et continuer sur 18 km.

La route atteint **Notre-Dame-des-Bois**, dont la particularité est d'être le village québécois de plus haute altitude (549 m).

À Notre-Dame-des-Bois, tourner à droite en direction du parc de conservation du Mont-Mégantic.

Mont Mégantic – *13 km.* Au sommet du mont Mégantic (1 100 m) se trouve l'**AstroLab** *(ouv. mi-mai-mi-juin sam. et dim. 12 h-17 h et 20 h-23 ; mi-juin-août tous les jours 12 h-minuit ; sept.-mi-oct. sam. et dim. 12 h-17 h et 20 h-23 h, réservations obligatoires pour le soir ; 10 $; www.astrolab.qc.ca ☎ 819-888-2941).* Cet observatoire astronomique, administré par l'Université de Montréal et par l'université Laval, possède l'un des télescopes les plus puissants de l'Est de

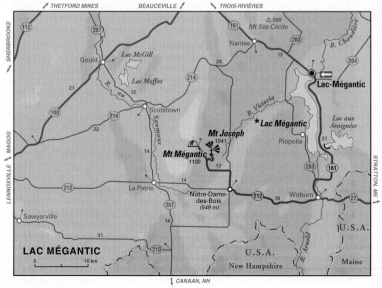

LAC MÉGANTIC

l'Amérique du Nord (objectif : 1,6 m de diamètre ; poids approximatif : 24 t). Il propose au public diverses activités et expositions d'interprétation sur le thème de l'astronomie.

Revenir sur 3 km, et prendre à gauche une petite route accidentée qui grimpe sur 1 km avant d'arriver au mont Joseph.

Mont Joseph – En 1883, le père Corriveault, de Notre-Dame-des-Bois, fit ériger un petit sanctuaire en l'honneur de saint Joseph, à la suite de tornades dévastatrices ayant miraculeusement laissé indemnes les habitants du village qui avaient prié ce saint. Du sommet du mont Joseph se déploie un **panorama**★★ incomparable de la région.

Jardins de MÉTIS★★

Gaspésie

Schéma : GASPÉSIE

En 1886, Lord Mount Stephen (1829-1921), président fondateur du Canadien Pacifique, achetait au seigneur de Grand-Métis, Archibald Fergusson, des terres au confluent de la rivière Métis et du Saint-Laurent pour y construire un camp de pêche. Sa nièce Elsie Stephen Reford hérita du domaine en 1918 et le transforma, de 1926 à 1959, en un cadre enchanteur. Plus de 3 000 espèces de fleurs et de plantes ornementales, dont certaines d'une grande rareté, composent aujourd'hui six jardins distincts, parmi les plus beaux du monde.

Accès – *Les jardins de Métis se trouvent à Grand-Métis, à 350 km à l'Est de Québec. On y accède par les routes 73 & 20, puis la route 132.*

VISITE

Ouv. juin tous les jours 8 h 30-18 h 30, juil-août 8 h 30-20 h, sept.mi-oct . 8 h 30-18 h 30. 8 $. ✗ ⅃ ▯ *www.refordgardens.com* ☎ *418-775-2221.*

Jardin d'entrée – Une véritable explosion de couleurs s'offre, dès ce premier arrêt, à la vue du visiteur. Au tout début de l'été fleurissent des plantes vivaces comme la pivoine et le lupin, tandis que les plantes annuelles attendront juillet et août pour s'épanouir. Dans le boisé d'épinettes qui borde cet ensemble coloré croissent le myosotis et la prêle. Juste avant le jardin des rocailles, des bégonias tubéreux fleurissent du milieu de l'été jusqu'à l'automne.

Les rocailles – Sur un talus parcouru d'un petit ruisseau tortueux pousse une flore propre aux régions montagneuses. On y retrouvera par exemple la saxifrage, la campanule et l'œillet alpin. Dans la plate-bande centrale se dresse un arbuste très rare, originaire de Chine : le **saule de Bock**. Le jardin compte par ailleurs neuf espèces de fougères, dont la capillaire du Canada et l'osmonde de Clayton.

Jardin des rhododendrons – Le spectacle des rhododendrons en fleurs au début de l'été est suivi, jusqu'aux premières gelées, de celui des rosiers. Le jardin abrite également l'érable rouge du Japon et le fameux **pavot bleu**, orgueil des jardins de Métis dont il est d'ailleurs l'emblème floral. Rare et très difficile à cultiver, cette fleur originaire des prairies alpines de l'Himalaya s'épanouit de mi-juin à mi-juillet.

Yves Tessier/REFLEXION

Allée royale – Éclatant hommage aux jardins à l'anglaise, l'allée royale présente un savant mélange de plantes annuelles et vivaces et d'arbustes offrant des floraisons quasi continues. De la fin juillet à la mi-août, de minuscules oiseaux-mouches viennent nombreux butiner le nectar des delphiniums.

Villa Reford – Au centre des jardins se dresse un somptueux manoir de 37 pièces. Il s'agit là du pavillon de pêche que Lord Mount Stephen avait fait construire en 1887, et que sa nièce fit agrandir en 1927. Le rez-de-chaussée abrite aujourd'hui un restaurant, un café et une boutique d'artisanat. À l'étage, un **musée** évoque l'histoire du domaine et de ses anciens propriétaires. On y verra les appartements privés des Reford (salle de séjour, chambre à coucher, chambre noire et autres). La reconstitution d'une cuisine, d'une église, d'un magasin général, d'un cabinet de docteur, d'une école de rang et d'une chambre de tissage et de filage font revivre quelques facettes de la vie métissienne d'antan.

Dehors, une pelouse déroule son beau tapis vert jusqu'à la baie de Métis. Véritable écran naturel, un muret bordé de peupliers et de conifères a été construit au bord de l'eau pour protéger les jardins contre les vents froids de l'hiver.

Jardin des pommetiers – Somptueuses pelouses, plantes couvre-sol, plates-bandes et sentiers sinueux donnent à ce jardin un caractère typiquement anglais. Au printemps, les pommetiers apportent à l'ensemble un remarquable éclat rose.

Jardin des primevères – Un arbre originaire du Japon, le **faux-cyprès de Sawara**, marque l'entrée du jardin. Ce conifère aux branches retombantes fut introduit par Madame Reford. Au printemps, différentes variétés de primevères offrent une grande diversité de couleurs et de formes.

Sous-bois – Réservée à la flore québécoise, la dernière section des jardins de Métis permettra au visiteur de découvrir, dans un cadre boisé naturel, toutes sortes d'espèces sauvages typiques de la région.

Parc de MIGUASHA★

Gaspésie

Schéma : GASPÉSIE

En Gaspésie, la baie des Chaleurs s'ouvre, à l'embouchure Nord de la rivière Ristigouche, par un surprenant escarpement contenant des fossiles enchâssés dans la roche sédimentaire depuis le Dévonien supérieur (il y a 370 millions d'années). Découvert en 1842, ce riche gisement fossilifère n'attira guère l'intérêt de la communauté scientifique avant 1880. Dès lors, et durant de nombreuses années, géologues et collectionneurs du monde entier viendront y prélever d'énormes quantités de spécimens. Depuis 1999 le parc est inscrit sur la liste du patrimoine mondial de l'Unesco.

Dans les années 1970, le gouvernement québécois met fin au pillage systématique du site en achetant une partie des falaises de Miguasha. Véritable sanctuaire paléontologique, ces dernières révèlent ici deux formations géologiques : le conglomérat de Fleurant (à la base) et la formation d'Escuminac (au sommet). La première est essentiellement constituée de galets. La seconde, de couleur grisâtre, fait à peine 8 km de long sur 1 km de large ; elle se compose de silt, de grès et de schistes argileux datant du Dévonien supérieur, et renferme d'importants éléments de la chaîne de l'évolution. Alimenté par de nombreux cours d'eau et entouré d'une végétation tropicale, un énorme lac occupait, il y a plusieurs centaines de millions d'années, le site actuel de Miguasha. L'accumulation des sables, du limon et de l'argile emprisonna, au cours des âges, toutes sortes de plantes et d'animaux dont on peut voir aujourd'hui les restes fossilisés.

Accès – *Le parc se trouve à 242 km de Rimouski et à 294 km de Gaspé par la route 132.*

VISITE

Ouv. juin-août tous les jours 9 h-18 h. Sept.-début oct. tous les jours 9 h-17 h. ⚒ ♿ 🅿 www.sepaq.com ☎ 418-794-2475.

Depuis 1985, le site de Miguasha est devenu un parc de conservation. Grâce à des expositions et à des excursions sur le terrain en compagnie de guides spécialisés, le visiteur est invité à découvrir un fascinant univers : celui de la paléontologie.

Centre d'interprétation – Parmi les fossiles qui y sont exposés, on peut admirer des fougères, des invertébrés et une vingtaine d'espèces de poissons datant du Dévonien supérieur. On remarquera

Fred Klus/M.L.C.P.

tout particulièrement l'*Eusthenopteron foordi* dont la morphologie – comparable à celle de l'*Ichtyostega*, premier tétrapode connu – a permis aux chercheurs de mieux comprendre la transition entre les vertébrés aquatiques et les premiers amphibiens.

Laboratoire – Des guides expliquent les méthodes employées pour dégager les fossiles de la gangue qui les entoure. Le visiteur aura l'occasion, s'il le désire, d'examiner toutes sortes de spécimens au microscope.

Visite des falaises – Une courte promenade jusqu'aux falaises permet d'inspecter de près les couches sédimentaires et d'observer, avec l'aide d'un guide-interprète, le déroulement des fouilles fossilifères. Le prélèvement d'échantillons est naturellement interdit. Un sentier d'interprétation *(1,9 km)* retrace en plusieurs étapes l'évolution de la vie sur notre planète.

Archipel de MINGAN★★

Duplessis

Schéma : CÔTE-NORD

La réserve de parc national de l'Archipel-de-Mingan se trouve au large de la Côte-Nord, entre Longue-Pointe-de-Mingan et Baie-Johan-Beetz. Elle se compose d'une quarantaine d'îles et d'îlots formant un remarquable chapelet d'environ 95 km de long, dans le golfe du Saint-Laurent. Les roches sédimentaires de l'archipel se sont formées il y a 500 millions d'années par suite de l'accumulation de dépôts calcaires en marge du Bouclier canadien. La pression exercée par la calotte glaciaire, l'action constante du gel et du dégel et l'assaut ininterrompu des vagues ont façonné le paysage en causant, dans la masse rocheuse, l'apparition de fissures ; ces dernières, soumises à l'érosion, ont peu à peu donné naissance aux îles et à leurs monolithes si caractéristiques.

Un peu de géographie

Monolithes – Modelés au cours des millénaires, ces « pots de fleurs » géants doivent leur forme particulière à une couche supérieure de calcaire résistant, isolée sur un pied plus friable. Ils ont dans l'ensemble la même hauteur (de 5 à 10 m), ce qui tendrait à prouver qu'à une certaine époque, ils formaient un bloc compact. Au fil des ans, les habitants de la région ont baptisé ces étranges sculptures selon la forme qu'elles évoquaient (Bonne Femme, Tête d'Indien, etc.).

Flore – Le courant glacé du Labrador, la nature du sol, l'extrême humidité et l'influence de la mer sont à l'origine d'un bioclimat unique. Partiellement recouvert d'une forêt de conifères, l'archipel n'en possède pas moins une flore d'une incroyable variété. On y découvrira des fougères, des orchidées, des mousses et des lichens, dont cer-

Monolithes (Réserve du parc national de l'Archipel de Mingan)

© Yves Marcoux/PUBLIPHOTO

taines espèces ne se trouvent habituellement qu'en climat arctique ou alpin. Une quarantaine de plantes rares poussent sur l'archipel ; la plus remarquable (on ne la trouve nulle part ailleurs dans l'Est du Canada) est le **chardon de Minganie**, qui fut répertorié en 1924 par le frère Marie-Victorin, fondateur du jardin botanique de Montréal.

Faune – De tous les oiseaux de mer qui fréquentent l'archipel, celui qu'affectionnent le plus habitants et visiteurs est sans aucun doute le **macareux**. Son bec rouge, jaune et bleu et ses pattes orange lui ont valu le surnom de « perroquet de mer ». Le visiteur pourra également observer l'eider commun, le guillemot noir, la sterne arctique et la sterne commune. Enfin, les eaux environnantes abritent le rorqual commun ainsi que trois espèces de phoques : le phoque gris, le phoque du Groenland et le phoque commun.

Accès – *Accès par bateau de Mingan ou de Havre-Saint-Pierre (à 855 km au Nord-Est de Québec et à 214 km au Nord-Est de Sept-Îles, au bout de la route 138). Aucun moyen de locomotion n'est autorisé sur l'archipel.*

VISITE

Centres d'accueil et d'interprétation – La réserve de Parc national de l'Archipel-de-Mingan possède deux centres d'interprétation gérés par Parcs Canada : l'un se trouve à Longue-Pointe-de-Mingan, et l'autre à Havre-Saint-Pierre. Y sont proposés films, conférences et expositions diverses sur la faune, la flore et la géomorphologie des îles. Les visiteurs intéressés pourront aussi obtenir toutes sortes de renseignements sur les activités d'animation et d'interprétation organisées, et retirer leurs permis de camping.

★**Croisières en mer** – Pour mieux apprécier les merveilles dont la nature a pourvu l'archipel, il convient d'en découvrir les îles en bateau, sous la direction de guides-naturalistes. Les croisières au départ de Havre-Saint-Pierre font escale sur l'île Niapiskau, ce qui permet d'aller observer les monolithes de plus près *(départ de la marina de Havre-Saint-Pierre mi-juin-fête du Travail tous les jours à 7 h 45, 12 h & 15 h 45 ; aller-retour 3 h 30 mn ; commentaire à bord ; réservations conseillées ; 29,50 $;* ⚒ 🅿 *; La Relève du Poète Jomphe Inc.* ☎ *418-538-2865).* Les croisières au départ de Mingan donnent l'occasion d'admirer les fameux « pots de fleurs », mais aussi d'observer oiseaux de mer et mammifères marins *(départ du quai de Parcs Canada début juin-début sept. tous les jours à 8 h, 12 h et 16 h ; aller-retour 3 h 30 mn ; commentaire à bord ; réservations conseillées ; 29,50 $;* ✗ ⚒ 🅿 *Randonnée des Îles Ltée* ☎ *418-949-2307).* La station de recherche des Îles Mingan, à Longue-Pointe-de-Mingan, organise par ailleurs des croisières d'observation des baleines.

Parc du MONT-ORFORD★

Cantons-de-l'Est

Schéma : Cantons de l'EST

Créé en 1938, ce parc de 58 km² de superficie englobe une région montagneuse appartenant au système appalachien. Il est dominé au Nord-Est par le mont Chauve (600 m) et au Sud-Ouest par le mont Orford (881 m), réputé pour ses pistes de ski.

Accès – *Le parc se trouve à 7 km de Magog et à 116 km de Montréal. On accède à son entrée Ouest par les routes 10 (sortie 115) & 141. Celle-ci traverse la partie Sud du parc et permet d'en sortir par l'Est ; elle rejoint la sortie 118 de la route 10.*

Activités – *Grâce à ses lacs, le parc se prête particulièrement bien à la voile et à la natation. On peut également y faire de la randonnée à travers des forêts d'érables, de bouleaux, de sapins et de pins, et en hiver, du ski de fond, du ski alpin et du patin à glace. Le parc propose par ailleurs un terrain de golf, un centre d'arts ainsi que des aires de pique-nique et de camping.*

VISITE

Parc ouv. tous les jours de l'année. Centre d'accueil Le Cerisier ouv. tous les jours de l'année 8 h-17 h. 5 $/voiture. △ *(mi-mai-mi-oct.)* ✗ ⚒ 🅿 *www.sepaq.com* ☎ *819-843-9855.*

Mont Orford – *Sur la route 141, à 1 km de l'entrée Ouest du parc. Accès par télésiège ou à pied.* Du télésiège s'offrent des **vues**★ superbes sur le lac Memphrémagog et les montagnes environnantes. Arrivé au sommet *(courte promenade autour de la tour de télévision)*, le visiteur jouira d'une **vue panoramique**★★ sur la vallée du Saint-Laurent au Nord, les collines Montérégiennes à l'Ouest, le lac Memphrémagog au Sud et la chaîne des Appalaches à l'Est.

© Malak, Ottawa

Lac Stukely – *De la route 141, tourner à gauche à 4 km de l'entrée Ouest et suivre une route secondaire sur 6 km.* On atteint le charmant lac Stukely après un agréable parcours le long de la rivière aux Cerises et de l'étang du même nom. Le lac, parsemé d'îlots rocheux, est entouré de plages de sable.

Centre d'arts Orford – *Sur la route 141, à 1 km de l'entrée Est, ou à 6 km du lac Stukely. Ouv. mai.-nov. tous les jours 9 h-21 h,* ⚒ ♿ *www.arts-orford.org* ☎ *819-843-3981.* Fondé en 1951, ce centre d'arts est particulièrement réputé pour ses stages de perfectionnement en musique. Sa grande salle de concert en forme d'amphithéâtre, située dans un joli cadre boisé, fut d'ailleurs le pavillon de l'Homme et de la Musique à l'Exposition universelle de Montréal en 1967. Chaque été, le site accueille le **Festival Orford** *(voir Calendrier des manifestations)*, célèbre manifestation musicale à l'occasion de laquelle se produisent des interprètes de renommée internationale.

Parc du MONT-SAINT-BRUNO

Montérégie
Schéma : Vallée du RICHELIEU

Ce parc de conservation (5,9 km²) englobe la majeure partie du mont Saint-Bruno, célèbre colline Montérégienne s'élevant à 218 m au-dessus de la plaine environnante. Créé en 1985, il faisait autrefois partie de la seigneurie de Montarville, accordée en 1710 à Pierre Boucher par le sieur de Vaudreuil, gouverneur de la Nouvelle-France. La présence de quelques cours d'eau sur le mont et la force du courant permirent la construction de plusieurs moulins. Quant à la nature sablonneuse du sol, elle favorisa la culture des pommiers. En 1829, une partie de la seigneurie fut vendue à François-Pierre Bruneau, avocat montréalais dont le nom (avec une orthographe modifiée) fut plus tard donné à la colline.

Accès – *Le parc se trouve tout près de Saint-Bruno-de-Montarville, à 20 km environ à l'Est de Montréal par la route 20 (sortie 102) ou 30 (sortie 121).*

Activités – *Selon la saison, les amoureux de la nature pourront y faire des pique-niques, de la randonnée pédestre ou du ski de fond.*

VISITE

Ouv. toute l'année 8 h-coucher du soleil. 5 $/voiture. ⚒ ♿ 🅿 ☎ *450-653-7544.*

Du terrain de stationnement, un agréable sentier *(1 h aller-retour)* passe devant le site de l'ancien collège du Mont-Saint-Gabriel et mène, à travers une chênaie rouge et une érablière, à deux étendues d'eau : le lac du Moulin et le lac Seigneurial. Au bord du premier se dresse un vieux **moulin** en pierre (1761), seul survivant des nombreux moulins à eau d'antan, qui abrite aujourd'hui un centre d'interprétation de la nature. À côté du moulin et le long du lac, les pommiers rappellent l'époque de la seigneurie de Montarville. D'autres sentiers, plus longs, permettent de se rendre à trois autres lacs : le lac des Bouleaux, le lac à la Tortue et celui des Atocas (mot d'origine amérindienne désignant les canneberges).

Station MONT-SAINTE-ANNE★

Région de Québec

Schéma : Côte de BEAUPRÉ

Créé en 1969 afin de doter la ville de Québec d'une vaste zone récréative, ce magnifique espace naturel englobe à la fois le mont Sainte-Anne (815 m), énorme massif accidenté s'élevant à proximité du Saint-Laurent, et une partie de la vallée de la rivière Jean-Larose. La station de ski de Mont-Sainte-Anne a accueilli plusieurs courses de la Coupe du monde. Elle bénéficie d'excellentes conditions d'enneigement et d'une infrastructure sportive développée. Son domaine skiable comprend plus de 200 km de sentiers de ski de fond et une cinquantaine de pistes de ski alpin (dénivellation : 625 m) qui, éclairées en soirée, créent une ambiance véritablement féerique.

Accès – *Mont-Sainte-Anne se trouve à 40 km au Nord-Est de Québec par les routes 440, 138 & 360.*

Activités – *Randonnée pédestre, vélo de montagne, surf des neiges, traîneaux à chiens, équitation, golf, parapente, escalade, ski alpin et ski de fond, selon la saison.*

VISITE

Ouv. tous les jours de l'année. Saison de ski mi-nov.-avr. 40,85 $ (forfait ski alpin), 13,05 $ (forfait ski de fond). ⛺ ✗ ♿ 🅿 *www.mont-sainte-anne.com* ☎ *418-827-4561.*

★★Panorama – *Accès au sommet par télécabine fin juin-août tous les jours 10 h-16 h 45. Sept.-mi-oct. sam.-dim. 10 h-16 h 45. Aller-retour 30 mn. 9 $. Location de vélo de montagne mai-oct. lun.-ven. 9 h-17 h, sam.-dim. 8 h 30-17 h. 5 $. Forfait télécabine/vélo de montagne possible.* ✗ ♿ 🅿. Du sommet, la vue sur le Saint-Laurent est extraordinaire. Elle englobe, au Sud, la côte de Beaupré, reconnaissable aux tours jumelles de la basilique Sainte-Anne, Québec, l'île d'Orléans et la région Chaudière-Appalaches. À l'Est de l'île d'Orléans, le Saint-Laurent, qui atteint ici une largeur de 10 km, marque la ligne de séparation entre deux types de relief bien distincts, l'un appartenant au bouclier laurentien, l'autre au système appalachien. Au Nord se détache la silhouette des Laurentides.

Chutes Jean-Larose – *De la station de ski, faire 0,7 km à l'Est et prendre une piste balisée.* Avant de se jeter dans la rivière Sainte-Anne, la rivière Jean-Larose se faufile à travers un étroit canyon, puis forme une cascade de 68 m de hauteur. Un sentier pentu *(397 marches)* offre de jolies vues de ces eaux déchaînées.

Parc du MONT-TREMBLANT★

Laurentides

Schéma : LAURENTIDES

Plus ancien parc provincial du Québec, ce merveilleux espace de loisirs couvre une superficie de 1 500 km². Il regorge de lacs (plus de 400) et de rivières dont les plus notables sont celles du Diable et de l'Assomption, avec leurs magnifiques cascades et leurs chutes tumultueuses. Parcourus de montagnes dont les sommets dépassent les 900 m, ces paysages d'une grande beauté abritent une faune abondante (orignaux, ours bruns, castors et toute sortes d'oiseaux, parmi lesquels le grand héron bleu). Des kilomètres de routes sinueuses et de pistes attirent les randonneurs, surtout à l'automne où les rouges vifs de l'érable se mêlent aux tendres jaunes des bouleaux.

La « montagne tremblante » – L'origine du toponyme demeure incertaine. Selon la légende, des Algonquins auraient baptisé l'endroit *manitou ewitchi saga* (« montagne du redoutable Manitou »), en référence au dieu de la nature qui faisait trembler la montagne lorsque l'homme venait en troubler la tranquillité. Pour d'autres, le mont Tremblant tirerait plutôt son nom d'une expression elle aussi amérindienne, *manitonga soutana* (« montagne des esprits »), évoquant le tremblement causé par les torrents alors qu'ils dévalent les pentes en cascade.

Accès – *Le parc du Mont-Tremblant se trouve à environ 140 km au Nord de Montréal. Principaux points d'accès : Saint-Donat (routes 15 & 329) ; Saint-Faustin (route 15 & 117) ; Saint-Côme (routes 25 & 343). Chaussée non revêtue par endroits.*

Activités – *Été : canot-camping, voile, découverte de la nature, pêche, baignade, randonnée pédestre, équitation et vélo de montagne. Hiver : ski alpin, ski de randonnée, raquette et promenades en motoneige. Camping rustique ou aménagé.*

VISITE

Ouv. tous les jours mi-mai-sept. 7 h-21 h : oct.-av. 9 h-16 h. Certaines routes du parc sont fermées en hiver. 4 $. ⛺ ✗ ♿ 🅿 *www.sepaq.com* ☎ *877-688-2289 . À partir de l'entrée côté lac Supérieur, prendre la route du parc n° 1.*

Très pittoresque, la route remonte le long de la **rivière du Diable★**, de la station de ski du Mont-Tremblant jusqu'aux chutes Croches.

© Malak, Ottawa

Rivière du Diable

Lac Monroe – *À 11 km de l'entrée.* Il s'agit d'un agréable plan d'eau doté d'une plage, de terrains de camping et de sentiers de randonnée *(location de canots et bicyclettes)*. On pourra admirer de très belles vues en suivant la route qui longe le lac sur plusieurs kilomètres. De l'autre côté de la route, un sentier de nature *(2,7 km, soit environ 1 h 1/2 aller-retour)* mène au lac des Femmes. Un peu plus loin se trouve le lac Lauzon.

Continuer par la route n° 1.

★**Chute du Diable** – *À 8 km du lac Monroe. Garer sa voiture et suivre le sentier sur 0,8 km. Compter 20 mn pour l'aller-retour.* Les eaux sombres de la rivière du Diable dévalent en pente raide et changent brusquement de direction, laissant aux pieds de la chute un amas de roches fracassées.

Environ 10 km après les chutes, prendre la direction Est vers Saint-Donat et la chute aux Rats par la route n° 2, et continuer sur 24 km.

★**Chute aux Rats** – Le ruisseau du Pimbina dévale une falaise étagée de plus de 18 m en formant une majestueuse chute, l'une des plus jolies de la région de la Lanaudière. Des tables de pique-nique ont été installées à proximité de la zone de baignade. Un escalier de bois mène au sommet des chutes.

Continuer par la route n° 3 jusqu'à la sortie (5 km).

■ **Raquettes, saunas et compagnie**

Avec ses sentiers de randonnée, ses pistes cyclables, ses cours de golf et l'organisation de nombreux événements, le Tremblant offre un choix considérable d'activités durant l'été. En hiver les visiteurs ne seront pas en reste pour autant : ils auront le choix entre l'**Aquaclub La Source** (☎ *819 681 5668*), une piscine couverte avec cascades, une excursion en raquettes (☎ *1 88 Tremblant)*, ou encore une randonnée en traîneau à chiens (☎ *800 425 8846)* sur les sentiers de montagne voisins. Pour les skieurs désireux de soulager leurs courbatures musculaires, **Le Scandinave** (☎ *819 425 5524, Internet : www.scandinave.com)*, tout proche, propose une expérience insolite : un bassin en plein air au milieu des bois et au bord de la rivière du Diable. Cette expérience a pour but d'augmenter doucement la température du corps en passant par des cycles répétitifs de chaleur, de froid et de repos, avant d'aller s'immerger dans la rivière glacée ! On accède au sauna finnois, au jacuzzi ou encore aux bains à vapeur norvégiens en empruntant des passages extérieurs chauffés. Comparé à la rivière, dans laquelle moins d'un quart des visiteurs s'aventurent, la vivifiante cascade nordique donne presque une impression de chaleur ! Des massages suédois sont également proposés.

MONTEBELLO

Montebello se trouve sur la rive Nord de la rivière des Outaouais, entre Hull et Montréal. Ancienne patrie de **Louis-Joseph Papineau** (1786-1871), député, président de la Chambre, éloquent orateur et chef des Patriotes, la ville est également connue, depuis 1930, pour son luxueux hôtel et pour les conférences internationales qui s'y tiennent.

Un peu d'histoire

En 1674, la seigneurie de Petite-Nation, alors peuplée d'Algonquins, était concédée à Mgr de Laval. Le notaire Joseph Papineau, père de Louis-Joseph, en fit l'acquisition en 1801 et y installa les premiers colons. En 1845, au retour de huit ans d'exil à la suite de l'échec de la Rébellion, le chef des Patriotes y fit construire un manoir qu'il nomma en l'honneur d'un ami, le **duc de Montebello**, fils de l'un des généraux de Napoléon Bonaparte. Le petit village qui s'était constitué non loin de là prit son nom en 1878. Montebello fut également la patrie du gendre de Papineau, Napoléon Bourassa (1827-1916), éminent artiste et architecte, et de son illustre petit-fils, Henri Bourassa (1868-1952), homme politique et fondateur du *Devoir*.

Accès – *Montebello se trouve à 130 km à l'Ouest de Montréal et à 70 km à l'Est de Hull par la route 148.*

CURIOSITÉS

★ **Château Montebello** – *Accès par la route 148.* Cet énorme bâtiment de bois octogonal flanqué de six ailes occupe, sur les bords de la rivière des Outaouais, une partie du parc de l'ancienne seigneurie de Papineau. Il fut construit en 1930 selon les plans de l'architecte montréalais Harold Lawson, pour le compte du très sélect Seigniory Club. Le projet, réalisé en 90 jours à peine, nécessita l'emploi de quelque 10 000 billes de cèdre rouge. Transformé en hôtel de luxe, le château Montebello accueillit de nombreux événements internationaux, parmi lesquels le Sommet économique de 1981, et en 1983, le Bilderberg Meeting ainsi que la Conférence de l'OTAN. Été comme hiver, ses jardins offrent d'agréables promenades.

★ **Lieu historique national du Manoir-Papineau** – *Le manoir, fermé pour restauration, doit réouvrir courant 2001. Le grenier et la chapelle funéraire sont ouverts.* ♿ 🅿 ☏ *819-423-6455.* Ce manoir fut construit entre 1848 et 1850 pour Louis-Joseph Papineau. Il s'agit d'un étonnant édifice revêtu de stuc couleur corail et flanqué de tours de pierre, de style « château ». La propriété fut vendue au Seigniory Club en 1929. Au cours des années, l'intérieur a subi de nombreuses modifications. Il reste cependant une partie du mobilier massif ayant appartenu à la famille Papineau, notamment dans la salle à manger et le grand salon. Une bibliothèque ignifugée (nouveauté à l'époque) fut construite dans une tour de quatre étages ; elle contenait quelque 6 000 volumes. Du manoir, on aperçoit, à travers un rideau d'arbres, les eaux paisibles de l'Outaouais.

Château Montebello

Manoir Papineau

MONTRÉAL★★★

1 016 376 habitants

Située sur la plus vaste des îles de l'archipel d'Hochelaga que longe le majestueux Saint-Laurent, Montréal offre tous les attraits d'une ville au caractère international. Deuxième agglomération canadienne derrière la métropole torontoise, place financière et commerciale fort active, cette ville abrite un centre industrialo-portuaire de première importance, sur la longue voie reliant les Grands Lacs à la mer.

Montréal est la seconde ville francophone du monde après Paris. Sa population anglophone, essentiellement regroupée dans la partie Ouest de l'île, reste largement présente dans le monde des affaires où l'anglais garde toute son importance. Montréal est donc la seule grande ville du Canada à réunir deux communautés que l'Histoire a longtemps fait s'opposer, et cette coexistence nourrit la créativité culturelle d'une cité où les influences du Vieux Monde et la modernité nord-américaine se mêlent de façon unique. Montréal, c'est aussi une mosaïque de communautés ethniques regroupées par quartiers, ce qui lui donne parfois l'aspect d'un agglomérat de villages culturellement distincts. Tant de facteurs qui l'ont dotée d'une vitalité fascinante.

Un peu de géographie

L'île de Montréal (environ 50 km de long sur 17 km à son point le plus large) est née de la confluence de la rivière des Outaouais et du Saint-Laurent qui, en se rejoignant, dessinent un énorme delta intérieur. Une quinzaine de ponts relient l'île Jésus et l'île de Montréal au continent, dont cinq (pont-tunnel inclus) franchissent le Saint-Laurent. La communauté urbaine de Montréal comprend les 29 municipalités de l'île. La plus importante demeure la ville même de Montréal qui annexa plusieurs villages et quartiers vers 1880, et qui occupe à elle seule plus d'un tiers de la superficie insulaire. Se dressant presque au centre de l'île, le **mont Royal** (233 m), aux pentes abruptes, domine la zone urbaine. La « Montagne », comme on l'appelle familièrement ici, est l'une des huit masses rocheuses qui émergent curieusement de la plate vallée laurentienne. Formées pendant le crétacé, ces dernières sont connues sous le nom de collines Montérégiennes.

Un peu d'histoire

Les Mohawks, de la nation iroquoise, habitaient l'île de Montréal bien avant que les premiers Européens ne viennent s'établir en Amérique du Nord. En 1535, **Jacques Cartier**, à la recherche de mines d'or et d'une route menant vers l'Inde, débarqua dans l'île et visita le village d'**Hochelaga**, au pied du mont Royal. L'histoire veut que Cartier, l'ayant escaladé suivi de sa troupe, soit resté émerveillé devant le panorama qui s'offrait à sa vue et se soit exclamé : « C'est un mont réal ».

La version de l'historien Gustave Lanctot est bien différente. Ce nom aurait été donné à l'endroit par Cartier « en l'honneur du Cardinal de Médicis, évêque de la ville de Monreale en Sicile ». En 1611, **Samuel de Champlain**, le « père de la Nouvelle-France », remonta le Saint-Laurent à partir de Québec, qu'il venait de fonder. Hochelaga n'existait plus, et Champlain envisagea d'établir une colonie sur l'île Sainte-Hélène. Mais ce projet ne se concrétisa pas.

Montréal vu du mont Royal

Ville-Marie – Le 17ᵉ s. fut, en France, une époque marquée par de grands desseins d'évangélisation. L'Église catholique espérait recouvrer le terrain perdu lors de la Réforme. Certains virent, dans la colonisation, un moyen de propager la foi. Deux Français, **Jérôme Le Royer de la Dauversière** et **Jean-Jacques Olier** (qui venait de fonder à Paris, en 1641, l'ordre des Sulpiciens), eurent simultanément l'idée d'envoyer une mission sur l'île de Montréal. Ils réunirent des fonds et choisirent **Paul de Chomedey, sieur de Maisonneuve** pour diriger l'établissement qu'ils décidèrent de nommer **Ville-Marie**. Maisonneuve et une quarantaine de ses compagnons franchirent donc l'Atlantique en 1641. Ils passèrent l'hiver à Québec et débarquèrent sur l'île de Montréal en mai 1642. Bien qu'animés de grands idéaux, ils se heurtèrent à l'hostilité des Amérindiens et durent combattre les gens-mêmes qu'ils étaient venus évangéliser. Les hostilités durèrent jusqu'à la signature d'un traité de paix avec les Iroquois, en 1701.

Le 18ᵉ siècle – Malgré l'échec de la tentative d'évangélisation, Ville-Marie (appelée par la suite Montréal) se développa grâce au commerce des fourrures. Des explorateurs partirent sur les Grands Lacs et leurs affluents, et revinrent chargés de pelleteries. La demande était très forte en Europe où les peaux d'animaux entraient dans la confection de vêtements de luxe. Les fourrures devinrent ainsi la base du commerce à Montréal, si bien qu'au moment de la **Conquête**, la ville était bien établie et comptait de nombreux marchands et plusieurs fermes.

Après la reddition de Québec en 1759, les troupes anglaises du général Jeffery Amherst marchèrent vers Montréal. En 1760, le chevalier de Lévis s'apprêtait à défendre la ville lorsque son gouverneur, le marquis de Vaudreuil, lui ordonna de se rendre sans combat. Après la Conquête, les membres de la noblesse retournèrent pour la plupart en France. Les premiers anglophones à s'établir à Montréal furent des Écossais, attirés par le commerce des fourrures. Plus tard, après la guerre d'Indépendance américaine, les loyalistes, qui avaient quitté les États-Unis pour rester fidèles au roi d'Angleterre, vinrent grossir la population anglophone.

En 1775 et 1776, Montréal fut de nouveau occupée. Il s'agissait cette fois des troupes américaines commandées par le général Richard Montgomery. Celles-ci venaient dans l'intention de persuader les Montréalais de s'unir aux colonies américaines dans leur lutte contre l'Angleterre. Elles restèrent sept mois durant lesquels de nombreux grands hommes, dont Benjamin Franklin, vinrent à Montréal. Au début de 1776, ces troupes partirent pour Québec où elles furent défaites par l'armée anglaise.

Le 19ᵉ siècle – La fin du 18ᵉ s. et le début du 19ᵉ s. marquèrent l'âge d'or du commerce des fourrures à Montréal. Des comptoirs furent ouverts partout dans le Nord du Canada où les Amérindiens des nations locales apportaient, en échange de marchandises diverses, des peaux qui étaient ensuite expédiées à Montréal par canot. En 1783 fut fondée la **Compagnie du Nord-Ouest**, où se trouvèrent associées quelques-unes des grandes figures de leur temps : Fraser, Frobisher, Mackenzie, McGill, McGillivray, McTavish et Thompson. Avec d'autres, ils fondèrent le **Beaver Club** (Club des Castors), où se réunissaient les négociants en fourrures qui avaient connu les durs hivers du Nord-Ouest.

En 1821, la fusion de la Compagnie du Nord-Ouest et de sa grande rivale, la **Compagnie de la baie d'Hudson**, marqua le début du déclin de Montréal dans ce négoce. Cette dernière exportait ses fourrures en Europe en passant par la baie d'Hudson, de sorte que

© Malak, Ottawa

le rôle joué par Montréal alla s'amenuisant. Montréal n'avait pas participé à la guerre d'Indépendance américaine, mais en 1837, la ville et toute la région se trouvèrent au cœur d'une révolte contre le gouvernement anglais : la **rébellion des Patriotes**. La colonie était administrée par un gouverneur nommé par le roi d'Angleterre, et par un conseil lui-même nommé par le gouverneur. Il y avait aussi une assemblée élue, mais dont les propositions restaient le plus souvent lettre morte. Chez les Canadiens français, d'éminentes personnalités comme **Louis-Joseph Papineau** et **George-Étienne Cartier** protestèrent contre cette situation. À la suite de nombreuses pétitions, le gouvernement anglais prit acte des causes de la rébellion, et accorda par la suite aux Canadiens français un gouvernement représentatif.

Louis-Joseph Papineau, après plusieurs années d'exil, fit un bref retour à la politique, puis se retira à Montebello. George-Étienne Cartier poursuivit quant à lui sa carrière, et devint un éminent homme politique au Québec et l'un des pères de la Confédération canadienne.

Thomas Davies : *Montréal 1812*

Musée des Beaux-Arts du Canada, Ottawa

Une industrie en plein essor – Vers 1820 débute la conversion de l'économie montréalaise vers le commerce et l'import-export. La création de la Banque de Montréal (1817) et celle du Board of Trade (1822) par la communauté anglophone vont faire de la rue Saint-Jacques le centre financier de la ville, du Québec et même du Canada, grâce à des investissements dans le secteur des transports. La rue Saint-Jacques demeure toujours le centre économique de Montréal, avec les sièges sociaux des institutions financières et bancaires et la Bourse de Montréal. Le dynamisme économique de la communauté anglophone s'est alimenté, depuis 1815, d'une immigration britannique, surtout irlandaise, qui fait de Montréal, entre 1831 et 1865, une ville essentiellement anglophone, avant que l'émigration rurale canadienne française ne lui redonne son visage francophone.

L'industrialisation s'amorce vers 1840 grâce à l'agrandissement du **canal de Lachine** qui, depuis 1825, permet à la navigation d'éviter les rapides du même nom. Un système de canalisation, aménagé sur le Saint-Laurent jusqu'aux Grands Lacs et sur la rivière Richelieu jusqu'à New York via le lac Champlain et l'Hudson, ouvre de nouveaux axes commerciaux rapidement concurrencés par le chemin de fer. La première et courte ligne de chemin de fer (1836) relie La Prairie, sur la rive Sud, à Saint-Jean-sur-Richelieu. Montréal devient rapidement le lieu de financement, de construction, d'embauche et d'entretien du système ferroviaire. En témoigne l'ouverture (1859) du pont Victoria, qui permet de franchir le fleuve et de développer un axe ferroviaire Nord-Sud entre Montréal et le Vermont.

Ville de confluence, Montréal l'est encore par son **port** dont l'expansion tient aussi au chemin de fer qui traverse le Canada de l'Atlantique au Pacifique, en 1885. Le développement des provinces des Prairies crée alors un nouveau marché pour la ville : à l'aller, les céréales viennent, par chemin de fer, remplir les silos à grains du port en vue de l'exportation atlantique ; au retour, les wagons apportent dans l'Ouest les produits manufacturés à Montréal.

Le 20ᵉ siècle – La crise économique des années 1930 met fin à la période de croissance qui avait suivi la Première Guerre mondiale. Le manque de ressources financières augmente le nombre de personnes au chômage, et partout, les silhouettes de projets inachevés se multiplient dans Montréal. Prospérité et dynamisme se retrouvent lors des années d'après-guerre, et sous l'administration du maire Jean Drapeau, le centre-ville et l'Est de Montréal subissent une restauration complète. Depuis les années 1960, Montréal est l'hôte d'événements internationaux d'importance, tels **Expo'67** (en commémoration du centenaire de la Confédération canadienne), les **Jeux olympiques** (1976) et les **Floralies internationales** (1980). Montréal reste également un centre important de culture francophone. La ville a célébré, en 1992, le **350ᵉ anniversaire** de sa fondation.

Le métro de Montréal – Inauguré en 1966, juste à temps pour l'Exposition universelle de 1967, le métro comprend aujourd'hui quatre lignes et 65 stations, pour un réseau total de 64 km. Les stations de ce métro entièrement souterrain sont reliées par un tunnel double afin d'empêcher les accidents. Si, en certains points, le tunnel affleure presque à la surface, il passe à 55 m sous le Saint-Laurent pour aller à Longueuil. Afin d'éviter l'uniformité, chaque station a été dessinée par un architecte différent ; chacune d'entre elles est conçue en fonction de l'environnement extérieur et décorée d'œuvres d'art. La caractéristique principale de toutes les stations de métro de Montréal est qu'elles sont conçues dans le prolongement de la rue. Le voyageur y retrouve en effet un carrefour urbain en sous-sol alors qu'ailleurs, le métro est souvent synonyme de longs corridors qui mènent vers les quais. Parmi les stations particulièrement remarquables, on notera Berri-UQAM, Champ-de-Mars, McGill, Place-des-Arts, Papineau, et Pie-IX.

La ville souterraine – *Voir plan dans itinéraire* ③ . Les températures montréalaises changent radicalement d'une saison à l'autre. Pourtant, grâce à la construction d'une « ville sous la ville », la population peut sillonner à pied une bonne partie du quartier des affaires sans souffrir des rigueurs du climat. La ville couverte piétonnière fit son apparition vers 1960, avec la construction de la **place Ville-Marie**. Le réseau est remarquable par ses allées spacieuses et sa conception paysagiste. Il permet d'accéder aux grands hôtels, aux principaux immeubles de bureaux, à deux grands magasins (Eaton et La Baie), à des centaines de boutiques, à plusieurs salles de cinéma, à de nombreux restaurants, à deux gares ferroviaires et au terminus voyageur de la gare routière. Il conduit également à l'important centre culturel de la **Place des Arts** et à deux grandes salles d'expositions : le **palais des Congrès** et la **place Bonaventure**, l'un des plus vastes bâtiments d'Amérique du Nord (noter qu'au Québec, le mot « place » s'emploie souvent pour décrire des espaces intérieurs ou des centres commerciaux).

Comment s'y rendre

Avion – Aéroport international **Dorval** : à 22 km *(environ 30 mn)* du centre-ville par taxi *(28 $)*, navette *(11 $)* ou réseau STCUM (train, bus, métro) ; navette *(gratuite)* à destination des hôtels Dorval ; taxe d'aéroport de départ : 10 $; renseignements ☏ 694-7377. Aéroport international **Mirabel** : à 55 km *(environ 45 mn)* du centre-ville par taxi *(69 $)* ou navette *(18 $)* ; uniquement vols charters et cargos ; renseignements ☏ 694-7377.

Train – Gare centrale (VIA Rail/Amtrak) : 895, rue de la Gauchetière Ouest (Ⓜ Bonaventure). Renseignements & réservations VIA Rail ☏ 989-2626.

Autobus – Terminus d'autobus de Montréal (Orléans Express, Vermont Transit) : 505, boul. de Maisonneuve Est (Ⓜ Berri-UQAM) ; renseignements ☏ 842-2281.

Comment s'y déplacer

Transports publics – Le système de transport en commun local (métro et autobus) est exploité par la Société de transport de la communauté urbaine de Montréal (STCUM) ☏ 288-6287. Le service est généralement assuré de 5 h 30 à 1 h 30 *(lignes 1, 2 & 4)* ou 23 h *(ligne 5)*. Chaque ligne de métro est désignée par le numéro et le nom de ses terminus. Leur indication permet de s'orienter dans les couloirs ou sur les quais et de voyager dans un sens désiré, après un changement éventuel dans une station de correspondance. Les tickets de métro, valables aussi pour l'autobus, peuvent s'acheter dans les stations de métro à l'unité *(1,85 $)*, par carnet de six *(8,25 $)*, ou encore sous forme de carte touristique *(5 $/jour ou 12 $/3 jours)*. Objets trouvés ☏ 280-4637.

Location de véhicules – Il est facile de louer une voiture à Montréal. Les principales sociétés de location de véhicules sont représentées dans les aéroports de la région et en plusieurs points de la ville. À titre indicatif : Avis ☏ 866-7906 ; Budget ☏ 866-7675 ; Discount ☏ 286-1554 ; Hertz ☏ 842-8537 ; Thrifty-Québec ☏ 845-5954 ; National-Tilden ☏ 481-1166.

Taxis – LaSalle ☏ 277-2552 ; Diamond ☏ 273-6331 ; Champlain ☏ 273-2435.

À savoir

Où s'informer – **Centre Infotouriste**, 1001, rue du Square-Dorchester (Ⓜ Peel). Ouv. fin juin-fête du Travail tous les jours 8 h-20 h; reste de l'année tous les jours 9 h-18 h. ☏ 514-873-2015. Internet : *www.tourisme-montreal.org*

Hébergement – Réservations : Hospitalité Canada ☏ 393-9049 ; Centre de réservations de Montréal ☏ 284-2277.

Presse locale – Francophone : *Le Journal de Montréal, Le Devoir, La Presse.* Anglophone : *The Gazette.*

Bureau de poste – 1500, rue Ottawa ☏ 846-5290 *(ouv. lun.-ven. 8 h-17 h 45)*. Renseignements généraux (Société canadienne des Postes) ☏ 344-8822.

Bureaux de change	☏
Aéroport Dorval – Thomas Cook *(deux bureaux, l'un aux arrivées, l'autre aux départs, ouv. 7 jours/7)*	828-0061
Devise Internationale – 1230, rue Peel	392-9100
Mint Master International – 390, rue Saint-Jacques Ouest	844-2549
Thomas Cook – 777, rue de la Gauchetière Ouest	397-4029

Numéros utiles	☏
Police – Ambulance – Pompiers	911
Assistance annuaire	411
Pharmacie Jean Coutu *(lun.-ven. 9 h-23 h, sam. 9 h-22 h, dim. 10 h-22 h)*	527-8827
Office des congrès et du tourisme	844-5400
Tourisme Québec	873-2015
Association canadienne des automobilistes *(tous les jours de l'année 24 h/24)*	861-7575
État des routes	284-2363
Météo *(24 h/24)*	283-3010

À faire

Info-loisirs – Montréal offre à ses habitants et visiteurs de quoi se divertir tout au long de l'année. Pour se faire une idée des événements en cours et de l'endroit où ils se tiennent, consulter des publications touristiques gratuites telles que *Voir* (francophone), *Le Guide Montréal* (bilingue), *Mirror* et *Hour* (anglophones), ou parcourir la section Arts et Spectacles des journaux (numéros de fin de semaine). Réservation possible de billets pour les événements culturels et sportifs par l'intermédiaire des bureaux suivants : **Admission** ☎ 790-1245 ; **Telspeck** ☎ 790-1111 ; **Voyages Astral inc.** ☎ 866-1001. Principales cartes de crédit acceptées.

© Michel Gagné /REFLEXION

Festival d'hiver, île Notre-Dame

Sports-spectacles – Les amateurs de sports ne manqueront pas de choix. **Hockey** : Les Canadiens de Montréal (ligue nationale) ; saison oct.-avr. ; Centre Molson (Ⓜ Lucien-l'Allier) ☎ 932-2582. **Base-ball** : Les Expos de Montréal (division nationale) ; saison avr.-sept. ; Stade olympique (Ⓜ Viau) ☎ 846-3976. **Football** : Les Alouettes de Montréal ; saison mi-juin-début nov.; Stade McGill (Ⓜ McGill) ☎ 871-2255. **Courses de chevaux** : toute l'année ; Hippodrome Blue Bonnets ; (Ⓜ Namur) ☎ 739-2741.

Activités récréatives – Location de bicyclettes (été) ou de patins à glace (hiver) ; Vélo Aventure Montréal ☎ 847-0666. Patinage toute l'année (5,50 $) à l'Atrium, 1000, rue de La Gauchetière (Ⓜ Bonaventure) ☎ 395-0555. Cinémas IMAX (films & shows lasers) ☎ 496-4629. Casino de Montréal (4 Île Sainte-Hélène) ☎ 392-2746.

Shopping et restaurants – La **ville souterraine** *(voir plan itinéraire* 3 *)* rassemble un grand nombre de boutiques, cinémas et centres commerciaux reliés par le métro. Heures d'ouverture : lun.-ven. 9 h 30-18 h (jeu. & ven. jusqu'à 21 h, en été lun.-ven. Jusqu'à 21 h), sam 10 h-17 h ; certains magasins sont également ouverts le dimanche. À titre indicatif :

Complexe Desjardins, 170, rue Sainte-Catherine Ouest (Ⓜ Place-des-Arts ou Place-d'Armes) ☎ 281-1870.

Eaton Centre, 705, rue Sainte-Catherine Ouest (Ⓜ McGill) ☎ 288-3708.

Place Montréal-Trust, 1500, av. McGill College (Ⓜ McGill ou Peel) ☎ 843-8000.

Place Ville-Marie, 1, place Ville-Marie (Ⓜ Bonaventure ou McGill) ☎ 861-9393.

Promenades de la Cathédrale, 625, rue Sainte-Catherine Ouest (Ⓜ McGill) ☎ 849-9925.

Boutiques en tous genres, magasins d'habillement, antiquaires, galeries et restaurants à la mode le long des rues Sainte-Catherine, Sherbrooke, Peel, Crescent et de la Montagne. Galeries, boutiques-cadeaux proposant des objets d'artisanat autochtone, cafés et restaurants dans le Vieux-Montréal. Élégants magasins de mode, studios d'art, cafés et restaurants rue Saint-Denis. Épiceries et restaurants « ethniques », boutiques branchées, nightclubs et discothèques sur le boulevard Saint-Laurent.

Se loger à Montréal

Les établissements mentionnés ci-dessous ont été sélectionnés pour leur caractère, leur situation ou leur tarifs. Les prix indiquent une chambre standard double plein tarif, taxes non comprises. Certains hôtels proposent des tarifs réduits pour le week-end. Les prix peuvent être très variables selon la saison.

Hôtel Place d'Armes – *701 Côte de la Place-d'Armes. Restaurant, accès handicapés, parking.* ☎ *514-842 1887, 1-888 450 1887. Internet : www.hotel placedarmes.com. 48 chambres de 200 à 300 $.*

Ce charmant hôtel-boutique bénéficie d'un emplacement stratégique sur la Place d'Armes au cœur du quartier ecclésiastique et financier du Vieux-Montréal. Couleurs douces et élégant mobilier en acajou décorent les chambres. Peignoir, édredon en duvet, bain à remous, fax et accès à internet pour les hommes d'affaires confèrent un confort supplémentaire aux chambres dont les baies vitrées embrassent une vue magnifique sur Chinatown, le centre-ville et la basilique Notre-Dame.

Hôtel Le Germain – *2050 rue Mansfield. Restaurant, accès handicapés, parking.* ☎ *514 849 2050, 1 877 333 2050. Internet : www.hotelgermain.com. 101 chambres de 200 à 300 $.*
Classé parmi les 21 hôtels les plus « tendance » du monde par le *Condé Nast Traveler Magazine*, cet ancien immeuble de bureaux converti en hôtel et boutiques n'est que luxe et raffinement. Un minimalisme oriental caractérise les chambres d'esprit loft baignées de lumière, habillées de teintes naturelles et pourvues d'un mobilier en bois foncé réalisé par des artisans locaux. Une literie somptueuse, des équipements bienvenus (fer et table à repasser, lecteur de CD), ainsi que les journaux quotidiens font de ces chambres les plus prisées de la ville.

Hôtel Le Reine Elizabeth – *900 boul. René-Lévesque West. Restaurant, accès handicapés, parking, piscine.* ☎ *514 861 3511, 800 441 1414. Internet : www.cphotels.ca. 1066 chambres de 125 à 200 $.*
En raison de sa situation particulière (au-dessus du métro de la ville et de la gare ferroviaire), le Reine Elizabeth est très prisé des célébrités en tournée : en 1967 il accueillait John Lennon et Yoko Ono pour l'enregistrement de *Give Peace a Chance* le temps d'un « bed-in » estival. Les chambres, spacieuses, ont été récemment rénovées avec de nouveaux papiers peints et des couvre-lits en chintz. Outre un vaste club de remise en forme, un salon de beauté et une galerie de boutiques, l'hôtel est fier d'abriter le **Beaver Club**, réputé pour sa cuisine française raffinée.

Hostellerie Pierre du Calvet – *405 rue Bonsecours. Restaurant, parking.* ☎ *514 282 1725. Internet : www.pierreducalvet.ca. 10 chambres de 125 à 200 $.*
Faites un saut dans le passé en séjournant dans le plus vieil hôtel de la ville, situé à l'intérieur des remparts. La maison du marchand français Pierre du Calvet, datant du 18e s., a été rénovée dans l'esprit d'une élégante demeure européenne ornée d'un grand nombre de tableaux de famille, antiquités et tapis orientaux. Les chambres, romantiques, exhalent un charme désuet, avec leurs murs d'origine en pierres apparentes, leur cheminée et leur lit à baldaquin. Le petit déjeuner est servi dans une lumineuse serre victorienne agrémentée de plantes vertes.

Hôtel de l'Institut – *3535 rue St-Denis. Restaurant, accès handicapés, parking.* ☎ *514 282 5120, 1 800 361 5151. Internet : www.ithq.qc.ca/. 42 chambres de 125 à 200 $.*
Occupant les derniers étages d'une construction contemporaine aux allures de bunker et qui abrite l'Institut de Tourisme et d'Hôtellerie du Québec, cet hôtel est doté de chambres confortables et modernes. Le service, impeccable, est digne de celui que l'on peut attendre de la part d'étudiants bien encadrés, cultivant l'art de l'hospitalité. Tout près de l'hôtel se trouvent deux des endroits les plus branchés de Montréal, le quartier du Plateau Mont-Royal et le Quartier latin.

Auberge de la Fontaine – *1301 rue Rachel Est. Accès handicapés, parking.* ☎ *: 514 597 0166, 1 800 597 0597. Internet : www.aubergedelafontaine.com. 21 chambres de 125 à 200 $.*
Manoir victorien du 19e s., l'auberge de la Fontaine s'élève au cœur du quartier du Plateau Mont-Royal, en face du magnifique parc La Fontaine. Les chambres contemporaines aux couleurs gaies, l'accès libre aux cuisines pour les en-cas et boissons et le copieux petit déjeuner-buffet servi chaque jour dans la salle à manger ensoleillée, vous garantissent un séjour tranquille, loin de l'agitation du centre-ville.

Château Versailles – *1659 rue Sherbrooke Ouest. Restaurant, accès handicapés, parking.* ☎ *: 514 933 3611, 1 800 361 7199 (Canada), 1 800 361 3664 (USA). Internet : www.montrealnet.ca/versailles. 172 chambres de 75 à 125 $.*
Composé de quatre maisons victoriennes reliées les unes aux autres et d'un tour moderne faisant office d'annexe de l'autre côté de la rue, cette pension ancienne séduit pour ses prix, le service de son personnel et son emplacement (proche du quartier des musées). Les chambres, très spacieuses, ont été entièrement rénovées en 1997.

L'Auberge de jeunesse – *1030 rue Mackay. Tél. : 514 843 3317, 1 800 663 3317. Internet : www.hostellingmontreal.com. 243 lits, prix inférieurs à 75 $.*
Cette auberge de jeunesse proche du centre-ville offre, dans un environnement non-fumeur, un espace cuisine, une salle de télévision et une laverie automatique. Les dortoirs peuvent accueillir de quatre à dix personnes

Se restaurer à Montréal

Les établissements mentionnés ci-dessous ont été sélectionnés pour leur caractère, leur situation ou leur tarifs. Les prix indiquent le coût moyen d'une entrée, d'un plat principal et d'un dessert pour une personne (taxes, pourboire et boissons non compris). Téléphoner pour connaître les horaires d'ouverture et pour les réservations.

Toqué ! – *3842 rue Saint-Denis.* ☎ *514 499 2084. Prix du repas nférieur à 50 $.* Spécialités françaises. Les habitants de Montréal ainsi que les critiques gastronomiques internationaux considèrent ce restaurant post-moderne, sis dans le quartier du Plateau Mont-Royal, comme l'un des meilleurs de la ville. En effet, le chef, Normand Laprise, y concocte une cuisine française contemporaine à base de produits locaux de toute première fraîcheur, et parfois inhabituels comme le bourgeon de laiteron ou la fougère. Parmi les spécialités, élégamment présentées et servies par du personnel compétent, nous retiendrons le gigot d'agneau de Rimouski et son jus fumé au thym ainsi que la poêlée de mousserons.

Dans la vieille ville

La Marée – *404 place Jacques-Cartier.* ☎ *514 861 8126. Repas de 35 à 50 $.* Situé dans un des quartiers les plus embouteillés de Montréal, ce restaurant constitue sans conteste la meilleure adresse pour déguster des produits de la mer. Laissez-vous tenter par l'escalope de saumon au ragoût de pineau des charentes, le potiquet de poissons et crustacés au porto blanc et morilles et la poêlée de homard à la tomate et au basilic.

BYOW – Cet établissement dont les initiales en anglais signifient « bring your own wine » (apportez votre vin) ne sert pas d'alcool et incite ses clients à apporter leur cru préféré. Les restaurants BYOW sont pour la plupart installés dans le quartier du Plateau Mont-Royal et le Quartier-Latin.

Table d'hôte – On y sert ces repas typiques à prix doux toujours composés d'un menu fixe à trois plats avec entrée, plat principal et dessert.

Hélène de Champlain – *200 Tour de l'Île, Île Ste-Hélène.* ☎ *514 395 2424. Repas de 35 à 50 $.* À 5 minutes du centre-ville et du Casino de Montréal, cette maison de style québécois bénéficie d'une belle situation dans un parc sur l'Île Ste-Hélène. La cuisine est sans prétention (steaks, agneau, escargots) mais les salles à manger pourvues de cheminées et ouvrant sur la ville et la roseraie dégagent une atmosphère romantique et se prêtent à un dîner des plus agréables.

Moishes – *3961 boul. St-Laurent. Accès handicapés.* ☎ *514 363 3509. Repas de 35 à 50 $.* Véritable institution, vieille de plus de 60 ans, ce steak house est renommé à juste titre pour ses steaks grillés au charbon de bois, qui sont encore meilleurs accompagnés d'un vin sélectionné par la maison. Service courtois et efficace.

Daou – *519 rue Faillon Est.* ☎ *514 747 7876. Repas de 20 à 35 $.* Spécialités libanaises. Cet endroit animé, particulièrement animé certaines soirées par la présence de danseuses du ventre, vous propose des spécialités orientales comme le tab_oulé, le kibbeh, le shish kebab et le hummus. Le décor est ordinaire mais l'ambiance est telle que l'on croirait assister à un joyeux mariage libanais. Qui plus est, le Daou offre un bon rapport qualité-prix.

Le Piton de la Fournaise – *3784 rue Mentana.* ☎ *514 526 3936. Repas de 20 à 35 $.* Spécialités créoles, île de la Réunion. L'enseigne vous dit-t-elle quelque chose ? Qu'importe, vous serez vite mis dans l'ambiance sitôt entré dans ce restaurant : bienvenue, en effet, sur l'île de la Réunion, au beau milieu de l'océan Indien ! La cuisine, un mélange d'influences indienne, africaine et française, se déguste dans un décor composé d'objets artistiques et artisanaux provenant de l'île. Le simple fait d'écouter le personnel parler créole est un véritable plaisir. Apportez votre vin.

Beauty's – *93 av. Mont-Royal Ouest.* ☎ *514 849 8883. Repas inférieur à 20 $.* Si vous avez envie d'un petit déjeuner ou d'un brunch, venez faire la queue avec la clientèle branchée de ce restaurant au décor des années 1950. Bagels, saumon fumé et crêpes aux myrtilles vous y attendent ; mais attention, cet établissement, installé dans le quartier du plateau Mont-Royal, fait souvent salle comble.

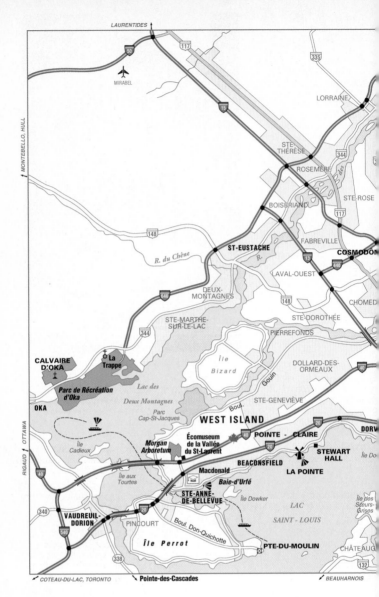

★★★ 1 VIEUX-MONTRÉAL

On appelle Vieux-Montréal le secteur de la ville autrefois entouré de fortifications. L'imposante muraille de 5,4 m de haut et d'un mètre d'épaisseur fut construite au début du 18ᵉ s. et démolie un siècle plus tard. Elle entourait un quartier aujourd'hui délimité par la rue McGill à l'Ouest, la rue Berri à l'Est, la rue de la Commune au Sud et la rue Saint-Jacques au Nord.

Vers la moitié du 18ᵉ s., quelques quartiers commencèrent à se développer hors des murs : le faubourg de Québec vers l'Est, des Récollets vers l'Ouest, et au Nord, le faubourg Saint-Laurent. Puis, au cours du 19ᵉ s., la ville s'étendit au-delà des murs. La population bâtissait de plus en plus loin du fleuve, et le secteur des affaires se déplaça graduellement vers le

> ### ■ À Montréal, le soleil se lève au Sud
>
> Le Saint-Laurent coule généralement d'Ouest en Est, et l'on parle de sa rive Nord et de sa rive Sud. Mais à Montréal, le fleuve fait un crochet vers le Nord, ce qui modifie son axe d'orientation dans sa traversée de la métropole. Néanmoins, les artères parallèles au fleuve sont dites Est-Ouest (au lieu de Nord-Sud), tandis que celles qui lui sont perpendiculaires sont dites Nord-Sud (et non Est-Ouest). Cet usage risque de dérouter le visiteur non averti.

centre-ville actuel. Des entrepôts remplacèrent alors demeures et jardins. À partir des années 1960, le Vieux-Montréal connut toutefois un certain regain d'intérêt. Les demeures anciennes furent rénovées, les entrepôts convertis en appartements et bureaux, et des restaurants et boutiques s'ouvrirent, redonnant au secteur un second souffle de vie.

Aujourd'hui, le développement du Vieux-Montréal est contrôlé par la Commission Viger qui veille au respect de l'héritage du patrimoine historique, architectural et culturel du quartier. De ce fait, il est aussi agréable d'y vivre que d'y travailler, et les touristes viennent volontiers s'y promener.

Des calèches partant de la rue Notre-Dame, de la place d'Armes, de la rue de la Commune et de la place Jacques-Cartier, permettent aux visiteurs de découvrir le Vieux-Montréal au rythme des temps passés.

Promenade *Parcours : 2,2 km.* ⏱ *Square-Victoria.*

★ **Rue Saint-Jacques** – Cette importante artère fut baptisée par Dollier de Casson en 1672, en l'honneur de Jean-Jacques Olier, fondateur de l'ordre de Saint-Sulpice. Centre financier du Canada jusque dans les années 1970, elle a conservé de beaux bâtiments commerciaux de la fin du 19ᵉ s. et du début du 20ᵉ s. qui lui confèrent une remarquable unité architecturale. Citons en particulier l'**édifice Canada Life Assurance** *(n° 275)*, premier gratte-ciel montréalais à la charpente d'acier (1895), et la **Banque de Commerce impériale du Canada** *(n° 265 ; ouv. toute l'année lun.-ven.*

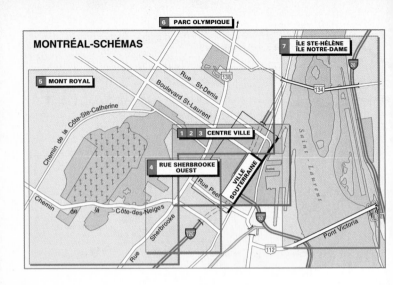

9 h 30-16 h ; &. ☎ 514-845-2119), dont la façade est ornée de colonnes corinthiennes. À l'intérieur s'ouvre une **salle bancaire** monumentale. Le déclin du quartier s'accéléra lorsque les principales institutions financières transférèrent leur siège social au centre-ville de Montréal ou à Toronto. Aujourd'hui cependant, la rue connaît un certain renouveau grâce aux importants bâtiments qui s'y construisent, tandis que ses anciens édifices ont été convertis en logements et en bureaux.

À l'Ouest s'élève la **tour de la Bourse★** *(800, square Victoria ; ouv. toute l'année lun.-ven. 8 h 30-16 h 30 ; fermé principaux jours fériés ;* &. 🅿 ☎ *514-871-2424).* Construite en 1964, cette structure de 47 étages abrite comme il se doit la Bourse de Montréal.

★**Banque royale du Canada** *– 360, rue Saint-Jacques. Ouv. toute l'année lun.-ven. 10 h-16 h. Fermé principaux jours fériés.* &. ☎ *514-874-2959.* Il s'agit du premier édifice (1928) élevé après la modification de la fameuse réglementation de zonage de 1924. Cette réglementation, inspirée du modèle new-yorkais, définissait la hauteur et le volume des bâtiments par rapport à la largeur des rues, de manière à éviter que celles-ci ne deviennent trop obscures. Elle autorisait les constructions de plus de dix étages, à condition que les niveaux supérieurs soient bâtis en décrochement.
Avec ses 20 étages, l'édifice de la Banque Royale était, à l'époque de sa construction, l'immeuble le plus élevé de tout l'Empire britannique. D'une majestueuse sévérité, sa partie inférieure, inspirée du style néo-Renaissance, rappelle le théâtre San Carlo de Naples. L'autre côté de la rue Saint-Jacques offre une vue d'ensemble de cette tour dont le faîte a longtemps dominé le quartier des affaires de Montréal. L'édifice est resté le siège social de la banque jusqu'à l'ouverture de la tour de la Banque royale du Canada, Place Ville-Marie, en 1962.

Intérieur – Les portails de bronze s'ouvrent sur un vaste vestibule orné d'un plafond voûté en caissons richement décorés de motifs floraux couleurs bleu, rose et or. Noter aussi les belles portes des ascenseurs situés dans les couloirs à droite du vestibule. Un escalier de marbre mène à l'immense **salle bancaire** de 45 m de long, 14 m de large et 14 m de haut.
Emprunter la rue Saint-Jacques vers l'Est.

★**Place d'Armes** – Lorsqu'il fut nommé supérieur des sulpiciens en 1670, Dollier de Casson établit le plan de la ville de Montréal. Il fixa le tracé des nouvelles rues au Nord de la rue Saint-Paul et dessina une grande place au centre de laquelle il projetait la construction de la basilique Notre-Dame. Selon la légende, c'est à cet emplacement qu'aurait eu lieu, en 1644, la bataille au cours de laquelle Maisonneuve lui-même tua le chef amérindien local et mit en fuite 200 de ses guerriers.
La place d'Armes, ainsi nommée depuis 1723, servait traditionnellement de terrain de manœuvres pour les troupes qui venaient présenter les armes au souverain ou à son représentant, en l'occurrence les Messieurs de Saint-Sulpice, seigneurs de l'île de Montréal. En 1775-1776, lors de l'occupation américaine, des vandales mutilèrent le buste de George III qui en ornait le centre. Retrouvée dans l'ancien puits de la place, la statue est désormais conservée au musée McCord. En 1832, la place fut par ailleurs le théâtre d'une émeute électorale contre les Tories, menée par le légendaire **Jos Montferrand**, immortalisé par les chansons de Gilles Vigneault. L'endroit est aujourd'hui entouré d'immeubles prestigieux, érigés pour la plupart par de grandes banques et des sociétés commerciales de renom.

★**Banque de Montréal** – *119, rue Saint-Jacques.* La principale succursale de la plus vieille banque du Canada occupe un bâtiment dont l'imposante façade, semblable au Panthéon de Rome, domine le côté Nord de la place d'Armes. Avec le marché

Bonsecours, c'est l'un des édifices néoclassiques les plus achevés de Montréal. Il fut bâti en 1847. Son intérieur, redécoré en 1905, s'ouvre sur un hall d'entrée situé sous le dôme ; d'énormes colonnes de granit vert mènent à une imposante **salle bancaire** au beau plafond à caissons.

Le petit **musée**, à gauche de l'entrée *(traverser les portes à tambour ; ouv. toute l'année lun.-ven. 10 h-16 h ; fermé principaux jours fériés ;* ☎ *514-877-6810)*, abrite une exposition sur le patrimoine historique de la banque, ainsi qu'une collection de billets et d'amusantes tirelires mécaniques.

★**Monument de Maisonneuve (1)** – Au centre de la place d'Armes, un monument est dédié à la mémoire de Paul de Chomedey, **sieur de Maisonneuve** et fondateur de Montréal (1612-1676). Ce chef-d'œuvre de Louis-Philippe Hébert fut réalisé pour célébrer le 250ᵉ anniversaire de la ville en 1892. Il représente Maisonneuve debout, brandissant la bannière de France. À la base du socle figurent les personnages-clés de l'histoire de Montréal : Jeanne Mance, fondatrice de l'Hôtel-Dieu ; Lambert Closse, défenseur du fort, et son chien Pilote qui, le premier, entendit l'armée se rapprocher et donna l'alarme ; Charles Le Moyne, dont le fusil et la faucille évoquent la vie des pionniers ; et un guerrier iroquois.

Le bas-relief comporte ces mots inspirés du sermon prononcé par le père Vimont lors de la première messe, dite à Montréal en 1642 : « Vous êtes le grain de sénevé qui croîtra, et multiplíera et se répandra dans tout le pays ».

Édifice New York Life Insurance – *511, place d'Armes.* Pastiche des styles roman et Renaissance, ce bâtiment de grès rouge (1888) fut, avec ses huit étages, le premier « gratte-ciel » de la ville. Alors qu'à cette époque, l'usage de l'acier commençait à se répandre largement comme moyen de support intérieur, la structure des planchers de ce bâtiment était encore portée par les murs.

Édifice Aldred – *507, place d'Armes.* La forme et l'ornementation de ce gratte-ciel Art déco (1930) s'inspirent du Rockefeller Center de New York, qui était alors en construction.

★★★**Basilique Notre-Dame** – *Ouv. 24 juin-fête du Travail tous les jours 8 h-20 h. Reste de l'année tous les jours 8 h-18 h. 2 $.* ♿ ☎ *514-842-2925.* Les tours jumelles de l'édifice religieux le plus célèbre de Montréal s'élèvent à plus de 69 m, à l'angle Sud de la place d'Armes. Elles dominaient autrefois toute la ville, mais sont aujourd'hui écrasées par la masse imposante des immeubles de bureaux et des établissements financiers environnants. Seigneurs de l'île de Montréal, les **sulpiciens** s'opposèrent longtemps au morcellement de leur territoire au profit d'églises paroissiales relevant de l'évêque de Québec. De peur de voir s'amenuiser leur puissance, ils décidèrent d'édifier ce monument assez grand pour réunir tous leurs fidèles dans une seule église (elle peut contenir quelque 3 500 personnes). Malgré leurs efforts, le diocèse de Montréal fut établi en 1830, et l'île découpée en plusieurs paroisses.

Première église néogothique du Québec, cette basilique fut construite selon les plans de James O'Donnell (1774-1829), architecte irlandais établi à New York, qui

Basilique Notre-Dame

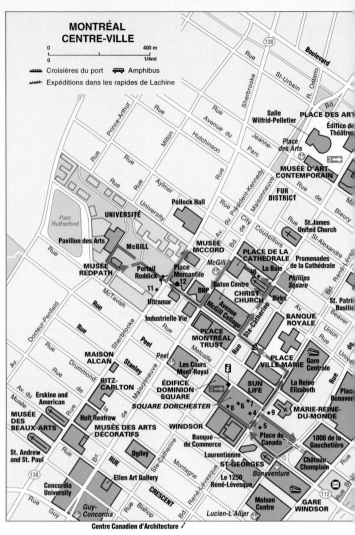

MONTRÉAL
CENTRE-VILLE

Croisières du port — Amphibus

Expéditions dans les rapides de Lachine

Centre Canadien d'Architecture

en surveilla la construction de 1824 à 1829. Converti au catholicisme, O'Donnell put se faire enterrer dans la crypte. C'est l'architecte John Ostell qui, en 1843, fit terminer les deux tours d'après les plans d'origine. Faute de fonds, l'intérieur ne fut achevé qu'après 1870, sous la responsabilité de Victor Bourgeau.

Notre-Dame est le premier édifice important réalisé en pierre de taille à Montréal. Sa construction nécessita l'ouverture de nouvelles carrières et la formation de nombreux tailleurs de pierre. Les trois statues de la façade représentent la Vierge Marie, saint Joseph et saint Jean-Baptiste. Œuvres de Baccirini, elles furent achetées en Italie. La tour Est (La Tempérance) abrite un carillon à dix cloches. La tour Ouest (La Persévérance) contient « Jean-Baptiste », célèbre bourdon de 10 900 kg, fondu à Londres et uniquement utilisé pour les grandes occasions.

Intérieur – L'église est divisée en une nef et deux bas-côtés dotés chacun de deux étages de galeries. Tout en respectant ces éléments, alors nouveaux au Québec, l'architecte Victor Bourgeau a réaménagé l'intérieur et enrichi le décor entre 1872 et 1880, dans la tradition de l'Église catholique du Québec : abondance de sculptures, boiseries et dorures. Pour bien différencier cette architecture néogothique de celle des églises non catholiques, il s'est inspiré du mobilier et des ornements du gothique français.

Véritable galerie d'art religieux, l'intérieur ne cesse de surprendre par sa beauté et sa richesse. Finement sculpté, peint et doré (or 22 carats), le décor en pin est particulièrement remarquable. La nef, longue de 68 m, large de 21 m, et haute de 25 m, descend en pente douce vers l'autel, suivant ainsi l'inclinaison naturelle du terrain ; l'espace intérieur est illuminé par trois rosaces perçant la voûte polychrome. Le maître-autel et son **retable** ont été dessinés par Victor Bourgeau et sculptés par Henri Bouriché. Les statues centrales, en chêne blanc, représentent des personnages de la Bible ; elles font contraste au fond bleu ciel. Dans la **chaire★** en noyer noir, entièrement sculptée, sont incorporées de nombreuses statues,

178

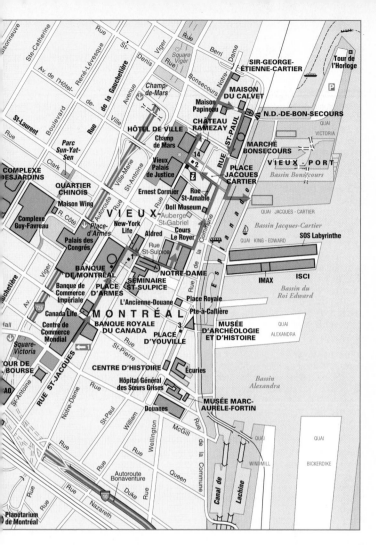

œuvres de Louis-Philippe Hébert ; celles d'Ézéchiel et Jérémie, à la base, sont parmi les plus remarquables. Les **vitraux** de la partie basse illustrent des scènes de l'histoire de Montréal ; dessinés par Jean-Baptiste Lagacé et exécutés par la maison Chigot de Limoges, en France, ils furent commandés en 1929, à l'occasion du centenaire de l'église, et installés en 1931. L'**orgue** monumental (1887) – l'un des plus grands du monde – est l'œuvre des frères Casavant de Saint-Hyacinthe. Il compte 6 800 tuyaux, 84 jeux disposés sur quatre claviers et un pédalier. Le baptistère, à droite de l'entrée, fut construit et décoré par Ozias Leduc en 1927.

Dotée d'une excellente acoustique, Notre-Dame est un lieu de prédilection pour les concerts, en particulier ceux de l'Orchestre symphonique de Montréal. On y donne également des récitals d'orgue.

Chapelle du Sacré-Cœur – *Entrée derrière le chœur.* En 1891, une chapelle destinée à la célébration des mariages et aux cérémonies qui réclamaient moins de faste, fut ajoutée à l'église. Ravagée par un incendie en 1978, elle fut rouverte en 1982. On notera la profusion de ses ornements, comprenant des éléments de l'ancienne chapelle et d'autres plus récents. La voûte est en acier recouvert de bois de tilleul ; sur les côtés, des lanternaux laissent passer la lumière du jour. Œuvre de Charles Daudelin, un impressionnant **retable** de bronze (fondu en Angleterre) domine la chapelle ; il se compose de 32 panneaux atteignant 17 m de haut, 6 m de large et pesant plus de 20 t, et représente le long et difficile cheminement d'un homme pour atteindre les cieux.

Musée Notre-Dame – *À côté de la chapelle du Sacré-Cœur. Travaux de rénovation en cours. Réouverture du musée prévue fin 2001.* ☎ *514-842-2925.* Parmi les objets du culte exposés, on peut voir la crosse d'argent, le trône et le dais brodé de Henri-Marie de Pontbriand (1708-1760), dernier évêque du Québec sous le Régime français, ainsi qu'un parement d'autel brodé de fils d'or, d'argent et de soie par la sœur recluse Jeanne Le Ber (1662-1714).

★**Vieux Séminaire de Saint-Sulpice** – *130, rue Notre-Dame Ouest. Fermé au public.*
Ce bâtiment de pierre qui jouxte Notre-Dame est le plus ancien de Montréal. Il fut
construit en 1685 à la demande de **Dollier de Casson** (1636-1701), supérieur des
Messieurs de Saint-Sulpice et premier historien de la ville, pour servir de résidence
et de centre de formation aux membres de la congrégation.

La Compagnie de Saint-Sulpice – Cet ordre, fondé en 1641 à Paris par l'abbé Jean-
Jacques Olier, vint établir un séminaire à Montréal en 1657. En 1663, la Compagnie
de Saint-Sulpice achetait à la Société de Notre-Dame la mission de Ville-Marie, ses
titres de propriété et son pouvoir seigneurial. En leur qualité de seigneurs de l'île,
les sulpiciens jouissaient d'une grande autorité sur la population ; c'est ainsi qu'ils
construisirent la basilique Notre-Dame. Le séminaire fit également office de centre
administratif à Ville-Marie. De nos jours, il sert encore de résidence aux sulpiciens.

Un bâtiment classique – À l'image de nombreux autres édifices de Montréal, l'architecture du séminaire présente certaines caractéristiques du classicisme français du
17ᵉ s. Son plan en U, de style palatial, fut repris par tous les ordres religieux de
l'île de Montréal. Le bâtiment principal, surmonté d'un toit mansardé, fut agrandi
en 1704 puis en 1712, selon les directives du sulpicien Vachon de Belmont (1654-
1732). Deux ailes entourant une cour d'honneur furent ajoutées à cette époque
ainsi que des tourelles avec des escaliers, à la jonction des principaux bâtiments.
Le séminaire soustrait à la vue le grand jardin qui, jusqu'au 19ᵉ s., dégageait une
perspective vers le Saint-Laurent.

L'**horloge** de la façade, créée à Paris, fut installée en 1701 ; son cadran fut gravé
par Paul Labrosse et doré par les sœurs de la Congrégation de Notre-Dame. Elle
passe pour la plus ancienne horloge publique d'Amérique du Nord (son mouvement, entièrement en bois, fut remplacé par un mécanisme électrique en 1966).

Descendre la rue Saint-Sulpice.

Cours Le-Royer – *Quadrilatère formé par les rues Saint-Dizier, de Brésoles, Le-
Royer & Saint-Paul.* Sur le site de l'ancien Hôtel-Dieu de Montréal furent construits
à partir de 1861, une série d'entrepôts. Ces derniers, dessinés d'après les plans
de Victor Bourgeau, furent reconvertis à des fins d'habitation dans les
années 1980. Ce projet à grande échelle conduisit à la transformation du Vieux-
Montréal en quartier résidentiel. L'architecture proto-rationaliste des immeubles
domine une charmante cour agrémentée de jardinières.

Suivre la rue Saint-Dizier jusqu'à la rue Saint-Paul, puis tourner à gauche.

★★**Rue Saint-Paul** – Tout comme la rue Notre-Dame, cette voie étroite est l'une des
plus anciennes de Montréal. C'était à l'origine un sentier reliant le fort à l'Hôtel-
Dieu, qui longeait la rive du Saint-Laurent, ce qui explique son parcours sinueux.
En 1672, Dollier de Casson en régularisa le tracé lorsqu'il établit son plan de ville.
Il lui donna le nom de rue Saint-Paul, en l'honneur de Paul de Chomedey, sieur de
Maisonneuve.

Aujourd'hui, la petite artère est bordée de beaux bâtiments du 19ᵉ s. aux proportions harmonieuses. Dans la section comprise entre le boulevard Saint-Laurent et
la place Jacques-Cartier, les entrepôts d'autrefois ont été transformés en boutiques
et ateliers d'artistes.

Située dans l'ancien Centre international de Design *(n° 85)*, la Cité des Arts et des
Nouvelles Technologies de Montréal (**A**) sert de centre de conférences. Équipé
d'une quarantaine d'ordinateurs, le **Café
électronique** dans le même immeuble est
un bistro pas comme les autres. Les passionnés d'informatique pourront s'y restaurer tout en surfant sur le web, en faisant des expériences en réseau et en
testant un grand nombre de cédéroms.
On fera un petit détour pour voir l'auberge Saint-Gabriel *(426, rue Saint-
Gabriel)*, construite en 1754, et aujour-
d'hui transformée en restaurant.

> **Musique et ambiance**
>
> **L'Air du Temps** *(191, rue
> Saint-Paul Ouest ; ☎ 514-
> 842-2003)* est très apprécié
> des amateurs de jazz : cela
> tient bien sûr à la qualité de
> ses spectacles, ainsi qu'à son
> décor magnifique et son
> ambiance décontractée.
> Pour un tout autre genre de
> musique, faites un tour aux
> **Deux Pierrots** *(104, rue Saint-
> Paul Est ; 514-861-1270)*,
> une boîte à chansons qui est
> devenue au fil des ans une
> véritable institution dans le
> Vieux-Montréal. Idéal pour
> découvrir la chanson
> québécoise dans une
> ambiance où règne la
> bonne humeur.

★★**Place Jacques-Cartier** – Avec ses terrasses de cafés, ses artistes ambulants et
ses kiosques fleuris, la place Jacques-
Cartier bénéficie, surtout pendant la période estivale, d'une fabuleuse animation
nocturne. C'est en 1847 que le Conseil
de la Ville donna officiellement son nom
à la place pour honorer la mémoire du
célèbre explorateur Jacques Cartier dont
le navire aurait mouillé non loin de là,
en 1535. Au début du 18ᵉ s., le marquis
de Vaudreuil fit construire en cet endroit
un château dont l'emplacement est au-

Place Jacques-Cartier

jourd'hui couvert de parterres fleuris ; le bâtiment fut détruit par un incendie en 1803. On y ouvrit alors un marché de fruits, de légumes et de fleurs qui se tint sur cette place, jusqu'à la construction du marché Bonsecours. De nos jours, les nombreux immeubles du début du 19ᵉ s. qui entourent la place sont occupés en majorité par des restaurants. Au Nord se trouve l'Hôtel de ville, au Sud, le Vieux-Port.

À l'extrémité Nord de la place, une colonne de 15 m supporte la statue de **Horatio Nelson** (**2**). Le monument, érigé en 1809, fut le premier à glorifier l'amiral (1758-1805), vainqueur des Français et des Espagnols à la bataille de Trafalgar (la célèbre colonne de Trafalgar Square, à Londres, ne date que de 1842).

Noter, à l'angle Ouest de la rue Notre-Dame, le **Centre d'information touristique** *(ouv. fin mars-mi-juin tous les jours 9 h-17 h ; fin juin-début oct. tous les jours 9 h-19 h ; reste de l'année jeu.-dim. 9 h-17 h ;* 🅿 ☎ *514-844-5400)*, installé dans les anciens locaux d'un café autrefois réputé, le Silver Dollar Saloon. Son plancher, incrusté de 300 dollars en argent, faisait dire aux clients « qu'ils marchaient sur une fortune ».

Partant de la place Jacques-Cartier, la petite **rue Saint-Amable** est bien connue en raison des artistes qui, l'été, y exposent et vendent des œuvres représentant Montréal et son vieux quartier. Elle a hérité du nom de l'épouse de Jacques Viger, premier maire de la ville.

★**Hôtel de ville** – *275, rue Notre-Dame Est. Visite guidée (1 h) seulement, toute l'année lun.-ven. 8 h 30-16 h 30. Fermé principaux jours fériés.* ♿ ☎ *514-872-3355.* Premier de son genre à avoir introduit au Québec le style Second Empire, le bâtiment de l'Hôtel de ville fut construit dans les années 1870. Ravagé par un incendie en 1922, il fut reconstruit par Joseph-Omer Marchand qui, réutilisant les murs existants, haussa la structure d'un étage. C'est du balcon central, juste au-dessus de l'entrée principale, que le général de Gaulle, en 1967, lança son inoubliable « Vive le Québec libre ! ».

À l'intérieur, près de la porte, sont exposées deux copies en bronze de sculptures d'Alfred Laliberté : *Le Semeur* et *La Femme au seau.* L'élégant **hall d'honneur** (31 m de long sur 12 m de large), au sol et aux murs revêtus de marbre, est éclairé par un énorme lustre de bronze pesant plus d'une tonne. Lorsqu'il ne se tient pas de séances, on peut voir la **Chambre du Conseil** *(accès par le passage sous l'horloge)* dont les vitraux illustrent certains aspects de la vie à Montréal dans les années 1920.

Rendez-vous à pied à l'arrière de l'Hôtel de ville où s'ouvre une superbe vue sur le centre-ville de Montréal. Des fouilles sur le **Champ-de-Mars**, désormais un vaste espace planté de pelouse, ont révélé les bases d'un vieux mur de fortification en pierre.

★**Château Ramezay** – *280, rue Notre-Dame Est. Ouv. juin-sept. tous les jours 10 h-18 h. Reste de l'année tous les jours 10 h-16 h 30. Fermé 1ᵉʳ-2 janv. & 25-26 déc. 5 $.* ♿ *www.chateauramezay.qc.ca* ☎ *514-861-3708.* Face à l'Hôtel de ville se trouve l'un des plus beaux exemples de l'architecture domestique des débuts du

18e s. Le bâtiment, caractérisé par une maçonnerie de moellons et par un toit de cuivre percé de lucarnes, fut construit en 1705 pour Claude de Ramezay (1659-1724), onzième gouverneur de Montréal sous le Régime français. Il subit de nombreuses transformations tout en gardant sensiblement le même aspect, exception faite de la tour, qui fut ajoutée au début du 20e s. En 1745, les héritiers de Ramezay vendirent le château à la **Compagnie des Indes**, qui le fit reconstruire en 1756 par le maître-maçon Paul Tessier, dit Lavigne. L'ancien corps de logis fut doublé, ce qui permit d'y ajouter un « appartement » et de le doter d'imposantes voûtes et de murs coupe-feu.

La maison n'acquit le titre de château qu'après la Conquête, lorsque les gouverneurs britanniques s'y installèrent. Ils occupèrent l'édifice de 1764 à 1849, à l'exception d'une période de sept mois (1775-1776), durant l'occupation américaine, où il servit de quartier général à l'armée de Richard Montgomery. Benjamin Franklin, envoyé en mission diplomatique, y fit alors un bref séjour. En 1929, le château Ramezay fut l'un des trois premiers monuments à être classés en vertu de la loi relative aux monuments historiques du Québec, avec l'église Notre-Dame-des-Victoires, à Québec et la Maison des jésuites, à Sillery.

Musée du château-Ramezay – Restauré et aménagé en musée en 1895, le château Ramezay est dédié à l'histoire politique, économique et sociale de Montréal. À l'étage principal, plusieurs salles proposent des expositions temporaires à long terme présentant des objets issus de la collection permanente : mobilier, tableaux, journaux, lettres manuscrites, billets, livres, armes, objets usuels divers. On remarquera tout particulièrement la salle des **lambris**. Réalisées à Nantes (France), ces boiseries en acajou sculpté ornaient jadis les locaux de la Compagnie des Indes. Elles sont attribuées à Germain Boffrand (1667-1754), architecte français qui instaura le style Louis XV. Envoyées à Montréal pour orner le pavillon français durant l'Expo'67, elles furent finalement installées dans le château Ramezay en raison des liens historiques entre la Compagnie et le bâtiment.

Doté de remarquables voûtes, le sous-sol accueille les expositions permanentes du musée. On a cherché à reproduire un quartier de domestiques (cuisine, salle commune) et à illustrer certains aspects de l'artisanat traditionnel (outils du bardeleur, reconstitution d'une forge, appareils de fabrication de la fibre textile). Des scènes de la vie des Amérindiens de la région montréalaise sont également évoquées au moyen de dioramas et d'objets indigènes (écuelles, pierres polies, haches).

Continuer vers l'Est par la rue Notre-Dame jusqu'à l'angle de la rue Berri.

★**Lieu historique national de Sir-George-Étienne-Cartier** – *458, rue Notre-Dame Est. Ouv. juin-août tous les jours 10 h-18 h. Avr.-mai & sept.-fin déc. mer.-dim. 10 h-12 h et 13 -17 h. 4,25 $.* ♿ ▣ *www.parkscanada.gc.ca/cartier* ☎ *514-283-2282.* Ce bâtiment en pierre de taille coiffé d'un toit mansardé se compose de deux maisons indépendantes, reliées l'une à l'autre par un ancien passage cocher servant aujourd'hui d'espace d'accueil. Véritable géant de la vie politique canadienne au 19e s., membre influent du cabinet de Sir John A. Macdonald jusqu'à sa mort, **George-Étienne Cartier** (1814-1873) y résida de façon intermittente entre 1848 et 1872.

La visite commence par le rez-de-chaussée de la maison Est où une exposition présente la société montréalaise au 19e s. À l'étage, une seconde exposition évoque la vie et l'œuvre de Cartier, son éducation et son rôle dans l'avènement des chemins de fer, la Confédération et l'élargissement du territoire canadien.

Méticuleusement restaurée, la maison Ouest a pour but de recréer l'ambiance cossue d'une demeure victorienne de la bourgeoisie moyenne plutôt que de reconstituer la demeure des Cartier à proprement parler. Car si beaucoup des meubles qu'on y voit sont d'époque, très peu leur ont appartenu. Dans chaque pièce, des enregistrements sonores permettent au visiteur de se plonger avec délice dans l'atmosphère d'une époque révolue.

Retourner rue Bonsecours, et tourner à gauche.

Maison Papineau – *440, rue Bonsecours.* Ce grand bâtiment fut édifié en 1785 par Jean-Baptiste Cérat, dit Coquillard. Avec son toit à forte pente percé de deux rangées de lucarnes et sa porte cochère donnant accès à une arrière-cour, c'est une maison typique du Régime français. Au cours de sa reconstruction, en 1831, les murs de pierre d'origine furent revêtus de bois sculpté et peint imitant la pierre de taille. Ce procédé venait apposer un fini néoclassique sur une construction traditionnelle. La maison resta dans la famille Papineau pendant six générations. **Louis-Joseph Papineau** (1786-1871), chef du parti des Patriotes, y résida périodiquement entre 1814 et 1837.

La charmante **vue** sur la petite chapelle Notre-Dame-de-Bon-Secours, vers le fleuve, est l'une des plus photographiées de la ville.

★**Maison du Calvet** – *401, rue Bonsecours, à l'angle de la rue Saint-Paul Est.* Construite en 1725, cette demeure est le meilleur exemple de maison urbaine traditionnelle à Montréal, avec ses murs en pierre sans ornement de bois, ses murs coupe-feu (partie de mur qui protège des étincelles) débordants sur consoles, ses hautes cheminées inscrites dans de larges pignons et sa toiture à pente sans lucarnes. L'attique, percé de trois petites fenêtres, évoque les toits mansardés caractéristiques de l'architecture des loyalistes. À l'intérieur, où se trouve aujourd'hui un café, subsiste une intéressante charpente typique du 18ᵉ s.

Marchand français huguenot arrivé à Montréal en 1758, Pierre du Calvet (1735-1786) fut le plus célèbre occupant de la maison. Après avoir offert ses services aux Anglais en 1760, il fit de même auprès des Américains en 1775. Ce changement de cap lui valut d'être emprisonné pour trahison en 1780. Libéré en 1784, il s'embarqua pour Londres en 1786 afin d'obtenir réparation. Il périt lors de son voyage de retour au cours duquel son navire sombra.

★**Chapelle Notre-Dame-de-Bon-Secours** – *400, rue Saint-Paul Est. Ouv. mai-oct. mar.-dim. 10 h-17 h. Mi-mars-avr. & nov.-mi-janv. mar.-dim. 11 h-15 h 30. Reste de l'année tous les jours 16 h 30-18 h.* ♿ ☎ *514-282-8670.* Ce petit édifice est surtout remarquable pour son clocher recouvert de cuivre et sa statue de la Vierge (hauteur : 9 m ; sculpteur : Philippe Laperle) ouvrant les bras en direction du fleuve. Commandée par Marguerite Bourgeoys en 1657 et inaugurée en 1678, la chapelle d'origine, en pierre, fut détruite par un incendie en 1754. L'édifice actuel date donc du milieu du 18ᵉ s. À la fin du 19ᵉ s., sa façade fut élevée et son intérieur entièrement redécoré. L'abside fut reconstruite de 1892 à 1894 pour accueillir la statue de la Vierge. Une « chapelle aérienne » et un belvédère furent également ajoutés. Ce dernier, accessible par la tour *(monter 100 marches)*, offre une **vue panoramique**★ sur le Saint-Laurent, l'île Sainte-Hélène, le pont Jacques-Cartier et le Vieux-Port.

Notre-Dame-de-Bon-Secours est surnommée « l'église des marins », car en remerciement d'une grâce obtenue ou d'un vœu exaucé, ceux-ci avaient pour coutume d'offrir des ex-voto que l'on peut encore voir, suspendus au plafond. Dans la chapelle latérale, à gauche de l'autel, on remarquera une petite madone en chêne sculpté, originaire de Belgique. Retrouvée intacte après plusieurs incendies et un vol, cette statue miraculeuse est l'objet d'une dévotion toute particulière. Sous la nef de la chapelle ont été dégagés les murs de fondation de la première chapelle et les empreintes de pieux d'une palissade de bois datant de 1709, ainsi que des vestiges amérindiens (400 av. J.-C.).

Musée Marguerite-Bourgeoys – *Ouv. mai-oct. mar.-dim. 10 h-17 h. Mi-mars-avr. & nov.-mi-janv. mar.-dim. 11 h-15 h 30. 5 $.* ♿ ☎ *514-282-8670.* Une ancienne école, attenante à la chapelle, ainsi que la tour et la crypte abritent désormais plusieurs salles consacrées à la vie et l'œuvre de **Marguerite Bourgeoys** (1620-1700). Arrivée à Ville-Marie avec Maisonneuve en 1653, cette dernière fut la fondatrice de la première congrégation canadienne de sœurs non cloîtrées, la **congrégation de Notre-Dame**, et pendant les années, s'occupa des **Filles du Roy**, jeunes femmes pourvues en dot et envoyées en Nouvelle-France par Louis XIV pour y devenir épouses des premiers colons. Les collections du musée comprennent notamment de charmantes figurines portant les costumes de leur région et de leur époque. Les scènes naïves ainsi créées, qui animent 58 vitrines décorées à la façon des maisons de poupées d'antan, évoquent la vie légendaire de la célèbre religieuse canadienne canonisée en 1982.

Emprunter la rue Saint-Paul Est vers l'Ouest.

> ● **Excalibor**
>
> *277, rue de la Commune Est.* ☎ *514-393-7260.*
> On se croirait transporté à l'époque des preux chevaliers dans cette boutique insolite, où l'on vend des objets d'inspiration médiévale – vêtements, bijoux, épées, cottes de maille et boucliers – dans un décor un tant soit peu mystique.

★**Marché Bonsecours** – *350, rue Saint-Paul Est.* ♦ *Champ-de-Mars. Ouv. lun-mer. et sam.-dim. 10 h-18 h, jeu.-ven. 10 h-21 h.* ✗ ♿ ▣ *www.marchebonsecours.qc.ca* ☎ *514-872-7730.* Construit pour abriter le premier marché intérieur de Montréal, cet édifice (1845) occupe le site de l'ancien palais de l'intendant, démoli en 1796. Avec sa façade de pierre de taille, longue de 163 m, et sa haute coupole, cette élégante construction est encore plus intéressante du côté du fleuve. Les étals occupaient le rez-de-chaussée et s'ouvraient par de grandes baies sur l'extérieur. Après l'incendie du Parlement en 1849, le marché devint le siège de l'Assemblée du Canada-Uni. De 1852 à 1878, il servit d'hôtel de ville, et se prête aujourd'hui à des locations privées d'espace (charmantes boutiques d'artisanat, expositions thématiques et autres).

Continuer vers l'Ouest par la rue Saint-Paul Est, en rejoignant la place Jacques-Cartier. Pour entamer la visite du quartier du Vieux-Port, tourner à gauche et traverser la rue de la Commune.

★VIEUX-PORT ◑ *Place-d'Armes ou Champ-de-Mars.*

À l'origine, barges et canots étaient halés à la main sur la grève boueuse du Saint-Laurent. Au milieu du 18ᵉ s., plusieurs quais de bois furent aménagés à l'emplacement du port actuel. En 1830, ils furent remplacés par des quais de pierre, des rampes d'accès et une jetée. Des quais de béton, des hangars d'acier, des docks, des jetées et un gigantesque silo (démoli en 1978) furent construits en 1898. Malgré sa fermeture, quelques mois par an, en raison du gel hivernal, Montréal devint, vers les années 1920-1930, le deuxième port d'Amérique après New York, et le plus grand port céréalier du monde. De nos jours, une bonne partie du trafic maritime contourne Montréal en empruntant la voie maritime du Saint-Laurent. Malgré tout, la manutention des conteneurs reste la principale activité du port dont la partie la plus ancienne a été convertie en parc récréatif et culturel.

Esplanade du Vieux-Port

Esplanade du Vieux-Port – *Accès : rue Berri, place Jacques-Cartier, boul. Saint-Laurent & rue McGill.* Avec ses aires paysagées, ses sentiers de promenade et ses innombrables activités de détente, cet immense espace riverain (superficie d'environ 54 ha) bénéficie, surtout à la période estivale, d'une animation quasi permanente. L'endroit offre de belles **vues**★ sur la ville et le fleuve, mais aussi des croisières-excursions sur le Saint-Laurent, des locations de vélos. C'est là que se trouve **iSci** le centre scientifique interactif. Des **promenades** en mini-train permettent de parcourir l'esplanade et de découvrir l'importance historique du site du Vieux-Port *(départ du quai Jacques-Cartier tous les jours de l'année ; 3 $; ☎ 514-496-7678).*

 Le Tour de Ville
Le Delta Centre Ville, 777 rue Université. ☎ *514-879-1370.*
Grimpez en ascenseur jusqu'à l'unique restaurant tournant de la ville, perché au 28ᵉ étage du Radisson Hôtel des Gouverneurs. De là, s'offre une vue imprenable sur Montréal. Le bar est le lieu idéal pour un cocktail et le buffet du restaurant propose une cuisine internationale et saisonnière.

iSci – *Sur le port King-Edward, boulevard St-Laurent et rue de la Commune.* Trois grandes zones d'attraction, le LIFE lab, MATTER works et INFORMATION studio composent les **expositions** scientifiques interactives *(ouvert tous les jours de 10 h à 18 h ; de 10 h à 21 h de mi-juin à début septembre ; 9,95 $. Restaurant, accès handicapés, parking.* ☎ *: 514 496 4724. Internet : www .isci.ca).* Le cinéma interactif **IMMERSION** *(ouvert tous les jours de 10 h à 23 h ; 5 50 $. Restaurant, accès handicapés, parking.* ☎ *514 496 4724. Internet : www.isci.ca)* permet aux spectateurs de contrôler le déroulement de l'action en votant sur des écrans interactifs. Le cinéma **IMAX** *(ouvert tous les jours de début mai à septembre de 10 h à 22 h ; le* *reste de l'année du mardi au dimanche de 10 h à 21 h ; 9.50 $; réservations conseillées. Restaurant, accès handicapés, parking.* ☎ *514 496 4724. Internet : www.isci.ca)* captive toujours les spectateurs avec ses films en 3 D.

À l'extrémité Est du quai de l'Horloge se dresse la **tour de l'Horloge** (45 m), érigée en 1922 à la mémoire des marins disparus lors de la Première Guerre mondiale.

★★ **Expéditions dans les rapides de Lachine** – *Cœurs fragiles s'abstenir.* Ⓜ *Champ-de-Mars. Départ du quai de l'Horloge mai-août tous les jours 10 h-18 h. Sept.-mi-oct. 10 h-16 h. Aller-retour 1 h 15 mn. Commentaire à bord. Réservations conseillées. 49 $.* 🚻 🅿 *(7 $) Lachine Rapids Tours/Saute-Moutons www.jetboatingmontreal.com* ☎ *514-284-9607.* Pour la plus amusante, mais aussi la plus arrosée de ces expéditions, les passagers remontent le fleuve jusqu'aux tumultueux rapides de Lachine en bateaux-jets. Ces embarcations originales montent et descendent les rapides plusieurs fois, les embruns n'épargnant ainsi aucun passager. Les **vues**★★ de Montréal et des environs sont splendides, en particulier si le retour se fait au coucher du soleil.

★ **Croisières du port de Montréal** – *Départ du quai de l'Horloge & du quai Jacques-Cartier mai-oct. tous les jours à 12 h, 14 h 30 & 16 h 30 ; aller-retour 2 h ; commentaire à bord ; réservations requises ; à partir de 25,31 $. Soupers-croisières dansants également possibles ; départ à 19 h ; aller-retour 4 h ; commentaire à bord ; réservations requises ; à partir de 44,95 $.* 🍴 🚻 🅿 *(9 $) Croisières AML* ☎ *514-842-3871.* Des promenades en bateau offrent aux visiteurs une belle perspective de Montréal vue du fleuve, en particulier des installations portuaires, des ponts, des îles, de la voie maritime du Saint-Laurent et du Stade olympique.

Amphibus – *Départ de l'angle du boul. Saint-Laurent & de la rue de la Commune mai-23 juin tous les jours 10 h-22 h toutes les deux heures. 24 juin-août tous les jours 10 h-minuit toutes les heures. Sept.-oct. tous les jours 10 h-20 h toutes les deux heures. Aller-retour 1 h. Commentaire à bord. Réservations obligatoires. 18 $.* 🅿 *Amphibus Inc.* ☎ *514-849-5181.* L'amphibus *Kamada*, spécialement conçu pour cette excursion, permet une visite guidée du Vieux-Montréal avant de descendre le Saint-Laurent pour un petit voyage en bateau aux abords de la Cité du Havre.

★ **Autour de la place d'Youville** Ⓜ *Square-Victoria*

La rivière Saint-Pierre coulait autrefois à l'emplacement de l'actuelle place d'Youville, et rejoignait le Saint-Laurent à la hauteur de la Pointe-à-Callière *(ci-dessous)* jusqu'à ce qu'elle soit enterrée dans une canalisation au 19e s.
La place fut baptisée en l'honneur de **Marguerite d'Youville**, fondatrice, en 1737, de la congrégation des Sœurs Grises. En 1849, elle abrita le Parlement colonial créé après la Rébellion des Patriotes de 1837, avec des représentants du Bas-Canada (Québec) et du Haut-Canada (Ontario). Les conservateurs incendièrent le bâtiment pour montrer leur opposition à une loi dédommageant tous les propriétaires lésés durant la Rébellion (y compris les rebelles). Le Parlement s'installa tour à tour au marché Bonsecours, à Kingston, à Québec, puis à Ottawa, afin de ne jamais plus risquer de siéger à Montréal. Les bâtiments autour de la place représentent différentes époques de l'histoire montréalaise, depuis l'hôpital général des

Stash Café
200, rue Saint-Paul Ouest, à l'angle de la rue Saint-François-Xavier.
☎ *514-845-6611.*

Sœurs Grises, érigé au 17e s., jusqu'aux entrepôts du 19e s. et à l'immense **édifice des Douanes**, construit entre 1912 et 1936 dans le style Beaux-Arts. Aujourd'hui, de nombreuses résidences en cours de restauration ajoutent beaucoup de charme à ce quartier en pleine évolution.
Un restaurant polonais fréquenté tant par les Montréalais que par les touristes, qui viennent pour le décor chaleureux pour des plats simples et savoureux tels que *pierogis* (boulettes de pâte farcies de fromage, de viande ou de chou), saucisses et choux farcis, ou pour s'offrir une tranche de gâteau accompagnée d'un bon café.

Pointe-à-Callière – C'est dans ce triangle de terre, où la rivière Saint-Pierre se jette dans le Saint-Laurent, que naquit Montréal en mai 1642. L'emplacement avait été remarqué et défriché par Samuel de Champlain en 1611, qui y voyait un excellent havre naturel pour les bateaux. Trente-et-un ans plus tard, Maisonneuve y fit ériger une palissade de bois pour entourer la nouvelle colonie de Ville-Marie. Un **obélisque** (**3**) de 10 m, *Les Pionniers*, commémore le débarquement de Maisonneuve. L'origine du nom Pointe-à-Callière vient de Louis-Hector de Callière, gouverneur de Montréal de 1684 à 1698, qui s'y fit construire un château.

★★ **Musée d'Archéologie et d'Histoire de Montréal** – *350, place Royale. Ouv. juil.-août mar.-ven. 10 h-18 h, sam.-dim. 11 h-18 h. Reste de l'année mar.-ven. 10 h-17 h, sam.-dim. 11 h-17 h. 8,50 $.* 🍴 🚻 *www.musee-pointe-a-calliere.qc.ca* ☎ *514-872-9150.* Inauguré en 1992, ce complexe muséologique fait revivre l'histoire du quartier de la Pointe-à-Callière. Il se compose de trois éléments distincts. L'édifice de l'Éperon, d'aspect très moderne, abrite au rez-de-chaussée une salle multimédia tout à fait unique présentant à l'affiche un remarquable spectacle *(16 mn)* sur l'évolution de Montréal. Le premier étage propose des expositions temporaires, tandis qu'au troisième, un belvédère offre de jolies **vues**★ sur l'esplanade du Vieux-Port.

Pour se rendre de l'édifice de l'Éperon à celui de l'Ancienne-Douane, on descend au sous-sol où toutes sortes d'objets et de vestiges architecturaux (notamment les restes du premier cimetière catholique de Montréal, datant de 1643) témoignent de plusieurs siècles d'occupation humaine. Après être passé devant un ancien égout-collecteur, on arrive enfin à la **crypte archéologique**, directement située sous la place Royale. L'endroit renferme des vestiges mis au jour au cours de nombreuses fouilles archéologiques : corps de gardes du 17e s., fortifications du 18e s., auberge du 19e s. Des maquettes, qui reproduisent à même le sol les différentes phases d'occupation de la Pointe-à-Callière, et des personnages virtuels, qui invitent le visiteur au dialogue, offrent de fascinants aperçus du passé.

En continuant la promenade souterraine, on rejoint enfin l'édifice de l'**Ancienne-Douane** (1838, John Ostell) dont la silhouette néoclassique domine la place Royale. Transformé en centre d'interprétation de l'histoire de Montréal aux 19e et 20e s., l'édifice propose aujourd'hui des expositions permanentes sur sa propre histoire et sur l'évolution du commerce à Montréal.

L'Arrivage

350, place Royale. ☎ *514-872-9128.* Un endroit des plus plaisants pour prendre le repas du midi, ce restaurant situé au deuxième étage du musée d'Archéologie et d'Histoire de Montréal sert une cuisine soignée et imaginative, dans un décor aéré avec vue sur le vieux-port de Montréal. Particulièrement agréable en été, lorsque la terrasse est ouverte.

Place Royale – En 1645, Maisonneuve fit bâtir sa résidence sur cette place, connue à l'origine sous le nom de place d'Armes. En 1706, elle devint la place du marché public, là où le crieur lisait les proclamations officielles, où les malfaiteurs étaient mis au pilori, fouettés et pendus, et où, occasionnellement, on se battait en duel. Elle fut officiellement baptisée place Royale en 1892.

★**Centre d'Histoire de Montréal** – *335, place d'Youville. Ouv. mai-août tous les jours 10 h-17 h. Sept.-début déc. mar.-dim. 10 h-17 h. 4,50 $.* ♿ 🅿 *(7 $) www.ville.montreal.qc.ca/chm/chm.htm* ☎ *514-872-3207.* Restaurée en 1981, cette ancienne caserne de pompiers (1903) rappelle l'architecture baroque des Pays-Bas, avec son élégant toit en pignon, son imposante lucarne et son décor sculpté. Une haute tour située à l'arrière du bâtiment servait autrefois à faire sécher les tuyaux d'arrosage, et des arcades de pierre, à l'avant, facilitaient la sortie des voitures de pompiers.

Aujourd'hui, le bâtiment de brique contient un ravissant centre d'interprétation consacré à l'histoire de Montréal de 1642 à nos jours. Ses nombreux objets, ses diaporamas, ses vidéos, ses bandes sonores, ses reconstitutions théâtrales et ses modules interactifs illustrent de façon vivante les tendances économiques, sociales et urbaines qui ont influencé le riche passé de la ville, et offrent un aperçu de la vie des Montréalais. Des expositions temporaires explorent par ailleurs divers aspects de l'histoire montréalaise.

Le Petit Moulinsart

139, rue Saint-Paul Ouest. ☎ *514-843-7432.* Un décor attrayant, un accueil sympathique, et voilà... on se sent tout de suite à l'aise dans ce charmant restaurant belge ! Les images de Tintin et compagnie, qu'on retrouve tant aux murs que sur le menu, ne font que renforcer cette impression. On y mijote de bons plats, notamment de savoureuses moules et une crème brûlée onctueuse à souhait. En été, il faut profiter de la charmante terrasse, située à l'écart de la rue.

Écuries d'Youville – *298-300, place d'Youville.* Disposés autour d'une belle cour intérieure aménagée en jardins, ces bâtiments de pierre furent érigés en 1828 pour servir d'entrepôts aux Sœurs Grises, puis de silos à grains. Ils n'ont donc jamais abrité d'animaux, mais au 19e s., des écuries se trouvaient à proximité, d'où l'origine du nom. Restaurés en 1967, ils comprennent des bureaux administratifs et un restaurant ; les bâtiments voisins ont été transformés en appartements. On accède à la cour par une porte cochère centrale.

Hôpital général des Sœurs Grises – *Compris entre les rues Saint-Pierre, d'Youville, Normand & la place d'Youville.* En 1680, les sulpiciens cédèrent les terres marécageuses situées à proximité de la rivière Saint-Pierre à François Charron de la Barre et à ses frères qui y construisirent un hôpital en 1694. En 1747, Marguerite d'Youville et les Sœurs Grises assumèrent la direction de l'établissement. Lorsqu'en 1765, un incendie le détruisit en partie, elles le firent reconstruire sur ses fondations. La fréquence des inondations et l'activité grandissante du secteur portuaire de Montréal incitèrent les Sœurs Grises à quitter le lieu en 1871 pour aller s'établir sur un site plus tranquille à l'Ouest du centre-ville. Leur chapelle, située rue Saint-Pierre, fut démolie, la rue fut prolongée jusqu'aux rives du Saint-Laurent et l'on y fit construire des entrepôts.

En 1980, la congrégation réinstallait – dans l'édifice restauré – l'administration générale de l'Institut des Sœurs Grises, qui sert aussi de lieu de formation pour les novices. De la rue Normand, on peut voir la partie la plus ancienne du couvent.

★**Musée Marc-Aurèle-Fortin** – *118, rue Saint-Pierre. Ouv. toute l'année mar.-dim. 11 h-17 h. Fermé fin déc.-début janv. 4 $.* ♿ ☎ *514-845-6108.* Consacré à l'œuvre du peintre **Marc-Aurèle Fortin** (1888-1970), ce musée occupe l'un des entrepôts construits par les Sœurs Grises dans les années 1870. Dans sa quête pour créer une école d'art paysager purement canadienne, c'est-à-dire dégagée de l'influence européenne, l'artiste peignit des tableaux aux couleurs étonnantes ayant pour sujets son Québec natal, la flore et la faune de la région ainsi que les paysages du Saint-Laurent. Parmi ses œuvres les plus remarquables, exposées par roulement, citons *Bœufs aux labours* (1947), *Bagotville au Saguenay* (1953) et *Arbres à Lafresnière* (1962). Le musée présente aussi les œuvres d'artistes locaux.

★② DU SQUARE DORCHESTER À L'UNIVERSITÉ MCGILL

Parcours : 2,4 km. Ⓜ *Peel*

Cette promenade au cœur du quartier commerçant de Montréal passe devant certains des gratte-ciel les plus marquants de la ville. Les tours qui bordent l'avenue McGill College illustrent les tendances du mouvement post-moderne.

★**Square Dorchester** - Longtemps considéré comme le cœur de la ville, même si les gratte-ciel avoisinants lui ont fait perdre de son panache, cet agréable espace public fut rebaptisé en 1988 en l'honneur de Lord Dorchester, gouverneur de l'Amérique du Nord britannique de 1768 à 1778 et de 1786 à 1795. Situé hors des limites de la ville jusqu'en 1855, l'emplacement servit pendant de nombreuses années de cimetière (surtout pour les victimes de la terrible épidémie de choléra de 1832), avant que les tombes ne soient transférées au mont Royal. Second évêque de Montréal, **Mgr Ignace Bourget** (1799-1885) choisit alors d'y faire construire une cathédrale, au grand dam des habitants du Vieux-Montréal qui se plaignaient de la distance à parcourir pour assister à la messe.

De célèbres sculptures viennent agrémenter le square, parmi lesquelles une statue de **Sir Wilfrid Laurier** (**4**), réalisée par Émile Brunet. Laurier (1841-1919) fut le premier Canadien francophone à devenir Premier ministre du Canada, et ses paroles, restées célèbres, sont gravées sur le socle : « La pensée dominante de ma vie a été d'harmoniser les différents éléments dont se compose notre pays ». La statue de Laurier fait face à celle de **Sir John A. Macdonald** (**5**), érigée sur la place du Canada, de l'autre côté de la rue. Quant au monument du **Régiment canadien de cavalerie de Lord Strathcona** (**6**), élevé en l'honneur des Canadiens tombés pendant la guerre des Boers (1899-1901), il fut sculpté par George Hill, à qui l'on doit également la statue du lion, commémorant le **Jubilée de la reine Victoria** (**7**). Le square contient par ailleurs la statue du grand poète écossais **Robert Burns** (**8**) (1759-1796), commanditée par ses admirateurs.

★**Édifice Dominion Square** – *Côté Nord du square Dorchester, entre les rues Peel & Metcalfe.* Cet imposant bâtiment d'inspiration néo-Renaissance évoque la grandeur des palais florentins du 15ᵉ s. À l'époque de sa construction, en 1929, il introduisit plusieurs nouveautés : un stationnement souterrain, un centre commercial de deux étages, les premiers escaliers mécaniques en bois de Montréal, et un mélange alors inhabituel de bureaux et de boutiques.

Centre de renseignements touristiques sur Montréal, **Infotouriste** *(ouv. fin juin-fête du Travail tous les jours 8 h 30-19 h 30 ; reste de l'année tous les jours 9 h-18 h ; fermé 1ᵉʳ janv. & 25 déc.* ♿ 🅿 ☎ *514-873-2015)* se trouve à l'extrémité Est de la galerie reliant les rues Peel et Metcalfe, niveau rez-de-chaussée. Outre son comptoir d'information, le visiteur y trouvera un large éventail de services : visites guidées de la ville, librairie, bureau de change, réservation de chambres d'hôtel, location de voitures, etc.

★**Le Windsor** – *1170, rue Peel.* Inauguré en 1878 lors d'un bal donné en l'honneur du marquis de Lorne (gouverneur général de l'époque) et de son épouse Louise, fille de la reine Victoria, l'hôtel Windsor est aujourd'hui l'un des immeubles de bureaux les plus originaux de Montréal. Gravement endommagée par un incendie en 1906, et détruite par le feu en 1957, son aile principale fut remplacée par la Banque de Commerce *(ci-dessous).* L'hôtel conserva l'aile restante jusqu'à sa fermeture en 1981. La façade en pierre de taille et en brique est surmontée d'un toit mansardé percé d'œils-de-bœuf et de lucarnes. Lors de la reconversion de l'hôtel en immeuble de bureaux, l'intérieur du rez-de-chaussée, de style Adam, fut préservé. Ses salles de bal sont particulièrement élégantes.

★★**Édifice Sun Life** – *1155, rue Metcalfe.* Cet édifice de style Beaux-Arts, à la structure d'acier revêtue de granit blanc, fut construit en 1913. Orné de massives colonnades sur ses quatre façades, le bâtiment occupe tout le côté Est du square Dorchester. À l'époque, il contribua à faire de Montréal la plus importante place financière du Canada. Divers agrandissements, réalisés de 1923 à 1933, en firent même « le plus grand édifice de tout l'Empire britannique ». C'est au troisième sous-sol que furent cachés, durant la Seconde Guerre mondiale, les bons du Trésor et la réserve d'or de Grande-Bretagne. Siège canadien de la Sun Life et de célèbres firmes d'assurance et de courtage, le bâtiment accueille aujourd'hui plus de 4 000 personnes.

Traverser le boul. René-Lévesque et descendre la rue Peel.

Place du Canada – Plusieurs tours dominent cette place verdoyante face au square Dorchester. Les châssis d'ardoises et la façade de verre et d'acier inoxydable de la **Banque de Commerce** (1962) créent un singulier contraste. De l'autre côté de la rue se dresse **La Laurentienne** (1986), structure post-moderne, toute de cuivre et de verre. Parfois appelé la « râpe à fromage », l'**hôtel Château-Champlain** s'élève au Sud de la place. Remarquable par ses fenêtres convexes en demi-lune, cet élégant bâtiment (1967, Roger d'Astous) témoigne de l'influence de Frank Lloyd Wright. Dominant le côté Sud-Est de la place, la tour à bureaux du **1000 de la Gauchetière** reflète les tendances architecturales des années 1990. Ses 205 m de hauteur en font l'immeuble le plus élevé de la ville.

★**Saint George's Anglican Church (Église anglicane Saint-Georges)** – *Accès rue de la Gauchetière. Ouv. juin-août mar.-dim. 8 h 30-17 h. Sept.-mai mar.-dim. 8 h 30-16 h 30.* & *www.st-georges.org* ☎ *514-866-7113.* Construite en 1870, cette charmante église néogothique est le plus ancien édifice de la place du Canada. L'intérieur, harmonieusement proportionné, présente une étonnante **charpente** double en pin rouge et en épinette, réalisée avec double blochet (pièce de bois retenant la plate-forme qui reçoit les chevrons). On notera tout particulièrement le retable de chêne et sa délicate dentelle ajourée, les stalles du chœur, le jubé et l'orgue Casavant (1896).

★**Gare Windsor** – *À l'angle de la rue Peel & de la rue de la Gauchetière.* Dessinée par Bruce Price, le célèbre architecte du château Frontenac de Québec, cette gare pittoresque (1889) est l'un des plus beaux exemples montréalais du style néoroman « richardsonien », avec ses tours, ses créneaux, ses tourelles et ses arcs en plein cintre. Créée pour abriter le centre administratif des chemins de fer du Canadien Pacifique, elle sert aujourd'hui de terminus aux trains de banlieue.

Retourner au boul. René-Lévesque, et continuer vers l'Est.

★★**Basilique-cathédrale Marie-Reine-du-Monde** – *Entrée principale boul. René-Lévesque. Ouv. lun.-ven. 7 h-19 h 30, sam. 7 h 30-8 h 30, dim. 8 h 30-19 h 30.* & ☎ *514-866-1661.* Dessiné par Victor Bourgeau, ce gigantesque édifice de style néobaroque se distingue par de grandes colonnes grecques, une riche ornementation et une corniche décorée de statues. Lorsque la cathédrale Saint-Jacques, érigée dans le secteur Est de Montréal, fut détruite par le feu, Mgr Ignace Bourget décida d'en construire une autre dans le quartier Ouest, anglophone et protestant, afin d'y affirmer la présence de l'Église catholique. Porte-parole de l'idéologie ultramontaine, l'évêque de Montréal choisit comme modèle l'église mère du catholicisme : Saint-Pierre de Rome. La taille de l'édifice sera réduite au tiers de la basilique romaine du 16e s. Les travaux ne débutèrent qu'en 1870 et furent interrompus en 1878, faute de ressources financières. Ils reprirent en 1885, et la cathédrale fut consacrée en 1894. Tout d'abord dédiée à saint Jacques-le-Majeur, elle reçut le titre de basilique mineure en 1919, et adopta son nom actuel en 1955. Les statues de la corniche, réalisées par Alphonse Longpré (1881-1938), représentent les saints patrons des paroisses qui formaient le diocèse de Montréal en 1890. Le dôme recouvert de cuivre fut installé en 1886, mais la croix d'origine, en fer, fut remplacée en 1958 par une croix d'aluminium. La **statue** (**9**) de Mgr Bourget, à droite de la cathédrale, est l'œuvre du sculpteur Louis-Philippe Hébert. Sur la base du socle, on voit également l'évêque en compagnie de l'architecte de la cathédrale, Victor Bourgeau.

Intérieur – Dans le vestibule sont accrochés les portraits de tous les évêques de Montréal. Coulé dans du cuivre et recouvert de feuilles d'or, le magnifique **baldaquin** (1900) qui domine la nef est attribué à Victor Vincent ; il s'agit de la réplique du chef-d'œuvre créé pour la basilique Saint-Pierre par le Bernin, sculpteur italien du 16e s. À l'intérieur, de grands tableaux peints par Georges Delfosse représentent des épisodes de l'histoire religieuse du Canada, dont le martyre du prêtre jésuite Jean de Brébeuf et de Gabriel Lalemant, et la noyade de Nicolas Viel, premier martyr canadien, accompagné de son disciple Ahuntsic. Dans la chapelle derrière l'autel, on peut admirer une délicate statue de la Vierge due à Sylvia Daoust, célèbre femme-sculpteur canadienne du 20e s.

À gauche de la nef, une **chapelle mortuaire** (1933) contient les tombes de plusieurs archevêques et évêques. Les marbres italiens des murs et du sol sont ornés de belles mosaïques. On notera, au centre, le mausolée de Mgr Bourget, exécuté à Rome. Au-dessus de l'autel, au fond de la chapelle, un magnifique bas-relief de bronze représente la basilique Saint-Pierre de Rome.

Traverser le boul. René-Lévesque.

Entre la rue Mansfield et la rue University s'élève le plus grand hôtel de la métropole, le Reine Elizabeth (1957). En dessous de l'hôtel se trouve la gare centrale, terminus des trains VIA et Amtrak.

Continuer par le boul. René-Lévesque.

Chez Julien

1191, av. Union. ☎ *514-871-1581.* Les petites rues secondaires cachent parfois d'excellentes adresses. C'est certainement le cas de cet élégant restaurant français, où la qualité de la cuisine et celle du service ne se sont pas démenties au fil des ans. Le décor est tout aussi soigné, que l'on s'attable à l'intérieur ou que l'on profite des belles journées d'été pour s'asseoir à la très jolie terrasse.

★★ **Place Ville-Marie** – Cœur de la ville souterraine avant l'extension du réseau autour de la station de métro McGill, la place Ville-Marie amorça la renaissance du centre-ville et lança à travers le pays une vague d'aménagements urbanistiques du même genre. Le projet, inspiré du Rockefeller Center de New York *(voir le guide New York)*, remonte à 1930. Il visait à combler l'énorme trou laissé dans le centre-ville par le percement du tunnel ferroviaire sous le mont Royal avant la Première Guerre mondiale. Les effets désastreux de la crise économique de 1929 retardèrent considérablement les travaux qui ne débutèrent qu'en 1959.

L'ensemble, composé de quatre bâtiments, est dominé par la tour de la **Banque Royale**★ (1962 ; I.M. Pei, Affleck & Associés). Cette structure cruciforme au revêtement d'aluminium offre à chacun de ses 42 étages 3 534 m² d'espace de bureaux. Elle s'ouvre sur une esplanade de béton particulièrement animée à la saison estivale. De cette position surélevée, une **perspective**★ unique s'étend sur le Nord de la ville, de l'avenue McGill College à l'université McGill, dominée par la masse du mont Royal. Au premier plan, on aperçoit une fontaine de bronze de Gerald Glaston intitulée *Présence féminine* (1972). Depuis les galeries marchandes situées sous l'esplanade, de larges lucarnes offrent de curieuses vues sur les tours avoisinantes. *Accès à la ville souterraine (durant les heures d'ouverture des boutiques et services) par les pavillons de verre en face de la tour de la Banque Royale.*

De la place Ville-Marie, remonter l'av. McGill College vers le Nord.

Véritable point de mire de l'architecture post-moderne à Montréal, et axe le plus fréquenté de la ville, la belle **avenue McGill College** s'étend de la place Ville-Marie à l'université McGill. Tracée en 1857 comme prolongement de l'allée centrale du campus universitaire vers le centre-ville, elle a fait l'objet d'importants projets d'aménagements au cours des dernières décennies.

★★ **Place Montréal Trust** – *1500, av. McGill College. Ouv. toute l'année lun.-mer. 10 h-18 h, jeu.-ven. 10 h-21 h, sam. 10 h-17 h, dim. midi-17 h.* ✕ ⴠ ◻ ☎ *514-843-8000.* Mélange inattendu de marbre rose et de verre bleuté, cet immense édifice (1989) occupe tout le côté gauche de l'avenue McGill College, entre la rue Sainte-Catherine et le boulevard de Maisonneuve. Ce véritable cylindre jaillissant d'un socle quadrangulaire doit sa conception aux architectes **E. Zeidler**, **E. Argun** et **P. Rose**. Un **atrium** aux parois de verre (hauteur : 30 m) s'élève au-dessus du métro, et un ascenseur panoramique permet au visiteur d'admirer la belle fontaine centrale, en bronze. Avec plus d'une centaine de boutiques et de restaurants, il s'agit d'un des lieux les plus fréquentés du centre-ville à l'heure du déjeuner.

Se diriger vers l'Est par la rue Sainte-Catherine.

Principale artère commerciale de la ville, la **rue Sainte-Catherine** est bordée de grands magasins (**Ogilvy**, **Eaton** et **La Baie**), d'énormes centres commerciaux (Faubourg Sainte-Catherine) et de nombreuses boutiques. Le soir, cette rue animée attire toute une foule de personnes dans ses nombreux bars et boîtes de nuit.

Magasin Eaton – *677, rue Sainte-Catherine Ouest.* Fort renommé, ce magasin à grande surface fut acquis en 1925 par Timothy Eaton. Considérablement modifié et agrandi au fil des ans, il forme aujourd'hui – avec le centre Eaton (**B**), son annexe moderne – un énorme quadrilatère compris entre les rues University et Sainte-Catherine, l'avenue McGill College et le boulevard de Maisonneuve.

★ **Christ Church Cathedral (Cathédrale Christ Church)** – *Entrée rue Sainte-Catherine, entre la rue University & l'av. Union. Ouv. tous les jours de l'année 8 h-17 h 30.* ⴠ *www.montreal.anglican.org/carhedral* ☎ *514-288-6421.* Avec son triple portique

orné de pignons et de gargouilles, sa façade de pierre de taille et sa flèche élancée, cette église (1859) est un exemple achevé du style néogothique. Elle fut construite pour remplacer une première cathédrale anglicane, détruite par un incendie en 1856. Avant de pénétrer à l'intérieur, notez le **monument (10)** *(à droite de l'édifice)* dédié à l'évêque anglican Francis Fulford (1803-1868) à l'époque de la construction du bâtiment.

Un édifice fragile – Très vite, les fondations présentèrent d'énormes difficultés : elles se révélèrent en effet si fragiles que l'on dut, en 1927, démonter la flèche de pierre de 39 m qui surmontait la tour et qui commençait à s'incliner de 1,2 m vers l'Est. On la remplaça, en 1940, par une copie en aluminium façon pierre. Durant les années 1980, le terrain sur lequel repose la cathédrale fut loué à une société de développement qui construisit sous l'église même des galeries marchandes souterraines (Promenades de la Cathédrale) et sauva ainsi l'édifice en

Place Montréal Trust

Mia et Klaus

empêchant qu'il ne s'enfonce dans le sol. Une tour moderne (place de la Cathédrale), juste derrière l'église, vint compléter cet ensemble architectural assez particulier.

Intérieur – Caractérisée par une nef cintrée et des fenêtres ogivales ornées d'éléments tréflés ou quadrifoliés, la cathédrale Christ Church recèle un intérieur gracieux et serein. Les chapiteaux des arcades de la nef sont agrémentés de feuilles dont le modèle s'inspire d'aquarelles figurant le jardin de la famille McCord. À la voûte, divers motifs décoratifs évoquent notamment l'Ancien Testament et les principes de la foi chrétienne. Le chœur présente un **retable** magnifiquement sculpté. Plusieurs vitraux proviennent de l'atelier londonien de William Morris. Sous la rosace, on remarquera enfin l'orgue, d'inspiration nord-allemande, construit en 1980 par Karl Wilhelm, de Mont-Saint-Hilaire.

Accéder aux Promenades de la Cathédrale par les portes situées de chaque côté de l'entrée principale de la cathédrale.

Promenades de la Cathédrale – *Ouv. toute l'année lun.-mer. 10 h-18 h, jeu.-ven. 10 h-21 h, sam. 9 h-17 h, dim. midi-17 h. Fermé principaux jours fériés.* ✗ ♿ ☎ *514-849-9925.* Liaison entre les grands magasins Eaton Centre et La Baie, cette galerie marchande (1988) aménagée sous l'église a donné lieu au chantier le plus spectaculaire que Montréal ait jamais connu. La construction se fit en sous-œuvre, et pendant des mois, Christ Church fut supportée par de minces pylônes tandis que se poursuivaient les travaux d'excavation et de construction. Dans les allées du centre commercial souterrain, des ornements en forme d'ogives rappellent la présence du monument religieux situé juste au-dessus.

Sortir par le « cloître », joli petit jardin situé entre la cathédrale et la place de la Cathédrale.

★Place de la Cathédrale – *600, boul. de Maisonneuve Ouest.* De conception postmoderne, cet étonnant immeuble de 34 étages aux parois de verre cuivré (1988 ; Webb, Zerafa, Menkès & Houdsen) abrite les bureaux de la cathédrale anglicane et du diocèse. De tous les gratte-ciel du centre-ville, il s'agit certainement du plus remarquable. Avec ses arches en pointe, ses colonnades et ses meneaux profonds, son toit pentu et ses hautes fenêtres en arcs brisés, l'édifice rappelle Christ Church par son architecture. On pénètrera dans le **hall** en forme de nef, pour admirer la splendide vue de la cathédrale voisine et de son clocher, au travers d'un mur de verre incurvé qui s'élève sur une hauteur de cinq étages.

Sortir sur le boul. de Maisonneuve, et se diriger vers l'Ouest en direction de l'av. McGill College.

★**Tours de la Banque nationale de Paris (BNP)/Banque Laurentienne** – *1981, av. McGill College.* « L'édifice bleu » (1981), comme le surnomment de nombreux Montréalais, est un symbole de la relance économique des années 1980. Il se compose de tours jumelées de 16 à 20 étages communiquant entre elles. Véritable cage de verre réfléchissant, l'ensemble s'ouvre sur une esplanade marquée par la présence originale d'une sculpture en fibre de verre de l'artiste français Raymond Masson, *La Foule illuminée.* On peut pénétrer dans le hall principal (hauteur : 11 m), décoré de granit et d'acier inoxydable.

Tour l'Industrielle Vie – *2000, av. McGill College.* D'allure plutôt conventionnelle, cette tour revêtue de granit (1986) se satisfait de l'ajout de quelques ornements post-modernes. L'énorme fenêtre en forme d'éventail, que l'on remarque à l'entrée, se répète au sommet de l'édifice.
Sur le trottoir, notez une charmante **sculpture** intitulée *Le Banc du Secret*, due à l'artiste Léa Vivot. Les inscriptions bilingues qui y sont gravées à même le bronze, sont anonymes, à l'exception de l'une d'entre elles, « Montréal, un secret à partager », signée Jean Doré (ancien maire de Montréal).

Maison Ultramar – *2200, av. McGill College.* Dans cet édifice (1990) ont été intégrés l'ancien University Club *(892, rue Sherbrooke)* et la maison Molson *(2047, rue Mansfield).* L'entrée en retrait, surmontée d'une façade de verre arrondie, démontre l'habileté de l'architecte à traiter ce coin de rue.

Place Mercantile – *Face à la maison Ultramar. Entrée au 770, rue Sherbrooke Ouest.* Cet ensemble de verre et d'aluminium (1982) incorpore une rangée d'anciennes façades de pierre grise datant de 1872, qui donnent sur la rue Sherbrooke. L'un de ces immeubles, le Strathcona Hall (1904), fut cédé par l'université McGill à la condition qu'il soit conservé. L'édifice s'effondra en cours de chantier, mais fut entièrement reconstruit. Il abrite désormais les bureaux de Cascades Inc., Cascades Etcan Inc. et Etcan International Inc.

Tourner à droite, rue Sherbrooke.

★★**Musée McCord d'Histoire canadienne** – *690, rue Sherbrooke Ouest. Ouv. toute l'année mar.-ven. 10 h-18 h, sam.-dim. 10 h-17 h (juin.-sept. lun. 10 h-17 h). 8,50 $.* ✗ ♿ *www.mccord-museum.qc.ca* ☎ *514-398-7100.* Cette institution muséologique – l'une des plus prestigieuses du pays – se distingue par l'incroyable richesse et la variété de ses collections. Elle vit le jour en 1921, grâce à la générosité d'un certain David Ross McCord (1844-1930) qui, deux ans plus tôt, avait fait don de sa collection personnelle d'objets canadiens à l'université McGill, dans l'espoir qu'elle constitue la base d'un futur musée. Ses expositions présentent aujourd'hui une sélection d'œuvres issues d'un fonds de quelque 100 000 objets et 750 000 photographies historiques, et offrent un brillant aperçu du patrimoine historique canadien, des premières nations amérindiennes à l'époque actuelle.

Bâtiment – En 1968, le musée s'installa dans ce sobre édifice de pierre calcaire grise qui hébergeait autrefois le Centre universitaire de McGill. Construit en 1906 par Percy E. Nobbs, le bâtiment est orné d'un portail d'entrée baroque flanqué de pilastres toscans. Un projet d'agrandissement, complété en 1992, a permis au musée d'améliorer sa surface d'exposition (1 650 m²) tout en se dotant de laboratoires de conservation et d'une bibliothèque. La façade de la nouvelle aile (Sud) reflète le style raffiné du bâtiment d'origine. Expositions temporaires et permanentes se répartissent sur deux niveaux.

Collections – En se rendant à l'étage supérieur, on notera un magnifique mât de façade haïda en cèdre des îles de la Reine-Charlotte (19e s.).
Le second niveau abrite l'exposition permanente « Simplement Montréal : coup d'œil sur une ville unique ». Celle-ci jette un regard passionné sur la vie à Montréal du 17e s. à nos jours à travers une gamme hétéroclite d'objets puisés dans

En toute simplicité

Dans un local des plus modestes, situé au cœur du quartier commerçant, **Le Grand Comptoir** *(1225, square Phillips :* ☎ *514-393-3295)* mijote une savoureuse cuisine bistro (ris de veau, bavette à l'échalote) qui régalera le palais tout en épargnant le portefeuille.
Le *delicatessen* **Ben's** *(990, boul. de Maisonneuve Ouest, à l'angle de la rue Metcalfe :* ☎ *514-844-1000)* sert quant à lui de fameux sandwiches à la viande fumée depuis des dizaines d'années dans une grande salle dégarnie, ouverte jusqu'aux petites heures du matin. Un bon endroit pour un repas rapide.

Biddle's

2060, rue Aylmer.
☎ *514-842-8656.* Il y a déjà
plusieurs années que
ce célèbre établissement fait
le bonheur des amateurs de
jazz. On y donne chaque soir
d'excellentes représentations
musicales, le tout dans une
ambiance suprêmement
décontractée. Au menu,
poulet et côtes levées,
qu'on peut aussi déguster sur
la terrasse à la belle saison.

les collections du musée : artisanat amérindien, objets d'arts décoratifs (orfèvrerie, mobilier, vannerie, verrerie, céramiques), équipements sportifs, jouets,
etc. On remarquera tout un éventail de
vêtements illustrant la merveilleuse collection de costumes et textiles du musée,
ainsi qu'une sélection de photos issues
des fameuses **Archives photographiques
Notman**. Cette chronique très complète
de la vie au Canada du 19e s. au début
du 20e s. se compose de négatifs et
épreuves (personnages historiques, événements, scènes urbaines et rurales),
dont 400 000 sont l'œuvre de William
Notman (1826-1891), célèbre photographe canadien au siècle dernier.

Traverser la rue Sherbrooke pour accéder à l'entrée principale de l'université.

★Université McGill – *Au bout de l'av. McGill College.* La plus ancienne université
de Montréal et du Canada bénéficie d'un magnifique campus en plein cœur de la
ville, adossé aux pentes du mont Royal. À sa mort, le négociant de fourrures écossais James McGill (1744-1813) avait légué à l'Institution royale pour l'avancement
des sciences la coquette somme de 10 000 livres sterling ainsi que son domaine
de Burnside, à la condition expresse qu'il y soit fondé un établissement d'enseignement supérieur. En 1821, le tout nouveau « collège McGill » recevait une charte
royale de George IV. Les premiers cours débutèrent en 1829, date à laquelle un
collège de médecine de Montréal fut rattaché à McGill. Depuis, l'université a connu
un essor fulgurant. Elle offre aujourd'hui plus de 25 facultés et écoles professionnelles à ses quelque 30 000 étudiants. Ces derniers sont répartis entre le campus
du centre-ville (32 ha) et le campus Macdonald, à Sainte-Anne-de-Bellevue.

Campus – On pénètre dans le campus par le célèbre **portail Roddick**, de style néoclassique grec. Érigé en 1924 à la mémoire de Sir Thomas Roddick, ancien doyen
de la faculté de médecine, il est orné d'une horloge offerte par Lady Roddick en
hommage à la proverbiale ponctualité de son mari. Les 70 bâtiments du campus
offrent une grande variété de styles architecturaux. Avec leurs façades ornées, leurs
tours et leurs tourelles, les édifices de pierre de taille construits au début du 19e s.
contrastent étrangement avec les bâtiments plus modernes, en béton nu.

À l'Ouest de l'avenue principale, remarquer la magnifique fontaine de pierre (1930)
réalisée par Gertrude Vanderbilt-Whitney.

Avenue McGill College (Université McGill en arrière-plan)

© Sylvain Majeau/Tourisme Québec

Pavillon des Arts – *Au bout de l'av. principale.* Le corps central et l'aile Est (pavillon Dawson) de cet édifice, le plus ancien du campus, furent bâtis par John Ostell de 1839 à 1843. L'aile Ouest (pavillon Molson) et les sections de raccordement remontent aux années 1861-1880. L'intérieur fut entièrement refait en 1924. En gravissant les quelques marches du large escalier menant au portique de pierre (il était à l'origine en bois), on bénéficiera d'une jolie **vue** sur le centre-ville.

En face du pavillon des Arts se dresse la tombe de James McGill, fondateur de l'université.

★**Musée d'Histoire naturelle Redpath** – *À l'Ouest du pavillon des Arts. Ouv. 24 juin-fête du Travail lun.-jeu. 9 h-17 h, dim. 13 h-17 h. Reste de l'année lun.-ven. 9 h-17 h, dim. 13 h-17 h. Fermé 25 déc.-1ᵉʳ janv.* ▣ *(1 $) www.mcgill.ca/redpath* ☎ *514-398-4086.* Cet édifice néoclassique (1882) doit sa construction à la générosité de Peter Redpath, riche industriel qui établit la première raffinerie de sucre au Canada. Les architectes créèrent une façade éclectique d'inspiration à la fois grecque et Renaissance, sur le modèle d'un temple antique. Sarcophage égyptien... canope funéraire... menaçant squelette d'*Albertosaurus*... Le musée Redpath recèle des trésors d'une étonnante variété. Le rez-de-chaussée abrite des bureaux et des salles de cours ainsi qu'une sélection d'objets issus de ses riches collections de minéraux, de paléontologie et de zoologie. Les deux étages supérieurs logent une stupéfiante collection de fossiles, de mollusques, d'insectes, de minéraux et d'animaux naturalisés, ainsi que des objets d'Afrique et des antiquités égyptiennes, notamment des momies humaines et animales et de belles pièces de poterie, le tout dans un cadre victorien des plus charmants.

Sortir du campus par le portail Roddick, et tourner à droite.

En bordure de la rue Sherbrooke, à l'Ouest du portail Roddick, remarquer une **plaque** (**11**) commémorative marquant l'emplacement (tel qu'on le supposait au 19ᵉ s.) du village amérindien d'Hochelaga *(p. 158)*, à l'époque de l'arrivée de Jacques Cartier sur l'île en 1535.

Autre curiosité

Planétarium de Montréal – *1000, rue Saint-Jacques.* ◐ *Bonaventure. Ouv. fin juin-fête du Travail tous les jours 12 h 45-17 h & 19 h-20 h 30. Reste de l'année mar.-mer. 9 h-17 h, jeu.-ven. 9 h-17 h & 19 h 30-20 h 30, sam.-dim. 10 h 30-17 h & 19 h 30-20 h 30. Téléphoner pour connaître l'horaire des spectacles. 6 $.* ♿ ▣ *www.planetarium.montreal.qc.ca* ☎ *514-872-4530.* Chaque année, les visiteurs pourront voir ici de superbes productions multimédia *(50 mn)* projetées sur l'immense dôme hémisphérique de 20 m de diamètre du **Théâtre des Étoiles** (capacité : 385 places). Le planétarium de Montréal est doté d'un planétaire Zeiss V, de fabrication allemande, faisant appel à plus de 150 projecteurs pour recréer le ciel étoilé. Destinées à la vulgarisation des connaissances en matière d'astronomie, des expositions permanentes et temporaires permettent par ailleurs au public d'explorer notre univers, d'en comprendre les phénomènes, et de façon générale, de suivre l'actualité astronomique.

★③ DE LA PLACE DES ARTS AU QUARTIER CHINOIS

◐ *4 Place-des-Arts.*

Longtemps négligé, ce quartier connut un brillant renouveau lors de la « Révolution tranquille » des années 1960. Sous l'administration municipale du maire Jean Drapeau, la décision fut prise de construire un gigantesque ensemble culturel dans l'Est de la ville, ce qui amorça le rééquilibrage des investissements dans le secteur francophone. À la construction du complexe de la Place des Arts allaient succéder de nombreux projets urbanistiques de grande envergure : le complexe Desjardins, l'université du Québec à Montréal, le Stade olympique, le complexe Guy-Favreau et le palais des Congrès.

Commencer la promenade à la Place des Arts. Ce parcours permet de découvrir une partie de la ville souterraine.

★★**Place des Arts** – *Côté Nord de la rue Sainte-Catherine, entre les rues Jeanne-Mance & Saint-Urbain. Ouv. tous les jours de l'année.* ✗ ♿ ▣ *(9 $) www.pda.qc.ca* ☎ *514-285-4200.* Le plus grand centre culturel de la ville, où se côtoient les arts de la scène et les arts visuels, se compose de trois édifices : une imposante salle de concert (1963), un complexe théâtral (1967) et un musée d'art contemporain (1992). Ces bâtiments se rassemblent autour d'une vaste esplanade aménagée, pleine d'animation : le quadrilatère extérieur. Plusieurs manifestations culturelles se tiennent chaque année dans le quartier de la Place des Arts, parmi lesquelles le célèbre Festival international de jazz.

Salle Wilfrid-Pelletier – Orné d'une élégante façade en ellipse toute en fenêtres et minces colonnes de béton, cet édifice abrite l'Orchestre symphonique de Montréal, les Grands Ballets canadiens et l'Opéra de Montréal. Son auditorium peut accueillir jusqu'à 2 982 spectateurs.

VILLE SOUTERRAINE

Entrée de la ville souterraine
Accès au métro
PEEL Station de métro

L'intérieur, autour du grand foyer central appelé *Piano Nobile*, est décoré d'œuvres d'artistes canadiens renommés : tapisseries flamboyantes de Robert LaPalme et Micheline Beauchemin, imposante sculpture d'Anne Kahane et, dominant le grand escalier du foyer, les *Anges radieux* de Louis Archambault, en feuilles de laiton. On note également, dans le foyer inférieur, une composition murale d'aluminium réalisée par Julien Hébert, des tympans de céramique de Jordi Bonnet, un cygne de marbre de Hans Schleech et une sculpture de l'Inuit Innukpuk. Une peinture de Jean-Paul Riopelle, *La Bolduc*, et une toile de Fernand Toupin apportent au décor une touche finale.

Complexe théâtral – Ce grand bâtiment contient trois salles polyvalentes. Les deux premières : le théâtre Jean-Duceppe et le théâtre Maisonneuve, sont superposées l'une

Complexe de la Place des Arts

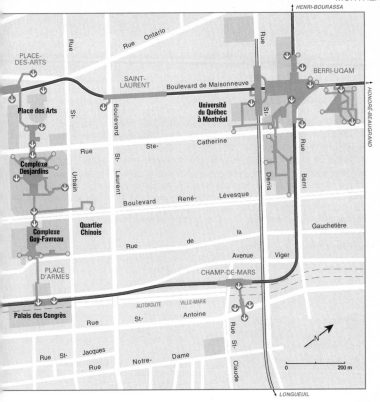

au-dessus de l'autre. Un ingénieux système de ressorts, formant un plancher flottant pour le Maisonneuve à l'étage supérieur et un plafond suspendu pour le Jean-Duceppe à l'étage inférieur, les sépare. Une insonorisation parfaite en permet l'utilisation simultanée. Au niveau du métro, le petit Studio-Théâtre vient compléter l'ensemble.

★★ **Musée d'Art contemporain de Montréal** – *185, rue Sainte-Catherine Ouest. Ouv. toute l'année mar.-dim. 11 h-18 h (mer. 21 h). 6 $. ✗ ⑆ ▯ (6 $) www.macm.org* ☎ *514-847-6226.* Érigé sur le côté Ouest de la Place des Arts, cet imposant édifice (1992) abrite la seule institution du Canada à être exclusivement vouée à l'art contemporain. Parallèlement à ses expositions temporaires, le musée présente, sur plusieurs salles claires et spacieuses du premier étage, une sélection d'œuvres extraites de la collection permanente (soit près de 5 000 pièces, dont plus de 60 % d'origine québécoise) : peintures, sculptures, dessins, estampes, photographies et installations conceptuelles. Les grandes tendances de l'art contemporain québécois, de 1939 à aujourd'hui, y sont représentées à travers les créations de peintres de renom tels Paul-Émile Borduas, Jean-Paul Riopelle, Guido Molinari, Claude Tousignant ou encore Alfred Pellan, et de sculpteurs comme Ulysses Comtois et Armand Vaillancourt. Des œuvres étrangères contemporaines viennent, à un moindre degré, illustrer l'expression artistique internationale.

Du premier étage, on accède au charmant **Jardin de sculptures** *(fermé en hiver)*, d'où l'on aperçoit le complexe de la Place des Arts. Dans ce décor paisible de plantes saisonnières et de bancs en fer forgé au cachet ancien, les visiteurs pourront admirer des expositions temporaires d'œuvres monumentales issues de la collection permanente.

Entre les aires communes intérieures du complexe de la Place des Arts et le hall du musée d'Art contemporain, la **Cinquième salle**, construite en 1992, offre au public un théâtre polyvalent capable de changer de configuration selon la nature du spectacle donné.

Emprunter le passage souterrain qui conduit au complexe Desjardins.

★ **Complexe Desjardins** – *Côté Sud de la rue Sainte-Catherine, entre les rues Jeanne-Mance & Saint-Urbain.* Inauguré en 1976, cet austère ensemble architectural se compose de quatre tours encadrant un immense atrium intérieur de forme polygonale. Protégé des rigoureux hivers montréalais, ce vaste espace central se prête à toutes sortes d'expositions et manifestations culturelles. Il est entouré de trois niveaux de galeries le long desquelles s'alignent de nombreuses boutiques et restaurants.

Emprunter le passage souterrain du boul. René-Lévesque menant au complexe Guy-Favreau.

Complexe Guy-Favreau – *200, boul. René-Lévesque.* Ainsi nommé en mémoire de **Guy Favreau** (1917-1967), avocat, politicien, procureur général et ministre de la Justice sous l'administration de John Diefenbaker (1957-1963), cet ensemble fut achevé en 1984. Il se compose de six structures communicantes comprenant des bureaux de l'administration fédérale et des appartements ainsi qu'un centre commercial. Le revêtement extérieur du complexe, en brique rouge, fait ressortir la beauté de l'atrium intérieur dans lequel pierre et acier inoxydable créent un harmonieux contraste. Des expositions sont régulièrement organisées dans le complexe. À l'extérieur, un **jardin** parsemé de fontaines et de sculptures offre au passant un endroit où se reposer loin de l'animation des trottoirs.

Sortir rue de la Gauchetière, et se diriger vers le quartier chinois.

On remarque, sur la droite, une énorme structure de verre et de béton formant comme un pont au-dessus de la voie rapide Ville-Marie. Il s'agit du **Palais des congrès de Montréal**. Construit en 1983, le bâtiment accueille chaque année toutes sortes de conférences et salons, et peut contenir jusqu'à 10 000 personnes. Le Palais des congrès est directement relié à la station de métro Place-d'Armes et à la ville souterraine.

★**Quartier chinois** – *Le long de la rue de La Gauchetière, entre la rue Jeanne-Mance & le boul. Saint-Laurent, et au carrefour des rues avoisinantes.* Les premiers ressortissants chinois à s'établir à Montréal arrivèrent dans les années 1860. Fuyant l'impitoyable dureté du travail dans les mines d'or ou les chantiers de construction des chemins de fer de l'Ouest américain, ils s'établirent dans ce quartier et lui donnèrent son cachet ethnique bien particulier. Aujourd'hui, beaucoup d'habitants du secteur ont quitté leur ancien voisinage pour aller s'installer ailleurs en ville. Pourtant, avec ses restaurants odorants et ses étalages garnis de produits exotiques, ce quartier fort animé demeure encore, pour la communauté orientale de Montréal, un véritable point de rencontre et, pour le visiteur, un pittoresque but de promenade.

Parmi les curiosités à remarquer, on notera deux arches élevées en 1963 au-dessus de la rue de la Gauchetière ; cette dernière est ornée d'une série de médaillons de bronze symbolisant les vertus chinoises. Dans la rue Saint-Urbain, des compositions murales illustrent de fameuses légendes, comme celle du Roi-Singe. À l'angle de la rue Clark, un petit parc dédié à **Sun Yat-Sen** (1866-1925), philosophe et révolutionnaire considéré comme le fondateur de la Chine moderne, vient apporter à l'endroit une note de verdure. Construite en 1826, la **maison Wing** *(1009, rue Côté)* – l'une des plus anciennes du quartier – abrite aujourd'hui une fabrique spécialisée dans les « petits fours horoscope » ; ces biscuits renfermant une devise sont, bien sûr, destinés aux restaurants chinois de la ville.

Un goût d'exotisme

Le quartier chinois de Montréal n'est certes pas très grand, mais il recèle une foule de restaurants et d'épiceries. Pour vous mettre en appétit, visitez **Kim Phat** *(1059, boul. Saint-Laurent)* où l'on vend une fascinante variété de produits : pousses de bambou, fruits de jacquier au sirop, algues séchées, confiseries orientales et épices de toutes sortes. Traversez la rue pour déguster la célèbre soupe tonkinoise du **Cristal de Saïgon** *(1068, boul. Saint-Laurent ; ☎ 514-875-4275)*, un savoureux mélange de bouillon, de nouilles et de viande servi dans un cadre on ne peut plus modeste. **Le Pavillon Nanpic** *(75A, rue de la Gauchetière Ouest ; ☎ 514-395-8106)* propose des mets cantonais et sichuannais dans un décor à la fois sobre et attrayant. Essayez entre autres l'excellent poulet Général Tao.

★★④ RUE SHERBROOKE OUEST

Parcours : 2,3 km. ♦ Peel.

Commencer la promenade à l'angle des rues Sherbrooke Ouest & Peel. Les adresses mentionnées aux pages suivantes se trouvent, sauf indication contraire, rue Sherbrooke Ouest.

L'une des artères les plus prestigieuses et les plus animées du centre-ville, la rue Sherbrooke constitue un secteur commercial très dynamique. Aux architectures victoriennes, néogothiques et néoromanes se mêlent de ternes immeubles de bureaux des années 1950 qui en font le quartier le plus éclectique de la ville.

La rue Sherbrooke marque la frontière Sud de l'historique **Mille Carré Doré**, délimité par ailleurs par l'avenue des Pins, la rue University et l'angle de la rue Guy et du chemin de la Côte-des-Neiges. À l'origine, ce secteur faisait partie du domaine des

Rue Sherbrooke Ouest

© J.F. Bergeron/ENVIRO FOTO

sulpiciens. Après la Conquête, il passa aux mains des familles anglaises et écossaises de négociants en fourrures. De riches propriétaires terriens, tel James McGill, y firent bâtir leurs maisons de campagne, non loin des vergers réputés qui, en ce temps-là, s'étendaient sur le mont Royal. En 1885, une bourgeoisie que l'achèvement de la construction du Canadien Pacifique avait enrichie suivit leur exemple. Vers la fin du 19ᵉ s., les résidents du Mille Carré Doré possédaient 70 % des richesses du Canada. À l'Ouest du Mille Carré Doré s'étend **Westmount**, charmante enclave résidentielle

Rue Peel – Cette élégante artère porte le nom de Sir Robert Peel (1788-1850), Premier ministre britannique et fondateur du parti conservateur qui, par des mesures économiques et financières, favorisa le passage de l'Angleterre à l'ère industrielle. C'est de lui que les fameux *bobbies*, agents de la police londonienne dont il fut le créateur, tiennent leur surnom. Au Nord, la rue est bordée d'anciennes demeures appartenant pour la plupart à l'université McGill. Vers le Sud, on passe par la **Guilde canadienne des Métiers d'art Québec** (**A**) *(n° 2025 ; ouv. juin-sept. lun. & sam. 10 h-17 h, mar.-ven. 9 h 30-18 h ; reste de l'année mar.-ven. 9 h 30-18 h, sam. 10 h-17 h ; ☎ 514-849-6091)* où l'on verra une superbe collection de **sculptures inuit** et d'art amérindien.

Retourner rue Sherbrooke et continuer vers l'Ouest.

La **rue Stanley** porte le nom de l'ancien gouverneur général du Canada à qui l'on doit la fameuse **Coupe Stanley**, trophée du championnat de hockey professionnel.

■ Le hockey sur glace

Activité hivernale depuis plus de 100 ans, le hockey est bel et bien le sport national canadien. D'ailleurs l'engouement ne se limite pas aux matchs des grandes équipes retransmis à la télévision : plus de 580 000 jeunes Canadiens répartis dans 25 000 équipes participent à des tournois amicaux. Toutes les communes possèdent une patinoire.

Dérivé du français « hoquet » à cause de la forme du bâton, le hockey puise ses origines dans plusieurs jeux de bâton et de balle importés au Canada par les soldats anglais dans les années 1850. En 1875, l'étudiant montréalais J.G. Creighton institua des règles et remplaça la balle par un disque plat (le puck) pour un meilleur contrôle sur la glace.

Ce jeu rapide et parfois brutal suscita l'intérêt des spectateurs. Il se répandit rapidement tandis que les rivalités parmi les équipes universitaires amateur s'intensifiaient. Bientôt des équipes professionnelles se constituèrent. Fondée en 1917, la Ligue nationale de Hockey, rejointe au fil des ans par des équipes américaines, compte désormais 30 équipes, dont seulement 6 au Canada. Le trophée remis par le gouverneur général Lord Stanley en 1893 est toujours attribué à l'équipe victorieuse de la ligue lors des championnats de la coupe Stanley qui se déroulent chaque année au mois de juin. La coupe d'origine en argent est exposée au Hockey Hall of Fame de Toronto *(voir le guide Canada).*

★**Maison Alcan** – *N° 1188 ; entrée principale au 2200, rue Stanley.* Le siège social de l'importante société Aluminium Alcan Ltée présente un étonnant mélange d'ancien et de moderne. Les architectes de la maison Alcan (1983) ont suivi avec succès les directives de préservation du patrimoine en englobant dans la façade cinq bâtiments du 19ᵉ s. qui formaient la partie Sud de la rue Sherbrooke, entre les rues Stanley et Drummond.

À l'extrême gauche, la **maison Atholstan** *(n° 1172)* fut construite pour Lord Atholstan (1848-1938), philanthrope réputé et fondateur d'un journal aujourd'hui disparu. Cet édifice en pierre de taille, réalisé en 1895 dans le style Beaux-Arts, est caractéristique des constructions élevées par l'élite financière de l'époque. Son intérieur est aujourd'hui occupé par les bureaux du président d'Alcan.

Un superbe **atrium** couvert d'une verrière relie les cinq bâtiments à l'édifice Davis, construction moderne au revêtement d'aluminium, dissimulée à l'arrière. Le vaste espace est mis en valeur par plusieurs œuvres d'art. On remarquera particulièrement une statue d'Esther Wertheimer intitulée *Paolo et Francesca* (1985) ainsi que des panneaux textiles colorés et de belles sculptures inuit en stéatite.

Descendre l'agréable ruelle entre les rues Stanley et Drummond, derrière l'édifice, d'où l'on aperçoit la **Citadelle de l'Armée du Salut** *(2050, rue Stanley)*, construite en 1884 selon le style des temples ioniques.

Retourner rue Sherbrooke Ouest.

★**Ritz-Carlton** – *N° 1228.* Dernier survivant des grands hôtels de Montréal, le Ritz-Carlton appelle à la nostalgie des Années folles. Ce luxueux édifice (1912) présente une élégante façade en pierre calcaire de style néo-Renaissance, ornée de détails en terre cuite. Sa marquise en fer forgé est éclairée par de superbes lampadaires. Le bâtiment, agrandi en 1956 dans son style d'origine, comporte dans sa partie Ouest des panneaux décoratifs au-dessus des fenêtres. Le hall d'entrée et les salles de réception s'enorgueillissent d'un fastueux décor tout de marbre, de bronze, de cuir et de boiseries. L'établissement a vu défiler un grand nombre de souverains et chefs d'État, dont Charles de Gaulle. Lieu de passage toujours très apprécié des célébrités, il servit de cadre au mariage d'Elizabeth Taylor et de Richard Burton en 1964.

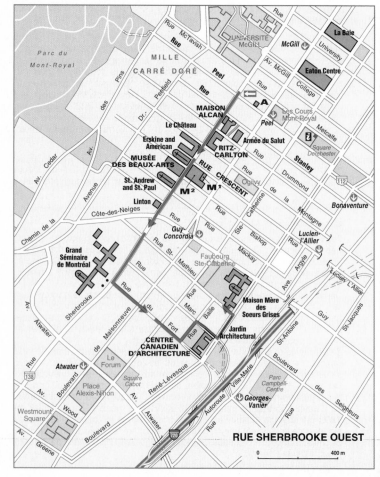

RUE SHERBROOKE OUEST

Traverser la rue de la Montagne.

De l'autre côté de la rue, au n° 1321, l'immeuble d'appartements **Le Château** (1925), surmonté d'un toit en pente, est orné de créneaux et tourelles de pierre. L'édifice fut construit en calcaire fossilisé de Tyndall, le même que celui qui orne l'intérieur du Parlement d'Ottawa.

Erskine and American United Church (Église Unie Erskine et American) – *N° 1339. Entrée au 3407, av. du Musée. Ouv. toute l'année mar. & jeu.-ven. 10 h-16 h, dim. 11 h-13 h.* ♿ ☎ *514-849-3286.* Bel exemple, tout comme la gare Windsor, du style néoroman « richardsonien », l'édifice se distingue par ses arcs massifs traités dans une pierre rustique, ses étroites fenêtres et ses contreforts en pinacle ornant sa tour. Construit en 1894, le bâtiment est affecté à deux groupes religieux : l'église Erskine et l'église presbytérienne américaine, réunies depuis 1934. Considérablement remanié et agrandi en 1938, l'intérieur offre des caractéristiques dignes d'intérêt : un dôme peint et ornementé reposant sur une corniche finement ciselée, et de très beaux **vitraux** Tiffany (24 au total, si l'on compte ceux de la chapelle attenante) illustrant divers thèmes bibliques. D'autres vitraux représentent des motifs végétaux et floraux ainsi que les vertus de la foi protestante.

★**Rue Crescent** – Deux rangées de charmants édifices victoriens longent les deux blocs de cette artère, située entre la rue Sherbrooke et la rue Sainte-Catherine. On y trouve un grand nombre de boutiques de mode, de galeries d'art, de magasins de tissus précieux et de restaurants qui, en été, ouvrent balconnets et terrasses, ajoutant ainsi à l'animation du quartier.

★**Musée des Arts décoratifs de Montréal (M¹)** – *2200, rue Crescent. Ouv. toute l'année mar.-dim. 11 h-18 h. 4 $.* ✃ ♿ *www.mbam.qc.ca* ☎ *514-284-1252.* Autrefois situées au château Dufresne, les collections de design international de ce musée occupent, depuis 1997, un espace d'expositions permanentes et temporaires de 750 m² adjacent à la nouvelle aile du musée des Beaux-Arts de Montréal à laquelle on peut accéder par un passage vitré. Aménagées par le célèbre architecte Frank Gehry (responsable du musée Guggenheim de Bilbao, en Espagne), les galeries du musée des Arts décoratifs accueillent meubles, céramiques, créations en métal ou en verre, bijoux, textiles et œuvres graphiques tirés d'une collection permanente de plus de 4 000 objets. L'ensemble, qui couvre le 20ᵉ s. (avec une emphase particulière sur la période de 1965 à nos jours), illustre les grands courants de l'histoire des arts décoratifs, de l'Art nouveau au post-modernisme.

★★**Musée des Beaux-Arts de Montréal** – *N° 1380. Ouv. toute l'année mar.-dim. 11 h-18 h (mer. 21 h). Fermé 1ᵉʳ janv. & 25 déc. 10 $ (gratuit pour les expositions permanentes).* ✃ ♿ *www.mbam.qc.ca* ☎ *514-285-1600.* Située au centre du Mille Carré Doré, cette vénérable institution muséologique – l'une des plus prestigieuses du Canada – est née il y a quelque 137 ans. Ses collections permanentes comprennent environ 30 000 pièces allant des œuvres des

---

● **Les Jardins du Ritz**

1228, rue Sherbrooke Ouest. ☎ *514-842-4212.* Située à l'arrière du luxueux hôtel Ritz-Carlton, cette superbe terrasse, ouverte du petit-déjeuner au dîner, semble bien loin de l'animation du centre-ville, avec son paisible étang et ses petits canards. Quel plaisir d'y prendre le thé à l'anglaise, servi selon les règles de l'art avec *scones*, menus sandwiches et petits fours, sans oublier la très riche crème Devonshire et les délicieux petits pots de confiture.

● **Rue Crescent Revelry**

Quel est le point commun entre les brochettes et les danseurs tournant ? Pour le savoir, rendez-vous au **Milsa** (*2045 rue Crescent*, ☎ *514 985 0777*) pour un barbecue brésilien traditionnel. Les serveurs viennent à votre table et vous découpe des tranches de toutes sortes de viande allant du bœuf à l'agneau en passant par la dinde, le tout à volonté. Si vous préférez faire un repas plus léger, vous trouverez de l'autre côté de la rue le **Restaurant Chang Thai** (*2100 rue Crescent*, ☎ *514 286 9994*). On y sert dans un décor accueillant et à des prix raisonnables une grande variété de spécialités thaï.

Formule 1 Emporium

2070B rue Crescent, ☎ *514 284 3799.* L'atmosphère de cette petite boutique fera le bonheur des fans de courses automobiles, notamment de Formule 1. Ils y trouveront, outre des souvenirs et vêtements de coureurs, une sélection de modèles réduits, des répliques de voitures de courses ou de berlines célèbres. Les produits dérivés de la marque Ferrari sont particulièrement bien représentés.

maîtres anciens à celles d'artistes contemporains. Le musée est particulièrement réputé pour ses remarquables collections d'art canadien et inuit, ses objets d'art décoratif (depuis les bronzes archaïques de la Chine ancienne jusqu'à la verrerie du 20e s.) et sa fabuleuse collection – la plus importante du monde – de plus de 3 000 boîtes à encens japonaises.

Les bâtiments – L'Association d'Art de Montréal (AAM) naquit en 1860 du désir de plusieurs citoyens montréalais de doter leur ville de musées dignes d'elle. Un demi-siècle plus tard, l'AAM quittait son local du square Phillips pour aller s'installer rue Sherbrooke Ouest, dans l'actuel pavillon Nord (dit pavillon Benaiah Gibb), emportant avec elle une collection de 467 œuvres d'art. Avec son grand escalier et son portique en marbre blanc du Vermont, formé d'une majestueuse colonnade et de hautes portes massives, ce bâtiment, élevé en 1912, est un bel exemple du style Beaux-Arts qui, à l'époque, s'imposait dans la construction des musées. Un étage est consacré à l'art canadien, l'autre aux arts décoratifs et à l'Antiquité.

Deux fois agrandi (en 1939 et en 1977), le musée compte aujourd'hui un second pavillon (dit pavillon Jean-Noël-Desmarais), sur le côté Sud de la rue Sherbrooke, qui lui a permis de doubler sa surface d'exposition. Un réseau de salles souterraines permet de se rendre d'un pavillon à l'autre. Ajoutée en 1991, la nouvelle annexe (**M²**) est l'œuvre de l'architecte **Moshe Safdie**, célèbre pour ses remarquables réalisations telles qu'Habitat, le musée des Beaux-Arts du Canada *(voir le guide Canada)*, à Ottawa, et le musée de la Civilisation, à Québec. Doté d'une entrée monumentale, le bâtiment englobe la façade en brique de style néo-Renaissance du New Sherbrooke, immeuble d'appartements (1905) qui occupait le site avant sa construction. De grandes baies vitrées et des lucarnes offrent une vue imprenable sur la ville. Face à la rue Bishop, un ensemble de cinq grandes salles voûtées s'ouvre sur une agréable cour intérieure vitrée.

Les descriptions suivantes sont données sous toutes réserves, des exigences d'ordres divers occasionnant parfois la fermeture de certaines salles ou le redéploiement de certaines œuvres ou collections. Pour plus de détails, s'informer à l'accueil.

Pavillon Benaiah-Gibb – *Côté Nord de la rue Sherbrooke.* Ce magnifique édifice est essentiellement consacré à l'art canadien et aux arts décoratifs. Au second niveau, meubles, sculpture, peinture et arts décoratifs illustrent plus particulièrement l'**art canadien** du 18e s. aux années 1945, avec une sélection régulièrement renouvelée d'œuvres extraites de la collection permanente. On y verra, selon le moment, des sculptures de Louis Archambault et de Robert Roussil, des tableaux d'Antoine Plamondon et de Cornélius Krieghoff, ou encore des œuvres de Paul Kane (1810-1871) et de Suzor-Côté (1869-1937), des toiles du Groupe des Sept et plusieurs œuvres d'artistes montréalais comme James Wilson Morrice (1865-1924), Ozias Leduc (1864-1955) et Alfred Laliberté (1878-1953). Une salle présente par ailleurs de merveilleuses pièces d'**orfèvrerie religieuse** québécoise du 18e au 20e s., dont certaines sont attribuées à François Ranvoyzé (1739-1819).

Noter, au premier niveau, une sélection représentative de l'art amérindien, méso-amérindien.

Cornelieus Krieghoff : *Paysage d'automne*

Musée des Beaux-Arts, Montréal

Galeries des Cultures anciennes – *Deuxième sous-sol, sous la rue Sherbrooke.* Le réseau de salles souterraines reliant le pavillon Benaiah-Gibb au pavillon Jean-Noël-Desmarais est consacré à l'art ancien de l'Extrême-Orient (porcelaines japonaises, objets funéraires de la Chine antique), des pays islamiques (œuvres de la Perse sassanide, objets hispano-mauresques), de l'Afrique et de l'Océanie (très beaux masques sculptés et autres objets rituels).

Pavillon Jean-Noël-Desmarais – *Côté Sud de la rue Sherbrooke.* L'**art occidental** du Moyen Âge au 19e s. constitue le thème exclusif du quatrième niveau. Sculptures de bois poly-chrome, triptyques, fresques et vitraux illustrent brillamment la richesse artistique de l'époque médiévale. Les superbes *Judith* et *Didon* d'Andrea Mantegna, et plusieurs œuvres de ses contemporains viennent rappeler la splendeur de la Renaissance. Les Flamands sont à l'honneur, avec le *Retour de l'auberge,* de Pierre Brueghel le Jeune, et le *Portrait d'homme,* de Hans Memling. Des œuvres signées Rembrandt *(Portrait d'une jeune femme vers 1665),* Ruysdael, Canaletto et Gainsborough *(Portrait de Madame George Drummond)* évoquent les 17e et 18e s. La section consacrée au 19e s. recèle des peintures de l'École de Barbizon, ainsi que des œuvres impressionnistes et post-impressionnistes. Deux salles sont également réservées à l'impressionnante collection du **cabinet des dessins et estampes** (Dürer en particulier) dont la fragilité des œuvres ne permet malheureusement pas une exposition régulière.

Répartie sur plusieurs salles du troisième niveau et du deuxième sous-sol, la riche collection d'**art du 20e s.** et d'**art contemporain** international et canadien (depuis 1960) présente des œuvres de Picasso, Sam Francis, Christian Boltansky, Gerhard Richter, Rebecca Horn et bien d'autres créateurs de notre siècle. On y trouve par exemple des œuvres d'artistes canadiens célèbres comme Jean-Paul Riopelle, Paul-Émile Borduas, Betty Goodwin et Geneviève Cadieux.

Church of Saint Andrew and Saint Paul (Église Saint-André et Saint-Paul) – *N° 1431 (entrée visiteurs au 3415, rue Redpath). Visite guidée seulement, juil.-août jeu. 10 h-16 h (récital d'orgue à midi). Reste de l'année pour l'office & sur rendez-vous.* ♿ ☎ *514-842-3431.* Ce temple presbytérien de style néogothique (1932), flanqué d'une tour commémorative de 135 pieds de haut, est l'église du régiment canadien des Black Watch (régiment du Royal Highland). Construit en acier et béton armé, le bâtiment est revêtu de pierre calcaire de l'Indiana. Un immense vitrail, à la mémoire des victimes de la Première Guerre mondiale, domine le maître-autel. Les deux premiers vitraux à gauche de la nef furent conçus par **Edwin Burne-Jones,** du cabinet William Morris.

Au coin de la rue Simpson se dressent le **Linton** *(n° 1509),* l'un des plus grands immeubles d'appartements à l'époque de sa construction (1907). Son extérieur de brique, d'un style Beaux-Arts très chargé, est doté d'ornements en terre cuite.

De l'autre côté de la rue, une rangée d'anciennes résidences de pierre grise *(nos 1400-1460)* abrite de prestigieuses galeries d'art.

Grand Séminaire de Montréal – *N° 2065, à l'angle de la rue du Fort.* Deux **tours** coif-fées d'un toit en poivrière marquent l'emplacement d'un petit fort que les sulpiciens avaient établi en 1676 pour défendre leur mission. En 1685, le fort fut reconstruit en pierre et doté de quatre tours et d'une muraille d'enceinte afin de protéger la cha-pelle, la résidence des prêtres et une grange. Les tours Nord furent démolies en 1854 pour faire place au Grand Séminaire (1857). Les deux tours restantes – entre les-quelles des panneaux d'interprétation retracent l'histoire du fort et de la congrégation des sulpiciens – ont été restaurées. Elles figurent, avec le séminaire sulpicien de la rue Notre-Dame, parmi les bâtiments les plus anciens de l'île de Montréal.

À l'intérieur de l'édifice principal, la remarquable **chapelle**★ du Grand Séminaire *(ouv. tous les jours de l'année 9 h-16 h ;* ♿ 🅿 ☎ *514-935-1169),* dessinée en 1904 par Joseph-Omer Marchand, fut achevée en 1907. Son intérieur monumental pré-sente une grande nef à voûte de cèdre, qui prend modèle sur l'architecture paléochrétienne. On notera les mosaïques qui ornent le sol, les stalles de chêne joli-ment sculptées, en vis-à-vis, à la manière des chapelles collégiales, et dans le portique, la gigantesque *Descente de la croix* de Napoléon Bourrassa. Depuis 1991, la chapelle possède en outre un superbe orgue Guilbault-Thérien, fait dans la tra-dition classique française du 18e s.

Suivre la rue du Fort jusqu'à la rue Baile.

★**Centre canadien d'Architecture** – *1920, rue Baile. Ouv. juin-sept. mar.-dim. 11 h-18 h (jeu. 21 h). Reste de l'année mer.-ven. 11 h-18 h (jeu. 20 h) & sam.-dim. 11 h-17 h. 5 $.* ♿ 🅿 *www.cca.qc.ca* ☎ *514-939-7026.* Ouverte en 1989 dans le but d'encourager l'étude et l'appréciation de l'environnement bâti, cette institution unique possède des installations très appréciées pour la recherche, et constitue un exemple des plus originaux de l'architecture post-moderne à Montréal.

Le projet – Le Centre canadien d'Architecture (CCA) est né de la volonté de l'archi-tecte **Phyllis Lambert,** célèbre défenseur de l'environnement et héritière de la fortune de la maison Seagrams. Au début, elle l'avait conçu pour recevoir sa vaste collec-tion de documents architecturaux. Sur le site qu'elle avait choisi se dressait un manoir (alors délabré) de style Second Empire, dans un quartier du 19e s. en plein déclin. Phyllis Lambert collabora avec un architecte de renom, Peter Rose, afin de restaurer la maison Shaughnessy et de l'incorporer au nouveau bâtiment. La réalisation du projet a sensiblement contribué à la réhabilitation du quartier.

Reconnu comme un centre de références et de recherches unique au monde, le CCA contient plus de 180 000 livres, 65 000 estampes et dessins, 30 000 plans et plus de 50 000 photographies. Le musée organise aussi des expositions temporaires sur le thème de l'architecture, et abrite un laboratoire de conservation ainsi qu'une librairie.

Visite – La **maison Shaughnessy** (1874) forme le cœur de l'ensemble. Elle est entourée sur trois côtés par le musée, dont les lignes simples et la façade symétrique s'harmonisent avec l'ancien manoir. La seule décoration de l'édifice moderne est une curieuse corniche d'aluminium qui la recouvre pour faire écho à la crête de fer forgé de la maison Shaughnessy. Le calcaire de Trenton, le granit noir, les boiseries et le parterre en bois d'érable, et les garnitures en aluminium ornent l'intérieur du bâtiment principal. Dans la maison Shaughnessy, les salles de réception, le ravissant **conservatoire** et le **salon de thé**, restaurés dans leur splendeur du 19e s. et meublés d'œuvres contemporaines, sont ouverts au public.

Jardin architectural – Situé de l'autre côté du boulevard René-Lévesque, ce parc urbain original, dessiné par l'architecte Melvin Charney, fut conçu comme un tribut aux bâtiments avoisinants et à l'héritage architectural du monde occidental. Parmi les objets exposés sur cette bruyante esplanade qui domine un enchevêtrement d'autoroutes, se dressent dix sculptures ou « colonnes allégoriques » évoquant divers éléments architecturaux.

Maison mère des Sœurs Grises – *Côté Nord du boul. René-Lévesque, entre la rue Guy & la rue Saint-Mathieu. Entrée visiteurs au 1185, rue Saint-Mathieu.* 🅿. Cet élégant édifice (1869-1903) de style néoclassique accueillit les Sœurs Grises après leur déménagement du Vieux-Montréal en 1871. Son plan est typique de l'architecture conventuelle du 19e s. Pour bien marquer la place de la chapelle au centre du monument, l'architecte Victor Bourgeau adopta le style roman des abbayes médiévales françaises. La flèche élancée, l'une des plus hautes de la ville, fut ajoutée en 1890.

En 1737, Marie-Marguerite Dufrost de Lajemmerais (1701-1771), veuve de François d'Youville, fondait un ordre séculier consacré aux vieillards, aux indigents et aux malades de Montréal. Cet ordre devait par la suite donner naissance à la congrégation des Sœurs de la Charité, dont les membres sont plus connues sous le nom de Sœurs Grises. La vie de dévouement de **Marguerite d'Youville** fut reconnue en 1959, lors de sa béatification suivie, en décembre 1990, de sa canonisation par le pape Jean-Paul II. *L'intérieur du couvent est fermé au public, mais certaines pièces peuvent être vues pendant la visite guidée du musée.*

Le **musée Marguerite-d'Youville** *(visite guidée seulement, toute l'année mer.-dim. 13 h 30-16 h ; fermé semaine de Pâques, 24 juin, 1er juil. & fin déc.-début janv. ; ♿ 🅿 ☎ 514-937-9501)* présente une exposition sur la vie de la sainte, et sur l'origine et l'œuvre de sa congrégation. Les visiteurs pourront également voir la chapelle et la crypte où reposent deux cents des premières Sœurs Grises.

★★5 MONT ROYAL ET ENVIRONS

Le mont Royal domine la zone urbaine du haut de ses 233 m. Outre deux cimetières, plusieurs réservoirs d'eau et la tour de transmission de Radio Canada (1963), il contient, dans sa partie la plus élevée, un magnifique parc dont les espaces paysagés attirent un grand nombre de visiteurs et de résidents.

Sur son flanc Ouest, au-dessus de Montréal et du Saint-Laurent, s'étend la municipalité de **Westmount**. Fondée en 1874, cette charmante enclave résidentielle fut longtemps le fief de la bourgeoisie anglophone de Montréal. Elle possède des rues en pente raide, bordées d'imposantes demeures, certaines d'allure ultra-moderne, d'autres plus anciennes, en pierre ou en brique. Du **belvédère de Westmount** *(entre les nos 18 & 36, Summit Circle)*, la **vue**★ plonge sur les toits de belles résidences et, plus bas, sur les trois tours de verre et métal de **Westmount Square**★ *(à l'angle de la rue Sainte-Catherine & de l'av. Green)*. Dessinées par Mies van der Rohe en 1966, ces dernières abritent un élégant complexe d'appartements, de bureaux et de boutiques. La silhouette du pont Victoria se profile dans le lointain.

Lieu privilégié d'une certaine élite francophone, la municipalité d'**Outremont** – sur le flanc Est du mont Royal – fait pendant à celle de Westmount. Constituée en 1875, elle recèle de somptueuses demeures et de beaux espaces verts.

★★**Parc du Mont-Royal** – **À pied** : *à environ 30 mn du centre-ville. Prendre la rue Peel jusqu'à l'av. des Pins, puis suivre un chemin coupé de petits escaliers ; le dernier escalier, très raide, comporte 204 marches.* **En voiture** : *accès par la voie Camillien-Houde ou le chemin Remembrance.* **En métro** : *Ⓜ Mont-Royal. Ouv. tous les jours de l'année 6 h-minuit. ✗ ♿ 🅿 ☎ 514-843-8240.* Très bel exemple du style paysager en vogue au 19e s., le parc du Mont-Royal fut créé selon les plans du célèbre architecte-paysagiste américain **Frederick Law Olmsted** (1822-1903), à qui

© Malak, Ottawa

Parc du Mont-Royal

l'on doit l'aménagement de Central Park (New York). Ce magnifique espace boisé ouvrit ses portes en 1876. À l'époque, l'achat des terrains nécessaires à sa création avait coûté la coquette somme d'un million de dollars. Composée d'environ 60 000 arbres et de 650 espèces de plantes et de fleurs, cette véritable réserve naturelle abrite aujourd'hui une faune très variée (oiseaux, écureuils gris, tamias rayés et bien d'autres). On y trouve un lac, deux belvédères d'observation, un chalet d'accueil et de nombreux sentiers à travers bois.

Belvédère du chalet – *Du terrain de stationnement, prendre le chemin menant au chalet (7 mn).* D'ici, la **vue★★★** sur Montréal est splendide. On distingue en contrebas le campus de l'université McGill et son pavillon des Sciences médicales McIntyre, reconnaissable à sa forme cylindrique bien particulière. Plusieurs gratte-ciel du centre-ville se détachent clairement sur l'horizon : l'édifice IBM Marathon, la Banque du Commerce, le 1000 de la Gauchetière, la tour cruciforme de la Banque Royale et la Place de la Cathédrale, avec son double toit pentu et sa façade aux parois de verre cuivré. Au loin se déroule le ruban argenté du Saint-Laurent, tandis que les collines Montérégiennes viennent apporter à ce décor spectaculaire comme une touche de mystère.

La croix – *Accessible à pied depuis le chalet.* Illuminée la nuit, l'immense croix métallique (hauteur : 36,6 m) qui se dresse au sommet du mont Royal est visible à 100 km à la ronde. Relativement récente (1924), elle commémore pourtant un épisode des débuts de l'histoire de Montréal. En décembre 1642, Paul de Maisonneuve, fondateur de Ville-Marie, avait fait le serment de planter une croix sur la montagne si la ville était épargnée de l'inondation qui la menaçait au moment de Noël. La forteresse fut sauvée, et Maisonneuve, fidèle à sa parole, fit ériger, le 6 janvier 1643, une première croix de bois au sommet du mont.

Belvédère Camillien-Houde – *Accessible en voiture, par la voie Camillien-Houde.* Excellent point de **vue★★** sur l'Est de Montréal que domine la tour élancée du Stade olympique, cette terrasse d'observation permet par la même occasion de distinguer quelques collines Montérégiennes au Sud, et au Nord, les contreforts des Laurentides. Le belvédère fut nommé en l'honneur de Camillien Houde (1889-1958), plusieurs fois maire de Montréal entre 1928 et 1954.

Université de Montréal – *Entrée principale au croisement du boul. Édouard-Montpetit & de l'av. Louis-Colin.* ◔ *Université de Montréal.* Créée en 1878 comme annexe de l'université Laval, à Québec, l'Université de Montréal devint une institution indépendante en 1919. Elle se situait à l'origine rue Saint-Denis, où se trouve aujourd'hui l'UQAM, et n'emménagea sur son site actuel qu'en 1942. La construction du pavillon principal débuta en 1928, mais fut interrompue par la grande crise des années 1930. Les travaux ne reprirent qu'en 1941. Conçu par Ernest Cormier, le corps central est surmonté d'une haute tour et flanqué d'ailes perpendiculaires orientées vers l'avant. La sobriété de l'ornementation, le traitement géométrique des surfaces et les fenêtres fonctionnelles témoignent clairement de l'influence du mouvement Art déco. À l'intérieur du bâtiment, le hall central, la salle de réception et le grand amphithéâtre sont également décorés dans le style Art déco.

De nos jours, l'Université de Montréal accueille près de 60 000 étudiants, ce qui en fait la plus grande université francophone du monde en dehors de Paris. Elle se compose de 13 facultés et de deux écoles affiliées : l'École polytechnique *(au Nord-Est du pavillon principal)* et l'École des hautes études commerciales *(av. Decelles).*

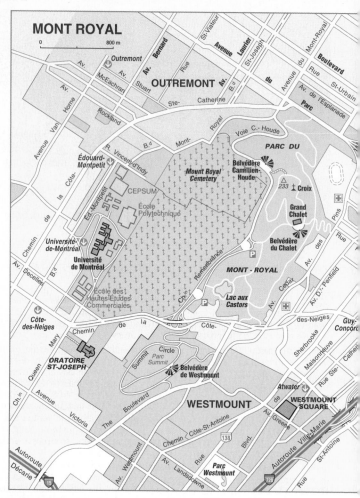

Oratoire Saint-Joseph

★★Oratoire Saint-Joseph – *Entrée par le chemin Queen Mary.* ↻ *Côte-des-Neiges. Ouv. mai-sept. tous les jours 6 h 30-21 h 30. Reste de l'année tous les jours 6 h 30-21 h.* ✕ & ▣ *www.saint-joseph.org* ☎ *514-733-8211.* Érigée sur le versant Nord-

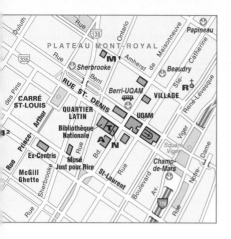

Ouest du mont Royal, cette basilique catholique reçoit, chaque année, des millions de pèlerins. Son dôme gigantesque domine toute la partie Nord de la ville.

Frère André – Alfred Bessette (1845-1937) joignit la congrégation de Sainte-Croix en 1870 et prit le nom de frère André. Tout en assumant, pendant 40 ans, ses fonctions de portier au collège Notre-Dame *(en face de l'oratoire)*, il prêchait une complète dévotion à saint Joseph. En 1904, il érigea une petite chapelle sur le chemin qui conduisait du collège au mont Royal. Beaucoup de malades qui venaient prier à ses côtés ayant été miraculeusement guéris, frère André acquit bientôt une réputation de thaumaturge et attira tant de pèlerins qu'il fallut, pour les accueillir, construire une église plus vaste.

★ **Basilique** – Cet édifice de style néo-Renaissance, coiffé d'un dôme massif octogonal au revêtement de cuivre, s'élève à 154 m au-dessus de la ville. Avec ses murs de granit et sa structure de béton armé, il atteint 104 m de long, 64 m de large et 112 m de haut. Le dôme (diamètre : 38 m), surmonté d'une croix de 8 m de hauteur, domine de 44,5 m le toit de la basilique. Ce projet d'envergure, commencé en 1924, connut des difficultés techniques et financières qui interrompirent le déroulement des travaux. En 1936, le célèbre moine bénédictin **Dom Paul Bellot** devint architecte en chef du chantier. Il opta pour l'emploi de béton comme matériau de construction du dôme, et modifia les plans intérieurs en adoptant un style moderne. L'édifice fut achevé en 1967.

L'**intérieur**, immense, frappe par son austérité. On y remarquera le maître-autel, le crucifix et les statues de bois des douze apôtres sculptés par Henri Charlier *(dans le transept)*. Les vitraux ont été dessinés par Marius Plamondon. Roger Prévost façonna les lourdes grilles de métal, et Roger de Villiers le chemin de Croix grandeur nature *(autour de la nef)*. L'autel de la chapelle du Saint-Sacrement *(derrière le chœur)* est l'œuvre de Jean-Charles Charuest, et la mosaïque illustrant la vie de saint Joseph provient de l'atelier Labouret, à Paris. *À la saison estivale, des récitals d'orgue sont donnés tous les mercredis soirs à 20 h (☎ 514-337-4622)*. L'ensemble comprend également une **chapelle votive**, qui abrite la tombe du frère André ; un **carillon** dont les 56 cloches, fondues à Paris, étaient destinées à être installées sur la tour Eiffel ; une **crypte**, où se tiennent les messes quotidiennes ; le **musée du Frère André** *(mêmes heures que pour l'oratoire)*, doté d'une collection de photographies, de crèches et de souvenirs retraçant l'histoire du fondateur de l'oratoire. La **chapelle du Frère André** (chapelle d'origine de l'oratoire) se trouve à l'extérieur de la basilique. Un **chemin de Croix★** a été construit à flanc de montagne. Il est orné de belles sculptures de pierre polie d'Indiana taillées par l'Italien Ercolo Barbieri en 1960, selon les dessins de Louis Parent.

Devant la basilique, la grande terrasse offre une superbe **vue** sur le Nord de Montréal et sur les Laurentides qui s'élèvent à l'horizon.

Le Duc de Lorraine

5002, chemin de la Côte-des-Neiges. ☎ 514-731-4128. Renommé depuis maintes années pour la qualité de ses pâtisseries, pains, fromages et charcuteries, cet établissement est aussi un bon endroit pour déguster d'excellents croissants ou un repas léger, dans un salon de thé tout vitré.

Aux Deux Gauloises

5195, chemin de la Côte-des-Neiges. ☎ 514-733-6867. C'est vrai qu'il n'y a pas que des crêpes au menu de ce sympathique restaurant, mais elles sont si bonnes et la variété si grande... Quoi que l'on choisisse, crêpe, salade ou entrecôte, on est certain de faire un bon repas et d'être servi le plus aimablement du monde.

★PLATEAU MONT-ROYAL ⏺ *Sherbrooke.*

Musée des Hospitalières de l'Hôtel-Dieu de Montréal (M²) – *201, av. des Pins Ouest, entre la rue Saint-Urbain & l'av. des Pins. Ouv. mi-juin-mi-oct. mar.-ven. 10 h-17 h, sam.-dim. 13 h-17 h. Reste de l'année mer.-dim. 13 h-17 h. Fermé Ven. Saint, Lun. de Pâques & 25 déc.-1er janv. 5$. ♿ ☎ 514-849-2919.* Logé dans une ancienne résidence d'aumôniers (1925), ce musée retrace l'histoire de la communauté des Hospitalières de Saint-Joseph. Parallèlement à ses expositions temporaires, le musée présente une sélection de 400 objets tirés de sa collection permanente. Un magnifique escalier de chêne massif (17e s., France) domine, du haut de ses huit mètres, le hall d'entrée de la nouvelle section du musée (1992). Le premier étage, consacré à l'histoire de Montréal et des hospitalières du 17e au 19e s., contient notamment un magnifique retable (1777) orné de feuilles d'or, sculpté par Philippe Liébert. Une aire d'exposition évoque la vie cloîtrée des hospitalières du 19e s. au début du 20e s. Le second étage se penche plus particulièrement sur l'histoire de l'Hôtel-Dieu de Montréal et sur la vocation médicale des sœurs soignantes. La visite se termine par une présentation vidéo *(15 mn)* sur le rayonnement de la communauté des Hospitalières dans le monde.

Boulevard Saint-Laurent – Avec ses magasins « ethniques » et ses boutiques branchées, ses vendeurs ambulants, ses restaurants et ses nombreux cafés, le boulevard Saint-Laurent est très populaire. Cette voie pittoresque demeura longtemps la plus importante artère de Montréal, d'où son surnom : « la Main » (la rue principale). C'est à partir d'elle que les rues dites Est-Ouest ont été numérotées. Son tracé initial, établi en 1672, fut rapidement prolongé jusqu'à la rivière des Prairies, près du Sault-au-Récollet. Après l'incendie de Montréal en 1852, la rue atteignit le Mile End (le dernier mille), qui marquait alors les nouvelles limites de la cité. Elle devint officiellement un boulevard en 1905.

Rue de Bullion (Plateau Mont-Royal)

© Y. Derome/PUBLIPHOTO

Depuis plus d'un siècle, le quartier accueille toutes sortes de minorités culturelles. Des immigrants chinois s'installèrent dans sa partie Sud au 19e s. Des Juifs, arrivés vers 1880, développèrent une industrie textile (aujourd'hui presque disparue) dans la section au Nord de la rue Sainte-Catherine. Toute une communauté grecque vint s'établir dans le voisinage, mais vers les années 1940, quitta les lieux pour l'avenue du Parc. La relève est désormais assurée par une immigration d'origine slave, portugaise et latino-américaine.

Rue Prince-Arthur – *En partant du boul. Saint-Laurent, se diriger vers l'Est en direction du carré Saint-Louis.* Cette petite rue piétonne, dont le nom évoque le souvenir du prince Arthur, troisième fils de la reine Victoria et gouverneur général du Canada de 1911 à 1916, fut le centre très couru de la Révolution tranquille des années 1960. Ses trottoirs, bordés de restaurants (essentiellement grecs et italiens) sont animés, à la belle saison, de musiciens, saltimbanques et portraitistes.

★**Carré Saint-Louis** – *Rue Saint-Denis, entre la rue Sherbrooke & l'av. des Pins.* Cette pittoresque place ombragée doit son nom à Emmanuel et Jean-Baptiste Saint-Louis, éminents hommes d'affaires et frères de surcroît. Vers la fin du siècle dernier, la bourgeoisie francophone, attirée par le calme de l'endroit, vint s'installer dans le quartier, d'où la présence, tout autour de la place, de belles résidences victoriennes, avec leur toiture aux lignes fantaisistes et leurs pignons. Devenu par la suite lieu de prédilection des artistes et poètes québécois (Louis Fréchette, Émile Nelligan et, plus récemment, Gaston Miron y habitèrent), le carré Saint-Louis s'afficha, dans les années 1970, comme centre du mouvement nationaliste. Il continue aujourd'hui d'attirer beaucoup d'écrivains, de musiciens, de cinéastes et de comédiens québécois d'expression francophone.

★ Rue Saint-Denis – Bordée de belles résidences aménagées en restaurants, galeries d'art et boutiques à la mode, cette rue fut baptisée en l'honneur de Denis-Benjamin Viger, riche propriétaire terrien au milieu du 19ᵉ s. Le quartier, jadis occupé par toute une bourgeoisie francophone, a conservé de cette époque de belles maisons victoriennes. Au début du 20ᵉ s., plusieurs institutions d'enseignement supérieur telles que l'École polytechnique, l'École des hautes études commerciales *(place Viger)* et l'Université de Montréal

> ### Traditionnel...
>
> Le *delicatessen* **Schwartz's** *(3895, boul. Saint-Laurent ;* ☎ *514-842-4813)* est une véritable institution montréalaise. On n'y vient ni pour le décor, ni pour le service, mais simplement pour déguster les excellents sandwiches à la viande fumée qui ont fait sa renommée et lui ont mérité de fidèles adeptes.
>
> ### ... ou branché
>
> Il y a toujours foule au **Shed Café** *(3515, boul. Saint-Laurent ;* ☎ *514-842-0220)*, où une clientèle à la page se régale de pizzas, salades, *paninis* et croques, sans oublier de copieux desserts, le tout dans un décor des plus originaux (remarquez notamment le plafond et les lustres).

s'installèrent ici, et les environs de la rue Saint-Denis acquièrent peu à peu le surnom de **Quartier latin**. Le théâtre Saint-Denis, puis l'édifice Saint-Sulpice *(n° 1700)*, abritant la **Bibliothèque nationale du Québec**, firent leur apparition vers la même époque. Pour répondre aux besoins de la population estudiantine, les anciennes demeures bourgeoises furent alors divisées en logements plus petits.

Le transfert de l'Université de Montréal sur le versant Nord du mont Royal allait avoir de graves conséquences sur l'économie du quartier, mais la Révolution tranquille, dans les années 1960, lui apporta un second souffle de vie. Bistros, restaurants intimes, petites boutiques et librairies proliférèrent, ramenant une clientèle jeune. Aujourd'hui, la rue Saint-Denis est devenue l'un des lieux favoris de nombreux Montréalais et touristes. Entre les rues Sainte-Catherine et Duluth, cette artère animée est bordée de restaurants dont les terrasses, à la belle saison, empiètent sur les trottoirs.

Université du Québec à Montréal (UQAM) – Traversée par la rue Saint-Denis, la partie principale du campus s'étend du boul. de Maisonneuve, au Nord, jusqu'au boul. René-Lévesque, au Sud.

Fondé en 1969, ce campus universitaire se compose de bâtiments modernes intégrés à des éléments plus anciens. L'un d'entre eux occupe le site de l'ancienne église Saint-Jacques, édifice de style néogothique dessiné par John Ostell en 1852, dont il ne reste que la façade du transept Sud *(rue Sainte-Catherine)* et le clocher *(rue Saint-Denis)* ; ce dernier est d'ailleurs le plus haut de Montréal (flèche : 98 m).

> ### Découvrir la rue Saint-Denis
>
> Le café-pâtisserie **La Brioche lyonnaise** *(1593, rue Saint-Denis ;* ☎ *514-842-7017)* est tout à fait charmant, avec ses murs de pierre et ses rideaux de dentelle. On y sert des repas légers, des croissants qui fondent dans la bouche et d'excellentes pâtisseries. Du petit-déjeuner au dîner, le **Café Cherrier** *(3635, rue Saint-Denis ;* ☎ *514-843-4308)* vous propose une savoureuse cuisine ; en été, sa terrasse est l'endroit idéal pour profiter des belles journées et regarder la foule passer. Fleuriste de renom, **Marcel Proulx** *(3835, rue Saint-Denis ;* ☎ *514-849-1344)* propose de séduisants arrangements de fleurs séchées, des fleurs rares et de beaux objets décoratifs présentés dans un décor de rêve. Chic et indémodable, **L'Express** *(3927, rue Saint-Denis ;* ☎ *514-845-5333)* est l'un des bistros les plus prisés de Montréal. Tout ici témoigne d'un grand savoir-faire : une délicieuse cuisine qui ne déçoit jamais, une excellente carte des vins et un service accompli. Logée dans un minuscule local aux murs tendus d'étoffe rose, la **Confiserie Louise Décarie** *(4424, rue Saint-Denis ;* ☎ *514-499-3445)* vend chocolats, *toffees* anglais, nougats italiens et bêtises de Cambrai, présentés dans des emballages si soignés qu'on hésite à les entamer.

Aujourd'hui, l'université accueille plus de 40 000 étudiants, ce qui l'a conduite à s'agrandir, et notamment à englober l'ancienne École polytechnique qui abrite désormais des bureaux administratifs. Un second campus, situé entre la Place des Arts et la rue Sherbrooke, comprend un énorme complexe des sciences.

★★★ 6 QUARTIER DU PARC OLYMPIQUE

Situé au cœur de la partie Est en pleine évolution, ce vaste secteur est dominé par l'impressionnante structure du Stade olympique.

Un peu d'histoire

En 1883, les principales figures de la bourgeoisie canadienne française créèrent la communauté de Maisonneuve à 10 km de Montréal, en vue d'en faire une cité modèle, capable de rivaliser d'importance avec sa puissante voisine, alors dominée par une riche élite anglophone. Après 1896, Maisonneuve connut un formidable essor économique en se spécialisant dans l'industrie de la chaussure et des textiles, dans la boulangerie et la confiserie, et dans la construction navale. Pour ajouter à sa prospérité, la ville lança un ambitieux programme d'urbanisme (reposant sur les canons du mouvement américain « City Beautiful ») dans le cadre duquel furent réalisés l'immense **parc Maisonneuve**, de grands boulevards et de prestigieux bâtiments, dont le fameux château Dufresne Cependant, le coût exorbitant de son développement, combiné à la récession entraînée par la Première Guerre mondiale, mena Maisonneuve à la faillite et à son annexion, en 1918, à la ville de Montréal.

Le parc Maisonneuve (204 ha) englobe aujourd'hui le **Jardin botanique**, une superbe piste cyclable, une aire de pique-nique et un endroit où se restaurer. En été, c'est un lieu de détente familial, très apprécié pour ses espaces ombragés et ses promenades. En hiver, une patinoire illuminée et cinq longues pistes de ski de randonnée donnent aux plus sportifs l'occasion de pratiquer leurs talents. En face du Jardin botanique, rue Sherbrooke, le **Parc olympique** a grandement contribué au renouveau économique de la partie Est de Montréal.

★★ PARC OLYMPIQUE

Voiture : *entrée du parc de stationnement au 3200, rue Viau.* **Métro :** ☯ *Viau. Hall touristique (point de départ des visites et du funiculaire) au pied de la tour. Un service de navette gratuit dessert le Jardin botanique et le Biodôme.*

En 1976, pour accueillir les Jeux olympiques d'été, de gigantesques installations sportives, réparties sur un terrain d'une superficie de 55 ha, furent construites au cœur de la partie Est de Montréal, dans l'ancienne ville de Maisonneuve. Le com-

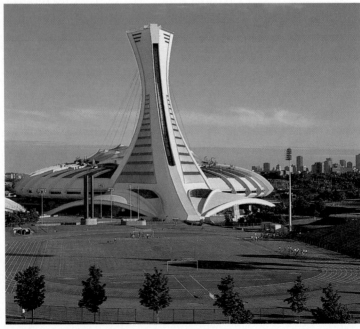

Parc olympique

plexe olympique, pour avoir été le projet public le plus controversé de la ville, n'en constitue pas moins une remarquable réalisation architecturale. Véritable monument de béton à la gloire du sport, les différents éléments dont il se compose présentent une synthèse harmonieuse de la forme et de la fonction. Le parc comprend un impressionnant complexe stade-tour, un centre sportif (6 bassins aquatiques), une esplanade bétonnée au-dessus d'énormes parkings souterrains (les plus grands du Canada), le centre Pierre-Charbonneau et l'aréna Maurice-Richard (tous deux construits en 1954). Longtemps inutilisé, l'ancien vélodrome sert aujourd'hui de cadre à un musée de l'environnement.

Un audacieux projet – Les travaux d'excavation commencèrent en 1973, mais seuls le stade, le vélodrome et le village olympique furent complétés à temps pour les jeux de 1976. D'un coût phénoménal (1,2 milliard de dollars), le chantier resta longtemps inachevé. Maintes difficultés techniques retardèrent la construction de la tour. Lorsqu'il devint évident qu'elle serait trop lourde si elle était érigée selon les plans d'origine, un moratoire de quatre années fut nécessaire à la révision du projet. En 1987, une fois la tour et le toit achevés, il fallut encore procéder à une série d'innovations et d'aménagements afin de rentabiliser le parc.

Créée en 1975, la Régie des installations olympiques (RIO) est chargée de l'achèvement, de l'administration et de la transformation du complexe en centre de tourisme et de loisirs. Hôte d'événements de toutes sortes (salons, manifestations sportives et culturelles), le parc abrite notamment les **Expos de Montréal**, équipe professionnelle de base-ball de la ville.

Stade – *Visite guidée (30 mn) seulement, tous les jours de l'année à 11 h & 14 h. Fermé début janv.-début fév. 5,25 $.* ✗ & 🅿 *(10 $) www.rio.gouv.qc.ca* ☎ *514-252-8687. La visite ne comprend pas l'ascension de la tour.* Conçue par l'architecte français Roger Taillibert, cette enceinte de béton s'articule sur 34 énormes consoles en porte-à-faux auxquelles sont accrochés les gradins et l'anneau technique, couronne de service de la superstructure. Le stade est dominé par la plus haute tour inclinée du monde. Partant de son sommet, 26 câbles de suspension retiennent le toit en kevlar, fibre synthétique ultra-fine et aussi résistante que l'acier. Au moment de sa construction, il s'agissait du plus grand toit mobile du monde. Lorsque les câbles sont tirés au moyen de 46 treuils installés à la base du mât, le toit est hissé jusque dans une niche ménagée au sommet de la tour. Il peut ensuite se redéployer comme comme un parachute au-dessus du stade.

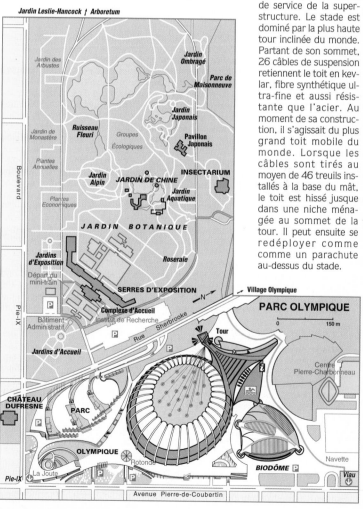

Le gigantesque intérieur, d'une superficie de 59 307 m², est assez grand pour contenir... le Colisée de Rome ! Il compte 55 147 sièges répartis sur sept niveaux, et un parterre central de 18 950 m². Les spectateurs des gradins jouissent d'une vue imprenable sur le stade. Destiné aux rencontres sportives, le stade est également utilisé pour des concerts de rock, des opéras, des foires, des congrès et des rassemblements politiques. C'est là que se réunit la foule qui assista à la messe dite par le pape Jean-Paul II au cours de son voyage à Montréal en 1984.

De la passerelle d'accès à l'esplanade au-dessus de la station de métro Pie-IX, on découvre une bonne perspective sur le stade avec, au premier plan, La Joute, sculpture-fontaine de bronze exécutée par l'artiste Jean-Paul Riopelle.

Tour – *Ouv. mi-juin-début sept. tous les jours 10 h-21 h. début sept.-mi-juin 10 h-17 h. Fermé début janv.-début fév. 10 $.* ✗ ♿ ⓟ *(10 $) www.rio.gouv.qc.ca* ☎ *514-252-8687.* Membre de la prestigieuse Fédération des grandes tours du monde, cette immense structure (hauteur : 175 m ; poids : 183 000 t) est l'un des éléments les plus distinctifs du paysage montréalais. Achevée en 1987, elle se compose d'un socle bombé (en béton) destiné à recevoir la charge de la partie supérieure (en acier), inclinée à 45° au-dessus du toit rétractable ; à titre indicatif, la tour de Pise représente un angle d'inclinaison de 5°.

Un **funiculaire** extérieur vitré permet de gravir l'édifice en deux minutes à peine, et offre une vue spectaculaire du stade et de la partie Est de Montréal. Malgré l'angle de montée, qui varie de 23° à 63,7°, un système de nivellement contrôlé par gyroscope permet à la cabine (capacité : 76 personnes) de rester horizontale. De l'observatoire, situé au sommet même de la tour, le **panorama★★★** porte, par temps clair, jusqu'à 80 km à la ronde. Trois grandes baies offrent une inoubliable vue plongeante sur le stade. Les fenêtres panoramiques qui longent les trois côtés de la salle triangulaire permettent d'admirer le centre-ville, les Laurentides et le Jardin botanique au Nord, et les collines Montérégiennes au Sud. L'étage inférieur de l'observatoire comporte un **centre d'interprétation**, dont les expositions sont axées sur l'histoire et la construction du Parc olympique, de son stade, de son vélodrome, de sa tour et de son fameux toit.

★ **Biodôme** – *Ouv. fin juin-fête du Travail tous les jours 9 h-19 h. Reste de l'année tous les jours 9 h-17 h. 9,50 $.* ✗ ♿ ⓟ *(7 $) www.ville.montreal.qc.ca/biodome* ☎ *514-868-3000. Un service de navette gratuit dessert le Parc olympique et le Jardin botanique.* Construit pour les épreuves olympiques de cyclisme, le **bâtiment★** du vélodrome épouse, comme il se doit, la forme d'un casque. Son vaste toit festonné, d'un diamètre de 160 m, repose sur quatre butées. Les six nervures du toit sont composées de 144 voussoirs scellés pesant chacun entre 50 et 100 t. Ces six arcs sont reliés par des membrures transversales qui forment le treillis sur lequel reposent les lucarnes diffusant la lumière naturelle.

Comme le public manifestait peu d'intérêt pour le cyclisme en salle, l'édifice fut converti en Musée vivant de l'Environnement et des Sciences naturelles, et ouvrit ses portes en 1992. Un sentier d'interprétation *(500 m)* mène à la découverte successive des milieux de vie de quatre écosystèmes. Équipés de régulateurs climatiques hautement sophistiqués, les habitats reproduits couvrent une superficie de plus de 6 300 m² et contiennent des milliers de plantes indigènes et d'animaux. Végétation luxuriante et faune variée caractérisent la torride **Forêt tropicale**, dont le modèle s'inspire de la jungle amazonienne. Dans la **Forêt laurentienne**, domaine de l'érable, mais aussi du bouleau, du pin et de l'épinette, s'activent le castor, la loutre et le lynx. D'austères falaises de granit s'élèvent au-dessus du **Saint-Laurent marin**, d'un réalisme surprenant ; ici, le visiteur peut contempler toutes sortes de poissons et d'invertébrés marins, sous l'œil contemplatif de canards et de pluviers. Peuplés d'oiseaux marins tels le petit pingouin ou le manchot royal, les rivages glacés du **Monde polaire** illustrent quant à eux la rigueur des zones arctique et antarctique. Le Biodôme propose par ailleurs une salle de découvertes Naturalia (explication des mécanismes d'adaptation des animaux et des plantes à leur milieu ambiant) ainsi qu'un Carrefour de l'environnement (projection de films et vidéos, colloques et conférences).

Village olympique – *Côté Nord de la rue Sherbrooke, à l'Est de la rue Viau.* Les « pyramides olympiques », comme on les appelle familièrement, sont deux édifices jumeaux de 20 étages qui furent construits lors des Jeux olympiques de 1976 pour loger quelque 11 000 athlètes. Peu adaptés aux rudes hivers montréalais, ces bâtiments dont l'architecture est inspirée du complexe de la Baie des Anges, dans le Midi de la France, forment aujourd'hui un ensemble résidentiel et commercial.

★★ JARDIN BOTANIQUE DE MONTRÉAL

4101, rue Sherbrooke Est. ⓜ *Pie-IX. Ouv. mi-juin-début sept. tous les jours 9 h-19 h. Début sept.-oct. 9 h-21 h. Reste de l'année tous les jours 9 h-17 h. 9 $.* ✗ ♿ ⓟ *(7 $) www.ville.montreal.qc.ca/jardin/* ☎ *514-872-1400. Une promenade en mini-train (30 mn) permet de se faire une idée du site. Un service de navette gratuit dessert le Biodôme, le Parc olympique et le Jardin botanique.*

Le Jardin botanique de Montréal, l'un des plus beaux du monde, fut créé en 1931 par le frère Marie-Victorin (1885-1944). Sur un terrain de 75 ha poussent plus de 21 000 espèces de plantes provenant des quatre coins de la planète, dont environ 10 000 arbres et 1 500 types d'orchidées, sans parler d'une riche collection de bonsaïs. Non loin des **jardins d'accueil**, qui étalent d'avril à octobre les superbes couleurs de leurs fleurs annuelles, se trouve le bâtiment administratif (1937). Orné de fresques et de bas-reliefs, ce bel exemple d'architecture Art déco accueille, depuis 1939, l'Institut de recherche en biologie végétale de l'université de Montréal. Non loin de là, le comptoir de renseignements du **Complexe d'accueil** (1995) donne accès à la serre d'accueil Molson. Le visiteur fera ici une première incursion au royaume des plantes avant d'entreprendre la visite du Jardin botanique, de ses dix serres d'exposition et de sa trentaine de jardins thématiques.

★**Serres d'exposition** – Une impressionnante enfilade de serres permet de découvrir en toutes saisons des espèces et variétés du monde entier. Juste après la Grande Serre, consacrée à des expositions saisonnières, le Jardin céleste présente la magnifique **collection Wu**. Cette dernière se compose d'arbres miniatures chinois ou **penjings**, offerts au Jardin botanique en 1984 par M. Wu Yee-Sun, maître de l'art du « paysage dans un pot ». La reconstitution très réussie d'une hacienda mexicaine sert ensuite de cadre à divers spécimens de cactus et plantes grasses. Plus loin, on découvre les plantes des régions arides, tandis que dans une autre serre, une centaine d'espèces de bégonias et de gesnériacées prennent la vedette. Puis la flore des régions tropicales est à l'honneur, avec la serre des forêts tropicales humides et surtout celle des **forêts tropicales économiques** (plantes alimentaires, condimentaires, textiles, etc.). Orchidées, aracées et fougères concluent la visite.

★**Jardin de Chine** – Plus vaste jardin chinois en dehors de la Chine, cet impressionnant ensemble (1991, Le Wei Zhong) est l'authentique reconstitution d'un jardin classique sous la dynastie des Ming (14e-17e s.). Remarquable interprétation artistique de la nature, dans laquelle eau et montagne forment un tout harmonieux, le « Jardin du lac de rêve » invite à la contemplation. Ses sept pavillons, coiffés de toits gris très inclinés et incurvés, ont été préfabriqués en atelier à Shanghaï, puis assemblés sur place par des ouvriers chinois. Finement travaillé, le pavillon principal – dit « pavillon de l'Amitié » – offre au visiteur la possibilité d'interroger la philosophie, l'art et les coutumes d'un autre monde à travers ses expositions thématiques. De la grande terrasse, la vue embrasse un paysage serein. De l'autre côté du lac s'élève un roc abrupt de 9 m de hauteur, doté d'un escalier de pierre, d'une grotte et d'une cascade. Un autre pavillon renferme une fabuleuse collection de penjings *(ci-dessus)*.

Jardin japonais – Dans ce merveilleux espace paysagé de 2,5 ha (1988, Ken Nakajima), l'eau, la pierre (péridotite de la région de Thetford Mines) et la végétation composent un tableau des plus sereins, agrémenté d'un étang et d'une série de cascades. Inauguré en 1989, le **Pavillon japonais** renferme un hall d'exposition offrant au public une ouverture sur l'expression artistique et culturelle japonaise. Cette structure, réalisée à l'image d'une demeure familiale traditionnelle, contient en son sein un jardin zen ou « jardin du silence », dans lequel des pierres ont été disposées avec art sur un sable méticuleusement ratissé. Le jardin japonais contient également une superbe collection de **bonsaïs** *(visibles à certaines époques seulement)*.

Le Jardin botanique offre bien d'autres points d'intérêt. Dans ses très beaux **jardins d'exposition**, aménagés selon les règles de l'art français, se succèdent toutes sortes de plantes (médicinales, vénéneuses, aromatiques, annuelles, économiques, à fruits, vivaces, caractéristiques du Québec), d'arbustes et de légumes. La fabuleuse **roseraie** compte 10 000 pieds plantés parmi les arbres et les buissons. Les plantes indigènes et ornementales telles le lotus, le nénuphar et la jacinthe d'eau, poussent dans les 110 bassins du **jardin aquatique**. Le **jardin ombragé** compte à son actif un millier d'espèces de primevères et de bégonias sous une futaie d'érables, de frênes et de tilleuls. On peut également voir le **ruisseau fleuri** de lilas, d'iris, de pivoines et d'asters dans un grand jardin à l'anglaise, ou encore le **jardin alpin**, avec sa flore agréablement disposée parmi la rocaille. Le **jardin Leslie-Hancock** est réservé aux rhododendrons et aux azalées. Enfin, l'**arboretum** occupe 40 ha (soit un peu plus de la moitié de la superficie totale du Jardin), et regroupe 10 000 spécimens de près de 3 000 espèces et variétés horticoles ; ses collections sont mises en valeur dans la maison de l'Arbre, centre d'interprétation de l'arbre inauguré en 1996.

★**Insectarium de Montréal** – Ce bâtiment épouse, comme il se doit, la forme d'un insecte géant. Il abrite, depuis 1990, une impressionnante collection d'insectes du monde entier, vivants ou naturalisés (près de 150 000 spécimens). Expositions thématiques, vitrines d'observation (dont une ruche) et consoles interactives constituent une approche dynamique à l'entomologie, et permettent de mieux comprendre le rôle des insectes dans l'équilibre de l'environnement. En été, la volière extérieure s'anime sous les délicats battements d'ailes de papillons multicolores.

★CHÂTEAU DUFRESNE

À l'angle Sud de la rue Sherbrooke & du boul. Pie-IX. Entrée boul. Pie-IX.
Ⓜ *Pie-IX. Présentement fermé au public.*

Le château Dufresne fut construit entre 1915 et 1918 pour deux figures éminentes de la bourgeoisie française canadienne de l'époque : les frères Oscar (industriel de la chaussure) et Marius (architecte et ingénieur civil) Dufresne. Inspirée du style Beaux-Arts alors en vogue en Amérique du Nord, sa façade symétrique est flanquée de huit colonnes ioniques et d'une corniche à modillons surmontée d'un toit en terrasse. Le somptueux hôtel particulier, revêtu de pierre calcaire de l'Indiana sur béton, symbolise par excellence la politique de grandeur qui devait mener la ville de Maisonneuve à sa faillite et à son annexion à Montréal.

Deux ailes identiques, à quelques différences près, abritent au total 44 pièces, dont plusieurs ont retrouvé leur splendeur d'antan. Les murs lambrissés et le raffinement du décor évoquent la richesse de la bourgeoisie montréalaise des années 1920 et 1930. Nouveauté pour l'époque, beaucoup d'ornements intérieurs (moulures, frises, cheminées, caissons), préfabriqués, furent commandés sur catalogue. La **résidence Marius Dufresne** *(partie Ouest)* est caractérisée par l'emploi du chêne et de boiseries néoclassiques. Dominée par l'acajou d'Afrique et les marbres d'Italie, la **résidence Oscar Dufresne** *(partie Est)* contient des **peintures murales**★ de Guido Nincheri (1885-1973), dont les exquises teintes pastel ornent un petit salon. Des placages d'acajou ornés de rinceaux dorés en relief aux plafonds en caissons, en passant par les revêtements muraux inspirés de la Renaissance italienne... chaque pièce révèle ici une incroyable perfection dans les détails.

AUTRES CURIOSITÉS

★**Île Sainte-Hélène** – **Voiture** : *pont Jacques-Cartier ou pont de la Concorde.* **Métro** : Ⓜ *Île-Sainte-Hélène.* En 1611, Samuel de Champlain nomma cette île du Saint-Laurent, à l'Est de Montréal, en l'honneur de sa femme, **Hélène Boulé**. Avant 1665, époque à laquelle elle fut intégrée à la seigneurie de Longueuil, cette petite étendue de terre était, pour les Amérindiens alors en lutte contre l'envahisseur européen, d'une grande importance stratégique. Après la Confédération, en 1867, l'île Sainte-Hélène devint la propriété du gouvernement canadien puis, au début du siècle, de la ville de Montréal qui y aménagea un parc. En 1967, Sainte-Hélène fut agrandie afin de recevoir – tout comme sa voisine, Notre-Dame – la fameuse Exposition universelle. Aujourd'hui, la quasi-totalité de l'île est un jardin public, apprécié pour ses pistes de ski de randonnée en hiver, et pour ses piscines découvertes en été. La route qui longe sa rive Ouest offre de très belles **vues**★ de Montréal et de ses installations portuaires.

Vieux-Fort – *Ouv. mi-mai-août tous les jours 10 h-18 h. Reste de l'année lun. & mer.-dim. 10 h-17 h. 6 $.* ✗ 🅿 *www.stewart-museum.org* ☎ *514-861-6701.* L'île Sainte-Hélène fut vendue en 1818 au gouvernement britannique qui y fit construire un arsenal fortifié. Ce dernier abrite aujourd'hui le **musée David M. Stewart**★ dédié à l'histoire de la colonie européenne du Québec. Des expositions sur les premiers explorateurs et les premiers colons décrivent les expéditions à travers le continent, la Conquête britannique, les conséquences de la guerre d'Indépendance américaine, la guerre de 1812 et la Rébellion des Patriotes. Le musée contient par ailleurs une merveilleuse collection de cartes anciennes et de globes terrestres, des ustensiles de cuisine, des modèles réduits de bateaux, des armes à feu, des instruments scientifiques et de navigation, et toutes sortes de documents d'archives.

★**Biosphère** – *Ouv. 24 juin-fête du Travail tous les jours 10 h-18 h. Reste de l'année mar.-sam. 10 h-16 h. Fermé 25-26 déc. & 1er janv., Pâques, jour de Victoria, fête de l'Action de grâce. 8,50 $.* ✗ ♿ 🅿 *(10 $ en été) www.biosphere.ec.gc.ca* ☎ *514-283-5000.* Le dôme géodésique de Buckminster Fuller (diamètre : 76,2 m) constitue un souvenir architectural unique de l'Expo'67. Construite pour recevoir le pavillon des États-Unis, cette immense structure tubulaire était, à l'origine, recouverte d'une enveloppe d'acrylique qui fut malheureusement détruite par un incendie en 1976. Elle accueille depuis 1995 un centre d'observation environnementale axé sur le thème de l'eau et de l'écosystème du Saint-Laurent et des Grands Lacs. Dans la **salle des Plaisirs de l'eau** *(1er niveau)*, consoles interactives et expositions touche-à-tout font ressortir, de manière vivante, le caractère essentiel de l'eau et son rôle dans la survie de l'homme et des espèces animales. La E *(2e niveau)* vise à sensibiliser le public aux problèmes de l'environnement et à la fragilité du milieu naturel ; elle propose un spectacle multimédia *(25 mn)* suivi d'une discussion menée par un guide-animateur. Bénéficiant d'un point de vue panoramique sur les environs, la **salle Visions** *(5e niveau)* met à la disposition des visiteurs plusieurs télescopes, et leur offre l'expérience simulée d'un vol en hélicoptère au-dessus du Saint-Laurent. De cette salle, on accède à un belvédère extérieur d'où l'on jouit, à travers l'étrange réseau de tubes qui s'entrecroisent, d'une **vue**★ étendue sur le fleuve, Longueuil, le pont Victoria et le centre-ville. La Biosphère présente aussi

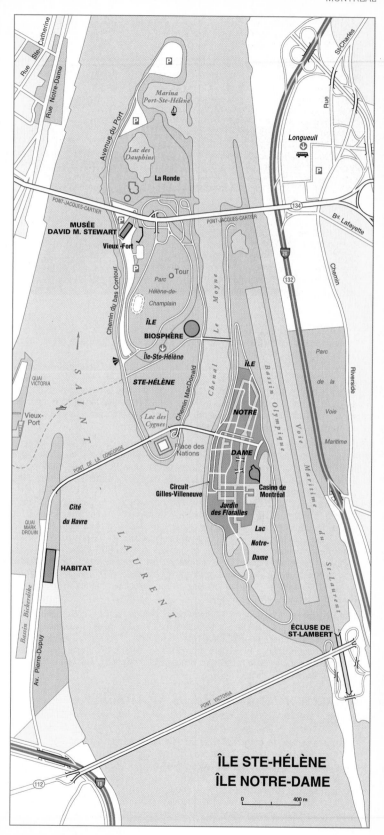

ÎLE STE-HÉLÈNE
ÎLE NOTRE-DAME

0   400 m

Biosphère (Île Sainte-Hélène)

des expositions temporaires et dispose d'un centre de documentation relatif à l'environnement. En été 2001 la nouvelle exposition intitulée *Aqua* sera présentée dans l'ancien hall de la Découverte.

La Ronde – *Ouv. mi-mai-début juin sam.-dim. 10 h-21 h. Début juin-fin juin lun.-ven. 10 h-21 h, sam.-dim. 10 h-23 h. Fin juin-début sept. lun.-jeu. & dim. 11 h-23 h, ven.-sam. 11 h-minuit. 29 $. ⚹ ♿ 🅿 www.laronde.com ☎ 514-872-4537.* Principal parc d'attractions de Montréal, La Ronde bénéficie d'un merveilleux site à l'extrémité Est de l'île de Sainte-Hélène. De là sont lancés des feux d'artifice à l'occasion de l'International Benson & Hedges.

★**Île Notre-Dame** – **Voiture** : *autoroute Bonaventure et pont de la Concorde.* Autobus : *service gratuit depuis* Ⓜ *Île-Sainte-Hélène.* Créée de toutes pièces en 1959 pour la voie maritime du Saint-Laurent, l'île Notre-Dame a été agrandie par remblayage pour l'Exposition universelle de 1967 en utilisant la terre d'excavation du métro en construction. L'île actuelle couvre 116 ha. En 1978, le **circuit Gilles-Villeneuve** y fut construit pour le Grand Prix Player's du Canada De l'Expo'67, il reste l'ancien pavillon de la France. Conçue par l'architecte français Jean Faugeron, cette étonnante structure hérissée de flèches d'aluminium abrite désormais le **Casino de Montréal**. En été, le **lac de l'île Notre-Dame** *(à l'Ouest de l'île)* accueille passionnés de voile, véliplanchistes et nageurs sur ses 600 m de plage. Le parc floral, les **Jardins des Floralies** *(ouv. mi-mai-fin oct. tous les jours ; fermé durant le Grand Prix. ⚹ ♿ 🅿 www.parcjeandrapeau.com ☎ 514-872-4537)*, on trouvera de superbes jardins *(floraison mai-sept.)* qui furent aménagés à l'occasion des Floralies internationales de 1980.

Cité du Havre – Construite à l'origine pour protéger le port, cette péninsule artificielle relie Montréal à l'île Sainte-Hélène par le pont de la Concorde. Parmi les constructions édifiées pour l'Expo'67 se trouve **Habitat**★, complexe résidentiel à l'allure futuriste qui lança la carrière internationale de son architecte, Moshe Safdie, également connu pour le musée des Beaux-Arts du Canada, à Ottawa, et le musée de la Civilisation, à Québec.

EXCURSIONS DANS L'ÎLE DE MONTRÉAL

★★L'Ouest

Cette promenade le long des rives de l'île de Montréal est une agréable façon d'échapper aux contraintes de la vie citadine. Commençant à la limite Sud-Ouest de la ville de Montréal, une **route panoramique**★ mène à l'extrémité Ouest de l'île. Elle longe les rives aménagées du Saint-Laurent et du lac Saint-Louis, et passe par de beaux quartiers résidentiels dotés de nombreux parcs. La route prend successivement plusieurs noms : boulevard LaSalle à LaSalle, boulevard Saint-Joseph à Lachine, puis chemin Bord-du-Lac (ou Lakeshore) entre Dorval et Sainte-Anne-de-Bellevue.

★**Maison Saint-Gabriel** – *2146, place Dublin, à 4 km du centre-ville de Montréal par la rue Wellington. Tourner à gauche au parc Marguerite-Bourgeoys et suivre les panneaux de signalisation. Visite guidée (1 h 30 mn) seulement, mi-fév.-mi-déc. mar.-dim. à 13 h 30 , 14 h 30 & 15 h 30 (24 juin-fête du Travail visite guidée toutes les heures mar.-dim. 10 h-17 h). 5 $. www.maisonsaint-gabriel.qc.ca* ☎ *514-935-8136.* En 1668, **Marguerite Bourgeoys** avait acheté, sur ce site, une maison destinée à accueillir les Filles du Roy. Détruit par un incendie en 1693, le bâtiment fut reconstruit cinq ans plus tard sur les fondations d'origine. L'édifice actuel – l'un des plus anciens de l'île de Montréal – date donc de 1698. Restauré en 1965, il abrite depuis un musée d'histoire. Au rez-de-chaussée, la salle commune et le parloir renferment la plupart des meubles qui s'y trouvaient au 18e s., ainsi que des documents sur Marguerite Bourgeoys et la congrégation de Notre-Dame. Des appareils ménagers et des ustensiles divers sont exposés dans la cuisine. À l'étage se trouvent le dortoir et la chambre d'une des Filles du Roy. Au grenier, toujours reliée par les chevilles de bois d'origine (1698), la charpente témoigne de l'étonnante solidité de la construction. À l'extérieur, une grange du 19e s. propose des expositions temporaires.

Retourner rue Wellington et continuer sur le boul. LaSalle.

LaSalle – *5 km.* Nommée en l'honneur de Robert Cavelier de La Salle (1643-1687), cette ville se détacha de la municipalité de Lachine en 1912. Au bout de la 6e Avenue, prendre le sentier qui traverse un vieux barrage (1895) pour découvrir une **vue**★ superbe sur les rapides de Lachine. Au large s'étend l'île aux Hérons. Ces derniers, qui se nourrissent dans les rapides, fréquentent les deux rives du fleuve sur lequel on pourra faire du rafting et de l'hydro-jet.

Le boulevard LaSalle passe sous le **pont Honoré-Mercier** avant d'entrer à Lachine. Inauguré en 1934, cet ouvrage à deux travées fut baptisé en hommage au Premier ministre du Québec de 1887 à 1891.

Lachine – *7,5 km. Voir ce nom.*

Les municipalités de l'île de Montréal situées à l'Ouest de Lachine sont collective-ment connues sous le nom de **West-Island**. Leurs demeures cossues, prolongées par des quais privés, des marinas et de beaux parcs boisés, abritent une importante communauté anglophone. Banlieue très connue pour son aéroport international, **Dorval** *(4,5 km)* doit son nom à Jean-Baptiste Bouchard, natif d'Orval, en France, qui y acquit des terres en 1691.

★**Pointe-Claire** – *6 km.* Cette banlieue aisée, traditionnellement anglophone, est située sur les bords du lac Saint-Louis. Elle tire son nom des belles **vues**★ claires que l'on a de la pointe qui s'avance dans le lac *(ci-dessous).*

★**Stewart Hall** – *À gauche, sur le chemin du Bord-du-Lac-Lakeshore. Centre culturel : ouv. juin-août lun.-ven. 8 h 30-21 h. Reste de l'année lun.-ven. 8 h 30-21 h, sam. 9 h-17 h, dim. 13 h-17 h. Galerie d'art et bibliothèque : horaires variables.* ♿ ▯ ☎ *514-630-1220.* Construite en 1915, cette belle maison de pierre au toit de cuivre est une réplique à plus petite échelle du château de l'île Mull, en Écosse. En 1963, Walter Stewart et son épouse achetèrent l'édifice et en firent don à la ville de Pointe-Claire, afin qu'y soit créé un centre culturel. Aujourd'hui, la demeure renferme une bibliothèque, une galerie d'art et une superbe salle lambrissée où se tiennent réunions, spectacles, concerts et autres activités organisées par le centre culturel. Du jardin, une superbe **vue**★ embrasse une grande partie du lac.

★**La Pointe** – *Du chemin Lakeshore, prendre la rue Sainte-Anne et se garer près de l'église.* Au bout de la péninsule qui s'avance dans le lac Saint-Louis se trouve le couvent des sœurs de la congrégation de Notre-Dame (1867). Derrière, un vieux **moulin à vent** (1709) servit en son temps de refuge contre d'éventuelles attaques amérindiennes. Construite en 1882, l'église Saint-Joachim jouxte un presbytère dont le porche fait le tour du bâtiment et dont le toit est égayé de nombreuses formes pyramidales. De ce site, la **vue** est belle.

Après Pointe-Claire, le chemin du Bord-du-Lac devient boulevard Beaconsfield *(5 km)* et traverse la riche banlieue du même nom. **Beaconsfield** fut nommée en l'honneur du Premier ministre britannique Benjamin Disraeli (1804-1880), devenu Lord Beaconsfield en 1876 sous le règne de Victoria.

Le boulevard porte à nouveau le nom de Chemin du Bord-du-Lac lorsqu'il traverse **Baie-d'Urfé** *(6 km).* Cette banlieue tient son nom de l'abbé François-Saturnin Lascaris d'Urfé qui, en 1686, fonda ici une mission. Le jardin voisin de l'hôtel de ville de Baie-d'Urfé *(20410, chemin Lakeshore)* offre une superbe **vue** sur le lac et l'île Dowker.

★**Sainte-Anne-de-Bellevue** – *3 km.* Située à l'extrémité occidentale de l'île de Montréal, cette municipalité correspondait, au 17e s., à la seigneurie de Bellevue. La paroisse fut consacrée à sainte Anne en 1714, et la ville adopta ce nom en 1878. Son artère principale, la rue Sainte-Anne, longe la rivière des Outaouais dont les eaux tumultueuses rejoignent celles du Saint-Laurent au lac Saint-Louis après avoir franchi une écluse. Au-dessus, un pont de chemin de fer et la route 20 conduisent à l'île Perrot.

Une charmante **promenade de bois** a été aménagée au bord de l'eau. Elle offre de nombreux restaurants d'où les gens s'amusent à regarder passer les bateaux.

Campus Macdonald – *Rue Sainte-Anne, à l'entrée de la localité.* En 1907, Sir William Macdonald (1831-1917), fondateur de la Macdonald Tobacco Company et recteur de McGill, fit don à l'université d'un terrain de 650 ha. Sur celui-ci furent érigés des pavillons de brique rouge qui abritent aujourd'hui la faculté des sciences de l'agriculture et de l'environnement.

Très prisée des enfants, la **ferme expérimentale** *(ouv. mai-juil. 9 h-17 h.* ✗ ♿ 🅿 ☎ *514-398-7701)* propose une étable laitière et une mini-ferme peuplée de moutons, de chèvres, de cochons, de lapins et autres. On peut également voir l'**arboretum Morgan** (245 ha), qui possède l'ensemble le plus complet d'essences d'arbres indigènes au Canada *(ouv. tous les jours de l'année 9 h-16 h ; 4 $;* 🅿 ☎ *514-398-7811).*

★**Promenades en bateau** – *Départ de Sainte-Anne-de-Bellevue 24 juin-fête du Travail tous les jours à 13 h 30 & 15 h 30. Mi-mai-23 juin & fête du Travail-fin sept. sur rendez-vous seulement. Aller-retour 1 h 30 mn. Commentaire à bord. Réservations requises. 15 $.* ✗ ♿ 🅿 *Croisières Bellevue Ltée* ☎ *514-457-5245.* Des promenades en bateau font découvrir le lac Saint-Louis et le lac des Deux-Montagnes. Sur le premier, le bateau longe l'île Perrot et se rend jusqu'à la Pointe-du-Moulin, avec de belles **vues** des rives du lac, de l'île de Montréal et de la région industrielle de Beauharnois. Pour entrer dans le lac des Deux-Montagnes, le bateau passe par l'écluse de Sainte-Anne, puis sous les routes 20 et 40. Le passager aura cette fois de jolies **vues** d'Oka, de Senneville et de Rigaud à l'horizon.

Retourner rue Sainte-Anne et prendre à gauche le boul. Saint-Pierre. Continuer sur 2 km, puis prendre la route 40 Est (direction Montréal). Après environ 20 km, prendre la sortie 62 (chemin de la Côte-Vertu). Continuer sur 5 km, puis tourner à droite dans le boul. Sainte-Croix. Le musée est à 1 km plus loin, sur la gauche.

Saint-Laurent – *À 28 km de Sainte-Anne-de-Bellevue ou environ 10 km au Nord du centre-ville par la rue Sherbrooke Est, la route 15 Nord, l'autoroute & le boul. Décarie.* Cette banlieue industrielle de Montréal fut fondée en 1687, lorsque les frères Paul, Michel et Louis Descarie s'y établirent pour cultiver la terre qu'ils appelèrent la côte Saint-Laurent.

★**Musée d'Art de Saint-Laurent** – *Entrée sur le terrain du Cégep Saint-Laurent par l'av. Sainte-Croix. En venant du boul. Décarie, tourner à droite dans la rue du Collège.* ⊙ *Du Collège. Ouv. toute l'année mer.-dim 13 h-17 h (mer. 21 h). Fermé 25-26 déc. 3 $.* ♿ 🅿 ☎ *514-747-7367.* Ce petit musée occupe l'ancienne église presbytérienne de Saint-André et Saint-Paul (1867), déménagée du boulevard Dorchester en 1931. Cette étonnante structure néogothique servit de chapelle au collège jusqu'en 1975, et fut par la suite transformée en musée. À l'intérieur, on voit encore la voûte de bois finement sculptée et les beaux vitraux.

Le musée abrite une importante collection d'objets du Canada français, répartis selon un arrangement thématique. Des métiers comme la ferblanterie, le tissage, la céramique, la fabrication de meubles, l'orfèvrerie et la sculpture sur bois y sont illustrés. On remarquera particulièrement la reconstitution d'une authentique échoppe d'orfèvre. Le musée renferme aussi une vaste collection de sculptures religieuses et de très beaux meubles. Il propose par ailleurs des expositions temporaires axées sur le patrimoine artistique ou historique de la province.

Le Nord-Est

Sault-au-Récollet – *À environ 12 km au Nord du centre-ville de Montréal par les rues Sherbrooke Est (route 138), Cartier, Rachel & l'av. Papineau. Le boul. Gouin est à sens unique vers l'Est.* L'une des plus anciennes communautés de l'île de Montréal, Sault-au-Récollet fut annexée à la ville de Montréal en 1916. L'endroit, sur les bords de la rivière des Prairies, fut tour à tour visité par Jacques Cartier en 1535, puis Samuel de Champlain en 1615. Le toponyme évoque le triste souvenir du récollet Nicolas Viel et de son fidèle disciple Ahuntsic qui furent tous deux noyés par des Hurons dans les rapides de la rivière en 1625. En 1696, les sulpiciens fondèrent ici une mission, qui fut érigée en paroisse en 1736. L'aménagement des rapides est assuré, depuis 1930, par Hydro-Québec.

★**Église de la Visitation-de-la-Bienheureuse-Vierge-Marie** – *De l'av. Papineau, prendre à gauche le boul. Henri-Bourassa, puis encore à gauche la rue des Jésuites.* ⊙ *Henri-Bourassa. Ouv. tous les jours de l'année 9 h-17 h. Fermé 1ᵉʳ janv. & l'après-midi du 25 déc.* ☎ *514-388-4050.* Érigée sur les bords de la rivière des Prairies, l'église actuelle du Sault-au-Récollet fut construite entre 1749 et 1752. C'est aujourd'hui la plus ancienne église de l'île de Montréal. Avec sa grande nef et son absence de chapelles latérales, l'édifice rappelle, par son architecture, les églises des récollets de Nouvelle-France. En 1773, on y ajouta une sacristie qui fut agrandie en 1844. Vaste écran en pierre de taille bordé par deux hautes tours, la **façade** actuelle (1850), de style néoclassique, est l'œuvre de John Ostell. Peu familiarisé avec l'architecture des églises catholiques, celui-ci s'était inspiré de l'église de Sainte-Geneviève de Pierrefonds (au Nord de Montréal), conçue quelques années plus tôt par Thomas Baillairgé. Victor Bourgeau, disciple d'Ostell, utilisa par la suite les mêmes plans à travers toute la région de Montréal, en particulier pour l'église de Sainte-Rose-de-Lima à Laval.

Le **décor intérieur**★★, très élaboré, illustre l'esthétique bien particulière de l'École de Quévillon. La voûte turquoise et or, ornée de berceaux en forme de diamants, est d'une rare qualité. Tout comme le décor sculpté du sanctuaire, elle fut mise en place par David Fleury David, peu avant 1820. Installée en 1837, la magnifique **chaire**★, avec sa cuve et son abat-voix ornés de fines sculptures, est sans aucun doute l'une des plus belles pièces de mobilier liturgique réalisées au Québec. Elle est due à Vincent Chartrand, de l'atelier de Quévillon. Le tabernacle du maître-autel est attribué à Philippe Liébert (1732-1804). L'autel qui le supporte, tout comme les autels latéraux et leurs tabernacles, sont de Louis-Amable Quévillon (1749-1823). Les deux portails (1771) menant à la sacristie sont ornés de bas-reliefs polychromes inscrits dans des panneaux de style Louis XV.

Parc-nature de l'île-de-la-Visitation – *Du boul. Gouin, juste à l'Est du pont Papineau-Leblanc, tourner à gauche dans la rue du Pont. Accès interdit aux auto-mobilistes.* ☮ *Henri-Bourassa. Ouv. tous les jours de l'année lever-coucher du soleil. Centre d'accueil ouv. fin janv.-29 oct. et les 2 dernières semaines déc. tous les jours 9 h 30-16 h 30.* ✕ ⅋ 🄿 *(4 $) www.com.qc.ca/parcs-nature* ☎ *514-280-7272.* L'île de la Visitation est l'un des six parcs-nature gérés par la Communauté urbaine de Montréal. Ses 32 ha de sous-bois et d'étendues vallonnées sont équipés de pistes cyclables, de sentiers de marche, d'aires de pique-nique, de sites de pêche et de pistes de ski de randonnée. Dès le 18e s., des moulins, dont le dernier fonctionna jusqu'en 1970, se dressaient sur la chaussée qui relie cette île aux berges de la rivière des Prairies. Avant d'accéder à l'île, on peut visiter l'attrayante **maison du Pressoir**, qui date des débuts du 19e s. *(ouv. 1er janv.-29 oct. tous les jours 11 h-17 h ;* ☎ *514-280-6783).* Le mécanisme original y est montré, et une exposition illustre la méthode de fabrication du cidre. Non loin de là, la **maison du Meunier** *(ouv. janv.-oct. tous les jours 11 h-17 h.* 🄿 ☎ *514-280-6709)* accueille aujourd'hui des expositions d'art.

EXCURSIONS AU DÉPART DE MONTRÉAL

★★**Vallée du Richelieu** – *Voir ce nom.*

★★**Laurentides** – *Voir ce nom.*

Lanaudière – *Voir ce nom.*

NICOLET

Centre-du-Québec

4 352 habitants

L'arrivée, en 1756, d'un groupe de réfugiés acadiens est à l'origine de ce centre agricole dont le nom évoque l'un des compagnons de Champlain, **Jean Nicollet** (1598-1642). La ville se trouve sur la rive droite de la rivière Nicolet, à 3 km de son embouchure avec le Saint-Laurent. Devenue diocèse en 1877, elle accueille plusieurs communautés religieuses, et abrite par ailleurs l'Institut de police du Québec. En 1955, un glissement de terrain provoqua l'effondrement d'une bonne partie du vieux centre-ville dans la rivière.

Accès – *Nicolet se trouve à 170 km au Nord-Est de Montréal par les routes 20, 30 & 132.*

CURIOSITÉS

★★**Cathédrale Saint-Jean-Baptiste** – *Sur le boul. Louis-Fréchette, à l'extrémité Est de la ville. Ouv. tous les jours de l'année 9 h-16 h.* ☎ *819-293-5492.* Dotée d'un campanile détaché du reste de l'édifice, cette cathédrale en béton armé (1962, Gérard Malouin) évoque, par ses formes audacieuses, la voilure d'un navire. Elle remplace l'ancienne cathédrale emportée par le fameux glissement de terrain de 1955. Œuvre de Jean-Paul Charland, une magnifique **verrière** (hauteur : 21 m ; longueur : 50 m) vient embellir la façade ; autour de saint Jean-Baptiste (patron du diocèse de Nicolet), une composition abstraite éclate en d'innombrables prismes lumineux sous les rayons du soleil matinal. La nef, en chêne blanc et en noyer, peut contenir jusqu'à 1 400 fidèles. Le chemin de Croix est gravé dans des murs d'ardoise ; au-dessus, des icônes représentent les anciens évêques de Nicolet. À gauche de l'autel (en granit noir), un passage mène au baptistère, décoré de mosaïque. Le vitrail du chœur, exécuté par le frère Éric de Thierry, est une superbe représentation du Christ en gloire.

Ancien collège-séminaire de Nicolet – *350, rue d'Youville.* C'est pour favoriser le recrutement religieux en milieu urbain que les autorités religieuses établirent en 1803 un collège-séminaire à Nicolet. Cet édifice fut construit en 1828 selon les plans de l'abbé Jérôme Demers et de Thomas Baillairgé. Un incendie détruisit la moitié du bâtiment en 1973. Il abrite aujourd'hui l'Institut de police du Québec, chargé de la formation des policiers de la province.

Musée des Religions – *900, boul. Louis-Fréchette, en face de la cathédrale (sur la route 132). Ouv. 24 juin-fête du Travail tous les jours 10 h-17 h. Reste de l'année mar.-dim. 10 h-17 h (nov.-avr. sam. 13 h-17 h). Fermé 1ᵉʳ janv. & 25 déc. 4,50 $.* 🕭 📶 *www.museedesreligions.qc.ca* ☎ *819-293-6148.* Consacré à l'étude et la préservation de l'héritage religieux, ce musée occupe, depuis 1991, un bâtiment moderne coiffé d'une pyramide de verre. Au rez-de-chaussée, l'exposition reflète, à travers les objets qu'elle expose (moulin à prière, calice et patène, statues de divinités, tapis de prière, lampe de Hanouka, etc.), les principales tendances religieuses dans le monde : bouddhisme, christianisme, hindouisme, islam et judaïsme. Des expositions temporaires donnent par ailleurs l'occasion de s'interroger sur la dimension spirituelle de l'être humain. Au sous-sol, les chercheurs pourront consulter les riches archives du séminaire de Nicolet (3 500 objets, 2 000 cartes et plans, 24 000 photos et plus de 100 000 ouvrages).

Maison Rodolphe-Duguay – *195, rang Saint-Alexis. Faire 1 km sur la route 132 ; passer le pont Pierre-Roy, puis prendre à gauche le rang Saint-Alexis. Ouv. mi-mai-mi-oct. mar.-dim. 10 h-17 h. Reste de l'année sur rendez-vous. 3,50 $.* ☎ *819-293-4103.* Construite en 1835, la maison où naquit et vécut le peintre-graveur Rodolphe Duguay (1891-1973) se dresse sur un site agréable dominant la rivière Nicolet. Le bel atelier qui lui est attenant fut rajouté par l'artiste, après son retour en 1927 d'un long séjour à Paris où il était parti étudier. Ancien élève de Suzor-Côté, Duguay était surtout un peintre paysagiste, et l'un des graveurs sur bois les plus célèbres du Canada. Des expositions thématiques permettent de découvrir son œuvre, et l'environnement dans lequel il travaillait.

EXCURSIONS

Baie-du-Febvre – *13 km par la route 132.* Niché le long du lac Saint-Pierre, ce petit village accueille chaque année en avril les oies des neiges du Québec. Les prés environnants, recouverts de neige fondue, se transforment en lacs peu profonds, refuges idéaux pour le gibier d'eau qui s'y arrête lors de son retour au pays. Une visite du **Centre d'Interprétation de Baie-du-Febvre** *(420 route Marie-Victorin, ouvert tous les jours de mars à novembre de 10 h à 17 h. 3 $.* ☎ *450 783 6996. Internet : www.oies.com)* vous permettra de mieux connaître les plus importants lieux de ponte des oies des neiges au Québec.

Réserve amérindienne Odanak – *25 km par la route 132. Tourner à gauche à Pierreville et suivre les indications.* Située au bord de la rivière Saint-François, Arsigontekw fut peuplée vers 1700 par des Abénaquis et des Sokokis. Cinquième à être érigée sur le site, sa petite église est décorée de sculptures autochtones. Aux murs, remarquer la frise en bois et les statues, notamment celle de Kateri Tekakwitha.

Musée des Abénakis – *Dans l'ancien couvent, à côté de l'église. Ouv. mai-oct. lun.-ven. 10 h-17 h, sam.-dim. 13 h-17 h. Reste de l'année lun.-ven. 10 h-17 h. 4 $.* 🕭 📶 ☎ *450-568-2600.* On y découvre, au moyen d'expositions permanentes et temporaires, le mode de vie traditionnel des Abénaquis, l'histoire d'Odanak et l'établissement de la mission catholique. Des œuvres d'artistes autochtones sont également exposées par roulement.

Île aux NOIX

Montérégie

Schéma : Vallée du RICHELIEU

Non loin de la frontière américaine, les eaux de la rivière Richelieu contournent une île où les noyers poussaient jadis à foison. Cette petite étendue de terre (85 ha) fit en son temps partie de la seigneurie de Noyan, concédée en 1733 par le marquis de Beauharnois, gouverneur de la Nouvelle-France, à Pierre-Jacques Payan, en récompense de ses brillants états de service. Le premier habitant de l'île – un soldat dénommé Pierre Jourdanet – versait alors un loyer annuel dont le montant se limitait... à une simple « pochée de noix », d'où l'expression toponymique.

Un peu d'histoire

Située sur un axe commercial et militaire particulièrement important, à quelques kilomètres à peine du déversoir du lac Champlain, l'île aux Noix fut fortifiée par les Français dès 1759, dans le cadre de la guerre de Sept Ans. Les forces britanniques s'emparèrent du site l'année suivante, détruisirent les retranchements français et abandonnèrent les lieux. Lors de la guerre d'Indépendance, l'île fut occupée par les

Américains (1775-1776). Après le repli de ces derniers, l'endroit devint, pour les Anglais, d'une importance stratégique de premier plan (il s'agissait en effet de leur poste défensif le plus méridional sur la rivière Richelieu) : une première fortification britannique y fut donc construite. Puis, durant la guerre anglo-américaine de 1812, un chantier naval y fut ajouté, le but étant de créer une flotte capable de tenir en échec celle que les Américains avaient assemblée sur le lac Champlain. Aux lendemains du conflit, les Anglais élevèrent, par mesure de précaution, une seconde fortification, plus grande que la première : Fort-Lennox.

La menace américaine temporairement apaisée, l'île aux Noix servit quelque temps de centre de réhabilitation pour délinquants. Après un bref regain d'activité militaire durant la guerre de Sécession américaine, puis la révolte fénienne, elle sera utilisée comme lieu de villégiature, et pendant la Seconde Guerre mondiale, comme camp d'internement. Devenue lieu historique national, elle témoigne aujourd'hui d'une riche période de l'histoire militaire du Canada.

Accès – *L'île se trouve à 48 km de Montréal par les routes 10, 35 & 223, puis le traversier (mêmes horaires que pour Fort-Lennox) au départ de Saint-Paul-de-l'Île-aux-Noix. On peut également y accéder en bateau (4 h) au départ de Saint-Jean-sur-Richelieu.*

VISITE

★Lieu historique national du Fort-Lennox – La construction de Fort-Lennox (1819-1829) se déroula parallèlement à celle de la fameuse Citadelle de Québec. L'ouvrage fut baptisé en l'honneur de Charles Lennox (1764-1819), duc de Richmond et gouverneur de l'Amérique du Nord britannique, qui en avait ordonné les travaux. Le fort devait malheureusement être achevé au moment même où l'on améliorait le réseau routier le long de la rivière Richelieu, ce qui augmentait les risques d'une attaque ennemie par les terres, mais réduisait ceux d'une invasion par le fleuve. Ayant perdu de son importance stratégique, le fort fut abandonné. Cependant, l'affaire Trent et le soulèvement des Fénians dans les années 1860 raviva les inquiétudes des Britanniques qui décidèrent d'y réinstaller une garnison. Cette dernière allait y demeurer jusqu'en 1870.

Typique de l'architecture militaire du 19ᵉ s., le fort est entouré d'un large fossé en forme d'étoile à cinq branches autour d'une série de hauts remparts d'argile. Les coins sont protégés par des bastions qui donnent sur la cour intérieure. Le visiteur emprunte une passerelle et passe sous une imposante arche de pierre, avant de pénétrer dans la cour principale, entourée de bâtiments de pierre de style néoclassique. Le corps de garde (1823) et le logis des officiers (1825-1828), ornés de colonnes et d'arcades, sont regroupés avec ordre et symétrie. Les casernes s'organisent sagement autour d'un pavillon central. Le complexe compte par ailleurs deux entrepôts (1823), une poudrière (1820) et 17 casemates sous les remparts.

Visite – *Ouv. mi-mai-23 juin lun.-ven. 10 h-17 h, sam.-dim. 10 h-18 h. 24 juin-fête du Travail tous les jours 10 h-18 h. 5 sept.-début oct. sam.-dim. 10 h-18 h. 5 $ (traversier & visite du fort). ✗ ⛪ www.parkscanada.gc.ca/fortlennox/* ☎ *450-291-5700.* Fort-Lennox occupe un joli **site★** au bord de la rivière Richelieu. Le complexe militaire a été restauré de façon à reconstituer la vie quotidienne d'une garnison anglaise au milieu du 19ᵉ s. On y voit notamment le logis de la sentinelle, avec son poêle à bois et son cachot, la prison, les casernes, la chambre d'officier, la poudrière et les entrepôts. Le reste de l'île offre aux visiteurs plusieurs aires de pique-nique et de repos.

Lieu historique national du Fort-Lennox

Île d'ORLÉANS★★
Région de Québec
6 892 habitants

Placée à la pointe de l'estuaire du Saint-Laurent, cette langue de terre plate, visible de la ville de Québec, couvre une superficie de 192 km². Ses paysages sont très variés : érablières au Nord et sur le plateau central, chênaies au Sud-Ouest, terres marécageuses au centre et plages au bord du fleuve. Si, depuis déjà 1935, un pont la relie au reste du continent, l'île n'a rien perdu de sa tranquillité pastorale qui inspira le peintre Horatio Walker au siècle dernier, et plus récemment, le chansonnier Félix Leclerc. Avec ses églises aux toits pointus et aux clochers effilés, et ses nombreuses maisons du 18e s., l'endroit a conservé comme un écho de la vie rurale en Nouvelle-France.

Un peu d'histoire

L'île étant pour eux une « terre des esprits », les Amérindiens l'auraient appelée *Ouindigo* (« coin ensorcelé »), bien avant l'arrivée des Européens. Lorsqu'il y débarqua en 1535, Jacques Cartier, surpris par l'abondance de vignes sauvages qui y poussaient, la nomma « île de Bacchus ». Un an plus tard, elle allait être rebaptisée en l'honneur du duc d'Orléans, fils de François Ier. L'agriculture a, de tout temps, joué un rôle fondamental dans l'économie locale. Sous le Régime français, la seigneurie était divisée en parcelles perpendiculaires au Saint-Laurent, selon le fameux système du rang. Aujourd'hui, les vastes terrains agricoles produisent une abondance de fraises, de framboises, de pommes, d'asperges et de pommes de terre, sans parler d'un délicieux sirop d'érable. Beaucoup d'habitants de l'île font remonter leurs origines aux premiers colons français arrivés en ces lieux il y a plus de 300 ans. Ils réussirent à créer une communauté si prospère qu'à une certaine époque, l'île était plus peuplée que la ville de Québec : en 1667, elle comptait en effet 529 âmes, contre à peine 448 pour Québec.

Accès – *L'île se trouve à 10 km au Nord-Est de Québec par les routes 440 ou 138.*

TOUR DE L'ÎLE *67 km*

Après avoir franchi le pont de l'île d'Orléans, tourner à droite en direction de Sainte-Pétronille. Un centre d'information touristique (☎ 418-828-9411) se trouve à l'intersection de la route du pont & de la route 368.

La route 368 fait le tour de l'île d'Orléans sur 67 km et traverse six agglomérations, chacune ayant sa personnalité propre. Au cours du trajet, le visiteur pourra contempler de splendides paysages et d'exceptionnelles **vues**★★ de la côte de Beaupré et des rives du Bas-Saint-Laurent. L'itinéraire qui longe la côte Sud, de Sainte-Pétronille à Saint-François, est particulièrement pittoresque. Au retour, par le Nord de l'île, on peut admirer de beaux panoramas de la chute Montmorency et du mont Sainte-Anne.

Sainte-Pétronille – *À 5 km de la jonction de la route du pont.* Cette petite communauté fut tour à tour baptisée l'Anse-au-Fort, Bout-de-l'Île, puis Village-Beaulieu, avant de recevoir son nom actuel en 1870. Elle fut le site de la première colonie de l'île (1649). Les Hurons s'y réfugièrent dans les années 1650 à la suite du conflit qui les opposait aux Iroquois. Une petite chapelle, érigée à cette époque, a aujourd'hui disparu. En 1855, on construisit un quai pour le chargement des produits de l'île, et on mit en place un service de traversier à vapeur pour relier Sainte-Pétronille à Québec. Cette liaison permit le développement du tourisme à la fin du 19e s., et beaucoup de riches familles y firent alors bâtir des résidences secondaires de style victorien. Particularité digne d'être mentionnée, Sainte-Pétronille possède l'un des terrains de golf les plus anciens d'Amérique du Nord (1866).

Église de Sainte-Pétronille – *Prendre à gauche le chemin de l'Église, puis tourner à droite, juste avant le cul-de-sac en face du golf. Ouv. fin juin-août tous les jours 10 h-16 h 30. ☎ 418-828-2656.* Un couvent (1875), un presbytère et une église (1871, J.-F. Peachy), dont l'intérieur fut décoré par David Ouellet, composent un ensemble religieux du plus bel effet.

Continuer le long du chemin de l'Église, qui débouche sur le chemin du Bout-de-l'Île. Un sentier longe le fleuve. Tourner à gauche, puis à droite dans la rue du Quai.

La Goéliche – *Rue du Quai.* Construit en 1880, cet imposant bâtiment de style victorien fut d'abord baptisé château Bel Air, puis manoir de l'Anse. Il surplombe le Saint-Laurent et abrite aujourd'hui un hôtel ainsi qu'un restaurant.

Reprendre la route 368, et continuer jusqu'à Saint-Laurent.

★**Saint-Laurent** – *11 km.* Le centre maritime de l'île bénéficiait, au milieu du 19ᵉ s., d'une florissante industrie de construction navale. Une vingtaine d'entreprises familiales fabriquaient alors des chaloupes fort réputées pour leur solide charpente et leur belle coupe. Ces bateaux à fond plat demeurèrent le principal moyen de transport des insulaires jusqu'à la construction, en 1935, d'un pont leur permettant de se rendre sur le continent. Aujourd'hui encore, Saint-Laurent est le seul bourg de l'île à posséder une marina capable d'accueillir 130 bateaux.

Environ 2 km avant l'entrée du village, noter la **maison Gendreau** *(2385, chemin Royal).* Construite en 1720, cette demeure au toit pentu possède une double rangée de lucarnes assez curieuse. Près de la marina, au cœur du village, s'élève l'**église Saint-Laurent** (1860), dominée par un clocher aux dimensions harmonieuses. Dans la partie ancienne du bourg, une chapelle de procession se dresse près du tribunal. En quittant le village, on remarquera enfin le **moulin Gosselin** *(côté gauche de la route) ;* l'édifice, désormais transformé en restaurant, date du début du 18ᵉ s.

Saint-Jean

★**Saint-Jean** – *11 km.* La paroisse de Saint-Jean fut fondée en 1679 par Mgr de Laval. Entre 1850 et 1950, le village connut une période d'intense croissance économique, avec l'arrivée de nombreux pilotes de Charlevoix qui apportèrent avec eux de belles occasions de développement maritime et industriel. Le cimetière marin rappelle la dure existence de ces hommes dont bon nombre périrent au cours de voyages difficiles sur les eaux tumultueuses du Saint-Laurent. Aujourd'hui, les habitants perpétuent les activités agricoles et maritimes de leurs ancêtres. Leurs maisons, décorées dans le style marin, forment de petits groupes accrochés aux pentes des collines et sur les rives du fleuve.

★**Manoir Mauvide-Genest** – *Visite guidée (30 mn) seulement, mi-juin-début sept. tous les jours 10 h-17 h toutes les demi-heures. Début sept.-mi-oct. mar.-dim. 11 h-17 h. 4 $.* ⊗ ☕ ⚇ 🅿 ☎ *418-829-2630.* Remarquable exemple d'architecture rurale sous le Régime français, ce manoir de style normand fut construit en 1734 pour Jean Mauvide, chirurgien du roi et prospère marchand français, et son épouse Marie-Anne Genest, originaire des environs de Saint-Jean. Propriétaire de la moitié de l'île d'Orléans, Mauvide agrandit la maison d'origine vers le milieu du 18ᵉ s. et la transforma en une somptueuse demeure. Plus tard, quand ses affaires périclitèrent, il vendit sa seigneurie à son gendre. Le juge J.-Camille Pouliot acquit le manoir en 1926 et le fit restaurer. Le bâtiment abrite aujourd'hui un restaurant ainsi qu'un musée historique regroupant des meubles et objets (période essentiellement victorienne) collectionnés par le juge Pouliot au début du 20ᵉ s. Sur la façade avant du solide édifice, remarquer quelques traces de boulets laissées en 1759 par les canons de l'amiral Saunders, alors que le siège de Québec était sur le point de commencer.

Église – *Ouv. mi-juin-mi-sept. tous les jours 10 h-17 h. Contribution souhaitée.* 🅿 ☎ *418-829-3182.* Construite au bord du fleuve en 1736, l'église domine le cimetière marin qui l'entoure, avec sa toiture revêtue de tôle rouge. Son intérieur fut conçu en 1831 par Thomas Baillairgé. La chaire et le banc du marguillier ont été sculptés vers 1812 par Louis-Bazile David, de l'atelier du Montréalais Louis-Amable Quévillon. Dans le chœur, on remarquera les tableaux peints par Antoine Plamondon, dont *Sainte Anne secourant des naufragés* (1856).

Saint-François – *11 km.* Cette petite localité correspond à l'ancienne seigneurie de François Berthelot, fondée en 1679. Elle occupe la partie Est de l'île ainsi que les minuscules île Madame et île aux Ruaux. C'est à 20 km au-delà de ce point que le Saint-Laurent passe de l'eau douce à l'eau salée. L'agriculture, en particulier la pomme de terre, reste la ressource principale de la communauté.

Ravagée par le feu en 1988, l'**église Saint-François** (1736) fut reconstruite sur ses fondations d'origine en 1992. Du côté Sud de l'église se dresse le **presbytère** (1867), d'architecture typiquement québécoise, avec sa grande galerie. Une chapelle de procession indique la limite du bourg.

À la sortie du village, une tour d'observation offre une **vue**★★ sur les deux rives du Saint-Laurent. En regardant vers l'Ouest, on peut distinguer les pentes de ski du mont Sainte-Anne et la côte de Beaupré.

Sainte-Famille – *14 km.* C'est en 1661 que Mgr de Laval fonda cette paroisse, la plus ancienne de l'île. En 1669, il y fit ériger la première église. Parmi les bâtiments présentant un intérêt particulier, on peut citer une ancienne ferme du 17e s., d'inspiration normande, aujourd'hui occupée par un restaurant de cuisine traditionnelle. Les clients sont accueillis sur rendez-vous au terrain de stationnement par un petit cabriolet à cheval qui les mène à la maison.

★★**Église de la Sainte-Famille** – *Ouv. fin juin-fête du Travail tous les jours 13 h-17 h.* ♿ 🅿 ☎ *418-828-2656.* Cette église, construite entre 1743 et 1748, est un exemple majeur d'architecture religieuse datant du Régime français. L'édifice d'origine, qui ne comportait qu'un clocher, fut modifié en 1807 par l'adjonction de deux clochers latéraux. À l'**intérieur**, de style néoclassique (1821, Thomas Baillargé), la nef descend en pente douce jusqu'au baldaquin et à l'autel. La voûte, sculptée en 1812 par Louis-Bazile David (élève de Quévillon), représente un ciel étoilé. Le tabernacle (1749) de l'autel principal est l'œuvre de la famille Levasseur. Les tabernacles des autels latéraux sont, quant à eux, attribués à Pierre Florent Baillargé, frère de François. À droite de la nef, une peinture représentant la Sainte Famille est attribuée au frère Luc, peintre récollet ayant séjourné en Nouvelle-France vers 1670.

Saint-Pierre – *13 km.* La paroisse de Saint-Pierre est dotée de deux églises. Lorsqu'en 1955, les paroissiens entreprirent de construire une nouvelle église, le gouvernement acquit l'ancienne, érigée entre 1715 et 1719, de manière à en empêcher la démolition.

★**Ancienne église** – *Ouv. 24 juin-août tous les jours 9 h-18 h. Mai-23 juin & sept.-oct. tous les jours 10 h-midi & 13 h-17 h.* ♿ 🅿 ☎ *418-828-9824.* Endommagée lors de la Conquête, l'église fut restaurée puis agrandie en 1775, lorsque le prêtre de la paroisse devint évêque auxiliaire de Québec. Elle fut à nouveau modifiée dans les années 1830 par Thomas Baillargé. L'intérieur contient trois autels réalisés par Pierre Émond en 1795, ainsi qu'une lampe de sanctuaire sculptée en bois. On notera aussi les bancs à portes dont l'usage fut introduit au Québec par les groupes protestants et, à l'avant et à l'arrière de l'église, les fours à bois, avec leurs tuyaux métalliques servant au chauffage de la nef.

PERCÉ★★★

Gaspésie

3 993 habitants

Schéma : GASPÉSIE

Le village doit son nom à un impressionnant rocher, percé sous l'effet de l'érosion marine, qui se dresse tout près de la côte. Il occupe un **site** magnifique qui ne cesse d'inspirer artistes et poètes et qui attire en Gaspésie des visiteurs venus des quatre coins du monde. Jacques Cartier débarqua ici en 1534, et les pêcheurs européens séjournèrent le long du littoral aux 16e et 17e s. Une mission, fondée en 1673, fut détruite par les Anglais en 1690 et ne fut reconstruite qu'après la Conquête. Petit village de pêcheurs isolé jusqu'au début du siècle, Percé s'est développé grâce au tourisme. C'est aujourd'hui une station de villégiature bien équipée, et réputée pour sa bonne table.

Accès – *Percé se trouve à 814 km au Nord-Est de Québec par la route 132.*

CURIOSITÉS

★★**Rocher Percé** – Cette gigantesque muraille de roc, autrefois rattachée à la terre ferme, fait 438 m de long sur 88 m de haut. C'est un banc de calcaire, formé au fond des mers il y a des millions d'années, et qui renferme un nombre incalculable de fossiles. Jadis percé de quatre arcades, le rocher n'en a conservé qu'une, haute de 30 m. L'une des arcades aujourd'hui disparues s'effondra en 1845, laissant derrière elle un simple pilier : l'Obélisque. Une flèche de sable, découverte à marée basse, relie le rocher au **mont Joli**★★ d'où l'on bénéficie de la plus belle vue.

Rocher Percé

Consulter la table des marées au bureau de tourisme. Pour descendre à la plage et à la flèche de sable, emprunter l'escalier au départ du parc de stationnement du mont Joli.

★★★ **La côte** – La côte, que longe la route 132, offre des **panoramas**★★ spectaculaires. Juste avant Percé, un belvédère permet d'admirer le pic de l'Aurore. Plus loin, un sentier conduit au **cap Barré** d'où la vue embrasse, d'Ouest en Est, l'ensemble des falaises appelées **Trois Sœurs**, le rocher Percé, l'anse du Nord, Mont-Joli, l'île Bonaventure et le village. À la sortie de Percé, le promontoire de la **côte Surprise** ménage une vue d'ensemble du rocher Percé, du village et de l'île Bonaventure.

SE LOGER À PERCÉ

Au Pirate, L'Auberge à Percé – *169 route 132 Ouest. Restaurant, parking.* ☎ *: 418 782 5055 (e-mail : getty@quebectel.com). 5 chambres de 125 à 200 $.* Heureux sont les visiteurs qui auront eu la chance d'obtenir une réservation dans cet établissement disposant de chambres extrêmement confortables, géré par d'aimables propriétaires et offrant une vue magnifique sur le rocher de Percé. La cuisine, récompensée par un prix, attire les clients de tout le pays, venus déguster des spécialités comme le fondant de chair de crabe en mille-feuille, la brandade de morue et sa compote de tomates fraîches, ou le trio du golfe beurre blanc au vinaigre de framboises-saumon, pétoncles, crevettes grillées. Repas de 35 à 50 $. Réservation conseillée.

Hôtel La Normandie – *221 route 132 Ouest. Restaurant, accès handicapés, parking.* ☎ *418 782 2337, 1 800 463 0820. Internet : www.normandieperce .com. 45 chambres de 125 à 200 $.* Dans la grande tradition des établissements de front de mer, cet hôtel dispose de chambres confortables donnant sur le rocher de Percé ou sur les montagnes. Ne manquez pas de réserver une table dans son restaurant réputé. Le menu à prix fixe offre un grand choix de plats, notamment le blanc de morue croûté au saumon fumé et son pesto de tomates séchées, et le feuilleté de homard au Champagne. La carte des vins est impressionnante.

SE RESTAURER À PERCÉ

La Maison du Pêcheur – *155 place du Quai.* ☎ *418 782 5331. Repas de 20 à 35 $.* Installée à côté du port de plaisance, la Maison du Pêcheur sert petits déjeuners, déjeuners et dîners. Vous n'aurez que l'embarras du choix parmi les spécialités québécoises de poissons et fruits de mer telles les escalopes de homard aux parfums d'érable, ou parmi les savoureuses pizzas cuites au feu de bois comme la spéciale du Pêcheur avec sauce tomate, crevettes, pétoncles et chair de homard.

Mont Sainte-Anne – *Depuis la route 132, prendre l'av. de l'Église. Derrière l'église, un chemin non revêtu conduit au mont Sainte-Anne. Un sentier raide, mais assez facile, mène au sommet. Compter 2 h aller-retour.* L'impressionnant sommet tabulaire du mont Sainte-Anne dresse à 320 m d'altitude ses trois faces abruptes de roc rouge. Les belvédères aménagés en cours de route révèlent, à mesure que l'on monte, des **vues**★★★ de plus en plus étendues sur le rocher Percé, la baie, le village et les environs. Au sommet se dresse une statue de sainte Anne.

La Grotte – *En revenant du mont Sainte-Anne, prendre à gauche le chemin de la Grotte et continuer sur 1 km.* Dans cette belle grotte, un charmant bassin entouré de mousses et de fougères recueille les eaux d'une petite chute.

★**La Grande Crevasse** – *Du village, suivre la route des Failles jusqu'à l'auberge Gargantua (3 km) derrière laquelle commence le sentier. Compter environ 1 h 1/2 aller-retour. Avancer prudemment (pas de garde-fou).* Le sentier longe la face Ouest du sommet du mont Sainte-Anne et permet d'entrevoir les monts Chic-Chocs à l'Ouest, et la baie de Gaspé au Nord. La Grande Crevasse *(également visible depuis la route des Failles)* est une profonde entaille dans le conglomérat rocheux rouge qui forme le mont Blanc, au Nord-Ouest du mont Sainte-Anne.

★**Parc de l'Île-Bonaventure-et-du-Rocher-Percé** – *Ouv. début juin-mi-oct. tous les jours 9 h-17 h.* ✗ ♿ 🅿 *www.sepaq.com* ☎ *418-782-2721 ou 418-782-2240 (hors saison).* Ce sanctuaire d'oiseaux migrateurs accueille environ 280 000 pensionnaires (mouettes, marmettes, macareux, cormorans, goélands et petits pingouins), dont quelque 70 000 **fous de Bassan**. Ces derniers nichent sur les surplombs et dans les anfractuosités des hautes parois de 90 m qui forment la façade Est de l'île.

L'**excursion en bateau** *(départ du quai Percé fin mai-mi-oct. tous les jours 8 h-17 h ; mai-mi-juin & mi-sept.-mi-oct. tous les jours 9 h-16 h ; aller-retour 1 h 15 mn ; commentaire à bord ; réservations requises ; 20 $.* ♿ 🅿 *Les Bateliers de Percé Inc.* ☎ *418-782-2974)* qui conduit à l'île Bonaventure passe d'abord tout près du rocher Percé, puis fait le tour de l'île. À la période estivale, les excursionnistes peuvent descendre sur l'île pour aller observer de plus près les oiseaux et se promener par les sentiers.

Île PERROT

Montérégie

9 178 habitants

Schéma : MONTRÉAL

Située au confluent de la rivière des Outaouais et du Saint-Laurent, cette vaste île (11 km de long sur 5 km de large) fut concédée en 1672 à **François-Marie Perrot**, gouverneur de Montréal et capitaine du régiment d'Auvergne. Il avait épousé, quelques années plus tôt, une nièce de l'intendant Jean Talon. Grâce à son emplacement stratégique, l'île lui servit de base pour le commerce illégal de fourrures et d'alcool avec les Amérindiens.

Il fallut attendre 1703, date de l'acquisition de l'île par Joseph Trottier, sieur Desruisseaux, pour que débutent les travaux de défrichage et de mise en culture du site. Trottier construisit un manoir et un moulin à vent sur sa propriété, dorénavant appelée domaine de la Pointe-du-Moulin. Aujourd'hui, l'île constitue une agréable étape entre Montréal et Toronto ou Ottawa.

Accès – *L'île Perrot se trouve à 45 km à l'Ouest de Montréal par la route 20 (sortie 38).*

VISITE

★**Église Sainte-Jeanne-de-Chantal** – *Rue de l'Église. Visite guidée (30 mn) seulement, juil. & août lun.-ven. sur rendez-vous, 10 h-17 h, sam.-dim. 9 h-17 h. Reste de l'année sur rendez-vous.* ♿ 🅿 *http://pages.infinit.net/eglisejc* ☎ *514-453-2125.* Érigée durant la seconde moitié du 18e s., cette petite église de pierre se trouve dans la partie Sud de l'île, plus précisément dans le secteur Village-sur-le-Lac. La vue du chevet, depuis le cimetière, offre une image champêtre du Québec d'autrefois. Très élégant, le décor intérieur (1812-1830) de l'église est dû à Joseph Turcaut et Louis-Xavier Leprohon, sculpteurs de l'École de Quévillon. Depuis l'église, on a une **vue** superbe sur le lac Saint-Louis.

★**Parc historique Pointe-du-Moulin** – *2500, boul. Don-Quichotte. Ouv. mi-mai-août tous les jours, toute la journée. Sept.-début oct. sam.-dim. toute la journée.* ♿ 🅿 *www.pointedumoulin.com* ☎ *514-453-5936.* Situé à la pointe Est de l'île Perrot, ce parc de 12 ha environ accueillait autrefois le manoir (aujourd'hui détruit) de Joseph Trottier. De ce site impressionnant, où la terre avance en saillie dans les eaux, la **vue** sur le lac Saint-Louis et Montréal, au loin, est très agréable. Par temps clair, on aperçoit même les Adirondacks, au Sud-Ouest. Plusieurs aires de pique-nique jalonnent les nombreux sentiers du parc.

Dans le **centre d'interprétation** *(même horaires que pour le parc)*, non loin de l'entrée, des expositions et des films *(15 mn)* retracent l'histoire du domaine et expliquent le système seigneurial et les méthodes de culture traditionnelles du 18e s. À la saison estivale et en fin de semaine, toutes sortes d'activités (démonstrations d'artisanat, concerts et autres) sont proposées au public. On peut également, sous la conduite de guides spécialisés, faire à pied des visites du site, axées sur la géographie, la faune et la flore, et découvrir les fondations de l'ancien manoir seigneurial, dégagées lors de fouilles en 1992 et 1993.

À l'extrême pointe de l'île se dresse le **moulin** de pierre de Trottier (v. 1705). Les dimanches d'été, son mécanisme (reconstitué) fonctionne comme autrefois, à condition, bien sûr, que le vent souffle. Car le moulin possède un système fort astucieux pour broyer le grain : toute sa partie supérieure peut être orientée en fonction de la direction du vent à l'aide d'une longue perche, ce qui permet aux ailes de suivre la moindre brise, d'où qu'elle vienne. Noter que les murs du moulin sont percés de meurtrières, le bâtiment ayant servi de fortification au 18e s. À proximité se trouve la **maison du meunier**, construite vers 1785. On y trouve des explications sur la vie familiale traditionnelle en Nouvelle-France (cuisine, pâtisserie, habillement, ameublement et architecture).

Premier centre urbain d'Amérique du Nord à figurer sur la prestigieuse liste des villes du patrimoine mondial de l'Unesco, la « vieille capitale » séduit par son site remarquable, ses élégantes demeures, ses fortifications et son caractère résolument français. Les flèches élancées de ses innombrables églises se dressent dans le ciel, témoins des pieuses origines de la colonie française. Québec, c'est la flânerie, le plaisir de découvrir, au hasard de ses étroites ruelles pavées, de jolies maisons basses au toit pentu percé de lucarnes, ou encore de pittoresques boutiques d'art et d'artisanat, des restaurants à la cuisine savoureuse et des cafés-terrasses où il fait bon s'attabler en été. Pourtant, hors les murs, Québec est aussi une cité moderne aux gratte-ciel altiers, une ville d'hommes politiques, de fonctionnaires, d'étudiants, et un centre industriel et portuaire.

Un peu d'histoire

Le berceau de la Nouvelle-France – Perchée sur un promontoire au confluent de la rivière Saint-Charles et du Saint-Laurent, Québec tire son nom du mot algonquin *Kebec*, « là où le fleuve se resserre ». De fait, le Saint-Laurent mesure à peine 1 km de large à cet endroit. Bien avant l'arrivée des Européens, chasseurs et pêcheurs amérindiens du village de Stadacona habitaient la région. En 1535, Jacques Cartier débarqua sur ces rives alors vierges, et donna à l'éperon rocheux qui dominait le site le nom de cap Diamant, car il espérait y trouver de ces pierres précieuses. Quand il comprit qu'il n'en tirerait que des gemmes de moindre valeur, il abandonna les lieux, et la région perdit alors beaucoup de son attrait. En 1608, cinq ans après son premier voyage d'exploration au Canada, Samuel de Champlain remit le cap sur la Nouvelle-France pour établir un poste de traite des fourrures à Kebec. Il y fit construire une simple forteresse de bois, sur le site qu'occupe désormais l'église Notre-Dame-des-Victoires. Surnommé l'**Habitation**, l'édifice comprenait, outre un jardin, deux bâtiments principaux qui faisaient office de fort, de poste de traite et de résidence. En 1624, une forteresse plus grande, en forme de fer à cheval, fut construite au même endroit. Champlain érigea également Fort Saint-Louis sur les hauteurs du cap. Au 17e s., les premiers colons – artisans et marchands attirés par le lucratif commerce des fourrures – arrivèrent à Québec. Contrairement aux institutions religieuses et à l'administration coloniale, qui s'établirent dans la Haute-Ville, à l'ombre protectrice de ses murailles, les nouveaux arrivants s'installèrent dans la Basse-Ville qui demeura, jusqu'au milieu du 19e s., le principal secteur résidentiel et commercial de Québec.

Un emplacement stratégique – Très vite, la ville devint le centre politique, administratif et militaire de la Nouvelle-France. Le cap Diamant, à 98 m au-dessus du niveau de la mer, offrait à la colonie un site stratégique qui lui valut le surnom de « Gibraltar de l'Amérique ». Les Français réussirent d'abord à repousser les attaques successives des Iroquois et des Anglais, alors en guerre contre la France. Mais Québec, vulnérable malgré sa situation de forteresse naturelle, fut prise dès 1629 par les **frères Kirke**, puis reconquise en 1632. En 1690, elle fut assiégée sans succès par l'**amiral Phips**. Ce n'était pourtant que partie remise... Le conflit qui opposait la petite colonie française à l'Angleterre ne cessa de s'aggraver au cours du 18e s., et se solda par la sanglante bataille des Plaines d'Abraham qui précipita la Conquête de 1759. À la suite du traité de Paris (1763), l'ancienne métropole de la Nouvelle-France devint capitale d'un dominion britannique.

Château de Frontenac

Développement économique

– Aux 18e et 19e s., le Vieux-Port fut le fiévreux théâtre d'activités liées à l'exportation des matières premières (bois, fourrures, céréales) vers la Grande-Bretagne, et à l'importation de produits finis venant de France, des Antilles, d'Angleterre et d'Écosse. Après la levée de l'embargo napoléonien, au début du 19e s., l'expansion du commerce du bois avec la Grande-Bretagne permit à Québec de rivaliser avec Montréal pendant un demi-siècle. Plusieurs facteurs devaient malheureusement entamer la position économique de Québec et contribuer à son déclin : le passage du bois équarri au bois scié ; la disparition progressive des bateaux en bois au profit des coques d'acier et la modernisation des moyens de transport (intro-

Carnaval de Québec

duction de la vapeur) ; le développement d'un réseau de chemins de fer sur la rive Sud du Saint-Laurent (c'est-à-dire ne passant pas par Québec) ; le dragage du fleuve, qui permettait désormais aux navires de remonter jusqu'à Montréal. Plongée dans un contexte économique peu favorable, Québec réagit en essayant d'attirer l'attention de plusieurs sociétés de chemins de fer, et alla même jusqu'à bâtir le pont de Québec afin que soit établie une liaison ferroviaire entre les rives Nord et Sud du Saint-Laurent. En vain... Après 1850, l'ascension de Montréal à la prééminence financière, commerciale et industrielle entraîna un important déplacement de population et de capitaux plus à l'Ouest. Durant les années 1920, Québec connut une courte période de prospérité fondée sur l'industrie de la chaussure. Aujourd'hui, la plupart des emplois relèvent des secteurs de l'administration, de la défense et des services.

Population – Avant la Conquête, la population québécoise était essentiellement composée de colons d'origine française. L'afflux d'immigrants britanniques et irlandais au début du 19e s. aboutit à un renforcement de la présence anglophone qui s'élevait à 41 % en 1851, et atteignit 51 % vers 1861. Le déclin économique de Québec et l'exode massif de sa population vers la région montréalaise se traduisit par une nette diminution du pourcentage d'habitants de langue anglaise qui passa de 31,5 % en 1871 à 10 % en 1921. En 1996, ces derniers représentaient à peine 1,85 % de la population de Québec.

Québec aujourd'hui – Véritable bastion de la culture française en Amérique du Nord, Québec représente sans aucun doute, pour un Américain, le dépaysement assuré : c'est, plus encore que Montréal, l'Europe sans franchir l'océan. Car la ville a remarquablement réussi, au cours des siècles, à préserver son héritage culturel, sans pour autant se transformer en une sorte de musée vivant. Depuis déjà plusieurs décennies, le gouvernement provincial lui a donné un nouvel élan, et une métropole trépidante s'est développée en dehors de ses solides murailles.

RENSEIGNEMENTS PRATIQUES ....Indicatif régional : 418

Comment s'y rendre

Avion – Aéroport international **Jean-Lesage** : à 16 km *(environ 20 mn)* du centre ville par taxi *(25 $)* ou navette *(9 $)*. Vols intercontinentaux et internationaux. Renseignements ☎ 640-2600.

Train – Gare du Palais : 450, rue de la Gare-du-Palais ; Gare de Sainte-Foy : 3255, chemin de la Gare ; Gare de Lévis : 5995, rue Saint-Laurent. Renseignements VIA Rail ☎ 692-3940.

Autocar – Terminus Gare-du-Palais : 320, rue Abraham-Martin ; terminus à Sainte-Foy : 925 av. de Roche-Belle. Renseignements ☎ 525-3000.

Comment s'y déplacer

Transports publics – Le système de transport en commun local (autobus) est exploité par la Société de transport de la communauté urbaine de Québec (STCUQ) ☎ 627-2511. Le service est généralement assuré de 5 h 30 à 1 h. Les tickets, vendus à l'unité ou sous forme de forfait *(4,70 $/jour)*, s'achètent chez les marchands de tabac et de journaux *(1,75 $)* ou à bord du bus *(2,25 $)*.

Voitures – Sociétés de location de véhicules : Avis ☎ 872-2861 ; Budget ☎ 872-9885 ; Hertz ☎ 694-1224 ; National-Tilden ☎ 683-9000 ; Thrifty-Québec ☎ 877-2870. La vieille ville, haute et basse, aux rues étroites et encombrées, se visite plus facilement à pied. Les automobilistes laisseront leurs voitures dans les espaces aménagés à cet effet. Pour connaître l'emplacement des principaux terrains de stationnement (indiqués par le symbole 🅿), se référer aux plans *pp. 234-235* et *238-239*.

Taxis – Taxis Coop Québec ☎ 525-5191 ; Taxis Québec ☎ 522-2001 ; Taxis Coop Sainte-Foy Sillery ☎ 653-7777.

À savoir

Où s'informer – **Tourisme Québec** : 12, rue Sainte-Anne ; ouv. mi-juin–fête du Travail tous les jours 8 h 30-19 h 30, reste de l'année tous les jours 9 h-17 h ; ☎ 514-873-2015. **Office du Tourisme et des congrès de la Communauté urbaine de Québec** : 835, av. Wilfrid-Laurier ; ouv. juin-fête de l'Action de Grâce tous les jours 8 h 30-19 h 30, reste de l'année tous les jours 9 h-17 h ; ☎ 649-2608.

Hébergement – Renseignements : Office du tourisme et des congrès de la Communauté urbaine de Québec ☎ 649-2608.

Presse locale – Francophone : *Le Journal de Québec*, *Le Soleil*. Anglophone : *Chronicle-Telegraph*.

Bureaux de poste – Ouv. lun.-ven. 8 h-17 h 45. Bureau principal : 300, rue Saint-Paul ☎ 694-6175 ; Haute-Ville : 3, rue Buade ☎ 694-6102.

Bureaux de change	☎
Caisse populaire Desjardins (Vieux-Québec) – 19, rue des Jardins	694-1774
Caisse populaire Laurier (Sainte-Foy) – 2600, boul. Laurier	658-4870
Échange de devises Montréal – 12, rue Sainte-Anne	694-1014
– 46, rue du Petit-Champlain	694-0011
Transchange inc. – 43, rue Buade et 8, rue du Trésor	694-6906

Numéros utiles	☎
Police-Ambulance-Pompiers	911
Assistance annuaire	411
Pharmacie Brunet *(24 h /24, 7 jours/7)*	623-1571
Tourisme Québec	514-873-2015
Association canadienne des automobilistes (CAA)	624-0708
État des routes	514-284-2363
Météo *(24 h/24)*	648-7766

Chaque année au mois de février, le fameux **Carnaval de Québec**, orchestré par le non moins célèbre « Bonhomme Carnaval », joyeux bonhomme de neige vêtu de sa tuque rouge (bonnet de laine) et de sa ceinture fléchée (pièce de vêtement traditionnel québécois), attire des milliers de visiteurs. Durant les festivités, on peut voir un grand défilé de chars, la construction d'un magnifique palais de glace, un concours de sculptures de glace, et assister à une course de canots à travers les glaces mouvantes du Saint-Laurent.

À faire

Info-loisirs – Pour se faire une idée des événements en cours, consulter des publications touristiques gratuites telles *Québec Scope*, *Voilà Québec* et *Voir*, ou parcourir la section Arts et Spectacles des journaux *(numéros de fin de semaine)*. Billets pour les événements culturels en vente auprès des bureaux suivants : **Billetech** ☎ 643-8131 (renseignements), ☎ 514-790-1245 (réservations téléphoniques) ; grands magasins **La Baie** (deux à Québec, un à Sainte-Foy). Principales cartes de crédit acceptées.

Sports-spectacles – **Hockey sur glace** : Les Rafales de Québec (ligue internationale), saison : sept.-mars, Colisée de Québec ☎ 691-7211 ; Les Ramparts de Québec (ligue junior), saison : sept.-mars, PEPS Université Laval, Sainte-Foy ☎ 656-2131. **Course sous harnais** : Hippodrome de Québec, parc de l'Exposition ☎ 524-5283.

Shopping et restaurants – Les rues suivantes se prêtent particulièrement bien à la flânerie : le quartier Petit-Champlain, les rues du Trésor, Saint-Jean, Saint-Louis, Saint-Paul et Sainte-Anne, la côte de la Fabrique et la Grande Allée.

Se loger à Québec

Les établissements mentionnés ci-dessous ont été sélectionnés pour leur caractère, leur situation ou leurs tarifs. Les prix indiquent une chambre standard double plein tarif, taxes non comprises. Certains hôtels proposent des tarifs réduits pour le week-end. Les prix peuvent être très variables selon la saison.

Le Château Frontenac – *1 rue des Carrières. Restaurant, accès handicapés, piscine, parking.* ☎ *418 692 3861, 800 441 1414. Internet : www.cphotels.ca. 603 chambres de 200 à 300 $.*
Érigé en 1892, ce majestueux château aux toits de cuivre surplombant le Vieux-Québec compte parmi les plus anciens symboles de la ville. Au fil des ans, cet hôtel distingué a accueilli d'illustres personnalités comme la reine Elisabeth et Winston Churchill. Le hall d'entrée, où règne une agitation permanente, est habillé de lambris ouvragés et reflète l'opulence d'antan. La grandeur, la forme et la vue des chambres, qui sont par ailleurs bien aménagées, varient selon le prix. L'hôtel est équipé d'une belle salle de gymnastique et propose des services de baby-sitting et de limousine.

L'Hôtel Dominion 1912 – *126 rue St-Pierre. Accès handicapés, parking.* ☎ *418 692 2224, 1 888 833 5253. Internet : www.hoteldominion.com. 40 chambres de 200 à 300 $.*
Installé dans un bâtiment commercial de neuf étages construit en 1912 pour la Dominion Fish and Fruit Ltd, cet hôtel-boutique bénéficie d'un bel emplacement au cœur du quartier du Vieux-Port. Le salon de lecture et le ravissant hall d'entrée sont rehaussés de vitraux et d'ouvrages en ferronnerie. Les chambres percées de hautes fenêtres et pourvues d'une belle hauteur sous plafond sont très lumineuses ; duvets et oreillers en plumes d'oie apportent un confort supplémentaire aux visiteurs. Le prix comprend le petit déjeuner continental.

Auberge Saint-Antoine – *10 rue St-Antoine. Accès handicapés, parking.* ☎ *418 692 2211, 1 888 692 2211. Internet : www.saint-antoine.com. 31 chambres de 200 à 300 $.*
Un entrepôt datant de 1822 et une maison de marchand anglais de 1720 ont été transformés en un petit hôtel qui compte parmi les plus élégants de la ville. Ses chambres et suites ont conservé pour la plupart leur murs de pierres apparentes et leur poutres d'origine. Chacune d'entre elles possède sa propre décoration, de la chambre Rosalind avec ses motifs floraux et ses tons roses, à la suite James Bond 007 au mobilier lisse et contemporain. Le prix comprend le petit déjeuner-buffet.

Château Bonne Entente – *3400 chemin Ste-Foy, Ste-Foy. Restaurant, accès handicapés, parking.* ☎ *418 653 5221, 1 800 463 4390. Internet : www.chateaubonneentente.com. 150 chambres de 125 à 200 $.*
Situé dans un endroit boisé avec un accès aisé tant vers l'aéroport que vers le Vieux-Québec, le Château Bonne Entente allie les charmes d'une auberge de campagne aux équipements d'un établissement moderne. Rejoignez le centre de remise en forme avant d'aller vous installer confortablement dans un bon fauteuil au coin du feu dans un salon douillet où thé et petits fours sont servis chaque après-midi. Les chambres sont toutes personnalisées et les suites familiales sont pourvues de lits superposés et de jouets pour les enfants.

L'Hôtel du Vieux Québec – *1190 rue St-Jean. Restaurant, accès handicapés, parking.* ☎ *418 692 1850, 1 800 361 7787. Internet : www.hvq.com. 41 chambres de 125 à 200 $.*

La bonne adresse pour les familles et les groupes d'étudiants : en plein Quartier Latin, cet hôtel en brique vieux de plusieurs siècles a été soigneusement restauré et abrite des chambres entièrement rénovées ; certaines sont équipées de canapé et kitchenette. Aux mois de juillet et août des visites guidées à pied du Vieux-Québec sont proposées gratuitement.

Hôtel Particulier Belley – *249 rue St-Paul. Restaurant, accès handicapés, parking.* ☎ *418 692 1694. 8 chambres de 75 à 125 $.*

Bénéficiant d'un emplacement de choix sur le Vieux-Port ainsi que du charme d'autrefois avec ses murs en brique et ses poutres apparentes, cet hôtel dispose de nombreux atouts pour vous faire passer un agréable séjour, qui plus est à un prix raisonnable. Ses chambres au décor sobre se trouvent au-dessus de la **Taverne Belley**, l'un des endroits les plus populaires de la ville. Il est également possible de louer des appartements, situés de l'autre côté de la rue.

Centre international de Séjour de Québec – *19 rue Ste-Ursule. Accès handicapés.* ☎ *418 694 0755, 1 800 461 8585. Internet : www.tourismej.qc.ca. 240 lits, prix inférieur à 75 $.*

Membre de L'Hostelling International, cette auberge de jeunesse est installée à l'intérieur des remparts de la vieille ville. Ouverte toute l'année, elle dispose de chambres et de dortoirs pouvant loger de deux à huit personnes. Cuisine et cafétéria sur place.

Se restaurer à Québec

Les établissements mentionnés ci-dessous ont été sélectionnés pour leur caractère, leur situation ou leurs tarifs. Les prix indiquent le coût moyen d'une entrée, d'un plat principal et d'un dessert pour une personne (taxes, pourboire et boissons non compris). Téléphoner pour connaître les horaires d'ouverture et pour les réservations.

Le Champlain – *1 rue des Carrières. Accès handicapés, parking.* ☎ *418 692 3861. Repas supérieur à 50 $.* Spécialités françaises et québécoises. Le chef Jean Soulard s'efforce constamment de créer de nouveaux plats célébrant les produits du terroir. Le personnel en costume d'époque confère une certaine convivialité au décor princier. Un bon choix de vins accompagne des spécialités tels la roulade de ris de veau, le filet de sanglier et le foie gras en crépine.

Le Continental – *26 rue St-Louis. Accès handicapés, parking.* ☎ *418 694 9995. Repas de 35 à 50 $.* Proche du Château Frontenac, ce restaurant prisé des Québécois est un des plus vieux établissements de la ville. Un personnel compétent sert dans l'élégante salle à manger, habillée de lambris et de tentures bleu foncé, une cuisine classique allant du steak aux fruits de mer en passant par la canette à l'orange et l'agneau.

Le Café du Monde – *57 rue Dalhousie. Accès handicapés, parking.* ☎ *418 692 4455. Repas de 20 à 35 $.* Spécialités françaises. Steak frites, magrets de canard et moules figurent au menu. Pas de doute, vous êtes bien dans le célèbre bistrot « parisien » de Québec, où d'aimables serveurs en tablier blanc se faufilent dans une atmosphère chaleureuse pour régaler les visiteurs d'une cuisine goûteuse.

★★★ ☐ BASSE-VILLE

Un peu d'histoire

La Basse-Ville se développa autour de l'Habitation, logis de bois fortifié établi par Champlain au début du 17ᵉ s. Les premier efforts d'urbanisation prirent véritablement forme en 1636, un an après la mort du grand explorateur et colonisateur. Entre 1650 et 1662, plus de 35 parcelles de terrains furent concédées à des marchands qui construisirent magasins et résidences autour de l'Habitation et de sa place contiguë, alors appelée place du Marché. Pour parer au manque d'espace, il leur fallut remblayer certaines parties de la rive, au Nord-Est de la place, et construire des quais le long de l'actuelle rue Saint-Pierre. En août 1682, un incendie dévasta les lieux. La reconstruction se fit alors selon de nouvelles normes qui imposaient l'utilisation de la pierre au lieu du bois. Ainsi naquirent ces maisons à un ou deux étages, si typiques du quartier. Commerce, construction navale et activités portuaires contribuèrent à la prospérité croissante de la colonie. Après la Conquête, son développement se poursuivit à l'initiative des marchands et des constructeurs navals anglais qui bâtirent de nombreux quais le long des berges de la rivière Saint-Charles et du Saint-Laurent. Grâce au remblayage des terrains marécageux entre les différents quais, et à la création de nouvelles voies, telle la rue Saint-Paul, la superficie de la Basse-Ville avait doublé vers la moitié du 19ᵉ s.

Café du Monde

47ᵉ Parallèle – *24 rue Ste-Anne.* ☎ *418 692 1534. Repas de 20 à 35 $.* Cuisine internationale. Ce restaurant animé aux couleurs contrastantes propose une grande variété de plats traditionnels du monde entier. Ainsi peut-on trouver au menu, qui change régulièrement, les médaillons de daim d'Europe, l'agneau marocain au curry sur un lit de couscous aux légumes, ou encore l'alligator des bayous louisianais. Le monde est à vous !

Portofino – *54 rue Couillard. Parking.* ☎ 418 692 8888. *Repas de 20 à 35 $.* Spécialités italiennes. Cette trattoria où règne une agitation débordante affiche pas moins de 20 variétés de pâtes faites maison et 30 différentes pizzas cuites aux feu de bois ainsi qu'un bon choix de vins italiens. Pris dans l'euphorie générale et entourés des drapeaux des célèbres équipes italiennes de football, même les plus sages d'entre vous se surprendront à entonner « Amore »...

La Playa – *780 rue St-Jean.* ☎ *418 522 3989. Repas de 20 à 35 $.* Spécialités créoles. Saveurs latines, cajun et thaï viennent rehausser les spécialités de crevettes, poissons et volailles de la Playa. Essayez l'un des 60 martinis dits exotiques pour soulager l'effet des épices. Service en terrasse l'été.

Les Épices de Szechwan – *215 rue St-Jean. Accès handicapés, parking.* ☎ *418 648 6440. Repas de 20 à 35 $.* Cuisine chinoise. Installé dans une vieille maison du quartier St-Jean-Baptiste du Vieux-Québec, ce restaurant propose de bons plats chinois qui, comme le nom de l'établissement l'indique, mettent à l'honneur les épices fortes de la région de Szechwan, dans le Centre Sud de la Chine.

Après 1860, le déclin de l'activité portuaire annonça la fin de la prospérité économique de la Basse-Ville. Les édifices, laissés à l'abandon, se dégradèrent au fil des ans. En 1967, le gouvernement du Québec adopta une loi visant à la restauration de la place Royale ; les travaux d'archéologie et de rénovation commencèrent en 1970 et se poursuivent encore aujourd'hui. La vocation commerciale de la Basse-Ville a laissé son empreinte sur le quartier, comme en témoignent ses nombreux marchés, ses quais et ses entrepôts.

Promenade *Parcours : 2,2 km.*

Accès – *De la terrasse Dufferin, emprunter l'abrupt escalier Frontenac menant à la Basse-Ville, et descendre la côte de la Montagne jusqu'à l'escalier Casse-Cou qui aboutit à la rue du Petit-Champlain. Un funiculaire part également de la terrasse Dufferin (en service juin-mi-oct. tous les jours 8 h-minuit ; reste de l'année tous les jours 7 h 30-23 h 30 ; 1,25 $.* ☎ *418-692-1132).*
Point de départ : rue du Petit-Champlain.

Maison Louis-Jolliet – *16, rue du Petit-Champlain.* Construite en 1683 selon les plans du tailleur de pierres et architecte Claude Baillif, cette maison de deux étages appartint jadis à Louis Jolliet qui, avec le père Jacques Marquette, découvrit le Mississippi. Depuis 1879, l'édifice abrite la gare inférieure du funiculaire qui relie la Haute-Ville à la Basse-Ville.

Vue du Vieux-Québec par Fred H. Holloway

★**Verrerie la mailloche (Économusée du Verre)** – *58, rue Sous-le-Fort, à l'angle de la rue du Petit-Champlain. Visites guidées pour groupes (3 $/personne) nov.-mi-juin ; réservations requises. Atelier ouv. juin-oct. mer.-dim. 10 h-16 h 30 (démonstrations 10 h-12 h & 13 h-16 h 30) ; reste de l'année lun.-ven. 10 h-16 h 30 (démonstrations 10 h-midi & 13 h-16 h 30). Boutique (entrée sur l'escalier Casse-Cou) ouv. juin-oct. tous les jours 9 h-22 h ; reste de l'année tous les jours 10 h-17 h (jeu.-ven. 21 h). Fermé jours fériés. www.lamailloche.qc.ca ☎ 418-694-0445.* Ce musée-atelier initie les visiteurs à l'art fascinant de la fabrication du verre soufflé. Commencer la visite à l'atelier, où sont exposées de très belles pièces de verre aux riches coloris. C'est ici que l'on peut observer les souffleurs au travail et les voir créer vases, carafes, assiettes ou coupes avec une impressionnante dextérité, en extrayant soigneusement le verre fondu d'un four rougeoyant pour le façonner et le modeler à l'aide de divers outils. Des panneaux explicatifs décrivent les différentes étapes du travail, et les verriers eux-mêmes répondent volontiers aux questions. Monter ensuite à l'étage pour voir l'exposition de verres provenant de divers pays, y compris l'Italie, la France et l'Angleterre ; noter aussi les panneaux qui relatent l'histoire de la fabrication du verre depuis le 3ᵉ millénaire av. J.-C.

Les boutiques du quartier Petit-Champlain

Cet agréable secteur abrite des boutiques en tous genres, offrant un grand choix de produits artisanaux. **L'Oiseau du Paradis** *(80, rue du Petit-Champlain ; ☎ 418-692-2679)* propose toute une gamme d'objets réalisés en papier artisanal : cartes, lampes, masques, tableaux et nécessaires à correspondance. Foulards et cravates de soie étalent leurs couleurs chatoyantes à la **Soierie Huo** *(91, rue du Petit-Champlain ; ☎ 418-692-5920)*, où l'on trouve aussi des foulards de laine et de mousseline. Enfin, **La Dentellière** *(56, boul. Champlain ; ☎ 418-692-2807)* offre un large éventail de dentelles importées, ainsi que de jolies pièces faites à la main par des dames de Québec.

★**Rue du Petit-Champlain** – Tracée durant les années 1680, cette ruelle piétonnière au pied de la falaise portait à l'origine le nom de rue de Meulles. Elle prit son nom actuel au 19ᵉ s., lorsque fut dessinée, le long du fleuve, une artère beaucoup plus large : le boulevard Champlain. Les maisons de bois qui bordaient la rue furent habitées par des artisans et des fermiers jusqu'au 19ᵉ s., époque à laquelle des immigrants irlandais qui travaillaient au port vinrent s'installer dans le quartier. Victime du ralentissement des activités portuaires au début du 20ᵉ s., ce dernier finit par se délabrer. Aujourd'hui, des travaux de restauration, menés à l'initiative d'entreprises tant publiques que privées, l'ont transformé en un lieu animé où se côtoient restaurants, cafés, boutiques et galeries d'art.

Au bout de la rue, tourner à gauche pour rejoindre le boul. Champlain.

★**Maison Chevalier** – *À l'angle de la rue du Marché-Champlain & du boul. Champlain. Ouv. 24 juin-oct. tous les jours 10 h-17 h 30. Début mai-23 juin mar.-dim. 10 h-17 h 30. Nov.-avr. sam.-dim. 10 h-17 h. ▣ (10 $) www.mcq.org*

☎ *418-643-2158*. Ce bâtiment de trois étages est situé au **Cul-de-Sac**, bassin naturel découvert par Champlain en 1603. Les chantiers maritimes du roi, auparavant établis à l'embouchure de la rivière Saint-Charles, y furent installés en 1745. Cependant, le bassin fut comblé au milieu du 18e s. afin d'agrandir la surface de la Basse-Ville. L'aile Ouest de cette imposante construction fut élevée en 1752 pour le riche marchand et armateur Jean-Baptiste Chevalier. La maison, fort solide, résista aux bombardements des Anglais en 1759. Détruite par un incendie, elle fut reconstruite en 1762. Durant tout le 19e s., elle abrita la London Coffee House, auberge fréquentée par la bourgeoisie. Acquise par le gouvernement du Québec en 1956, la maison Chevalier a été largement rénovée. Administrée par le musée de la Civilisation, elle présente aujourd'hui des expositions sur le mobilier et l'habitat traditionnel.

Le Cochon Dingue

46, boul. Champlain.
☎ *418-692-2013*. Derrière une attrayante façade de pierre percée de larges fenêtres se trouve l'un des bistros les plus prisés du Vieux-Québec. On vient pour l'ambiance décontractée, le service aimable et une cuisine bistro variée et savoureuse, notamment le steak-frites (la spécialité de la maison), les moules et d'excellents desserts. Le petit-déjeuner y est également servi tous les jours.

Continuer jusqu'au coin de la rue du Marché-Champlain et du boulevard Champlain pour admirer la superbe **vue**★ du château Frontenac dont l'imposante silhouette domine la Basse-Ville.

Revenir à la maison Chevalier. Prendre à droite la rue Notre-Dame, puis encore à droite la rue Sous-le-Fort.

Batterie royale – *Au bout des rues Sous-le-Fort & Saint-Pierre. Ouv. tous les jours de l'année.* ♿ ☎ *418-643-6631*. Construit en 1691 sur ordre du roi Louis XIV, cet épais rempart de terre à quatre côtés n'était qu'une partie des fortifications destinées à renforcer les défenses de la ville contre les Anglais. Située au bord du fleuve, la batterie était exposée aux intempéries et nécessitait de fréquentes réparations. Détruite durant la Conquête, elle ne fut jamais reconstruite, et tomba peu à peu dans l'oubli. À son emplacement furent aménagés deux entrepôts ainsi qu'un quai. Des archéologues excavèrent les vestiges du petit ouvrage fortifié en 1972. Reconstitué selon son aspect d'antan, il contient des répliques de canons du 18e s. disposées dans dix de ses onze embrasures ; la dernière reste vide, car de cet angle, une salve aurait suffi à détruire les maisons de la rue Saint-Pierre. À la période estivale, un programme d'animation permet de découvrir la façon dont étaient maniés les canons sous le Régime français.

Prendre à droite la rue Saint-Pierre, puis à gauche la ruelle de la Place qui aboutit à la place Royale.

Rue du Petit-Champlain

J.-F. Bergeron/ENVIRO FOTO

★★Place Royale – Cette charmante place pavée occupe l'emplacement du jardin de la fameuse Habitation de Champlain. Quand la ville se développa autour de la forteresse, un marché s'y installa. L'endroit prit le nom de place Royale en 1686, lorsque l'intendant Champigny y fit ériger un buste du roi Louis XIV. La place Royale bénéficia d'une période de prospérité jusqu'au milieu du 19ᵉ s., époque à laquelle les activités portuaires entamèrent leur déclin. En 1928, le gouvernement français offrit à la ville un buste en bronze de Louis XIV (**1**), copie de l'œuvre en marbre du Bernin conservée à Versailles. Par égard pour la population anglophone du quartier, la statue n'y sera installée qu'en 1948.

★Église Notre-Dame-des-Victoires – *Ouv. mai-mi-oct. lun.-sam. 9 h-17 h, dim. 13 h-17 h. Reste de l'année lun.-sam. 10 h-16 h, dim. 13 h-16 h.* ☎ *418-692-1650.* Cet édifice de pierre fut construit entre 1688 et 1723 sur l'ancien site de l'Habitation de Champlain pour servir de chapelle auxiliaire à la cathédrale de Québec, et fit office de paroisse pour les fidèles de la Basse-Ville. Comme la plupart des bâtiments du quartier, l'église fut détruite lors de la Conquête, et aussitôt rebâtie. Son nom fait allusion à deux victoires remportées sur les Britanniques : la

première en 1690, lorsque les troupes du comte de Frontenac battirent la flotte de l'amiral Phips ; la seconde en 1711, lorsque la quasi-totalité de la flotte de l'amiral Walker fit naufrage au cours d'une tempête. À l'intérieur, suspendue au-dessus de la nef, une maquette de navire représente le vaisseau *Brézé* (17ᵉ s.) qui amena les troupes françaises à Québec. À gauche du reliquaire de la chapelle latérale, un tableau de Théophile Hamel, datant de 1865, représente sainte Geneviève. On admirera également le magnifique **retable** (1878, David Ouellet) du maître-autel.

Traverser la place Royale, et continuer le long de la rue Notre-Dame.

Parc La Cetière – Des fouilles archéologiques entreprises en 1972 ont mis au jour les fondations de cinq maisons construites sur ce site en 1685. Ces édifices de pierre, détruits durant la Conquête, furent reconstruits sur les mêmes fondations. Les incendies de 1948 et 1957 rasèrent malheureusement le quartier. On distingue, parmi les quelques ruines exposées dans le parc, une cloison d'habitation ainsi qu'une base et un conduit de cheminée.

Prendre la rue du Porche, et tourner à droite dans la rue Thibaudeau.

Place de Paris – Pour suppléer aux besoins de la population toujours croissante de la Basse-Ville, plusieurs marchés s'installèrent aux alentours de celui de la place Royale. Situé à un endroit stratégique près du Saint-Laurent, le prospère marché Finlay (1871) s'y tint jusqu'au début des années 1950. Aujourd'hui, une sculpture contemporaine intitulée *Dialogue avec l'Histoire* (**2**) marque le centre de cette vaste place. Œuvre du Français Jean-Pierre Raynaud, le « colosse de Québec », comme on l'appelle ici, fut offert à la ville par la mairie de Paris. Représentation abstraite du peuple d'aujourd'hui, l'énorme bloc assume sa signification esthétique par rapport au buste de Louis XIV (symbole de la monarchie absolue) qui, dans la perspective, lui fait pendant sur la place Royale.

Bel entrepôt d'inspiration néo-Renaissance et Second Empire, l'ancienne demeure (1682) du marchand François Hazeur abrite le **centre d'interprétation de Place-Royale** *(27, rue Notre-Dame ; ouv. 24 juin-22 oct. tous les jours 10 h-17 h 30 ; reste de l'année mar.-dim. 10 h-17 h ; 3 $. www.mcq.org* ☎ *418-646-3167).* Ce dernier offre à travers son exposition (carte de la Nouvelle-France dessinée

---

● **Boutique Métiers d'Art**

29, rue Notre-Dame. ☎ *418-694-0267.* Elle ne vend que des œuvres réalisées par des artisans québécois. On y trouve un large éventail d'objets créés à l'aide de matériaux divers, parmi lesquels des pièces véritablement uniques. Passez à l'arrière de la boutique où sont exposées de très belles sculptures de verre, des céramiques, de délicates pièces de verre soufflé et des peintures-vitrail aux couleurs vives.

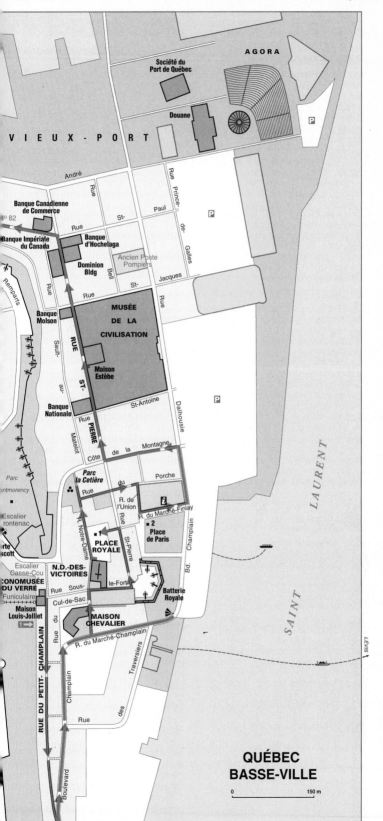

AGORA

Société du
Port de Québec

Douane

V I E U X - P O R T

André

Rue

St-

Paul

Rue

Prince-

de-

Galles

Banque Canadienne
de Commerce

Nº 82

Rue

Banque Impériale
du Canada

Banque
d'Hochelaga

Rue

Dominion
Bldg

Bell

St-

Jacques

Ancien Poste
Pompiers

Remparts

Rue

Rue

MUSÉE

Banque
Molson

RUE ST-

DE LA

CIVILISATION

Sault-

Maison
Estèbe

au-

St-Antoine

Banque
Nationale

Rue

PIERRE

Dalhousie

Matelot

de la

Montagne

Côte

Parc
la Cetière

Porche

Parc
Montmorency

du

Rue

R. de
l'Union

Escalier
Frontenac

R. du Marché-Finlay

Champlain

Porte
Prescott

Escalier
Casse-Cou

1
PLACE
ROYALE

R. Notre-Dame

Rue St-Pierre

2
Place
de Paris

ÉCONOMUSÉE
DU VERRE

N.-D.-DES-
VICTOIRES

Rue

Sous-

Bd.

Funiculaire

le-Fort

Batterie
Royale

Maison
Louis-Jolliet

Cul-de-Sac

MAISON
CHEVALIER

Rue

du

L A U R E N T

RUE DU PETIT- CHAMPLAIN

R. du Marché-Champlain

Traversiers

S A I N T

Champlain

des

FLEUVE

Rue

Boulevard

QUÉBEC
BASSE-VILLE

0   150 m

en 1688, objets découverts lors des fouilles archéologiques effectuées sous la place Royale, etc.) le témoignage de 400 ans d'histoire. Présentations multimédias, expositions, espace découverte et visites guidées permettent de renouer avec l'Histoire.

Prendre à gauche la rue Dalhousie, encore à gauche la côte de la Montagne, puis à droite la rue Saint-Pierre.

★**Rue Saint-Pierre** – Au 19e s., cette voie animée devint le centre du quartier des affaires à Québec. De nombreuses banques et compagnies d'assurance y installèrent leurs bureaux principaux. Parmi les édifices les plus remarquables, il faut mentionner la **Banque Nationale** *(n° 71)*, construite par J.-F. Peachy en 1862, l'ancienne **Banque Molson** *(n° 105)*, aujourd'hui occupée par le bureau de poste du quartier, et la **Banque impériale du Canada** *(n°s 113-115)*, bâtie en 1913. Entre les rues Saint-Antoine et Saint-Jacques, remarquer la porte cochère de la maison Estèbe, qui fait aujourd'hui partie du musée de la Civilisation. L'ancienne **Banque d'Hochelaga** *(n° 132)* se dresse à côté du **Dominion Building** *(n° 126)*, premier gratte-ciel de Québec. Dominant l'angle des rues Saint-Pierre et Saint-Paul, la **Banque canadienne de Commerce** *(139, rue Saint-Pierre)* est un excellent exemple de l'architecture Beaux-Arts en vogue à la fin du 19e s.

Tourner à gauche, et continuer le long de la rue Saint-Paul.

★**Rue Saint-Paul** – Construit sur les quais de la rivière Saint-Charles en 1816, ce tronçon de la rue Saint-Paul fut élargi en 1906. Les travaux qui s'ensuivirent nécessitèrent la démolition des édifices existants, à l'exception de l'entrepôt Renaud *(n° 82)*, déjà bâti en retrait en 1875. La plupart des maisons du côté Sud datent des années 1850 et sont occupées par des boutiques d'antiquaires, des galeries d'art et des restaurants.

Tourner à droite dans la rue des Navigateurs.

★**Centre d'interprétation du Vieux-Port-de-Québec** – *100, rue Saint-André, en bordure du bassin Louise. Ouv. début mai-3 sept. tous les jours 10 h-17 h. 4 sept.-début oct. tous les jours 13 h-17 h. Reste de l'année sur rendez-vous. 3 $. & www.parkscanada.gc.ca/vieuxport ☎ 418-648-3300.* Située à deux pas du Saint-Laurent, une ancienne cimenterie convertie en centre d'interprétation donne aujourd'hui l'occasion de découvrir l'importance du port de Québec au siècle dernier, et son rôle prépondérant dans le commerce du bois et la construction navale. Car vers 1850, Québec rivalisait avec Sydney, Hong Kong, Londres et New York. Au rez-de-chaussée, la reconstitution d'un quai de la rivière Saint-Charles vers le milieu du 19e s. plonge le visiteur au cœur de l'activité portuaire d'antan. Plus loin, un diaporama invite à un voyage dans l'Histoire. Les étages supérieurs sont consacrés à l'industrie forestière, la construction navale et la vie quotidienne dans le quartier du port au 19e s. On y découvre le cheminement du bois, de sa coupe jusqu'à son expédition vers l'étranger, en passant par son entreposage et sa préparation dans l'« anse à bois », dont on verra une maquette illuminée. Vêtus à la mode du siècle dernier, des mannequins représentent les travailleurs auxquels cette époque dut sa prospérité, tels l'entrepreneur forestier, le cageux, le charpentier et le calfat. Des panneaux d'interprétation expliquent en détail les étapes de la construction d'un navire de bois, et présentent les différents types de navires de l'époque (barge à voile, vapeur à roue à aubes, schooner, etc.). La reconstitution d'une taverne, avec des effets sonores des plus réalistes, vient apporter à l'ensemble une note humaine. Au dernier étage, une terrasse vitrée offre un **point de vue** sur les activités portuaires d'aujourd'hui et sur la Basse-Ville. De l'autre côté du bassin s'élèvent les tours cylindriques de l'usine de papier Reed (1927).

Rejoindre la rue Saint-Paul par la rue Rioux.

Rue Sous-le-Cap - Située au pied du rocher du Cap Diamant, cette étroite ruelle constitua jusqu'au 19e s. l'unique passage entre la place Royale et le Faubourg Saint-Nicolas, au Nord. Avant la création de la rue Saint-Paul, les maisons qui aujourd'hui se trouvent face à la route étaient orientées vers la rue Sous-le-Cap. Les plans trop étroits du bâtiment ne permettant pas l'installation d'ascenseurs à l'intérieur des maisons, des remises extérieures furent construites et reliées aux maisons principales par des passerelles qui enjambaient la rue. Ces passerelles sont entretenues par les propriétaires.

L'appétit vient en marchant !

Après une longue promenade, quel plaisir de savourer un bon repas dans l'un des restaurants de la Basse-Ville ! Le bistro **L'Ardoise** *(71, rue Saint-Paul ; ☎ 418-694-0213)* séduit d'emblée, avec son charmant décor qui marie allègrement boiseries foncées, chaises tressées et pierres anciennes. La cuisine y est soignée et le service agréable. À noter, d'excellents poissons et de délicieux petits-déjeuners. Situé près du musée de la Civilisation, **L'Échaudé** *(73, rue Sault-au-Matelot ; ☎ 418-692-1299)* sert toute une variété de plats (viandes, poissons, salades, volaille) toujours très bien apprêtés et fort joliment présentés. Et en plus, le service est attentionné, même lorsqu'il y a foule.

**Musée de la Civilisation

Entrée principale au 85, rue Dalhousie. Ouv. 24 juin-fête du Travail tous les jours 10 h-19 h. Reste de l'année mar.-dim. 10 h-17 h. 7 $. ✗ ♿ 🅿 www.mcq.org ☎ 418-643-2158.

Inauguré en 1988, ce remarquable musée s'étend de la rue Saint-Antoine à la rue de la Barricade. Le célèbre architecte **Moshe Safdie**, à qui l'on doit aussi le complexe Habitat, à Montréal, et le musée des Beaux-Arts du Canada, à Ottawa, a conçu cet ensemble dont les deux masses élancées et angulaires, taillées dans la pierre à chaux, sont surmontées d'un campanile de verre et coiffées d'un toit de cuivre à lucarnes stylisées. Un escalier monumental, construit entre les deux structures, mène à une terrasse surplombant la **maison Estèbe**, édifice de pierre (1752) que l'on a intégré au musée pour symboliser le lien entre le passé et le présent. À l'intérieur du vaste hall d'entrée, le visiteur pourra admirer une sculpture de l'artiste montréalais Astri Reusch intitulée *La Débâcle*, illustrant la fonte des glaces au printemps.

Le musée apporte un regard original sur l'expérience humaine, et encourage le public à examiner ses propres valeurs et traditions par rapport à celles d'autres cultures et civilisations. Ses collections regroupent environ 240 000 objets et documents iconographiques divisés en plusieurs secteurs (textiles et costumes, mobilier, art et ethnologie, etc.). Outre ses expositions permanentes, axées sur les thèmes de la pensée, du langage, des ressources naturelles, du corps humain et de la société, il présente chaque année de huit à dix expositions temporaires, dont certaines ont lieu dans la maison Chevalier.

Objets de civilisation – *Rez-de-chaussée, salle 1C.* Cette exposition invite à étudier des meubles, des outils, des vêtements et autres biens matériels courants, par rapport à leur utilisation dans la vie quotidienne, et vise ainsi à susciter une prise de conscience ethnologique à partir de la forme et de la fonction. Les objets sélectionnés illustrent différentes techniques de fabrication, évoquent différents styles, représentent différents rangs sociaux et remplissent différents rôles. Parmi les autres points d'intérêt de cette salle, on notera une superbe collection d'art chinois, offerte en 1990 au musée par les jésuites du Canada, et bien sûr, la fameuse **Barque**. Ce bateau à fond plat du milieu du 18e s., qui servit au transport des soldats sous le Régime français, fut découvert au cours des fouilles archéologiques dont s'accompagna la construction du musée. Également dignes d'être mentionnées, les **caves voûtées** de la maison Pagé-Quercy, résidence à deux étages construite sur le site du musée en 1764, ont été intégrées au décor ambiant.

Mémoires – *Premier étage, salle 3A.* Ce voyage dans le temps est, pour les Québécois, une occasion de reprendre contact avec leurs racines, et pour les autres, une façon de mieux comprendre l'histoire et la culture de la province. À travers les objets présentés, l'exposition évoque avec nostalgie la vie des Français depuis leur arrivée au Canada il y a quatre siècles : leur lutte pour s'adapter, créer, innover et bâtir une nouvelle vie sur une terre inconnue. Des souvenirs des jours heureux et des temps difficiles illustrent toute une gamme d'émotions surgies du passé. Ce parcours original s'achève par une réflexion sur l'avenir.

Nous, les premières nations – *Deuxième étage, salle 4A.* Cette exposition basée sur l'émotion renseigne les visiteurs sur l'histoire et la culture des onze Premières Nations qui s'établirent au Québec. L'art inuit, les costumes cérémoniels, les canoës, les paniers en écorce réalisés par les Atikamekws et les Algonquins, le matériel de chasse et de pêche et les paniers décoratifs des Hurons et des Micmacs permettent aux visiteurs d'explorer des thèmes comme l'identité personnelle et collective, la perspective historique et contemporaine du territoire, l'autonomie et le mode de vie traditionnel. La visite se termine par des entretiens et des récits légendaires avec les membres des Premières Nations recueillis par le réalisateur de films Arthur Lamothe et par l'accès à des sites aborigènes sur internet

*Vieux-Port *À l'angle des rues Dalhousie & Saint-André.*

L'ancien quartier portuaire de Québec englobe un secteur de 33 ha. Il se situe aux alentours de la Pointe-à-Carcy, au confluent de la rivière Saint-Charles et du Saint-Laurent. Des débuts de la colonie jusqu'au milieu du 19e s., ce port joua un rôle majeur dans le développement économique du pays. Il servit, pour des milliers d'immigrants, de port d'entrée en Amérique. Par lui transitèrent à la fois les matières premières destinées à l'exportation, et les produits finis importés d'Europe et des Antilles.

Les activités portuaires commencèrent à décliner dans la seconde moitié du 19e s., et le quartier tomba peu à peu à l'abandon. Au milieu des années 1980, un projet de réhabilitation financé par le gouvernement fédéral apporta au Vieux-Port un second souffle de vie, grâce à la création du complexe de l'**Agora**. Ce dernier comprend un amphithéâtre à ciel ouvert, construit entre le Saint-Laurent et l'édifice de la Douane, et une grande promenade en planches qui longe le fleuve. Une marina, destinée à plusieurs centaines de bateaux de plaisance, vient compléter l'ensemble.

Édifice de la Douane – *2, rue Saint-André*. Dominant le Saint-Laurent, cette majestueuse structure néoclassique (1860) fut conçue par l'architecte anglais William Thomas. Des ornements de pierre de taille décorent les fenêtres du rez-de-chaussée. Un premier incendie ravagea l'intérieur en 1864 ; et un autre, en 1909, détruisit les étages et le dôme. Le heurtoir de l'entrée principale provient de la Maison des douanes anglaises, établie à Québec en 1793. Le bâtiment, complètement restauré entre 1979 et 1981, abrite toujours les bureaux de l'administration des Douanes.

Société du port de Québec – *Rue Saint-André*. Conçu par un architecte du pays, Thomas R. Peacock, ce bâtiment (1914) se dresse à l'endroit où l'incendie de 1909 détruisit un silo et endommagea l'édifice de la Douane.

★★★ 2 HAUTE-VILLE

Un peu d'histoire

En 1620, Champlain fit construire Fort Saint-Louis sur le « rocher inhospitalier à jamais inhabitable » qu'était alors le cap Diamant. Agrandie en 1629, cette modeste structure prit le nom de **château Saint-Louis**. Remplacée en 1692 par un bâtiment d'un étage, elle devint, à la demande du comte de Frontenac, la résidence officielle du gouverneur de la colonie. L'édifice fut rebâti après la Conquête anglaise, puis ravagé par un incendie en 1834.

Le développement de la Haute-Ville se fit à l'initiative d'un groupe de puissants marchands, la Compagnie des Cent-Associés. La terre, aux mains de quelques seigneurs, fut redistribuée, et les parcelles de terrain concédées aux institutions religieuses furent réduites. Les premières tentatives d'urbanisation de la Haute-Ville virent le jour sous l'administration du gouverneur Montmagny (1636-1648). Malgré les difficultés entraînées par une topographie accidentée et par la présence de vastes terrains appartenant à diverses institutions, Montmagny décida d'ériger une grande ville fortifiée. Les premières maisons apparurent à la fin du 17ᵉ s., près de la place d'Armes et le long de la rue Saint-Louis. Cependant, les congrégations religieuses (ursulines, augustines et jésuites) étant peu disposées à morceler leurs terrains, et l'armée s'opposant à toute construction à proximité de fortifications existantes ou à venir, le développement de la ville fut considérablement ralenti. Vers la fin du 18ᵉ s., les bâtiments reflétaient encore l'importance prépondérante de la présence religieuse et administrative. Au cours du 19ᵉ s., un élégant quartier se développa aux alentours des rues Saint-Louis, Sainte-Ursule et d'Auteuil, et des avenues Sainte-Geneviève et Saint-Denis. Son prestige allait diminuer vers 1880 au profit de la Grande Allée. Aujourd'hui, la Haute-Ville forme le cœur du Vieux-Québec et abrite toujours le centre administratif de la cité.

Promenade *Parcours : 2 km.*
Point de départ : Place d'Armes.

★★ **Place d'Armes** – Située aux confins du Fort Saint-Louis, cette jolie place verdoyante (1620) servait à l'origine de terrain de manœuvres et de défilés. Elle perdit sa fonction militaire avec la construction de la Citadelle au début du 19ᵉ s. et devint un lieu public. Aujourd'hui encadrée par de prestigieux édifices, elle comporte en son centre le **monument de la Foi (1)** (1916, David Ouellet), fontaine surmontée d'une sculpture néogothique commémorant la venue des missionnaires récollets à Québec, il y a plus de trois siècles. Les bas-reliefs évoquent l'arrivée en 1615 du père Dolbeau, premier prêtre de Québec, la première messe célébrée par les récollets, et leur œuvre d'évangélisation.

★★ **Château Frontenac** – Orné de tourelles médiévales, d'échauguettes et de mâchicoulis typiques du style « château » que le Canadien Pacifique développa aux grandes étapes de sa ligne transcanadienne, cet imposant hôtel est sans aucun doute le bâtiment le plus célèbre de Québec. Il tient son nom de Louis de Buade, comte de Frontenac (1622-1698), gouverneur de la Nouvelle-France de 1672 à 1682 et de 1689 à 1698, et occupe l'ancien site du château Haldimand ou « Vieux Château ». Ce dernier, construit en face du château Saint-Louis en 1786 pour le gouver-

QUÉBEC
HAUTE-VILLE
0   200 m

neur Frederick Haldimand, abritait les services administratifs et les salons de réception du gouvernement colonial. C'est en 1880, dans la foulée des projets d'embellissement proposés par Lord Dufferin, gouverneur général du Canada, que l'idée de doter la ville d'un somptueux établissement hôtelier prit corps. Lorsque **Bruce Price** (1843-1903) entreprit de dessiner les plans de l'hôtel, il se laissa inspirer par un style d'architecture déjà très en faveur à Québec. Reprenant un premier projet

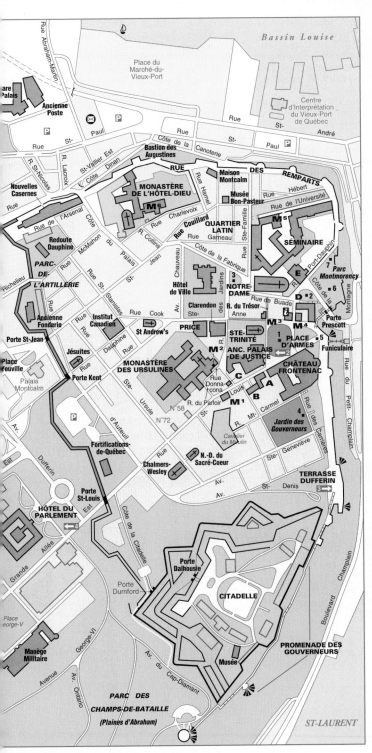

d'Eugène-Étienne Taché, l'architecte américain modifia le plan original en faveur d'un plan en forme de fer à cheval, et choisit des toits de cuivre qui contrastaient avec les murs de brique rehaussés de pierre de taille. Le style « château » acquit alors un ton bien particulier qui, jusqu'aux années 1940, sera non seulement l'emblème par excellence du Canadien Pacifique, mais aussi du pays. Dès 1893, l'aile Riverview était complétée, et l'hôtel connut un succès immédiat. La construction successive des ailes Citadelle (1899) et Mont-Carmel (1908), suivie de celle de l'aile Saint-Louis et de la tour centrale (1920-1924), vint peu à peu agrandir l'ensemble. Avec l'ajout récent de son aile Claude-Pratte (1993), fort bien intégrée au reste de l'édifice, le château Frontenac met désormais à la disposition de sa clientèle un total de 610 chambres, 24 suites et 20 salles de réunion.

Les architectes décorèrent le monument d'armoiries. Au-dessus de la porte cochère qui donne sur la rue Saint-Louis, on remarque celles du comte de Frontenac (pieds-de-poule). Au-dessus de l'arche donnant sur la cour, une pierre datée de 1647, provenant du château Saint-Louis, est gravée d'une croix de Malte. L'intérieur de l'hôtel fut reconstruit après un incendie en 1926. Typique des grands palaces des années 1900, le hall d'entrée, la réception, le salon Verchères et la salle à manger Champlain sont quelques exemples éloquents du soin apporté à la conception de ce joyau d'architecture canadienne.

C'est des hauteurs de la Citadelle, de l'observatoire de l'édifice Marie-Guyart ou encore de la terrasse de Lévis, que l'on apprécie le mieux l'importance du château Frontenac dans le paysage urbain.

Continuer le long de la rue Saint-Louis.

★**Ancien palais de justice** – *12, rue Saint-Louis.* Aujourd'hui occupé par le ministère des Finances, cet édifice (1883-1887) de style Second Empire est érigé à l'emplacement du couvent et de l'église des récollets, tous deux détruits par un

R. Corbel/MICHELIN

Château Frontenac et Terrasse Dufferin

incendie à la fin du 18e s. Ses façades s'inspirent de celles des châteaux de la Loire de la première moitié du 16e s. De chaque côté de l'entrée principale, on remarquera les armoiries de Jacques Cartier et de Champlain. Les chapiteaux, ornés de fleurs de lys, ajoutent une note spécifiquement française à l'imposant bâtiment.

★ **Maison Maillou** (**A**) – *17, rue Saint-Louis.* La Chambre de commerce de Québec loge dans ce vaste bâtiment de pierre, à deux pas du château Frontenac. Construit vers 1736 par l'architecte Jean Maillou (1668-1753), l'édifice ne comportait à l'origine qu'un seul niveau. Surélevé en 1767, puis agrandi de deux travées du côté Ouest en 1799, il fut occupé, au début du 19e s., par l'armée britannique. De cette époque datent les contrevents de fenêtres en métal. Restaurée en 1964, la maison forme un ensemble urbain traditionnel, typique des années 1800.

Au n° 25, la **maison Kent** (**B**) abrite les services du Consulat général de France à Québec. Ce grand bâtiment blanc, décoré de moulures bleu vif, fut édifié au 18e s. et reconstruit dans les années 1830. Le duc de Kent, père de la reine Victoria, y aurait résidé de 1792 à 1794.

★ **Maison Jacquet** (**C**) – *34, rue Saint-Louis.* Considérée comme la plus vieille maison de la ville, et l'un des seuls exemples québécois d'architecture domestique de la fin du 17e s., cette petite maison d'un étage, surmontée d'une haute toiture rouge percée de lucarnes caractéristiques, fut construite sur un terrain acheté par François Jacquet au couvent des ursulines en 1674. Vers 1690, l'architecte François de la Joüe modifia la maison d'origine en la haussant d'un étage. L'agrandissement latéral, plus récent, fut rajouté en 1820. Neveu de Lanaudière et auteur du célèbre roman *Les Anciens Canadiens*, Philippe Aubert de Gaspé y vécut de 1815 à 1824. Un restaurant réputé occupe aujourd'hui les lieux.

★ **Musée d'art inuit Brousseau** (**M¹**) – *39 rue St-Louis. Ouvert toute l'année de 9 h 30 à 17 h 30. Accès handicapés, parking.* ☎ *418 694 1828. 6 $.* Découvrez le monde magique des Inuits dans ce musée soigneusement aménagé et bien organisé. On peut y admirer une collection permanente composée de 450 pièces anciennes et contemporaines. Cartes et sculptures de pierre évoquent la migration de ces habitants de l'Arctique canadien et leurs premières rencontres avec les Européens. Une série de sculptures contemporaines révèle les sources d'inspiration et de techniques créatives des artistes. Leur imagerie fantastique, si caractéristique, transparaît tout particulièrement dans les œuvres d'artistes connus comme Luke Airut, George Arluk, Lucy Tasseor et Judas Ullulaq. La visite s'achève par une vidéo (23 mn) disponible en français et en anglais.

Prendre à droite la rue des Jardins, puis à gauche la rue Donnacona.

★★ **Monastère des ursulines** – La plus ancienne institution d'enseignement pour jeunes filles en Amérique, fondée en 1639 par Madame de la Peltrie et Marie Guyart (mère Marie de l'Incarnation), poursuit de nos jours son œuvre éducatrice. Bâti en 1641, le monastère fut dévasté par deux incendies en 1650 et en 1686. Les ailes Saint-Augustin et Sainte-Famille, ainsi que la cuisine qui les relie, furent édifiées au cours d'une période de reconstruction (1685-1715). Ensemble, elles forment l'ébauche de la cour carrée intérieure. L'aile Sainte-Famille, au toit en pente, offre un excellent exemple du style architectural en vogue sous le Régime français. En 1836, l'architecte Thomas Baillairgé ajouta l'aile Sainte-Angèle au monastère. Malgré plusieurs nouveaux bâtiments édifiés au 20e s., le complexe a conservé son grand jardin et son verger.

Chapelle – *12, rue Donnacona. Ouv. mai-oct. mar.-sam. 10 h-11 h 30 & 13 h 30-16 h 30, dim. 13 h 30-16 h 30.* ☎ *418-694-0413.* La chapelle actuelle (1902) a remplacé un bâtiment du début du 18e s. La diversité des styles qu'elle présente est caractéristique de l'architecture religieuse du Québec au début du siècle. Visible derrière l'église, la tourelle du chevet, empruntée au style « château », date de 1889.

L'intérieur se compose d'une chapelle dite « extérieure » (à l'usage des fidèles), séparée par une grille de la chapelle « intérieure » (où les religieuses cloîtrées faisaient leurs dévotions). Il a conservé son magnifique **décor**★★ d'avant la Conquête, soigneusement rénové. On y remarquera la chaire et son abat-voix surmonté d'un ange à la trompette, le retable latéral, dédié au Sacré-Cœur, et le retable principal de style Louis XIV, en forme d'arc de triomphe. Ces ornements, tout comme le maître-autel, furent réalisés entre 1726 et 1736, sous la direction de Pierre-Noël Levasseur. Les sculptures sont rehaussées de dorures exécutées par les ursulines. Ces dernières avaient en effet installé, pour subvenir à leurs besoins, un atelier de dorure qui fonctionna pendant plus de deux siècles. D'une grande beauté plastique, les figures de saint Augustin *(niche de gauche)*, de sainte Ursule *(niche de droite)* et de saint Joseph *(niche du haut)* témoignent d'un haut niveau de perfection dans l'art de la sculpture sur bois au Québec. Le vaste chœur des religieuses,

● **Aux Anciens Canadiens**
34, rue Saint-Louis. ☎ *418-692-1627.* Logé dans une jolie maison blanche aux accents rouge vif, construite vers 1675, ce vénérable restaurant accueille les amateurs de cuisine québécoise ou ceux qui veulent en découvrir toute la saveur. Le menu comprend des plats traditionnels tels que la soupe aux pois et la tourtière du Lac-Saint-Jean, et des mets plus contemporains comme par exemple le feuilleté de saumon, sans oublier de délicieux desserts : tarte au sirop d'érable, tartine au sucre du pays (sucre d'érable) nappée de crème, et bien d'autres...

avec ses stalles et ses galeries, est surmonté d'une fausse voûte ornée de coupoles. Les peintures qui décorent la chapelle furent pour la plupart acquises à Paris vers 1820 par l'abbé Louis-Philippe Desjardins (1753-1833), ancien chapelain des ursulines. À noter, du côté droit de la nef, la *Parabole des Dix Vierges* de Pierre de Cortone. On admirera aussi, au revers de la façade, *Jésus chez Simon le Pharisien* de Philippe de Champaigne, et dans le chœur, un tableau anonyme peint en France vers 1670, intitulé *La France apportant la foi aux Hurons de la Nouvelle-France*. Dans une chapelle adjacente repose la Bienheureuse Marie-de-l'Incarnation, qui mourut en 1672 et fut béatifiée en 1980.

★★ **Musée des ursulines** (M²) – *12, rue Donnacona. Ouv. mai-sept. mar.-sam. 10 h-midi & 13 h-17 h, dim. 13 h-17 h. Reste de l'année mar.-dim. 13 h-16 h 30. 4 $.* ☎ *418-694-0694.* Depuis 1979, un édifice assis sur les fondations de l'ancienne maison de Madame de la Peltrie – fondatrice laïque du monastère – abrite ce remarquable musée. L'essentiel des collections (œuvres d'art, documents d'archives, biens matériels, objets didactiques, art autochtone et art décoratif)

illustre le patrimoine ethnographique, artistique et éducatif de la communauté des ursulines de 1639 à 1759 (sous le Régime français).

Au rez-de-chaussée, une première salle évoque, en guise d'introduction historique, l'arrivée des ursulines en Nouvelle-France au 17e s., et plonge le visiteur dans le contexte religieux et social d'alors. Une seconde salle recrée le salon de Madame de la Peltrie au moyen de quelques meubles et effets personnels. Y sont également évoqués l'œuvre éducative et sociale des ursulines auprès des jeunes filles françaises de l'époque, et le rôle que les religieuses jouèrent dans l'évangélisation de leurs pensionnaires amérindiennes (noter que mère Marie-de-l'Incarnation établit par exemple les premiers dictionnaires d'iroquois et d'algonquin).

Mia et Klaus

Monastère des ursulines

À l'étage, une salle consacrée à la vie monastique donne, à travers les objets exposés (meubles, costumes religieux, ustensiles de cuisine, etc.), un bref aperçu de l'organisation et de l'architecture du premier monastère : cellule d'ursuline, lieu de prière, réfectoire. Toujours à l'étage, une dernière salle expose de superbes œuvres d'art sacré réalisées par les ursulines : peintures, sculptures, mais surtout dorures et **broderies**★, deux techniques pour lesquelles elles étaient particulièrement célèbres. La collection comprend plusieurs parements d'autel, des chapes, des voiles de calice et des chasubles des 17e et 18e s. dont les fils d'or et d'argent viennent rehausser la beauté.

Retourner à la rue Saint-Louis par la rue du Parloir, et tourner à droite.

En face du n° 58, dans la rue du Corps-de-Garde, faire un bref arrêt devant ce pauvre arbre dans les racines duquel repose… un boulet de canon ! En arrière-plan, on aperçoit les murs du parc Cavalier-du-Moulin. Comme l'atteste une plaque commémorative apposée au mur, la dépouille du général Montgomery fut déposée au n° 72 après l'attaque manquée des Américains sur Québec, en 1775-1776.

Tourner à gauche dans la rue Sainte-Ursule.

Chalmers-Wesley United Church/Église unie Saint-Pierre – *78, rue Sainte-Ursule. Ouv. début juil.-fin août lun.-ven. 10 h-15 h.* ☎ *418-692-0431.* Deux assemblées protestantes, l'une anglophone, l'autre francophone, se partagent ce bâtiment de style néogothique (1853, J. Wells) dont le clocher élancé est flanqué de contreforts en décrochements. À l'intérieur, on peut voir de superbes vitraux réalisés en 1909, de belles boiseries ornant l'abside et les bancs, et un orgue du début du siècle, restauré en 1985.

En face de l'église, le **sanctuaire Notre-Dame du Sacré-Cœur** *(n° 71)* fut construit en 1910 par F.-X. Berlinguet. Il s'agit d'une réplique de la chapelle gothique dédiée à Notre-Dame du Sacré-Cœur à Issoudun, en France.

Retourner vers la rue Saint-Louis.

Au coin Nord-Ouest des rues Saint-Louis et Sainte-Ursule s'élevait autrefois l'hôtel de ville de Québec, bâti en 1833. Lorsque le nouvel hôtel de ville ouvrit ses portes en 1896, réunissant sous un même toit les bureaux administratifs et juridiques municipaux, David Ouellet érigea une série de maisons en rangée le long de la rue Sainte-Ursule *(nos 60-68).* Ceci lui a donné le caractère original qu'on lui connaît.

Continuer le long de la rue Sainte-Ursule jusqu'à l'angle de la rue Dauphine. Tourner à droite et poursuivre jusqu'à l'angle de la rue Stanislas.

Institut canadien – *40-42, rue Saint-Stanislas. Ouv. toute l'année mar. & jeu. midi-20 h, mer. & ven. midi-17 h, sam.-dim. 13 h-17 h.* ♿ ⊡ *www.icqbdq.qc.ca* ☎ *418-529-0924.* Premier édifice religieux néogothique de Québec, cette ancienne église méthodiste (église wesleyenne) fut bâtie en 1848. Elle abrite depuis 1949 le siège social de l'Institut canadien, centre culturel francophone présidant à l'ensemble des bibliothèques municipales. La nef de l'église *(fermée pour rénovation)* a été convertie en salle de conférences, de concerts et de pièces de théâtre. Au sous-sol se trouve une bibliothèque municipale desservant le Vieux-Québec.

Prendre à droite la rue Cook.

Saint Andrew's Presbyterian Church (**Église presbytérienne Saint Andrew**) – *5, rue Cook. Ouv. juil.-août lun.-ven. 10 h-16 h 30.* ♿ ☎ *418-694-1347.* Construite en 1810 pour des Écossais presbytériens de Québec, l'église fut agrandie en 1823. Son clocher reproduit celui de la Sainte-Trinité *(ci-dessous).* À l'origine, la congrégation était presque entièrement réservée aux Fraser Highlanders, l'un des bataillons de l'armée du général Wolfe. Dans le sanctuaire, la table de communion et la chaire font face à l'ancienne tribune du gouverneur.

Prendre à gauche la rue Sainte-Anne.

Petite fringale ou gros appétit ?

Les restaurants de la rue Saint-Jean ont de quoi satisfaire tous les goûts. Le charmant **Casse-Crêpe Breton** *(1136, rue Saint-Jean ;* ☎ *418-692-0438)* est tout indiqué pour déguster de bonnes crêpes, y compris de délicieuses crêpes-desserts aux fruits, servies avec le sourire. Le **Pub Saint-Alexandre** *(1087, rue Saint-Jean ;* ☎ *418-694-0015)* comblera les amateurs, avec son choix de 200 bières importées. On y sert une variété de plats (pâtes, saucisses, steak frites, etc.) dans une vraie ambiance de pub anglais. À deux pas de la rue Saint-Jean, le **Petit Coin Latin** *(81/2, rue Sainte-Ursule ;* ☎ *418-692-2022)* est l'endroit idéal pour prendre un repas léger ou savourer un bon petit déjeuner ; un bistro des plus sympathiques, où l'on peut siroter un café et lire une des nombreuses revues laissées à la disposition des clients.

★**Édifice Price** – *65, rue Sainte-Anne.* Premier gratte-ciel de Québec, cette tour en décrochements domine le quartier du haut de ses 16 étages. Conçue par les architectes montréalais Ross et MacDonald, elle fut réalisée en 1930 pour servir de siège social à la société Price Brothers, qui introduisit l'industrie du bois et du papier dans la région du Saguenay. Dans la foulée des grandes compagnies nord-américaines, Price Brothers adopta le style Art déco alors en vogue, mais y introduisit une iconographie témoignant à la fois de sa nationalité canadienne (pommes de pin, écureuils, amérindiens) et de son activité (exploitation forestière et production de papier). Un toit revêtu d'une couverture de cuivre permet à l'édifice de mieux se fondre dans le paysage architectural du Vieux-Québec. Avec ses bas-reliefs et ses portes en cuivre (entrée et ascenseur), le hall d'entrée forme un ensemble de qualité.

Hôtel Clarendon – *57, rue Sainte-Anne.* En 1858, Charles Baillairgé construisit ici deux maisons pour l'imprimeur Desbarats. Celles-ci furent converties en hôtel en 1875. L'année suivante fut érigé un pavillon d'entrée de style Art déco. Les deux grandes torchères en bronze placées dans le hall d'entrée constituent de rares exemples de l'influence de l'Art nouveau à Québec.

★**Cathédrale anglicane de la Sainte-Trinité** – *31, rue des Jardins. Ouv. mai-juin tous les jours 10 h-18 h. Juil.-août tous les jours 9 h-20 h. Sept.-fête de l'Action de Grâce tous les jours 10 h-16 h.* ♿ ☎ *418-692-2193.* Érigée sur un terrain qui, jusque vers la fin du 18ᵉ s., avait appartenu aux récollets, cette cathédrale anglicane (épiscopale) – la première de son genre à être construite hors des îles britanniques – fut achevée en 1804. Son architecture, inspirée de l'église Saint-Martin-in-the Fields *(voir le guide Londres),* offre un plan à la fois simple et innovateur, caractérisé par la présence d'une nef et de deux bas-côtés, soulignés par une double rangée de fenêtres. Le chœur étant, selon la tradition chrétienne, orienté vers l'Est, la façade tourne le dos à la place d'Armes. Le clocher, doté d'un carillon de huit cloches, rivalise en hauteur avec celui de la basilique-cathédrale Notre-Dame-de-Québec, qu'il dépasse de plusieurs pieds. À cause des risques d'effondrement entraînés par d'abondantes chutes de neige, le toit – à l'origine assez plat – fut exhaussé d'environ 3 m en 1816. À l'extérieur, une croix celtique (v. 542) marque l'entrée du bâtiment.

Aux Multiples Collections
69, rue Sainte-Anne (☎ *418-692-1230) et 43, rue Buade* (☎ *418-692-4298).* Ces galeries abritent de superbes collections d'art inuit authentique provenant du Nunavik, du Keewatin et de l'île de Baffin. Façonnées dans la pierre (notamment la stéatite ou pierre à savon), les bois de caribou, l'ivoire et l'os de baleine, ces sculptures évoquent les traditions et les croyances des populations autochtones des terres arctiques.

Intérieur – La fausse voûte, en bois, imite le stuc. Les chapiteaux ioniques et les pilastres furent réalisés par Louis-Amable Quévillon, qui faillit d'ailleurs être excommunié pour avoir travaillé au décor intérieur d'une église non catholique. Fondateur de la cathédrale, George III fit envoyer du chêne provenant de la forêt royale de Windsor pour la fabrication des bancs. Dans la tribune gauche se trouve une loge royale réservée au souverain britannique, chef de l'Église, ou à son représentant. À droite de l'autel, le fauteuil de l'évêque fut sculpté dans le bois d'un orme (déraciné lors d'une tempête en 1845) qui se dressa pendant 200 ans dans le jardin de l'église, et sous lequel Champlain aurait, selon la tradition, fumé le calumet de la paix avec les Iroquois. Le trésor de la cathédrale, exposé à certaines occasions, comprend de très belles pièces d'orfèvrerie (dont une paire de chandeliers en argent massif) offertes par George III.

À droite de la cathédrale, remarquer le presbytère (1841), de style néoclassique, ainsi qu'une salle paroissiale (1890). À la période estivale, le parvis de la cathédrale attire toutes sortes d'artistes.

Retourner rue Sainte-Anne.

Musée Grévin Québec (**M³**) – *22, rue Sainte-Anne. Ouv. mi-mai-fête du Travail tous les jours 9 h-23 h. Reste de l'année tous les jours 10 h-17 h. 3 $.* ☎ *418-692-2289.* Une maison bourgeoise du 17ᵉ s. abrite ce musée de cire, première franchise en Amérique du Nord du célèbre musée parisien. D'un réalisme surprenant, les scènes historiques présentées au premier niveau illustrent des événements marquants dans l'histoire du Québec, et fournissent l'occasion inespérée de faire la connaissance de personnages aussi différents que Champlain, Madeleine de Verchères, Dollard des Ormeaux, Montcalm, Wolfe, Nelligan ou Mackenzie King, pour n'en nommer que quelques-uns. L'étage supérieur, consacré à de grandes figures du 20ᵉ s., propose des expositions thématiques temporaires.

Dans la pittoresque **rue du Trésor**, interdite à la circulation, des artistes exposent des dessins et gravures illustrant des scènes typiques de la vie à Québec.

Ancien hôtel Union – *12, rue Sainte-Anne.* Bel exemple d'architecture palladienne, cet imposant édifice (1805-1812) fut en son temps le premier établissement hôtelier de la ville. Il abrite désormais l'**Office de tourisme de Québec** *(ouv. fin juin-fête du Travail tous les jours 8 h 30-19 h 30 ; reste de l'année tous les jours 9 h-17 h ; fermé 1ᵉʳ janv., Pâques & 25 déc. ✗ ⌨ 🅿)* où le visiteur découvrira toute une gamme de services : comptoir de renseignements, bureau de change, visites guidées, location de voitures, librairie, etc.

★**Musée du Fort** (**M⁴**) – *10, rue Sainte-Anne. Ouv. fév.-mars mar.-dim. 11 h-16 h. Avr.-juin & sept.-oct. tous les jours 10 h-17 h. Juil.-août tous les jours 10 h-18 h. 6,75 $. ☎ 418-692-2175.* Bâti en 1840, ce bâtiment blanc surmonté d'un toit gris fut remanié en 1898 et acquit alors son amusante apparence de château. Sur une grande maquette du site de Québec au 18ᵉ s., un spectacle « son et lumière » *(30 mn)* raconte l'histoire de la ville et explique en détail les divers sièges et batailles dont elle fut l'enjeu. La maquette rend sensible le relief si particulier de la ville.

Prendre à gauche la rue du Fort, et continuer jusqu'à la rue Buade.

★**Ancien bureau de poste** (**D**) – *5, rue du Fort. Ouv. toute l'année lun.-ven. 8 h-17 h 45. Fermé principaux jours fériés. ⌨ ☎ 418-694-6103.* Construit en 1873 pour servir de bureau central, ce bâtiment en pierre de taille fut considérablement agrandi en 1914. On remarquera son imposante façade de style Beaux-Arts, et au-dessus de la porte d'entrée, le bas-relief sculpté qui constituait jadis l'enseigne du Chien d'Or (auberge située à cet emplacement jusqu'en 1837). Rebaptisé en l'honneur de Louis-S. Saint-Laurent, célèbre Premier ministre canadien, l'édifice assure aujourd'hui encore la distribution du courrier. Parcs Canada y propose aussi des expositions consacrées aux sites historiques et naturels du pays

Monument de Mgr de Laval (**2**) – Devant l'ancien bureau de poste s'élève un monument à la mémoire de Mgr François de Montmorency-Laval (1623-1708), premier évêque de Québec. Cette œuvre du sculpteur Louis-Philippe Hébert, érigée en 1908, nécessita la démolition d'un pâté de huit maisons et permit la création d'une imposante place publique.

La rue Buade s'interrompt à l'**escalier Charles-Baillairgé** (1893), ainsi nommé en l'honneur de cet architecte qui, après une illustre carrière, devint ingénieur des travaux publics. Il s'agit d'un des nombreux escaliers de fer et de fonte que Baillairgé construisit pour la ville de Québec.

Descendre l'escalier, puis remonter la côte de la Montagne.

Du bas de l'escalier, on aperçoit la fausse façade de l'ancien bureau de poste qui domine la Basse-Ville.

Palais archiépiscopal (**E**) – *2, rue Port-Dauphin.* Ce bâtiment néoclassique (1847) devait remplacer la première résidence de l'archevêque, érigée à la fin du 17ᵉ s. dans le parc Montmorency. Suite à la campagne d'embellissement de Québec, lancée par Lord Dufferin à la fin du 19ᵉ s., une fausse façade fut érigée vis-à-vis de la côte de la Montagne, afin que le palais fût visible du Saint-Laurent. La façade originale est tournée vers la cour d'honneur par laquelle on accédait au Vieux-Séminaire.

Retourner rue Buade.

En face du presbytère *(16, rue Buade, à l'angle de la rue du Fort)*, de style Beaux-Arts, une plaque signale la présence des fondations de la chapelle où aurait été inhumée la dépouille de Samuel de Champlain, fondateur de la ville. Les hypothèses sur la localisation de son tombeau sont toutefois nombreuses.

★**Basilique-cathédrale Notre-Dame-de-Québec** – *Ouv. mai-mi-oct. tous les jours 9 h-14 h 30. Reste de l'année tous les jours 9 h-16 h 15. ⌨ www.patrimoinereligieux.com ☎ 418-694-0665.* La plus européenne des églises de la ville fut déclarée monument historique en 1966. D'une grande complexité, cet ensemble témoigne de l'influence de plus de 300 ans d'architecture québécoise.

Premières constructions – En 1674, époque à laquelle le pape Clément X ordonna la création du diocèse de Québec, l'église d'origine (1650) fut élevée au rang de cathédrale. Sous le ministère de François de Laval, vicaire apostolique de Nouvelle-France devenu évêque de Québec, l'édifice subit quelques travaux de réfection et d'agrandissement. En 1743, Gaspard Chaussegros de Léry, ingénieur du roi, exhaussa la nef et la dota d'une claire-voie. Il y ajouta des bas-côtés, perçant les anciens murs d'une série d'arcades soutenues par de puissants piliers, et agrandit l'abside. Une nouvelle façade fut par ailleurs élevée sur la place du Marché, aujourd'hui place de l'Hôtel-de-Ville. Les travaux s'achevèrent en 1749 ; malheureusement, le bombardement de Québec par les troupes britanniques en 1759 causa la destruction de l'édifice.

Bas de laine et boules de Noël...

Deux ingrédients essentiels pour accueillir l'hiver ! Les premiers se trouvent chez **Lambert & Co.** *(42, rue Garneau ; ☎ 418-694-2151)*, une petite boutique logée dans une ancienne demeure de pierre. En plus des fameuses chaussettes de laine (dont on vous racontera d'ailleurs l'histoire avec plaisir), on y vend du savon de fabrication artisanale, des produits de l'érable et des chocolats confectionnés par des pères trappistes. Été comme hiver, **La Boutique de Noël de Québec** *(47, rue Buade ; ☎ 418-692-2457)* émerveille petits et grands dès l'entrée, avec ses sapins tout illuminés et ses milliers de décorations, y compris de scintillantes guirlandes de lumières et des boules d'une infinie variété.

Le chef-d'œuvre des Baillairgé – Il fut décidé de reconstruire la cathédrale selon les plans de Chaussegros de Léry, tout en l'agrandissant. Cet ambitieux projet, qui se déroula de 1768 à 1771, fut véritablement le fruit d'une entreprise familiale. Premier d'une impressionnante lignée de sculpteurs et architectes, Jean Baillairgé (1726-1805) refit le clocher Sud, avec ses deux tambours ajourés, coiffés de coupoles. En 1787, son fils, François Baillairgé (1759-1830), de retour d'un séjour d'études à l'Académie royale de peinture et de sculpture de Paris, entreprit de décorer l'intérieur, dont la pièce principale allait être un magnifique baldaquin. Thomas Baillairgé (1791-1859), fils de François, reprit le flambeau et dessina en 1843 la sobre façade néoclassique dont la construction fut interrompue deux ans plus tard, lorsque la base de la première tour montra des signes de faiblesse. En 1857, Charles Baillairgé (1826-1906), cousin du précédent, dessina la grille de fonte qui devait clore le parvis. En 1874, la cathédrale Notre-Dame trouva, dans son élévation au rang de basilique, la consécration de son histoire et de son statut d'église primatiale du Canada.

Lorsque le 22 décembre 1922, un incendie ravagea Notre-Dame-de-Québec, les autorités religieuses du diocèse décidèrent de rebâtir l'édifice tel qu'il était avant le sinistre, afin de perpétuer l'image familière de « l'église de Mgr de Laval ». La basilique fut soigneusement reconstruite de 1923 à 1928, à partir des plans et de photographies anciennes.

Intérieur – Entièrement recréé, l'intérieur évoque dans ses grandes lignes la cathédrale du 18e s., malgré l'emploi de matériaux modernes comme le béton et l'acier. Dès l'entrée, l'œil est attiré vers le baldaquin, aux formes amples et aériennes. Ce chef-d'œuvre d'élégance fut refait par le sculpteur français André Vermare selon le modèle de François Baillairgé. Les lumineux vitraux du niveau supérieur, également d'origine française, représentent des saints, des évangélistes et des archanges. Dans la partie basse, des vitraux allemands évoquent la vie de la Vierge. La crypte *(visite guidée seulement ; se renseigner à l'accueil)* renferme les sépultures des évêques de Québec et de quelques gouverneurs de la Nouvelle-France : le comte de Frontenac, le chevalier de Saint-Louis, le marquis de Vaudreuil et le marquis de la Jonquière. Près de son entrée, on remarquera une lampe offerte par Louis XIV. De part et d'autre de l'orgue Casavant (1927), composé de 5 239 tuyaux, se dressent la statue d'un berger en train de lire (symbole de l'inspiration), et celle d'un berger musicien (symbole de l'improvisation). Depuis 1993, une chapelle commémorative *(bas-côté droit)* accueille la dépouille de Mgr François de Laval, tandis qu'un centre d'animation *(à droite du chœur)* présente une petite exposition sur sa vie et son œuvre.

Autre point d'intérêt, une fresque multimédia intitulée *Acte de Foi* (Act of Faith) évoque l'histoire de la basilique et donne prétexte à un passionnant voyage dans le temps *(mai-fête de l'Action de Grâce, lun.-ven. à partir de 15 h 30 , sam.-dim. à partir de 18 h 30 ; 7,50 $; pour plus de renseignements, s'adresser à l'accueil)*.

Place de l'Hôtel-de-Ville – Conçue en même temps que Notre-Dame, en 1650, cette vaste place devint le plus important marché de la Haute-Ville au 18e s. La construction de l'hôtel de ville *(ci-dessous)* devait toutefois mettre fin à sa vocation commerciale.

Au centre se dresse le **monument du cardinal Taschereau (3)**, premier Canadien à porter la pourpre, sculpté par André Vermare en 1923. Les bas-reliefs évoquent l'institution des Quarante Heures dans le diocèse *(face à la cathédrale)*, la carrière du supérieur du Séminaire de Québec *(côté rue des Jardins)* et le cardinal se portant au secours des Irlandais victimes du typhus à la Grosse-Île en 1848 *(côté rue Buade)*.

Hôtel de ville de Québec – *2, rue des Jardins*. Cet imposant édifice occupe l'emplacement d'un ancien collège de jésuites et d'une église, établis en 1666 au cœur même du Vieux-Québec. Détruit en 1877, le collège fut remplacé par l'hôtel de ville, bâti en 1896 selon les plans de Georges-Émile Tanguay. Son architecture révèle un curieux mélange de styles Second Empire et « château », auxquels ont été greffées des touches de style néoroman « richardsonien ».

© J.-F. Bergeron/ENVIRO FOTO

Quartier Latin

Situé au Nord de la basilique-cathédrale Notre-Dame, le **Quartier Latin**★ de Québec est le plus ancien secteur résidentiel de la Haute-Ville. Les terrains dont il se compose appartenaient jadis au séminaire *(ci-dessous)* qui entreprit de les morceler dès la fin du 17ᵉ s., alors que la parcellisation des vastes propriétés appartenant aux ursulines, aux jésuites et aux augustines ne commença qu'un siècle plus tard. Les petites ruelles qui font le charme du quartier correspondent d'ailleurs aux chemins qui parcouraient jadis ces propriétés. Entre 1820 et 1830, les artisans qui s'étaient installés dans le quartier dès ses débuts furent remplacés par une bourgeoisie francophone désireuse de résider à proximité du séminaire et de son clergé. Après la Seconde Guerre mondiale, l'influence du mouvement existentialiste parisien se fit ressentir sur la bohème estudiantine du Vieux-Québec. À la même époque, l'université Laval renforça sa présence dans le voisinage, occupant plusieurs douzaines de maisons du quartier.

★★**Séminaire de Québec** – Créé en 1663 par Mgr de Laval pour former les prêtres de la jeune colonie, le séminaire de Québec développa en 1852 son rôle éducatif en fondant l'université Laval, premier établissement d'enseignement supérieur francophone au Canada. Jusqu'en 1970, son recteur fut d'ailleurs, de plein droit, le supérieur du séminaire. En 1950, l'université Laval partit s'installer à Sainte-Foy, laissant toutefois derrière elle son école d'architecture qui, aujourd'hui encore, occupe plusieurs bâtiments du site et continue d'assurer la formation de ses étudiants.

Vieux-Séminaire – *Entrée au 2, côte de la Fabrique (pavillon d'accueil). Visite guidée d'une partie du séminaire uniquement possible à la période estivale. 3 $ (visite du musée de l'Amérique française comprise).* ⛇ 🅿 *(11 $/jour)* ☎ *418-692-2843.* Le Vieux-Séminaire se compose de trois corps de bâtiments disposés autour d'une cour intérieure, selon le plan typique de l'architecture monastique française des 16ᵉ et 17ᵉ s. On y accède par une porte cochère dont l'encadrement, dû à François Baillairgé, porte les armoiries du séminaire. L'emploi des techniques traditionnelles de construction a contribué à l'homogénéité de l'ensemble.

Construite entre 1678 et 1681 pour accueillir le Grand Séminaire, l'**aile de la Procure** *(à gauche)* constitue la partie la plus ancienne du complexe. Sa façade est ornée d'un cadran solaire (1773) portant la devise : « Nos jours passent comme une ombre ». Les murs et les voûtes du bâtiment résistèrent aux incendies de 1701, 1705 et 1865, et l'aile fut exhaussée d'un étage de pierre. On y verra la **chapelle de Mgr-Olivier-Briand**★, ancien oratoire particulièrement remarquable pour ses lambris réalisés par le maître-sculpteur Pierre Émond en 1785. Celui-ci dessina aussi les branches d'olivier encadrant une gravure du *Mariage de la Vierge*, au-dessus de l'autel.

Tout comme l'**aile des Parloirs** *(au centre)* ou ancien Petit Séminaire, l'**aile de la Congrégation** *(à gauche)*, dans laquelle s'ouvre la porte cochère, date de 1823. Lieu de dévotion mariale, sa **chapelle de la Congrégation** est une salle basse divisée en trois parties par deux rangées de colonnes ioniques. Le maître-autel, lui aussi flanqué de colonnes, est surmonté d'une **statue**★ dorée de la Vierge, l'une des rares œuvres de bois sculptées par l'architecte Thomas Baillairgé.

★ **Musée de l'Amérique française** (**M⁵**) – *Entrée au 2, côte de la Fabrique (pavillon d'accueil) ou au 9, rue de l'Université (pavillon Jérôme-Demers). Ouv. 24 juin-fête du Travail tous les jours 10 h-17 h 30. Reste de l'année mar.-dim. 10 h-17 h. Fermé 25 déc. 4 $.* & 🅿 *(9 $/jour) www.mcq.org* ☎ *418-692-2843.* Gérées depuis 1995 par le musée de la Civilisation, les multiples collections du musée de l'Amérique française reflètent la richesse du patrimoine francophone (historique, culturel et social) sur le continent nord-américain. Elles comprennent notamment d'importantes archives historiques, quelque 195 000 livres et journaux rares et anciens, des exemples de peinture européenne du 15ᵉ s. au 19ᵉ s. et de peinture canadienne du 18ᵉ s. au 20ᵉ s., de superbes pièces d'orfèvrerie et d'argenterie religieuse et domestique, sans parler de collections de textiles, de mobilier, d'instruments scientifiques, de numismatique et de philatélie, de zoologie, d'ornithologie, d'entomologie, de géologie et de botanique.

Ces collections se répartissent sur trois bâtiments dont le premier, le **pavillon d'accueil**, sert essentiellement de centre d'information et de hall d'expositions temporaires. Le **second bâtiment** correspond en fait à l'ancienne chapelle extérieure du séminaire. Construit entre 1888 et 1900 selon les plans de J.-F. Peachy, l'édifice possède un intérieur inspiré de celui de l'église de la Trinité, à Paris... à quelques différences près : la version québécoise, tout en acier galvanisé, est décorée de peintures en trompe-l'œil. On y voit de très belles pièces d'orfèvrerie religieuse, avec des œuvres de François Ranvoyzé, Guillaume Loir, Laurent Amiot et bien d'autres. La chapelle contiendrait par ailleurs l'une des plus importantes collections de **reliques**★ après celle de Saint-Pierre de Rome. Les seize bustes dorés représentant les apôtres furent sculptés par Louis Jobin. Les colonnes qui entourent la chapelle sont ornées de représentations des sept sacrements, et chaque lampe symbolise un don du Saint-Esprit.

Dernier de l'ensemble, le **pavillon Jérôme-Demers** se prête à deux expositions permanentes. La première, consacrée à l'aventure de la francophonie en Amérique, dévoile l'identité culturelle des sept communautés majeures dont se compose l'Amérique française : Québec, bien sûr, mais aussi Acadie, Louisiane, Franco-Ontariens, francophones de l'Ouest, Métis et Franco-Américains de Nouvelle-Angleterre. La seconde présente les objets les plus significatifs des collections du séminaire de Québec dont l'impressionnant patrimoine matériel, amassé au cours des ans, donne un aperçu de la mission religieuse, éducative et culturelle. Des expositions temporaires régulièrement renouvelées permettront également au visiteur de découvrir le Québec à travers son art et son artisanat, son folklore, ses hommes et son histoire.

Sortir du musée par la rue de l'Université, et tourner à droite dans la rue Sainte-Famille. Prendre à gauche la rue Couillard.

Charmante voie au tracé sinueux, la **rue Couillard** reçut son nom au 18ᵉ s. en l'honneur du matelot Guillaume Couillard (1591-1663), gendre et héritier des terres de Louis Hébert.

Musée Bon-Pasteur – *14, rue Couillard, entre les rues Ferland & Saint-Flavien. Ouv. toute l'année mar.-dim. 13 h-17 h. 2 $.* & ☎ *418-694-0243.* Remarquable exemple d'architecture néo-gothique, avec ses murs de brique rouge percés de fenêtres ogivales, le corps central de la **maison Béthanie**★ (1878, David Ouellet) s'impose par son élégante avancée et par son pittoresque toit. Le bâtiment abritait

● **La Maison Serge Bruyère**

1200, rue Saint-Jean. ☎ *418-694-0618.* Cet établissement de grande renommée compte quatre restaurants. Le **Falstaff** sert, dans un chaleureux décor de pierres anciennes, des mets allemands (dont une excellente choucroute) et un grand choix de bières importées, ainsi que des repas-santé. Le **Café Européen** propose de délicieux sandwiches, salades, quiches et desserts qu'on peut savourer sur la terrasse à la belle saison. À l'étage, le bistro **Chez Livernois** offre une cuisine originale dans une atmosphère accueillante et détendue. Également à l'étage, la prestigieuse salle à manger **La Grande Table** convie ses hôtes à un repas mémorable où la finesse de la cuisine et la qualité du service sont exemplaires.

● **L'Astral**

1225 place Montcalm, au Loews Le Concorde Hôtel. ☎ *418 647 2222.* Le 28ᵉ étage de cet hôtel vient couronner la liste des restaurants avec un superbe panorama sur la ville. En effet, ce restaurant tournant, le seul à Québec, offre une vue panoramique sur le Saint-Laurent, la Vieille-Ville, l'île d'Orléans et la côte de Charlevoix. Vous pourrez assister au coucher du soleil au son du piano *(du mardi au dimanche soir)* ou terminer la soirée par une boisson. Fameux brunch le dimanche midi.

autrefois l'hospice de la Miséricorde, fondé par les sœurs du Bon-Pasteur comme refuge et maternité pour jeunes filles en détresse. Transformé en musée, l'édifice retrace aujourd'hui sur trois étages l'histoire de ces religieuses dont la congrégation fut fondée en 1850 par Marie Fitzbach, devenue mère Marie-du-Sacré-Cœur après avoir pris le voile. Une belle collection d'objets anciens (tableaux, sculptures, mobilier, instruments de musique, biens matériels courants) évoque la vie exceptionnelle de cette ancienne laïque, et celle de personnages ayant joué un rôle majeur au sein de la communauté. La collection recrée aussi l'ambiance des salles de communauté dans les couvents du Bon-Pasteur et illustre la mission éducative des religieuses. On remarquera tout particulièrement de belles œuvres de piété recueillies ou réalisées par les sœurs du Bon-Pasteur au fil des ans (statues religieuses polychromes, livres rares, ornements liturgiques brodés). Un vidéo *(15 mn)* présente par ailleurs la mission de la congrégation dans le contexte d'hier et d'aujourdhui.

Tourner à droite dans la rue Collins, et continuer jusqu'à la rue Charlevoix.

★**Monastère de l'Hôtel-Dieu de Québec** – *32, rue Charlevoix.* En 1640, les augustines hospitalières de Québec, Marie Guenet de Saint-Ignace, Marie Forestier de Saint-Bonaventure et Anne Le Cointre de Saint-Bernard, s'installaient dans un hôpital de fortune à côté de la mission jésuite de Sillery. Une fois leur monastère achevé en 1644, elles vinrent s'établir dans la vieille ville. Un premier hôpital fut construit en bois. En 1695, François de la Jouë l'agrandit en y ajoutant un bâtiment en pierre. Ces deux bâtiments anciens, qui font aujourd'hui partie du monastère, sont clairement visibles du jardin. L'hôpital connut encore plusieurs agrandissements au cours des 19e et 20e s., jusqu'en 1960 où il atteignit ses dimensions actuelles.

★**Musée des augustines de l'Hôtel-Dieu-de-Québec (M⁶)** – *Ouv. toute l'année mar.-sam. 9 h 30-midi & 13 h 30-17 h, dim. 13 h 30-17 h. Fermé jours fériés.* ⛟ ☏ *418-692-2492.* Ouvert depuis 1958, le musée présente de nombreux objets et œuvres d'art illustrant l'héritage et l'histoire des sœurs augustines de la Nouvelle-France. Il abrite l'une des plus belles collections québécoises de **peintures**★ datant de cette époque (portraits de Louis XIV et de l'intendant Jean Talon, tableaux des bienfaiteurs de l'institution, la duchesse d'Aiguillon et le cardinal de Richelieu). On y voit aussi du mobilier (chaises Louis XIII provenant du château Saint-Louis), de la vaisselle, des objets liturgiques, des maquettes de l'Hôtel-Dieu et du monastère, et comme il se doit, une riche collection d'instruments chirurgicaux évoquant l'œuvre hospitalière des augustines. Du musée part également la visite des **caves voûtées** (1695) où se réfugièrent les religieuses pendant la Conquête (lors de laquelle plus de 40 000 boulets furent tirés sur la ville).

★**Église** – *Mêmes horaires que pour le musée des augustines.* Au début du 19e s. apparurent à Québec bon nombre de chapelles de communautés non catholiques qui suivirent l'afflux d'immigrants protestants irlandais. C'est pour réagir contre cette prolifération que l'Église du Québec encouragea les religieuses à construire une importante église catholique. Conçu par Pierre Émond en 1800, sous la direction du père Jean-Louis Desjardins, cet édifice comprend des chapelles polygonales et un chevet relié aux bâtiments conventuels. La façade néoclassique (1835) comporte un beau portail sculpté créé par Thomas Baillairgé. Le petit clocher fut intégré à la façade en 1931.

Œuvre de Thomas Baillairgé, la **décoration intérieure** (1829-1832) – en bois sculpté rehaussé de dorures – forme un très bel ensemble. Il faut également remarquer le **tabernacle** du maître-autel, véritable modèle réduit de la basilique Saint-Pierre de Rome, le retable en forme d'arc de triomphe et la fausse voûte de bois à encorbellement. Peinte par Antoine Plamondon en 1840, la *Descente de la Croix*, au-dessus de l'autel, est inspirée du célèbre tableau de Rubens conservé à la cathédrale d'Anvers. Enfin, le tableau représentant la *Vision de Sainte-Thérèse d'Avila*, que l'on peut voir dans la chapelle Notre-Dame-de-toutes-Grâces, faisait partie d'une collection de peintures confisquées aux églises de Paris pendant la Révolution et envoyées à Québec en 1817.

Au centre Catherine-de-Saint-Augustin, près de l'église, reposent les restes de la bienheureuse religieuse qui arriva à Québec en 1648 et fut béatifiée en 1989 par le pape Jean-Paul II.

★★**③ FORTIFICATIONS**

Au 17e s., Québec était la clef du système défensif du Nord-Est de l'Amérique française, et les projets de fortification s'y succédèrent. La construction de batteries, redoutes et cavaliers dans la Haute-Ville et la Basse-Ville fut cependant suspendue après la signature du traité d'Utrecht (1713) qui établit une paix temporaire entre les belligérants européens. Le programme de défense privilégia alors la construction de forts en périphérie.

La campagne de fortification de Québec fut relancée après la prise de Louisbourg (île du Cap-Breton, dans l'actuelle Nouvelle-Écosse) en 1745. Les travaux commencés par l'ingénieur français Gaspard Chaussegros de Léry furent poursuivis après la Conquête par les Anglais. Ces derniers érigèrent une citadelle provisoire en 1783, construisirent quatre tours Martello, de forme circulaire (1805-1812), et bâtirent la Citadelle entre 1820 et 1832. En 1830, les fortifications furent revêtues de grès rouge provenant d'une carrière de Cap-Rouge.

Après le départ de la garnison britannique en 1871, les autorités militaires locales autorisèrent la démolition de certaines portes pour faciliter la circulation entre la Basse-Ville, la Haute-Ville et les faubourgs Saint-Jean et Saint-Louis. **Lord Dufferin**, gouverneur général du Canada de 1872 à 1878, se laissa influencer par le mouvement romantique alors populaire en Europe et intervint en faveur de la conservation des fortifications. En 1875, il proposa un plan d'embellissement de Québec, incluant la mise en valeur de l'enceinte fortifiée, la reconstruction des portes et la démolition de tous les ouvrages avancés qui occupaient une bande large de quelque 60 m le long de l'enceinte afin de mettre à découvert tout le complexe, à la manière des fortifications médiévales. La promenade sur les fortifications, née de cette initiative, permet de découvrir des vues panoramiques sur la ville et ses environs.

★★Citadelle

De la place d'Armes, prendre la rue Saint-Louis et tourner à gauche dans la côte de la Citadelle. Au bout de la rue, entrer par la porte Durnford.

Construite en temps de paix, la Citadelle n'eut jamais l'occasion de servir à la défense de Québec. Pourtant, l'idée de construire un ouvrage fortifié à cet emplacement remonte au tout début de la ville. Dès 1615, Samuel de Champlain avait en effet proposé la construction, sur les hauteurs du cap Diamant, d'un fortin qui commanderait l'accès à l'arrière-pays par le Saint-Laurent. En 1716, l'ingénieur Chaussegros de Léry relança l'idée et traça, quatre ans plus tard, les plans d'une enceinte semblable, dans ses grandes lignes, à celle que le lieutenant-colonel Elias Walker Durnford allait construire un siècle plus tard.

La Citadelle actuelle (1820-1832) présente un plan en étoile caractéristique des fortifications à la Vauban. Ingénieur militaire et maréchal de France sous le règne de Louis XIV, Sébastien le Prestre, **marquis de Vauban** (1633-1707), perfectionna l'architecture militaire française en développant les ouvrages avancés qui protégeaient portes et murailles du tir des canons ennemis. Le système Vauban était d'une telle perfection que l'armée britannique l'utilisa jusqu'au début du 19e s. Les approches de la Citadelle étaient constituées de glacis, ouvrages de terrassement en plan incliné qui obligeaient l'ennemi à s'exposer au tir des canons de la garnison. En revanche, le tir ennemi ne pouvait toucher les parois de pierre, à moins d'une extrême précision. L'enceinte était formée de bastions (éperons) reliés entre eux par des courtines (murs rectilignes). La forme des bastions permettait de protéger les fossés par un tir de canons, tandis que des tenailles, bastions isolés à l'intérieur même des fossés, protégeaient les courtines et les portes d'entrée.

La **porte Dalhousie** (1830), d'architecture néoclassique, constitue l'entrée principale de la Citadelle. C'est ici que l'on peut assister au spectacle de la relève de la garde *(24 juin-fête du Travail tous les jours à 10 h ; 35 mn)* et de la retraite *(Juil.-août mer.-sam. à 18 h ; 30 mn)*.

Citadelle de Québec

Visite – *Visite guidée (1 h) seulement, tous les jours avr.-mi-mai 10 h-16 h. Mi-mai-juin 9 h-17 h. Juil.-fête du Travail 9 h-18 h. Sept. 9 h-16 h. Oct. 10 h-15 h. 5,50 $.* ⟨symbols⟩ *www.lacitadelle.qc.ca/* ☎ *418-694-2815. La Citadelle étant une base militaire active occupée par le Royal 22ᵉ Régiment, seules certaines parties du site sont ouvertes au public.* La visite commence par la poudrière (1831), transformée en chapelle en 1927. Elle se poursuit par la « tenaille ». Construite en 1842, cette ancienne prison sert aujourd'hui d'annexe au musée du Royal 22ᵉ Régiment, et contient toutes sortes d'armes, de décorations, d'uniformes et de souvenirs de la Première Guerre mondiale. On passe ensuite par le bastion du Roi d'où la **vue**★★ sur le château Frontenac est tout à fait superbe. On continue par la redoute du Cap-Diamant (1693), la résidence du gouverneur général, reconstruite après un incendie (1976), puis l'hôpital (1849), faisant aujourd'hui fonction de bâtiment administratif. Installé dans l'ancienne poudrière (1750), le **musée du Royal 22ᵉ Régiment** présente une belle collection d'objets militaires du 17ᵉ s. à nos jours, notamment d'anciens uniformes, des soldats de plomb représentant les régiments de la Nouvelle-France, et plusieurs dioramas illustrant les grandes batailles du 18ᵉ s. Le visiteur empruntera aussi un tunnel aboutissant à une caponnière, et fera un arrêt au bastion du Prince-de-Galles, point naturel le plus élevé de la ville, d'où une vue sur le Saint-Laurent d'un côté, et les plaines d'Abraham de l'autre, est très agréable.

Sortir de la Citadelle par la porte Durnford et prendre le sentier à gauche, qui remonte vers les fortifications. Continuer en direction du Saint-Laurent.

Le chemin qui conduit à la promenade des Gouverneurs longe la Citadelle et le parc des Champs-de-Bataille. On aperçoit au loin l'une des tours Martello.

★★ **Promenade des Gouverneurs** – *Fermé en hiver.* Un belvédère domine le parc et offre une très belle **vue**★★ sur le Saint-Laurent et la région de Québec, marquant le début de cette promenade spectaculaire. Suspendu entre le ciel et les eaux sombres du fleuve, le chemin de planches mène du belvédère jusqu'à la terrasse Dufferin. Le **panorama**★ s'ouvre au Nord-Ouest vers l'île d'Orléans, le mont Sainte-Anne et les Laurentides.

★★ Promenade des remparts

Parcours : 2 km.

Point de départ : terrasse Dufferin.

★★★ **Terrasse Dufferin** – Rendez-vous des flâneurs venus humer l'air du Saint-Laurent et admirer les **vues**★★ de la Basse-Ville, du fleuve et de la région environnante, la célèbre terrasse fut conçue dans le cadre de la campagne d'embellissement de la ville, lancée par Lord Dufferin à la fin du 19ᵉ s. L'endroit était destiné à donner une perspective sur le fleuve à une époque où la Basse-Ville était envahie d'édifices commerciaux et d'entrepôts.

La portion de la terrasse faisant face au château Frontenac repose aujourd'hui sur les vestiges de l'ancien **château Saint-Louis**, ravagé par un incendie en 1834. Le gouverneur général Lord Durham en avait déjà fait recouvrir les ruines par une première terrasse, qui porta d'ailleurs son nom jusqu'à la construction de la terrasse actuelle. Très vite, cette dernière devint l'un des lieux les plus fréquentés de Québec. Bénéficiant, dès 1885, de l'électricité, elle fut bientôt équipée de pistes pour la glissade, et ses kiosques et bancs publics introduisirent à Québec le mobilier urbain des boulevards parisiens.

Jardin des Gouverneurs – Ce petit jardin à deux pas du château Frontenac fut créé au milieu du 17ᵉ s. pour l'agrément du gouverneur général de la Nouvelle-France. Le **monument Wolfe-Montcalm** (**4**), élevé en 1827, honore la mémoire des deux ennemis morts au combat, mais dont la rencontre a, comme on se plaisait à le souligner à l'époque, donné naissance au Canada. Le monument symbolise la mort. Remarquer le cénotaphe qui en constitue la base, et surtout l'obélisque qui porte l'inscription suivante : « Leur courage leur valut à l'un et à l'autre la mort ; l'histoire leur apporta la renommée ; la postérité leur dédia un monument ».

Prendre à la droite du jardin la rue du Mont-Carmel jusqu'au parc du Cavalier du Moulin. Suivre la terrasse Dufferin jusqu'à son extrémité.

Œuvre de Paul Chevré, le **monument Samuel de Champlain** (**5**) (1898) rend hommage au « père de la Nouvelle-France ». Non loin de là, un monument de bronze, de granit et de verre commémore l'inscription, en décembre 1985, de la ville de Québec sur la prestigieuse liste du Patrimoine mondial de l'UNESCO. Un **funiculaire** *(p. 220)* relie la terrasse Dufferin à la Basse-Ville.

Descendre l'escalier Frontenac et traverser la porte Prescott en direction du parc Montmorency.

Inaugurée le 3 juillet 1983 à l'occasion du 375ᵉ anniversaire de la fondation de Québec, la **porte Prescott** évoque celle qui, bâtie au même endroit en 1797, fut démolie en 1871.

Parc Montmorency – Sur ce site au sommet de la côte de la Montagne, l'intendant de la Nouvelle-France, Jean Talon, se fit construire une maison en 1667. À la fin du 17e s., Mgr de Saint-Vallier, deuxième évêque de Québec, l'acheta pour y faire bâtir, entre 1691 et 1696, un palais épiscopal occupé à partir de 1792 par l'Assemblée législative du Bas-Canada. Reconstruit au début du 19e s., il accueillit le Parlement du gouvernement de l'Union qui siégeait alternativement à Québec, Kingston, Montréal et Toronto. Peu après, l'édifice fut détruit par un incendie.

Le parc contient un **monument** (**6**) à la mémoire de George-Étienne Cartier, portant la devise suivante : « Pour assurer notre existence, il faut nous cramponner à la terre, et léguer à nos enfants la langue de nos ancêtres et la propriété du sol ». Œuvre du sculpteur Alfred Laliberté, un second **monument** (**7**) (1918), dédié à Louis Hébert, Marie Rollet et Guillaume Couillard, commémore le tricentenaire de l'arrivée des premiers colons en Nouvelle-France en 1617.

Le parc offre de bonnes vues du séminaire de Québec, et en particulier du bâtiment de la faculté d'architecture de l'université Laval, dont l'élégante **lanterne** au sommet du dôme central est devenue un symbole familier du Vieux-Québec.

★**Rue des Remparts** – Une promenade le long de cette voie sera l'occasion de jouir de vues étendues sur les installations portuaires de Québec. Jusque vers 1875, la rue ne fut rien d'autre qu'un sentier longeant les remparts et reliant entre eux les bastions et les batteries. Le long des pavillons du séminaire, la batterie Sault-au-Matelot et la batterie du clergé (1711) assuraient la protection du port de Québec. Aujourd'hui, des canons noirs dominent la Basse-Ville, permettant au visiteur de se faire une idée de la vie dans la ville fortifiée.

Continuer le long de la rue des Remparts vers la rue Sainte-Famille.

Au bas de la rue Sainte-Famille s'élevait, jusqu'en 1871, la porte Hope qui fermait l'accès à la Haute-Ville. En contrebas, la côte de la Canoterie, sentier reliant dès 1634 la Haute-Ville à la Basse-Ville, aboutissait à l'anse de la Canoterie, débarcadère pour les marchandises et chantier de construction de petites embarcations.

Maison Montcalm – *Nos 45-49, rue des Remparts.* Située légèrement en retrait, cette demeure se compose en fait de trois structures séparées. Le bâtiment central (1725) fut encadré, peu après sa construction, par deux édifices similaires. Louis-Joseph de Saint-Véran, **marquis de Montcalm**, occupa le rez-de-chaussée du corps central de décembre 1758 à juin 1759, d'où le nom de l'édifice. En 1810, la partie centrale fut exhaussée d'un étage. Les deux maisons voisines suivirent cet exemple en 1830. Avec la maison Montcalm, le bastion Montcalm forme une paisible petite place, d'où l'on a une jolie vue sur la rue des Remparts et les fortifications.

Bastion des augustines – *N° 75, de l'autre côté du monastère des augustines.* Dominant la rivière Saint-Charles, la partie Nord des fortifications fut longtemps négligée, la falaise constituant une défense naturelle suffisante. L'invasion américaine de 1775-1776 incita à terminer l'enceinte de la Haute-Ville. Le mur achevé en 1811 était suffisamment haut pour masquer le paysage, visible seulement par les meurtrières aménagées pour le tir au fusil.

Devant le monastère des augustines se trouvait autrefois la porte du Palais, démolie en 1871. Dans le jardin du monastère, à côté du portail d'entrée, on remarquera la poudrière. Celle-ci avait été construite en 1820 pour alimenter les batteries de canons du Nord de la ville.

Peu après, on aperçoit, à droite, deux bâtiments de granit, de pierre et de brique, reflétant le style d'architecture chère au Canadien Pacifique. Il s'agit de l'**ancienne poste** et de la **gare du Palais**. Cette dernière *(détour de 20 mn)* contient un hall d'entrée étonnamment moderne et fonctionnel, décoré de carrelages de porcelaine et d'une charpente d'acier restaurés selon leur aspect d'antan.

Traverser la côte du Palais et prendre la rue de l'Arsenal. Si des travaux de réfection empêchent de pénétrer dans le parc de l'Artillerie par l'arrière, suivre la côte du Palais. Tourner à droite dans la rue Saint-Jean, puis encore à droite dans la rue d'Auteuil.

★**Lieu historique national du Parc-de-l'Artillerie** – *Entrée principale au 2, rue d'Auteuil, près de la porte Saint-Jean.* Ce vaste site évoque, par ses bâtiments, trois siècles de vie militaire, sociale et industrielle à Québec. En 1749, la construction de casernes dans ce secteur devait à jamais changer le caractère de ce quartier jusqu'alors résidentiel. Au lendemain de la Conquête, l'Artillerie royale britannique s'y installa, et de nouveaux bâtiments vinrent s'ajouter aux premiers. En 1879, le gouvernement canadien transforma le site en cartoucherie, et le quartier acquit alors une vocation industrielle. Abandonné en 1964, puis remis en valeur à partir de 1972, le site offre aujourd'hui plusieurs édifices dignes d'intérêt.

Ancienne fonderie – *Ouv. avr.-oct. tous les jours 10 h-17 h (avr.-début mai réservations requises). Reste de l'année réservations requises 12 h-16 h. Fermé mi-déc.-mi-janv. 3,25 $.* ♿ *www.parkscanada.gc.ca/artillerie* ☎ *418-648-4205.* Le centre d'accueil et d'interprétation du parc de l'Artillerie est aujourd'hui installé dans ce bâtiment (1903) dont les grandes fenêtres et les lucarnes attestent sa fonction d'usine. Point culminant de l'exposition, le **plan-relief de Québec**★★ (échelle de 1/300) dresse un tableau saisissant de la ville au tout début du 19e s. Réalisé entre 1806 et 1808 par des ingénieurs militaires, c'est une véritable œuvre d'art qui reproduit avec une grande précision la topographie des lieux et la distribution des rues et édifices publics. Au niveau inférieur, le visiteur verra les vestiges d'une poudrière et de son mur de protection (1808), ainsi que des objets recouvrés lors des fouilles : bouteilles, ossements et autres.

Économusée de la Poupée – *Ouv. mi-juin-mi-août tous les jours, lun.-ven. 9 h 30-16 h 30. Dim. midi-17 h. Mi-août-mi-juin lun.-sam. 10 h-17 h. Fermé jours fériés.* ☎ *418-692-1516.* Ce petit musée occupe un ancien entrepôt d'affûts à canons. Toutes les étapes de la fabrication des poupées y sont expliquées, depuis le moulage jusqu'à la confection des vêtements. Une charmante collection de poupées accueille le visiteur dès l'entrée. Du côté gauche de la salle, on voit les ateliers où les artisanes créent les modèles et confectionnent les parures. À l'arrière, des vitrines d'exposition abritent des objets du 19e s. découverts dans le parc de l'Artillerie, notamment des fragments de poupées de porcelaine, ainsi que diverses poupées anciennes et contemporaines illustrant les courants de la mode au fil des ans.

Redoute Dauphine – La construction de cet impressionnant édifice blanc fut entreprise en 1712, mais interrompue après la signature du traité d'Utrecht en 1713. Des vestiges de l'enceinte de pierre sont encore visibles aujourd'hui. Achevée en 1748 par Chaussegros de Léry, la redoute fut transformée en caserne. Après la Conquête, c'est l'armée britannique qui ajouta un étage au bâtiment et renforça de contreforts massifs la maçonnerie et les voûtes pour éviter les glissements. On y voit des costumes, des peintures et des objets artisanaux illustrant la vie des soldats aux 18e et 19e s.

Nouvelles casernes – Long de quelque 160 m, ce bâtiment de pierre (1750) fut construit selon les plans de Chaussegros de Léry. Il se présente comme une succession de maisons en rangée, concept inhabituel pour l'époque. Les casernes contenaient un arsenal, des stocks d'armement, une salle des gardes et six cellules de prison. L'ensemble fut en partie reconstruit vers la fin du 19e s.

Ressortir par la porte Saint-Jean.

Porte Saint-Jean – À la porte d'origine, érigée par les militaires au 18e s., succéda une porte plus large (1867) qui fut à son tour démolie en 1897 pour faciliter la circulation entre les différents secteurs de la ville. La porte actuelle, relativement récente, date de 1936.

Place d'Youville – Située à l'emplacement de l'ancien marché Montcalm, cette place animée est devenue, depuis 1900, un carrefour de divertissements et d'activités culturelles. On remarquera le palais Montcalm (1930), d'une architecture très sobre, et le **théâtre du Capitole** (1903), dont la façade bombée, de style Beaux-Arts, vient rappeler l'exubérance des salles de la Belle Époque.

Repasser par la porte Saint-Jean, et prendre à droite la rue d'Auteuil.

Porte Kent – Nommée en l'honneur de la duchesse de Kent, cette ouverture fut aménagée dans l'enceinte Ouest en 1879.

Chapelle des jésuites – *À l'angle de la rue d'Auteuil & de la rue Dauphine. Ouv. toute l'année lun.-ven. 11 h 30-13 h 30. Fermé principaux jours fériés.* ☎ *418-694-9616.* Dédiée, depuis 1925, aux saints martyrs canadiens, ce petit édifice de 1820 se dresse sur un terrain ayant appartenu au collège des jésuites. Le chevet fut agrandi en 1857 et doté d'une nouvelle façade en 1930. À l'intérieur sont conservées des statues en bois doré de la Vierge et de saint Joseph, réalisées par Pierre-Noël Levasseur. Le chemin de Croix fut sculpté par Médard Bourgault, originaire de Saint-Jean-Port-Joli.

Lieu historique national des Fortifications-de-Québec – *100, rue Saint-Louis. Ouv. avr. sur rendez-vous. Mai-juin tous les jours 10 h-17 h. Juil.-août tous les jours 9 h-17 h. Sept. tous les jours 10 h-*

Une soirée au Capitole de Québec

972, rue Saint-Jean. Renseignements & réservations ☎ *418-694-4444.* Situé à deux pas des fortifications de la vieille ville, cet édifice presque centenaire abrite l'une des plus prestigieuses salles de spectacles de Québec, dotée de quelque 1 300 places. Le décor somptueux se prête tant aux grandes productions qu'aux concerts plus intimes. Avant ou après le spectacle, ou même au petit-déjeuner, faites un arrêt au **Il Teatro** *(*☎ *418-694-9996).* Ce restaurant fort agréable, situé dans le bâtiment même du Capitole, propose une fine cuisine italienne dans un cadre à la fois moderne et accueillant. À la belle saison, la terrasse offre un excellent point de vue sur la rue Saint-Jean.

© Malak, Ottawa

Porte Saint-Louis

17 h. 2,75 $. ♿ *www.parkscanada.gc.ca/fortifications* ☎ *418-648-7016.* Creusé à l'intérieur même du mur d'enceinte, le **Centre d'initiation aux fortifications** (1992) présente l'histoire de Québec à travers l'évolution de son système défensif, et propose des visites guidées *(90 mn)* sur l'imposante muraille dont est entourée la ville. Tout près du centre, à droite de la porte Saint-Louis, s'élève la poudrière, entièrement rénovée selon son aspect d'antan. Le bâtiment fut construit en 1810 sur l'Esplanade, qui servit de place d'armes de 1779 à 1783.

Porte Saint-Louis – La construction de la porte Saint-Louis contribua au développement du style « château » à Québec. Son allure de forteresse médiévale (tour et tourelles, créneaux et mâchicoulis) naquit en 1878 de l'imagination de l'architecte irlandais W.H. Lynn, collaborateur de Lord Dufferin. Tout comme les portes Kent, Saint-Jean et Prescott, la porte Saint-Louis ne contrôle plus l'accès à la ville, mais fait tout simplement office de pont, et permet aux visiteurs désireux de découvrir la vieille ville, et de suivre à pied les remparts.

★④ GRANDE ALLÉE

Parcours : 5 km.

Point de départ : hôtel du Parlement.

Avec ses innombrables restaurants, ses bars, ses terrasses de cafés, ses boutiques et ses bureaux, la Grande Allée est à Québec ce que l'avenue des Champs-Élysées est à Paris. L'élégante artère va de la porte Saint-Louis jusqu'au Sud de la vieille ville. Son tracé se développa le long de l'axe Est-Ouest qui, au début du 17e s., séparait les lots concédés à quelques grands propriétaires sur le plateau de Québec. Ce simple chemin de campagne acquit une popularité soudaine à la fin du 18e s., époque à laquelle les Britanniques transformèrent les environs en un véritable lieu de villégiature. En l'espace de quelques années, de magnifiques villas vinrent occuper le côté Sud de la Grande Allée, tandis que se développait le faubourg Saint-Louis.

Le départ de la garnison britannique, en 1871, accentua le déclin de Québec, amorcé quelques années plus tôt par le transfert du Parlement du Canada à Ottawa, et par le déplacement des capitaux vers Montréal. Prenant modèle sur la ville nouvelle d'Édimbourg qui se développait à côté de la cité médiévale, l'ingénieur municipal Charles Baillairgé proposa que la Grande Allée devînt l'une des artères principales de la ville. Transformé en une véritable voie triomphale propre à recevoir les cortèges officiels, le boulevard allait permettre de relier l'hôtel du Parlement (1886) au parc du Bois-de-Coulonge, résidence officielle du lieutenant-gouverneur. La « nouvelle » Grande Allée (1886-1890) accueillit d'abord les notables de Québec associés à la vie politique, qui se firent construire des demeures cossues de style Second Empire. De 1890 à 1900, la partie haute de la Grande Allée se développa encore avec l'arrivée d'une bourgeoisie enrichie par l'industrialisation de la Basse-

Ville. En 1929, l'ouverture du pont de Québec à la circulation automobile, devait peu à peu transformer cet agréable quartier résidentiel en un lieu de passage fort animé.

★★ **Hôtel du Parlement** – *Visite guidée (30 mn) seulement, 24 juin-fête du Travail lun.-ven. 9 h-16 h 30, sam.-dim. 10 h-16 h 30. Reste de l'année lun.-ven. 9 h-16 h 30.* ⚍ 丈 🅿 www.assnat.qc.ca ☎ 418-643-7239. Dominant la vieille ville, ce majestueux édifice illustre mieux qu'aucun autre le style Second Empire. C'est en 1875 que le gouvernement provincial confiait à **Eugène-Étienne Taché** (1836-1912), alors sous-ministre au département des Terres de la Couronne, le mandat de préparer les plans d'un édifice qui regrouperait le palais législatif et les ministères sur le site de l'ancien collège des jésuites du Vieux-Québec (aujourd'hui hôtel de ville). Le choix du lieu se porta sur le Cricket Field, dans le faubourg Saint-Louis, après qu'un terrible incendie eût rasé le quartier en 1876.

Le bâtiment forme un quadrilatère autour d'une cour intérieure. L'imposante **façade** présente un tableau historique dans lequel évoluent, coulées dans le bronze, les grandes figures de l'histoire nationale. Le *Pêcheur à la Nigog* (sorte de harpon pour pêcher l'anguille et le saumon), qui orne la niche devant l'entrée principale, et au-dessus, la *Famille amérindienne* (œuvre présentée à l'Exposition universelle de Paris en 1889), sont dues à Louis-Philippe Hébert. *À l'extérieur du bâtiment, un panneau d'interprétation permet à la fois d'identifier les personnages représentés par les sculptures, et les artistes qui en furent les auteurs.*

Dans le hall d'entrée, divers blasons rappellent qu'à l'époque de la construction de l'édifice, les immigrants venus de France, d'Angleterre, d'Irlande et d'Écosse formaient la majorité de la population du Québec. Un escalier mène au restaurant Le Parlementaire, somptueuse salle à manger *(ouv. au public)* de style Beaux-Arts (1917) caractérisée, à son entrée, par un superbe décor vitré évoquant l'Atlantique et ses rives.

Salles de séances parlementaires – *À l'étage, l'antichambre donne accès aux deux salles par des portes finement ciselées.* Selon l'acte de Constitution de 1867, les deux Chambres du Parlement – l'Assemblée nationale (élue) et le Conseil législatif (nommé) – occupent ces deux salles. Aujourd'hui, l'Assemblée nationale du Québec siège dans la salle de l'Assemblée nationale. La salle du Conseil législatif (aboli en 1968) est utilisée pour les commissions parlementaires et pour des cérémonies protocolaires. Tout comme en Angleterre, le système parlementaire québécois met face à face une majorité dont est issu le gouvernement, et la « loyale opposition », formée d'un ou de plusieurs partis. Ministres et principales figures de l'opposition sont séparés par un espace égal, disait-on autrefois, « à la longueur de deux épées ». La configuration générale des salles a été empruntée au Banqueting Hall (salle des banquets) du palais de Whitehall, à Londres. Au-dessus du trône du président de l'Assemblée nationale, *Le Débat sur les langues*, exécuté de 1910 à 1913 par le peintre Charles Huot, représente la séance de l'Assemblée législative du Bas-Canada du 21 janvier 1793, au cours de laquelle eut lieu le célèbre débat sur les langues qui devait décider du droit de cité de la langue française.

Jardins – Plusieurs monuments commémoratifs sont disséminés dans les jardins de l'hôtel du Parlement. Celui de **Maurice Duplessis** (1890-1959), Premier ministre du Québec de 1936 à 1939 et de 1944 à 1959, est l'œuvre du sculpteur Émile Brunet. Un autre, réalisé par le sculpteur français Paul Chevré (1912), évoque la carrière politique d'**Honoré Mercier** (1840-1894), défenseur de l'autonomie provinciale et Premier ministre du Québec de 1887 à 1891. Un autre encore, au coin du boulevard Dufferin et de la Grande Allée, fut érigé à la mémoire de **François-Xavier Garneau** (1809-1866), premier historien national du Québec.

Manège militaire – *Derrière la place George-V.* Construit entre 1884 et 1887 par Eugène-Étienne Taché, cet édifice de style « château » était à l'origine un pavillon de l'exposition provinciale et une salle d'exercices militaires. Au début du siècle, l'édifice fut agrandi vers l'Est par une annexe.

Prendre à gauche la rue de La Chevrotière.

★ **Chapelle historique Bon-Pasteur** – *1080, rue de La Chevrotière. Ouv. juil.-août mar.-ven. 13 h 30-16 h 30, dim. 9 h-12 h 30. Reste de l'année lun.-ven. 13 h 30-16 h 30, dim. 9 h-12 h 30 sur rendez-vous. Messe des Artistes dim. à 10 h 45. Contribution requise (2 $). Fermé semaines du 1ᵉʳ janv. & Pâques.* ☎ 418-648-9710. Construite en 1866 selon les plans de Charles Baillairgé, la chapelle se trouve au deuxième étage de l'ancien couvent des sœurs du Bon-Pasteur. Son intérieur se caractérise par sa haute nef étroite, flanquée de galeries latérales superposées, et par son décor baroque. Le maître-autel (1730), entièrement doré à la feuille, provient de l'église Saint-Louis-de-Lotbinière ; il fut sculpté dans l'atelier des Levasseur. Quant aux deux autels latéraux (v. 1800), l'un dédié au Sacré-Cœur, l'autre à la Vierge Marie, ils sont l'œuvre de Florent Baillairgé. Toile monumentale, l'*Assomption de la Vierge*, qui orne le sanctuaire, fut peinte en 1868 par Antoine Plamondon. De nombreux autres tableaux viennent décorer la nef ; ils proviennent de l'atelier des sœurs du Bon-Pasteur qui produisit d'ailleurs des œuvres à caractère religieux pour la plupart des églises du diocèse de Québec à la fin du 19ᵉ s. Un bel orgue Casavant de 18 jeux complète l'ensemble.

Observatoire de la Capitale (Édifice Marie-Guyart) – *Accès au 1037, rue de La Chevrotière. Ouv. fin juin-mi-oct. tous les jours 10 h-17 h. Mi-oct.-fin juin mar.-dim. 10 h-17 h. 4 $. Fermé 1ᵉʳ janv. & 25 déc.* ♿ *www.observatoirecapitale.org* ☎ *418-644-9841.* Du 31ᵉ étage de ce bâtiment administratif, l'observatoire, dont les murs sont couverts d'œuvres d'artistes divers, offre une **vue**★★ saisissante de Québec (la vieille ville, la Citadelle, les fortifications) et de ses environs.

Église Saint-Cœur-de-Marie – *À l'angle de la rue Scott & de la Grande Allée (n° 530).* L'édifice fut construit en 1920 pour les eudistes (ou congrégation de Jésus et Marie, fondée au 17ᵉ s.). Son pittoresque clocher contraste étrangement avec le reste du bâtiment, d'allure moderne.

La Laurentienne – *500, Grande Allée Est.* Le siège social de cette société d'assurances occupe un immeuble (1962) incarnant la tendance fonctionnaliste de l'architecture moderne à Québec. À l'arrière, une nouvelle façade de miroirs donne sur le parc de l'Amérique française.

Prendre l'av. Taché à gauche. Remarquer au passage la tour Martello n° 2 (ouv. mai-sept. tous les jours 10 h-17 h 30 ; 2 $. ▯ ☎ 418-648-4071). Rejoindre la Grande Allée.

Maison Stewart – *82, Grande Allée Ouest, à l'angle de l'av. Cartier.* Ce cottage (1849) entouré d'un parc possède de grandes portes-fenêtres en façade. Son toit débordant, dominé par une souche de cheminée centrale, recouvre des galeries latérales.

La **Ladies Protestant Home** *(n° 95)* représente un exemple éloquent du style néo-Renaissance italienne, avec sa corniche massive et sa lanterne. Au n° 155, face à l'avenue Cartier, on remarquera la **maison Krieghoff** *(fermée au public)*, dont le nom rappelle le souvenir du célèbre peintre Cornelius Krieghoff (1815-1872) qui l'habita de façon intermittente en 1859 et 1860. Ce charmant cottage, construit en 1850, s'inspire de l'architecture vernaculaire québécoise.

Prendre à gauche l'av. Wolfe-Montcalm en direction du musée du Québec.

On longe le terrain de manœuvres utilisé par les militaires britanniques après qu'ils aient abandonné la place d'Armes en 1823. Pendant plusieurs années, de grandes manifestations se déroulèrent sur ce site, notamment les défilés historiques des célébrations du tricentenaire de Québec.

Face au musée, noter le **monument Wolfe**, érigé à l'emplacement même où mourut le célèbre vainqueur de la bataille des plaines d'Abraham, le 13 septembre 1759.

★★**Musée du Québec** – *Accès par le rez-de-chaussée du Grand Hall, entre les deux édifices principaux. Ouv. juin-août tous les jours 10 h-18 h (mer. 21 h). Reste de l'année mar.-dim. 10 h-17 h (mer. 21 h). Fermé 25 déc. 7 $. ✕ ♿ ▯ (2,50 $/h) www.mdq.org ☎ 418-643-2150.* Situé sur le site même du parc des Champs-de-Bataille, ce remarquable complexe muséologique retrace, à travers quelque 22 000 œuvres (huiles, aquarelles, dessins, estampes, photos, objets d'art décoratif, sculptures, objets du culte), l'évolution de l'art québécois du 18ᵉ s. à nos jours. Ses expositions, permanentes et temporaires, se répartissent aujourd'hui sur trois pavillons.

Grand Hall – Situé entre les deux autres édifices, le Grand Hall (1991) sert d'entrée au musée. Il s'agit d'un bâtiment moderne, surmonté de lanterneaux, qui regroupe l'accueil, un auditorium et diverses autres installations.

● L'avenue Cartier

La vie de quartier bat son plein sur cette artère située un peu à l'écart des principaux circuits touristiques. S'y succèdent une foule de restaurants, cafés et petits commerces qu'on a plaisir à découvrir. Le **Graffiti** *(1191, av. Cartier ; ☎ 418-529-4949)* propose une cuisine italienne et française de grande qualité, accompagnée d'une excellente carte des vins. Une verrière et des murs de brique lui confèrent une ambiance chaleureuse. Un peu plus loin, le sympathique **Café Krieghoff** *(1089, av. Cartier ; ☎ 418-522-3711)* accueille une clientèle bigarrée dans ses petites pièces au décor tout simple, propices tant aux conversations entre amis qu'aux réflexions solitaires. On y sert des repas légers et de bons petits-déjeuners. Située à quelques pas de l'avenue Cartier, l'**Épicerie méditerranéenne** *(64, boul. René-Lévesque ; ☎ 418-529-9235)* connaît l'art des beaux étalages : pâtes, huiles, pains et fromages attirent le regard et éveillent l'appétit. Le midi, on y prépare des sandwiches à emporter.

Pavillon Gérard-Morisset — L'édifice, reconnaissable à sa façade monumentale de style Beaux-Arts, fut nommé en souvenir d'un ancien directeur du musée. Un imposant escalier central mène à un portique ionique, tandis qu'un fronton sculpté en pierre évoque l'histoire de l'économie provinciale et celle de deux groupes : Amérindiens *(à gauche)*, découvreurs et missionnaires *(à droite)*. Sur chaque façade, des bas-reliefs coulés dans l'aluminium surmontent les fenêtres des ailes latérales. Ils retracent des épisodes de l'histoire du Canada et illustrent des activités agricoles traditionnelles. Véritable mémoire vivante de l'art québécois, les expositions présentent par roulement des œuvres extraites de la collection permanente, couvrant aussi bien l'art ancien, moderne et contemporain... le visiteur jouira d'un impressionnant panorama de la production artistique québécoise d'hier et d'aujourd'hui.

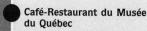

> ● **Café-Restaurant du Musée du Québec**
>
> *Dans le parc des Champs-de-Bataille.* ☎ *418-644-6780.* Logé dans le musée même, ce restaurant propose une cuisine soignée et imaginative, présentée avec beaucoup de finesse. La lumière du jour entre à flots dans la vaste salle à manger, où d'immenses fenêtres offrent une magnifique vue sur les plaines d'Abraham. En été, il est particulièrement agréable de s'asseoir à la terrasse pour admirer le paysage.

Pavillon Baillairgé — Construit d'après les plans de Charles Baillairgé, ce bâtiment néo-Renaissance d'allure massive (1861-1871) abrita jusqu'en 1967 la prison de Québec. Tout un bloc cellulaire *(1ᵉʳ étage)* a d'ailleurs été préservé de manière à témoigner de la vie carcérale au siècle dernier. Au même étage, une salle contient l'un des plus importants tableaux d'histoire du Canada : la célèbre *Assemblée des six comtés* (1891). Œuvre magistrale de Charles Alexander Smith (1864-1915), cette impressionnante toile illustre l'un des moments clés des insurrections de 1837-1838 ; on y reconnaîtra Louis-Joseph Papineau, chef des Patriotes, en train de haranguer la foule. Dans la tourelle du pavillon *(4ᵉ étage)*, remarquer la curieuse statue d'un plongeur intitulée *aLomph aBram*, réalisée vers la fin des années 1960 par David Moore. Le pavillon Baillairgé du Musée du Québec héberge le **centre d'interprétation du Parc-des-Champs-de-Bataille** *(ouv. juin-fête du Travail tous les jours 10 h-17 h 30 ; reste de l'année mar.-dim. 11 h-17 h 30 ; 3,50 $. ✗ ⅋ ▯ www.ccbn-nbc.gc.ca ☎ 418-648-4071)* présente de façon vivante les temps forts des batailles des plaines d'Abraham.

Prendre à gauche l'av. George-VI et continuer jusqu'à la terrasse Grey.

Cet observatoire fut ainsi nommé en l'honneur de A.H.G. Grey, gouverneur général du Canada de 1904 à 1911, époque à laquelle débuta l'aménagement du parc.

Retourner vers le musée et prendre l'av. Ontario (qui traverse le parc des Champs-de-Bataille) en direction du Vieux-Québec.

★ **Parc des Champs-de-Bataille** — *Ouv. 24 juin-fête du Travail 8 h 30-19 h 30. Sept.-23 juin 8 h 30-17 h ✗ ⅋ ▯ (1 $/h) www.ccbn-nbc.gc.ca ☎ 418-648-4071. À gauche de l'av. Ontario, on aperçoit la tour Martello n° 1 (ouv. juin-sept. tous les jours 10 h-17 h 30 ; 3,50 $). En suivant l'av. du Cap-aux-Diamants, on rejoindra le belvédère de la promenade des Gouverneurs.* Inspiré des pittoresques jardins à l'anglaise, ce magnifique espace vert de quelque 108 ha occupe le versant Sud du plateau de Québec. Il fut créé en 1908 à l'occasion des fêtes qui marquèrent le tricentenaire de la fondation de la ville, et commémore les terribles batailles que se livrèrent Anglais et Français lors de la Conquête. Le parc, achevé en 1954, fut dessiné par l'architecte Frederick G. Todd, élève du célèbre Frederick Law Olmsted, concepteur de Central Park *(voir le guide New York)* et du parc du Mont-Royal, à Montréal. L'insaisissable beauté de ce site escarpé surplombant le Saint-Laurent fournira l'occasion d'une sortie à la fois historique et récréative.

La bataille des plaines d'Abraham — Les plaines d'Abraham doivent leur nom pourtant si poétique à un certain Abraham Martin, riche agriculteur établi sur les hauteurs de Québec au 17ᵉ s. C'est sur ce plateau que s'engagea à découvert, le 13 septembre 1759, la célèbre bataille dont l'issue devait sceller le destin de la colonie française d'Amérique. Cinq mille soldats britanniques, sous le commandement du général Wolfe, débarquèrent à l'Anse au Foulon et se hissèrent sur le plateau. Sans attendre de renforts, le général français Montcalm poussa son armée mal préparée contre les lignes anglaises. En moins d'un quart d'heure, ce fut la déroute des Français. Wolfe et Montcalm tombèrent sous le feu meurtrier. Cinq jours plus tard, Québec était occupée, et les troupes françaises – désormais commandées par François-Gaston de Lévis (1719-1787) – se retirèrent à Montréal pour l'hiver. Au mois d'avril suivant, Lévis revint et battit les Anglais à la bataille de Sainte-Foy (un monument, situé dans le parc des Braves, au Nord du chemin Sainte-Foy, commémore d'ailleurs cet épisode historique). C'était la fin de l'hiver ; le sort de la ville dépendait du premier bateau amenant des renforts. Il arriva le 9 mai ; il était anglais... La Nouvelle-France était désormais perdue. Elle passa officiellement aux mains de l'Angleterre par le traité de Paris, en 1763.

Mia et Klaus

Tour Martello

Craignant une autre invasion américaine après l'échec de l'expédition menée par les Bostoniens en 1775-1776, et toujours dans l'attente d'une décision de Londres à propos du projet de construction d'une citadelle, le commandement militaire britannique fit ériger, entre 1808 et 1812, quatre **tours Martello** en guise de ligne de défense avancée. Trois de ces tours subsistent encore, dont deux dans le parc même, et une dans la rue Lavigueur (faubourg Saint-Jean-Baptiste). Ronds, en pierre, de construction particulièrement robuste, ces curieux ouvrages constituaient une unité de défense autonome, à la fois caserne et plate-forme de tir, dont l'unique entrée, à l'étage supérieur, était protégée par un escalier escamotable. Si les murs dirigés vers l'ennemi furent bâtis très épais, ceux faisant face à la garnison étaient plus légers : en cas de prise par l'ennemi, les ouvrages pouvaient ainsi être détruits facilement par les propres canons des assiégés.

EXCURSIONS

Sillery et Sainte-Foy

Située sur les rives du Saint-Laurent, à un kilomètre à peine de Québec, Sillery correspond à l'ancienne seigneurie de Noël Brulart de Sillery, aristocrate français ordonné prêtre qui, en 1637, établit ici une mission jésuite destinée à l'évangélisation des Amérindiens. Les ravages occasionnés par les épidémies et l'alcoolisme devaient malheureusement entraîner l'abandon de la communauté durant les années 1680. Après la Conquête, les jésuites louèrent le territoire à de riches marchands. Vers le milieu du 19e s., l'industrie forestière et la construction navale contribuèrent au développement économique de Sillery, ses anses et ses baies servant au déchargement, à l'équarrissage, à l'entreposage et à l'exportation du bois. Plusieurs des somptueuses demeures construites à cette époque furent par la suite acquises par différentes communautés religieuses.

Après le parc des Champs-de-Bataille, la Grande Allée devient chemin Saint-Louis. Une bande médiane plantée d'arbres divise cette artère bordée de prestigieux immeubles de bureaux.

★**Parc du Bois-de-Coulonge** – *1215, chemin Saint-Louis, à Sillery. Ouv. tous les jours de l'année.* ♿ 🅿 *www.capitale.gouv.qc.ca* ☎ *418-528-0773.* Ce joli parc paysagé n'est qu'une fraction de l'ancienne seigneurie de Coulonge, concédée en 1649 à Louis d'Ailleboust de Coulonge. Lors de la Conquête, les troupes anglaises occupèrent temporairement le site. En 1780, le domaine fut morcelé, et l'une des premières maisons de villégiature y apparut dix ans plus tard. Rebaptisée **Spencer Wood** en 1811 en l'honneur de Lord Spencer (Premier ministre britannique), cette villa néopalladienne devint, en 1852, la résidence de Lord Elgin, gouverneur général du Canada-Uni. Reconstruite en 1860 à la suite d'un incendie, elle servit, après la création de la Confédération, de résidence aux lieutenants-gouverneurs. L'édifice, qui prit le nom de Bois-de-Coulonge en 1947, fut ravagé par un incendie en 1966. Depuis, le parc est ouvert au public. On peut y voir, outre ses jardins et son belvédère dominant le fleuve, plusieurs bâtiments anciens dont la **loge du gardien★**, structure de style « château » revêtue de bardeaux de cèdre décoratifs (1891).

★**Villa Bagatelle** – *1563, chemin Saint-Louis, à Sillery. Ouv. toute l'année mar.-dim. 10 h-17 h. 3 $. Fermé nov.-mars.* ♿ *www.cataraqui.qc.ca* ☎ *418-688-8074.* Détruite par un incendie en 1926, la villa Bagatelle fut reconstruite l'année suivante sur le modèle d'un petit cottage néogothique (ou gothique rural), lui-même érigé en 1848 sur le domaine Spencer Wood. Le pavillon est entouré d'un charmant jardin à l'anglaise. On y découvre, à l'intérieur, diverses expositions thématiques.

Continuer le long du chemin Saint-Louis.

La route passe devant l'église anglicane Saint Michael, reconnaissable à son clocher trapu et à ses contreforts massifs.

Prendre à gauche la côte de l'Église.

Église Saint-Michel – *1600, rue Persico, à Sillery. Ouv. tous les jours de l'année 8 h 30-20 h.* ♿ 🅿 ☎ *418-527-3390.* Cette église néogothique date de 1854. À l'intérieur sont conservés cinq tableaux provenant de la collection Desjardins : les *Disciples d'Emmaüs*, la *Mort de saint François d'Assise*, *Saint François d'Assise recevant les stigmates*, l'*Annonciation* et l'*Adoration des Mages*.
En contrebas, l'observatoire de la **Pointe-à-Puiseaux** permet d'apprécier une **vue**★ imprenable sur Québec, les anses de Sillery, le pont de Québec, le pont Pierre-Laporte et la rive Sud du Saint-Laurent.

Revenir vers le chemin Saint-Louis.

Domaine Cataraqui – *2141, chemin Saint-Louis, à Sillery. Ouv. toute l'année mar.-dim. 10 h-17 h. 5 $.* ♿ 🅿 *www.cataraqui.qc.ca* ☎ *418-681-3010.* Ce vaste domaine, dont le nom amérindien signifie « vue imprenable », est l'un des seuls survivants de ces belles propriétés qui firent la réputation de Sillery au siècle dernier. Il comprend de magnifiques jardins à l'anglaise ainsi qu'une somptueuse villa néoclassique qui servit de résidence temporaire au gouverneur général après l'incendie du Bois-de-Coulonge, en 1860. On y verra aussi des dépendances, des serres, et l'atelier du peintre Henry Percyval Tudor-Hart qui vécut ici de longues années.

Maison Hamel-Bruneau – *2608, chemin Saint-Louis, à Sainte-Foy. Ouv. toute l'année mar.-dim. 12 h 30-17 h (mer. 21 h).* ♿ 🅿 ☎ *418-654-4325.* Ce « cottage québécois » fut construit comme résidence de villégiature en 1858. Il abrite des expositions temporaires et propose des activités culturelles dans les domaines de la musique, des sciences et des arts visuels.

Tourner à gauche dans l'av. du Parc.

Aquarium du Québec – *1675, av. des Hôtels, à Sainte-Foy. Fermé pour rénovation. Renseignement* ☎ *418-622-0313.* Aménagé en 1959 sur un site boisé dominant le Saint-Laurent, l'aquarium de Québec abrite plus de 1 700 spécimens de poissons (indigènes ou exotiques), de reptiles et de mammifères marins. On remarquera tout particulièrement les bassins extérieurs où s'ébattent des phoques. À la sortie de l'aquarium, dans le parc de stationnement, un petit belvédère offre une **vue**★ magnifique du fleuve, du pont de Québec et du pont Pierre-Laporte.

Descendre en direction du Saint-Laurent. Prendre le boul. Champlain et continuer jusqu'à la côte à Gignac. Prendre à gauche le chemin du Foulon vers l'Est.

Yves Tessier/REFLEXION

Maison des Jésuites (Sillery)

★**Maison des jésuites** – *2320, chemin du Foulon, à Sillery. Ouv. juin-août mar.-dim. 11 h-17 h.* 🅿 ☎ *418-654-0259.* Cette maison de pierre d'une valeur patrimoniale exceptionnelle fut bâtie au début du 18ᵉ s. Elle occupe le site de la mission Saint-Joseph (première mission jésuite d'Amérique du Nord), établie en 1637 dans une tentative de sédentarisation des Montagnais, des Algonquins et des Atikamekw. Amérindiens et jésuites séjournaient à l'origine dans un enclos de pieux, remplacé par la suite par un fort de pierre, afin de mieux se protéger des attaques iroquoises. En face de la maison, des vestiges du fort et de la chapelle Saint-Michel ont été dégagés.

Habitée en 1763 par la romancière anglaise Frances Moore Brookes, la maison fut le cadre de son œuvre intitulée *The History of Emily Montague*, publiée en 1769. En 1929, l'édifice fut officiellement déclaré monument historique. Il abrite désor-mais un petit musée dont les expositions sont axées sur l'histoire autochtone et locale, ainsi que l'archéologie du site. Dans les jardins, la reconstitution d'un campement traditionnel vient rappeler l'importance de l'endroit comme lieu de rencontre et d'échanges entre missionnaires et autochtones à l'époque de la Nouvelle-France. Les maisons de bois qui ont subsisté le long du chemin du Foulon abritaient autrefois les ouvriers des chantiers maritimes.

Université Laval

À Sainte-Foy, à 7 km de la porte Saint-Louis par la Grande Allée, le chemin Saint-Louis & le boul. Laurier.

Fondée en 1852 par le séminaire de Québec dont elle occupa long-temps une partie des locaux, l'université Laval entreprit, en 1949, la construction d'une cité universitaire dans la banlieue Ouest de Québec. Cette prestigieuse institution d'enseignement supérieur connut une expansion considérable dans les années 1960. Elle compte aujourd'hui quelque 40 000 étudiants et comprend 13 facultés, 9 écoles spécialisées et plusieurs centres de recherche.

Les bâtiments – Le **pavillon Louis-Jacques Casault** (ancien Grand Séminaire), conçu en 1946, ne fut construit qu'en 1958. À l'intérieur, l'ancienne chapelle de l'université, de style gothique, fut réaménagée pour accueillir les Archives nationales du Québec. En face sont apparus, en 1990, le **pavillon La Laurentienne** et le **pavillon Alexandre-de-Sève**, œuvre post-moderne primée. D'une facture très classique, le **pavillon Charles-de-Koninck** (1964), avec sa cour intérieure et ses façades rythmées par des brise-soleil en béton blanc, est le principal édifice du campus. Le **pavillon Comtois** (1966) reflète cette même recherche de classicisme dans l'emploi de modules de revêtement préfabriqués. Avec sa cour intérieure et son architecture sur piliers, il s'agit d'une des constructions les plus intéressantes de la

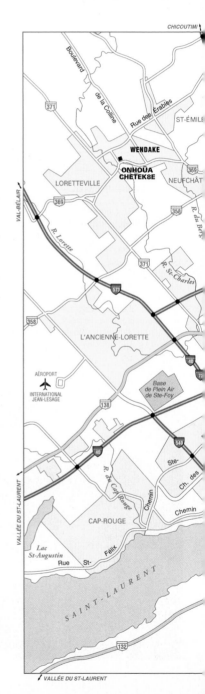

région de Québec. Bâtiment bas aux lignes horizontales, le **PEPS** ou pavillon de l'éducation physique et des sports (1971) s'étale et se confond dans l'aménagement en terrasse couvrant les parcs de stationnement souterrains. On y trouve une piscine olympique, un stade couvert, des patinoires et divers terrains de sport.

★Lieu historique national Cartier-Brébeuf

À 3 km de la porte Saint-Jean par la côte d'Abraham, la rue de la Couronne, le pont Drouin & la 1ʳᵉ Av. Ouv. avr.-début mai sur rendez-vous. Début mai-début sept. tous les jours 10 h-17 h. Début sept.-début oct. tous les jours 13 h-16 h. Reste de l'année sur rendez-vous seulement. 3 $. & 🅿 www.parkscanada.gc.ca/ brebeuf ☎ 418-648-4038.

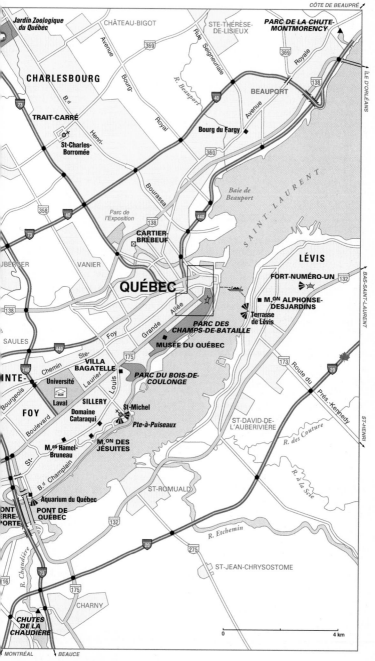

Situé sur la rive Nord du bassin Lairet, ce lieu historique national commémore l'hivernage de Jacques Cartier en 1535-1536, et l'arrivée du missionnaire jésuite Jean de Brébeuf en 1625. Les expositions du **centre d'interprétation** évoquent le second voyage de Cartier en Nouvelle-France, sa rencontre avec les Iroquois, et l'établissement de la première mission sur le site en 1626.

Charlesbourg

Prendre la route 73 Nord jusqu'à la sortie 150 (80ᵉ Rue Ouest).

★**Le Trait-Carré** – *Point de départ du circuit piétonnier du quartier : Moulin des jésuites, 7960 boul. Henri-Bourassa (ouv. 24 juin-mi-août tous les jours 10 h-21 h. ☎ 418-623-1877). Cartes-dépliants disponibles sur place.* Ce célèbre arrondissement historique correspond au Vieux-Charlesbourg. Son curieux plan cadastral, unique en Amérique du Nord, date de 1660. Contrairement au traditionnel système de rang, qui favorisait le dispersement des habitations, les terres – distribuées en étoiles – convergeaient ici en un point central de forme carrée. Cet ingénieux système, conçu par les jésuites et appliqué par l'intendant Jean Talon, permettait ainsi aux colons, en cas d'attaque, de se regrouper sur la place centrale afin de mieux se défendre. Au centre du Trait-Carré se trouvent aujourd'hui l'église, le couvent du Bon-Pasteur (1883) et la bibliothèque municipale, qui occupe l'ancien collège Saint-Charles (1903).

Église Saint-Charles-Borromée – *Visite guidée seulement (sur rendez-vous). ☎ 418-624-7720.* Avec ses deux clochers et sa haute façade dominée par un large fronton, cet édifice constitue un bel exemple de l'influence du palladianisme anglais sur l'architecture religieuse québécoise (1826-1830). À l'intérieur, un imposant arc de triomphe orne le chevet plat. Dans les niches, on remarquera deux statues (1741) de Pierre-Noël Levasseur provenant d'une église plus ancienne, construite sur le même site. Des œuvres de François Ranvoyzé, Louis Jobin, Charles Vézina et Paul Lambert sont également à noter.

Au Sud-Est du Trait-Carré s'élève la **maison Ephraïm-Bédard** *(7655, chemin Samuel ; ouv. 24 juin-fin août mer.-dim. 13 h-21 h ; reste de l'année mar. & jeu. 13 h 30-16 h. ☎ 418-623-1877),* habitation rurale typique de la première moitié du 19ᵉ s. Bâtiment de bois représentatif des logis québécois du siècle dernier, la **maison Pierre-Lefebvre** *(7985, Trait-Carré Est ; ouv. 24 juin-fin août mer.-dim. 13 h-19 h ; reste de l'année jeu.-ven. 19 h-21 h, sam.-dim. 13 h-17 h. ☎ 418-623-1877)* propose des expositions consacrées aux arts visuels. Le quartier possède bien d'autres édifices historiques utilisés à des fins d'animation culturelle, dont la maison Magella-Paradis (1833), dotée d'un joli toit au larmier courbé.

Rejoindre la route 73 et continuer jusqu'à la sortie 154 (rue de la Faune).

Jardin zoologique du Québec – *Fermé pour travaux de rénovation. Renseignement ☎ 418-622-0313.* Lieu de promenade apprécié des familles québécoises, ce zoo rassemble plus de 600 spécimens représentant environ 125 espèces de la faune du monde entier. En hiver, des sentiers aménagés permettent de pratiquer le ski de fond ou de chausser ses raquettes.

Wendake

Prendre la route 73 Nord (sortie 154). Tourner à gauche dans la rue de la Faune (qui porte tour à tour les noms de rue des Érables et rue de la Rivière), puis à droite dans la rue Max-Gros-Louis.

Chassés de la région des Grands Lacs par les Iroquois, les épidémies et la famine, les Hurons vinrent se placer sous la protection de leurs alliés français dès le milieu du 17 s. Accompagnés d'un missionnaire jésuite, le père Chaumonot, ils s'installèrent tour à tour à Québec (à proximité de Fort Saint-Louis), sur l'île d'orléans, puis à Sainte-Foy, sur le site actuel de l'université Laval. En 1673, ils s'établirent à l'Ancienne-Lorette qu'ils quittèrent en 1697 pour fonder la Jeune-Lorette (Wendake). Aujourd'hui, une promenade à travers le **Village-des-Hurons**, comme on appelle cette réserve amérindienne, suffit pour se convaincre de l'originalité des lieux. Les bâtiments ont été construits librement sur un territoire commun, sans division cadastrale à l'européenne. Le village se trouve à proximité de la rivière Saint-Charles, dont les majestueuses chutes Kabir-Kouba (hauteur : 28 m) ont inspiré bon nombre d'artistes.

★**Site traditionnel huron-wendat Onhoüa Cheteke** – *575, rue Stanislas-Kosca. Visite guidée (40 mn) seulement, début mai-début oct. tous les jours 9 h-18 h. Reste de l'année tous les jours 9 h-17 h. Fermé 1ᵉʳ janv. & 25 déc. 8 $. ⚔ ☎ 🅿 www.huronwendat.qc.ca ☎ 418-842-4308.* « Koey koey ataro » (bienvenue ami)... Ainsi commence une visite au cours de laquelle seront évoquées de façon fort vivante l'histoire et les coutumes des Premières Nations, et plus particulièrement des Hurons. On y découvrira notamment une maison longue (habitation multi-familiale), un fumoir à poisson et même un sauna (hutte de cuir dans laquelle on mettait des pierres sur lesquelles on jetait de l'eau bouillante). De mai à octobre, on sera séduit par les spectacles de danse folklorique et la récitation des légendes liées aux Hurons.

La **chapelle Notre-Dame-de-Lorette** *(à l'angle des rues Chef-Maurice-Bastien & Chef-Nicolas-Vincent ; ouv. mai-oct. lun.-ven. 9 h-17 h, sam.-dim. 10 h-17 h.* ✗ ♿ ▣ ☎ *418-845-1241)* occupe le site de la mission jésuite de 1697. Elle fut construite en 1865 à l'emplacement d'une église plus ancienne (1730) – deuxième de la mission – qui avait été détruite par un incendie en 1862. Le décor intérieur, d'une grande simplicité, comprend un maître-autel dont le tabernacle, attribué à Noël Levasseur, daterait de 1722. Au-dessus, une sculpture représente la Sainte Maison de Lorette (en Italie), supportée par deux anges. Dans la sacristie sont exposés des objets et du mobilier laissés par les missionnaires jésuites.

RAWDON★

Lanaudière

3 855 habitants

Schéma : LANAUDIÈRE

Située au bord de la vallée du Saint-Laurent, là où naissent les monts des Laurentides, Rawdon est une petite ville qui se trouve au cœur d'une région de loisirs très appréciée. La rivière Rouge et la rivière Ouareau, qui encadrent le centre de la ville, forment des chutes et des cascades spectaculaires en descendant vers le Sud, en direction du Saint-Laurent. Ce territoire faisait jadis partie des terres concédées aux loyalistes en 1799, mais ce n'est qu'à la fin des années 1810 que Rawdon fut colonisée par des immigrants irlandais. À leur suite s'y installèrent des Écossais, des Canadiens français (surtout des Acadiens), et au 20e s., bon nombre d'Européens de l'Est. Aujourd'hui encore, Rawdon a un cachet particulier, attribuable à cette véritable mosaïque de cultures. En témoignent la multiplicité et la diversité des édifices religieux, comme par exemple une église orthodoxe russe *(à l'angle de la rue Woodland & de la 15e Av.)*. Notons également l'**église anglicane** *(à l'angle de la rue Metcalfe & de la 3e Av.)*. Sa structure de pierre (1861) est surmontée d'un beffroi de bois et bordée sur un côté par un petit cimetière. C'est peut-être le plus charmant site de la ville.

Accès – *Rawdon se trouve à environ 75 km au Nord de Montréal par les routes 25, 125 & 337.*

CURIOSITÉS

★**Parc des Chutes-Dorwin** – *À l'entrée de Rawdon. Accès par la route 337. Ouv. mai-oct. tous les jours 9 h-19 h. 2 $.* ✗ ♿ ▣ *(2 $) www.ccdrawdon.qc.ca* ☎ *450-834-2282.* Dans un cadre boisé, la rivière Ouareau court en cascades sur des rochers, effectue une chute de 30 m de haut dans un petit bassin, puis bifurque avant de s'engloutir dans une étroite gorge escarpée. Selon une légende amérindienne, la chute surgit lorsque le sorcier maléfique Nipissingue poussa dans un gouffre la belle Hiawitha. Cette dernière se transforma en chute, et Nipissingue fut pétrifié par un coup de tonnerre. Le profil sculpté dans la roche qui borde les chutes *(visible de la plate-forme d'observation située en contrebas)* est, dit-on, celui du méchant sorcier... La rivière Rouge forme aussi une jolie cascade, la chute Mason *(près de la 3e Av. & de la rue Maple)*, mais il est difficile d'accéder au pied de la cataracte.

★**Parc des Cascades** – *De la rue Queen, prendre la route 341 en direction de Saint-Donat. Ouv. mi-mai-fête de l'Action de Grâce tous les jours 9 h-18 h. 6 $/voiture.* ♿ ▣ ☎ *514-834-2587.* À la pointe Nord du lac Pontbriand, sur la rivière Ouareau,

Parc des Chutes-Dorwin

© Anne Gardon/REFLEXION

de magnifiques cascades dévalent un escalier de rochers. L'été, on peut s'avancer au milieu du courant et jouir de la fraîcheur de l'eau. Des sentiers à travers la forêt de pins et des aires de pique-nique font de ce site une halte routière très agréable.

★**Village Canadiana** – *4 km. Quitter Rawdon par la rue Queen. Tourner à droite dans la 6ᵉ Av. (qui devient chemin du Lac Morgan). Le village est sur la droite. À la mise sous presse, ce site était fermé pour une durée indéterminée. Avant d'entreprendre la visite des lieux, se renseigner pour éviter tout déplacement inutile.* ☎ *450-834-4135.* Ce village reconstitué nous replonge dans l'ambiance rurale telle qu'elle devait être dans la région au 19ᵉ s. Earle Moore y consacra plusieurs années de sa vie. Dans les années 1960, il commença à rénover, dans ce lieu enchanteur, des maisons et des bâtiments condamnés à être détruits. Construit autour de l'emplacement d'une ferme de 1867, le village comprend aujourd'hui une cinquantaine d'édifices. Il est animé par des guides en costume d'époque. Des animaux de ferme y circulent en toute liberté.

On remarquera la gracieuse **église** blanche, ainsi que la maison de colons de 1842, provenant de la région des Mille-Îles (près de Kingston, en Ontario). L'auberge de 1843, déménagée de Rawdon, est d'un intérêt tout particulier. L'école de 1835 avec son clocher et son logis à l'étage, réservé à l'institutrice, provient de Lakefield en Ontario. On peut aussi visiter le presbytère (1835), situé autrefois à Rawdon, et où le frère André aimait séjourner pendant ses vacances, ainsi que le magasin général (1884) qui fut d'abord installé à Saint-Anicet. Le pont couvert (1888), rapporté de Coaticook, enjambe la rivière Rouge. Celle-ci alimente encore le moulin à eau provenant (1867) de Rawdon.

Vallée du RICHELIEU★★
Montérégie

La majestueuse rivière Richelieu constitue l'un des maillons de l'axe fluvial Montréal-New York. Longue d'environ 130 km, elle prend sa source dans l'État de New York et coule vers le Nord jusqu'au Saint-Laurent qu'elle rejoint à Sorel.

Samuel de Champlain découvrit cette voie navigable en 1609 et la baptisa rivière des Iroquois. Le cours d'eau prit par la suite le nom d'Armand-Jean du Plessis (1585-1642). Premier ministre de Louis XIII, plus connu sous le nom de **cardinal de Richelieu**, ce dernier présida aux destinées de son pays de 1628 jusqu'à sa mort, et soutint activement le développement de la Nouvelle-France.

Au début du 18ᵉ s., des pionniers s'installèrent pour cultiver les terres fertiles de la région qui, aujourd'hui encore, constitue l'une des zones agricoles les plus riches du Québec. Très prisée des Montréalais, qui s'y rendent en grand nombre les fins de semaine, la vallée attire chaque été des milliers de voyageurs et de touristes.

Un peu d'histoire

La vallée des Forts – À cause de sa situation stratégique, la vallée du Richelieu fut jalonnée d'une série de forts au début du Régime français : Chambly, Saint-Jean-sur-Richelieu, Lennox (sur l'île aux Noix) et Lacolle. Si, à l'origine, ces fortifications devaient protéger Montréal des incursions des Iroquois, ce furent bientôt les troupes anglaises (1759-1760), puis américaines (1775-1776) qu'elles durent tenir en échec. La vallée du Richelieu changea de vocation vers le milieu du 19ᵉ s. : le temps des invasions était passé ; on entrait dans l'ère des échanges commerciaux. Il ne s'agissait plus d'empêcher l'accès par le Sud mais, bien au contraire, de le faciliter pour développer les transports entre Montréal et les États-Unis. Un système de canaux fut donc aménagé.

La Rébellion des Patriotes (1837-1838) – Leur drapeau était le **tricolore canadien** (vert, blanc et rouge), et le fusil, la tuque, la ceinture fléchée, quelquefois la pipe, leurs attributs typiques. Mais qui étaient les Patriotes ? Au 19ᵉ s., la vallée du Richelieu joua un rôle majeur dans le conflit qui les opposa au gouvernement britannique. Les graves luttes constitutionnelles de l'époque, doublées de l'exaspération nationaliste des Canadiens français, avaient mené Louis-Joseph Papineau et ses partisans, les Patriotes, à dénoncer le régime au pouvoir et à prôner l'autodétermination. L'agitation monta, des groupes armés se constituèrent, tandis que la population anglaise s'organisait en milices de volontaires pour soutenir l'armée. Finalement, plusieurs batailles éclatèrent dans la vallée du Richelieu et autour de Montréal. Après une première victoire à Saint-Denis, les insurgés furent défaits à Saint-Charles, puis écrasés à Saint-Eustache. Le **chemin des Patriotes** (route 133), qui longe la rive Est du Richelieu, rappelle ce douloureux épisode de l'histoire du Canada.

Accès – *Chambly se trouve à environ 30 km de Montréal par la route 10 (sortie 22). Les itinéraires proposés ci-dessous suivent la vallée du Richelieu : route 133, rive droite (à l'Est) ou route 223, rive gauche (à l'Ouest).*

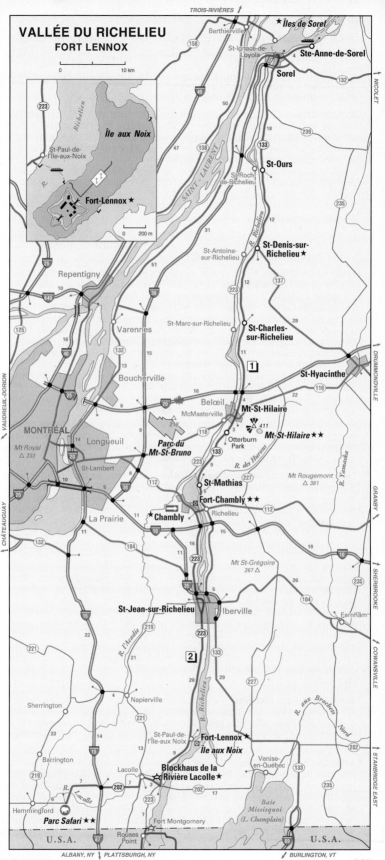

VALLÉE DU RICHELIEU
FORT LENNOX

0   10 km

TROIS-RIVIÈRES

Berthierville

★ Îles de Sorel

St-Ignace-de-Loyola

Ste-Anne-de-Sorel

Sorel

158

40

50

NICOLET

St-Laurent

138

47

133

18

239

St-Ours

St-Roch-de-Richelieu

235

31

St-Antoine-sur-Richelieu

St-Denis-sur-Richelieu ★

R. Richelieu

12

137

51

Repentigny

10

640

30

223

12

St-Charles-sur-Richelieu

28

125

16

St-Marc-sur-Richelieu

VAUDREUIL-DORION

40

132

Varennes

15

13

Boucherville

11

St-Hyacinthe

116

DRUMMONDVILLE

25

8

20

16

Belœil

4

22

216

McMasterville

Mt-St-Hilaire

25

14

Mt Royal △ 233

Longueuil

8

Parc du Mt-St-Bruno

116

Otterburn Park

Mt-St-Hilaire ★★

411

Mt Rougemont △ 381

R. Yamaska

GRANBY

26

St-Lambert

133

223

9

R. des Hurons

20

5

30

112

St-Mathias

227

CHÂTEAUGUAY

10

Fort-Chambly ★★

112

La Prairie

★ Chambly

Richelieu

11

15

18

10

132

11

104

16

223

11

Mt St-Grégoire 267 △

SHERBROOKE

235

104

35

5

St-Jean-sur-Richelieu

Iberville

Farnham

COWANSVILLE

15

221

22

219

223

133

2

221

21

St-Paul-de-l'Île-aux-Noix

20

29

227

Napierville

R. aux Brochets Nord

221

STANBRIDGE EAST

23

14

Fort-Lennox ★

Île aux Noix

202

15

13

Barrington

Venise-en-Québec

133

219

Lacolle

Blockhaus de la ☆ Rivière Lacolle ★

235

202

7

7

17

R. Lacolle

202

3

223

Baie Missisquoi (L. Champlain)

6

Hemmingford

Parc Safari ★★

7

Fort Montgomery

Rouses Point

U.S.A.

27

U.S.A.

ALBANY, NY | PLATTSBURGH, NY

BURLINGTON, VT

Inset map:
223

Île aux Noix

St-Paul-de-l'Île-aux-Noix

R.

Fort-Lennox ★

0   200 m

Richelieu

① LE CHEMIN DES PATRIOTES – de Chambly à Sorel

78 km par la route 133. 1 journée.

★**Chambly** – *Voir ce nom.*

Quitter Chambly par la route 112. Traverser la rivière Richelieu au village du même nom, et prendre la route 133 Nord.

Saint-Mathias – *5 km*. Les premiers colons s'y établirent en 1700 alors que Saint-Mathias faisait partie de la seigneurie de Chambly. On y découvre de belles demeures et des ports de plaisance sur le bassin de Chambly. Remarquer la croix de chemin à droite, à l'endroit où la route 133 traverse la rivière des Hurons. Il en reste encore plusieurs le long du Richelieu.

Le décor intérieur de l'**église** *(visite guidée seulement, mai-oct. lun., mer., ven. 9 h-midi ; contribution souhaitée.* ⛪ 🅿 ☎ *450-658-1671)*, construite en 1784, date des années 1820. Il est dû à René Beauvais (dit Saint-James) et à Paul Rollin, deux compagnons de Louis-Amable Quévillon qui exécuta en 1797 la chaire et le maître-autel.

Continuer en direction de Mont-Saint-Hilaire.

La municipalité de **Otterburn Park** *(9 km)* comporte plusieurs demeures splendides. De l'autre côté de la rivière se dresse le complexe industriel de McMasterville, où l'on fabrique des explosifs depuis 1878.

Mont-Saint-Hilaire – *12 km*. Patrie du célèbre peintre **Ozias Leduc** (1864-1955) et ville natale de **Paul-Émile Borduas**, Mont-Saint-Hilaire est un centre artistique réputé. En arrivant dans la ville, on remarquera, sur les bords de la rivière Richelieu, le **manoir Rouville-Campbell**. Cet édifice de style Tudor, avec ses hautes cheminées de brique, fut construit dans les années 1850 pour le major Thomas Edmund Campbell qui avait acquis la seigneurie de Hertel de Rouville après la Rébellion de 1837. Il s'inspire de la maison ancestrale des Campbell à Inverane (Écosse). Restauré par l'artiste Jordi Bonet (1932-1979) au cours des années 1970, le manoir sert aujourd'hui d'auberge et de relais gastronomique.

Construite en 1837, la petite **église** de pierre située près de la rivière fut décorée par Ozias Leduc en 1898 *(ouv. lun.-sam. 9 h-midi, 13 h 30-17 h ; dim. 13 h-17 h ; contribution souhaitée.* ⛪ 🅿 ☎ *450-467-4434)*. On aperçoit, sur la rive opposée, le clocher et les tourelles de l'église Saint-Mathieu-de-Belœil.

Faire un détour (12 km aller-retour) pour aller au Centre de la nature du mont Saint-Hilaire. Prendre à droite la route 116 (indiquée), puis encore à droite la rue Fortier qui devient chemin Ozias-Leduc. Après 3 km, prendre à gauche le chemin de la Montagne, et de nouveau à gauche le chemin des Moulins.

★★**Centre de la nature du mont Saint-Hilaire** – *Ouv. tous les jours de l'année 8 h-1 h avant le coucher du soleil. 4 $.* 🍴 ⛪ 🅿 ☎ *450-467-1755*. Le mont Saint-Hilaire, aux versants abrupts, s'élève à 411 m au-dessus de la vallée du Richelieu. Il s'agit de la plus imposante des collines Montérégiennes. La belle couverture boisée qui le tapisse sur environ 11 km² n'a guère changé depuis l'arrivée des Européens au Canada. Ses flancs inférieurs sont couverts de pommiers *(floraison fin mai)*, car nous sommes ici dans l'une des plus riches régions de pomoculture du Québec. Le mont Saint-Hilaire appartenait autrefois à **Andrew Hamilton Gault** (1882-1958), créateur du régiment d'infanterie légère canadienne « Princess Patricia ». Gault légua son domaine à l'université McGill afin d'en sauvegarder la beauté. Aujourd'hui, un secteur de 6 km² est ouvert au public, tandis qu'un secteur plus petit (5 km²) est réservé à la recherche.

Environ 22 km de **sentiers** permettent de se rendre à différents sommets. Du Pain de Sucre (point culminant) se dégage une ample **vue**★★ sur le Richelieu, la vallée du Saint-Laurent et la tour du Stade olympique de Montréal. Des chemins *(500 m)* mènent au lac Hertel près duquel Gault construisit sa résidence ; cette dernière sert désormais de centre de conférences. Randonneurs et skieurs de fond bénéficient d'une aire de repos aménagée à leur intention.

Rejoindre la route 133.

Saint-Charles-sur-Richelieu – *15 km*. C'est là que les Patriotes furent battus, le 25 novembre 1837, par le colonel Wetherall, deux jours après une première victoire à Saint-Denis. Dans un petit parc à droite se dresse un monument à leur mémoire (noter les bas-reliefs). Au bord de l'eau, un bateau, l'*Escale*, abrite un théâtre d'été.

★**Saint-Denis-sur-Richelieu** – *12 km*. Cette prospère communauté agricole est le haut lieu de la victoire des Patriotes sur le colonel Gore, le 23 novembre 1837. Sur une jolie place, au centre du village, le tricolore canadien flotte au-dessus d'un socle de bois, tout près d'un **monument** érigé en leur honneur. Une plaque, apposée en 1987 à l'occasion du 150ᵉ anniversaire de la Rébellion, porte ces paroles de René Lévesque : « Ils ont lutté pour la reconnaissance nationale de notre pays, pour sa liberté politique et pour l'obtention d'un système de gouvernement démocratique ».

Juste à côté, l'**église**★ *(visite guidée seulement, 1 h ; juin-août mar.-dim. 11 h-18 h (fermé midi-13 h) ; 4$; réservations requises 2 jours à l'avance ; ☐ ; renseignements : Maison nationale des Patriotes ☎ 450-787-3623)*, construite en 1796, se distingue par ses deux gros clochers recouverts de cuivre. L'un abrite la cloche de la Liberté qui appela les Patriotes au combat. C'est le premier édifice religieux au Québec à avoir été doté d'une élévation latérale à deux étages, dont témoigne à l'extérieur une double rangée de fenêtres. Depuis 1922, une façade moderne cache la structure ancienne. Le décor intérieur en bois sculpté, attribué à Louis-Amable Quévillon, date pour l'essentiel des années 1810.

★**Maison nationale des Patriotes** – *610, chemin des Patriotes (route 133). Ouv. juin-août mar.-dim. 11 h-18 h. Mai, sept. & nov. mar.-dim. 10 h-17 h. Reste de l'année sur rendez-vous. 4$. ♿ ☐ ☎ 450-787-3623.* Bâtie pour Jean-Baptiste Mâsse, forgeron, aubergiste et marchand, cette maison de pierre (1810) sert aujourd'hui de centre d'interprétation de la Rébellion des Patriotes (1837-1838). Des expositions et un diaporama expliquent les causes du long combat des Patriotes pour la liberté et la démocratie, et font la description des batailles de Saint-Denis, Saint-Charles et Saint-Eustache.

Saint-Ours – *12 km.* En 1672, cette seigneurie fut accordée à Pierre de Saint-Ours. À cet endroit de la rivière, le niveau peu élevé des eaux gênait la navigation. La construction d'une digue et d'une écluse fut entreprise, et les travaux s'achevèrent en 1849. L'actuelle **écluse de Saint-Ours** *(ouv. mi-juin-début août tous les jours 8 h 30-20 h ; mi-août-fête du Travail lun.-ven. 8 h 30-18 h, sam.-dim. 8 h 30-19 h ; mi-mai-mi-juin & début sept.-mi-oct. lun.-ven. 8 h 30-10 h 30 & 14 h 30-16 h, sam.-dim. 8 h 30-18 h. ♿ ☐ ☎ 450-785-2212)*, construite en 1933, mesure 103 m de long sur 14 m de large. Elle permet aux bateaux de s'élever de 1,5 m en cinq minutes. Au début du siècle, les bateaux transportaient du bois d'œuvre, du foin et des céréales aux États-Unis, et revenaient chargés de charbon, de fer, de cuivre et de matériaux de construction. Un agréable parc doté d'aires de pique-nique a été aménagé aux alentours de cette zone animée.
Trois kilomètres après l'écluse, un traversier relie Saint-Ours à Saint-Roch.

Sorel – *18 km.* Située au confluent de la rivière Richelieu et du Saint-Laurent, la ville doit son nom à Pierre de Saurel qui devint le seigneur des lieux en 1672. En 1781, le gouverneur de Québec, Sir Frederick Haldimand, octroya à Sorel une charte municipale et rebaptisa la ville William-Henry (en l'honneur du prince William Henry, futur George IV). Il établit une garnison sur les bords de la rivière pour contrer la menace d'une invasion américaine et assurer la sécurité des loyalistes installés dans la seigneurie.
Afin de loger le général von Riedesel, commandant de la garnison de l'époque, le gouvernement fit l'acquisition d'une maison de bois aujourd'hui connue sous le nom de **maison des Gouverneurs** *(90, chemin des Patriotes)*. C'est dans cette demeure que les Riedesel, d'origine allemande, introduisirent au Canada le premier arbre de Noël.

Carré royal – Créé en 1791, le Carré royal servait à l'origine de place d'armes. Aujourd'hui transformé en parc, cet agréable espace vert possède la particularité d'avoir été tracé en forme de drapeau anglais. Il offre aux promeneurs de nombreux sentiers *(délimités par les rues du Roi, Charlotte, du Prince & George)*.
C'est à Sorel que fut établie, en 1784, la toute première mission anglicane du Canada. L'église **Christ Church** (1843, John Wells), de style néogothique, se dresse en face du Carré royal, dans la rue Prince. Entre la place et les rives du fleuve *(rue du Roi)*, une série de boutiques, restaurants et cafés animés mènent au vieux marché, situé dans un bâtiment de brique jaune construit au cours des années 1940. À l'Est *(rue Augusta)*, un parc au bord de l'eau, doté d'un belvédère, offre des **vues panoramiques** sur le Saint-Laurent, la marina et le complexe portuaire.

Sainte-Anne-de-Sorel – *À 8 km à l'Est par le chemin Sainte-Anne.* L'**église Sainte-Anne** *(ouv. tous les jours de l'année sur rendez-vous seulement ; ☎ 450-743-7909)*, construite en 1876, est remarquable par les 13 fresques qui ornent la voûte et les murs de la nef. Ces superbes décorations furent réalisées par le peintre Suzor-Côté.

★**Croisière dans les îles de Sorel** – *Chemin du Chenal-du-Moine ; suivre les panneaux indiquant le bateau le Survenant. Départ de Sainte-Anne-de-Sorel 24 juin-fête du Travail tous les jours 14 h & 16 h. Aller-retour 1 h 30 mn. Commentaire à bord. Réservations requises. 14,50$. ♿ ☐ Croisières des îles de Sorel, Inc. ☎ 450-743-7227.* L'excursion permet de découvrir le décor pittoresque et enchanteur des îles de Sorel et, au large, d'admirer le puissant et majestueux Saint-Laurent. La croisière commence par le chenal du Moine, puis passe devant une série d'îles peu développées (la plupart n'ont pas l'électricité) : les îles du Moine, de Grâce et l'île d'Embarras. Certaines, uniquement accessibles par bateau, sont un véritable paradis pour les ornithologues, chasseurs et pêcheurs. La « gibelotte », à base de légumes et de poisson, est une spécialité des îles.

② DE CHAMBLY À HEMMINGFORD *80 km par la route 223.*

De Chambly, prendre la route 223 en direction du Sud. Durant le trajet, suivre du regard le canal de Chambly (aires de pique-nique aménagées en bordure du canal).

Saint-Jean-sur-Richelieu – *16 km. Voir ce nom.*

Île aux Noix – *20 km. Accès par traversier au départ de Saint-Paul-de-l'Île-aux-Noix. Voir ce nom.*

Au fur et à mesure que l'on s'approche de la frontière américaine et du lac Champlain, la rivière s'élargit. Elle est ponctuée de nombreux ports de plaisance.

★**Blockhaus de la rivière Lacolle** – *9 km. Ouv. fête de Dollard-fête du Travail tous les jours 9 h-17 h. Fête du Travail-fête de l'Action de Grâce sam.-dim. 9 h-17 h.* ▣ ☏ *450-246-3227 ou 450-359-4849.* Ce bâtiment en bois équarri fut construit par les Britanniques en 1781 dans le cadre de leur système de défense contre les invasions américaines. Situé au bord de la rivière Lacolle, affluent de la rivière Richelieu, c'est le seul bâtiment militaire du genre subsistant au Québec. Durant la guerre

de 1812, il résista à trois tentatives d'invasion. Les trous laissés par les balles y sont d'ailleurs encore visibles. Restauré par le gouvernement du Québec, l'intérieur abrite une exposition sur l'histoire militaire du blockhaus. Remarquer les meurtrières pour le tir des mousquets et les embrasures pour canons.

D'après photo de Tourisme Québec

Blockhaus de la rivière Lacolle (18ᵉ s.)

Continuer par la route 223 en direction du Sud, et prendre à droite la route 202.

★★**Parc Safari** – *26 km par la route 202, avant Hemmingford. Ouv. mi-mai-mi-juin lun.-ven. 10 h-16 h, sam.-dim. 10 h-17 h. Fin juin-mi-sept. tous les jours 10 h-17 h. 19,99 $.* ✗ ⑤ ▣ ☏ *450-247-2727.* Ce vaste espace récréatif naturel abrite quelque 800 animaux d'Afrique, d'Eurasie et d'Amérique appartenant à 75 espèces différentes. Le **Safari automobile** *(4 km)* permet au visiteur, vitres baissées, de photographier et de nourrir les animaux. La **Forêt enchantée** est à la fois un parc d'attractions et un jardin zoologique. Au cours de la **Promenade de la jungle**, on pourra observer les singes sur leur île, traverser l'enclos des daims et, du haut des passerelles, admirer lions, tigres et ours. Noter aussi une section réservée aux animaux domestiques. Des spectacles donnent par ailleurs l'occasion de voir évoluer une soixantaine d'animaux savants sous l'œil attentif de comédiens-dompteurs. On peut enfin se promener à dos d'éléphant ou de poney, et goûter aux joies de la baignade dans un espace aménagé à cet effet.

RIGAUD

Montérégie
6 057 habitants

Cette petite ville résidentielle se trouve à la limite des provinces du Québec et de l'Ontario, au confluent de la rivière Rigaud et de la rivière des Outaouais. À l'origine, elle faisait partie de la seigneurie octroyée en 1732 à Pierre et François Rigaud, fils du sieur de Vaudreuil. En 1850, des clercs de Saint-Viateur s'installèrent à Rigaud pour y fonder un établissement d'enseignement, à la demande de Mgr Ignace Bourget, évêque de Montréal. C'est ainsi que le collège Bourget devint le plus important pensionnat privé du Canada ; aujourd'hui, il accueille chaque année quelque 1 200 étudiants. Lieu de pèlerinage et centre de ski, la **montagne de Rigaud** (213 m) domine la ville.

Accès – *Rigaud se trouve à 70 km à l'Ouest de Montréal par la route 40 (sortie 12).*

VISITE

★**Sanctuaire Notre-Dame-de-Lourdes** – *20, rue Bourget. De la rue Saint-Jean-Baptiste, prendre à gauche la rue Saint-Pierre et suivre les indications. Ouv. mai-fin juin lun.-ven. 9 h 30-17 h 15, sam. 9 h 30-22 h, dim. 9 h 30-18 h. Fin juin-fête du Travail lun.-ven. 9 h 15-18 h 30 (jeu. 21 h), sam. 9 h 15-22 h, dim. 8 h 45-18 h 30. Fête du Travail-fête de l'Action de Grâce lun.-ven. 9 h 30-17 h 15, sam. 9 h 30-21 h, dim. 9 h-17 h. Fermé jours fériés. Contribution souhaitée.* ✗ ⑤ ▣

☎ *450-451-4631*. Ce sanctuaire en plein air, bâti sur le versant rocheux de la montagne Rigaud, s'inspire du sanctuaire français de Lourdes, où la Vierge apparut en 1858 à la jeune paysanne Bernadette Soubirous, alors âgée de 14 ans. En 1874, le frère Ludger Pauzé, enseignant au collège Bourget, déposa une statuette de Notre-Dame de Lourdes dans une anfractuosité de la colline. Après sa mort, les visiteurs, encouragés par le père François-Xavier Chouinard, supérieur du collège dirigé par les clercs de Saint-Viateur, se multiplièrent. Comme leur nombre ne cessait d'augmenter, une statue plus grande fut placée dans un lieu plus accessible en 1887, et une petite chapelle fut alors construite. En 1954 s'ajouta une seconde chapelle, ouverte sur les côtés.

Dès son arrivée, le visiteur aperçoit la chapelle de 1954, nichée dans un écrin de verdure *(des messes y sont célébrées en été)*. Un sentier gravit la colline et permet de se rendre à la statue de la Vierge, puis à la chapelle d'origine, de forme octogonale. On y découvre un remarquable **point de vue**★ sur la région environnante, la rivière des Outaouais et la rivière Rigaud. La roche rose que l'on remarque sur la colline est du grès de Potsdam.

RIMOUSKI★

Bas-Saint-Laurent
31 773 habitants
Schéma : Côte de CHARLEVOIX

Construite en bordure du Saint-Laurent, cette ville industrielle s'est développée en hémicycle à l'embouchure de la rivière Rimouski. La région était autrefois une vaste forêt où chassaient les Micmacs (Rimouski est d'ailleurs un mot d'origine amérindienne signifiant « la terre de l'orignal »). Le territoire fut concédé en 1688. En 1694, il fut acquis par René Lepage, négociant français qui vint s'y établir deux ans plus tard. L'économie locale fut longtemps axée sur l'agriculture et la pêche saisonnière. Au début du 20ᵉ s., la société Price Brothers vint pratiquer la coupe du bois et construire des scieries dans la région, engendrant ainsi un essor rapide. Après un grand incendie en 1950, Rimouski fut reconstruite. C'est aujourd'hui la métropole de l'Est du Québec.

Accès – *Rimouski se trouve à 312 km de Québec par les routes 73 (pont Pierre-Laporte), 20 & 132.*

CURIOSITÉS

Musée régional de Rimouski – *35, rue Saint-Germain Ouest. Ouv. mi-juin-début sept. tous les jours 10 h-18 h (mer.-sam. 21 h). Reste de l'année mer.-dim. midi-17 h. 4 $. ✕ (été seulement)* ♿ ▢ *www.museerimouski.qc.ca* ☎ *418-724-2272.* Un édifice de pierre (1824) situé face au Saint-Laurent accueille aujourd'hui des expositions axées sur l'art contemporain, l'histoire locale et les sciences de la mer. Le bâtiment servit d'église paroissiale jusqu'en 1862, puis de séminaire, de couvent et d'école primaire, avant d'acquérir sa vocation muséologique actuelle.

★**Maison Lamontagne** – *À 3 km à l'Est du centre-ville par la route 132. Prendre à droite le boul. du Rivage et suivre les panneaux indicateurs. Ouv. mi-mai-mi-oct. tous les jours 9 h-18 h. 3 $.* ♿ ▢ ☎ *418-722-4038.* Cette maison fut construite en deux étapes. La partie la plus importante, en colombage pierroté, remonte à la seconde moitié du 18ᵉ s., tandis que la partie en poteaux date de 1810 environ. La maison Lamontagne est l'une des rares exemples de construction en colombage pierroté en Amérique du Nord, car les colons français eurent tôt fait de découvrir que ce type de construction n'était pas adapté au rigoureux climat canadien : les pierres entre le colombage laissaient en effet entrer le froid et la chaleur. La demeure fut habitée jusqu'en 1959, puis restaurée en 1981. À l'intérieur, des expositions retracent le développement de l'architecture domestique québécoise et évoquent la vie en milieu rural au 18ᵉ s.

Continuer par la route 132 vers l'Est jusqu'à Pointe-au-Père.

★**Musée de la Mer et lieu historique national du phare de Pointe-au-Père** – *1034, rue du Phare, à Pointe-au-Père. De la route 132, prendre à gauche la rue Père-Nouvel. Tourner ensuite à droite en direction du musée. Ouv. fin juin-fin août tous les jours 9 h-19 h. Juin & fin août-mi-oct. 10 h-17 h. 8,50 $. ✕* ♿ ▢ *www.musee-mer.qc.ca* ☎ *418-724-6214.* Le premier niveau de la maison de gardien est consacré à l'*Empress of Ireland*, surnommée le « Titanic du Saint-Laurent », qui fit naufrage non loin des côtes, le 29 mai 1914, causant la mort de 1012 passagers, pour la plupart des immigrants. La catastrophe fut oubliée pendant un demi-siècle. Depuis le milieu des années 1960, des centaines d'expéditions ont permis la récupération d'une quantité d'objets, dont un grand nombre est exposé au musée. Une présentation multimédia fait revivre le naufrage. Dans le **phare** adjacent (1909), le deuxième du Canada en hauteur, une visite retrace la vie de gardien de phare au début du siècle. En haut des 128 marches, vous découvrirez un beau **panorama**★ du littoral.

RIVIÈRE-DU-LOUP★

Bas-Saint-Laurent
14 721 habitants
Schéma : Côte de CHARLEVOIX

Au cœur de la région du Bas-Saint-Laurent, entre Québec et la Gaspésie, Rivière-du-Loup se trouve à un carrefour géographique propice au commerce et au tourisme : un service de traversier assure la liaison avec Saint-Siméon (sur la rive Nord du Saint-Laurent), dans la région de Charlevoix, tandis que la Transcanadienne conduit au Sud vers le Nouveau-Brunswick.

Un peu d'histoire

La ville possède un nom très imagé dont l'étymologie reste incertaine. Selon la première hypothèse, un navire français, le *Loup*, aurait hiverné dans cette région vers 1660, d'où l'origine du toponyme. Pour d'autres, la ville tire son nom d'un groupe d'Amérindiens, les Mahigans (ou « loups »), que Champlain aurait rencontrés sur place. À moins que la localité n'évoque par son nom les loups-marins (terme populaire désignant les phoques de la côte Est du Canada) qui fréquentaient jadis les eaux à l'embouchure de la rivière...

En 1673, la seigneurie de Rivière-du-Loup fut concédée à Charles-Aubert de la Chesnaye, ancêtre de l'écrivain Philippe-Aubert de Gaspé. Il s'associa au sieur Charles Bazire pour tirer profit des fourrures et des pêcheries, et devint l'un des négociants les plus riches de la Nouvelle-France. Mais les deux hommes ne se préoccupaient guère de coloniser le territoire dont la population passa à peine, entre 1683 et 1765, de 4 à 68 habitants.

Avec l'acquisition de la seigneurie par Alexander Fraser en 1802, commença sa véritable expansion. Le commerce du bois, que Fraser entretenait avec l'Angleterre, permit à Rivière-du-Loup de prospérer. La région connut un nouvel essor avec la création, en 1860, d'une ligne ferroviaire reliant Rivière-du-Loup à Windsor (Cantons-de-l'Est). En 1887, l'arrivée du chemin de fer du Témiscouata devait par ailleurs relier la ville au Nouveau-Brunswick. Les opulentes résidences et les grands édifices publics construits à l'époque témoignent de la prospérité qui régnait à la fin du 19e s. et au début du 20e s.

Accès – *Rivière-du-Loup se trouve à 193 km au Nord-Est de la ville de Québec par la route 20 ou 132.*

★CENTRE-VILLE

Hôtel de ville – *À l'angle de la rue Lafontaine & du boul. Hôtel-de-Ville.* ☎ 418-862-9810. Cet édifice municipal (1917) fut construit à l'emplacement d'un ancien marché public ravagé par un incendie en 1910. La tour de l'horloge, qui caractérise les hôtels de ville en territoire anglophone, constitue ici un élément architectural inhabituel.

Tourner à droite dans la rue Lafontaine. Traverser la rue Lafontaine pour se rendre rue de la Cour.

Situé au coin de la rue Lafontaine et de la rue de la Cour, le **palais de justice**, tout de pierre de taille et de brique, fut conçu par David Ouellet en 1881. Il a fait l'objet de trois rénovations importantes.

L'**ancien bureau de poste** (1889) est un imposant édifice de brique sombre situé dans la rue Iberville *(tourner à droite à partir de la rue Lafontaine)*. Bel exemple d'architecture anglo-saxonne, il abrite un centre de services communautaires.

Suivre la rue Iberville. Emprunter la rue du Domaine. Continuer jusqu'à la rue du Rocher et tourner à droite.

Bibliothèque municipale – L'édifice de pierre fut construit en 1886 par David Ouellet dans le style Second Empire. Il abrita pendant près d'un siècle le couvent des sœurs du Bon-Pasteur. En 1978, après le départ de la congrégation religieuse, il fut rénové, puis transformé en bibliothèque en 1983.

Au coin, à côté du parc Blais, tourner à gauche dans la rue Lafontaine, puis retourner à l'hôtel de ville.

■ Avis aux amateurs d'oiseaux

La société Duvetnor *(200 rue Hayward ;* ☎ *418 867 1660)* vous offre la possibilité d'admirer les cormorans à double crête, les grands hérons bleus ainsi que les guillemots noirs peuplant une réserve naturelle composée de plusieurs îles – les Pèlerins, les Îles du Pot-de-l'Eau-de-vie et l'Île-aux-Lièvres. Ainsi se déroulera votre visite, dans un environnement paisible habité par une faune riche et troublé uniquement par le doux murmure de la nature.

AUTRES CURIOSITÉS

Musée du Bas-Saint-Laurent – *300, rue Saint-Pierre. Ouv. juin-mi-oct tous les jours 10 h-18 h. Reste de l'année tous les jours 13 h-17 h (lun. & mer. 19 h-21 h). Fermé 1er janv. & 25 déc. 5 $.* ⅃ www.mbsl.qc.ca ☎ 418-862-7547. L'héritage culturel et l'art contemporain sont les thèmes des diverses expositions présentées au musée. On y voit également de nombreuses œuvres d'artistes québécois.

★Chutes de la rivière du Loup – *Suivre la rue Lafontaine vers le Nord jusqu'à la rue Frontenac. Tourner à droite. Les chutes se trouvent deux rues plus loin.* Avant de se jeter dans le Saint-Laurent, la rivière du Loup subit une dénivellation de 90 m. Huit chutes interrompent son cours sur une distance de 1 500 m. Ici, les chutes font 38 m de haut. Des marches conduisent à un belvédère d'où la vue embrasse la rivière et la ville. On voit également une **croix lumineuse** érigée sur la falaise qui surplombe la rivière.

© Yves Tessier/REFLEXION

Chutes de la rivière du Loup

EXCURSION

Cabano – *À 60 km de Rivière-du-Loup par la route 185*. Ce centre industriel situé sur l'autoroute transcanadienne occupe un joli **site★** près du lac Témiscouata. Jadis, le lac faisait partie d'une voie de liaison, « le grand portage », entre le Saint-Laurent et la rivière Saint-Jean. En 1839, à la suite d'une dispute avec l'état du Maine sur l'emplacement exact de la frontière, Fort Ingall fut construit pour protéger cette route.

Fort Ingall – *2 km par la route 232. Ouv. début juin-mi-juin lun.-ven. 10 h-16 h. Fin juin-août tous les jours 9 h 30-18 h. Sept. tous les jours 10 h-16 h. 6,50 $. & ▯ ☎ 418-854-2375*. Entouré d'une haute palissade de pieux, ce complexe (1839-1842) logeait jadis 200 soldats. Parmi les quelques bâtiments reconstruits en troncs équarris se trouvent les casernes, le blockhaus et le logis des officiers, où sont présentées des expositions sur l'histoire de la région.

ROBERVAL

Saguenay–Lac-Saint-Jean
11 640 habitants
Schéma : Lac SAINT-JEAN

Sise sur la rive Sud-Ouest du lac Saint-Jean, Roberval doit son nom à Jean-François de La Rocque, sieur de Roberval, nommé lieutenant général du Canada par François Ier. Sous ses ordres, Jacques Cartier mena, en 1542, une expédition malheureuse en vue d'établir une colonie à Charlesbourg, près de Québec. La ville fut fondée en 1855. À la fin du 19e s. s'y trouvait le fameux hôtel Beemer, propriété de l'Américain Horace Jansen Beemer, roi du bois de charpente et propriétaire de deux bateaux à vapeur sur le lac. Un incendie devait détruire le somptueux manoir en 1908. Important centre administratif, Roberval marque aujourd'hui le point d'arrivée de la **Traversée internationale du lac Saint-Jean** *(Voir Calendrier des manifestations)*.

Accès – *Roberval se trouve à 259 km au Nord de Québec par les routes 175 & 169*.

CURIOSITÉS

★Église Notre-Dame-de-Roberval – *Boul. Saint-Joseph, au coin de l'av. Lizotte, en face de l'hôpital. Ouv. toute l'année sam. 9 h 30-20 h, dim. 8 h-midi. & ▯ ☎ 418-275-0272*. Cette église, érigée en 1967, évoque par sa forme une grande tente de cuivre sur laquelle on aurait posé un clocher blanc. L'autel se trouve au centre de la pyramide que constitue l'intérieur de l'église. Les vitraux, très colorés, ont été réalisés par Guy Bruneau.

★Centre historique et aquatique de Roberval – *À 2,5 km au Nord du centre-ville par le boul. Saint-Joseph & le boul. de la Traversée. Ouv. juin-sept. 10 h-20 h. 5,50 $. △ & ▯ www.ville.roberval.qc.ca ☎ 418-275-0202*. Situé sur les rives du lac Saint-Jean, ce centre d'interprétation (1985) présente de façon vivante l'histoire régionale, la géographie physique et humaine, la faune et la flore du lac. Un aquarium permet d'observer plusieurs espèces de poissons tel le saumon d'eau douce ou ouananiche. Un film et une exposition retracent les grands moments de la fameuse Traversée internationale du lac Saint-Jean, tandis qu'une salle donnant l'illusion d'un sous-marin évoque l'histoire locale.

EXCURSIONS

★★ **Lac Saint-Jean** – *Voir ce nom.*

Mashteuiatsh – *À 9 km au Nord de Roberval par le boul. Saint-Joseph.* Depuis 1856, cette réserve amérindienne accueille une population d'origine essentiellement montagnaise. Le visiteur y appréciera aussi bien les boutiques d'artisanat autochtone que la promenade aménagée au bord du lac. En juillet s'y tiennent les **Jeux autochtones inter-bandes**.

Musée amérindien de Mashteuiatsh – *1787, rue Amishk. Ouv. mi-mai-mi-oct. tous les jours 9 h-18 h30. Reste de l'année lun.-ven. 8 h-16 h. 3 $. & ▯ ☎ 418-275-4842.* D'importants travaux achevés en 1998 ont permis à ce musée de doubler sa surface d'exposition. Le visiteur y découvrira, à travers ses expositions permanentes et temporaires, l'histoire et la culture des Pekuakamiulnuatsh (Montagnais de la région du lac Saint-Jean), leur vie traditionnelle, leurs coutumes, leur langue et leur place dans la société actuelle. Une boutique propose des objets d'artisanat autochtone confectionnés dans le village même de Mashteuiatsh.

ROUYN-NORANDA
Abitibi-Témiscamingue
28 819 habitants

La capitale régionale de l'Abitibi (« ligne de partage » en algonquin) se trouve à cheval sur la section minéralogique la plus importante de la faille de Cadillac. Forêts, lacs, rivières et roches nues caractérisent la région. Celle-ci repose sur une pénéplaine qui s'incline légèrement vers la baie James, entraînant avec elle les eaux des bassins du lac Abitibi et de la rivière Harricana.

Plus qu'une ville minière parmi d'autres, Rouyn-Noranda, fière de posséder un festival international de film et une communauté artistique dynamique, constitue le centre culturel de la région. Afin de corriger l'aspect inesthétique de l'exploitation minière, ses habitants favorisent la création de parcs et apportent un grand soin à leur jardin qu'ils fleurissent abondamment. La ville s'enorgueillit d'avoir été le berceau de Richard Dejardins, chanteur et poète célèbre.

Un peu d'histoire

D'importantes ressources naturelles – La colonisation de Rouyn-Noranda ne débuta vraiment qu'en 1912, avec l'arrivée de la première ligne de chemin de fer qui relia la ville à l'Ontario. Mais ce fut la découverte de la **faille de Cadillac** qui, en déclenchant une véritable ruée colonisatrice, contribua grandement au développement de la région. Riche en cuivre, or et argent, cette faille – qui traverse l'Abitibi d'Ouest en Est, de Rouyn-Noranda à Val-d'Or – se ramifie en d'innombrables fractures secondaires. La faille québécoise étant une section de celle qui était déjà en exploitation en Ontario (à Kirkland Lake en particulier), la région demeura longtemps tributaire de sa voisine ontarienne, plus riche en capitaux et en investisseurs. Vers les années 1950, les filons s'épuisaient rapidement, et l'activité minière se déplaça peu à peu vers le Nord. Elle continue toutefois à jouer un rôle majeur dans l'économie locale. Les graves conflits syndicaux des années 1930 entraînèrent le remplacement des premiers mineurs, essentiellement recrutés en Europe de l'Est, par des Canadiens français. Mais en 1942, l'industrie de guerre attira de nombreux travailleurs dans la région, dont beaucoup d'origine étrangère.

Deux villes minières – Rouyn-Noranda emprunte son toponyme à deux anciennes localités minières aux destins fort différents. Issue d'intérêts ontariens, **Noranda** (contraction de « Nord » et « Canada ») était plutôt anglophone. Il s'agissait à l'origine d'une ville à caractère essentiellement résidentiel, entièrement administrée par la mine Noranda. D'influence plutôt francophone, la municipalité de **Rouyn** regroupait quant à elle la majorité des mineurs. Elle fut nommée en l'honneur du capitaine Jean-Baptiste de Rouyn, qui s'était illustré lors de la célèbre bataille de Sainte-Foy, près de Québec. Véritablement issue de la « ruée vers l'or » de 1923 (qui s'avéra une ruée vers le cuivre), Rouyn attira en son temps toutes sortes d'aventuriers en quête de fortune ; on l'appelait alors « la rue des plaisirs ». Elle constitue aujourd'hui le quartier des affaires de la ville.

Accès – *Rouyn-Noranda se trouve à 638 km de Montréal par la route 117. Vols quotidiens d'Air Alliance au départ de Montréal ☎ 514-393-3333.*

CURIOSITÉS

★ **Maison Dumulon** – *191, av. du Lac. De la route 117 (en venant de Val-d'Or), prendre à gauche l'av. du Lac jusqu'au bord du lac Osisko, où se trouve un kiosque d'information touristique. Ouv. 24 juin-fête du Travail tous les jours 9 h-20 h. Reste de l'année lun.-ven. 9 h-midi & 13 h-17 h. 3 $.* ⚙ 🅿 ☎ 819-797-7125. Premier magasin général de Rouyn et son premier bureau de poste, cette maison reconstruite évoque l'atmosphère des années 1920. Des photos et de nombreux objets, témoins de temps révolus, y retracent l'histoire de la ville. L'édifice héberge également l'office de tourisme local.

■ **Promenade dans le parc**

C'est au parc botanique Une Fleur d'Eau *(Avenues Montréal et Pinder ; ☎ 819 762 3178 ; Internet : www.lino. com /~fleurdo)* que les habitants de la ville aiment se rendre après dîner pour bavarder tranquillement et profiter du site. Le lac Édouard, entouré d'arbres magnifiques et de beaux aménagements paysagers, est le lieu de prédilection des canards de la région.

Dans le **parc des Pionniers**, tout à côté de la maison Dumulon, la promenade Tremoy longe le lac Osisko et mène au Centre nautique de Rouyn-Noranda.

Église orthodoxe russe Saint-Georges – *201, rue Taschereau Ouest. Tourner à gauche à partir de la rue Larivière. Ouv. 24 juin-fête du Travail tous les jours 9 h-17 h. 3 $.* ☎ *819-797-7125.* Après la Seconde Guerre mondiale, une vingtaine de familles russes vinrent, comme beaucoup d'autres immigrants, s'établir à Rouyn-Noranda. En 1954, le père Ustuchenko fit donc bâtir, pour la communauté orthodoxe, cette petite église d'architecture traditionnelle dont les deux coupoles superposées représentent Dieu étreignant la terre. Un petit musée, bien documenté et plein de détails pittoresques, transporte le visiteur au cœur même d'une culture distincte.

Théâtre du Cuivre – *145, rue Taschereau.* En 1987, ce théâtre au toit de cuivre et à l'architecture résolument moderne remporta un Félix pour la meilleure salle de spectacle de la province. On y propose divers programmes : pièces de théâtre, films et récitals. Le théâtre accueille également le Festival du cinéma international en Abitibi-Témiscamingue.

Métallurgie Noranda – *101, rue Portelance.* La découverte de cette mine déclencha le boum minier de 1923. Grâce à des capitaux américains et canadiens, la mine, aujourd'hui convertie en fonderie, entra en production en 1927. En tout, 51 millions de tonnes de minerai à haute teneur en cuivre et en or furent extraites de son sous-sol (rappelons que pour obtenir une simple once d'or, il faut extraire environ cinq tonnes de minerai).

Fonderie Horne – *Visite guidée (1 h 30 mn) seulement, juin-début sept. tous les jours 8 h 30-18 h. Reste de l'année sur rendez-vous.* ☎ *819-762-7764.* On y découvre le processus de purification du cuivre, de l'extraction à l'anode, gros lingot de

Église orthodoxe russe Saint-Georges

cuivre à 99 % pesant environ 290 kg. La visite de la maison d'Edmund Horne, premier à découvrir la mine de Noranda, se poursuit dans un wagon de chemin de fer, où l'on peut assister à la projection d'un film sur l'extraction du minerai et l'histoire de la région. Munis de bottes et de casques, les visiteurs auront ensuite l'occasion de faire un tour de la fonderie et de ses installations de surface.

EXCURSION

Angliers – *Juste après Arntfield, quitter la route 117 et prendre la route 101 vers le Sud. À 5 km du village de Rollet, prendre à gauche la route 391 jusqu'à Angliers.* Ce paisible village charmera les amateurs de nature et de pêche. Il permet de monter à bord du **T.E. Draper** *(ouv. fin juin-début sept. tous les jours 10 h-18 h ; 3,50 $; ♿ 🅿 ☎ 819-949-4431)*, en cale sèche sur la rive du lac des Quinze. Véritable témoin historique du flottage du bois dans la région, l'ancien remorqueur à bois fut en service de 1929 à 1979. Il suppléait jadis au chemin de fer qui longeait les rapides du Long Sault sur la rivière des Outaouais, et déposait les voyageurs à l'extrémité Sud du lac Témiscamingue. Vous pouvez également visiter le camp Gédéon qui est la reconstitution d'une exploitation forestière.

Fjord du SAGUENAY★★★

Saguenay

Seul émissaire du lac Saint-Jean, le Saguenay (longueur : 155 km) subit, d'Alma à Jonquière, une dénivellation d'environ 90 m. Aujourd'hui domestiquées, ses eaux puissantes ont favorisé l'essor d'une des régions les plus industrialisées de la province. Vers Saint-Fulgence, la rivière s'engage dans le fjord du Saguenay, puis se jette dans le Saint-Laurent à la hauteur de Tadoussac. Gorge profonde et majestueuse, le célèbre fjord fut creusé dans la roche précambrienne à la dernière glaciation. Lorsque la calotte glaciaire recula, la mer envahit la vallée, et aujourd'hui, la marée remonte jusqu'à Chicoutimi. Le chenal atteint, en certains endroits, 1 500 m de large, et sa profondeur moyenne est de 240 m. Les falaises rocheuses, dont la hauteur culmine à 457 m, plongent dans les eaux sombres de ce fjord, le plus méridional du monde.

Un peu d'histoire

Le Saguenay fut pendant plus de 4 000 ans « le chemin qui cours », ou la route fluviale, pour les Premières Nations qui remontaient la rivière en canoë pour rejoindre les territoires de trappe. Lorsqu'il débarqua en ces lieux en 1534, Jacques Cartier entendit d'abord parler des formidables richesses du Royaume du Saguenay. La colonisation débuta en 1838 à l'époque où William Price créa la Société des Vingt et Un, vingt et un travailleurs endurcis qui quittèrent Charlevoix pour commencer une nouvelle vie dans les contrées inhabitées.

En 1534, Jacques Cartier débarqua dans la région et entendit parler des fabuleuses richesses du **royaume du Saguenay**. Richesses illusoires... jusqu'au siècle dernier, époque à laquelle l'aménagement de la rivière à des fins hydro-électriques devait amener des revenus bien réels. Avec ses nombreuses centrales, ses papeteries et ses usines d'aluminium, le Haut-Saguenay est aujourd'hui très industrialisé. En contrepartie, le Bas-Saguenay a conservé son caractère sauvage. Depuis des années, sa beauté pure et intacte attire un grand nombre de visiteurs. Beaucoup choisissent de faire une croisière. D'autres préféreront admirer le site en découvrant les villages des environs. Noter qu'un parc naturel a été créé dans le but de préserver une partie de ses rives splendides *(accès difficile)*.

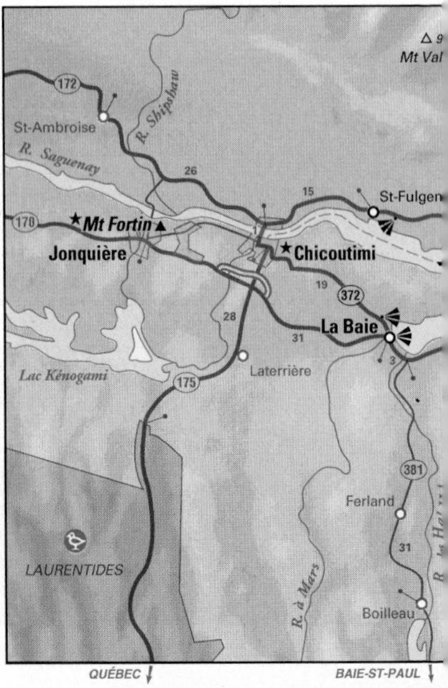

Accès – *Le fjord du Saguenay est accessible depuis Québec par la route 175 jusqu'à Chicoutimi (212 km) ou par la route 138 jusqu'à Tadoussac (216 km). La route 172 longe la rive Nord du fjord, la route 170 sa rive Sud.*

DE TADOUSSAC À L'ANSE-SAINT-JEAN *250 km*

Il y a plusieurs façons de visiter cette région : en bateau, en canoë ou en voiture. Etant donné qu'il n'existe qu'un nombre très restreint de ponts permettant la traversée du fjord, il est conseillé de partir de la rive Nord à Tadoussac, de traverser le fjord à Chicoutimi et d'explorer ensuite la rive Sud.

★★Tadoussac – *Voir ce nom.*

Suivre la route 138 Nord sur 6 km, puis prendre à gauche la route 172 et continuer sur 11 km jusqu'à Sacré-Cœur. Tourner à gauche et poursuivre sur 8 km.

L'anse de Roche – *25 km.* Cette petite crique permet de bénéficier d'une très belle **vue★** sur le fjord, traversé par les lignes à haute tension qui transportent l'électricité de la Manicouagan à Montréal.

Reprendre la route 172.

Sainte-Rose-du-Nord – *69 km. Tourner à gauche en suivant les indications.* Fondé en 1838, ce charmant village est niché dans une anse, entre deux escarpements rocheux. Du quai se découvre un **site★★** exceptionnel ; une promenade dans ce cadre panoramique vous dispensera de superbes vues sur le village et le fjord. Parmi ses trésors, le **musée de la Nature** *(ouv. tous les jours de l'année 8 h 30-21 h ; 4,50 $.* ▣ ☎ *418-675-2348)* contient une étonnante collection d'objets légués par la nature (racines aux formes bizarres, champignons sauvages, loupes d'arbres insolites) et d'animaux naturalisés, soit plus de 3 000 pièces.

Rejoindre la route 172.

La descente sur **Saint-Fulgence** *(28 km)* permet de profiter d'un splendide **panorama★** sur l'extrémité Ouest du fjord. À environ 20 km au Nord se dresse le **mont Valin** (968 m).

Continuer jusqu'à Chicoutimi par les routes 172 & 175.

★Chicoutimi – *À 16 km de Saint-Fulgence. Voir ce nom.*

La Baie – *19 km par la route 372. Voir ce nom.*

Prendre la route 170 jusqu'à Rivière-Éternité (43 km). Tourner à gauche en suivant les indications.

★★Parc du Saguenay – *Ouv. tous les jours de l'année. 7,75 $/voiture.* △ ✗ ᪲ ▣ ☎ *418-272-2267 ou 418-544-7388 (hors saison). Ski de fond, pêche sous la glace.* En 1983, le parc du Saguenay fut créé afin de protéger les rives du fjord. D'une superficie de quelque 300 km², il s'étire de La Baie à Tadoussac sur une centaine de kilomètres. Parmi les pôles majeurs d'intérêt touristique, il faut noter la baie Sainte-Marguerite, les dunes de Tadoussac et la baie Éternité. Cette dernière est l'une des plus belles anses du fjord, dominée par le cap Trinité et le cap Éternité. Une **promenade en bateau** *(départ de la baie Éternité fin mai-fin sept. tous les jours à 11 h 30 & 14 h 30 ; croisière supplémentaire juil.-août à 13 h ; aller-retour 1 h ; commentaire à bord ; 15,50 $.* ▣ *Croisières du Cap Trinité Inc.*

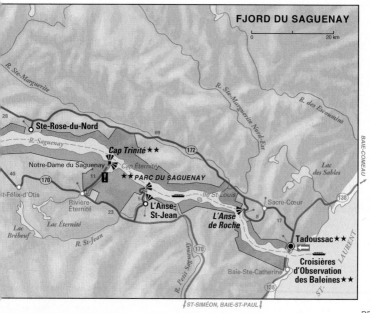

FJORD DU SAGUENAY

☎ *418-272-2591*) fournit probablement la meilleure occasion d'admirer ces deux promontoires rocheux. Un chemin, non loin de la baie, offre aussi d'agréables **vues** du site. Un superbe sentier pédestre *(25 km ; compter deux jours)* relie Rivière-Éternité à L'Anse-Saint-Jean *(terrains de camping et places en refuge)*. Enfin, un **centre d'interprétation** *(ouv. fin mai-23 juin tous les jours 10 h-16 h ; 24 juin-fête du Travail tous les jours 9 h-17 h ; début sept.-mi-oct. tous les jours 8 h 30-16 h 30. ✗ ♿ ☎ 418-272-3027)*, au bout de la vallée de la rivière Éternité, explique la formation du fjord.

★★**Cap Trinité** – *À 11 km de Rivière-Éternité.* Le cap Trinité (518 m) doit son nom aux trois corniches qui le composent. Il se distingue par l'impressionnante statue de **Notre-Dame du Saguenay**, d'une hauteur de plus de 8 m. Perchée au sommet de la première corniche, à environ 180 m au-dessus des eaux noires du Saguenay, cette Vierge géante fut réalisée en 1881 par Louis Jobin à la demande d'un certain Charles-Napoléon Robitaille qui, ayant échappé par deux fois à la mort, avait promis à la Vierge de lui rendre honneur. Pour réaliser cette œuvre d'envergure, Jobin utilisa trois énormes blocs de pin qu'il recouvrit ensuite d'une couche de plomb. La statue fut difficile à ériger, car elle pesait plus de trois tonnes. Après de nombreuses tentatives infructueuses, on dut la démonter avant de la hisser et de la réassembler. On peut l'admirer de près en empruntant un sentier escarpé *(3,5 km ; compter 4 h aller-retour)* au départ du centre d'interprétation. Du promontoire, le **panorama**★★ est superbe.

Rejoindre la route 170.

L'Anse-Saint-Jean – *À 23 km de Rivière-Éternité. Tourner à gauche en suivant les indications.* Ce petit village, fondé en 1828, est sis à l'embouchure de la rivière Saint-Jean. On y admire un beau **panorama**★ sur le fjord depuis le quai et la marina. On remarquera aussi, sur la rivière Saint-Jean près de l'église, le **pont du Faubourg** (1929). Il s'agit d'un pont couvert de 37 m de long.

Traverser le pont et continuer sur 5 km, puis tourner à droite.

Situé sur le seul cap accessible en voiture, le belvédère de l'Anse-de-Tabatière offre une superbe **vue** sur la région.

EXCURSION

★★**Croisières panoramiques** – *Départs de Chicoutimi ou Tadoussac.*

SAINT-CONSTANT

Montérégie
21 933 habitants
Schéma : MONTRÉAL

Ancienne communauté agricole, Saint-Constant est devenue une banlieue résidentielle de Montréal, située dans la zone industrielle de la rive Sud du Saint-Laurent. Le facteur décisif de ce changement de vocation fut la construction, en 1888, d'un pont qui permit aux trains du Canadien Pacifique de traverser le fleuve. Saint-Constant est également la ville natale de **Gustave Lanctot** (1883-1975), historien, archiviste et auteur de nombreux ouvrages sur la Nouvelle-France.

Accès – *Saint-Constant est à 20 km au Sud de Montréal par le pont Champlain et les routes 15, 132 & 209, ou encore par le pont Honoré-Mercier et les routes 132 & 209.*

CURIOSITÉ

★**Musée ferroviaire canadien** – *122 A, rue Saint-Pierre (route 209). Ouv. début mai-fête du Travail tous les jours 9 h-17 h. Début sept.-mi-oct. sam.-dim. 9 h-17 h. 6 $.* ☐ *www.exporail.org* ☎ *450-632-2410.* Créé et dirigé par l'Association canadienne d'histoire ferroviaire, ce musée est consacré au rôle majeur du chemin de fer dans le développement du Canada. Il contient – outre 6 000 objets, 185 000 documents d'archives et une gare restaurée – une remarquable collection de véhicules ferroviaires (plus de 130), dont beaucoup sont encore en état de marche. Des démonstrations régulières permettent aux visiteurs de faire revivre le passé. Parmi les locomotives à vapeur se trouve une réplique de la **Dorchester** qui, en 1836, tracta le premier train canadien. Fabriquée en Angleterre, elle arriva à Saint-Jean-sur-Richelieu sur une barge. On dit qu'elle se révéla si peu puissante qu'elle ne pouvait tirer que deux wagons et qu'à la moindre montée, il fallait faire appel aux chevaux. On peut également voir une réplique exacte de la **John Molson**, construite en Écosse et acheminée au Canada par bateau ; elle fut en service de 1850 à 1874 *(démonstrations en été)*. Tout près se trouve la **CNR 5702**, locomotive pour trains de voyageurs ; en 1930, elle dépassait déjà les 160 km/h. La **CP 5935**, l'une des plus grosses locomotives jamais construites, remorqua les trains dans les années 1950 à travers les Rocheuses et les monts Selkirk en Colombie-Britannique. Première locomotive à moteur diesel du Canadien Pacifique, la **CP 7000** fonctionna de 1937 à 1964.

Parmi les locomotives d'origine autre que canadienne, noter la locomotive française **SNCF 030-C-841** dite « Châteaubriand », construite en 1883 ; elle fonctionna pendant 83 ans. On pourra également voir la **BR 60010**, la « Dominion of Canada », don du British Rail au musée ; il s'agit d'une des fameuses locomotives à grande vitesse de la série Mallard qui établit le record mondial des locomotives à vapeur en 1938, avec une vitesse de 204 km/h.

Le musée possède également un grand nombre de tramways dont l'un est utilisé pour visiter le site. On peut aussi voir le pont tournant qui servait à tourner les locomotives, et l'énorme chasse-neige rotatif qui devait dégager les rails pendant les longs hivers canadiens.

EXCURSION

Écluse de la Côte-Sainte-Catherine – *À 6 km environ du musée. Prendre la direction Nord jusqu'à la route 132 ; tourner à gauche, puis à droite dans la rue Centrale. Ouv. tous les jours avr.-mi-nov.* ☐ ☎ *450-672-4110.* C'est la seconde écluse du système de la voie maritime du Saint-Laurent. Pour éviter les rapides de Lachine, les bateaux y sont élevés de 9 m, soit du niveau du bassin de La Prairie à celui du lac Saint-Louis.

Du terrain de stationnement, on jouit d'une belle **vue** sur les gratte-ciel de Montréal, et du spectacle des navires allant d'une porte à l'autre de l'écluse.

SAINT-EUSTACHE

Laurentides

39 848 habitants

Schéma : MONTRÉAL

Cette paisible communauté agricole est située sur la rivière des Mille-Îles, au point où celle-ci quitte le lac des Deux Montagnes pour se joindre à la rivière du Chêne. Elle fut fondée en 1768 et baptisée en l'honneur du seigneur des Mille-Îles, Louis-Eustache Lambert-Dumont. En 1837, Saint-Eustache allait être le théâtre d'une des plus cruelles défaites essuyées par les Patriotes.

Un peu d'histoire

Le 14 décembre 1837, 150 « rebelles » francophones, dirigés par **Jean-Olivier Chénier**, affrontèrent 2 000 soldats britanniques sous les ordres du général John Colborne. Les insurgés se réfugièrent dans l'église qui fut bombardée et incendiée. Soixante-dix Patriotes périrent à cette occasion, dont Chénier lui-même. Les survivants furent emprisonnés dans la maison de Chénier, puis Colborne incendia le village durant la nuit qu'on appela par la suite « la nuit rouge ». Cet événement valut à Colborne le surnom de « vieux brûlot ».

Accès – *Saint-Eustache se trouve à environ 35 km à l'Ouest de Montréal par les routes 15 & 640 (sortie boul. Arthur-Sauvé).*

CURIOSITÉS

★**Église Saint-Eustache** – *123, rue Saint-Louis. Visite guidée (30 mn) possible, fin juin-fête du Travail lun. 13 h-16 h 30, mar.-ven. 9 h 30-16 h 30, dim. 12 h-16 h 30. Contribution souhaitée. Le reste de l'année, sur réservation.* ♿ 🅿 *www.paroisse steustache.qc.ca* ☎ *450-473-3200.* L'imposante église, construite en 1783 et agrandie en 1831, est couronnée de deux élégants clochers. Gravement endommagée en 1837, lors de la bataille des Patriotes contre l'armée britannique, elle fut reconstruite, avec beaucoup de soin, à partir de ses ruines ; sa façade porte encore les traces de boulets de canon. L'intérieur, clair et spacieux, présente une voûte en berceau richement décorée. La qualité acoustique est telle que l'orchestre symphonique de Montréal y tient fréquemment ses séances d'enregistrement.
À droite se trouve le presbytère et à gauche, un ancien couvent qui sert aujourd'hui d'hôtel de ville. Derrière l'église, un agréable parc donne sur la rivière des Mille-Îles.

Manoir Globensky – *235, rue Saint-Eustache.* Un portique monumental domine la façade de cette belle maison victorienne (1903) qui appartint jadis à Charles-Auguste Maximilien Globensky, dernier seigneur de la rivière du Chêne. Après sa mort, deux maires de Saint-Eustache y établirent leur résidence. Le manoir devint hôtel de ville en 1962, et abrite encore quelques bureaux municipaux.

Moulin Légaré – *236, rue Saint-Eustache, en face du manoir Globensky. Ouv. mai-oct. lun.-ven. 8 h-17 h, sam.-dim. & jours fériés 10 h-17 h. Reste de l'année lun.-ven. 8 h-17 h.* ♿ ☎ *450-472-9529.* Ce moulin seigneurial, situé sur la rivière du Chêne, fut l'un des rares bâtiments à être épargné lors de la terrible « nuit rouge ». Construit en 1762, il n'a cessé de fonctionner depuis. Il tient son nom de la famille Légaré qui en assura l'exploitation de 1908 à 1978. À l'intérieur, on peut encore voir les mécanismes et l'équipement d'origine. Les visiteurs auront l'occasion d'y acheter la farine de blé et de sarrasin moulue sur place.
De la passerelle, située derrière le moulin, on aperçoit la vanne du moulin, la rivière et les clochers de l'église.

Rue Saint-Eustache – La rue principale de Saint-Eustache compte d'autres bâtiments d'intérêt historique. Construite en 1910, l'ancienne église presbytérienne *(n° 271)* abrite une galerie d'art où sont organisées des expositions temporaires. Bâtiment de brique rouge orné de pignons, la maison Plessis-Bélair *(n° 163)* a été transformée en restaurant. La maison aux larmiers remarquables *(n° 64)* date de 1832 ; elle appartenait autrefois à Hubert Globensky. Quant à l'ancienne maison Paquin *(n° 40)*, bâtie en 1889, elle abrite aujourd'hui un magasin.

EXCURSIONS

Parc d'Oka – *14 km par les routes 148 & 640. Entrée principale à la fin de la route 640. Ouv. début mai-mi-sept. tous les jours 8 h-20 h. Reste de l'année tous les jours 8 h-18 h. 2 $. 5,25 $/voiture.* ⛺ ✗ ♿ 🅿 ☎ *450-479-8365.* Cette étendue boisée au bord du lac des Deux Montagnes couvre une superficie de 24 km² correspondant à l'ancienne seigneurie des sulpiciens. Créé en 1962, le parc prit à l'origine le nom de Paul Sauvé, Premier ministre du Québec de 1959 à 1960, et député du comté. Il offre une belle plage ainsi qu'une superbe forêt de feuillus parcourue de sentiers *(kiosque de renseignements près de l'entrée principale).*

Abbaye cistercienne – *À 3 km à l'Ouest de l'intersection de la route 640 & de la route 344. Parc de stationnement après l'entrée principale, avant le Calvaire. Église ouv. tous les jours de l'année 4 h-20 h. Magasin (produits de fabrication monastique) ouv. tous les jours de l'année.* ♿ 🅿 ☎ *450-479-8361.* En 1881, les sulpiciens d'Oka firent don d'un terrain à un groupe de moines cisterciens venus de l'abbaye de Bellefontaine (France). Ceux-ci érigèrent un grand monastère, la Trappe d'Oka, dont la communauté – selon la tradition monastique de l'hospitalité – accueille les visiteurs désireux de participer à leur vie de recueillement.

★**Calvaire d'Oka** – *À 4 km de l'abbaye par la route 344.* Sur les versants de la colline d'Oka (150 m), une série de sculptures de pierre blanchie à la chaux représentent le chemin de Croix et le Calvaire. Les quatre oratoires et les trois chapelles furent érigés entre 1740 et 1744 par le sulpicien breton Hamon Le Guen dans le but d'évangéliser la population autochtone. L'endroit offre une belle **vue** sur le parc et sur le grand lac des Deux Montagnes.

Continuer par la route 344 jusqu'à Oka.

Oka – *À 1 km du Calvaire et à 21 km de Saint-Eustache.* La municipalité, sise sur le bord du lac des Deux Montagnes, tire son nom d'un terme algonquin signifiant « doré », nom du poisson qui, à une certaine époque, abondait dans les eaux du lac. En 1717, les sulpiciens fondèrent une mission amérindienne pour accueillir les Iroquois, les Nipissings et les Algonquins. Il y existe toujours une réserve. Durant l'été 1990, la communauté acquit une notoriété internationale avec la « crise d'Oka », soulèvement amérindien sur le thème des revendications territoriales et séparatistes des Premières Nations du Canada.

Un traversier quitte le quai, tout près de l'église, à destination de Hudson, de l'autre côté du lac des Deux Montagnes.

SAINT-FÉLICIEN

Saguenay–Lac-Saint-Jean

9 599 habitants

Schéma : Lac SAINT-JEAN

Saint-Félicien se trouve près de la rive Ouest du lac Saint-Jean, au confluent des rivières Mistassini, Ticouapé et Ashuapmushuan dont le flot tumultueux parcourt quelque 266 km, enchaînant chutes et rapides avant de rejoindre le lac. Fondée en 1865, la ville vécut d'abord de l'agriculture et des activités forestières, puis devint dans les années 1950 la porte de la riche région minière de Chibougamau, au Nord-Ouest. En 1978 s'y établit un important moulin à papier, puis en 1997, une usine de cogénération.

C'est ici que, le 19 mai 1870, commença un incendie connu sous le nom de **grand feu**, qui ravagea la rive Sud du lac et les forêts jusqu'à La Baie. Des villages entiers furent détruits, et la région mit des années à s'en remettre. Aujourd'hui, la ville est surtout connue pour son zoo, créé en 1960 par ses habitants. Les clochers jumeaux de la grande église de granit rose (1914), au centre de la ville, s'élancent au-dessus du boulevard du Sacré-Cœur. En face, le parc du Sacré-Cœur domine la rivière Ashuapmushuan.

Accès – *Saint-Félicien se trouve à 285 km au Nord de Québec par les routes 175 & 169.*

CURIOSITÉS

★★**Zoo « sauvage » de Saint-Félicien** – *6 km par le boul. du Jardin (route 167). Ouv. mi-mai-mi-oct. tous les jours 9 h-17 h. Reste de l'année sur rendez-vous. 17 $.* 🍴 ♿ 🅿 *www.zoosauvage.qc.ca* ☎ *418-679-0543.* Agréablement situé sur une île de la rivière aux Saumons, affluent de l'Ashuapmushuan, ce jardin zoologique constitue une fabuleuse introduction aux animaux de la faune canadienne (au total, plus de 950 spécimens). Caribous, wapitis, ours noirs, loups, bisons et autres évoluent en toute liberté dans le **parc des Sentiers de la nature**★★ (324 ha), tandis que les visiteurs se promènent à bord de wagons grillagés. Le site leur permettra de se replonger dans l'histoire régionale grâce à ses bâtiments historiques, dont une maison de pionniers de 1875, un poste de traite, un camp montagnais et un camp de bûcherons des années 1930.

Cerf de Virginie

SÉPAQ

EXCURSIONS

★ Chute à l'Ours – *À la sortie du pont de Saint-Félicien, quitter la route 169 ; prendre à gauche le rang Saint-Eusèbe Nord et continuer sur 15 km. Suivre les indications menant au camping. Ouv. fin mai-mi-sept. tous les jours 8 h-23 h. 2 $.* ✗ ⊓ ☎ *418-274-3411.* Un sentier pédestre *(3 km)* longe la rivière Ashuapmushuan dont les rapides emportent les eaux sur une longueur de plus de 1 500 m. Ils furent appelés « chute à l'Ours » par les premiers explorateurs qui butèrent contre cet obstacle. Parmi eux se trouvait un père jésuite, Charles Albanel, qui fut le premier Français à atteindre les rives de la baie James en 1672.

★ Moulin des Pionniers – *À La Doré, à 20 km de Saint-Félicien par la route 167. Ouv. début juin-fête du Travail tous les jours 9 h-19 h. 8 $.* ✗ ☎ *418-256-3821.* Ce vieux moulin occupe un joli site en bordure de la rivière aux Saumons, l'une des plus importantes aires de reproduction de la ouananiche, qui fréquente ces eaux de juillet à octobre. Construit en 1889 par Belarmain Audet, le bâtiment servait à la fois à scier le bois, à moudre le grain, à actionner la forge du maréchal-ferrant et à tailler les bardeaux. Il fonctionna commercialement jusqu'en 1977, et aujourd'hui encore, demeure en parfait état de marche.

La vieille maison du pionnier (1904) se trouve tout à côté. Elle fut déménagée à cet endroit en 1977, et décorée de meubles d'époque. Des sentiers pédestres offrent des **vues** superbes sur la rivière aux Saumons. Sur ses rives ont été aménagés des étangs de pêche qui permettront aux intéressés d'attraper des saumons d'eau douce.

Réserve faunique Ashuapmushuan – *Entrée Sud à 33 km au Nord-Ouest de Saint-Félicien (entrée Nord à 178 km), sur la route 167, direction Chibougamau (232 km). Ouv. mi-mai-oct. tous les jours 7 h-21 h ; ouv. à la chasse jusqu'à mi-oct.* ⚠ ♿ ⊓ *www.sepaq.com* ☎ *418-256-3806.* En montagnais, son nom signifie « là où l'on guette l'orignal ». Véritable paradis de la chasse et de la pêche, cette réserve de 4 487 km^2 est aussi l'une des plus importantes frayères régionales pour la ouananiche, c'est-à-dire le saumon d'eau douce. Vouée à la conservation et à la mise en valeur de la faune, elle est régie par des lois assez strictes visant à protéger l'environnement naturel. La traversée du parc ne requiert aucune autorisation particulière, mais en ce qui concerne la chasse et la pêche, il est fortement recommandé de s'arrêter au poste d'accueil pour obtenir tous les renseignements et permis nécessaires.

La **rivière Ashuapmushuan** délimite un territoire comprenant plus de 1 200 plans d'eau. Longue de 266 km, elle représente l'un des affluents les plus importants du lac Saint-Jean, et servait autrefois de moyen de communication et de relais d'échange entre les Montagnais et les Cris. Porte des régions nordiques, elle constituait un segment de la route vers la Baie James. À l'arrivée des Européens, le commerce des fourrures devint la principale activité. Plusieurs postes de traite, établis le long de son parcours et à son embouchure, demeurèrent en activité jusqu'au début du siècle.

Renseignements pratiques

La route 167 est jalonnée de téléphones d'urgence. Elle contient plusieurs postes d'observation ainsi que des aires de pique-nique. Les animaux domestiques sont formellement interdits. Plusieurs pourvoiries proposent différentes formules de chasse et de pêche, mais il faut réserver longtemps à l'avance. Location de chalets également possible sur réservation. On peut s'adonner à toutes sortes d'activités sportives à la journée, telles que la pêche, la chasse ou le canot-camping.

Chutes de la Chaudière – *68 km, à 1 h de Saint-Félicien. 17 km à parcourir sur un chemin de terre, après avoir obtenu le droit d'accès. Ouv. mi-juin-sept. tous les jours 8 h-coucher du soleil.* ☎ *418-256-3806.* Du belvédère situé près des chutes de la Chaudière, on peut apprécier la magnificence d'une forêt à végétation boréale (bouleaux, sapins, pins gris et épinettes noires).

★★ Lac Saint-Jean – *Voir ce nom.*

SAINT-HYACINTHE

Montérégie
38 981 habitants
Schéma : Vallée du RICHELIEU

La « technopole agroalimentaire du Canada », aujourd'hui réputée pour avoir l'un des pourcentages les plus élevés de francophones de tout le Québec (98,6 %), se trouve sur la rive Ouest de la Yamaska, au cœur d'une riche campagne. Chaque année s'y déroule, au mois de juillet, une importante **Exposition agricole**.

Un peu d'histoire

En 1753, François-Pierre Rigaud, sieur de Vaudreuil, vendit sa seigneurie de Maska à **Jacques-Hyacinthe-Simon Delorme**, marchand et fournisseur de bois. Très vite, une petite colonie s'établit sur les lieux. À la fin du 18e s., la rivière Yamaska fut exploitée pour son énergie et, en 1848, le chemin de fer en provenance de Longueuil arriva à Saint-Hyacinthe. La ville se développa également en tant que centre religieux : le séminaire fut fondé en 1811, et le diocèse en 1851. À trois reprises (1854, 1876 et 1903), la ville faillit être complètement détruite par des incendies. En 1864, une inondation emporta trois ponts et une bonne partie du centre-ville. Néanmoins, l'activité économique se poursuivit et, vers la fin du 19e s., Saint-Hyacinthe occupait une place prépondérante dans l'industrie textile.

Accès – *Saint-Hyacinthe se trouve à 65 km à l'Est de Montréal par la route 20 (sortie 130).*

> ### ■ Les frères Casavant
>
> En 1879, Joseph-Claver et Samuel-Marie Casavant, fils du facteur d'orgues Joseph Casavant, fondèrent la maison **Casavant Frères**, mondialement réputée pour la qualité de ses orgues. Le plus célèbre de ces instruments à vent orne d'ailleurs la basilique Notre-Dame à Montréal. L'usine Casavant *(900, rue Girouard Est)* produit à peine, chaque année, une quinzaine d'orgues.

VISITE

Porte des anciens maires – *Prendre la route 137 (rue Laframboise) jusqu'en ville. Tourner à droite dans la rue Dessaulles (route 116). Juste avant le carrefour avec la route 235, prendre à gauche l'av. des Écoles. La porte se trouve à l'angle de la rue Girouard & du boul. Laurier, sur les rives de la Yamaska.* Cette insolite porte en brique, flanquée de deux tours, fut érigée en 1927 pour commémorer les 11 premiers maires de la ville. Elle fut inaugurée lors des célébrations du centième anniversaire de l'Honorable **Georges-Casimir Dessaulles**, maire de Saint-Hyacinthe de 1868 à 1879 et de 1886 à 1897.

Cathédrale de Saint-Hyacinthe-le-Confesseur – *1900, rue Girouard Ouest. Ouv. tous les jours de l'année 6 h 30-11 h 30 & 13 h 30-16 h 45.* ♿ 🅿 ☎ 450-773-8581. Cet élégant édifice religieux, d'inspiration romane, date de 1878. Ses tours en pierre de 50 m de haut sont surmontées par d'élégants clochers de cuivre. Redécoré en 1942, 1964 et 1999, l'intérieur néoclassique contient une toile d'Ozias Leduc (*Le Père Éternel*) dans le chœur, ainsi qu'un orgue Casavant de 1885.

★ **Promenade des berges** – Une agréable promenade sur la rue Girouard permet de longer les berges de la rivière Yamaska, en partant de la porte des Anciens-Maires jusqu'au centre-ville. On passe devant de belles maisons victoriennes, particulièrement entre les rues Desaulniers et Després. Puis, près du centre, la rue est bordée de bâtiments publics remarquables, dont la cathédrale *(ci-dessus)* et l'hôtel de ville qui domine le parc Casimir-Dessaulles.
Plus au Sud, la rue des Cascades est bordée de boutiques et de restaurants. Au n° 1555, au coin de la rue Saint-Denis, se trouve le **Marché-Centre** (le plus ancien marché public du Québec) dont la construction remonte à 1877. À l'extrémité Est de la rue des Cascades, le pont Barsalou offre des vues sur les rapides de la Yamaska.

Lac SAINT-JEAN★★

Saguenay–Lac-Saint-Jean

Situé à l'extrémité Sud de la région du Saguenay, à 98 m au-dessus du niveau de la mer, le lac Saint-Jean couvre une superficie de 1 350 km². Sa profondeur (20 m en moyenne) n'excède pas 63 m. Le lac actuel ne représente qu'une faible partie du lac d'origine, créé par la fonte des glaciers il y a plus de 10 000 ans. Il reçoit de nombreux affluents, dont les rivières Péribonka, Mistassini et Ashuapmushuan, mais ne possède qu'un seul émissaire, le Saguenay.
La région du lac Saint-Jean se présente sous la forme d'une cuvette dont les parois vont en s'abaissant vers le lac même. Cette morphologie particulière a entraîné la formation de cascades et de chutes aussi spectaculaires les unes que les autres. Contrairement aux régions voisines de la Mauricie et du Saguenay, les terres se prêtent fort bien à l'agriculture, mais cette vocation ne s'est affirmée que depuis l'incendie de 1870, qui déboisa une grande partie des forêts environnantes.

Un peu d'histoire

Le lac Saint-Jean, que les Montagais appelaient jadis *Piékouagami* (lac plat), doit son nom actuel à **Jean Dequen**, premier Français à en explorer les rives en 1647. Le commerce des pelleteries entre Français et Amérindiens, qui s'effectuait d'abord à Tadoussac, ne tarda pas à gagner la région. En 1676, un poste de traite fut établi sur les bords du lac, à l'embouchure de la Métabetchouane, à l'emplacement de la future ville de Desbiens. La construction des premières scieries et papeteries vers le milieu du 19ᵉ s., suivie au 20ᵉ s., de l'installation de centrales hydro-électriques et la construction de l'usine d'aluminium d'Alma, contribuèrent au développement de la région. Malgré cette évolution, l'agriculture est florissante et demeure, avec le tourisme, une activité fondamentale.

Le lac Saint-Jean est surtout réputé, parmi les pêcheurs, pour les **ouananiches** (saumons d'eau douce) qui y abondent. Il est également connu pour le **granit** qu'on trouve à ses abords, notamment à Saint-Gédéon, près d'Alma. Un grand nombre d'églises locales sont d'ailleurs faites de cette roche qui, une fois taillée, prend une couleur rosée. Parmi les produits typiques de la région, notons la gourgane (gros haricot) et les **bleuets**, si abondants sur la rive Nord du lac que les habitants ont reçu le sobriquet de « bleuets ».

Accès – *Le lac Saint-Jean se trouve à 180 km au Nord de Québec par les routes 175, 169 & 170, à 299 km de Trois-Rivières par les routes 55 & 155, et à 69 km de Chicoutimi par les routes 175 & 170.*

Cueillette des bleuets

Assoc. touristique de Saguenay

Activités – *La dernière semaine de juillet commence la célèbre* **Traversée internationale du lac Saint-Jean** *qui a lieu chaque année depuis 1955 et qui dure neuf jours. L'aller simple de Péribonka à Roberval en ligne droite fait 32 km et nécessite une moyenne d'environ 8 h d'efforts physiques. L'aller-retour, parcouru par les plus endurants en 18 h, est également inscrit au marathon. En 1990 le trajet s'est prolongé et fait désormais 40 km le long de la berge. Renseignements* ☎ *275-2851.*

TOUR DU LAC *220 km au départ d'Alma par la route 169*

Alma – Alma se développa autour de l'île du même nom, près de la source du Saguenay, à l'Est du lac Saint-Jean. Fondée en 1864, la ville fut baptisée en l'honneur de la fameuse bataille que les troupes franco-britanniques venaient de remporter en Crimée sur l'armée russe.

Dans le **Musée d'Histoire du lac Saint-Jean** *(54, rue Saint-Joseph. Ouv. 24 juin-fête du Travail lun.-ven. 9 h-18 h, sam.-dim. 13 h-17 h. Reste de l'année lun.-ven. 8 h 30-12 h & 13 h 30-16 h 30. 3 $. ⊡ ☎ 418-668-2606)*, l'histoire de la région, plus particulièrement celle d'Alma, est évoquée à travers toute une collection d'objets.

Rue Harvey, à l'Est de l'av. du Pont se trouve l'**église Saint-Pierre** saisissante pour son architecture ultramoderne.

Dam-en-Terre – *8 km. Du centre-ville, prendre l'av. du Pont vers le Nord, et tourner à gauche dans le boul. des Pins. Prendre à droite le chemin de la Dam-en-Terre, puis encore à droite le chemin de la Marina.* Érigé au début des années 1950 pour exploiter la rivière et hausser le niveau du lac, le barrage entre l'île d'Alma et l'Isle-Maligne a permis d'augmenter la force du cours d'eau.

Installé autour de la baie en 1979, le **complexe touristique Dam-en-Terre** *(ouv. mi-juin-fin août tous les jours 8 h-21 h. Reste de*

La Véloroute des Bleuets

C'est un réseau de pistes cyclables de 256 km autour du lac Saint-Jean qui bordent de jolies plages de sable, longent d'impressionnantes rivières et traversent de belles plaines agricoles. On y découvre des petits coins de paradis accessibles uniquement par ce réseau de sentiers et de sections de route balisée. Cartes et renseignements sur les excursions sont à votre disposition à La Véloroute des Bleuets, *1671 av. du Pont-Nord, Alma, QC, G8B 5G2.* ☎ *418 668 4541. Internet : www.veloroute-bleuets.qc.ca*

l'année tous les jours 8 h-16 h. 3 $. ⚠ ✗ ♿ 🅿 ☎ *418-668-3016) comprend un* camping, une plage, des bungalows, un restaurant-théâtre, des sentiers pédestres et une marina. On peut également y louer canots, pédalos et bicyclettes. Une agréable **croisière panoramique** *(départ juin-début sept. mar.-dim. à 14 h & 18 h 30 ; aller-retour 2 h ; commentaire à bord ; réservations requises ; 22,95 $; ♿ ☎ 418-668-3016) remonte le courant le long de l'usine d'aluminium d'Alcan puis du barrage hydro-électrique de l'Isle-Maligne, avant d'approcher les rives du lac Saint-Jean, bordées de nombreux villages et chalets.

Prendre la route 169 et parcourir 25 km jusqu'à Saint-Henri-de-Taillon, puis 6 km vers le parc (suivre les indications).

Parc de la Pointe-Taillon – *31 km. Ouv. mi-juin-début sept. tous les jours 9 h-19 h. Mai & oct. tous les jours 10 h-16 h. Les horaires d'ouverture varient selon le temps. 5 $/voiture.* ⚠ ✗ ♿ 🅿 *www.sepaq.com* ☎ *418-347-5371 ou 418-695-7883 (hors saison). Centre d'Interprétation ouv. juin-sept. tous les jours 9 h-14 h 30.* ♿ ☎ *418-347-5371.* Zone d'alluvionnement post-glaciaire de près de 20 km de long, la pointe Taillon se trouve sur la rive Nord du lac Saint-Jean, à l'embouchure de la rivière Péribonka. La presqu'île (92 km²) est couverte de tourbières et de forêts d'épinettes noires et de bouleaux qui, au bord de l'eau, cèdent la place à une plage de sable fin où s'ébattent canards et outardes lors de leur migration automnale. Le parc se prête au cyclisme (piste de 32 km), à la marche (sentiers pédestres), au canotage, au kayak, au pédalo et à la planche à voile.

Reprendre la route 169 et la suivre jusqu'à Péribonka.

Après Sainte-Monique, la route 169 franchit la Péribonka et aboutit, 4 km plus loin, à un charmant **point de vue** où l'on trouvera une aire de pique-nique.

Péribonka – *À 34 km du parc de la Pointe-Taillon.* Fondée en 1887 sur les bords de la rivière Péribonka, à quelques kilomètres à peine de son embouchure avec le lac Saint-Jean, cette charmante bourgade vit essentiellement de ses activités agricoles et forestières. La fougueuse rivière, dont le nom montagnais signifie « qui fait son chemin dans le sable », fait plus de 460 km de long. Deux réservoirs et trois centrales hydro-électriques ont aujourd'hui domestiqué son cours tumultueux. En 1912, le Français **Louis Hémon** (1880-1913) passa quelques mois à Péribonka. Ce court séjour ne fut pas sans conséquences, car en 1916 était publié en œuvre posthume l'un des romans québécois les plus connus à l'étranger : *Maria Chapdelaine, récit du Canada français.* Péribonka est aujourd'hui le point de départ de la célèbre **Traversée du lac Saint-Jean** à la nage, qui a lieu la dernière semaine de juillet *(voir Calendrier des manifestations).*

Musée Louis-Hémon – *À 5 km à l'Est de Péribonka, sur la route 169. Ouv. 24 juin-fête du Travail tous les jours 9 h-17 h. Reste de l'année lun.-ven. 8 h-16 h. 5,50 $.* ♿ 🅿 *www.destination.ca/museelh* ☎ *418-374-2177.* Consacré à l'œuvre de Louis Hémon et, de manière plus générale, à la mise en valeur de la littérature, ce vaste complexe muséologique possède une collection d'environ 1 400 œuvres d'art, documents et objets ethnologiques liés au monde littéraire. On peut également voir la maison historique Samuel-Bédard, où Hémon travailla comme garçon de ferme en 1912, et le fameux pavillon contemporain (1986). Ce dernier, tout en quartz, propose des expositions temporaires d'art et de littérature ainsi qu'une exposition permanente retraçant la vie de l'écrivain, de sa naissance en Bretagne jusqu'à sa mort tragique à Chapleau (Ontario).

Continuer par la route 169 jusqu'à la jonction routière (13 km). Tourner à droite et poursuivre sur 1 km.

Sainte-Jeanne-d'Arc – *14 km.* Ce village est situé au confluent de la Petite rivière Péribonka et de la rivière Noire. Sis au pied d'une chute sur la Petite rivière Péribonka se trouve le **vieux moulin** *(ouv. mi-juin-début sept. lun.-jeu. 10 h-17 h, ven.-dim. 10 h-19 h.* 🅿 ☎ *418-276-3166),* construit en 1907 et ouvert aux visiteurs depuis 1974, année où prirent fin ses activités. On peut y admirer l'équipement d'origine. À une certaine époque, l'énergie canalisée de la rivière faisait tourner une scierie, une fabrique de planches, un moulin à laine et une meunerie.

Reprendre la route 169.

Dolbeau-Mistassini – *14 km.* Fondée en 1927 avec l'installation de la fabrique de pâte à papier Domtar, Dolbeau est aujourd'hui rattachée à Mistassini avec laquelle elle partage la municipalité. Elle doit son nom au missionnaire récollet Jean Dolbeau, qui débarqua à Tadoussac en 1615. La ville est célèbre pour son **Festival des dix jours western de Dolbeau** *(voir le Calendrier des manifestations)* qui se déroule en juillet, et son **Astro Centre**, observatoire touristique abritant un énorme cadran solaire et un télescope 45 cm/18 in *(4 km au Sud de Dolbeau par la route 373 ; ouvert tous les jours du 24 juin-début sept. de 13 h à minuit ; 7 $.* ♿ 🅿. ☎ *418 276 0919).* La ville (« gros rocher » en langue crie) est sise au confluent des rivières Mistassibi et Mistassini, non loin d'une jolie cascade. Cette dernière fut

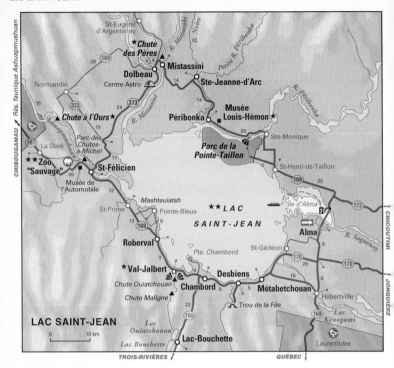

LAC SAINT-JEAN

0   10 km

TROIS-RIVIÈRES ↙   QUÉBEC ↓

nommée **chute des Pères★** en l'honneur des trappistes d'Oka qui, en 1892, y construisirent un prieuré. En 1980, les religieux partirent s'établir plus au Nord, à Saint-Eugène, mais leur fabrique se trouve toujours aux abords de l'ancien monastère, et offre aux visiteurs chocolats et autres denrées. Capitale mondiale du bleuet, Mistassini célèbre chaque année au mois d'août le **Festival du bleuet** *(voir Calendrier des manifestations)*.

Saint-Félicien – *Voir ce nom.*

Garden Paradise
Les Grands Jardins de Normandin *(1515 av. du Rocher, Normandin.* ☎ *418 274 1993. Internet : www.cigp.com/jardin.html)* composés de terrains soigneusement entretenus et couvrant une superficie de plus de 55 ha sauront séduire les jardiniers les plus avertis.

La route 169 passe par le village de Saint-Prime, bien connu pour ses produits laitiers, notamment son *cheddar* (fromage).

Roberval – *25 km. Voir ce nom.*
Tout au long du trajet de Roberval à Chambord, la route épouse les courbes du lac et laisse découvrir un magnifique **panorama**.

★Val-Jalbert – *9 km. Voir ce nom.*
Après Val-Jalbert, suivre la route 169 sur 2 km pour aboutir en un lieu où une **vue★** magnifique sur le lac s'offre au regard.

Chambord – *9 km.* Fondée en 1857, la ville s'est développée à partir de 1888 grâce à la construction d'une ligne ferroviaire qui la relie à Québec. Elle fut nommée en l'honneur d'Henri V, comte de Chambord et dernier représentant de la lignée royale des Bourbons.

Desbiens – *9 km.* C'est ici que le père Jean Dequen vit pour la première fois, en 1647, le lac Saint-Jean. Cinq ans plus tard, il y fonda une mission jésuite, suivie, en 1676, par l'établissement d'un poste de traite des fourrures. Le village doit son nom à Louis Desbiens, fondateur de la première papeterie en 1896.
Juste en contrebas du petit parc Jean-Dequen, un grand quai en bois constitue un endroit idéal pour observer la pêche à la ouananiche (saumon d'eau douce) et admirer le lac Saint-Jean.

Centre d'histoire et d'archéologie de la Métabetchouane – *243, rue Hébert, près du pont qui enjambe la Métabetchouane. Ouv. 20 juin–fête du Travail tous les jours 10 h-18 h. 4 $.* ⑤ 🅿 ☎ *418-346-5341.* Consacré à l'histoire locale de l'ère amérindienne à aujourd'hui, ce centre contient la reconstitution du poste de traite au siècle dernier, et expose des marchandises de troc ainsi que des objets découverts lors de fouilles archéologiques menées dans la région. Juste à l'entrée du site, sur les rives de la Métabetchouane, une poudrière marque l'emplacement exact de l'ancien comptoir de fourrures. Noter aussi un mémorial érigé en l'honneur de Jean Dequen.

Musée de la Motoneige – *1640, chemin du Trou-de-la-Fée ; accès par la 7ᵉ Av. Ouv. 24 juin-début sept. tous les jours 9 h-18 h. Reste de l'année sur rendez-vous. 4 $.* ⏱ 🅿 ☎ *418-346-5368.* Ce musée expose par roulement une collection de plus de 70 motoneiges. Les engins qu'on y voit illustrent les étonnants progrès technologiques réalisés dans le domaine des transports sur sols enneigés au cours des dernières décennies.

Trou de la Fée – *La grotte se trouve à 6 km au Sud de Desbiens. En face de l'hôtel de ville de Desbiens (925, rue Hébert), prendre la 7ᵉ Av. Ouv. mi-juin-début oct. tous les jours 9 h-17 h. 7 $.* 🅿 ☎ *418-346-5436.* Vieille de quelque 10 000 ans, cette grotte occupe un site sauvage à flanc de montagne, à la jonction du Bouclier canadien et de la cuvette du lac Saint-Jean. Elle domine de plus de 68 m la rivière Métabetchouane dont un belvédère d'observation offre une superbe **vue** plongeante. Durant la Seconde Guerre mondiale, des déserteurs qui s'étaient réfugiés dans les parages se dirent sauvés par la fée de la grotte. La descente de 38 m dans la caverne est impressionnante, mais très à pic ; il convient donc d'être équipé *(port de chaussures de sport recommandé ; casques de protection fournis sur place).*

Métabetchouan – *5 km.* Ce village, fondé en 1861, évoque par son nom la rivière Métabetchouane (« courants qui se concentrent avant de se déverser » en langue crie). Il s'y tient, durant l'été, le célèbre Camp musical du Lac-Saint-Jean *(concerts dim. soir).* Situé à flanc de colline, le site offre une superbe **vue** du lac.

Rejoindre Alma par la route 170 (29 km).

SAINT-JEAN-PORT-JOLI★

Chaudière-Appalaches
3 402 habitants
Schéma : Côte de CHARLEVOIX

Patrie d'une célèbre famille de sculpteurs, les **frères Bourgault** : Médard (1897-1967), André (1898-1958) et Jean-Julien (né en 1910), la petite ville de Saint-Jean-Port-Joli est devenue, au fil des ans, la capitale québécoise de la sculpture sur bois, comme l'illustrent ses innombrables galeries, boutiques et ateliers d'artisanat. Autre résident de marque, **Philippe Aubert de Gaspé** père (1786-1871) partit de Québec en 1824 pour s'installer ici dans l'intention d'écrire *Les Anciens Canadiens.* Ce roman, publié en 1863, allait d'ailleurs faire sa gloire.

Accès – *Saint-Jean-Port-Joli se trouve à 106 km au Nord-Est de Québec par les routes 73 (pont Pierre-Laporte) & 20 (sortie 414).*

CURIOSITÉS

Site archéologique du manoir du sieur de Gaspé – *À 5 km à l'Ouest du centre-ville par la route 132.* En 1909, un incendie détruisit le manoir où Philippe-Aubert de Gaspé écrivit son roman, n'épargnant guère que le four à pain domanial (1764). Chaque été, des fouilles archéologiques ont lieu sur le site.

Musée des Anciens Canadiens – *À 3 km à l'Ouest du centre-ville par la route 132. Ouv. mai-23 juin tous les jours 9 h-17 h 30. 24 juin-fête du Travail tous les jours 8 h 30-21 h. Fête du Travail-oct. tous les jours 9 h-17 h 30. 4,75 $.* ⏱ 🅿 *www.quebecweb.com/ancienscanadiens* ☎ *418-598-3392.* On y verra des sculptures sur bois façonnées par les meilleurs artistes de Saint-Jean-Port-Joli (dont les frères Bourgault). Le musée propose aussi une projection vidéo *(15 mn)* consacrée à la sculpture sur bois, sur pierre et sur glace et, à la période estivale, des démonstrations de sculpture.

★**Maison-musée Médard-Bourgault** – *Deux maisons plus loin. Ouv. 24 juin-fête du Travail tous les jours 10 h-18 h. 2,50 $.* 🅿 ☎ *418-598-3880.* Cette maison du 19ᵉ s. fut acquise en 1920 par Médard Bourgault, premier sculpteur sur bois de Saint-Jean-Port-Joli. L'artiste restaura l'édifice, le décora de ses œuvres et en sculpta les murs. Dans la première pièce, ses créations et celles de son fils Raymond évoquent « l'histoire de nos ancêtres ». Dans la deuxième pièce sont exposées des œuvres religieuses du maître ainsi qu'une magnifique armoire sculptée en bois de tilleul. On retrouve également son premier crucifix (sculpté en 1921) et sa dernière sculpture inachevée, *Le Clochard,* commencée en 1967.

★**Église Saint-Jean-Baptiste** – *Au centre du village, 3 km après le musée des Anciens Canadiens. Ouv. mi-juin-mi-oct. lun.-sam. 9 h-17 h, dim. midi-17 h.*   ♿ ▯ ☏ *418-598-3023.* Avec ses élégants clochers et sa toiture galbée, cet édifice constitue un pittoresque exemple d'architecture (1779). L'**intérieur** comporte plusieurs œuvres de Médard et Jean-Julien Bourgault. Le tabernacle du maître-autel, attribué à Pierre-Noël Levasseur, daterait de 1740. Il est situé dans le sanctuaire, qui fut décoré entre 1794 et 1798 par Jean Baillairgé et son fils Florent. La voûte en berceau de l'église évoque le firmament ; elle est formée de petits caissons ornés de 4 300 fleurs sculptées. Le banc seigneurial a été conservé en l'honneur du dernier seigneur de Saint-Jean-Port-Joli, Philippe Aubert de Gaspé, enterré dans la crypte de l'église. En 1987, dix-sept sculpteurs sur bois du village ont uni leurs talents pour créer une magnifique **crèche de Noël★**.

Yves Tessier/RÉFLEXION

SAINT-JEAN-SUR-RICHELIEU

Montérégie
37 607 habitants
Schéma : Vallée du RICHELIEU

Ville natale de **Félix-Gabriel Marchand**, Premier ministre du Québec de 1897 à 1900, Saint-Jean se trouve sur la rive Ouest de la rivière Richelieu, vis-à-vis d'Iberville. Son histoire remonte à 1666. À l'époque des guerres iroquoises, les Français avaient fait construire une série d'ouvrages fortifiés le long de la rivière Richelieu, dont un petit fortin sur le site actuel de Saint-Jean. Après la guerre d'Indépendance américaine, de nombreux loyalistes, fidèles à la Couronne d'Angleterre, s'établirent dans la localité qui porta quelque temps le nom de Dorchester. Elle devint un important centre de commerce avec les États américains (New York et le Vermont) entourant le lac Champlain. Aujourd'hui, la ville accueille chaque année au mois d'août le **Festival de montgolfières de Saint-Jean-sur-Richelieu** ; il s'agit de la plus grande manifestation en son genre au Canada.

Un peu d'histoire

Saint-Jean connut une période de croissance et de prospérité au 19ᵉ s. En 1836, le premier chemin de fer du Canada, de la compagnie Champlain and Saint-Lawrence Railroad, reliait La Prairie à Saint-Jean. Puis, sept ans plus tard, le canal de Chambly fut inauguré. Favorisée par ces deux nouvelles voies de communication, Saint-Jean devint un centre de fabrication de vaisselle, de théières, de cruches et autres articles en céramique blanche. En 1840, Moses Farrar installa à Saint-Jean une première fabrique d'articles en grès. Un autre Farrar s'attaqua au marché de la vaisselle d'hôtel et de restaurant en faïence blanche. Moses s'associa à plusieurs banquiers et ensemble, ils créèrent en 1873 la **Saint-John's Stone Chinaware Company**. Les produits de cette société et les **« Farrar »** sont maintenant des pièces de collection. L'industrie existe encore de nos jours, mais la céramique produite sert à des fins plus pratiques : tuyaux de drainage et poterie sanitaire. Crane Canada est le seul survivant des potiers industriels de cette époque.

Accès – *Saint-Jean se trouve à environ 40 km au Sud-Est de Montréal par les routes 10 & 35 (sortie boul. du Séminaire).*

LE VIEUX-SAINT-JEAN

Musée du Haut-Richelieu – *182, rue Jacques-Cartier Nord, sur la place du Marché. Ouv. toute l'année mar.-dim. 9 h 30-17 h. 2 $.* 🅿 ☎ *450-347-0649.* Aménagé dans le vieil édifice du marché (1859), ce musée présente divers objets rappelant la présence amérindienne et l'histoire militaire du Haut-Richelieu et de la « vallée des Forts ». Il possède aussi une collection unique de pièces de vaisselle et de poteries portant la signature de la Saint-John's Stone Chinaware Company, dont plusieurs **Saint John's Blue** datant des années 1890.

Longer la place du Marché.

Derrière l'édifice du marché se trouve, attenante, l'ancienne **caserne de pompiers** (1877), surmontée d'une petite tour.
De l'autre côté de la rue Longueuil se dresse l'**église Saint John's United**, bâtiment de brique sombre construit en 1841. Les rues avoisinantes comptent de belles maisons victoriennes. À l'angle des rues Saint-Charles et Longueuil, on remarquera le **palais de justice** (1850), de style néoclassique.

Église anglicane Saint-James – *À l'angle des rues Jacques-Cartier & Saint-Georges.* Avec sa tour blanche et son porche de style néoclassique, Saint-James fait penser à une église de la Nouvelle-Angleterre. Construite en 1816, elle dessert aujourd'hui la paroisse catholique romaine de Saint-Thomas-More ainsi que la communauté anglicane locale.

Cathédrale Saint-Jean-l'Évangéliste – *Rue Longueuil. Ouv. tous les jours de l'année 7 h 30-17 h.* 🅰 🅿 ☎ *450-347-2328.* Cette église possède une tour centrale en cuivre et un intérieur très travaillé. Construite entre 1828 et 1853, puis agrandie en 1866 par Victor Bourgeau, elle devint cathédrale en 1933.

Musée du Fort Saint-Jean – *Sur le terrain du campus du Fort Saint-Jean, rue Jacques-Cartier Nord. Ouv. fin mai-mi-août mar.-dim. 9 h 30-16 h 30. 2 $.* 🅰 🅿 ☎ *450-358-6500 (poste 5769) ou 450-358-6809 (hors saison).* Aménagé dans l'ancien corps de garde (1850) du Fort Saint-Jean, ce musée évoque plus de 300 ans d'histoire militaire. On y découvre toutes sortes d'armes, des uniformes, et une exposition sur les différentes étapes de développement du site. Construit par les Français en 1666 pour se défendre contre les Iroquois, le premier fort fut remplacé en 1748 par une seconde structure destinée, cette fois, à protéger la Nouvelle-France contre les Britanniques. En 1759, après la prise de Fort Lennox, Fort Saint-Jean fut incendié par ses défenseurs français pour empêcher que les Britanniques ne s'en emparent. Il fut reconstruit en 1775 par Guy Carleton et pris par les Américains la même année, après un siège de 45 jours. Le fort devait être reconstruit une dernière fois après la Rébellion des Patriotes en 1837.
Après la visite du musée, on peut se promener sur le campus pour voir les vestiges des anciens remparts qui offrent des vues sur la rivière Richelieu.

EXCURSIONS

Excursion en bateau – *Départ de la rue du Quai 24 juin-fête du Travail tous les jours à 13 h 30 & 15 h 30 (aller-retour 1 h 30 mn). Commentaire à bord. Réservations requises. 15,50 $.* 🅿 *Croisières Richelieu Inc.* ☎ *514-346-2446.* Ce périple de 16 km remonte la rivière Richelieu. Cette agréable croisière démarre près des écluses et de l'entrée du canal de Chambly. De belles **vues** s'offrent sur Iberville, sur la rive Est. On passe devant le Collège militaire royal, des marinas et de belles résidences d'été.

★★**Vallée du Richelieu** - *Voir ce nom.*

SAINT-JOACHIM

Région de Québec
1 493 habitants
Schéma : Côte de BEAUPRÉ

Le village de Saint-Joachim, au Nord-Est de Québec, fut créé au lendemain de la Conquête. Juste avant d'assiéger la « vieille capitale », la flotte britannique avait réduit en cendres les villages situés en bordure du Saint-Laurent. Forts de cette expérience, les habitants de Saint-Joachim s'établirent plus à l'intérieur des terres. Aujourd'hui, ce bourg paisible est surtout connu pour son église.

Accès – *Saint-Joachim se trouve à 40 km au Nord-Est de Québec. Prendre la route 360 jusqu'à Beaupré et suivre les panneaux de signalisation.*

CURIOSITÉS

★★**Église Saint-Joachim** – *Ouv. mi-mai-mi-oct. lun.-ven. 9 h-17 h.* ☎ *418-827-4475.* Cette petite église (1779), dédiée au père de la Vierge, remplace celle de 1685, rasée par les Anglais lors de la Conquête. La façade, conçue par David Ouellet en 1895, masque la structure traditionnelle qu'il faut observer depuis le cimetière. L'édifice est célèbre pour son **intérieur**★★, réalisé entre 1815 et 1825 par **François**

Malak, Ottawa

Intérieur de l'église Saint-Joachim

et **Thomas Baillairgé**, le père et le fils œuvrant ici à la fois comme architectes et sculpteurs. François Baillairgé avait déjà réalisé le somptueux maître-autel et ses chandeliers en 1785, lorsqu'il fut invité à parachever le décor intérieur. Par testament, le curé de la paroisse, le père Corbin, légua une somme considérable à cette fin, ce qui explique l'ampleur du projet et la richesse de son exécution.

Chœur – On y admirera de beaux lambris rehaussés de bas-reliefs dorés. De part et d'autre du sanctuaire, deux grands panneaux sculptés représentent la Foi et la Religion. Les quatre médaillons qui ornent les fausses arcades illustrent des scènes de la vie du Christ : l'Adoration des bergers, l'Adoration des rois mages, Jésus parmi les docteurs de l'Église et la Présentation au Temple. Le maître-autel est entouré de colonnes et de statues des quatre évangélistes dont les socles, ornés de bas-reliefs, représentent leurs attributs : l'aigle pour saint Jean, le bœuf pour saint Luc, le lion pour saint Marc et l'ange pour saint Matthieu.
Très élaborée, l'iconographie entend établir la légitimité de l'Église : les hommes et les souverains s'inclinent devant le Sauveur qui a mandaté l'Église pour Le représenter sur terre. De l'intérieur se dégage une harmonieuse impression d'unité. Les sculptures s'intègrent parfaitement au décor, dominé par la présence de pilastres, d'une imposante corniche et d'une voûte finement décorée. Le tableau du maître-autel, intitulé *Saint-Joachim et la Vierge* (1779), est l'une des rares œuvres connues de l'abbé Antoine Aide-Crequy.
Saint-Joachim a longtemps constitué un modèle pour les églises du Québec. Thomas Baillairgé et ses élèves reprendront maintes fois cette formule néoclassique, contribuant ainsi à projeter une image unie de l'Église catholique.

Presbytère – La vaste maison en pierre qui se dresse en face de l'église est le presbytère de Saint-Joachim. Il est composé d'une petite partie ancienne (à l'Est), érigée en 1766 avec une haute toiture. L'imposant bâtiment Ouest s'y ajouta en 1830, en même temps que les portails néoclassiques en bois sculpté.

Petit-Cap – *Avant d'arriver à la réserve nationale de faune du Cap-Tourmente.* Sur le Petit-Cap se dresse le séminaire, ensemble monumental unique du 18ᵉ s. L'édifice principal qui domine le Saint-Laurent est le château Bellevue. Construit en 1779, il fut agrandi dans le style original en 1875. À côté se trouvent la chapelle (1779) et la maison du gardien, structure de bois revêtue de crépi.

SAINT-LAMBERT

Montérégie
20 971 habitants
Schéma : MONTRÉAL

Saint-Lambert est une banlieue résidentielle de Montréal, sur la rive Sud du Saint-Laurent. Elle faisait autrefois partie de la seigneurie de Longueuil. On l'appelait le quartier de Mouille-Pied tant le sol y était marécageux. En 1857, la municipalité prit le nom de Saint-Lambert en l'honneur d'un des compagnons du sieur de Maisonneuve, **Lambert Closse**, qui s'installa à Montréal en 1642. Aujourd'hui, Saint-Lambert marque l'entrée de la voie maritime du Saint-Laurent.

La voie maritime du Saint-Laurent – L'ouverture de la voie maritime, en 1959, marqua la réalisation d'un rêve vieux de 400 ans. Au début du 16ᵉ s., Jacques Cartier avait dû reculer devant les eaux tumultueuses des rapides de Lachine, et renoncer au rêve de découvrir le fameux passage vers l'Orient. Les rapides n'étaient pourtant que le premier d'une série d'obstacles naturels qui rendaient le fleuve non navigable entre Montréal et les Grands Lacs.

À la conquête de la rivière – À diverses reprises au cours des trois siècles qui suivirent, les Amérindiens, puis les soldats et les colons tentèrent de dompter la rivière, les chutes et les rapides en creusant des canaux et en aménageant des écluses autour des obstacles qui bloquaient le Saint-Laurent en amont de Montréal. Après la révolution industrielle, l'aménagement d'une voie navigable qui relierait les États-Unis aux ports canadiens et européens et faciliterait le transport de marchandises commença à intéresser les États-Unis. Des années de négociations entre les gouvernements canadien et américain aboutirent à un projet conjoint, ayant pour but de construire, entretenir et contrôler les écluses et les canaux. Finalement, le 25 avril 1959, le brise-glace *Iberville* amorça le premier passage complet de la voie maritime du Saint-Laurent que la reine Elizabeth II, le président Dwight Eisenhower et John Diefenbaker, Premier ministre du Canada, inaugurèrent officiellement le 26 juin de la même année.

La voie maritime mesure 3 800 km de longueur et au moins 8 m de profondeur ; 16 écluses font franchir aux bateaux une hauteur totale de 177 m, ce qui correspond à la différence d'altitude entre Montréal (6 m) et le lac Supérieur (183 m). Les cargos qui empruntent la voie maritime, les **lacquiers**, peuvent avoir jusqu'à 222 m de long et 23 m de large. Ils apportent principalement le minerai de fer des mines du Québec et du Labrador aux aciéries de la région des Grands Lacs, et acheminent vers les ports du Saint-Laurent de grandes cargaisons de céréales en provenance des prairies des États-Unis.

Accès – *Saint-Lambert se trouve à environ 10 km à l'Est de Montréal par la route 112 (pont Victoria).*

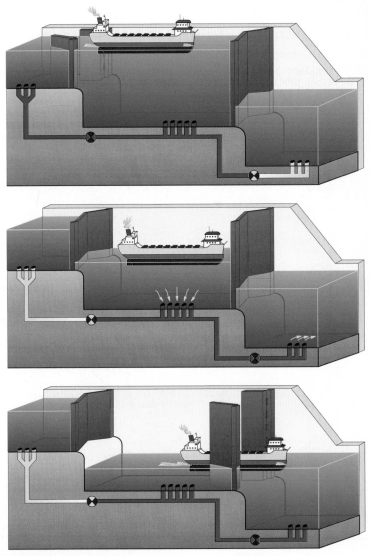

CURIOSITÉS

★**Écluse de Saint-Lambert** – *Du pont Victoria, suivre les indications pour la route 20 Sud, et tourner immédiatement à droite. Ouv. avr.-mi-nov. tous les jours 8 h-20 h.* ⚐ 🅿 🛆 *450-672-4110.* Première écluse de la voie maritime, elle soulève ou abaisse les cargos de quelque 4,6 m pour leur permettre de franchir les dangereux rapides en amont du port de Montréal. L'écluse fonctionne en coordination avec le **pont Victoria**★, impressionnante structure construite entre 1854 et 1859 pour faire traverser le fleuve au chemin de fer du Grand Tronc. À l'époque, ses 2 742 m en faisaient une merveille d'ingénierie. Reconstruit une première fois à la fin du siècle dernier, puis dans les années 1950, il est ouvert à la circulation automobile et ferroviaire. Une travée levante à chaque extrémité de l'écluse rend d'ailleurs possible le passage continu des voitures et des trains, indépendamment de l'éclusage des bateaux.
Du **belvédère**, on observe le passage des énormes lacquiers qui remontent jusqu'aux Grands Lacs ou qui descendent le fleuve jusqu'à Port-Cartier et Sept-Îles.

Musée Marsil – *349, Riverside Drive. Ouv. toute l'année mar.-ven. 10 h-16 h, sam.-dim. 13 h-16 h. Fermé principaux jours fériés. 2 $.* ⚐ 🅿 *www.adaxces.com/museemarsil* 🕾 *450-923-6601.* Située non loin de l'autoroute, cette charmante maison historique en pierre des champs échappe comme par miracle à l'agitation urbaine. Elle fut construite vers 1749 par les Marsil, et resta dans leur famille pendant près de deux siècles. Son toit en pente raide terminé par un larmier, ses lucarnes et sa fausse cheminée dans le pignon Sud en font un bon exemple de l'architecture vernaculaire du 18ᵉ s. Transformée en véritable musée du textile, la demeure propose aujourd'hui des expositions temporaires visant à souligner l'importance du costume et des accessoires vestimentaires, éloquents reflets d'une époque ou d'une culture.

Vallée du SAINT-LAURENT

Mauricie–Centre-du-Québec–Région de Québec–Chaudière-Appalaches

La vallée du Saint-Laurent qui, à la hauteur de Trois-Rivières, est une vaste plaine agricole, devient plus étroite près de Québec où elle est délimitée au Nord par les contreforts des Laurentides. Les rives du fleuve abritent de vieux villages, reliés les uns aux autres par d'agréables routes.

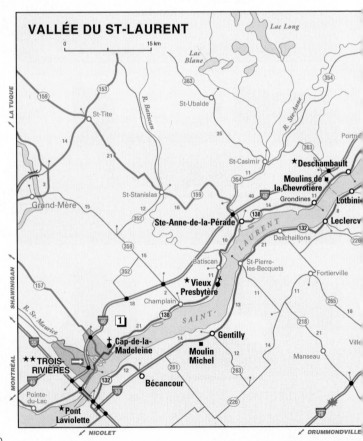

VALLÉE DU ST-LAURENT

Accès – *La ville de Trois-Rivières, à mi-chemin entre Montréal (85 km) et Québec (80 km), sur la rive Nord du Saint-Laurent, est desservie par les routes 138 & 40. Les itinéraires décrits ci-dessous couvrent la portion de la vallée du Saint-Laurent comprise entre Trois-Rivières et Québec, tant sur la rive Nord que sur la rive Sud.*

⒈ RIVE NORD – de Trois-Rivières à Québec

130 km par les routes 138 & 40/440.

★★**Trois-Rivières** – *Voir ce nom.*

Repartir par la route 138.

Cap-de-la-Madeleine – *6 km. Voir ce nom.*

De l'autre côté du fleuve, sur la route de Batiscan, on aperçoit le parc industriel de Bécancour.

★**Vieux presbytère de Batiscan** – *24 km. À droite, avant d'arriver au village. Ouv. juin-oct. tous les jours 10 h-17 h. 3 $. ⅋ 🅿 ☎ 418-362-2051.* Un premier presbytère avait été construit ici par les jésuites en 1696. Pour obtenir la nomination d'un curé résident, les paroissiens remplacèrent en 1816 ce vétuste édifice par le bâtiment actuel, réutilisant pour la construction les matériaux d'origine. À l'intérieur, typique d'une maison rurale du début du 19ᵉ s., on peut voir des meubles d'époque provenant des collections du musée de la Civilisation à Québec.

Continuer jusqu'à Batiscan (2 km).

L'église de Batiscan (1866) se dresse au bord du Saint-Laurent. De là, on aperçoit, sur la rive opposée, les flèches de l'église de Saint-Pierre-les-Becquets. À la sortie du village, la route franchit la rivière Batiscan.

Sainte-Anne-de-la-Pérade – *10 km.* Le village, établi sur les bords de la rivière Sainte-Anne, est réputé pour la pêche d'hiver, dite « pêche blanche ». En janvier et en février, les poulamons ou « petits poissons des chenaux », de la famille de la morue, quittent leurs eaux salées pour venir évoluer en eau douce. C'est à cette époque que se constitue, sur la rivière gelée, un « village » très animé dont les cabanes multicolores abritent des pêcheurs venus d'un peu partout au Québec. La

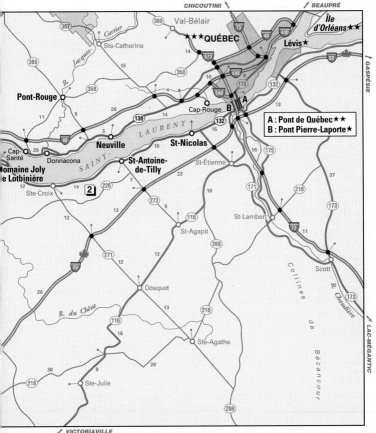

Pont de Québec et pont Pierre-Laporte

saison de pêche terminée, les cabanes sont remisées au bord de l'eau. Noter que l'église néogothique (1855-1859) de Sainte-Anne-de-la-Pérade fut construite sur le modèle de la basilique de Montréal.

Après **Grondines**, la route longe le Saint-Laurent. On voit Lotbinière et le traversier qui, ici, fait la navette entre les deux rives. La première ligne de transport d'électricité sous-marine du Québec passe par le tunnel construit sous le fleuve, entre Grondines et Lotbinière. Les câbles représentent un maillon important dans la liaison de 1 487 km, entre les sous-stations de Radisson (complexe La Grande), sur la baie James, et Sandy Pond, dans le Massachusetts.

Moulins de La Chevrotière – *20 km. Après 15 km, tourner à gauche dans la rue de Chavigny. Ouv. 24 juin-fête du Travail tous les jours 10 h-16 h 30. 2 $.* 🅿 *www.multimania.com/deschambaultpat/* ☎ *418-286-6862.* Ces deux moulins occupent un joli site au bord de la rivière de La Chevrotière. L'édifice le plus petit date de 1767. Le plus gros, coiffé d'un joli toit à lucarnes, fut bâti en 1802. On y découvrira toutes sortes d'expositions thématiques (environnement, histoire, peinture, sculpture, outils anciens, etc.).

★ **Deschambault** – *5 km.* L'**église** (1837, Thomas Baillairgé), qui domine la rivière, rappelle par son architecture la cathédrale anglicane de Québec. Ses deux clochers encadrent une statue de saint Joseph, attribuée à Louis Jobin (1845-1928). L'intérieur *(ouv. 24 juin-fête du Travail, lun.-sam. 10 h-16 h 30, dim. 13 h-16 h 30.* ♿ 🅿 *www.multimania.com/deschambaultpat/* ☎ *418-286-6891)* contient une nef bordée de deux larges galeries latérales. Œuvres d'une rare qualité, les statues placées dans le chœur sont dues à François et Thomas Baillairgé.

Derrière l'église, dans un charmant parc, se trouve le **vieux presbytère** *(ouv. 24 juin-fête du Travail tous les jours 10 h-17 h.* ☎ *418-286-6891).* Érigé en 1815, restauré depuis, il accueille pendant l'été diverses expositions, et on y organise des activités variées. La **salle des habitants** date de 1840. Ancienne salle d'assemblée, elle abrite aujourd'hui un café.

Après Deschambault, la route fort agréable traverse Portneuf, puis **Cap-Santé**, dont l'église présente une jolie façade, semblable à celle de la cathédrale Notre-Dame-de-Québec. Du terrain de stationnement, derrière l'église, part le Vieux-Chemin qui longe le fleuve. Cette rue charmante faisait jadis partie du chemin du Roy ; elle est bordée de résidences du 18ᵉ s., d'inspiration française.

La route 138 franchit ensuite la rivière Jacques-Cartier et pénètre dans **Donnacona**. La **vue** embrasse le fleuve et les paysages du côté de Neuville.

Faire 28 km, puis prendre la route 365 vers le Nord.

Pont-Rouge – *Détour de 18 km aller-retour par la route 365.* Ce joli village est sis au bord de la rivière Jacques-Cartier qui s'écoule en cascades vers le Saint-Laurent. À côté du pont se dressent les quatre étages du *moulin Marcoux* (1870). Restauré en 1974, il abrite désormais une galerie d'art, un restaurant et un théâtre.

Rejoindre la route 138 et continuer sur 3 km.

Neuville – *À 31 km de Deschambault. Tourner à gauche dans la rue des Érables.* Anciennement nommée Pointe-aux-Trembles, la paroisse de Neuville fournit une pierre de taille de haute qualité qui fut utilisée sur les chantiers de Québec dès la fin du 17ᵉ s.

© Yves Tessier/REFLEXION

De nombreux tailleurs de pierre et maîtres maçons, venus travailler dans les carrières des environs s'établirent ici.

Rue des Érables – Le village possède un nombre impressionnant d'édifices en pierre. À première vue, les demeures de la rue des Érables – dont la maison Fiset *(n° 679)* et la maison Pothier *(n° 549)*, toutes deux bâties vers 1800 – semblent avoir été construites de plain-pied. Elles comptent en fait un ou deux étages, car leurs concepteurs ont su tirer parti du terrain qui descend en pente vers le fleuve. Érigé en 1835, le manoir seigneurial *(n° 500)* est un bel exemple d'architecture québécoise.

Église Saint-François-de-Sales – *Ouv. juin-sept. tous les jours 9 h-17 h.* ☎ 418-876-2022. L'église de Neuville a été construite en plusieurs étapes. Le chœur date de 1761, la nef de 1854 et la façade de 1915. Dans le sanctuaire se retrouve le baldaquin commandé par Mgr de Saint-Vallier en 1695 pour orner la chapelle de son palais épiscopal à Québec. L'évêque, à sa retraite, l'offrit à la paroisse de Neuville en 1717 en échange de blé pour les pauvres de la ville. Les quatre colonnes torsadées encadrent un tabernacle sculpté par François Baillairgé vers 1800. L'église contient aussi une vingtaine de tableaux d'**Antoine Plamondon** (1804-1895), natif de Neuville. À l'approche de la banlieue industrielle de Québec, la route quitte les bords du Saint-Laurent et s'enfonce dans l'arrière-pays. On pourra emprunter la route 40 jusqu'à la sortie 302 pour faire un détour à Cap-Rouge, dont le pont de chemin de fer à chevalets (1906-1912) enjambe la rivière du même nom. C'est ici que Jacques Cartier et le sieur de Roberval tentèrent d'implanter la première colonie française en Amérique du Nord, Charlesbourg-Royal, en 1541.

★★★**Québec** – *À 32 km de Neuville. Voir ce nom.*

② RIVE SUD – De Québec à Trois-Rivières

137 km par la route 132.

Franchir le Saint-Laurent par le pont de Québec (route 175).

★★**Pont de Québec** – Ce pont est doté d'une travée de 549 m suspendue entre ses deux piliers principaux. Lors de sa construction, il s'agissait de l'ouvrage de type cantilever le plus long au monde. Le projet s'avéra un véritable cauchemar pour la compagnie de transport ferroviaire qui dirigeait les travaux : en 1907, le pont s'effondra et, en 1916, la travée centrale disparut dans le fleuve au moment de son installation. Ouvert à la circulation ferroviaire en 1917, le pont de Québec est accessible aux automobiles depuis 1929.

Tout à proximité se trouve le **pont Pierre-Laporte★**, qui fut inauguré en 1970. Il s'agit du pont suspendu le plus long du Canada (668 m).

Emprunter la première sortie pour joindre la route 132.

Saint-Nicolas – *10 km. Tourner à droite dans la rue de l'Entente, en face du château d'eau.* Construite en 1963, l'**église Saint-Nicolas** *(ouv. toute l'année lun.-ven. 8 h 30-12 h & 13 h 30-16 h 30 ; fermé juil.* ♿ 🅿 ☎ *418-831-9622)* est dominée par un clocher dont la silhouette évoque une voilure. L'autel central, entouré de bancs, ressemble, visuellement et symboliquement, à la barre d'un navire. La lumière du jour pénètre dans l'église à la jonction du plafond suspendu et des murs, et se reflète sur le marbre et le bois de l'intérieur. À l'extérieur, le balcon offre un excellent **point de vue** sur le fleuve et sur les deux ponts qui conduisent à Québec.

Saint-Antoine-de-Tilly – *15 km. Prendre à droite le chemin de Tilly.* De l'église (1788), une petite route descend vers le Saint-Laurent et offre une vue qui embrasse le fleuve et Neuville, sur la rive opposée. Le vieux manoir de Tilly, érigé au début du 19e s., a été transformé en une charmante auberge de campagne. La route traverse Sainte-Croix et permet de voir, sur l'autre rive, Donnacona et l'église de Cap-Santé.

Domaine Joly de Lotbinière – *25 km. Quitter la route 132 et tourner à droite ; suivre les panneaux indicateurs pendant 3 km. Ouv. mi-juin-fête du Travail tous les jours 10 h-18 h. Mi-mai-mi-juin & fête du Travail-mi-oct. sam.-dim. 10 h-17 h. 8 $.* ✗ ⴵ ☎ *418-926-2462.* Ce charmant manoir, peint en blanc et doté d'un toit de bardeaux, est entouré de larges vérandas décorées par des frises de feuilles d'érable. Construit en 1840 par Julie-Christine Chartier de Lotbinière et son mari, Pierre Gustave Joly, il servit de résidence d'été. Il fut habité par leur fils, **Henry-Gustave Joly de Lotbinière** (1829-1908), Premier ministre du Québec (1878-1879), ministre du Revenu dans le cabinet de Sir Wilfrid Laurier (1896-1900) et lieutenant-gouverneur de la Colombie-Britannique (1900-1906).

Le manoir sert aujourd'hui de **centre d'interprétation** consacré à l'histoire de la seigneurie de Lotbinière et à son cadre naturel. Les jardins *(visite libre)* et les terres, d'où la vue s'étend jusqu'au fleuve, se prêtent au pique-nique et à d'agréables promenades.

Reprendre la route 132.

Lotbinière – *À 9 km du manoir.* De ce village au cœur d'une campagne paisible, on aperçoit Deschambault, de l'autre côté de la rivière.

Église Saint-Louis – *Ouv. mi-juin-mi-sept. mar.-dim. 10 h-16 h. Reste de l'année sam.-dim. 10 h-16 h.* ⴵ ⊡ ☎ *418-796-2044.* La façade de cette ravissante église (1818) aux murs blancs domine une place bordée au Nord par l'ancien couvent. À l'intérieur (1845, Thomas Baillairgé), le retable – en forme d'arc de triomphe – est surmonté de deux statues néoclassiques, la Foi et l'Espérance, elles aussi dues à Baillairgé.

Maison Chavigny de la Chevrotière – *7640, rue Marie-Victorin.* Cette demeure traditionnelle fut érigée en 1817 pour le notaire Ambroise Chavigny de la Chevrotière. Elle évoque, par sa haute toiture, le style du Régime français.

Leclercville – *8 km.* Le village, établi par les Acadiens, surplombe le confluent du Saint-Laurent et de la rivière du Chêne. L'église Sainte-Émmélie, toute en brique, fut érigée en 1863.

La route traverse Deschaillons et Saint-Pierre-les-Becquets. De belles vues sur le fleuve s'offrent au regard. Sur la droite *(à 7 km de Leclercville)*, une plaque commémore l'énorme rocher (272 kg) qui aurait été placé là par Modeste Malhot (1763-1834). Ce « géant canadien » légendaire mesurait 2,24 m ; il naquit à Saint-Pierre-les-Becquets et mourut à Deschaillons.

La vallée s'élargit pour faire progressivement place à la plaine. On pénètre bientôt dans une région à la fois agricole et industrielle, marquée par la présence de la centrale nucléaire Gentilly-2, seule du genre au Québec.

Bâti en 1774, le **moulin Michel** *(675, boul. Bécancour, à 35 km de Leclercville, sur la gauche ; ouv. 24 juin-août mar.-dim. 10 h-17 h ; mi-mai-23 juin & sept.-mi-oct. sam.-dim. midi-17 h.* ✗ ⴵ ⊡ ☎ *819-298-2882)* donnera l'occasion de se replonger à l'époque de la Nouvelle-France tout en découvrant le savoir-faire ancestral du meunier. Depuis 1992, le moulin a repris du service, pour le plus grand plaisir du visiteur qui, à la période estivale, pourra déguster du pain de blé cuit sur place. Un petit chemin longe la colline avoisinante et mène à un belvédère d'où la **vue** embrasse le parc industriel de Bécancour et les usines de La Prade et Gentilly.

Bécancour – *14 km.* Cette municipalité résulte de la fusion, en 1965, de 11 villages et paroisses des environs. Aujourd'hui célèbre pour son parc industriel où se sont établies toutes sortes d'entreprises (usines d'aluminium et autres), elle correspondait autrefois à l'ancienne seigneurie de Pierre Le Gardeur de Repentigny.

Rester sur la route 132, puis prendre la route 30.

De la route, on aperçoit la basilique Notre-Dame de Cap-de-la-Madeleine ainsi que le port et les papeteries de Trois-Rivières.

Retourner à Trois-Rivières par la route 55 qui franchit le pont Laviolette (17 km).

★**Pont Laviolette** – Seul à relier les deux rives du Saint-Laurent entre Montréal et Québec, cet ouvrage aux courbes élégantes (longueur : 3 km) fut achevé en 1967.

SAINTE-AGATHE-DES-MONTS★

Laurentides
5 669 habitants
Schéma : LAURENTIDES

Sise sur les rives du lac des Sables, la capitale des Laurentides est entourée de montagnes s'élevant jusqu'à 580 m d'altitude. Sa fondation remonte à 1849, date à laquelle les premiers colons y installèrent des scieries. La construction du chemin de fer Montréal et Occidental (1892) favorisa la transformation de la région en une zone de villégiature fort appréciée du public. Aujourd'hui, Sainte-Agathe-des-Monts est le plus ancien centre touristique régional. La ville se distingue par ses petites auberges et ses restaurants, et surtout par son fameux théâtre d'été : le Patriote.

Accès – *Sainte-Agathe se trouve à 86 km au Nord de Montréal par les routes 15 & 117 (intersection avec la route 329).*

CURIOSITÉS

★★**Lac des Sables** – Le parc Lagny *(au pied de la rue Principale)* offre d'excellentes **vues**★ du lac des Sables, dont les eaux émanent de sources naturelles. Cette étendue lacustre, qui atteint par endroits 25 m de profondeur, a la forme d'un H ondulé. Elle est bordée de plus de 13 km de plages publiques et privées.

Une **croisière panoramique** *(départ du quai de la rue Principale mi-mai-fin oct. tous les jours à 10 h 30, 11 h 30, 13 h 30, 14 h 30 & 15 h 30 ; départs supplémentaires 24 juin-fin août à 17 h & 19 h, 24 août-fête du Travail à 17 h ; aller-retour 50 mn ; commentaire à bord ; 12 $; ☇ ▣ Les croisières Alouette ☎ 819-326-3656)* permet d'apprécier ce très beau lac et les demeures qui l'entourent. Parmi les célébrités qui ont séjourné en ces lieux, mentionnons Jacqueline Kennedy, la reine Elisabeth II et le baron von Ribbentrop. On remarquera tout particulièrement une élégante demeure transformée par les pères oblats en hôpital et maison de repos pour leurs missionnaires. Ancienne résidence du milliardaire Lorne McGibbon, elle fut mise en vente par la municipalité après le krach boursier de 1929.

★**Tour du lac** – *Environ 11 km. Depuis la rue Principale avant le quai, prendre à droite la rue Saint-Louis, puis à gauche le chemin Tour-du-Lac.* La route croise un affluent de la rivière du Nord avant d'atteindre un petit poste de guet *(7 km)* d'où la vue sur le lac est splendide. On revient au village après être passé devant de belles propriétés sises au bord de l'eau, un parc et une grande plage de sable.

SAINTE-ANNE-DE-BEAUPRÉ★

Région de Québec
3 023 habitants
Schéma : Côte de BEAUPRÉ

Située sur la rive Nord du Saint-Laurent, face à l'île d'Orléans, Sainte-Anne-de-Beaupré rend hommage à la sainte patronne du Québec. Son sanctuaire, placé sous l'autorité des pères rédemptoristes, est un grand lieu de pèlerinage, fréquenté chaque année par plus d'un million et demi de visiteurs.

Un peu d'histoire

Au 17e s., des marins français – surpris par une tempête – auraient abordé sains et saufs sur le rivage de Beaupré après avoir imploré sainte Anne, mère de Marie, de les épargner. Pour remercier leur protectrice, ils élevèrent en son honneur une petite chapelle en bois dont les fondations furent posées en 1658. Pendant la construction de l'édifice, un certain Louis Guimont, qui pouvait à peine marcher, fut guéri du rhumatisme dont il était affligé. D'autres miracles suivirent, et Sainte-Anne-de-Beaupré devint bientôt un important lieu de pèlerinage. La première chapelle fut remplacée, en 1661, par une église à colombages pierrotés, puis en 1676, par une église en pierre. L'abondance de pèlerins et de paroissiens nécessita, au 19e s., la construction d'un édifice plus vaste qui fut ouvert au culte en 1876. Ce dernier, détruit par un incendie en 1922, fut remplacé par la basilique actuelle, dont l'inauguration se fit en 1934.

Accès – *Sainte-Anne-de-Beaupré se trouve à 35 km à l'Est de Québec par les routes 40 & 138.*

★★SANCTUAIRE

Basilique – *Ouv. mi-juin-mi-sept. tous les jours 6 h 30-21 h 30. Reste de l'année tous les jours 7 h-16 h 30. ☇ ▣ ☎ 418-827-3781.* Ce gigantesque édifice, d'inspiration médiévale, fut conçu par les architectes Maxime Roisin et Louis-Napoléon Audet. Reposant sur une charpente d'acier revêtue de granit, il présente un plan en forme de croix latine, mesurant 98 m de long sur 60 m de large et 90 m de haut. Entre ses deux clochers veille une statue dorée de sainte Anne qui échappa à l'incendie de 1922.

© Université Laval, Montréal

Basilique de Sainte-Anne-de-Beaupré

Intérieur – La basilique comporte en tout cinq nefs séparées par d'immenses colonnes couronnées de chapiteaux. Ces derniers furent sculptés par Émile Brunet et Maurice Lord. Dans la nef centrale, la voûte en berceau est recouverte de **mosaïques** étincelantes relatant la vie de sainte Anne. Œuvre d'Auguste Labouret et de Jean Gaudin, elles combinent des coloris de brun et de crème rehaussés de rouge et d'or. La mosaïque de la Sainte Famille, au-dessus du maître-autel, est particulièrement remarquable. Une douce lumière filtre à travers 240 **vitraux** réalisés par l'artiste français Auguste Labouret et le maître-verrier Pierre Chaudière. Dominant la tribune de l'orgue, les verrières du transept et la rosace sont de toute beauté. Un déambulatoire entoure le sanctuaire et les dix chapelles rayonnantes. Dans l'aile gauche du transept, une statue de sainte Anne tenant Marie dans ses bras repose sur un piédestal de marbre. La chapelle située derrière la statue présente une relique des ossements de sainte Anne. Dans l'aile droite du transept, une très belle sculpture en bois de la Sainte Famille (v. 1920) porte la signature de Louis Jobin.

Chapelle commémorative – *Ouv. avr.-nov. tous les jours 8 h-19 h.* Construite en 1878 à l'emplacement de l'église de 1676, cette chapelle a conservé plusieurs éléments de l'ancien édifice, notamment son clocher à deux coupoles. Le tabernacle du maître-autel, façonné vers 1700, est attribué à Jacques Leblond, dit Latour. Quant au tombeau de l'autel, il fut sculpté par Thomas Baillairgé en 1827.

Chapelle du Saint-Escalier (Scala Santa) – Érigé en 1891 à côté de la chapelle commémorative, cet oratoire contient une réplique de l'escalier que le Christ dut emprunter pour se rendre au palais de Ponce Pilate, avant sa condamnation à mort. L'escalier original se trouve à Rome, où il fut apporté vers l'an 325 par sainte Hélène, mère de l'empereur Constantin. Les pèlerins en gravissent les marches à genoux.

Chemin de Croix – Dans la colline derrière la chapelle du Saint-Escalier se trouve un chemin de Croix dont les stations furent coulées dans le bronze par des artisans français, entre 1913 et 1946.

AUTRES CURIOSITÉS

Musée de Sainte-Anne – *9803, boul. Sainte-Anne, près de la basilique. Ouv. avr.-oct. tous les jours 10 h-17 h. Reste de l'année sam.-dim. & jours fériés 10 h-17 h. 5 $.* ♿ ▣ ☎ *418-827-6873.* Inauguré en 1997, ce musée d'art religieux a pour but de faire connaître, à travers ses collections, sainte Anne, son culte, l'histoire de la basilique et de son pèlerinage.

★**Cyclorama de Jérusalem** – *8, rue Régina, près de la basilique. Ouv. juil.-août tous les jours 9 h-20 h. Mai-juin & sept.-oct. tous les jours 9 h-18 h. 6 $.* ▣ *www.cyclorama.com* ☎ *418-827-3101.* L'immense rotonde du Cyclorama abrite une peinture géante (1 540 m²) d'un réalisme surprenant, mettant en scène Jérusalem le jour du crucifiement du Christ. Réalisée à Munich (1878-1882) par le peintre français Paul Philippoteaux et cinq assistants, puis installée à Sainte-Anne-de-Beaupré en 1895, cette œuvre magistrale (hauteur : 14 m ; circonférence : 110 m) se divise en trois sections principales : la campagne à l'Ouest de Jérusalem, le Golgotha, et la ville même de Jérusalem. L'illusion de vie et de relief est tout à fait remarquable.

EXCURSION

★★**Côte de Beaupré** – *Voir ce nom.*

SCHEFFERVILLE

Baie-James
578 habitants

La ville de Schefferville se trouve tout près de la frontière du Labrador (province de Terre-Neuve), à la limite Nord de la forêt boréale et au Sud de la toundra, sur la ligne de partage des eaux des bassins hydrographiques de l'Atlantique et du détroit d'Hudson/baie d'Hudson. Située au cœur de la fameuse **dépression du Labrador**, riche en minerai de fer, Schefferville fut bâtie en 1954 par la Compagnie Iron Ore of Canada qui y poursuivit, jusqu'en 1982, ses activités d'extraction et de concentration. Au bord du lac Knob, une gigantesque statue intitulée l'*Homme de Fer* rappelle cette époque de prospérité. Devenue, à bien des égards, une ville fantôme, la petite localité comptait pourtant, au plus fort de l'exploitation minérale, près de 5 000 personnes. Aujourd'hui, les mines ont fermé leurs portes, mais Schefferville demeure un centre de services pour la population amérindienne locale, et constitue aussi le point de départ d'expéditions de découverte de la nature dans le Grand-Nord.

Conçue à l'origine pour une abondante population, la ville est équipée d'une infrastructure moderne. Un vaste réseau routier relie les principaux sites miniers, dont quelques équipements ont été laissés sur place (pour accéder au territoire de la Compagnie, se procurer une autorisation auprès du bureau municipal), et mène à une étonnante variété de lacs et de chaînes montagneuses. Depuis une quarantaine d'années, l'université McGill de Montréal gère une **station de recherche subarctique** près de l'aéroport. Étudiants et chercheurs viennent y travailler, surtout pendant la saison estivale.

Accès – *Avion : Air Canada/Air Alliance (☎ 514-393-3333) via Sept-Îles, puis liaison par Aviation Québec Labrador (☎ 418-962-7901) jusqu'à Wabush/Labrador City et Schefferville ou Inter Canadien (☎ 418-962-8321) via Sept-Îles, puis liaison par Air Schefferville jusqu'à Schefferville.*

Train : Chemin de fer QNSL (☎ 418-968-7805) une fois par semaine (jeu. matin) au départ de Sept-Îles. Durée du voyage : 12 h. Le train traverse le Bouclier canadien jusqu'aux abords de la toundra.

Activités – Entourée de grands espaces naturels, cette région peu connue du Nord-Est québécois se prête au tourisme d'aventure : chasse au caribou, pêche, descentes en canot et excursions en pleine nature. Les pourvoyeurs offrent un vaste choix de terrains de chasse et lieux de pêche au Nord et à l'Est de Schefferville. Un réseau routier permet l'accès à trois réserves amérindiennes : Kawawachikamach (Naskapis), Matimekosh et Lac-John (Montagnais).

EXCURSIONS

Kawawachikamach – *À 15 km au Nord-Est de Schefferville. Accès par une route non revêtue.* Au milieu d'une myriade de petits lacs, dans le paysage vallonné du Bouclier canadien, se trouve la réserve de Kawawachikamach, construite entre 1981 et 1984 pour héberger un groupe de Naskapis.

Les Naskapis – Apparentés aux Cris et aux Montagnais, les Naskapis font, comme eux, partie de la famille linguistique algonquienne. Peuple nomade, originaire de l'intérieur de la région de l'Ungava, ils vivaient surtout de la chasse au caribou, dont ils suivaient la route de migration. Assez tôt, un certain nombre de Naskapis s'installèrent au poste de traite de Fort-Chimo (aujourd'hui Kuujjuaq), en raison de la disparition de leurs activités traditionnelles de chasse. En 1956, la communauté quittait Fort-Chimo pour se rendre à Schefferville dans l'espoir d'améliorer ses précaires conditions de vie.

Selon la **Convention du Nord-Est québécois**, signée en 1978, les Naskapis ont abandonné leurs titres sur les terres ancestrales et en retour, ont obtenu une compensation financière, des droits inaliénables sur certains territoires et de nouveaux droits de pêche, de chasse et de trappe. Ayant choisi de construire leur village sur les bords du lac Matemace, ils ont pu quitter la réserve de Matimekosh, qu'ils partageaient jadis avec les Montagnais. Ils ont également participé à la conception de leur village (d'ailleurs moderne), afin qu'il réponde à leurs besoins et aux exigences du climat subarctique, l'un des plus rudes du Canada.

Matimekosh – *Juste au Nord du centre de Schefferville. Accès à pied ou en voiture par la route municipale.* Vers 1955, des Montagnais de Sept-Îles émigrèrent à Schefferville pour travailler dans les mines. Ils s'installèrent au village de Lac-John, créé en 1960 sur les rives du lac du même nom. Le village devint une réserve amérindienne. En 1972, la plupart des familles de Lac-John partirent s'installer dans une nouvelle réserve au bord du lac Pearce : Matimekosh.

Un plan d'expansion prévoit d'agrandir Matimekosh en y incorporant une partie de la ville même de Schefferville. Les Montagnais parlent une langue algonquienne, et ont le français pour seconde langue. Ils opèrent ici un centre d'artisanat très actif.

SEPT-ÎLES★

Duplessis

25 224 habitants

Schéma : CÔTE-NORD

Centre administratif de la Côte-Nord, cette ville dynamique occupe un **site★★** remarquable au centre d'une vaste baie circulaire sur la rive Nord du Saint-Laurent. Protégée par les îles à l'embouchure, la baie reste navigable en toutes saisons, ce qui permet à Sept-Îles de poursuivre à longueur d'année son activité industrielle.

Un peu d'histoire

En 1535, Jacques Cartier avait découvert plusieurs îles rondes à l'entrée de la grande baie. Avant lui, au 15e s., Basques, Français et Espagnols étaient venus y chasser le phoque et la baleine, dont l'huile était alors fort demandée en Europe. Et bien avant eux, les Montagnais y chassaient déjà le caribou. En 1651, le père Jean Dequen fonda la mission de l'Ange-Gardien, et quelques années plus tard, le roi de France accepta l'implantation d'une série de postes de traite qui furent loués à des marchands français. Après la conquête de la Nouvelle-France par les Anglais, ces postes furent confiés à des commerçants anglais. La Compagnie de la Baie d'Hudson exerça son monopole sur la pêche, la chasse et la traite des fourrures jusqu'en 1859, puis la région fut ouverte à la colonisation. Au début du 20e s., l'industrie du papier domina les activités économiques. On construisit à Clarke-City, qui fait aujourd'hui partie de l'agglomération de Sept-Îles, un barrage hydro-électrique et une usine de pâte à papier qui ferma ses portes en 1967. Au cours de la deuxième moitié du 20e s., la ville allait connaître un important essor industriel lié au transport du charbon et du minerai de fer. Son port naturel en eau profonde permet le transbordement du charbon. Quelques quais privés au Nord-Est de la baie appartiennent à la Société Iron Ore du Canada (IOC), et d'autres, équipés de matériel de traitement de minerai, à Pointe-Noire, à la Compagnie minière Wabush.

Accès – *Sept-Îles se trouve à 640 km au Nord-Est de Québec par la route 138. Un traversier relie la ville à Rimouski, sur la rive Sud du Saint-Laurent, et à Port-Menier, sur l'île d'Anticosti ; service assuré par Relais Nordik Inc. avr.-déc. ; réservations ☎ 418-723-8787. Sept-Îles possède aussi le plus grand aéroport de la Côte-Nord.*

CURIOSITÉS

Parc du Vieux-Quai – Une promenade longe la magnifique baie de Sept-Îles. Les amateurs de fruits de mer pourront acheter et déguster crevettes et crabes, tout en marchant le long du quai. Dans les abris qui jalonnent la promenade, des artistes et artisans locaux exposent leurs œuvres.

Musée régional de la Côte-Nord – *500, boul. Laure. Ouv. mi-juin-début sept. tous les jours 9 h-17 h. Reste de l'année tous les jours 9 h-12 h & 13 h-17 h, sam.-dim. & jours fériés 13 h-17 h. Fermé 25 déc.-1er janv. 3,25 $. ♿ P www.bbsi.net/mrcn/☎ 418-968-2070.* Voué à la mise en valeur du patrimoine nord-côtier, ce musée d'art et d'histoire fut créé par un artiste de la région, André Michel, qui voulait « faire sentir l'éternelle jeunesse de ce très vieux pays, ses racines et les origines diverses des grands hommes et femmes qui l'ont peuplé ». Une exposition permanente intitulée « Un rivage sans fin » trace le portrait socio-économique de la Côte-Nord et évoque les grandes étapes de son peuplement. Le musée expose par ailleurs les œuvres d'artistes locaux, canadiens et étrangers.

Le Vieux-Poste – *Boul. des Montagnais. Ouv. début juin-mi-août tous les jours 9 h-17 h. 3,25 $. ♿ P www.bbsi.net/mrcn/☎ 418-968-2070.* Reconstitué selon les plans de 1786, cet ensemble de bâtiments entourés d'une palissade occupe un site chargé d'histoire. Témoin d'échanges entre Amérindiens et colons français il y a plus de 300 ans, le site fut tour à tour visité par Jacques Cartier, Louis Jolliet et les marchands de la Compagnie de la Baie d'Hudson. La visite permet de revivre l'époque des pionniers en goûtant l'atmosphère d'un poste de traite d'antan et en découvrant la richesse de la culture montagnaise.

★PARC RÉGIONAL DE L'ARCHIPEL DES SEPT-ÎLES

Tour des îles – Des **excursions** en bateau croisière, en bateau-mouche ou en bateau pneumatique *(départ de la marina mi-juin-mi-sept. tous les jours ; plusieurs départs par jour selon la croisière choisie ; aller-retour 2 h 30 mn ; commentaire à bord ; réservations conseillées ; 25 $-30 $; billets disponibles à la billeterie face à la marina ; P www.vitrine.net/ctsi ☎ 418-968-1818 ; Corporation touristique de Sept-Îles ☎ 418-962-1238)* offrent une excellente introduction à la région, à son histoire et à la beauté naturelle de l'archipel des Sept-Îles auquel la ville doit son nom. Le phare, qui signale l'entrée de la baie, se dresse sur l'**île du Corossol**. Celle-ci abrite l'un des plus importants refuges d'oiseaux migrateurs au Canada. On y verra notamment des goélands, des sternes et des macareux.

Corporation touristique de Sept-Îles

Phare de l'île du Corossol

La Grande Basque – *Traversier : départ du parc du Vieux-Quai mi-juin-août. tous les jours 9 h-18 h. Aller simple 10 mn-20 mn. Réservations conseillées. 15 $, camping 7 $/jour par tente. Billets disponibles à la billetterie du parc du Vieux-Quai face à la marina.* ⟨⟩ *Corporation touristique de Sept-Îles www.vitrine.net/ctsi* ☎ *418-968-9558.* Cette île, la plus proche de la ville, est la seule qui ait été aménagée pour la randonnée pédestre, le pique-nique et le camping. De nombreux sentiers serpentent au milieu d'une nature aussi grandiose que variée : immenses remparts de pierre, falaises impressionnantes et tourbière. De belles plages de sable blond s'étendent sur la côte Ouest.

SHERBROOKE★

Cantons-de-l'Est

76 786 habitants

Schéma : Cantons de l'EST

Les Abénaquis appelaient « grande fourche » le confluent des rivières Saint-François et Magog. C'est là, sur des versants abrupts, que s'installèrent vers 1800 les premiers colons, originaires du Vermont. Peu après, Gilbert Hyatt construisit un moulin à farine, et l'endroit devint Hyatt's Mills. En 1818, la population opta pour le nom de Sherbrooke en l'honneur de **Sir John Coape Sherbrooke** (1764-1830), alors gouverneur en chef de l'Amérique du Nord britannique.

Au cours du 19e s., Sherbrooke connut un remarquable essor industriel et devint le chef-lieu des Cantons-de-l'Est. Des scieries apparurent en bordure de la rivière Magog, bientôt suivies de filatures de coton et de laine. L'avènement du chemin de fer ne fit qu'accélérer le développement économique de la ville dont la population, autrefois anglophone, compte aujourd'hui plus de 94 % de francophones. Capitale industrielle et commerciale de la région, Sherbrooke bénéficie par ailleurs d'une vie culturelle variée, renforcée par une active présence universitaire (son campus fut construit en 1954). Au-delà de la rivière Magog, la station du Mont-Bellevue offre aux amateurs de sports d'hiver la possibilité de skier sans pratiquement quitter la ville.

Accès – *Sherbrooke se trouve à 150 km à l'Est de Montréal par les routes 10 & 112.*

CENTRE-VILLE

Monument aux morts – *Rue King Ouest, entre les rues Gordon & Brooks.* Œuvre du sculpteur George W. Hills, cet imposant monument se dresse au milieu de la rue King. Il fut érigé en 1926, à la mémoire des citoyens de Sherbrooke morts durant la Première Guerre mondiale. Ce point central offre une belle **vue** sur la ville et la rivière Saint-François.

Continuer vers l'Est. Prendre à gauche la rue Wellington, et passer deux rues.

Hôtel de ville – *145, rue Wellington. Accès interdit au public.* Construit entre 1904 et 1906 pour loger le palais de justice, l'imposant édifice, occupé par l'hôtel de ville depuis 1988, est de style Second Empire. Il domine le parc Strathcona. L'architecte Elzéar Charest a réutilisé ici les plans qu'il avait proposés lors du concours devant aboutir à la construction de l'hôtel de ville de Québec, en 1890.

Musée des Beaux-Arts de Sherbrooke – *241, rue Dufferin. Ouv. 24 juin-début sept. mar.-dim. 11 h-17 h. Reste de l'année mar.-dim. 13 h-17 h. Fermé 24-26 déc. & 31 déc.-2 janv. 4 $.* ♿ 🅿 *http://mba.ville.sherbrooke.qc.ca* ☎ *819-821-2115.* Un bâtiment historique du centre-ville accueille une intéressante collection d'art québécois (particulièrement des Cantons-de-l'Est). On y remarquera notamment des œuvres de Robert Whale (1805-1887), de Marc-Aurèle de Foy Suzor-Côté (1869-1937) et de Wayne Seese (1918-1980). Une collection d'art naïf comprend par ailleurs les tableaux d'Arthur Villeneuve, et d'artistes internationaux tels Dragan Mihailovic et Jean-Marie Godefroy. Le musée propose aussi des expositions temporaires d'œuvres d'artistes locaux et de nombreuses activités didactiques.

★**Cathédrale Saint-Michel** – *Rue de la Cathédrale, à l'angle de la rue Marquette. Ouv. toute l'année lun.-ven. 7 h 30-12 h & 13 h 30-16 h, sam. 9 h-12 h & 14 h-16 h, dim. 9 h- 12 h & 14 h-18 h.* ♿ 🅿 ☎ *819-563-9371.* La masse imposante de cette cathédrale de style néogothique se dresse sur une colline (le plateau Marquette) au centre de Sherbrooke. Consacré en 1958, l'édifice fut construit par Louis-Napoléon Audet, architecte de la basilique de Sainte-Anne-de-Beaupré. Le grand vitrail de la façade contient un Christ crucifié (hauteur : 3 m) dû à l'artiste montréalais Cassini.

À l'intérieur, spacieux et clair, les voûtes se dressent à plus de 20 m. Les immenses vitraux, œuvre de Raphaël Lardeur et Gérard Brassard, illustrent des scènes de la Bible. À gauche de l'autel, on admire une impressionnante statue de la Vierge sculptée dans le chêne par Sylvia Daoust, artiste du 20e s.

Chapelle des Fondateurs – *À gauche, derrière le maître-autel.* La chapelle, ajoutée en 1980, est dominée par un panneau mural en émail sur cuivre, œuvre de Patricio Rivera, représentant les cinq membres fondateurs de l'Église catholique au Canada : Marie de l'Incarnation, Marguerite d'Youville, Mgr de Laval, Kateri Tekakwitha et Marguerite Bourgeoys.

Musée du Séminaire de Sherbrooke – *222, rue Frontenac. Ouv. 24 juin-début sept. tous les jours 10 h-17 h. Reste de l'année mar.-dim. 12 h 30-16 h 30. 4 $.* 🅿 *(1 $) www.mss.ville.sherbrooke.qc.ca* ☎ *819-564-3200.* Riche de près de 100 000 objets et spécimens de sciences naturelles, ce musée se divise en deux sections. Situé dans l'élégante tour de brique rouge du séminaire de Sherbrooke (1898), le **Musée de la Tour** abrite une fascinante collection historique, sans parler de milliers d'animaux naturalisés, de coquillages, de minéraux et de végétaux. On remarquera au passage les gravures sur bois de Rodolphe Duguay et les aquarelles de William Henry Bartlett (1809-1854).

Derrière le séminaire se trouve le **Centre d'exposition Léon-Marcotte** dont les expositions, axées sur les sciences, encouragent l'interactivité.

★LE VIEUX-NORD

Le secteur au Nord de la rivière Magog comprend quelques-unes des plus anciennes industries de Sherbrooke. Ses rues sont bordées de demeures entourées de splendides jardins. On y verra d'élégantes maisons coloniales, mais aussi des maisons victoriennes illustrant les styles alors en vogue (styles italianisant, « château », Queen Anne, néogothique).

Domaine Howard – *1300, boul. Portland. Bâtiments fermés au public.* De superbes jardins à la française servent de cadre à la propriété du sénateur Charles Benjamin Howard (1885-1964), homme d'affaires et ancien maire de Sherbrooke. Howard fit construire un premier édifice en 1917, puis un second, quelques années plus tard, à l'intention de sa mère.

Les bâtiments abritaient autrefois les bureaux de la Société d'Histoire de Sherbrooke *(logée depuis 1992 au Centre d'interprétation de l'histoire de Sherbrooke, au 275, rue Dufferin).* Ils servent aujourd'hui de locaux administratifs à la Société de développement économique de la région sherbrookoise.

EXCURSIONS

Rocher Mena'Sen – *À 1,5 km au Nord de la ville. De la rue King Est, prendre à gauche la rue Bowen, puis encore à gauche le boul. Saint-François Nord.* Une croix lumineuse se dresse sur une petite île de la rivière Saint-François, à l'emplacement d'un grand pin solitaire *(mena'sen* en abénaki) détruit par une tempête en 1913. Deux légendes se rattachent à cet arbre. Selon la première, le pin commémorerait une victoire des Abénaquis sur les Iroquois. Selon la deuxième, il aurait été planté par l'amant d'une Amérindienne qui périt ici même, alors que les deux jeunes gens, en fuite, s'efforçaient de gagner Odanak.

Sanctuaire de Beauvoir – *À 8 km au Nord de la ville par le boul. Saint-François Nord et le chemin Beauvoir. Ouv. mai-oct. tous les jours 9 h-17 h. Reste de l'année tous les jours 9 h-20 h.* ✗ *(été)* ♿ 🅿 *www.sanctuairedebeauvoir.qc.ca* ☎ *819-569-*

2535. En 1915, l'abbé Joseph-Arthur Laporte installa une statue du Christ dans les collines qui dominent, à 360 m, la rivière Saint-François. Une simple chapelle de pierre fut érigée en 1920. Aujourd'hui, de nombreux pèlerins viennent y rechercher paix et tranquillité. L'endroit offre une **vue**★ magnifique sur Sherbrooke et les environs.

Dans les bois derrière la chapelle et l'église plus récente (1945) se dresse la *Marche évangélique*, ensemble de huit **sculptures**★ de pierre représentant des épisodes de la vie du Christ. Elles sont l'œuvre du sculpteur Joseph Guardo. Pendant l'été, la messe est célébrée dans une chapelle extérieure, qui peut accueillir 1 600 pèlerins.

★★ **Cantons-de-l'Est** – *Voir ce nom.*

Coaticook – *Voir ce nom.*

TADOUSSAC★★

Manicouagan
913 habitants
Schéma : Fjord du SAGUENAY

Tadoussac occupe un merveilleux **site**★★ de dunes et de falaises sur la rive Nord du Saint-Laurent, à l'embouchure du Saguenay. Son nom vient du montagnais *tatoushak* (monticules), qui évoque les deux collines du secteur Ouest du village. Une promenade, aménagée au bord du fleuve, relie la vieille chapelle au poste de traite Chauvin, dominé par l'**hôtel Tadoussac**, coiffé d'un long toit rouge. Des sentiers font le tour de la pointe de l'Islet qui renferme la baie de Tadoussac, et permettent d'admirer le paysage. Ils franchissent les collines et aboutissent à l'Anse-à-l'eau où vient accoster le traversier en provenance de Baie-Sainte-Catherine. Aujourd'hui, les visiteurs viennent de plus en plus nombreux admirer les baleines qui fréquentent pendant quelques mois les eaux de l'embouchure du Saguenay, riches en plancton.

Un peu d'histoire

Bien avant que Jacques Cartier n'y jette l'ancre en 1535, l'endroit était déjà un lieu d'échanges. En 1600, Pierre Chauvin y érigea le premier poste de traite de fourrures du Canada. Peu après, les jésuites y établirent une mission. En 1603, dès son premier voyage, Champlain s'arrêta à Tadoussac, qui devint un port de relâche fréquenté par tous les vaisseaux venus d'Outre-Atlantique. Pris en 1628 par les frères Kirke, aventuriers britanniques, Tadoussac retourna bientôt aux mains des Français, et fut un comptoir de fourrures jusqu'en 1839. Au 19e s., une population permanente s'y établit, et un moulin à scie y fut construit. L'avènement du bateau à vapeur, en 1853, allait favoriser le développement du tourisme dans la région.

Mammifères marins

Chaque année en juin, des baleines remontent le Saint-Laurent jusqu'à l'embouchure du Saguenay. Cet endroit, où se mêlent les eaux salées du fleuve et les eaux douces du Saguenay, favorise la prolifération d'une flore et d'une faune extrêmement variées. Les petits poissons se nourrissent de plancton, fort abondant dans ces eaux, et servent à leur tour de nourriture aux baleines qui en consomment plusieurs tonnes par jour.

Parmi les espèces les plus couramment observées, noter le **petit rorqual**, le **rorqual commun** et le **béluga** (ou baleine blanche). On peut aussi voir, de temps à autre, le **rorqual à bosse** et plus rarement, le gigantesque **rorqual bleu** dont les dimensions en font le plus grand mammifère du monde.

Accès – *Tadoussac se trouve à environ 216 km au Nord-Est de la ville de Québec par les routes 40 & 138.*

CURIOSITÉS

★★ **Croisières d'observation des baleines** – *Départ du quai municipal mai-oct. tous les jours à 10 h, 13 h, 14 h 30 & 16 h 15. Aller-retour 3 h. Commentaire à bord. Choix d'une excursion en zodiac ou à bord d'un bateau-passagers. Réserva-*

Observation des baleines

© Yves Tessier/PUBLIPHOTO

tions requises. *À partir de 32 $.* ✗ ♿ 🅿 *Croisières AML.* ☎ *418-237-4274.* Les bateaux conduisent les observateurs au milieu du fleuve qui, à cet endroit, atteint 10 km de large. C'est ici, loin des côtes, que les baleines viennent plonger en quête de nourriture et faire surface pour respirer. On peut les repérer au puissant jet d'eau qui émane de leur évent.

Un phare de 15 m de haut, visible à près de 50 km, marque l'entrée du Saguenay. Les marées s'engouffrent dans le fjord et en ressortent à une vitesse étonnante.

★★ **Croisières panoramiques** – *Départ du quai de la Grève (près de la marina) fin mai-fin oct. tous les jours à 9 h, 13 h, & 16 h 15. Aller-retour 3 h. Commentaire à bord. Réservations conseillées. 30 $.* ♿ 🅿 *(3 $) Croisières à la Baleine* ☎ *418-235-4879.* Pour mieux découvrir le fjord du Saguenay, ancienne vallée glaciaire profonde et large, flanquée de hautes parois rocheuses, une croisière s'impose. Diverses promenades en bateau vers l'anse de Roche et la baie Trinité-cap Éternité sont proposées.

Hôtel Tadoussac

165 rue du Bord-de-l'Eau. Restaurant, accès handicapés, parking. ☎ *418 235 4421.* Coiffé de son toit rouge rendu célèbre par le film *Hotel New-Hampshire*, l'hôtel Tadoussac transporte ses visiteurs dans le passé. Ses grandes pelouses s'étirent presque jusqu'au bord de l'eau et servent de centre d'activités de plein air. On y trouve notamment un bowling ainsi que des chaises longues idéales pour se détendre et profiter d'une belle journée d'été. La plupart des chambres, décorées avec simplicité, donnent sur le Saint-Laurent.

Centre d'interprétation des mammifères marins – *108, rue de la Cale-Sèche, près du quai. Ouv. mi-mai-23 juin tous les jours 12 h-17 h. 24 juin-mi-sept. tous les jours 9 h-20 h. Mi-sept.-mi-oct. tous les jours midi-17 h. 5,50 $.* ♿ 🅿 *www. gremm.org* ☎ *418-235-4701.* Vidéos, diaporamas et consoles interactives constituent une bonne introduction à la faune marine de la région (baleines en particulier).

Chapelle des Indiens – *Rue du Bord-de-l'Eau. Ouv. juin-sept. tous les jours 9 h-21 h. Mai & oct. sur rendez-vous. 1 $.* ♿ 🅿 ☎ *418-235-4324.* La plus vieille chapelle de bois du Canada fut érigée en 1747 par le missionnaire jésuite Claude-Godefroy Cocquart. Elle renferme une belle collection d'objets religieux.

Poste de traite Chauvin – *157, rue du Bord-de-l'Eau. Ouv. juil.-août tous les jours 9 h-20 h 30. Juin & sept. tous les jours 9 h-12 h & 15 h-18 h. 2,75 $.* ♿ 🅿 ☎ *418-235-4657.* Cette structure en billes équarries, coiffée d'un toit pentu, est une reconstitution du poste de traite érigé par Pierre Chauvin en 1600. Diverses expositions retracent l'histoire du commerce de la pelleterie entre Montagnais et Français, et présentent les différentes espèces d'animaux à fourrure de la région.

Station piscicole de Tadoussac – *115, rue du Bateau-Passeur. Ouv. 24 juin-oct. tous les jours 10 h-18 h. 3,75 $.* 🅿 ☎ *418-235-4569 ou 418-236-4604 (hors saison).* Ce complexe est consacré au maintien des populations de saumons dans les rivières du Québec. À la station même, on procède à la fécondation et à l'incubation des œufs, et on élève les alevins. Le visiteur aura ici l'occasion d'étudier la biologie et l'habitat du saumon, de découvrir les différentes techniques piscicoles, et d'observer des saumons adultes dans les bassins d'élevage.

Les dunes – *À 4 km à l'Est de Tadoussac par la rue des Pionniers.* Logé dans une maison de pierre (1915), un **centre d'interprétation** *(ouv. juin-mi-oct. tous les jours 10 h-17 h.* ♿ 🅿 ☎ *418-235-4238)* fournit des explications sur la formation de ces belles terrasses marines de 30 m de haut, en bordure du Saint-Laurent. D'août à octobre, on y observera de nombreux rapaces et passereaux.

EXCURSIONS

★★★ **Fjord du Saguenay** – *Voir ce nom.*

★ **Côte-Nord** – *Voir ce nom.*

TERREBONNE★

Lanaudière
42 214 habitants
Schéma : LANAUDIÈRE

Située au Nord de Montréal, Terrebonne longe la rivière des Mille-Îles sur près de 12 km. Dotée d'un secteur historique restauré, cette ville attrayante offre aux visiteurs le prétexte d'une agréable promenade dans le vieux quartier. Celui-ci, délimité par les rues Saint-Louis et Saint-Pierre, permet d'admirer de charmants bâtiments de pierre et de bois, dont beaucoup abritent restaurants, cafés, boutiques et galeries.

Un peu d'histoire

L'histoire de Terrebonne remonte à 1673, époque à laquelle la seigneurie fut concédée à Daulier des Landes, mais la colonisation ne débuta véritablement qu'au 18e s. La région acquit très vite une grande renommée pour la fertilité de ses terres, d'où le nom de Terrebonne. C'est de cette époque que datent les premiers moulins, construits sur une des îles de la rivière des Mille-Îles (île des Moulins) par l'abbé Louis Lepage entre 1718 et 1745.

Après la Conquête, l'île des Moulins connut un essor spectaculaire sous la gouverne des marchands écossais de la Compagnie du Nord-Ouest. Ce fut Simon McTavish, l'un des actionnaires de cette compagnie, qui acquit la seigneurie de Terrebonne en 1802. En quelques années, il établit sur l'île des Moulins un centre industriel et commercial dont la réputation dépassa bientôt les limites de la région. En 1815, les moulins de Terrebonne passaient pour être les mieux équipés de tout le Canada. Mais l'avènement de l'électricité devait bientôt causer le déclin de l'énergie hydraulique, et l'île des Moulins fut progressivement réduite à répondre aux besoins des cultivateurs de la région environnante. En 1832, la seigneurie et le site des moulins furent acquis par Joseph Masson, banquier de Montréal. Celui-ci ne parvint pas à rendre à la ville sa gloire d'autrefois, mais sa veuve, Geneviève Sophie Raymond, tenta de redresser la situation. Elle fit construire un réseau routier, le Terrebonne Turnpike, qui s'étendait de Saint-Vincent-de-Paul à Mascouche. L'activité économique continua toutefois à décliner, et les derniers moulins fermèrent leurs portes vers la fin du 19e s.

Accès – *Terrebonne se trouve à environ 35 km au Nord de Montréal par les routes 125 (boul. Pie-IX) & 25 (sortie 17).*

CURIOSITÉS

Située sur un terrain surplombant la rivière, la **rue Saint-Louis** est bordée de jolis bâtiments de pierre surmontés de toits très pentus. Au n° 901, on aperçoit l'ancien manoir Masson (1850), qui servit de résidence à Geneviève Sophie Raymond. Cet édifice de style néoclassique, aujourd'hui converti en école, possède une façade symétrique dotée de frontons. L'église Saint-Louis-de-France (1878) se dresse non loin de là, avec son haut clocher central flanqué de deux tours.

★**Île des Moulins** – *Du boul. des Seigneurs, tourner à droite dans l'av. Moody, à gauche dans la rue Saint-Louis et à droite dans la rue des Braves. Ouv. fin mai-fin juin sam.-dim. 13 h-17 h. Fin juin-début sept. tous les jours 13 h-21 h. Spectacles*

Île des Moulins

au théâtre de verdure en été. ✕ ♿ *www.iledesmoulins.qc.ca* ☎ *450-471-0619.* Remarquable complexe préindustriel, l'île des Moulins rassemble un grand nombre de bâtiments du 19ᵉ s. Restaurés par le gouvernement provincial, ces derniers sont particulièrement bien visibles de la rue des Braves, de l'autre côté de l'étang Masson qui servait autrefois de réservoir. Les moulins du Régime français étaient souvent construits sur une chaussée ou un pont dont les hautes travées permettaient d'actionner les roues du moulin. Dès la fin du 18ᵉ s., la technologie anglaise établit les moulins sur la terre ferme, en utilisant des canaux de dérivation pour augmenter le débit de l'eau. Le visiteur verra ici ces deux types de moulins qui prévalurent au Québec aux 18ᵉ et 19ᵉ s.

Le premier bâtiment que l'on rencontre sur la chaussée est le **moulin à farine**, reconstruit en 1846 sur le site du moulin seigneurial de 1721. Ce moulin et le **moulin à scie** voisin (1804) abritent aujourd'hui la bibliothèque municipale et représentent un exemple achevé de réhabilitation de bâtiments historiques. L'intérieur, aménagé de façon plaisante et audacieuse, présente les vestiges des moulins. En regardant par les larges fenêtres à l'arrière, on peut observer l'eau qui se déverse du mécanisme de la roue et coule sous le bâtiment.

Sur l'île même, on trouve d'abord le **bureau seigneurial**, construit vers 1850 pour le contremaître de la veuve du seigneur Masson. Un **centre d'interprétation** *(mêmes horaires que pour l'île des Moulins)*, à l'intérieur, offre au visiteur une exposition sur l'histoire du site. À côté s'élève l'**ancienne boulangerie** où étaient faits, avec la farine produite sur l'île, des biscuits fort prisés des voyageurs. Construite en 1803 pour Simon McTavish, cette massive structure rappelle l'architecture traditionnelle française. Au grenier, une galerie d'art expose des œuvres contemporaines. On arrive enfin au **moulin neuf** qui fut érigé en 1850. Ce bâtiment de deux étages abrite des expositions temporaires ainsi qu'un théâtre.

Le reste de l'île est un charmant parc, ponctué de sculptures modernes, de bancs, et d'aires de pique-nique. Il contient aussi un théâtre de plein air.

THETFORD MINES

Chaudière-Appalaches
17 635 habitants
Schéma : BEAUCE

La ville de Thetford Mines a emprunté son nom à une localité du Norfolk, en Angleterre. Elle se trouve au cœur de la plus grande région productrice d'amiante du monde occidental, et occupe un site vallonné, arrosé par la rivière Bécancour. Thetford Mines se distingue par ses montagnes artificielles, les **terrils**, constitués par les résidus de roche concassés de la mine, qui lui confèrent un décor unique.

Un peu d'histoire

En 1876, **Joseph Fecteau** découvrit, en labourant son champ, un étrange minéral fibreux : l'**amiante**. Cette substance était déjà connue depuis plus de 2000 ans sous le nom d'« or blanc », pour ses propriétés d'isolation et de résistance à la chaleur. La découverte de Fecteau fut à l'origine du développement de la région. En 1879, la ville connut un nouvel essor grâce à l'arrivée du chemin de fer qui permit le transport rapide des produits bruts et finis de l'amiante, aujourd'hui utilisée dans les domaines de la construction et de l'aérospatiale. Avec sa mine souterraine et ses deux mines à ciel ouvert, la région de Thetford Mines demeure véritablement le « Pays de l'amiante », et ce malgré les restrictions qui ont touché l'utilisation du minéral au cours des dernières années. Un court trajet le long de la route 112 passe par la ville de **Black Lake**, plus au Sud, et offre de bonnes vues de son immense site d'extraction.

Accès – *Thetford Mines se trouve à 107 km au Sud de Québec par les routes 73, 173 & 112.*

Musée minéralogique et minier

CURIOSITÉ

★**Musée minéralogique et minier de Thetford Mines** – *711, boul. Smith Sud (route 112). Tourner à droite dans le boul. Lemay, puis encore à droite dans le boul. Smith. Ouv. 24 juin-début sept. tous les jours 9 h 30-18 h. Début sept.-déc. & mars-24 juin tous les jours 13 h-17 h. 5 $.* ♿ 🅿 *www .mmmtm.qc.ca* ☎ *418-335-2123.* Le musée abrite une superbe collection de minéraux des quatre coins du monde. La richesse du sous-sol appalachien y est particulièrement mise en valeur. L'exposition permanente permet aux visiteurs d'identifier les divers types de roches et en explique les caractéristiques (dureté, transparence, couleur, éclat). Elle retrace également l'histoire de l'amiante, son exploitation et ses nombreuses applications, et présente le patrimoine minier de la région.

EXCURSION

Kinnear's Mills – *24 km par les routes 112 & 269.* Ce minuscule village de la vallée de la rivière Osgood est connu pour la beauté de son site et pour ses quatre églises *(fermées au public)* qui se dressent côte à côte. Vers 1842, quelques familles écossaises vinrent s'établir à Kinnear's Mills et y fondèrent l'église presbytérienne. L'église méthodiste (1876), plus modeste, et l'église anglicane, reconnaissable à son petit clocher, furent construites par des loyalistes après la guerre d'Indépendance américaine. Enfin, l'église catholique fut érigée par des Irlandais qui avaient fui leur pays au cours des années 1920.

TROIS-RIVIÈRES★★

Mauricie—Bois-Francs
48 419 habitants

Important centre industriel, la capitale de la Mauricie—Bois-Francs est sise sur la rive Nord du Saint-Laurent, au confluent de la rivière Saint-Maurice. Deux îles émergent de cet affluent du Saint-Laurent, à son embouchure avec le fleuve : les trois bras ainsi formés ont donné à la ville son nom imagé. Trois-Rivières propose toutes sortes de manifestations d'envergure parmi lesquelles le Festival international de la poésie, le Festival international de l'art vocal et le **Grand Prix Player's** *(voir Calendrier des manifestations).*

Un peu d'histoire

Première colonisation – En 1634, Samuel de Champlain chargea Nicolas Goupil, sieur de Laviolette (1604-v. 1660), d'établir en ces lieux un poste de traite des fourrures. Trois-Rivières devint ainsi la colonie la plus ancienne de la Nouvelle-France, après la ville de Québec. Laviolette choisit pour son fort un emplacement surélevé, dit le Platon, au-dessus du Saint-Laurent. Le transport des fourrures se faisait alors par la rivière Saint-Maurice et, à partir de 1737, par le chemin du Roy reliant la colonie à Québec. À l'apogée de la Nouvelle-France, plusieurs grands explorateurs vécurent à Trois-Rivières, notamment Jean Nicolet et Nicolas Perrot. Les conquêtes conjointes de **Pierre Radisson** et du **sieur des Groseilliers** aboutirent à la fondation de la Compagnie de la Baie d'Hudson en 1670, et le célèbre **sieur de la Vérendrye** fut le premier Européen à atteindre les montagnes Rocheuses.

La capitale du papier – Au cours des années 1850, des scieries s'établirent à Trois-Rivières, marquant ainsi les débuts de l'exploitation des ressources forestières de la vallée de la Saint-Maurice. On y construisit un port pour l'exportation du bois, et plus tard, des installations hydro-électriques. Avec le perfectionnement des techniques de fabrication du papier à partir de fibres de bois, une grande industrie de pâte à papier et de papier vit le jour. En 1936, l'installation de silos à grains et d'usines de textile favorisa la croissance de la ville. Dès les années 1930, Trois-Rivières fut consacrée capitale mondiale de production du papier journal, titre qu'elle détient encore. Trois grandes usines de papier y sont toujours en activité. Trois-Rivières bénéficie par ailleurs d'un rayonnement culturel certain. Depuis 1969, elle abrite le campus de l'**Université du Québec à Trois-Rivières** (UQTR). Autre fait digne d'intérêt : le **pont Laviolette**, construit en décembre 1967, est le seul à relier les deux rives du Saint-Laurent entre Montréal et Québec. Suspendu à 46 m au-dessus du fleuve, il fait 3 km de long.

Accès – *La ville de Trois-Rivières se trouve à peu près à mi-chemin entre Montréal (142 km) et Québec (130 km). Elle est reliée aux routes 40 (sortie centre-ville) & 138.*

CENTRE-VILLE

Parcours : 2,9 km.

En 1908, un incendie détruisit et endommagea le cœur de la ville. Les quelques constructions anciennes qui subsistent ont été soigneusement restaurées.
Commencer la promenade au manoir Boucher de Niverville.

★**Manoir Boucher de Niverville** – *168, rue Bonaventure. Ouv. juin-sept. lun. & mar. 9 h-17 h, mer.-ven. 9 h-19 h, sam.-dim. 13 h-19 h. Reste de l'année lun.-ven. 9 h-17 h. Fermé principaux jours fériés.* 🅿 ☎ *819-375-9628.* Ce manoir en pierre blanchie à la chaux et aux volets rouges fut construit vers 1729 par François

Châtelain. Son gendre, Claude-Joseph Boucher, sieur de Niverville, donna son nom au manoir lorsqu'il en hérita en 1761. Restauré en 1971, il abrite aujourd'hui la chambre de commerce du district de Trois-Rivières et offre des expositions sur l'histoire locale. De beaux meubles typiquement québécois des 18e et 19e s. le décorent. On montera dans les combles pour admirer la charpente du toit.
Dressée sur le terrain du manoir, la **statue** (**1**) de Maurice Duplessis (1890-1959) rappelle que ce Premier ministre du Québec (de 1936 à 1939 et de 1944 à 1959), né à Trois-Rivières, habita à quelques pas du manoir *(240, rue Bonaventure)*, et fit ses études au séminaire de Trois-Rivières.

Traverser la rue Bonaventure, et marcher en direction du Sud.

Le Flambeau – *Place Pierre-Boucher. Le monument est illuminé la nuit.* L'étonnant obélisque au centre de la place Pierre-Boucher fut érigé pour célébrer le 325e anniversaire de la ville. Boucher, sieur de Grosbois (1622-1717), fut gouverneur de Trois-Rivières en 1654, lorsque la communauté fut attaquée et presque entièrement détruite par les Iroquois. Plus tard, il fonda Boucherville.

Continuer vers le Sud par la rue des Ursulines, et tourner à gauche.

★ **Rue des Ursulines** – Les plus anciennes constructions de la ville à avoir échappé à l'incendie de 1908 se trouvent dans cette charmante rue.

★ **Manoir de Tonnancour** – *864, rue des Ursulines. Ouv. 24 juin-août mar.-ven. 9 h-17 h, sam.-dim. 13 h-17 h. Fév.-23 juin & sept.-déc. mar.-ven. 9 h-12 h & 13 h30-17 h, sam.-dim. 13 h-17 h. ☎ 819-374-2355.* René Godefroy de Tonnancour, seigneur de Pointe-du-Lac, fit bâtir cette résidence en 1725. Le juge Pierre-Louis Deschenaux la fit reconstruire en 1795 à la suite d'un incendie. Le manoir servit tour à tour de caserne d'officiers, de presbytère et d'école. Restauré, il héberge aujourd'hui une galerie d'art proposant des expositions à caractère historique et artistique. L'édifice est remarquable par son toit mansardé, assez particulier, dont le style dénote l'influence des loyalistes. Ses fondations et ses murs sont d'origine.
Face au manoir se trouve la **place d'Armes**. Avant 1800, elle servait aux Algonquins qui y campaient lorsqu'ils venaient au fort vendre leurs fourrures. Réservée à des fins militaires de 1751 à 1815, la place est aujourd'hui un joli parc. Un canon de bronze coulé en Russie en 1828 commémore la guerre de Crimée (1853-1856).

Église anglicane Saint-James – *787, rue des Ursulines. Ouv. juin-août mar.-sam. 10 h-17 h, dim. 14 h-17 h. Reste de l'année sur rendez-vous. ♿ P ☎ 819-374-6010.* Les récollets (religieux franciscains réformés) entreprirent ici la construction d'un monastère et d'une chapelle en 1693. L'ensemble fut complété en 1742. Ajoutée en 1754, l'aile adjacente est aujourd'hui intégrée à la structure. Après la Conquête, le complexe fut utilisé comme hôpital, comme palais de justice et même comme prison. Il devint un lieu de culte anglican en 1823.

En face de la chapelle, la **maison de Gannes** (**A**) *(n° 834)*, construite en 1756 par un officier français, est la dernière construction d'inspiration française du vieux quartier. Au n° 802, noter aussi la **maison Hertel de la Fresnière** (**B**), achevée en 1829.

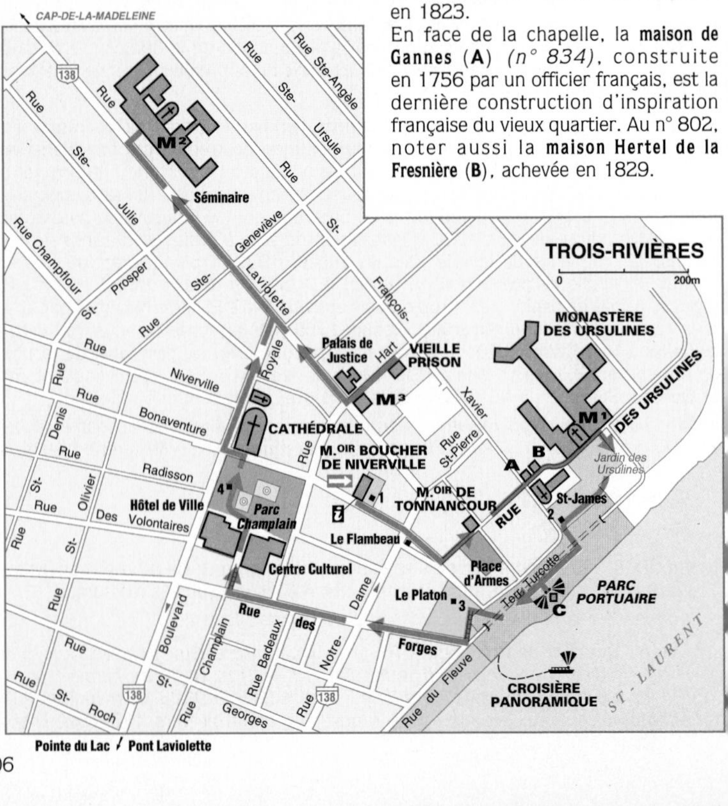

© P. Brunet /PUBLIPHOTO

Monastère des ursulines

★**Monastère des ursulines** – *784, rue des Ursulines.* Véritable joyau du vieux quartier, ce monastère se distingue par son dôme gracieux et son grand cadran solaire mural. En 1639, des ursulines venues de Tours (France) arrivèrent au Québec, mais ne furent convoquées à Trois-Rivières qu'en 1697. Le premier monastère, achevé en 1700, fut agrandi d'une chapelle en 1714 et reconstruit après un incendie en 1752. Un second incendie ravagea les lieux en 1806, mais le style des bâtiments du Régime français fut préservé lors de la reconstruction. De 1835 à 1960, six nouveaux bâtiments furent construits. Les ursulines dirigent une école privée pour filles. Sur le cadran solaire (1860) est inscrit : *Dies Sicut Umbra* (les jours s'enfuient comme des ombres).

★**Chapelle** – *734, rue des Ursulines. Ouv. mars-avr. mer.-dim. 13 h 30-17 h. Mai-oct. mar.-ven. 9 h-17 h, sam.-dim. 13 h 30-17 h. Reste de l'année sur rendez-vous.* ☎ *819-375-7922.* La chapelle est surmontée d'un superbe dôme (1897), œuvre des architectes Joseph et Georges Héroux. Luigi Capello y exécuta les fresques et François Normand, l'autel (début 19ᵉ s.) au-dessus duquel se trouvent des tableaux peints en 1840 par les artistes canadiens français Antoine Plamondon *(à gauche)* et Joseph Légaré *(à droite).*

Musée des Ursulines (**M¹**) – *Mêmes horaires que pour la chapelle. 2,50 $.* ☎ *819-375-7922.* Le musée possède de belles collections (céramique, orfèvrerie, livres, gravures, mobilier et arts décoratifs) et propose chaque année des expositions thématiques. Une maquette représente le monastère tel qu'il était au 19ᵉ s. Pendant les vacances d'été, des expositions d'art temporaires sont organisées dans le réfectoire du collège.

Traverser le Jardin des ursulines en face du monastère.

À la sortie Est du parc Portuaire se trouve un **monument** (**2**) dédié à Pierre Gaultier de Varennes, **sieur de la Vérendrye**.

★**Parc Portuaire** – Cette agréable terrasse offre de belles **vues** sur le Saint-Laurent. Elle faisait jadis partie du domaine du maire Joseph-Édouard Turcotte qui en fit don à la ville en 1857 afin qu'elle soit transformée en espace public.

Centre d'exposition des Pâtes et Papiers (**C**) – *800, parc Portuaire. Entrer par la terrasse supérieure ou descendre les escaliers vers l'entrée principale du parc Portuaire. Ouv. juin-sept. tous les jours 9 h-18 h. Avr.-mai & oct. sur réservation. 3 $. ✕ ♿ ▯ (1 $)* ☎ *819-372-4633.* Il s'agit d'un fascinant aperçu de cette industrie qui domine la vie économique de Trois-Rivières. On y retrace l'histoire du papier depuis la Chine antique jusqu'à nos jours. Des présentations audiovisuelles et des expositions originales expliquent les procédés actuels de fabrication et les différentes techniques de production de la pâte à papier. De larges peintures murales (caricatures) illustrent l'avenir de cette industrie.

Continuer dans le parc Portuaire en direction de l'Ouest.

Le Platon – Ce fut sur ce plateau, qui s'élevait autrefois à 35 m au-dessus du fleuve, que le sieur de Laviolette construisit son fort en 1634. Le nom de ce dernier est une déformation de « peloton ». En 1934, le **buste** (**3**) de Laviolette et une plaque y furent placés, à l'occasion des fêtes du tricentenaire de Trois-Rivières.

★**Croisière panoramique** – *Embarcadère au bout de la rue des Forges. Départ du parc Portuaire mai-oct. tous les jours à 13 h & 20 h. Aller-retour 1 h 30 mn. Commentaire à bord. Réservations requises. 11 $.* ✗ 🅿 *Navire M/V Le Draveur Inc.* ☎ *819-375-3000.* Cette croisière offre une **vue** sans pareille sur le port de Trois-Rivières et ses usines de pâtes et papiers. Elle permet également de voir le sanctuaire de Cap-de-la-Madeleine et l'imposant pont Laviolette. On aperçoit aussi la centrale nucléaire de Bécancour, sur la rive Sud du fleuve.

Rue des Forges – Restaurants et boutiques bordent cette rue animée où se mêlent l'atmosphère du vieux port et celle d'une ville universitaire pleine de vie.

De la rue des Forges, tourner à droite entre l'hôtel de ville et le centre culturel, puis monter l'escalier jusqu'au parc Champlain.

Parc Champlain – Les structures de béton ultra-modernes de l'**hôtel de ville** et du **centre culturel** encadrent ce square agrémenté de fontaines et d'arbres. Le centre abrite un théâtre, une bibliothèque et une galerie d'art. Construit en 1967 pour fêter le centenaire de la Confédération canadienne, cet ensemble est célèbre pour sa conception architecturale. Dans le square, on remarquera un **monument** (**4**) dédié à **Benjamin Sulte** (1841-1923), historien renommé du Canada français.

★**Cathédrale de Trois-Rivières** – *362, rue Bonaventure, au bord du parc Champlain. Ouv. tous les jours de l'année 7 h-11 h 30 & 14 h-17 h 30.* ♿ 🅿 ☎ *819-374-2400.* Cette cathédrale, dotée d'un clocher recouvert de cuivre, est d'inspiration gothique. Conçue par Victor Bourgeau, elle fut consacrée en 1858, mais faute de fonds, ne se para de son clocher qu'en 1905. L'intérieur possède des **vitraux** richement colorés, dûs à Guido Nincheri. Réalisés entre 1935 et 1954, ils illustrent les « litanies de Lorette » de la Vierge Marie.

À côté de la cathédrale se dresse une statue de Louis-François Laflèche, évêque de Trois-Rivières de 1870 à 1898.

Prendre le boul. Royale. Tourner dans la rue Laviolette, et continuer sur 400 m.

Séminaire de Trois-Rivières – *858, rue Laviolette.* Fondé en 1860, le séminaire Saint-Joseph fut reconstruit après avoir subi les ravages du feu en 1929. La longue structure de pierre à chaux est coiffée d'un dôme massif en cuivre, au-dessus de l'entrée qui, elle, est dotée de colonnes et d'une statue de saint Joseph. Épargnée par l'incendie, la chapelle *(derrière le bureau de réception)*, de style roman, est ouverte aux visiteurs. On y expose une collection d'objets religieux et des œuvres de l'artiste Jordi Bonet (1932-1979). Le **musée Pierre-Boucher** (**M²**) *(ouv. toute l'année mar.-dim. 13 h 30-16 h 30 & 19 h-21 h.* ♿ 🅿 ☎ *819-376-4459)*, situé dans les galeries autour de l'entrée, présente des expositions sur le patrimoine historique, ethnographique et artistique de la région. On y verra des œuvres d'Antoine Plamondon, Roy-Audy, Berczy, mais aussi d'Ozias Leduc, Suzor-Côté, Rodolphe Duguay, Gaston Petit et Raymond Lasnier.

Redescendre la rue Laviolette vers la rue Hart.

L'ancien **palais de justice** se dresse à l'angle des rues Laviolette et Hart. Construit selon les plans de François Baillairgé en 1823, l'édifice fut agrandi et en partie restauré en 1913.

Continuer sur la rue Hart.

★**Musée des Arts et Traditions populaires du Québec** (**M³**) – *200, rue Laviolette, à l'angle des rues Hart & Laviolette. Fermé actuellement! Réouverture prévue cet été. Les horaires vous seront communiqués par téléphone.* ☎ *819-372-0406.* Inauguré en 1996, ce musée propose sur deux niveaux des expositions permanentes et temporaires destinées à faire découvrir au visiteur la culture québécoise dans son ensemble. La riche collection ethnologique se compose de près de 80 000 objets (outils, mobilier, textiles, jouets, etc.) illustrant non seulement l'art populaire québécois, mais aussi les coutumes et les mœurs de la province, les métiers traditionnels, les travaux agricoles et la vie domestique. Le musée possède également une riche collection d'archéologie amérindienne et de préhistoire européenne, soit un total de quelque 20 000 objets.

★**Vieille prison de Trois-Rivières** – *Même adresse que pour le musée des Arts et Traditions populaires du Québec. Reliée au musée par un passage couvert.* Œuvre de François Baillairgé, cette imposante structure de pierre fut construite entre 1816 et 1822, et constitue le plus bel exemple de style palladien au Québec. Son plan massif, son élévation à trois étages, son portail sobre et le large fronton qui domine la façade centrale révèlent une certaine influence britannique. La toiture est surmontée de neuf souches de cheminées dénotant la recherche d'un certain confort pour les prisonniers. L'édifice cessa de fonctionner en tant qu'établissement pénitentiaire en 1986. Son intérieur abrite aujourd'hui un centre d'interprétation de la vie carcérale. Transformées en salles d'exposition, 20 cellules présentent la vie quotidienne des détenus à travers différents thèmes : discipline, hygiène, visites, etc.

EXCURSIONS

★**Pointe-du-Lac** – *À environ 20 km de Trois-Rivières par la route 138, au bord du lac Saint-Pierre.* En 1721, René Godefroy de Tonnancour fit construire sur la rivière Saint-Charles un **moulin seigneurial**★ *(ouv. fin juin-fête du Travail tous les jours 10 h-17 h. 3 $.* 🖼 ☏ *819-377-1396).* Dès 1788, ce moulin à farine devint le sixième plus productif du Québec. On y moulut le grain jusqu'en 1965. Quant à sa scierie, elle fonctionna jusqu'en 1986. Restauré en 1978 par le gouvernement du Québec, le bâtiment sert désormais de centre d'interprétation historique et accueille expositions et autres manifestations culturelles.

Tout près se trouve l'église Notre-Dame-de-la-Visitation (1882), reconnaissable à son petit clocher.

★**Mauricie** – *Voir ce nom.*

Vallée du Saint-Laurent – *Voir ce nom.*

VALCOURT

Cantons-de-l'Est

2 442 habitants

Schéma : Cantons de l'EST

Jusque dans les années 1930, Valcourt était un tout petit village agricole. Mais depuis l'invention de la **motoneige** par l'un de ses habitants, la localité est devenue célèbre et abrite une florissante entreprise d'envergure internationale.

Un peu d'histoire

Petit garçon, **Joseph-Armand Bombardier** (1907-1964) rêvait déjà de fabriquer un véhicule adapté à la conduite sur neige. Après avoir fait un apprentissage de mécanicien, le jeune homme s'établit dans un garage voisin de la ferme paternelle, passant tous ses moments libres à la fabrication de prototypes. En 1937, il reçut son premier brevet d'invention pour son autoneige, véhicule à plusieurs places monté sur chenilles. En 1959, après avoir poursuivi ses travaux de recherche et développé plusieurs modèles de véhicules tout terrain, le brillant inventeur introduisit sur le marché son premier **Ski-Doo**. Véritablement révolutionnaire, ce produit allait non seulement transformer la vie des habitants des régions nordiques, mais lancer un nouveau sport. Aujourd'hui, la société Bombardier Inc. fabrique toujours des motoneiges à Valcourt, mais contribue aussi à la technologie dans le domaine des transports terrestres et aériens.

Accès – *Valcourt se trouve à 130 km de Montréal par les routes 10 (sortie 90), 243 & 222.*

CURIOSITÉ

★**Musée J.-Armand-Bombardier** – *1001, av. J.-A.-Bombardier. Emprunter la rue Saint-Joseph. Tourner à droite dans le boul. du Parc, puis à gauche dans l'av. J.-A.-Bombardier. Suivre les panneaux indicateurs. Ouv. mai-fête du Travail tous les jours 10 h-17 h. Reste de l'année mar.-dim. 10 h-17 h. Fermé 1er-2 janv., 24-26 & 31 déc. 5 $.* ♿ 🖼 *www.fjab.qc.ca* ☏ *450-532-5300.* Ce musée est un superbe hommage au fils illustre de Valcourt. L'**exposition J. Armand Bombardier** et le **garage Bombardier** évoquent la vie et l'œuvre de l'inventeur. L'**exposition internationale sur la motoneige** retrace le développement commercial de ce véhicule de 1960 à nos jours, et explique l'usage que l'on en fait dans les différentes parties du monde. Une salle est par ailleurs consacrée à des expositions temporaires axées sur les sciences et la technologie.

VAL-D'OR★

Abitibi-Témiscamingue

24 285 habitants

Peuplée, à l'origine, d'Algonquins et de Cris, cette région au cœur de l'Abitibi reçut, dès le 17e s., la visite de missionnaires et de trappeurs. L'histoire de Val-d'Or est pourtant moins que centenaire. Située à l'extrémité Est de la faille de Cadillac, la ville naquit en 1922, lors de la ruée vers l'or provoquée par la découverte d'importants gisements aurifères à Rouyn-Noranda. Aujourd'hui encore, neuf mines exploitent, entre autres, l'or, le cuivre et l'argent. L'industrie forestière joue également un rôle d'importance dans l'industrie locale. En été, les nombreux saloons, bars et restaurants embrasent la rue Principale de leurs néons de couleur, qui rappellent les villes de l'Ouest des années 1950 et 1960.

Accès – *Val-d'Or se trouve à 413 km de Chibougamau par la route 113, et à 531 km de Montréal par la route 117. Les compagnies aériennes Air Alliance et Inter Canadien desservent la région. Air Creebec propose aussi des liaisons vers la baie James.*

CURIOSITÉS

Village minier de Bourlamaque – *Au Sud de la 3ᵉ Av.* Rattachée à Val-d'Or en 1965, cette ancienne communauté minière rappelle, par son nom, le souvenir de François-Charles de Bourlamaque, aide de camp du général Montcalm. Le petit bourg, déclaré quartier historique en 1979, était jadis administré par la mine Lamaque, l'un des plus grands employeurs de la région de la faille de Cadillac. Le chevalement du puits de mine, l'hôpital et la maison des dirigeants sont demeurés intacts, et les solides cabanes en bois rond, où logeaient autrefois les mineurs, sont encore habitées. La **Cité de l'Or** *(visite guidée seulement, mi-juin-début sept. tous les jours 8 h 30-17 h 30; reste de l'année sur rendez-vous ; 18 $; billets disponibles au 90, av. Perreault.* ♿ ▯ *www.citedelor.qc.ca* ☎ *819-825-7616)* propose non seulement une visite commentée du village minier, mais permet aussi de voir les bâtiments de surface de la mine Lamaque, et de descendre à quelque 91 m sous terre, dans une authentique galerie minière.

Tour d'observation – *À l'angle des boul. des Pins & Sabourin. Ouv. avr.-déc. tous les jours de l'année jusqu'au coucher du soleil.* Sise au beau milieu d'une forêt récréative, la tour Rotary (hauteur : 18 m) permet d'observer la ville et ses environs, qu'on surnomme ici le « pays aux 100 000 lacs ».

EXCURSION

Malartic – *À 25 km à l'Ouest de Val-d'Or par la route 117.* Cette « ville-champignon » naquit en 1922. Dans les années 1940, elle comptait à son actif sept mines d'or en opération. De la ruée vers l'or d'antan, la petite communauté industrielle a conservé quelques façades postiches *(av. Royale)* dignes d'un décor d'Hollywood.

★ **Musée régional des Mines de Malartic** – *En venant de Val-d'Or par la route 117, tourner à droite dans la rue Centrale. Le musée se trouve à l'angle de la rue de la Paix, au n° 650. Visite guidée (1 h 30 mn) seulement, juin-mi-sept. tous les jours 9 h-17 h. Reste de l'année lun.-ven. 9 h-12 h & 13 h-17 h, sam.-dim. sur rendez-vous. 4 $.* ♿ ▯ ☎ *819-757-4677.* Les salles d'exposition de ce musée mettent à l'honneur le patrimoine naturel minéral et géologique de l'Abitibi-Témiscamingue. On y découvrira une belle collection minéralogique comprenant des spécimens de la région et du monde entier, ainsi qu'une exposition avant-gardiste permettant au visiteur de faire un voyage au cœur même de la matière.

VAL-JALBERT★
Saguenay–Lac-Saint-Jean
Schéma : Lac SAINT-JEAN

Émouvant vestige d'une « ville-compagnie » du début du siècle, ce village fantôme occupe un **site**★ de toute beauté près de la chute Ouiatchouan. L'importance du potentiel hydro-électrique naturel et des ressources forestières conduisirent Damase Jalbert, en 1902, à y établir une pulperie. Autour de cette dernière se développa un village qui, en 1915, acquit le statut de municipalité et dont la population, en 1926, comptait déjà 950 habitants. À la mort de Jalbert, son successeur Alfred Dubuc agrandit l'usine. En 1910, à son plus fort rendement, celle-ci produisait jusqu'à 50 tonnes de pâte à papier par jour.

Malheureusement, la chute des prix de la pulpe causée par une diminution soudaine de la demande, et l'augmentation de la concurrence entraînèrent la fermeture du complexe industriel en 1927. Largement tributaire des activités de l'usine, la population locale se vit contrainte de quitter les lieux, et Val-Jalbert fut peu à peu déserté. Le village serait tombé dans l'oubli si des travaux de rénovation, amorcés dans les années 1970, ne lui avaient donné un second souffle de vie. Véritable musée de plein air, ce site patrimonial offre aujourd'hui aux visiteurs toute une gamme d'activités d'interprétation.

Accès – *Le village historique de Val-Jalbert se trouve à 245 km au Nord-Ouest de Québec par les routes 175 & 169.*

VILLAGE HISTORIQUE DE VAL-JALBERT

Val-Jalbert se visite à pied ou en trolleybus. Ouv. 23 juin-27 août tous les jours 9 h-19 h. Début mai-22 juin & 28 août-fin oct. tous les jours 9 h-17 h. 12 $. ⛺ ✕ ♿ ▯ ☎ *418-275-3132.*

Couvent – L'ancien couvent-école des sœurs de Notre-Dame-du-Bon-Conseil (1915) sert désormais de **centre d'interprétation**. On y verra une maquette représentant l'ensemble du site, et une projection audiovisuelle *(15 mn)* relatant l'histoire du village. L'étage contient les cellules des sœurs ainsi qu'une chapelle. En face du couvent, remarquer les ruines de l'église Saint-Georges et de son presbytère.

Village historique de Val-Jalbert

Rue Saint-Georges – Sur l'artère principale du village trône l'ancien **hôtel** *(hébergement possible toute l'année)*. Ce dernier, rasé par un incendie en 1918, fut aussitôt reconstruit. Il abritait jadis le magasin général, et contient aujourd'hui, au rez-de-chaussée, un magasin de souvenirs. En retrait de l'hôtel, noter l'étal de boucherie du village, où l'on retrouve un herbarium et une boutique de métiers d'arts.

Secteur résidentiel – Le quartier formé par les rues Sainte-Anne, Saint-Joseph, Dubuc, Tremblay et Labrecque, et la rue Saint-Georges comptait, à l'apogée du village, jusqu'à 80 maisons de travailleurs *(la seule à être ouverte au public se trouve rue Saint-Georges, près du bureau de poste)*. Totalement désertés, ces modestes logis constituent un étonnant décor fantomatique. À l'époque de leur construction (1909-1920), ils offraient un confort insoupçonné : électricité, chauffage, eau courante, voire téléphone. La compagnie, à laquelle ils appartenaient, les louait à ses employés pour environ 10 dollars par mois (un salaire mensuel moyen ne dépassant guère 27 dollars).

Vieux moulin – Au pied de la chute s'élève l'ancienne pulperie. Une voie ferrée, dont on aperçoit encore les rails, acheminait l'importante production de pâte à papier vers les marchés extérieurs. Dans le bâtiment, une maquette explique le fonctionnement du complexe et un film *(20 mn)* décrit le processus de fabrication de la pâte à papier. Plusieurs pièces d'équipement d'origine (écorceuses, turbines, meules, etc.) sont également exposées.

Chute Ouiatchouan – Un escalier *(400 marches)* ou un téléphérique *(mai-oct. tous les jours 8 h-19 h ; 3,75 $)* permettent d'accéder au sommet de cette chute de 72 m de hauteur qui, à l'époque, constituait l'unique source d'énergie locale. De là, le visiteur jouit d'une **vue**★★ magnifique embrassant le lac Saint-Jean et la campagne environnante. En aval, la rivière Ouiatchouan offre un spectacle impressionnant.

Chute Maligne – *4,4 km. Compter 1 h 1/2 aller-retour. Le sentier se prend à partir du terrain de camping, sur la rive Ouest de la rivière. Attention : descente raide.* Un agréable sentier forestier remonte la vallée de la Ouiatchouan jusqu'à l'endroit où la rivière tombe en cascades. Ici se trouvaient autrefois l'écluse et la scierie où l'on préparait les billots avant de les flotter jusqu'à l'usine en contrebas.

VAUDREUIL-DORION

Montérégie
18 466 habitants
Schéma : MONTRÉAL

La seigneurie de Vaudreuil, à l'Ouest de l'île de Montréal, fut concédée en 1702 à Philippe Rigaud de Vaudreuil, alors gouverneur de Montréal. Peu développée sous le Régime français, elle passa, en 1763, aux mains de Michel Chartier de Lotbinière. Ce grand propriétaire foncier contribua au développement de la communauté et y établit une paroisse. Il proposa, en 1783, un plan d'urbanisation qui prévoyait la construction d'un réseau de rues perpendiculaires les unes aux autres, regroupées autour d'un point central marqué par une église et une place de marché. Ce plan ne vit jamais le jour, et le village conserva longtemps son caractère rural. Englobées par la métropole montréalaise au cours des années 1970, les villes jumelles de Vaudreuil et de Dorion ont désormais fusionné pour former la municipalité de Vaudreuil-Dorion.

Accès – *Vaudreuil-Dorion se trouve à environ 50 km à l'Ouest de Montréal par la route 40 (sortie 35) ou 20 (sortie boul. Saint-Henri).*

CURIOSITÉS

★**Maison Trestler** – *85, chemin de la Commune. De la route 20, prendre à droite le boul. Saint-Henri, puis encore à droite l'av. Trestler. Ouv. toute l'année lun.-ven. 9 h-17 h, dim. 13 h-16 h. Fermé 23 déc.-3 janv. 3,50 $.* 🅿 *www.trestler.qc.ca* ☎ *450-455-6290.* Cette énorme maison de pierre occupe un site magnifique surplombant le lac des Deux Montagnes. Elle mesure 44 m de long sur 13 m de large, et son toit de bardeaux est percé de 14 lucarnes. La partie centrale fut construite en 1798 par Jean-Joseph Trestler, un Allemand qui fit fortune dans le commerce de la fourrure. Les deux ailes furent ajoutées en 1805 et 1806.
À l'intérieur, plusieurs pièces sont meublées de beaux spécimens de mobilier des 18ᵉ et 19ᵉ s. On peut également visiter la jolie salle voûtée, qui servait jadis d'entrepôt où l'on suspendait les fourrures pour les faire sécher et les exposer aux acheteurs. L'été, des concerts sont offerts sur place.

Maison Valois – *331, av. Saint-Charles, à 1 km de la maison Trestler. De l'av. Trestler, prendre à droite le boul. Saint-Henri, puis encore à droite le boul. Saint-Charles. Ouv. mi-juin-fin août tous les jours 8 h 30-19 h.* ☎ *450-455-7282.* Sise dans un parc agréable à côté du lac des Deux Montagnes, la maison Valois (1796) est caractéristique de l'habitat local, avec sa base en pierre et ses murs en bois. Le toit à pente raide, sans surplomb, occupe la moitié de la hauteur de la demeure. Restauré par la municipalité, l'édifice abrite une galerie d'art où sont organisées des expositions temporaires.

Musée régional de Vaudreuil-Soulanges – *431, av. St-Charles. Ouv. toute l'année mar.-ven. 10 h-17 h, sam.-dim. 13 h-17 h. Fermé 22 déc.-4 janv. 3 $.* ♿ ☎ *450-455-2092.* Consacré à la mise en valeur du patrimoine régional, ce musée occupe l'ancienne école de pierre restaurée (1859) où étudia l'abbé **Lionel Groulx** (1878-1967), grand historien du Canada français. Le bâtiment, coiffé d'un toit mansardé percé de fenêtres et surmonté d'une petite lanterne, est caractéristique de l'architecture religieuse de l'époque. On y voit une exposition permanente évoquant la vie sous le régime seigneurial, et d'autres expositions à caractère ethno-historique. Une salle offre même aux visiteurs la possibilité de faire des recherches généalogiques. Le musée propose également des expositions d'art visuel et diverses activités d'interprétation.

Église Saint-Michel – *Boul. Roche, tout près du musée. Ouv. toute l'année lun.-ven. 9 h-10 h 30, sam. 18 h-20 h, dim. 9 h-12 h.* ♿ 🅿 ☎ *450-455-4282.* Achevée en 1789, cette église – l'une des plus anciennes de la région montréalaise – fut déclarée monument historique en 1957. La vue, depuis le cimetière, permet de découvrir un chevet harmonieux formé d'une abside et d'une petite sacristie. Une nouvelle façade fut érigée en 1856. L'intérieur possède un mobilier liturgique sculpté par Philippe Liébert à la fin du 18ᵉ s. : maître-autel, tabernacles latéraux et chaire. Les boiseries du chœur et les stalles sont de Louis-Amable Quévillon. L'ornementation sculptée de l'église est rehaussée d'un décor en trompe-l'œil d'un saisissant réalisme, peint par F.-E. Meloche, élève du célèbre Napoléon Bourassa. Le tableau de Saint-Michel, au-dessus de l'autel, fut réalisé par William Von Moll Berczy. Dans la crypte repose la dépouille de Jean-Joseph Trestler *(ci-dessus).*

EXCURSIONS

Île Perrot – *Voir ce nom.*

Pointe-des-Cascades – *De Vaudreuil-Dorion, prendre la route 338. Le village se trouve à 7 km de l'intersection avec la route 20.* Le petit parc des Ancres s'étend tout près de la pointe formée au confluent du Saint-Laurent et de la rivière des Outaouais, en amont du lac Saint-Louis. À proximité se trouve une écluse aménagée sur le canal de Soulanges ; ce dernier faisait autrefois partie du réseau de canaux que remplaça la voie maritime du Saint-Laurent.

VICTORIAVILLE (Arthabaska)★

Centre-du-Québec

38 174 habitants (Victoriaville)

Désormais regroupée à **Victoriaville** dont elle forme un secteur, l'ancienne ville d'Arthabaska se trouve au cœur de la région des Bois-Francs, ainsi nommée pour la prédominance de ses érablières. Sise en bordure de la rivière Nicolet, au pied du mont Saint-Michel, Arthabaska tire son nom de l'amérindien *ayabaskaw*, « là où il y a des joncs et des roseaux ». L'arrivée en 1834 du premier colon de langue française, Charles Beauchesne, marqua le début de la pénétration des Canadiens français dans la partie Sud de la province, auparavant dominée par les loyalistes de langue anglaise. Les produits de l'érable occupèrent rapidement une place importante dans l'économie locale. C'est encore le cas aujourd'hui, de concert avec l'élevage de vaches laitières et l'industrie forestière. Dès l'arrivée du chemin de fer, en 1861, Victoriaville supplanta Arthabaska par son activité industrielle, mais ne diminua en rien son rayonnement culturel. Là vécurent de célèbres Québécois, parmi lesquels le Premier ministre Sir Wilfrid Laurier et le peintre **Marc-Aurèle de Foy Suzor-Côté**.

Sir Wilfrid Laurier – Avocat, journaliste, homme politique, Wilfrid Laurier (1841-1919) fut le premier Canadien français à occuper le poste de Premier ministre du Canada (1896-1911) et devint, à son époque, une véritable légende. Renommé pour son libéralisme pragmatique, il fut à la tête du Parti libéral canadien de 1887 à 1919, et se dévoua tant à la cause de l'unité canadienne qu'à l'indépendance du pays vis-à-vis de la Grande-Bretagne. Il était également en faveur du mouvement de colonisation de l'Ouest canadien, et encouragea le développement du chemin de fer du Grand Tronc ainsi que la création des provinces d'Alberta et de Saskatchewan. Bien que né à Saint-Lin, aujourd'hui appelé Laurentides, à 45 km au Nord de Montréal, il passa une grande partie de sa vie à Arthabaska.

Accès – *Victoriaville se trouve à 164 km au Nord-Est de Montréal par les routes 20 & 122.*

CURIOSITÉS

★**Musée Laurier** – *Ouv. juil.-août lun.-ven. 9 h-17 h, sam.-dim. & jours fériés 13 h-17 h. Reste de l'année lun.-ven. 9 h-12 h & 13 h-17 h, sam.-dim. 13 h-17 h. Fermé 23 déc.-début janv. 3,50 $ (donne droit à la visite des deux bâtiments).* 🖪 ☎ *819-357-8655.* Le musée Laurier se compose de deux bâtiments différents. La **maison Sir Wilfrid Laurier** (*16, rue Laurier Ouest*) se distingue par ses corniches proéminentes, ses consoles décoratives, ses pierres d'angle et ses fenêtres en saillie. Elle fut construite en 1876 pour Sir Wilfrid Laurier, qui y vécut jusqu'à sa mort en 1919, mais de façon sporadique car après son élection au poste de Premier ministre en 1896, il passa la majeure partie de son temps à Ottawa.

Les salles du rez-de-chaussée évoquent l'époque à laquelle Laurier et son épouse, Zoé Lafontaine, étaient maîtres des lieux. La chambre à coucher, la salle à manger (lampe Tiffany) et le salon (piano à queue Kranick et Bach de 1885) reflètent le style d'ameublement alors en vogue. Divers panneaux explicatifs retracent la carrière de l'homme politique et fournissent quelques anecdotes sur sa vie privée. On notera, dans la cage d'escalier, un saisissant portrait de Sir Wilfrid peint par son ami Suzor-Côté tandis qu'à l'extérieur, un **buste** sculpté porte la signature d'Alfred Laliberté. À l'étage supérieur se trouve le cabinet de travail du Premier ministre.

Construit en 1910 dans le style Second Empire, le **pavillon Hôtel des Postes** (*949, boul. Bois-Francs Sud*) propose aux visiteurs des expositions temporaires consacrées à des thèmes historiques, ethnologiques et artistiques. Les visiteurs pourront notamment y admirer des œuvres d'artistes de renom (Alfred Laliberté, Louis-Philippe Hébert, Suzor-Côté, etc.) tirées de la collection permanente du musée Laurier.

Église Saint-Christophe d'Arthabaska – *40, rue Laurier Ouest. Ouv. tous les jours de l'année 9 h-17 h. Contribution souhaitée.* ♿ 🖪 ☎ *819-357-2376.* Restaurée en 1997, cette charmante église de pierre de style néoroman (1873, J.-F. Peachy) possède un remarquable intérieur. Les 76 fresques et peintures qui en décorent la voûte furent réalisées par un artiste de Saint-Hyacinthe, J.-T. Rousseau, assisté de Suzor-Côté, jeune peintre alors débutant. Des élèves de l'illustre Louis-Philippe Hébert sculptèrent la statue de saint Christophe sur l'autel latéral gauche. On remarquera également de nombreux trompe-l'œil, rinceaux et frises d'inspiration baroque, ainsi que 43 vitraux de la compagnie Hobbs.

Mont Saint-Michel – *De la rue Laurier, emprunter le boul. Bois-Francs Sud sur 1,5 km, et prendre à gauche la rue Mont-Saint-Michel.* Un petit parc aménagé en aire de pique-nique offre une superbe **vue**★ de Victoriaville et de la vallée de la rivière Nicolet. On distingue la tour du collège d'Arthabaska, dirigé par les frères du Sacré-Cœur, et les clochers des églises Saint-Christophe et Sainte-Victoire. Au sommet se dresse une croix métallique de 24 m, érigée en 1928.

EXCURSIONS

★**Moulin La Pierre** – *À 6 km par la rue Laurier Est, près de Saint-Norbert-d'Artha-baska. Visite guidée (1 h) de groupe seulement, toute l'année mar.-ven. 8 h-17 h. 3,50 $. Réserver par téléphone.* ✕ ♿ 🅿 ☎ *819-369-9639.* Situé sur la rivière Gos-selin, il s'agit d'un des rares moulins à eau du Québec qui fonctionne encore au-jourd'hui. Cet édifice de trois étages, construit par un certain Jean Goulet, date de 1845. Le visiteur peut en observer le fonctionnement, se procurer de la farine et goûter aux galettes de sarrasin dans le café.

Moulin La Pierre

Église Sainte-Victoire – *99, rue Notre-Dame Ouest. À envi-ron 5 km par la route 161. Ouv. tous les jours de l'année 8 h 30-12 h & 13 h 30-20 h.* ✕ ♿ 🅿 ☎ *819-752-2112.* Cette église de style néoclassique, dont le clocher principal s'élève à plus de 60 m de haut, fut bâ-tie en 1897. L'**intérieur** contient une abside ornée de boiseries élaborées ainsi qu'une nef dotée d'imposantes galeries la-térales. Remarquer la voûte, décorée de riches sculptures sur bois, et les vitraux, réalisés à Montréal en 1928. Derrière l'église, à gauche, on découvre le presbytère, reconnaissable à son toit mansardé et à sa petite tour.

VILLE-MARIE

Abitibi-Témiscamingue

2 855 habitants

Située dans la région de Témiscamingue, au Sud-Ouest de l'Abitibi, cette petite com-munauté pleine de vie s'étend sur une grande plaine fertile en bordure du lac Témiscamingue (« eaux profondes » en algonquin). Elle a conservé sa vocation agri-cole tout en se diversifiant dans l'industrie forestière et les services. On peut y pratiquer golf et tennis, et des régates internationales s'y déroulent dans la baie des Pères en juillet.

Un peu d'histoire

La région fut colonisée dès 1853 grâce à la coupe des forêts qui dégagea de vastes terrains agricoles. En 1863, les oblats s'installèrent à la mission du Vieux Fort, au Sud de Fort Témiscamingue, mais en 1887, ils déménagèrent à la communauté de Baie des Pères, que l'on nomma par la suite Ville-Marie. Les sœurs grises ne tardèrent pas à suivre leur exemple. Depuis leur arrivée dans la région, ces deux congrégations firent sentir leur présence évangélisatrice dans le domaine éducatif et culturel. Le frère **Joseph Moffet** (1852-1932), de la mission du Vieux Fort, fut surnommé « le père du Témiscamingue agricole ». Intermédiaire entre les colons et les dirigeants des chan-tiers forestiers, il traita aussi avec les acheteurs de denrées agricoles établis en Ontario, de l'autre côté du lac. En 1897, la ville se dota d'une structure administrative, mais ce n'est qu'en 1962 qu'elle devint municipalité.

Accès – *Ville-Marie se trouve à 675 km de Montréal. Prendre la route 138 qui passe par Hull, puis les routes 17 (Ontario), 533 & 101. Le parc conseille de prendre la route 63 depuis North Bay, Ontario puis la route 101. Vols Air Alliance à destination de Rouyn-Noranda, à 133 km au Nord de Ville-Marie par les routes 117 & 101.*

CURIOSITÉS

Grotte Notre-Dame-de-Lourdes – *À l'extrémité Est de la rue Notre-Dame-de-Lourdes.* Ce **site**★ de montagne révèle un panorama remarquable sur le lac Témiscamingue, en contrebas. Le parc, fort agréable, comprend aussi des aires de pique-nique, des sentiers pédestres et un chemin de Croix.

À l'angle des rues Dollard et Notre-Dame-de-Lourdes, l'**hôtel de ville**, à l'architecture néomédiévale, servit d'école d'agriculture de 1939 à 1965. Il porte le nom du grand pionnier Moffet. On y trouve aussi le théâtre d'été de Ville-Marie (*programmes disponibles au kiosque d'information touristique situé à l'angle de la rue Saint-André & du boul. Industriel*) et la salle d'exposition Augustin-Chénier.

Maison du Colon – *7, rue Notre-Dame-de-Lourdes, au bord du lac. Ouv. 24 juin-fête du Travail tous les jours 10 h-18 h (après 18 h sur rendez-vous seulement). 2,50 $.* & 🅿 ☎ *819-629-3533.* Construite en « pièce sur pièce », la plus ancienne maison de la communauté (1881) abrite aujourd'hui un musée consacré au mode de vie des pionniers et à l'histoire de Ville-Marie et du Témiscamingue. En face du bâtiment, un petit parc offre de belles **vues** du lac Témiscamingue. Cette immense étendue d'eau (longueur : 103 km ; profondeur : jusqu'à 210 m) forme une partie de la frontière entre le Québec et l'Ontario.

EXCURSIONS

★**Lieu historique national Fort-Témiscamingue** – *834, chemin du Vieux-Fort, à 8 km au Sud de Ville-Marie. De la route 101, tourner à droite (direction Témiscaming). Ouv. fin mai-début sept. tous les jours 13 h 30-16 h 30. Reste de l'année, sur réservation.* △ ✕ & 🅿 ☎ *819-629-3222.* Dès 1679, les Français avaient choisi ce site pour y établir un poste de traite des fourrures, qu'ils décidèrent par la suite d'abandonner. En 1720, un second comptoir de fourrures fut construit, dont les activités devaient durer près de deux siècles. Soumis aux aléas et de la politique et du commerce, le fort changea plusieurs fois de mains, passant de la Compagnie du Nord-Ouest à sa rivale, la Compagnie de la Baie d'Hudson. Cette dernière assura la gérance du poste de traite jusqu'à sa fermeture, en 1902. Aujourd'hui, quelques vestiges (cheminées et cimetières) témoignent de l'occupation du site.

Consacré au thème du commerce des pelleteries, le **centre d'interprétation** (*ouv. juil.-début sept. 8 h 30-18 h.* △ ✕ & 🅿 ☎ *819-629-3222*) présente toutes sortes de fourrures et d'objets de traite. On y découvre aussi le travail des « Voyageurs » et le fonctionnement d'un comptoir de fourrures aux 18e et 19e s.

À l'extérieur, une immense **plage**★ de sable et des aires de pique-nique et de repos viennent agrémenter les lieux.

★**Forêt enchantée** – Un sentier aménagé le long du lac conduit à une curieuse forêt composée d'arbres argentés, de thuyas de l'Est et de pins rouges. Selon la légende, elle devrait son aspect féerique à une tempête de verglas qui, laissant tout un hiver les arbres courbés sous un lourd carcan de glace, leur aurait donné leurs formes si caractéristiques.

La route 101 serpente à proximité du lac Témiscamingue, qui apparaît par endroits à travers la forêt de hêtres, de chênes, d'érables, de peupliers, de pins blancs ou rouges. Quelques haltes routières, dotées d'agréables aires de pique-nique et de services, jalonnent la route.

Témiscaming – *La route 101 (en direction de la frontière avec l'Ontario) aboutit à ce petit village situé à 90 km au Sud de Ville-Marie.* En 1917, la Riordon Company Ltd, usine de pâtes et papiers, s'installa dans cette charmante petite ville, et y développa le commerce du bois. Artère principale, la pittoresque **route Kipawa** serpente à flanc de colline jusqu'à l'extrémité Sud du lac Témiscamingue, à l'embouchure de la rivière des Outaouais.

L.H.N. Fort-Témiscamingue

Forêt enchantée

NUNAVIK **

© Heiko Wittenborn

Délimité à l'Ouest par la baie d'Hudson, au Nord par le détroit d'Hudson, et à l'Est par le Labrador, le Nunavik (« le pays où vivre » en inuktitut) est la patrie des Inuits du Québec. Il couvre une superficie de 505 000 km², soit environ le tiers du territoire provincial, et correspond approximativement à la région autrefois connue sous le nom de « Nouveau-Québec », qu'on appelle encore aujourd'hui le Grand-Nord.

Adoptée par un référendum organisé dans les villages inuits en 1986, l'idée de créer la région du Nunavik reçut deux ans plus tard l'approbation gouvernementale. La plus grande partie du territoire continental du Nunavik dépend de la région administrative de **Kativik**, créée par la Convention de la baie James et du Nord québécois en 1975 pour représenter les municipalités au Nord du 55ᵉ parallèle.

De nos jours, la technique moderne a quelque peu bouleversé le mode de vie des Inuits, mais ces derniers ont su préserver leur héritage traditionnel. Au cours des dernières années, le Nunavik est devenu une destination touristique de choix, et ses merveilles naturelles offriront aux amateurs d'aventure d'inoubliables spectacles, à condition qu'ils soient bien encadrés, et parfaitement équipés pour affronter les rudes conditions de la région.

Caractéristiques géographiques

La région du Nunavik se distingue par la configuration géographique particulière que forme le long littoral déchiqueté de la **péninsule d'Ungava**, dont la saillie au Nord prolonge la péninsule Québec-Labrador, sous-continent rattaché au Bouclier canadien précambrien. Les 14 villages modernes du Nunavik se situent presque tous sur ce littoral maritime.

Les monts de Povungnituk s'étirent d'Est en Ouest, et traversent la moitié Nord de la péninsule d'Ungava. On peut y voir le cratère du Nouveau-Québec, qui aurait été creusé par un météorite il y a quelque 1,4 million d'années. À l'Est, les **monts Torngat**, dominés par le plus haut sommet du Québec, le mont d'Iberville (1 622 m), tracent la frontière entre le Québec et le Labrador.

Le territoire du Nunavik est parsemé d'une myriade de lacs et de rivières. Ces voies navigables, qui se jettent dans les baies d'Ungava et d'Hudson, permettent depuis longtemps aux Inuits de se déplacer et de pêcher. Dans les années 1950, la dépression du Labrador – faille géologique riche en minerais, partant de Kangirsuk au Nord pour suivre la ligne Schefferville/Labrador-City/Gagnon au Sud – est devenue un pôle de première importance pour l'extraction du minerai de fer.

Végétation – Le Nunavik présente trois zones de végétation : au Nord, la **toundra arctique**, riche d'une grande variété de lichens, mousses et arbustes ; au centre, la **toundra forestière**, où poussent épinettes, pins et mélèzes ; au Sud, la **taïga**, constituée

de forêts clairsemées d'épinettes noires et de pins gris. La limite de végétation des arbres définissant ces espaces ondule d'Umiujaq à l'Ouest à Tasiujaq, Kuujjuaq et Kangiqsualujjuaq au Nord-Est. Une zone de pergélisol (ou sol gelé en permanence) recouvre une bonne partie de la péninsule d'Ungava, atteignant jusqu'à 275 m de profondeur à Salluit. Des plaques discontinues de pergélisol apparaissent également dans le reste du Nunavik.

Climat – Le climat du Nunavik subit les influences opposées des masses continentales (froides) et de l'océan Atlantique (chaudes). L'hiver est long et froid ; l'été est généralement frais, avec des températures pouvant atteindre néanmoins 30 °C. Le printemps connaît de belles journées longues ; comme l'automne, il peut être aussi marqué par de violents orages et un temps instable. Les températures varient entre l'intérieur des terres et le littoral, et oscillent entre –40 °C en janvier et de 10 °C à 20 °C en juillet. Les chutes de neige sont importantes (plus de 200 cm) et recouvrent le sol entre octobre et juin. Certaines zones du littoral sont prises dans les glaces entre novembre et juin, ce qui limite énormément la saison de cabotage et de navigation. En raison de sa position septentrionale, le Nunavik connaît de longues journées d'été (environ 20 heures de clarté au mois de juin) et de brèves journées d'hiver (en décembre, autour de cinq heures).

Un peu d'histoire

Les premiers habitants – Population autochtone des terres arctiques, les Inuits tiennent leur nom d'un terme inuktitut signifiant « les Hommes » (*nu :* être humain ; *it :* plusieurs). Il y a environ 9000 ans, des chasseurs qui avaient traversé le détroit de Béring en provenance de l'Asie, s'établirent sur la zone côtière de l'Alaska. Vers l'an 2000 av. J.-C., ils émigrèrent vers l'Est, créant une deuxième culture qui se propagea le long de la côte du Labrador, vers le cap Dorset, au Sud de l'île de Baffin. C'est aux « gens de Dorset » que l'on attribue l'invention de l'igloo. Vers l'an 1000 ap. J.-C., une troisième culture, connue sous le nom de « Thulé », se développa en Alaska et envahit le territoire des gens de Dorset, qui finirent par disparaître. Les Inuits actuels sont les descendants de la branche Thulé.

Peuple nomade organisé en petits groupes à structure familiale, les Inuits chassaient des mammifères marins (phoques, morses et baleines), le long de la côte et sur les îles proches du continent. Ils s'aventuraient aussi à l'intérieur des terres en suivant le cours des rivières et les lacs, pour pêcher le poisson et chasser le bœuf musqué, le caribou et le gibier d'eau. Réputés pour leur remarquable sens de l'orientation, ils étaient capables de voyager sans cartes sur de grandes distances, se déplaçant de camp en camp en traîneaux à chiens, en kayaks, en oumiaks (grands bateaux ouverts en peau de phoque) ou à pied. En hiver, ils construisaient des igloos, vivant en été dans des tentes en peaux ou des habitations en tourbe. La rivalité ancestrale entre Inuits et Amérindiens s'intensifia avec le développement du commerce des fourrures. Utilisant les armes à feu avant les Inuits, les Algonquins (Cris, Naskapis et Innu) finirent par les chasser d'une partie de leur territoire.

L'arrivée des Européens – Après les brefs séjours des Vikings vers l'an 1000 sur la côte orientale du Canada, l'Europe oublia semble-t-il pendant plusieurs siècles l'existence du continent américain, à l'exception des Basques et des Anglais qui fréquentaient déjà les eaux poissonneuses de l'Atlantique Nord. Au 15e s., les progrès de la technique et l'espoir d'un négoce lucratif lancèrent véritablement les grands navigateurs à l'assaut des océans. Des explorateurs européens seraient alors parvenus dans l'Arctique, n'établissant pourtant que des rapports limités avec les autochtones. En 1610, le navigateur britannique Henry Hudson explora le passage du Nord-Ouest (l'immense baie au large des côtes Ouest du Nunavik porte d'ailleurs son nom) et entra en contact avec des Inuits dans ce qui devint plus tard le détroit d'Hudson. En 1670, Charles II d'Angleterre concéda une charte à la **Compagnie de la Baie d'Hudson** (CBH), lui octroyant le monopole de la traite des fourrures sur la Terre de Rupert. Cette dernière, qui comprenait tout le bassin de la baie d'Hudson, avait été baptisée en l'honneur du prince Rupert, cousin de Charles II. La CBH contribua grandement à l'exploration de l'immense territoire. Elle le céda en 1870 à la toute jeune Confédération canadienne, dont le désir était de créer une nation *A mari usque ad mare* (d'un océan à l'autre).

Au début des années 1810, la région accueillit des missionnaires moraviens protestants puis, entre 1880 et 1900, des expéditions scientifiques canadiennes. Au début du 20e s., la société française de fourrures **Révillon Frères** établit des comptoirs de traite dans la région. En 1936, la CBH, déjà bien implantée, réaffirma sa suprématie économique en rachetant son concurrent français. L'arrivée des marchands et des missionnaires européens transforma radicalement le mode de vie local. La présence des marchands fit évoluer la structure économique des autochtones d'un mode autarcique de chasseurs à un système de troc. Les ordres religieux – protestants puis catholiques – introduisirent les valeurs et l'éducation européennes. Les marchands et les missionnaires contribuèrent, dans une grande mesure, à l'abandon de l'existence semi-nomade des autochtones ainsi qu'au développement de villages côtiers permanents. Les baleiniers américains fréquentant le détroit d'Hudson dès 1845 introduisirent la monnaie, la carabine et les embarcations de bois chez les Inuits qui délaissèrent ainsi le harpon traditionnel et les kayaks en peau de phoque. Ces nouvelles méthodes de chasse, trop efficaces, entraînèrent la quasi-disparition des morses et des baleines, obligeant les Inuits à se tourner vers les terres pour survivre. Le dernier baleinier fut signalé en 1915.

Un siècle de changements – En 1912, l'ancienne Terre de Rupert est répartie entre le Manitoba, l'Ontario et le Québec. La frontière québécoise, préalablement établie à la rivière Eastmain, est alors avancée jusqu'au détroit d'Hudson, à 1 100 km plus au Nord. Des lois fédérales confirmant la légitimité de cette nouvelle frontière comportent une clause de rachat, par la province, des terres appartenant aux autochtones de la région. Dans les années 1940, le Gouvernement fédéral et provincial et les autorités militaires américaines s'établissent dans la région (Fort Chimo, aujourd'hui Kuujjuaq, et Poste-de-la-Baleine, ou Kujjuarapik) afin de développer des projets miniers et hydro-électriques. Des villages modernes, pourvus d'écoles et d'habitations en bois, sont construits par le gouvernement canadien désireux de remplir ses obligations envers les autochtones. Entre 1950 et 1963, les groupes familiaux Inuits se sédentarisent : ils quittent peu à peu leurs camps de chasse et de pêche pour les nouveaux villages.

Dans les années 1960, le Québec intensifie le développement des ressources hydrographiques pour la production d'électricité dans le Nord. Hydro-Québec lance un vaste projet hydro-électrique concrétisé par la **Convention de la baie James et du Nord québécois**. Cet accord controversé, aux termes duquel les autochtones cèdent leurs droits sur la terre, marque le début d'une nouvelle période dans l'histoire sociale, économique et politique du Nunavik.

Depuis 1975, les 14 villages du Nunavik se sont développés grâce à la construction de logements, à la modernisation des aéroports, des écoles et des services de santé. Les habitants ont créé toutes sortes d'entreprises génératrices d'emplois dans les secteurs de la pêche, de l'exploitation minière, de la construction et de l'hôtellerie. La Société Makivik qui appartient à tous les signataires Inuits de la Convention de la baie James et du Nord québécois, et qui régit les indemnités collectives établies par la Convention, est à la tête de plusieurs filiales, dont les compagnies aériennes Air Inuit et First Air.

Mère et enfant, sculpture inuit en pierre

Artiste inconnu, photo © Malak, Ottawa

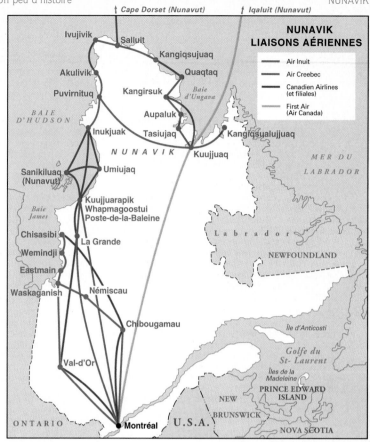

↑ Cape Dorset (Nunavut)   ↑ Iqaluit (Nunavut)

**NUNAVIK
LIAISONS AÉRIENNES**

— Air Inuit
— Air Creebec
— Canadien Airlines (et filiales)
— First Air (Air Canada)

Le Nunavik aujourd'hui – Le référendum populaire de 1986, à l'origine de la création du Nunavik, a provoqué à travers le Québec une prise de conscience de l'unicité culturelle des Inuits. Aujourd'hui, la grande majorité des Inuits vivent dans des maisons modernes préfabriquées. Ils suivent une formation scolaire et professionnelle, et certains partent étudier ou travailler hors du Nunavik. Tous les villages sont équipés de télévision, vidéo, téléphone et télécopieur. Il est également devenu plus simple et plus rapide de se déplacer grâce à toutes sortes de véhicules (canots à moteur et motoneige, par exemple). Malgré leur implantation dans les nouveaux villages côtiers, les Inuits maintiennent leurs activités économiques traditionnelles, notamment la pêche et la chasse, et espèrent profiter financièrement des programmes entrepris dans le Nunavik, grâce à la Convention de la baie James. Ils continuent à exprimer leur culture par le biais de leur art et de leurs fêtes familiales et communautaires, et ont créé toutes sortes d'institutions pour préserver leur patrimoine culturel, tel l'**Institut culturel Avataq**, fondé à Inukjuak en 1980.

Depuis 1959, la communauté inuit du Québec bénéficie d'un **mouvement coopératif** très actif. Une douzaine de coopératives, regroupées au sein de la Fédération des coopératives du Nouveau-Québec, jouent un rôle prépondérant dans le commerce régional. Chacune exploite un magasin général au niveau local et veille à la commercialisation de l'artisanat, permettant ainsi à de nombreux peintres, sculpteurs et graveurs, de vivre de leurs talents.

Population – La population actuelle du Nunavik se compose de plusieurs ethnies distinctes : les **Inuits** (environ 8 300), essentiellement concentrés dans les 14 villages côtiers ; les **Amérindiens** (**Naskapis** à Kawawachika-

R. Corbel/MICHELIN

Sculpture en pierre et en ivoire de George Kopak Tayarak

319

Renseignements pratiques

Comment s'y rendre – Par avion seulement *(pour plus de détails, consulter la carte des liaisons aériennes)*. First Air ☎ 613-738-0200 assure un service quotidien de Montréal à Kuujjuaq. Air Inuit ☎ 613-738-0200, basée à Kuujjuaq et Kuujjuarapik, relie Montréal à Kuujjuarapik et à Puvirnituq tous les jours, et dessert tous les villages du Nunavik du lundi au vendredi. Air Creebec ☎ 819-825-8355 relie Montréal et Val-d'Or à Chisasibi et à d'autres villages le long de la baie James.

À savoir – Les villages du Nunavik ne possédant qu'une infrastructure touristique limitée, il est indispensable de préparer soigneusement son voyage à l'avance. Quatre types de voyages sont proposés aux particuliers comme aux groupes : nature, culture, chasse et pêche ou aventure. Le coût approximatif d'une semaine est de 2 900 $ minimum par personne, tous frais compris.
Avant de partir, contacter les organismes appropriés pour obtenir des détails précis sur les possibilités d'hébergement et les pourvoyeurs d'aventure, de chasse et de pêche proposant divers forfaits. Organismes susceptibles de renseigner les visiteurs : Association touristique du Nunavik, CP 218, Kuujjuaq (PQ) J0M 1C0 ☎ 819-964-2876 ou 888-594-3424 ; Tourisme Québec Grand-Nord ☎ 418-643-6820.
Il est recommandé de ne jamais quitter un village sans informer les personnes appropriées de tous vos déplacements (destination, itinéraire, moyen de transport et horaires). Au départ d'une randonnée ou d'une expédition, prévoir suffisamment de réserves alimentaires, des vêtements adaptés au climat, du matériel de camping et de secours. Ne pas oublier que, selon les régions et les saisons, les conditions météorologiques peuvent changer très rapidement.

Hébergement – Pour toute formule d'hébergement choisie, il est vivement conseillé de réserver. L'Association touristique du Nunavik *(ci-dessus)* fournit un guide du Nunavik indiquant les solutions d'hébergement à Akulivik, Aupaluk, Inukjuak, Ivujivik, Kangiqsualujjuaq, Kangiqsujuaq, Kangirsuk, Kuujjuaq, Kuujjuarapik, Puvirnituq, Quaqtaq, Salluit et Umiujaq. Possibilités de chambres d'hôte. Les prix des hôtels et des auberges pour une chambre double varient entre 180 et 260 $ la nuit ; les chambres ne sont pas toujours dotées d'une salle de bains privative.
La plupart des restaurants servent une cuisine rapide, à l'américaine. La majorité des hôtels étant équipés de cuisinettes, les touristes préparent en général leurs propres repas. Parmi les plats locaux, on notera la viande de caribou et de phoque, le poisson (omble et autres) et… les conserves alimentaires, les fruits et légumes étant rares.

mach et **Cris** à Whapmagoostui) ; les **allochtones** (c'est-à-dire non autochtones), pour la plupart francophones, résidant surtout à Kuujjuaq, le centre administratif de la région. Les Inuits du Nunavik sont géographiquement et culturellement divisés en deux zones : la zone Nord et Ouest (détroit et baie d'Hudson), et la zone Est (baie d'Ungava) où les communautés s'apparentent plutôt à celles de la côte du Labrador. Les Inuits du Canada ont conservé leur langue (± 66 % d'entre eux parlent encore l'inuktitut), mais l'anglais et le français occupent une place importante à l'école et dans la vie publique. Depuis 1978, conformément aux dispositions de la Convention de la baie James et du Nord québécois, ils ont créé leur propre commission scolaire, et l'inuktitut est enseigné dans toutes les écoles.
Les liens avec les autres Inuits du Canada, du Groenland, de l'Alaska et de l'ancienne Union Soviétique se concrétisent par des échanges culturels et des activités politiques dans le cadre de la **Conférence circumpolaire** inuit, fondée en 1977 et reconnue comme organisme non gouvernemental par les Nations Unies. Noter qu'en 1992, les habitants des Territoires du Nord-Ouest se sont à leur tour prononcés pour la création d'une zone d'environ 2 000 000 km² s'étendant de la frontière provinciale Saskatchewan-Manitoba presque jusqu'au Groenland. Baptisée **Nunavut** (« notre pays » en inuktitut), cette nouvelle nation inuit a rendu aux autochtones l'administration de leurs terres ancestrales en 1999.

CÔTE EST

★Kuujjuaq (Fort Chimo)   2 055 habitants

Situé sur la rive Ouest de la rivière Koksoak, sur une terre plate et sablonneuse, à environ 50 km en amont de la baie d'Ungava, ce centre administratif régional est aussi le village le plus important du Nunavik. Officiellement baptisé Kuujjuaq, « la grande rivière » en inuktitut, le site a conservé son nom populaire de Fort Chimo. Rencontrant des Européens pour la première fois, les Inuits avaient l'habitude de leur dire « Saïmuk ! Saïmuk ! », ce qui signifie « serrons-nous la main ! », que les Européens ont transformé en « Chimo ».

Le fort initial, premier poste de traite de la CBH dans le Nord québécois, avait été construit sur la rive opposée de la Koksoak, avant que le village ne soit transféré sur son site actuel en 1945. Les bâtiments, peints aux couleurs traditionnelles rouge et blanc, ont été déplacés pièce par pièce sur la rive Ouest de la rivière *(des visites sont organisées par des guides locaux ; se renseigner à l'hôtel)*.

Centre administratif de Kativik, Kuujjuaq regroupe tous les organismes centraux : gouvernement régional, services de santé, hôpital et siège de Air Inuit. De 1942 à 1949, Kuujjuaq servit de base aux forces aériennes américaines. Aujourd'hui, ses deux grandes pistes d'atterrissage font partie du Système de Surveillance Nord, et le village joue un rôle de plaque tournante pour les transports aériens vers le Nord québécois, abritant le siège social de plusieurs compagnies de vols nolisés. Le village actuel s'est développé autour de la base militaire dans les années 1950. Kuujjuaq possède un hôtel, des restaurants, des magasins, des banques et des boutiques d'artisanat. Entre les années 1960 et 1980, le gouvernement provincial exploitait une ferme de bœufs musqués ; les bêtes, relâchées en 1985, vivent désormais en liberté sur le territoire du Nunavik.

Environs – Pour les amoureux de l'Arctique, les pourvoyeurs organisent des excursions autour de Kuujjuaq (pêche à l'omble et au saumon, ou chasse au caribou). Un réseau routier limité *(8 km)* permet de s'avancer dans la toundra et de longer la limite de végétation des arbres, située non loin du village, pour se rendre dans des zones forestières, sur un plateau formé de collines ondoyantes de 80 m à 250 m d'altitude. La rivière Koksoak est l'une des merveilles de la région. Ses marées, en amont, offrent des paysages d'une diversité fascinante.

Excursion à Kangiqsualujjuaq – Ce village (648 habitants) est situé sur la rive Est de la rivière George, à 25 km au Sud de la baie d'Ungava. Il est blotti à l'ombre d'un large affleurement de granit, dans une vallée étroite à l'extrémité Nord d'une petite baie. Autrefois George River puis Port-Nouveau-Québec, Kangiqsualujjuaq (« très grande baie » en inuktitut) est le village permanent le plus au Nord-Est du Nunavik. Il a été créé à l'initiative d'Inuits locaux qui, en 1959, fondèrent sur ce site la première coopérative du Nunavik (pêcherie de l'omble). Entre les années 1830 et le milieu du 20e s., la CBH exploitait un comptoir de traite au Sud du village actuel. Ce dernier se dresse à l'extrême limite de la zone boisée, et dans les années 1960, une petite scierie pour la coupe du bois (épinette) fonctionnait. La région est particulièrement intéressante pour les adeptes du canot, qui peuvent descendre la rivière George, et pour les pêcheurs, qui seront ravis par l'abondance de saumons de l'Atlantique. La rivière George attire aussi l'une des plus grandes hordes de caribous du Nord québécois. Il existe des camps de pourvoyeurs en amont de la rivière, près des belles **chutes Hélène** (64 km).

Tasiujaq (Leaf Bay, Baie-aux-Feuilles)   191 habitants

Ce petit village, dont le nom signifie « qui ressemble à un lac » en inuktitut, est bâti sur les basses terres marécageuses bordant la baie aux Feuilles, prolongement le plus occidental de la baie d'Ungava. La baie est célèbre pour ses marées qui enregistrent la plus forte amplitude au monde (jusqu'à 17 m).

Créé dans les années 1960 sur la rive Ouest de la rivière Bérard, le village s'est organisé à proximité des postes de traite établis par la CBH et Révillon Frères au début du 20e s. Plus tard, l'exploration minière entreprise dans la partie septentrionale de la dépression du Labrador a relancé l'activité économique. Le village se situe à quelques kilomètres au Nord de la limite forestière, jouxtant au Sud la toundra arctique. La région appartient au vaste bassin hydrographique de la rivière aux Feuilles. Plusieurs camps de pourvoyeurs organisent des pêches à l'omble et à la truite de lac et de ruisseau. Des hordes de caribous passent chaque année tout près du village, lors de leur migration automnale vers le Sud.

Aupaluk   159 habitants

Ce village se situe sur les rives Sud de la baie Hopes Advance, une crique sur la côte Ouest de la baie d'Ungava. Il doit son nom (« endroit rouge » en inuktitut) à son sol ferrugineux ; car nous nous trouvons ici aux confins Nord de la dépression du Labrador, riche en minerai de fer.

Aupaluk était jadis un camp de chasse traditionnel. Le village fut créé à la fin des années 1970, lorsque les Inuits de Kangirsuk et d'autres villages se réinstallèrent dans cette zone où abondaient caribous, poissons et mammifères marins. Aupaluk est le plus petit des villages modernes inuits du Nunavik. Il s'agit également du premier village arctique canadien entièrement conçu par les Inuits. Aucun pourvoyeur n'opère dans ce secteur.

Kangirsuk (Payne Bay, Bellin)   394 habitants

Sur la rive Nord de la rivière Arnaud, à 13 km en amont de la baie d'Ungava,
Kangirsuk (« la baie » en inuktitut) trouve son origine dans un poste de traite
et une mission installés à la fin des années 1880. La CBH y ouvrit un
comptoir en 1925. Les premiers services gouvernementaux furent introduits dans
les années 1950, et le village se développa au cours de la décennie suivante. De nos
jours, on y trouve deux magasins (Northern Store et la coopérative). Plusieurs pourvoyeurs ont ouvert des camps pour la pêche sur la péninsule d'Ungava.

Quaqtaq (Koartac)   257 habitants

Le village de Quaqtaq se situe dans une petite vallée sur le littoral Est de la baie
Diana, à la saillie du cap Hopes Advance qui s'avance dans le détroit d'Hudson.
Les Inuits et leurs ancêtres ayant occupé la région pendant 4 000 ans, on y retrouve
de nombreux sites archéologiques.

Toundra en été

Les ressources de la mer constituent, aujourd'hui encore, le pivot autour duquel
s'organise la vie des Inuits. Entre 1930 et 1960, de nombreux comptoirs de traite
ont existé dans la région de Quaqtaq. Non loin de là, une station météorologique
gouvernementale est restée en activité de 1927 à 1969. Le magasin coopératif local
fut établi en 1974. Quaqtaq repose sur la toundra arctique ; il est limité au Nord
par un relief montagneux, et par des collines basses et rocheuses au Sud et à l'Est.
L'été, seules les vallées et les lieux protégés sont recouverts d'une maigre végétation : mousse, lichens, minuscules fleurs aux couleurs éclatantes et buissons de baies.

Baie Diana – Zone de chasse très réputée, la région de la baie Diana (Tuvaaluk)
abonde en mammifères terrestres (renards arctiques, loutres, lièvres, parfois même
ours polaires voyageant depuis l'île Akpatok) et marins (phoques, morses, bélugas,
narvals et autres). Parmi les oiseaux, on retrouve la perdrix et le canard eider, ainsi
que l'oie des neiges, l'oie du Canada et la bernache (Quaqtaq se trouvant sur leur
route de migration). Parmi les poissons les plus communs, citons les truites grises,
rouges et mouchetées, et l'omble arctique. Les amoureux de la nature auront aussi
l'occasion d'apercevoir des bœufs musqués (la région en compte environ un millier),
et peut-être même quelques légendaires harfangs des neiges ou des huards.

Kangiqsujuaq (Wakeham, Maricourt)   479 habitants

Le village de Kangiqsujuaq (« la grande baie » en inuktitut) occupe un **site**★★ de
toute beauté dans une vallée près de la rive Sud-Est de la baie Wakeham. La petite
localité fut érigée à l'emplacement d'un ancien poste de traite du début du 20e s.

et d'une mission oblate fondée dans les années 1930. Devenu le siège d'activités gouvernementales depuis les années 1960, Kangiqsujuaq compte aujourd'hui un magasin (Northern Store), une coopérative et deux églises.

Le village se situe à 88 km au Nord-Est du célèbre **cratère du Nouveau-Québec**★, d'un diamètre de 3 km et d'une profondeur de 267 m. En hiver, les pourvoyeurs y organisent des excursions en motoneige.

Salluit (Saglouc, Sugluk)   1 143 habitants

Situé sur l'étroit fjord Sugluk, à environ 10 km du détroit d'Hudson, ce village est l'un des plus importants du Nord du Nunavik. Selon la légende, les Inuits – pensant y trouver une faune abondante pour subvenir à leurs besoins – auraient apparemment été fort déçus, d'où l'origine du nom Salluit (« les gens minces » en inuktitut). Salluit s'est développé autour d'un comptoir de traite et d'une mission établis dans la région après 1900. Les services publics ont fait leur apparition dans les années 1950. Aujourd'hui, on y trouve une mission anglicane, une coopérative et un magasin (Northern Store). Salluit est réputé pour la beauté de son **site**★★ dominé par des montagnes dentelées et des collines aux versants abrupts pouvant atteindre jusqu'à 500 m d'altitude.

À l'Est de Salluit, l'exploitation de mines d'amiante à Purtuniq (Asbestos Hills) et dans la baie Déception, a entraîné, au début des années 1970, le développement d'activités industrielles et d'une infrastructure moderne (port et piste d'atterrissage pour les jets). Mais l'exploitation minière, liée au transport du minerai par bateau, fut abandonnée dans les années 1980.

Des voyages de découverte de la nature permettent l'observation de morses, d'ours polaires et de caribous.

Ivujivik   274 habitants

Village le plus au Nord du Québec, Ivujivik évoque par son nom un « endroit où les glaces s'amoncellent à la fonte des glaces ». Il s'agit d'une petite localité nichée au fond d'une anse au Sud de Digges Sound, près du cap Wolstenholme, dans une région montagneuse. Après 1947, les Inuits des rives avoisinantes se sont peu à peu installés dans le village établi autour de la mission catholique. Celle-ci, fondée en 1938, a fermé ses portes dans les années 1960. Peu après, les services gouvernementaux furent introduits, et la coopérative commença à fonctionner en 1967. Les Inuits de Ivujivik refusèrent de signer la Convention de la baie James et du Nord québécois en 1975, et se regroupèrent avec les habitants de Puvirnituq et de Salluit, au sein du mouvement dissident Inuit-Tungavingat-Nunamini. Ils administrent leurs propres écoles, sous la responsabilité d'un comité local élu.

C'est à l'île de Digges, au Nord du village d'Ivujivik, dans le détroit d'Hudson, qu'eut lieu, en 1610, la première rencontre entre les Inuits de la péninsule Québec-Labrador et les Européens. Cet événement historique se produisit au cours de l'une des expéditions d'Henry Hudson, alors à la recherche d'un passage vers l'Asie mystérieuse.

CÔTE OUEST

Akulivik (Cape Smith)   411 habitants

Le village d'Akulivik se trouve sur une presqu'île bordée au Nord par un port en eau profonde et au Sud, par l'embouchure de la rivière Illukotat. Il doit son nom très imagé (« le milieu du harpon » en inuktitut) à l'aspect géographique du site « entre deux baies ». Vestiges de la dernière période glaciaire, des coquillages fossilisés, réduits en miettes, ont donné au sol un aspect sablonneux caractéristique. De 1924 à 1951, la CBH tint un poste de traite sur l'île du cap Smith, tout près du littoral. Akulivik fut construit en 1976 sur le site qui servait autrefois de campement d'été au groupe inuit Qikirtajuarmiut, « les hommes de l'île », avant que ces derniers ne partent s'établir à Puvirnituq en 1955. La coopérative gère un magasin, un atelier de sculpture et un centre récréatif.

Puvirnituq (Puvirnituuq)   1 169 habitants

Ce village se situe sur la rive Nord de la rivière Puvirnituq, à 4 km à l'Est de la baie du même nom. Le nom de Puvirnituq, « là où il y a une odeur de viande faisandée », rappelle un épisode tragique de sa courte histoire : une épidémie ravagea la colonie, tuant tous les villageois, et ne laissant aucun survivant pour enterrer les morts. Lorsque familles et amis arrivèrent des camps avoisinants au printemps, l'air était vicié par l'odeur des corps en décomposition.

Comme les autres villages du Grand-Nord, Puvirnituq s'est surtout développé après l'établissement, en 1921, d'un comptoir de traite des fourrures de la CBH. Les Inuits venus y vivre après 1951 résidaient jusqu'alors dans des campements d'été près d'Akulivik, et dans des campements d'hiver sur l'île du cap Smith.

© Heiko Wittenborn

En 1975, les citoyens de Puvirnituq, appuyés par ceux d'Ivujivik et par 49 % des habitants de Salluit, refusèrent de signer la Convention de la baie James et du Nord québécois. Cette prise de position a donné naissance, au sein de la communauté, à une forte solidarité. Le village abrite le Centre hospitalier de la baie d'Hudson, hôpital moderne qui dessert les villages de la côte. L'Association de sculpteurs, créée en 1950 par le père André Steinman, missionnaire oblat d'origine française, est devenue la **Société coopérative de Puvirnituq**, l'une des plus actives en son genre au Nunavik. Elle gère un magasin de vente au détail, un hôtel ainsi que l'approvisionnement de la communauté en combustible. Plusieurs artistes locaux ont acquis une réputation internationale.

Inukjuak (Port Harrison)   1 184 habitants

Deuxième village du Nunavik, Inukjuak se trouve à l'embouchure de la rivière Innuksuac, près des îles Hopewell. En 1909, la société française de fourrures Révillon Frères ouvrit un comptoir de traite sur le site, qui reçut alors le nom de Port Harrison. La CBH vint à son tour y établir un poste en 1920 ; elle racheta la société française en 1936, et put ainsi jouir, jusqu'en 1958, du monopole du commerce des fourrures avec les Inuits. Le village vit l'arrivée d'une mission anglicane en 1927, et huit ans plus tard, d'un service postal destiné à répondre aux besoins des populations du Grand-Nord. La vie des habitants de Inukjuak reste encore fortement liée à la pratique des activités traditionnelles. La découverte sur place d'un important gisement de stéatite ou « pierre à savon » – roche tendre couramment utilisée par les artistes inuits – a permis d'encourager la pratique de la sculpture. Les plus vieux bâtiments du village, situés près de l'hôtel de la coopérative, sont ceux de la mission anglicane, du Northern Store, du magasin de la coopérative et de l'atelier de sculpture. Les constructions les plus récentes se retrouvent le long de la route menant à l'aéroport. Sur la rive Est de la rivière, on peut encore voir des vestiges de l'ancien comptoir de traite, du campement et du cimetière.

Institut culturel Avataq – C'est à Inukjuak que se trouve le siège social de l'Institut culturel Avataq. Cet organisme à but non lucratif est consacré à la préservation et au développement du patrimoine linguistique et culturel des Inuits du Nunavik. Il propose toutes sortes d'activités portant notamment sur la toponymie, l'histoire, la littérature, les jeux, la musique traditionnelle et l'archéologie.
L'institut s'efforce également de rassembler les objets de facture inuit dispersés dans les musées, et parraine la Conférence annuelle des Aînés inuits, qui a pour vocation de recueillir et préserver la tradition du savoir oral afin de le transmettre aux générations futures.

Exposition inuit – L'école du village est un bâtiment de brique moderne dans le hall duquel une série de bas-reliefs sculptés illustrent la vie quotidienne dans une communauté traditionnelle inuit, et témoignent de l'étonnante habileté des sculpteurs. On peut aussi voir des instruments de pêche et de chasse, des outils tranchants et des grattoirs. Cette collection fut assemblée par un jeune archéologue inuit, Daniel Weetaluktuk (1951-1982), dont la courte carrière contribua largement aux progrès de l'anthropologie arctique.

Environs – Le paysage est dominé par les douces ondulations des collines rocheuses avoisinantes. Elles offrent une **vue panoramique**★ du village et du port d'Inukjuak, de la rivière, de l'archipel des îles Hopewell, de la baie d'Hudson et des montagnes qui s'étendent au Nord.

Une **promenade** au bord de la rivière Innuksuac, en direction de l'aéroport, permet de découvrir de multiples variétés de fleurs sauvages adaptées au milieu arctique. Les eaux claires de la rivière qui serpente entre les roches forment, tout au long du parcours, de nombreuses cascades et petits lacs.

Umiujaq   315 habitants

Une partie des habitants de Kuujjuarapik, craignant que la réalisation du projet hydro-électrique Grande-Baleine n'entraîne de sérieux bouleversements dans leur mode de vie, se prononcèrent il y a quelques années en faveur de la création d'une communauté plus au Nord. Après maintes études archéologiques, écologiques et d'aménagement du territoire, la construction du village débuta au courant de l'été 1985. Quelques centaines d'Inuits de Kuujjuarapik vinrent alors s'établir dans le secteur, et logèrent dans des locaux provisoires jusqu'à la fin des travaux, au début de l'année 1987. Aujourd'hui, Umiujaq est un village pimpant et plein de vie, reflet de la fierté de ses habitants. Son nom (« qui ressemble à un bateau » en inuktitut) fait référence à une colline des environs dont la forme rappelle un oumiak, grande embarcation construite en peau de phoque. La petite communauté occupe un site paisible près du lac Guillaume-Delisle (baie Richmond), avec de remarquables escarpements le long du littoral. Un bâtiment municipal abrite la station de radio, le bureau d'Air Inuit, le bureau de poste et l'hôtel de ville. Ce dernier contient un **musée** où l'on pourra voir une collection d'outils, d'ustensiles ménagers et d'objets divers découverts par les archéologues et les anciens du village lors de la réalisation des travaux de fondations. À côté du bâtiment municipal se trouvent le centre hospitalier ainsi que la coopérative, qui abrite également l'atelier de sculpture.

Des pourvoyeurs proposent des circuits organisés vers les îles situées à proximité du village, et des excursions sur la rivière Nastapoka.

Kuujjuarapik   579 habitants

Situé dans la baie d'Hudson, à 172 km au Nord de Radisson, Kuujjuarapik était à l'origine un comptoir de traite de la CBH, fondé en 1813. Une mission anglicane s'y établit dès 1882, mais le village ne devint permanent qu'à partir de 1901. Les premiers contacts avec des missionnaires catholiques remontent à 1924. En 1908, la société française de fourrures Révillon Frères ouvrit un comptoir à l'embouchure de la Petite Rivière de la Baleine, pour commercer avec les Cris et Inuits qui vivaient le long de la côte. Dans les années 1920, le village fut déplacé à l'embouchure de la Grande Rivière de la Baleine.

Une station météorologique fut installée en 1895, mais la plupart des services publics ne firent leur apparition qu'à partir de 1949. De 1954 à 1959, Kuujjuarapik devint un important centre de communication pour le Nord québécois grâce à la construction, entre la côte atlantique et la baie d'Hudson, au Nord du 55e parallèle, de la « ligne de radar Centre Canada » dont la base de commande était à Poste-de-la-Baleine. C'est à cette époque que la région connut sa plus forte expansion démographique. En 1965, les installations furent toutefois évacuées et cédées à la province du Québec.

© Heiko Wittenborn

Kuujjuarapik

Une communauté multiethnique – La population du village se compose d'Inuit, de Cris et d'allochtones. Le comptoir de traite et le village ont donc changé plusieurs fois de nom : Great Whale River en anglais, puis Poste-de-la-Baleine en français, Kuujjuarapik (« la petite grande rivière ») en inuktitut et Whapmagoostui (« rivière à la baleine ») en cri. Les trois dernières appellations sont officielles, particularité plutôt rare pour un village canadien.

La communauté inuit habite près de l'embouchure de la Grande Rivière de la Baleine, tandis que les Cris se sont installés plus en amont. Inuits et Cris possèdent leurs propres écoles, infirmeries et organisations municipales. L'église anglicane offre un service religieux en inuktitut comme en cri. Dans l'ancienne église est exposée une collection d'outils et de costumes traditionnels. Le club social finance toutes sortes d'activités pour la communauté.

Le village est bordé à l'Ouest par une piste d'atterrissage parallèle à la baie d'Hudson. Les bureaux du gouvernement et les résidences des allochtones sont situés près de l'aéroport, dans les anciens bâtiments de la station radar. L'université Laval (Québec) y dirige un centre de recherche.

Environs – Une vaste plage de sable s'étend depuis l'embouchure de la Grande Rivière de la Baleine jusqu'au côté opposé du village, où de hautes dunes offrent de beaux points de vue sur la baie d'Hudson et les alentours de Kuujjuarapik.

À environ 12 km en amont du village, on peut aller admirer sur la rivière une belle **chute**, accessible en bateau l'été et en motoneige l'hiver.

J.P. Danvoye/PUBLIPHOTO

Montréal vu du quai Victoria

© Walter Bibikow

Renseignements
pratiques

Calendrier des manifestations

Certaines des manifestations mentionnées ci-dessous durent plusieurs semaines, voire plusieurs mois, et leurs dates varient parfois d'une année à l'autre. Pour plus de détails, s'adresser aux offices de tourisme régionaux, contacter la **Société des fêtes et festivals du Québec**, 4545, av. Pierre-de-Coubertin, CP 1000, succursale M, Montréal (PQ) H1V 3R2 ☎ 514-252-3037 (adresse électronique : www.festivals.qc.ca), ou consulter sur Internet le site officiel de Tourisme Québec : www.bonjourquebec.com

Printemps

mars	**Festival beauceron de l'érable**	*Saint-Georges (Chaudière-Appalaches)*
mi-avr.	**Exposition horticole « l'Effleure-printemps ! »** *www.lavaltechnopole.qc.ca*	*Laval*
début mai	**Festival de l'érable**	*Plessisville (Centre-du-Québec)*
mi-mai	**Festival international de musique actuelle de Victoriaville**	*Victoriaville (Centre-du-Québec)*
fin mai	**La Féria du Vélo**	*Montréal*

Été

début juin	**Festival de la chanson**	*Taboussac (Manicouagan)*
début juin	**Grand Prix Air Canada** *www.grandprix.ca*	*Île Notre-Dame (Montréal)*
mi-juin	**Maski-Courons International** *www.maski-courons.com*	*Saint-Gabriel-de-Brandon (Lanaudière)*
juin-mi-juil.	**International Benson & Hedges** (concours d'art pyrotechnique) *www.parcjeandrapeau.com*	*Île Sainte-Hélène (Montréal)*
fin juin	**Festival de la crevette** *www.festicrevette.com*	*Matane (Gaspésie)*
fin juin-début juil.	**Régates Molson Ex de Valleyfield** *www.mmic.net/regates*	*Salaberry-de-Valleyfield (Montégérie)*
fin juin	**Symposium de peinture** *www.ville.baie-comeau.qc.ca/symposium*	*Baie-Comeau (Manicouagan)*
fin juin-juil.	**Festival international de Lanaudière** *www.lanaudiere.com*	*Joliette (Lanaudière)*
fin juin-mi-août	**La fabuleuse histoire d'un royaume** *www.d4m.com.grandsspectacles*	*La Baie (Saguenay-Lac-Saint-Jean)*
fin juin-fin août	**Festival international du domaine Forget** (musique classique et jazz) *www.domaineforget.com)*	*Saint-Irénée (Charlevoix)*

fin juin	**Festival international de jazz de Montréal**	*Montréal*
	www.montrealjazzfest.com	
fin juin- mi-août	**Festival Orford** *www.arts-orford.org*	*Magog (Cantons-de-l'Est)*
début juil.	**Festirame** *www.sagamie.org/alma :festivalma*	*Alma (Saguenay-Lac-Saint-Jean)*
début juil.	**Festival d'été de Québec du Maurier** *www.infofestival.com*	*Québec*
juil.	**Mondial des cultures de Drummondville**	*Drummondville (Mauricie-Bois-Francs)*
mi-juil.	**Festival d'été de Québec du Maurier**	*Québec*
début juil.	**Festival du pêcheur**	*L'Étang-du-Nord (Îles de la Madeleine)*
début juil.	**Mondial des cultures de Drummondville**	*Drummondville (Centre-du-Québec)*
mi-juil.	**Traversée internationale du lac Memphrémagog** *www.traversee-memphremagog.com*	*Magog (Cantons-de-l'Est)*
mi-juil.- fin juil.	**Festival Juste pour rire** *www.hahaha.com*	*Montréal*
mi-juil.	**Festival des dix jours western de Dolbeau-Mistassini**	*Dolbeau (Saguenay-Lac-Saint-Jean)*
mi-juil.	**Exposition agricole régionale de Berthierville**	*Berthierville (Lanaudière)*
mi-juil.	**Régates internationales de Ville-Marie**	*Ville-Marie (Abitibi-Témiscamingue)*
mi-juil.	**Exposition agricole** *www.expo-agricole.com*	*Saint-Hyacinthe (Montérégie)*
fin juil.- début août	**Grand Prix Player's de Trois-Rivières** (course automobile) *www.gptr.qc.ca*	*Trois-Rivières (Mauricie-Bois-Francs)*
fin juil.	**Traversée internationale du lac Saint-Jean** *www.traversee.qc.ca*	*Roberval (Saguenay-Lac-Saint-Jean)*
fin juil.- début août	**Francofolies de Montréal** *www.francofolies.com*	*Montréal*
début août	**Festival de la baleine bleue**	*Bergeronnes (Manicouagan)*
début août	**Festival du bleuet de Dolbeau-Mistassini** *www.festivaldubleuet.qc.ca*	*Mistassini (Saguenay-Lac-Saint-Jean)*
début août	**Fêtes de la Nouvelle-France** *www.nouvellefrance.qc.ca*	*Québec*
début août	**Innu Nikamu** (festival de musique amérindienne)	*Réserve de Maliotenam (Duplessis)*
début août	**Symposium de la nouvelle peinture au Canada**	*Baie-Saint-Paul (Charlevoix)*
début mi-août	**Fêtes gourmandes internationales de Montréal** *www.lesfetesgourmandes.com*	*Montréal*
mi-août	**Concours de châteaux de sable** *www.ilesdelamadeleine.com/chateaux*	*Havre-Aubert (Îles de la Madeleine)*
mi-août	**Omnium du Maurier – Internationaux de tennis féminin du Canada** *www.tenniscanada.com*	*Montréal*
mi-août	**Festival de montgolfières de Saint-Jean-sur-Richelieu** *www.montgolfieres.com*	*Saint-Jean-sur-Richelieu (Montérégie)*
fin août- début sept.	**Festival des films du monde** *www.ffm-montreal.org*	*Montréal*
fin août- début sept.	**Classique internationale de canots de la Mauricie**	*La Tuque (Mauricie-Bois-Francs)*
fin août- début sept.	**Festi Jazz international de Rimouski** *www.globetrotter.qc.ca/festijazz*	*Rimouski (Bas-Saint-Laurent)*
début sept.	**Festival de montgolfières de Gatineau** *www.ville.gatineau.qc.ca*	*Gatineau (Outaouais)*
début sept.	**Fête agricole de Brome**	*Brome (Cantons-de-l'Est)*

Automne

mi-sept.	**Festival western de Saint-Tite** www.festivalwestern.com	*Saint-Tite (Mauricie-Bois-Francs)*
début à mi-oct.	**Festival de l'oie blanche** www.festivaldeloie.qc.ca	*Montmagny (Chaudière-Appalaches)*
fin oct.	**Festival du cinéma international**	*Rouyn-Noranda* *(Abitibi-Témiscamingue)*
début nov.	**Exposition d'antiquités**	*Eastman (Cantons-de-l'Est)*

Hiver

fin nov.- mi-janv.	**Exposition de crèches de Noël**	*Rivière-Éternité* *(Saguenay-Lac-Saint-Jean)*
fin déc.- mi-fév.	**Carnaval des petits poissons** **des chenaux**	*Sainte-Anne-de-la-Pérade* *(Mauricie-Bois-Francs)*
fin janv.- mi-fév	**Fête des neiges**	*Montréal*
fin janv.- mi-fév.	**Carnaval de Québec** www.carnaval.qc.ca	*Québec*
fév.	**Bal de Neige**	*Hull (Outaouais)*
mi-fév.	**Grand Prix de Valcourt** **(festival de motoneige)**	*Valcourt (Cantons-de-l'Est)*
mi-fév.	**Carnaval-Souvenir**	*Chicoutimi (Saguenay-Lac-Saint-Jean)*

Avant le départ

Renseignements touristiques

Pour mieux organiser son voyage, rassembler la documentation nécessaire et vérifier certaines informations, s'adresser à l'ambassade du Canada la plus proche de son lieu de résidence. En contactant les bureaux suivants, les visiteurs peuvent également obtenir de précieux détails sur le Québec et son infrastructure touristique (cartes routières, plans de villes et brochures détaillées comportant les principales curiosités à voir, événements au programme, différents types de séjour, formules d'hébergement, sports et loisirs).

Formalités

Entrée au Canada – Avoir un passeport en cours de validité suffit pour les visiteurs belges, français et suisses, mais par mesure de précaution, s'assurer auprès de l'**ambassade du Canada** la plus proche de son lieu de résidence, que l'on dispose des documents nécessaires avant d'entreprendre tout voyage (pour une liste complète des ambassades et missions du Canada à l'étranger, faire le www.dfait-maeci.gc.ca sur Internet). À titre indicatif :

Pays	Adresse	☎
Belgique	2, av. de Tervuren, 1040 Bruxelles	02 741 06 11
France	35, av. Montaigne, 75008 Paris	01 44 43 29 00
Suisse	88, Kirchenfeldstrasse, 3005 Berne	031 357 32 00

Entrée aux États-Unis – Si vous envisagez, lors d'un séjour au Québec, de faire un saut aux États-Unis, informez-vous d'avance sur les règlements en vigueur et les documents requis à l'entrée aux États-Unis, auprès de l'ambassade américaine la plus proche de votre lieu de résidence. Sachez tout de même que le visa n'y est plus exigé pour les ressortissants français, suisses et belges faisant un voyage de tourisme ou d'affaires de moins de 90 jours.

Douanes canadiennes – L'importation de **tabac** en détaxe est limitée à 200 cigarettes ou 50 cigares par adulte ; celle d'**alcool** à 1,14 litre de vin ou de boisson alcoolisée, ou 24 bouteilles de bière. Tout produit pharmaceutique doit être clairement étiqueté (*en cas de traitement médical, se munir de l'ordonnance*). L'importation d'**armes à feu** est sévèrement contrôlée. Certaines, n'ayant aucun usage sportif ou récréatif légitime, sont tout bonnement interdites ; d'autres nécessitent un permis spécial. Pour de plus amples informations, s'adresser au Centre canadien des Armes à feux ☎ 506-636-5064 ou www.cfc-ccaf.gc.ca.
Enfin, pour les **animaux domestiques**, l'obtention préalable d'un certificat de vaccination contre la rage est obligatoire. S'informer auprès de l'Agence canadienne, 2001, rue Université, suite 746, Montréal (PQ) H3A 3N 2 ☎ 514-245-3889.

	Au Québec	☎
Tourisme Québec	CP 979 Montréal (PQ) H3C 2W3 www.bonjourquebec.com	514-873-2015 800-266-5687
Abitibi-Témiscamingue	170, av. Principale, bureau 103 Rouyn-Noranda (PQ) J9X 4P7 www.48nord.qc.ca	819-762-8181
Bas-Saint-Laurent	148, rue Fraser Rivière-du-Loup (PQ) G5R 1C8 www.tourismebas-st-laurent.com	418-867-1272
Cantons-de-l'Est	20, rue Don-Bosco Sud Sherbrooke (PQ) J1L 1W4 www.tourisme-cantons.qc.ca	819-820-2020
Centre-du-Québec	20, boul. Carignan Ouest Princeville (PQ) G6L 4M4 www.tourismecentreduquebec.com	819-364-7117
Charlevoix	630, boul. de Comporté, CP 275 La Malbaie (PQ) G5A 1T8 www.tourisme-charlevoix.com	418-665-4454
Chaudière-Appalaches	800, autoroute Jean-Lesage Saint-Nicolas (PQ) G7A 1C9 www.chaudapp.qc.ca	418-831-4411
Duplessis	312, av. Brochu Sept-Îles (PQ) G4R 2W6 www.tourismecote-nord.com	418-962-0808
Gaspésie	357, route de la Mer Sainte-Flavie (PQ) G0J 2L0 www.tourisme-gaspesie.com	418-775-2223
Îles de la Madeleine	128, rue Principale, CP 1028 Cap-aux-Meules (PQ) G0B 1B0 www.ilesdelamadeleine.com	418-986-2245
Lanaudière	3647, rue Queen, CP 1210 Rawdon (PQ) J0K 1S0 www.tourisme-lanaudiere.qc.ca	450-834-2535
Laurentides	14142, rue de Lachapelle, RR 1 Mirabel (PQ) J7U 2C8 www.laurentides.com	450-436-8532
Laval	2900, boul. Saint-Martin Ouest Laval (PQ) H7T 2J2 www.tourismelaval.qc.ca	450-682-5522
Manicouagan	337, boul. LaSalle, Bureau 304 Baie-Comeau (PQ) G4Z 2Z1 www.tourismecote-nord.com	418-294-2876
Mauricie	5775, boul. Jean-XXIII Trois-Rivières (PQ) G8Z 4J2 www.tmbf.com	819-375-1222
Montérégie	11, chemin Mariville Rougemont (PQ) J0L 1M0 www.tourisme-monteregie.qc.ca	450-469-0069
Nord-du-Québec	**Association touristique du Nunavik** CP 218 Kuujjuaq (PQ) J0M 1C0 www.nunavik-tourism.com	819-964-2876
	Tourisme Baie-James 166, boul. Springer, C.P. 2270 Chapais (PQ) G0W 1H0	418-745-3969
Outaouais	103, rue Laurier Hull (PQ) J8X 3V8 www.tourisme-outaouais.org	819-778-2222
Région de Montréal	1555, rue Peel, bureau 600 Montréal (PQ) H3A 1X6 www.tourisme-montreal.org	514-844-5400
Région de Québec	835, av. Wilfrid-Courier Québec (PQ) G1R 2L3	418-649-2608
Saguenay- Lac-Saint-Jean	198, rue Racine Est, bureau 210 Chicoutimi (PQ) G7H 1R9 www.astraglac.d4m.com	418-543-9778

Assurances individuelles – Il est conseillé de souscrire, avant son départ, à une assurance fournissant des garanties spéciales d'assistance (frais de consultation et d'hospitalisation, etc.) auprès d'organismes de type Europ Assistance (Belgique ☎ 02 533 75 75 ; France ☎ 01 42 85 85 85), Mondial Assistance (France ☎ 01 40 25 52 04) ou Elvia Assistance (Belgique ☎ 02 529 48 12 ; France ☎ 01 42 99 02 99 ; Suisse ☎ 01 283 31 11). La Croix bleue, 550, rue Sherbrooke Ouest, Montréal (PQ) H3A 1B9 ☎ 514-286-8400, www.qc.bluecross.ca propose également une assurance (durée maximum : 6 mois) qui s'achète soit avant le départ, soit dans les cinq jours qui suivent l'arrivée au Canada (de 3,25 $ à 8 $ par jour selon l'âge ; plafond de 5 000 à 60 000 $).

Quand partir en voyage ?

Le Québec est une destination de vacances qui comblera toute l'année les familles, les sportifs, les amoureux de la nature, les chasseurs et les pêcheurs. Le Nord du Québec subit des températures arctiques, tandis que les régions proches du Saint-Laurent jouissent d'un climat tempéré. La saison touristique estivale s'étend de mi-mai (fête de Dollard) à début septembre (fête du Travail), et bat son plein en juillet et en août. En ce qui concerne les bagages à prévoir, tout dépend – bien sûr – de la région que l'on souhaite visiter et de la saison. Le **printemps** est la période des fameuses « parties de sucre », lors desquelles on célèbre la récolte du sirop d'érable. Cette courte saison bénéficie de journées fraîches et de soirées froides. Dans la partie Sud du Québec, l'**été** peut être chaud et humide. Prévoir des vêtements légers, sans oublier la veste légère qu'on gardera à portée de main pour les soirées plus fraîches et les promenades sur les lacs. En **automne**, le visiteur profitera des multiples couleurs de l'été indien. L'**hiver** s'annonce parfois dès le mois de novembre par d'importantes chutes de neige. Les températures descendent fréquemment en-dessous de 0 °C, et aux mois de janvier et février, peuvent être inférieures à −17 °C. Pour se protéger du froid glacial mais sec, vêtements chauds et manteaux sont alors de mise.

Températures saisonnières (°C)

	Avril		Juillet		Octobre		Janvier	
	min.	max.	min.	max.	min.	max.	min.	max.
Chicoutimi	-4	7	12	24	1	9	-23	-10
Gaspé	-3	5	11	23	1	11	-16	-6
Kuujjuarapik	-13	-2	5	15	-1	5	-28	-18
Montreal	1	11	16	26	4	13	-15	-6
Quebec City	-2	7	13	25	2	11	-17	-8
Sherbrooke	-2	10	11	25	0	12	-18	-6

Les transports

Avion – Outre ses aéroports régionaux d'où partent et arrivent toutes sortes de vols intérieurs, le Québec possède l'aéroport **Dorval** (Montréal) ☎ 514-394-7377 et l'aéroport **Jean-Lesage** (Québec) ☎ 418-640-2600, qui accueillent les vols domestiques et internationaux, et l'aéroport **Mirabel** (Montréal) ☎ 514-476-3010, uniquement réservé aux vols charters (en provenance d'Europe notamment) et cargos.

Depuis l'Europe – Des vols réguliers directs jusqu'à Montréal sont assurés par **Air Canada** (Belgique ☎ 02 627 40 48 ; France ☎ 0825 880 881 ; Suisse ☎ 01 224 45 45 ; Internet : www.aircanada.com), **Canadien Airlines** (les renseignements par téléphone se font via Air Canada), **Air Transat** (☎ 0825 325 825), **Air France** (☎ 0802 802 802, www.airfrance. com), **Sabena** (☎ 0820 830 830, www.sabena.com), **Swissair** (☎ 0802 300 400, www.swissair.fr ou .com). Des vols réguliers non directs sont également possibles via Bruxelles (Sabena), Londres (British Airways), Amsterdam (KLM), Francfort (Lufthansa) et Zurich (Swissair). Des vols charters (Canada 3000 et Royal Aviation) relient également l'Europe à Montréal. La fréquence de ces vols est plus importante en haute saison.
De mai à octobre Air Transat, Corsair et Royal Aviation assurent des vols au départ de Nantes, Bordeaux, Toulouse, Marseille, Nice, Lyon et Mulhouse/Bâle.

© Normand Blouin/STOCK

Au Québec – Outre les grandes compagnies ainsi que leurs filiales qui assurent des vols à l'intérieur du pays, diverses compagnies de charters desservent par ailleurs les régions les plus reculées. Pour obtenir les numéros de téléphone des transporteurs aériens locaux, s'adresser à son agence de voyages ou à l'office de tourisme de la région concernée. Enfin, pour le service aérien vers le Nunavik, consulter les renseignements pratiques du chapitre en question.

Compagnies aériennes	☎
Air Canada	514-393-3333
Air Alliance	418-692-0770
Air Nova	888-247-2262
Canadien Airlines	514-847-2211
Canadien Régional	418-692-1031
Air Inuit	613-738-0200
First Air	613-738-0200
Air Creebec	819-825-8355

Train – Pour les liaisons ferroviaires à l'intérieur de la province, **VIA Rail** propose des tarifs raisonnables et un confort satisfaisant. Première classe et couchettes sont disponibles sur les longs trajets (souvent, les distances sont impressionnantes : entre Montréal et la Gaspésie, il faut par exemple compter 19 h).
Le **Canrailpass** *(juin-mi-oct. 639 $; reste de l'année 399 $)* donne droit à des trajets en train à volonté sur tout le réseau VIA Rail pendant 30 jours *(12 voyages maximum ; extension de 3 jours possible à raison de 54 $/jour)*, avec réductions pour les jeunes et les personnes âgées. Il est conseillé de faire ses réservations à l'avance, surtout en été. Pour tout renseignement complémentaire, s'adresser à VIA Rail, 895, rue de la Gauchetière, Montréal (PQ) H3B 4G1 www.viarail.com ☎ 514-989-2626. Pour se procurer des billets ou forfaits VIA Rail, s'adresser à son agence de voyages ou contacter des représentants agréés de VIA Rail à l'étranger.
En France, par exemple, VIA Rail est représenté par **Express Conseil**, 5 bis rue du Louvre, 75001 Paris ☎ 01 44 77 87 94.

Pour se rendre du Québec aux États-Unis (New York et Washington), noter qu'**AMTRAK** propose une liaison quotidienne au départ de Montréal. Pour plus de détails sur les horaires, composer (du Canada et des États-Unis) le ☎ 800-872-7245 ou www.amtrak.com

Autocar – La compagnie **Orléans Express**, 420, rue McGill, Montréal (PQ) H2Y 2G1 www.orleansexpress.com ☎ 514-842-2281(Montréal), ☎ 418-525-3000 (Québec) dessert le couloir Montréal-Québec-Gaspésie. Son forfait **Rout-Pass** *(mai-oct. ; forfait de 7 jours 179 $)* auquel adhèrent plus d'une trentaine de compagnies d'autocars qué-bécoises, est valable pour une durée (extensible) de 15 jours consécutifs, et permet au voyageur d'utiliser tout le réseau d'autocars interurbains réguliers au Québec. Ce forfait est vendu en Europe par l'intermédiaire de représentants agréés dont on pourra se procurer la liste en contactant l'ambassade du Canada la plus proche de son lieu de résidence.

Voiture – Le Québec dispose d'un réseau routier bien entretenu, mais dans le Nord et hors des grandes artères, les routes n'étant pas toujours revêtues, il convient de faire preuve d'une grande prudence au volant. L'**essence** se vend au litre, et son prix varie selon les régions. Les stations-service sont nombreuses sauf, bien sûr, dans les régions les plus isolées. L'hiver, **pneus-neige** et **trousse d'urgence** sont impératifs. La plupart des autoroutes sont déblayées, mais il vaut mieux vérifier les conditions de circulation avant le départ. Pour obtenir des renseignements actualisés sur les conditions routières, l'au-tomobiliste pourra consulter les pages bleues de l'annuaire local ; celles-ci comportent les coordonnées des organismes officiels susceptibles de le renseigner. Deux numéros à retenir (service météorologique d'Environnement Canada et ligne info-travaux de Transports Québec) : ☎ 514-284-2363 (Montréal) ; ☎ 418-684-2363 (Québec).

Location de voitures – Lesprincipales sociétés de location de voitures *(ci-dessous)* sont généralement représentées dans les grands aéroports et dans les gares principales ainsi que dans beaucoup de villes. Elles exigent du loueur qu'il soit âgé de 21 ans minimum, titulaire d'un permis national en cours de validité (noter qu'au Québec, les permis de conduire étrangers sont valables pour une durée de six mois), et si possible, d'un permis international. Elles offrent pratiquement toutes des réductions saisonnières ou des forfaits spéciaux, parfois en conjonction avec une compagnie aérienne ou une chaîne hôtelière. Comme les prix varient énormément d'une compagnie à l'autre, bien se renseigner pour obtenir les meilleurs tarifs (et pour réserver une voiture depuis l'Europe, contacter son agence de voyages avant le départ). Le mode de paiement le plus pratique est la carte de crédit (de type Visa/Carte Bleue, American Express ou MasterCard/Eurocard), faute de quoi le loueur exigera une forte caution en argent liquide. Le prix de la location ne couvre pas l'assurance collision. Pour un supplément, la compagnie fournira une assurance tous risques ; pour tous renseignements com-plémentaires, s'informer auprès du Bureau d'Assurance du Canada, 500 Sherbrooke Ouest, Montréal (PQ) H3A 3C6 ☎514-288-1563 ou www.saaq.gouv.qc.ca

Les locations se font à la journée, à la semaine ou au mois, et le kilométrage est le plus souvent illimité. Seule la personne ayant signé le contrat de location est autorisée à conduire le véhicule en question, mais pour un supplément, et sous présentation de papiers en règle, l'agence de location autorisera plus d'un individu à opérer le véhi-cule. Il est possible de déposer sa voiture dans une ville autre que celle d'origine, mais il faut alors s'attendre à payer une prime de rapatriement. Juste avant de rendre sa voiture, ne pas oublier de faire le plein, sinon la compagnie de location le fera pour vous, mais à un taux beaucoup plus élevé que le taux commercial moyen.

Avis	☏ 800-321-3652
Budget	☏ 800-268-8900
Hertz	☏ 800-263-0678
Thrifty	☏ 800-367-2277
Tilden-National	☏ 800-227-7368

Location de véhicules récréatifs (camping-cars) – Pour découvrir le Québec, familles ou groupes de quatre à six personnes préféreront peut-être louer un véhicule aménagé (couchettes, coin cuisine, douche, W.-C., etc.). Mais attention : cette formule de voyage étant très prisée, il est conseillé de réserver plusieurs semaines, voire plusieurs mois à l'avance, auprès d'organismes (voyagistes, agents de voyages) qui se chargent des locations depuis l'Europe, ou de se renseigner auprès de son agence de voyages. Une fois sur place, le voyageur intéressé pourra également consulter la rubrique *Véhicules récréatifs* dans les pages jaunes de l'annuaire local.

Législation routière – Sauf indication contraire, la limite de vitesse est de 100 km/h sur autoroute, de 90 km/h sur la plupart des routes secondaires, et de 50 km/h en ville. Le port de la ceinture de sécurité est obligatoire, à l'arrière comme à l'avant, et l'utilisation de détecteurs de radar à bord des véhicules est interdit. Quand un car de ramassage scolaire (toujours jaune) fait un arrêt, clignotants allumés, la circulation doit s'arrêter dans les deux sens pour permettre aux enfants de traverser en toute sécurité. Les places de stationnement portant le symbole ♿ sont réservées aux personnes handicapées, sous peine d'amende ou de mise en fourrière.

Accidents – De manière générale, les postes de secours sont bien indiqués sur les grandes routes. En cas d'accident avec dégâts matériels et/ou blessures corporelles, alerter la police locale et ne pas quitter les lieux avant d'y être autorisé par les agents chargés de l'enquête (toujours se munir des papiers du véhicule et du contrat de location). Pour toute question complémentaire, contacter le centre de renseignements de la Société de l'assurance automobile du Québec, 800, place Victoria, CP 392, Montréal (PQ) H4Z 1L8 ☏ 514-873-7620.
L'**Association canadienne des Automobilistes** (CAA Québec), 1180, rue Drummond, Montréal (PQ) H3G 2R7 ☏ 514-861-7111 et 444, rue Bouvier, Québec (PQ) G2J 1E3 ☏ 418-624-2424, met à la disposition de ses membres un précieux **service des urgences de la route** ☏ 800-CAA-4357, et leur propose différents services : renseignements sur le voyage, état des routes, météo, cartes et guides de tourisme, réservations d'hôtel, assurances, conseils techniques et juridiques, etc. Peuvent notamment bénéficier de ces services (sur présentation des papiers nécessaires) les membres de clubs affiliés à l'Alliance internationale de tourisme (AIT) et la Fédération internationale de l'automobile (FIA), parmi lesquels l'Automobile Club national de France (ACN), le Touring Club royal de Belgique (TCB) et le Touring Club suisse (TCS).

Bateau – Le Québec dispose d'un vaste réseau de « traversiers » (équivalent québécois du mot ferry). Pour tous renseignements, s'adresser à Tourisme Québec ou à l'office de tourisme de la région concernée ou à la Société des Traversiers du Québec ☏ 418-643-2019.

L'hébergement

Le Québec propose de nombreuses formules d'hébergement, de l'hôtel de luxe au terrain de camping, en passant par les pourvoiries *(voir le chapitre Activités récréatives)* ou les gîtes du passant. Les offices de tourisme québécois mettent gracieusement à la disposition du public toutes sortes de brochures fournissant une description détaillée des différents types d'établissements avec tarifs, adresses, numéros de téléphone et services proposés. De manière générale, il est conseillé de réserver à l'avance, surtout en haute saison. En dehors des grands centres urbains, beaucoup d'installations touristiques risquent d'être fermées pendant certains mois de l'année. Pour éviter toute surprise, il est donc fortement recommandé de contacter l'organisme intéressé ou l'office de tourisme local avant d'entreprendre un déplacement important. Et mieux vaut garantir sa réservation au moyen d'une carte de crédit, bien que ce mode de paiement ne soit pas toujours accepté, surtout dans les lieux les plus éloignés.

Hôtels – Les chaînes hôtelières mentionnées ci-dessous possèdent des établissements dans les grandes villes du Québec. Ces établissements mettent à la disposition de leur clientèle une gamme complète de services et d'équipement, tant pour un voyage d'affaires que pour un séjour d'agrément. Les prix varient énormément selon la saison, l'emplacement et le type de prestations offertes. Certains hôtels proposent des forfaits intéressants et des prix spéciaux pour les week-ends *(se renseigner auprès de son agence de voyages)*.

	Québec, Canada, USA	**Europe et autres**
Best Western International		☏ 800-528-1234
Canadian Pacifique	☏ 800-441-1414	☏ 514-861-3511

Hilton	☎ 800-221-2424	☎ 514-878-2332
Holiday Inn		☎ 800-465-4329
Hôtel des Gouverneurs	☎ 800-463-2820	☎ 514-842-4881
Radisson		☎ 800-333-3333
Ramada Inn		☎ 800-854-7854
Sheraton		☎ 800-325-3535

Motels – On trouve aussi, le long des grandes routes et des voies d'accès aux villes, des motels de type **Comfort Inn** et **Quality Hotel & Suites** (réservations par l'intermédiaire de Choice Hotels ☎ 800-221-2222) ou **Days Inn** (☎ 800-325-2525), offrant un hébergement à prix abordable. Ce genre d'établissement propose à sa clientèle des chambres équipées d'une salle de bains et d'une télévision, et dispose parfois d'une cafétéria ou d'un restaurant, voire d'une piscine.

Auberges de jeunesse – Elles proposent, pour les petits budgets, tout un réseau d'étapes bon marché *(de 9 à 36 $/nuit)* à travers la province. L'hébergement est simple : chambres de style dortoir (couverture et oreillers fournis) ou chambres individuelles *(moyennant un supplément)*, douches, machines à laver, cuisine en accès libre et parfois même programmes d'interprétation et autres services. Pour plus de détails, contacter **Regroupement Tourisme Jeunesse**, 4545 av. Pierre-de-Coubertin, CP 1000, succursale M, Montréal (PQ) H3R 3R2 ☎ 514-252-3117 ou Hostelling International-Canada, 400-205 Catherine St., Ottawa ON K2P 1C3 ☎ 613-237-7884 (en Europe : **Belgique** : Les Auberges de Jeunesse, rue Van Oost 52, 1030 Bruxelles, ☎ 02 215 31 00 ; **France** : Fédération unie des Auberges de Jeunesse, 27, rue Pajol, 75018 Paris, ☎ 01 44 89 87 27 ; **Suisse** : Auberges de Jeunesse suisses, Schaffhauserstrasse 14, 8042 Zürich, ☎ 01 360 14 14, bookingoffice@youthhostel.ch) ; adresse électronique : www.hostellingintl.ca.

Gîtes du passant et auberges rurales – Ces deux formules promettent un hébergement chaleureux, en ville ou à la campagne, dans des maisons souvent pleines de caractère : il peut aussi bien s'agir d'une chambre d'hôte dans une maison victorienne, d'un cottage au fond d'un jardin, d'un phare aménagé ou d'une jolie maison de ville dans une rue pittoresque. Les tarifs, en moyenne 63 $/la nuit, incluent le petit-déjeuner. Le niveau de confort peut aller du plus sophistiqué (avec vue sur la mer, entrée particulière, etc.) au plus modeste (ni téléphone, ni salle de bains dans la chambre). Particulièrement adaptées aux familles avec enfants, les vacances à la ferme permettent aux visiteurs, en tant qu'hôte payant, de participer aux activités agricoles quotidiennes et de prendre les repas avec la famille d'accueil. Deux coordonnées à retenir : Fédération des Agricotours du Québec, 4545, av. Pierre-de-Coubertin, CP 1000, succursale M, Montréal (PQ) H1V 3R2 ☎ 514-252-3138, www.agricotours.qc.ca dont le guide *Gîtes du Passant au Québec (21 $)* décrit en détail ce type bien particulier d'hébergement ; Hôtellerie Champêtre, 455, rue Saint-Antoine Ouest, bureau 114, Montréal (PQ) H2Z 1J1 ☎ 514-861-4024, www.hotelleriechampetre.com..

Terrains de camping – Le Québec dispose d'une abondance de terrains de campings, certains privés, d'autres gérés par le gouvernement. Les tarifs vont de 10 $ à 25 $ la nuit, selon les services proposés (tables de pique-nique, bornes eau/électricité, salles

Hôtel Tadoussac

© Guy Dagenais

de bains avec douches, restaurants, machines à laver, équipements de loisirs, épiceries, etc.). Certains campings ferment l'hiver, selon la région. Pour plus de détails, s'adresser à la Fédération québécoise de camping et de caravaning ☎ 514-252-3003 (Montréal). Et pour se procurer un exemplaire gratuit du *Guide du camping Québec*, contacter l'Association des terrains de camping du Québec, 2001, rue de la Métropole, bureau 700, Longueuil (PQ) J4G 1S9 ☎ 450-651-7396, www.campingquebec.com.

Stations de sports d'hiver – Les principales stations de ski des Laurentides, de l'Outaouais, de Charlevoix et des Cantons-de-l'Est offrent différentes formules d'hébergement : hôtels, gîtes, locations d'appartements et de chalets. Pour plus de détails, se renseigner auprès de l'Association des stations de ski ☎ 514-493-1810.

Universités et lycées – Pendant les vacances d'été *(mai-août)*, certains établissements scolaires et universitaires louent des chambres de dortoir aux voyageurs pour une somme modique, mais il est conseillé de réserver d'avance. S'informer auprès de Tourisme Québec ou de l'établissement en question. À titre indicatif : **Montréal** (université McGill ☎ 514-398-6368 ; université de Montréal ☎ 514-343-6531 ; université Concordia ☎ 514-848-4757) ; **Trois-Rivières** (université du Québec ☎ 819-376-5016) ; **Rimouski** (université du Québec ☎ 418-723-4311).

À savoir

Heure locale – Le Québec vit à l'heure de l'Est, **Eatern Standard Time** (EST), à l'exception des îles de la Madeleine (heure de l'Atlantique). La majeure partie de l'année, quand il est 9 h à Montréal, il est par conséquent 10 h sur l'île du Cap-aux-Meules, et 15 h à Bruxelles, Paris ou Genève. La province adopte l'heure d'été (montres et horloges avancées d'une heure) du premier dimanche d'avril au dernier dimanche d'octobre.

© Robert Holmes

Fête nationale du Québec à Montréal

Heures d'ouverture – Au Québec, les **bureaux** sont généralement ouverts du lundi au vendredi de 9 h à 17 h, et les **magasins** du lundi au vendredi de 9 h à 18 h (jusqu'à 21 h le jeudi et le vendredi), et le samedi de 9 h à 17 h. Dans les grandes villes, certains commerces ouvrent aussi le dimanche de 12 h à 17 h. Les **bureaux de poste** sont ouverts du lundi au vendredi de 8 h à 17 h. Quant aux **établissements bancaires**, leurs heures d'ouverture varient selon la ville ou la région. À titre indicatif : Montréal (du lundi au vendredi de 9 h à 17 h) ; Québec (lundi, mardi et vendredi de 9 h 30 à 15 h, mercredi et jeudi de 9 h 30 à 18 h). Dans les grands aéroports, les banques ont des horaires plus étendus et des guichets de change.

Principaux jours fériés – Banques, administrations et bâtiments publics risquent fort d'être fermés les jours suivants :

Jour de l'an	1ᵉʳ janvier
Vendredi saint	précédant le dimanche de Pâques
Lundi de Pâques	suivant le dimanche de Pâques

Fête de Dollard	avant dernier lundi de mai
Fête nationale du Québec	24 juin
Fête du Canada	1er juillet
Fête du Travail	1er lundi de septembre
Fête de l'Action de grâce	2e lundi d'octobre
Noël	25 décembre
Lendemain de Noël	26 décembre

Personnes handicapées – *Les curiosités accessibles aux personnes handicapées sont signalées par le symbole & dans les renseignements pratiques accompagnant chaque description du guide.* Au Canada, tout lieu public (hôtels et restaurants compris) se doit, dans la mesure du possible, d'être équipé de rampes facilitant l'accès des personnes en fauteuil roulant, et de leur réserver des places de parking. Certaines compagnies de transport, comme **Orléans Express** *(voir le chapitre Les Transports)*, proposent par ailleurs des services répondant aux besoins des personnes à mobilité réduite. Pour obtenir le guide *Accessible Québec Guide (14 $)*, contacter KEROUL, 4545, av. Pierre-de-Coubertin, CP 1000, succursale M, Montréal (PQ) H1V 3R2 ☎ 514-252-3104, www.keroul.qc.ca

Consulats de pays européens francophones au Québec – En cas de vol ou de perte de papiers, les adresses suivantes pourront s'avérer fort utiles :

Pays	Adresse	☎
Belgique	999, boul. Maisonneuve Ouest, suite 850 Montréal (PQ) H3A 3L4	514-849-7394
France	1, Place Ville-Marie, bureau 2601 Montréal (PQ) H3B 4S3	514-878-4385
	25, rue Saint-Louis Québec (QC) G1R 3Y8	418-694-2294
Suisse	1572, av. Docteur-Penfield Montréal (PQ) H3G 1C4	514-932-7181

Les **ambassades** se trouvent dans la capitale canadienne, **Ottawa**.

Belgique	80-Elgin St. Ottawa ON K1P 187	613-236-7267
France	42-Sussex Dr. Ottawa ON K1M 2C9	613-789-1795
Suisse	5-Marlborough Ave. Ottawa ON K1N 8E6	613-235-1837

Électricité – Au Canada comme aux États-Unis, le courant alternatif est de 120 V et 60 Hz. Les appareils européens nécessitent des adaptateurs à fiches plates, disponibles chez les spécialistes de l'électronique ou du voyage.

Argent – Le dollar canadien se divise en 100 cents ou **sous**. Il existe des pièces de 1 cent = 1 penny (1 sou), de 5 cents = 1 nickel (5 sous), de 10 cents = 1 dime (10 sous), de 25 cents = 1 quarter (25 sous), de 1 dollar (désignation familière : *loonie*) et de 2 dollars, et des coupures de 5 $, 10 $, 20 $, 50 $, 100 $, 500 $ et 1 000 $.
Mode de paiement très répandu au Québec (sauf dans les régions les plus isolées), les **cartes de crédit** de type American Express, Carte Blanche, Visa/Carte bleue, Diners Club et MasterCard/Eurocard sont souvent considérées comme une garantie, pour louer une voiture par exemple. L'un des moyens les plus simples de se procurer des dollars canadiens est sans doute d'utiliser des **chèques de voyage**. Ces derniers sont acceptés dans la plupart des hôtels, restaurants et commerces, mais attention : certaines banques prélèvent une commission pour les encaisser. Autre alternative, les **guichets automatiques de banque**, situés un peu partout (aéroports, gares, attractions touristiques, supermarchés, etc.), permettent de retirer des dollars 24 h sur 24 avec une carte bancaire ou une carte de crédit. Il est également possible, en cas de besoin, de se faire virer de l'argent liquide au Canada par l'intermédiaire de Western Union, qui possède des bureaux dans plus d'une centaine de pays (France et autres pays d'Europe compris).

Cours du dollar canadien – Début 2001 le dollar canadien valait 0,71 €, 4,64 FRF, 28,55 FBF, 1,07 CHF et 0,67 $US.

Taxes et pourboires – Au Canada comme aux États-Unis, les prix sont généralement mentionnés hors taxe, celle-ci étant ajoutée au moment du paiement. Aussi, la première fois que l'on se présentera à la caisse d'un magasin, sera-t-on surpris de s'entendre énoncer un prix supérieur à celui inscrit sur l'étiquette... En plus de la taxe nationale sur les produits et services (TPS) de 7 %, le Québec prélève une taxe provinciale (TVQ) de 7,5 %. Les non-résidents peuvent demander le remboursement de ces taxes payées sur le logement et sur certains articles achetés au Québec en remplissant un formulaire spécial inclus dans la brochure *Remboursement de la taxe aux visiteurs*. Cette brochure, publiée par le gouvernement, se trouve dans la plupart des bureaux de tourisme, hôtels, centres commerciaux et magasins hors-taxe. Pour plus de renseignements, s'adresser à Revenu Canada, Programme de remboursement aux visiteurs, Centre fiscal de Summerside, Summerside (PE) C1N 6C6 ☎ 902-432-5608 ou consulter Internet à l'adresse suivante : www.rc.gc.ca.

Conseil pratique : dans les restaurants, il est d'usage de laisser un pourboire de 10 à 15 % du total de la note pour le service, car celui-ci n'est pratiquement jamais compris dans l'addition. Les chauffeurs de taxis, les chasseurs d'hôtel et les coiffeurs reçoivent généralement un pourboire au gré du client. Pas de pourboire dans les cinémas et les théâtres.

Communications téléphoniques – Le Québec comporte désormais quatre indicatifs régionaux : **514** (Communauté urbaine de Montréal et île Perrot) et **450** (Laval, Rive-Nord, Rive-Sud, Laurentides, région du Richelieu) ; **418** (ville de Québec, Gaspésie et Est de la province) ; **819** (Cantons-de-l'Est, Hull, régions du Nord). Pour effectuer un appel interurbain à l'intérieur du Canada ou aux États-Unis, composer le 1 + indicatif régional (3 chiffres) + numéro du correspondant (7 chiffres). Pour téléphoner à un abonné de la même ville, ne composer ni le 1, ni l'indicatif régional, sauf si la ville est suffisamment grande pour comporter plusieurs zones d'appel. Pour appeler l'Europe, composer le 011 + indicatif du pays (Belgique : 32 ; France : 33 ; Suisse : 41) + numéro du correspondant. Pour obtenir l'aide d'un téléphoniste, composer le 0. Pour obtenir des renseignements concernant un numéro à l'intérieur de sa zone d'appel, composer le 411. Pour obtenir des renseignements sur un numéro relevant d'une autre zone d'appel, composer le 1 + indicatif régional + 555-1212. Noter que les **numéros** commençant par **800**, **888** et **877** sont **gratuits**, et que toute communication locale coûte 0,25 $, quelle que soit sa durée. Beaucoup d'hôtels majorant les appels, il est plus avantageux de téléphoner d'une cabine publique. Les **cartes** « Allô!™ » et « LaPuce™ », en vente dans les magasins Téléboutique™ de Bell Canada, les principales chaînes hôtelières, les aéroports, les auberges de jeunesse et les bureaux de tourisme, permettent d'utiliser les cabines publiques sans se soucier d'avoir sur soi la monnaie nécessaire à un appel.

© Walter Bibikow

Place d'Armes, Québec

Courrier – L'affranchissement au tarif de première classe (carte postale ou lettre) est le suivant : Canada 45 cents (jusqu'à 30 g) ; États-Unis 52 cents (jusqu'à 30 g) ; courrier international 90 cents (jusqu'à 20 g). Pour connaître les codes postaux des différentes villes du Québec, composer le ☎ 514-344-8822 ou 800-267-1177. Le courrier adressé en poste restante au bureau de poste principal est conservé 15 jours avant d'être renvoyé à son expéditeur, et doit être retiré par le destinataire en personne.

Loi sur les alcools – L'âge légal de consommation d'alcool au Québec est de 18 ans, et le taux d'alcoolémie maximum légal est de 0,08 %. La Société des Alcools du Québec ou SAQ contrôle la vente du vin et des alcools dans ses propres magasins. À Montréal et à Québec, la Maison des vins propose par ailleurs toute une sélection d'alcools.

Tourisme et nature

Formules de découverte – Pour découvrir le Québec, en solitaire ou en groupe, le visiteur ne manque pas de choix : excursions en bus ou en voiture, visites guidées d'une ville et de ses quartiers, promenades en bateau et bien d'autres. Voyages CAA en association avec Tourisme Québec et Kilomètre Voyages publie une brochure *(3,95 $)* proposant différent circuits organisés. S'adresser à Voyages CAA www.caa-quebec.com ☎ 514-861-7575.

Les activités d'**observation de la nature** sont particulièrement populaires. La Société zoologique de Montréal organise des excursions (généralement un ou deux jours) sur un thème particulier dans toute la région de Montréal. Pour tout renseignement ou réservation s'adresser à la Société zoologique, 2055, rue Peel, Montréal (PQ) H3A 1V4 ☎ 514-845-8317, www.zoologicalsocietymtl.org.

On peut aussi observer des phoques du Groenland avec leurs blanchons (bébés phoques pour les Européens) près des îles de la Madeleine dans le golfe du Saint-Laurent *(fin fév.-mi-mars)*. Ces excursions *(1 795 $US-4 000 $US, hébergement, repas et vol compris)*, menées par des experts, durent généralement de cinq à treize jours ; les places étant limitées, il convient de réserver six à neuf mois à l'avance. Pour tout renseignement complémentaire, s'adresser à Natural Habitat Wildlife Adventure, 2945 Center Green Court, Boulder CO 80301, États-Unis ☎ 303-449-3711, www.nathab.com.

© Fred Klus/PUBLIPHOTO

Destiné au sportif expérimenté, le **tourisme aventure** propose une gamme étendue d'activités toutes aussi passionnantes les unes que les autres : ski de montagne ou de fond, expéditions en traîneau à chiens, randonnées en motoneige, escalade de glaciers, canot-camping, cyclotourisme et bien d'autres encore. Ces expéditions d'un type bien particulier nécessitent une bonne préparation physique ainsi qu'un accompagnement spécialisé. Plusieurs organismes proposent de telles activités, parmi lesquels CÉPAL, CP 963, 3350, rue Saint-Dominique, Jonquière (PQ) G7X 7W8 ☎ 418-547-5728 ; Voyages Loisirs, 4545, av. Pierre-de-Coubertin, CP 1000, succursale M, Montréal (PQ) H1V 3R2 514-252-3129, wwwloisirquebec.qc.ca ; Rythmes du monde, 1221, rue Saint-Hubert, suite 100, Montréal (PQ) H3L 3Y8 ☎ 514-288-4800 ; Passe Montagne, 1760, Montée 2e rang, Val-David (PQ) J0T 2N 0 ☎ 819-322-2123.

Parcs nationaux – En s'adressant à **Parcs Canada**, 25, Eddy Street, Hull (PQ) K1A 0M5 www.parkscanada.pch.gc.ca ☎ 418-648-4177 ou 888-773-8888 le lecteur obtiendra toutes sortes de renseignements, brochures et cartes relatives aux trois parcs nationaux du Québec *(liste ci-dessous)*.

Créés pour préserver dans leur état naturel des sites exceptionnels tout en les rendant accessibles au public, ces trois parcs disposent de programmes d'interprétation (randonnées guidées, diaporamas, films vidéo, expositions et cycles de conférences saisonniers) visant à faire découvrir l'environnement naturel. Ils sont équipés de terrains de camping, mais ces derniers se remplissent vite en été. Réservations ☎ 902-426-3436 ou 800-213-PARK (7275). Les tarifs (droit d'entrée, camping, activités proposées) et les horaires d'ouverture variant d'un parc à l'autre, il est conseillé de s'adresser au bureau d'information du parc concerné avant d'entreprendre toute visite.

Archipel-de-Mingan (Duplessis) – 1303, rue de la Digue, CP 1180, Havre-Saint-Pierre (PQ) G0G 1P0 ☎ 418-538-3285. Activités : camping, croisières en mer, randonnée pédestre, voile.

Forillon (Gaspésie) – Chemin du Portage, Forillon (PQ) G0E 1J0 ☎ 418-892-5553. Activités : baignade, camping, croisières, cyclisme, équitation, pêche, plongée sous-marine, randonnée pédestre, ski de fond.

Mauricie (Mauricie–Centre-du-Québec) – 794, 5ᵉ rue, CP 758, Shawinigan (PQ) G9N 6V9 ☎ 819-538-3232. Activités : baignade, camping, canot, pêche, randonnée pédestre, ski de fond.

Parcs provinciaux et réserves fauniques – Dans les 18 parcs provinciaux du Québec *(ci-dessous)*, le visiteur peut, à longueur d'année, profiter d'une grande variété d'activités de plein air (baignade, canot, cyclotourisme, escalade, pêche, ski alpin ou de fond, etc.), le tout dans un cadre naturel protégé. La brochure *Découvrez votre vraie nature* (gratuite) dresse la liste complète de ces parcs et des activités et aménagements qui y sont offerts. Pour tout renseignement complémentaire, s'adresser au ministère de l'Environnement et de la Faune, 675, boul. René-Lévesque Est, 11ᵉ étage, Québec (PQ) G1R 5V7 www.menv.gouv.qc.ca ☎ 418-521-3830 ou 800-561-1616.

Aiguebelle (Abitibi-Témiscamingue) – ☎ 819-637-5950 (centre d'accueil Destor) ou ☎ 819-637-7322 (centre d'accueil Mont-Brun).

Bic (Bas-Saint-Laurent) – ☎ 418-869-3502 (centre d'interprétation).

Frontenac (Cantons-de-l'Est) – ☎ 418-422-2136 (centre d'accueil Saint-Daniel), ☎ 418-449-4480 (centre d'accueil Saint-Praxède) ou ☎ 418-486-7807 (centre d'accueil Secteur Sud).

Gaspésie (Gaspésie) – ☎ 418-763-7811 (centre d'interprétation).

Grands-Jardins (Charlevoix) – ☎ 418-457-3945 (centre d'accueil Thomas-Fortin) ou ☎ 418-846-2057 (centre d'interprétation du Château-Beaumont).

Île-Bonaventure-et-Rocher-Percé (Gaspésie) – ☎ 418-782-2240 (centre d'interprétation).

Îles-de-Boucherville (Montérégie) – ☎ 450-670-2747.

Jacques-Cartier (région de Québec) – ☎ 418-848-3169 (centre d'accueil).

Miguasha (Gaspésie) – ☎ 418-794-2475 (centre d'accueil).

Mont-Mégantic (Cantons-de-l'Est) – ☎ 819-888-2941 (centre d'accueil).

Mont-Orford (Cantons-de-l'Est) – ☎ 819-843-4545 (centre d'accueil Le Cerisier).

Mont-Saint-Bruno (Montérégie) – ☎ 450-653-7544 (centre d'accueil).

Mont-Tremblant (Laurentides) – ☎ 819-688-2281 (centre d'accueil du Lac-Monroe), ☎ 819-424-2954 (centre d'accueil de Saint-Donat) ou ☎ 450-883-1291 (centre d'accueil Saint-Côme).

■ Quelques conseils

N'oubliez pas les dangers et les inconvénients de la nature. Malgré les rigueurs de l'hiver québécois, insectes et piqûres marquent l'été dans certaines régions. Les **maringouins** (ou moustiques) sont parfois si nombreux en forêt et au bord de l'eau que tout amateur de plein air doit s'équiper en conséquence. Et ne croyez pas leur échapper en vous enfonçant dans les solitudes du Nord : au contraire, ils vous y tourmenteront davantage, au point que parfois, des sportifs aguerris doivent porter une moustiquaire sur le visage pour s'en protéger. Fin mai et juin sévissent les **mouches noires** (ou brûlots), petits moucherons voraces qui peuvent fondre par centaines sur les malheureux promeneurs sans défense. Dans les deux cas, on s'en protège en s'enduisant la peau et les vêtements d'une **lotion insectifuge**, disponible dans beaucoup de supermarchés.

Plante des sous-bois particulièrement prolifique au Québec, le **sumac vénéneux** sécrète un suc extrêmement toxique qui peut causer démangeaisons, éruptions de boutons et forte fièvre. Ces symptômes sont parfois déclenchés de façon indirecte, en touchant par exemple un objet effleuré par le suc empoisonné. Il convient donc de faire très attention (certains parcs où cette plante est répandue mettent en garde les visiteurs).

Mont-Valin (Saguenay–Lac-Saint-Jean) – ☎ 418-674-1200 (centre d'accueil).

Oka (Laurentides) – ☎ 450-479-8365 (centre d'accueil et d'interprétation).

Pointe-Taillon (Saguenay–Lac-Saint-Jean) – ☎418-347-5371 (centre d'accueil).

Saguenay (Saguenay–Lac-Saint-Jean) – ☎ 418-237-5383 (centre d'interprétation et d'observation de Pointe-Noire), ☎ 418-544-7388 (centre d'interprétation et d'observation du Cap-de-Bon-Désir).

Yamaska (Cantons-de-l'Est) – ☎ 450-777-5557 (centre d'accueil).

Le Québec possède en outre 14 **réserves fauniques** placées sous la tutelle de la **SÉPAQ** (Société des établissements de plein air du Québec), 801, chemin Saint-Louis, bureau 180, Québec (PQ) G1S 1C1 www.sepaq.com ☎418-686-4875

Activités récréatives

Pour plus de détails concernant les activités énumérées *ci-dessous*, et pour toute question relative aux loisirs et aux sports, contacter **Regroupement Loisir Québec**, 4545, av. Pierre-de-Coubertin, Montréal (PQ) H1V 3R2 ☎ 514-252-3126, www.loisir-quebec.qc.ca ou s'adresser directement aux associations en question.

Activités hivernales – Grâce à des conditions d'enneigement exceptionnelles, la pratique des sports d'hiver s'étale, au Québec, sur de longs mois *(mi-nov.-mi-avr. ou mi-mai, selon la région)*. La plupart des grandes villes se trouvent à proximité d'une ou de plusieurs stations de ski, les parcs nationaux et provinciaux proposent toutes sortes d'activités hivernales, et de nombreuses municipalités disposent de patinoires à l'intention des hockeyeurs et patineurs. Pour plus de détails, se renseigner auprès des offices de tourisme régionaux, des stations de ski ou de Tourisme Québec.

Motoneige – Plus de 263 clubs locaux relevant de la Fédération des clubs de motoneigistes du Québec ou FCMQ (Montréal) ☎ 514-252-3076 offrent, à travers la province, environ 32 000 km de pistes balisées. Hébergement (refuges chauffés, etc.) et services de réparation sont disponibles le long du réseau Trans-Québec. Pour conduire une motoneige, il faut être titulaire d'une **carte d'inscription** délivrée par la Fédération, sur demande écrite. Il est également conseillé de souscrire à une assurance spéciale. Parmi les nombreuses règles à respecter, rappelons qu'il est essentiel de garder ses phares allumés en permanence, de voyager par paire, et de faire preuve d'une grande prudence à la traversée de toute voie publique. La FCMQ publie chaque année *Sentiers de motoneige FCMQ* (centres de service et de réparation, location de motoneiges, excursions organisées). Tourisme Québec (www.fcmq .qc.ca) distribue également une *Carte des sentiers de motoneige.*

Ski alpin – En 1993, les finales de slalom et de slalom géant de la Coupe du monde se sont tenues sur les pentes du mont Stoneham, au Québec. La province offre donc, en matière de sports d'hiver, de quoi satisfaire les plus difficiles. Les Laurentides, les Cantons-de-l'Est, Charlevoix et la région de Québec constituent l'essentiel du domaine skiable québécois. Les stations des Laurentides, à moins d'une heure en voiture de Montréal, bénéficient d'un enneigement favorable (300 cm en moyenne). On y trouve des écoles de ski renommées, une excellente infrastructure touristique au pied des pistes, et la possibilité de faire du ski de nuit. Fort réputées, les imposantes montagnes appalachiennes, qui traversent les Cantons-de-l'Est, offrent elles aussi des conditions d'enneigement satisfaisantes (350 cm en moyenne). Quatre grandes stations situées

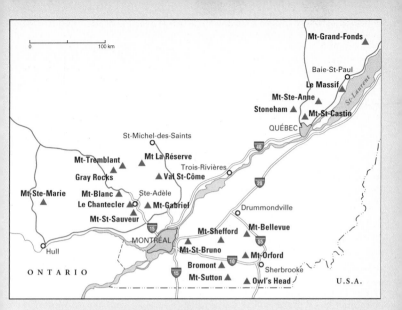

à 60 mn de Québec, proposent par ailleurs des pistes agréées par la Fédération internationale de ski. L'enneigement moyen y est de 375 cm. Renseignements : Association des stations de ski du Québec, 7875, boul. Louis-H.-Lafontaine, bureau 104, Anjou (PQ) H1K 4E4 www.assq.qc.ca ☎ 514-493-1810.

Ski de fond – Le Québec possède un réseau bien entretenu de pistes de ski de fond totalisant plusieurs milliers de kilomètres. Des compétitions nationales et internationales, telle la Coupe du monde des maîtres (1989 et 1993), s'y tiennent régulièrement. Les pistes, de difficultés variables, sont surveillées et jalonnées de refuges chauffés. Dans beaucoup de régions, on trouvera des écoles, des parcours guidés et des services de location de ski. Renseignements : Fédération québécoise de ski (Montréal) ☎ 514-252-3089.

	Information ☎	Dénivelé (m)	Pistes (total)	Pistes			Remontées mécaniques	Chambres
				Facile	Difficile	Plus difficile		
Bromont	514-534-2200	405	22	7	7	8	6	305
Gray Rocks	819-425-2771	189	22	4	10	8	4	230
Le Chantecler	514-229-3555	200	22	6	11	4	8	260
Le Massif	418-632-5876	770	20	5	4	11	3	
Mont-Bellevue	819-821-5872	81	6	3	3		3	
Mont-Blanc	819-688-2444	300	35	7	12	16	8	92
Mont-Gabriel	514-229-3547	152	22	4	4	4	10	140
Mont-Grand-Fonds	418-665-4405	366	13	4	5	4	2	
Mont La Réserve	819-424-2377	305	23	5	12	12	4	51
Mont-Orford	819-843-6548	549	43	15	13	12	8	1100
Mont-St-Bruno	514-653-3441	134	14	2	7	5	6	
Mont-St-Sauveur	514-227-4671	213	29	5	9	15	6	85
Mont-Ste-Anne	418-827-4561	625	55	13	26	16	12	1500
Mont-Ste-Marie	819-467-5200	381	17	5	6	6	3	40
Mont-Shefford	514-372-1550	305	12				3	
Mont-Sutton	514-538-2545	460	53	16	21	16	9	750
Owl's Head	514-292-3342	540	27	8	10	9	7	66
Stoneham	418-848-2411	420	25	7	11	7	10	160
Tremblant	819-425-8711	649	77	16	18	42	11	1200
Val St-Côme	514-883-0700	305	21	8	8	4	4	66

Activités estivales – Doté d'innombrables lacs et rivières, de parcs, de réserves et d'un relief remarquablement varié, le Québec se prête, en été, à toutes sortes d'activités récréatives. Nous n'en mentionnerons ici que quelques-unes.

Canot – Cette activité se pratique sur la plupart des rivières, sauf – bien sûr – celles qui servent au flottage du bois. La Fédération québécoise de canot-camping (Montréal) ☎ 514-252-3001 et certains pourvoyeurs agréés proposent différents types de descentes en canot organisées.

Cyclotourisme – Au Québec, les pistes cyclables, bien entretenues, ne manquent pas, et les occasions de louer des vélos sont nombreuses. Les intéressés s'adresseront à Vélo-Québec, 1251, rue Rachel Est, Montréal (PQ) H2J 2J9 ☎ 514-521-8356 ou www.velo.qc.ca.

Équitation – Les Cantons-de-l'Est, la Gaspésie, les Laurentides et le Bas-Saint-Laurent offrent un grand nombre de centres équestres. Certains ranches d'accueil proposent des forfaits hébergement-leçons d'équitation. Contacter Québec à cheval (Montréal) ☎ 514-252-3002 ou www.cheval.qc.ca.

Escalade – De mai à octobre, le Charlevoix, la Côte-Nord, les Cantons-de-l'Est, les Laurentides et le Saguenay se prêtent particulièrement bien à l'alpinisme, la roche étant ici de très bonne qualité. L'escalade sur terrains glaciaires ou enneigés est également possible. Renseignements : Fédération québécoise de la montagne (Montréal) ☎514-252-3004.

Golf – Les passionnés de golf disposent d'environ 300 terrains, essentiellement concentrés en dans les Cantons-de-l'Est, dans les Laurentides, en Mauricie-Bois-Francs et dans l'Outaouais. Certains, privés, n'acceptent pas de visiteurs extérieurs. Pour plus de détails, s'adresser à l'Association de golf du Québec, 870 ; boul. des Sources ; Pointe-Claire (PO) ☎ 514-694-1990, www.golfquebec.org ou consulter les publications distribuées par les offices de tourisme régionaux ; dans ces dernières figurent les différents endroits où pratiquer ce sport (avec coordonnées, prestations, tarifs, conditions d'entrée).

Randonnée – Les amoureux de la nature peuvent partir en randonnée sur les nombreux sentiers balisés qui sillonnent les montagnes et les forêts ou qui longent la côte. Les randonneurs plus aventureux préféreront sans doute sortir des sentiers battus et emprunter les pistes moins fréquentées qui traversent une nature préservée. Renseignements : Fédération québécoise de la marche (Montréal) ☎ 514-252-3157. Pour obtenir des cartes topographiques, s'adresser au Bureau des cartes du Canada, 130 Bentley Ave., Nepean (ON) K2E 6T9 ☎ 613-957-8861 ou http://maps.nrcan.gc.ca.

Kayak – Descente de rivières et/ou kayak de mer sont particulièrement populaires dans des régions du Nord telles que l'Abitibi-Témiscamingue, le Saguenay et le Nunavik, où des camps ont été mis en place. Plusieurs organismes proposent des excursions organisées, parmi lesquels CÉPAL, CP 963, 3350, rue Saint-Dominique, Jonquière (PQ) G7X 7W8 ☎ 418-547-5728 ; Nouveau Monde Expéditions en Rivière, 100, chemin Rivière-Rouge, Calumet (PQ) J0V 1B0 ☎ 819-242-7238 ou www.newworld.ca ; Trail Head, 1960 Scott St., Ottawa, (ON) K1Z 8L8 ☎ 613-722-4229 ou www.trailheadcnd.com.

Plongée sous-marine – Les îles Bonaventure et celles de la Madeleine, le parc national Forillon et la Côte-Nord offrent de quoi satisfaire les amateurs de plongée. Ces derniers s'adresseront, pour de plus amples détails, à la Fédération des activités subaquatiques du Québec (Montréal) ☎ 514-252-3009.

Voile et planche à voile – Grâce à ses nombreux lacs (Duplessis, Charlevoix, Laurentides, Manicouagan, région de Montréal), le Québec fournit maintes occasions de faire de la voile. Pleine de difficultés, la remontée du Saint-Laurent s'adresse aux sportifs les plus expérimentés.

La planche à voile est un sport très prisé sur les lacs, dans les parcs provinciaux et dans la péninsule gaspésienne. La saison commence mi-juin et s'achève fin-août. Pour tout renseignement complémentaire, s'informer auprès de la Fédération de voile du Québec (Montréal) ☎ 514-252-3097 ou www.voile.qc.ca.

Chasse et pêche – L'ensemble du territoire québécois regorge de poissons et de gibier. Il suffit de s'éloigner des grands centres urbains pour pouvoir pratiquer ces activités en milieu naturel. Les régions les plus renommées pour la pêche et la chasse sont l'Abitibi-Témiscamingue, la Côte-Nord, la Mauricie-Bois-Francs, l'Outaouais, le Saguenay-Lac-Saint-Jean et Nunavik.

Faune québécoise – Le Sud du Québec est renommé pour la pêche au saumon. Les rivières de la Gaspésie regorgent également de truites mouchetées et de perches. Le centre du Québec compte à son actif un grand nombre d'orignaux, d'ours noirs, de gélinottes et de cerfs de Virginie. La région est par ailleurs réputée pour sa variété de poissons. L'île d'Anticosti est le lieu de prédilection des amateurs de pêche sportive au saumon. Enfin, dans le Nord du Québec, au-dessus du 52e parallèle, le gros gibier est le caribou.

Pourvoiries – Elles sont accessibles par voie terrestre ou aérienne et proposent des forfaits pour le sportif confirmé comme pour le débutant. Ces expéditions sont relativement coûteuses, et il est conseillé de réserver longtemps à l'avance. Il existe deux sortes de pourvoiries : certaines exploitent des territoires dont elles ont l'usage exclusif ; d'autres proposent leurs services dans des zones gouvernementales, c'est-à-dire accessibles à tous. Les pourvoiries se chargent de tout : du transport aérien, de l'hébergement, de l'équipement, de l'accompagnement (recours à des guides qualifiés) et de l'obtention des permis nécessaires. Quelques-unes proposent même des services de conservation, de réfrigération et de transport du poisson et du gibier. Un **répertoire des pourvoiries** est disponible dans les kiosques à journaux et auprès de la Fédération des pourvoyeurs du Québec, 5237, boul. Hamel, Québec (PQ) G2E 2H2 ☎ 418-877-5191, www.fpq.com. L'adresse en France est : 20, rue du Château, 95320 Saint-Leu-la-Forêt ☎ 01 34 18 11 88, fax 01 34 18 18 00.

Règlements de chasse et de pêche – La chasse est interdite dans les parcs ; par contre, les réserves fauniques sont ouvertes à tout chasseur muni du permis nécessaire, sauf dans les régions où la chasse contingentée de l'original est réservée à la population québécoise. Formalité obligatoire, l'**enregistrement** du gibier doit s'effectuer dans les 48 heures suivant le départ de la zone de chasse ; les centres d'enregistrement se trouvent généralement sur les routes principales et dans les aéroports des régions isolées. Les **règlements de sécurité** sont strictement appliqués, et tout chasseur est invité à collaborer à la répression du braconnage (les activités suspectes pouvant être reportées 24 h sur 24 au ministère de l'Environnement et de la Faune ☎ 800-463-2191 (Canada seulement). La pêche est quant à elle autorisée dans beaucoup de parcs qui attirent autant les passionnés que les dilettantes heureux de tremper le fil pour se délasser. Les **permis** de chasse et de pêche (obligatoires pour la pêche en eau douce) s'obtiennent dans la plupart des magasins d'équipement de sport ou auprès des pourvoiries et/ou des bureaux des parcs des régions concernées. Leur coût varie en fonction de la saison, du lieu et du type de gibier/poisson. Pour toute information complémentaire, s'adresser au ministère de l'Environnement et de la Faune du Québec, 675, boul. René-Lévesque Est, Québec (PQ) G1R 5V7 ☎ 418-643-3127, www.menv.gouv.qc.ca.

Spectacles et distractions

Les Québécois étant friands de musique, de danse et de fêtes en tous genres, les occasions de se divertir ne manqueront pas.

Musique – Le Québec possède deux orchestres symphoniques professionnels : l'**Orchestre symphonique de Montréal** (☎ 514-842-9951, www.osm.ca), dirigé par Charles Dutoit, et l'**Orchestre symphonique du Québec** (☎ 418-643-5598), le plus ancien du Canada. Particulièrement riche, la scène artistique montréalaise offre aux mélomanes de nombreuses occasions de s'adonner à leur passion. Le complexe de la Place des Arts, qui comporte à lui seul cinq salles polyvalentes, compte parmi ses prestigieux résidents l'**Opéra de Montréal** (☎ 514-985-2258, www.operademontreal.qc.ca). L'université McGill possède un **Orchestre de chambre** réputé (☎ 514-487-5190), qui se produit également Place des Arts. Située sur le campus même, la salle de concert Pollack (☎ 514-398-4547) propose des programmes de musique classique, de musique de chambre et de jazz. Le **Festival international de jazz** (☎ 515-790-1245, www.montrealjazzfest.com) qui se tient en juin dans le quartier du complexe de la Place des Arts, est un important événement musical. Enfin, le Centre Molson (1200, rue de la Gauchetière ; ☎ 514-932-2582) monte à longueur d'année toutes sortes de manifestations, notamment des concerts de rock.

Danse – Célèbres dans le monde entier pour leur répertoire classique, les **Grands Ballets canadiens de Montréal** ☎ 514-849-8681, www.gransballets.qc.ca) se produisent au Canada comme à l'étranger. Manifestations culturelles et festivals divers permettent par ailleurs d'applaudir des danseurs traditionnels et folkloriques à travers la province.

Festival international de jazz de Montréal

Théâtre – Le théâtre (particulièrement le théâtre d'été) est une forme d'expression artistique populaire au Québec. Les journaux (numéros de fin de semaine, section Arts et spectacles), les brochures gratuites disponibles dans les hôtels, et les publications touristiques spécialisées comme *Voir*, fournissent généralement la liste des pièces et l'endroit où elles se jouent.

Manifestations saisonnières – Pour plus de détails sur les manifestations d'une ville ou d'une région en particulier, consulter à titre indicatif le calendrier en tête de chapitre, ou se renseigner directement auprès de Tourisme Québec.

Les rigueurs d'un hiver souvent cruel ne découragent en rien les Québécois. Parmi les manifestations hivernales les plus marquantes, on notera le fameux **Carnaval de Québec** durant lequel la « vieille capitale » bourdonne d'activités : course en canot sur le Saint-Laurent, concours de sculpture sur glace, parades en ville et autres. Concours de pêche à la morue et de sculpture sur glace et défilés divers ont également lieu à Sainte-Anne-de-la-Pérade (Mauricie–Bois-Francs). Montréal célèbre quant à elle sa **Fête des neiges** par plus de 125 manifestations différentes. À Hull, les fêtes du **Bal de neige** gagnent les berges de la rivière des Outaouais, avec des activités de plein air pour toute la famille. Et dans des lieux aussi nordiques que Chicoutimi (Saguenay–Lac-Saint-Jean), l'hiver est animé par toute une série de pièces de théâtre, d'opérettes, d'expositions et de compétitions diverses.

Index

Chicoutimi......................... Villes, sites, curiosités et régions touristiques.

Hébergement .... Renseignements pratiques.

Cartier, Jacques .... Nom historiques ou célèbres et termes faisant l'objet d'une explication.

Les curiosités isolées (châteaux, abbayes, monts, chutes, lacs, îles...) sont répertoriées à leur propre nom.

D

H

I

E – F

J – K

G

L

Notes